《苏联真相》姊妹篇

AFTER RADICAL CHANGE OF THE SOVIET UNION AND EASTERN EUROPE
119 THOUGHT-PROVOKING QUESTIONS

苏东剧变之后

对 119 个问题的思考 中

陆南泉 左凤荣 潘德礼 孔田平 / 主编

新 华 出 版 社

目　　录

第一编　俄罗斯政治与社会

第三编　俄罗斯经济

第四编　俄罗斯的对外战略与外交政策

第五编　中亚、乌克兰与原苏联地区其他国家

第六编　中东欧国家

第三编

俄罗斯经济

36. 俄罗斯缘何推行激进的“休克疗法”经济体制转型？

陆南泉

俄罗斯作为苏联继承国在经济方面的体现

苏联剧变后，叶利钦成为真正意义上的最高领导人，并对经济体制立即进行激进式“休克疗法”转型。

在苏联剧变前（从赫鲁晓夫到戈尔巴乔夫），都用经济体制“改革”一词，但从叶利钦时期开始，用经济体制“转型”一词。在原苏联东欧国家发生剧变前，社会主义国家改革目标是，通过一些对原体制的改进、改良来对现有经济体制加以完善，而不以根本改变制度为目标。与此相反，转型则意味着发生实质性的、制度性的变化，将引入全新的制度变革尝试，“其目的在于对旧制度的完善，而不是引入新制度。”“80年代末至90年代初，社会主义国家已经终于下定决心放弃旧制度，这一制度已经不能应对21世纪的世界经济的挑战。与此同时，它们已经选择了转向市场经济”。“在当时政局许可的情况下，从社会主义转轨已经不可避免。”他进一步解释说：“应当将市场化改革与向市场经济转轨区别开来。改革的焦点是调整与完善现有制度，而转轨是改变制度基础的过程。从这种意义上来讲，只要目的在于现有制度的完善并通过使之完善而得以维系而不是完全抛弃该制度，那就是在对它进行改革。而转轨则是要通过完全的制度替换和建立新型的经济关系来废除以前的制度。”[①] 鉴于“改革”与“转型”上述内涵的划分，十分明显，叶利钦执政后所推行的是转型。但同样需要指出的是，在谈到具体体制变革时，还是用“改革”一词。

俄罗斯是原苏联 15 个加盟共和国中最大的一个共和国，成为苏联继承国。它的继承国地位以经济情况看，也得到充分的体现。

俄罗斯领土面积为 1707.54 万平方公里，占地球陆地总面积的 11.4%，是前苏联总面积的 76.3%。1989 年 1 月俄罗斯人口为 1.47 亿（据 2002 年全国人口普查结果，俄有人口 1.452 亿），占前苏联人口的一半。它是世界上民族最多的国家，境内大小民族多达 160 个，其中超过 40 万人口的民族有 23 个。据苏联 1989 年第五次人口统计资料，俄罗斯族是最大的民族，占全俄总人口的 81.5%。前苏联的经济实力主要集中在俄境内。1990 年俄罗斯在前苏联国民财富（不包括土地、森林和矿藏）总量中占 64%。1989 年俄拥有的生产固定基金约占全苏的 63%，社会总产值与工业产值均占 60%。苏联解体时，拥有科技人员约 150 万人，而留在俄罗斯境内的为 96 万人，占前苏联科技人员总数的 64%，特别要指出的是，为军工服务的高科技力量主要集中在俄罗斯。俄拥有的军事力量约占前苏联的 2/3。一些主要工农业产品占全苏的比重，详见以下两表。

1990 年主要工业品产量及其占全苏总量的比重

产品名称	单位	数量	%	产品名称	单位	数量	%
电力	亿度	10820	62.7	各种轮胎	万条	4767	69.9
石油（包括凝析油）	百万吨	516.2	90.4	经济木材	百万 m^3	2422	91.6
天然气	亿 M^3	16406	78.6	锯木材	百万 m^3	75.2	82.1
煤	百万吨	395.1	56.2	纸	万吨	524	85.2
				水泥	万吨	8303	60.0
钢	万吨	8962	58.0	建筑用砖	亿块	245	53.5
电动机	万台	197.5	22.7	窗玻璃	百万 m^3	130.4	61.2

① （波兰）格泽戈尔兹·W. 科勒德克著，刘晓勇等译：《从休克到治疗——后社会主义转轨的政治经济》，上海远东出版社 2000 年版，第 4、30、34 页。

续表

产品名称	单位	数量	%	产品名称	单位	数量	%
金属切削机床	万台	7.4	47.2	收音机	万台	575.8	62.8
锻压机	万台	2.7	64.7	电视机	万台	472.2	44.8
石油设备	百万卢布	191.8	80.6	其中：彩色的	万台	265.5	37.0
化工设备	百万卢布	675.6	63.5	录音机	万台	340.6	54.3
农业设备	百万卢布	2142.0	59.6	电冰箱	万台	377.6	58.1
畜牧业设备	百万卢布	815.4	32.0	吸尘器	万台	446.9	77.4
推土机	万台	2.3	61.2	洗衣机	万台	541.8	69.3
桥式起重机	台	12944	50.3	自行车	万台	396.5	62.6
烧碱	万吨	323.9	74.3	摩托车	万台	76.5	70.0
苛性碱	万吨	225.7	75.9	家具	亿卢布	62.0	57.4
化肥(100%有效成分)	万吨	159.8	50.4	棉布	百万 m^2	5625.6	71.7
化纤和布	万吨	67.3	45.6	毛料	百万 m^2	465.3	66.1
麻布	百万 M^2	603.2	66.8	加工肉	万吨	664.2	51.3
丝料	百万 M^2	1052.0	50.7	动物油	万吨	83.3	47.9
针织品	百万件	769.7	39.8	植物油	万吨	115.9	35.5
鞋	百万双	385.3	45.17	罐头	百万标准筒	8206	39.9
袜子	百万双	872.4	40.5	全部生活日用品	亿卢布	2463	53.3
砂糖	万吨	375.8	30.2	其中轻工业品	亿卢布	1483	57.3

资料来源：《世界经济》1992 年第 10 期。

1990 年主要农产量及其占全苏总产量的比重

产品名称	单位	数量	%	产品名称	单位	数量	%
农业总产值	亿卢布	1021	46.7	肉	万吨	1011.2	50.6
谷物	百万吨	116.7	53.5	奶	万吨	5571.5	51.4
甜菜	万吨	3109.1	38.0	蛋	百万个	47470.0	58.1
葵花籽	万吨	342.7	52.2	牛	百万头	57.0	49.3
亚麻纤维	百吨	7.1	29.0	奶牛	百万头	20.5	49.4

续表

产品名称	单位	数量	%	产品名称	单位	数量	%
土豆	万吨	3084.8	48.0	猪	百万头	38.3	50.7
蔬菜	万吨	1052.8	38.9	绵羊、山羊	百万头	58.2	41.7
水果和浆果	万吨	236.6	26.0	马	万头	261.8	44.2

资料来源：《世界经济》1992年第10期。

苏联解体时，给俄罗斯留下的基本上仍是传统的经济体制，因此，俄罗斯独立执政后面临的最紧迫的任务是加速经济体制的转型。人们把俄罗斯称为世界上最大的经济转型国家。这不只是因为俄罗斯是个大国，而还在于以下的原因：一是作为苏联继承国的俄罗斯，它是中央集权的计划经济体制模式的发源地，并且实施这一体制模式的时间最长；二是斯大林时期形成、巩固与不断发展并凝固化的传统体制模式，在以后的苏联各个历史时期未能进行根本改革，因此，俄罗斯面临的体制转型任务最为艰巨；三是俄罗斯经济转型过程中，出现的矛盾和问题十分复杂，而转型危机也十分严重。

转型方式的争论与方案

关于这一问题已在戈尔巴乔夫执政末期，即1990—1991年讨论向市场经济过渡时争论已十分激烈，并提出了一些过渡方案。著名经济学者、时任苏联部长会议副主席、经济改革委员会主席的阿巴尔金院士，根据过去几年经济改革的经验和其他国家改革的实践的基础上，提出了经济改革的构想，并勾画了苏联新型经济体制的基础特征：所有制形式的多样化，它们之间平等和竞争的关系；所得收入的分配应符合在最终成果上的贡献；将与国家调控相结合的市场变成协调社会主义生产参加的活动的主要工具；在灵活的经济和社会基础上实行国家调控经济；将公民的社会保障作为国家最主要的任务。构想中对向市场经济过渡的几种方案进行了比较研究。这些方案分别被称为“渐进的”、“激进的”（后来被称为“休克的”）和“适度激进的”三种，并对三种方案的基本特征和预期结果进行了比较。

向市场经济过渡的三种方案

	主要特点	预期结果
渐进方案	1. 用适当的速度循序渐进地进行改革； 2. 主要采用行政方法调控正在形成的市场和通货膨胀； 3. 逐步减少国家订货，控制物价和收入的增长。	1. 可以逐渐适应变化，最大限度地减少剧烈变革造成的损失； 2. 延缓改革，采取措施的效果不明显以及不足以克服负面影响； 3. 有生产大幅下降、商品短缺和社会问题加剧的危险。
激进方案	1. 短期内彻底摧毁现有结构； 2. 同时消除市场机制运作的所有障碍； 3. 大量减少国家订货，几乎完全取消对价格和收入的控制； 4. 大范围地向新的所有制形式过渡。	1. 寄希望快速建立市场的成效； 2. 有货币流通出现混乱的危险，通货膨胀失控的可能性很大； 3. 大量破产，生产大幅下滑，出现大范围的失业； 4. 生活水平严重下降，居民收入差距拉大，社会紧张局势加剧。
适度激进方案	1. 采取系列激进措施，为向新机制过渡创造启动条件； 2. 建立积极调控市场的组织机制； 3. 落实巩固和发展新的经营体制的措施； 4. 对价格、收入和通货膨胀在所有阶段进行监控，对低收入阶层提供强有力的社会支持。	1. 能在相对短的时间内获得改革的明显效果； 2. 快速形成市场； 3. 遏制生产下降和财政赤字增长，控制通货膨胀； 4. 居民适应市场经济条件的环境比较宽松，缓解社会紧张局势。

资料来源：（俄罗斯）列·伊·阿巴尔金著，李刚军等译：《阿巴尔金经济学文集》，清华大学出版社 2004 年版，第 91 页。

在阿巴尔金的构想中，提出了大量有利于第三种方案即适度激进方案的论据。据当时社会民意调查，赞同第一种方案的占 10%；赞成第二种方案的为 30%，赞成第三种方案的为 60%以上。在构想中，还规定了实施适度激进改革方案的三个阶段：第一阶段已经始于 1988 年，并在 1991 年年初结束。1990 年应该是执行稳定国内经济形势的刻不容缓措施并制定关于建立过渡时期经济机制的一整套措施的关键时期。第二阶段跨越了 1991—1992 年，在这阶段里应该实施一整套同时的措施，并启动新型的经济机制。第三阶段是实施激进经济改革计划的结束阶段，它包括 1993—1995 年。阿巴尔金认为，鉴于当时的实际情况，这一方案是逐步实行激进的经济改革最明智、最周到的方案。因为，该方案有以下的优越性：它在允许价格和工资有控制地增长的同时，能够无须依靠行政性措施最终制止财政赤字的增长和生产的下滑，为市场的形成开辟了现实的道路。建立有效的对居民的社会支持体系，补偿因涨价、下岗和接受再培训等造成的大部分损失，这能够缓解过渡时期的困难，帮助人们尽快适应市场经济条件，能够刺激劳动生产率和经营积极性的提高。[①]

有关 1991 年年末开始的俄罗斯向市场经济过渡必要性与方式问题在讨论中提出的看法，时任俄罗斯财政部第一副部长的乌留卡耶夫认为，基本观点可划分为四种类型。

第一种观点是，否定俄罗斯经济需要进行彻底的市场改革的必要性，坚持在必须保留原有经济体制的同时对其进行某些现代化改造使其增加活力。这种观点在左派政治家们——Г. 久加诺夫、Н. 雷日科夫、Е. 利加乔夫等人的著作中，以及具有社会主义倾向的经济学家们——А. 布兹加林、А. 卡尔加诺夫、А. 谢尔盖耶夫等人的文章中均可见到。他们认为，整套改革思想全都是错误的，不适用于俄罗斯的条件。私有化、对外和国内贸易自由化、争取金融稳定、本国货币的可兑换等措施破坏了民族工业，使社会形势恶化。他们主张应该集中精力按照 1982—1983 年安德罗波夫改革的先例进行所谓的整顿经济秩序，强调国家验收，严格监督产品质量，强化经理对企业工作的责任心，向非劳动收入宣战等。

第二种观点是，市场改革原则上必须进行，但不能如此迅猛和激进，应该更大程度地允许国家参与经济，更多地保留国有制，对国内生产者实行保护，赞成经济现代化的“特殊的俄罗斯道路”。宣传此类观点的有经济学家 А. 阿巴尔金、С. 沙塔林、Д. 利沃夫、О. 博戈莫洛夫、Г. 亚廖缅科、Н. 什梅列夫和所谓的国家派政治家 С. 格拉济耶夫、Ю. 斯科科夫、А. 沃尔斯基、В. 舒梅科、С. 费奥多罗夫、Ю. 卢日科夫等。他们认为，不应该搞大规模私有化、放开对外贸易

① 有关上述构想，参见列·伊·阿巴尔金著，李刚军等译：《阿巴尔金经济学文集》，第 90—92、98 页。

和外汇流通、放开物价，应该重点建立强大的金融工业集团，国家有选择地扶持工业，以保障首先是国家对俄罗斯国产商品的更多需求。这一派经济学家和政治家的特点正如著名的瑞典经济学家 A. 奥斯伦德所讲的那样，他们完全忽视了宏观经济问题（诸如货币平衡、通货膨胀、预算等）。这些人还要求降低改革速度，按部就班制定和执行经济政策。

持第三种观点的政治家和经济学家素有“真正的改革家”的威望，坚持不懈地宣传各种改革方案，但又猛烈抨击现实的改革：称改革进行得不正确，不符合理论，所作出的选择不符合行动的循序渐进性——首先必须实现私有化、民主化、形成市场机制，然后才能采取措施稳定财政和放开经济。持这类观点的主要有 Г. 亚夫林斯基和他的支持者 Н. 彼特拉科夫、А. 梅利尼科夫、А. 米哈伊洛夫等。

持第四种观点的经济学家都极其重视存在失误和倒退的现实改革中的现实问题，在 1992 年的短暂时间里，继而又在 1997 年保证了改革向前推进。他们是Е. 盖达尔、Е. 亚辛、А. 丘拜斯、М. 德米特里耶夫、Ь. 费奥多罗夫等。

为了评价上述几种的观点，有必要对 1991 年改革前的俄罗斯经济的实际状况进行分析。首先提出这样一个问题：当时是否可以推迟对经济关系的激进改革，是否可以对改革方式进行根本性的改变？[①]

乌留卡耶夫根据 1991 年底苏联解体时十分严峻的社会经济情况，得出的结论是：“俄罗斯的经济改革政策不是由改革家的理论思维确定的，而是由通货膨胀危机（严重的宏观经济比例失调反映在公开的通货膨胀加剧和所有商品市场严重短缺上），支付危机（黄金外汇储备严重短缺和国家贷款能力下降导致了被迫大量削减进口）和体制危机（各级国家权力机关丧失了调解资源配置能力）同时并发决定的，这些危机在外部表现为生产的急剧衰退。”因此，“在经济和体制危机并发这种极为严重的情况下进行根本的经济体制”，只能实行“由总统下令而不管苏维埃的意见”的“激进改革”。[②]

---

① （俄罗斯）А. В. 乌留卡耶夫著，石天等译：《期待危机——俄罗斯经济改革的进程与矛盾》，经济科学出版社 2000 年版，第 15—16 页。

② 同上，第 26—27 页。

推行激进式“休克疗法”的历史背景

人所共知，原苏联东欧各国中的多数国家，在从传统的计划经济向市场经济转型时，实行激进的“休克疗法”，其基本内容一般归结为自由化、稳定化与私有化。俄罗斯在1992年年初围绕这“三化”推行的激进改革措施是：（1）俄罗斯政府实行“休克疗法”最重要和最早出台的一项措施是，从1992年1月2日起，一次性大范围放开价格，结果是90％的零售商品和85％的工业品批发价格由市场供求关系决定。（2）实行严厉的双紧政策，即紧缩财政与货币，企图迅速达到无赤字预算、降低通胀率和稳定经济的目的。紧缩财政的措施主要有：普遍大大削减财政支出；提高税收，增加财政收入；规定靠预算拨款支付的工资不实行与通胀率挂钩的指数化。紧缩货币的主要措施是，严格控制货币发行量与信贷规模。（3）取消国家对外贸的垄断，允许所有在俄境内注册的经济单位可以参与对外经济活动，放开进出口贸易。（4）卢布在俄国内可以自由兑换，由原来的多种汇率过渡到双重汇率制（在经常项目下实行统一浮动汇率制，在资本项目下实行个别固定汇率制），逐步过渡到统一汇率制。（5）快速推行私有化政策。俄罗斯政府政策规定在1992年内要把20％—25％的国家财产私有化。1992—1996年俄罗斯基本上完成了私有化的任务。在1996年，私有化的企业和非国有经济的产值分别占俄企业总数与GDP的比重约为60％和70％。

1992年年初，为什么俄罗斯政府实行的是“休克疗法”式的激进转型？有些人认为，这主要与在政治上刚刚取得主导地位民主派，为了在经济转轨过程中取得西方的支持所决定的。还有人认为，这是民主派屈从于西方压力的结果。实际上，当时以叶利钦、盖达尔为代表的俄罗斯民主派之所以选择“休克疗法”式的激进改革，有其十分复杂的原因。

1. 苏联历次经济改革失败的原因

斯大林之后的苏联历次经济体制改革都未取得成功，其原因很多。如果从经济角度来看，最为重要的共同性原因是，不把建立市场经济体制模式作为改革目标，影响市场经济发展的几个主要问题没有解决：（1）与改革国有制有关的商品生产的主体问题，即没有使企业成为独立的商品生产者，转换其经营机制，企业生产的目的只是为了完成国家下达的任务。（2）计划与市场关系问题。改革理论的研究与改革实践，主要集中在使计划与市场两者结合问题上，而不是集中在如何建立与发育市场体系问题上。在苏联长期的经济体制改革过程中，一方面强调要发展商品经济，利用商品货币关系。另一方面又不放弃政府对经济的直接控制，包括不放弃指令性计划。经济改革的主要措施往往体现在指令性指标数量的增减方面，结果造成残缺不全的指令性计划与发育不良的市场调节相结合的局面。由于在相当长的时间里停滞和僵持于这个格局中，就使得本来不正常的经济关系更加扭曲，经济更难以正常运转。(3) 由于苏联时期的价格改革没有围绕为形成有竞争性市场价格体系这个根本目的来进行，因此，合理的价格形成体制未能建立起来。而没有一个合理的价格形成体制，要发挥市场的调节作用是一句空话。

只是到了戈尔巴乔夫执政的后期，经过激烈争论，“到 80 年代末，俄罗斯的大多数政治力量和居民在必须进行自由化和向市场经济过渡方面实际上已达成共识。”① 普遍认识到，只有向市场经济过渡，才是唯一的选择。俄罗斯民主派在确定以建立市场经济模式为改革方向之后，总结过去改革的教训，决定改变过去把改革停留在口头上、纸上的做法，而是采取实际行动，快速向市场经济过渡，以此来解决当时俄罗斯面临的依靠传统体制根本无法解决的严重社会经济问题。这说明，当时俄罗斯“转轨进程启动缘于人们越来越确信中央集权的计划经济已经走到了尽头”②。

2. 极其严峻的经济形势，是促使俄罗斯新执政者实行激进改革的一个最为直接的原因

1992 年 1 月 2 日作为俄罗斯“休克疗法”式激进转型的起点，那么，必须分析一下在此前苏联的经济与市场状况，否则，就不能理解新执政者为何如此果断地选择了激进改革方案。

苏联到了 1990 年，社会总产值、国民收入和社会劳动生产率分别比上年下降 2%、4%和 3%。而到苏联解体的 1991 年经济状况进一步恶化，国民收入下降 11%，GDP 下降 13%，工业与农业生产分别下降 2.8%和 4.5%，石油和煤炭

---

① （俄罗斯）Л. Я. 科萨尔斯等著，石天等译：《俄罗斯：转型时期的经济与社会》，第 59 页。

② （波兰）格泽戈尔兹·W. 科勒德克著，刘晓勇等译：《从休克到治疗——后社会主义转轨的政治经济》，第 3 页。

开采下降11%，生铁下降17%，食品生产下降10%以上，粮食产量下降24%，国家收购量下降了34%，对外贸易额下降37%。1991年，国家预算赤字比计划数字增加了5倍，占GDP的20%。财政状况与货币流通已完全失调。消费品价格上涨了1倍多（101.2%），而在1990年价格还只上涨5%。外汇危机十分尖锐，载有进口粮食的货轮停靠在俄罗斯港口而不卸货成为惯常现象，因为没有外汇去支付粮款、装卸费和运输费。[①] 经济状况严重恶化，使得市场供应变得十分尖锐。1990年，在1200多种基本消费品中有95%以上的商品供应经常短缺，在211种食品中有188种不能自由买卖。到1991年，国家不得不在所有城市实行严格的票证供应。到1991年年末，苏联居民食品供应量是：糖——每人每月1公斤，黄油——0.2公斤，肉制品——0.5公斤。即使这个标准也缺乏实际保证。零售贸易中的商品储备减少到破纪录的最低水平——只够消费32天。1992年1月，粮食储备约为300万吨，而当时俄国内粮食消费每月为500万吨以上。在89个俄罗斯地区中，有60多个地区没有粮食储备和面粉，都在“等米下锅”。[②] “社会局势紧张到了极点，人们纷纷储备唯恐食品完全匮乏。”[③] 1991年10月—1992年4月，笔者在苏联（俄罗斯）科学院经济研究所作为访问学者考察当时正处于准备与起始阶段的经济改革，看到了这个时期苏联（俄罗斯）市场商品奇缺的状况，它比人们想象的要严重得多，真是“空空如也”。奈娜回忆起1991年随叶利钦访问德国科隆的情况时说：“当时我们应邀参观市场和路旁的店铺，那里商品丰富，琳琅满目，使我想到了俄罗斯商店里商品奇缺的情况，羞愧得恨不得一头钻到地底下，心想，我们一辈子都在工作，完成五年计划，但是，为什么我们什么都没有呢？”[④]

对新上任的俄罗斯领导人来说，面对如此紧张的社会经济局势，实行渐进改革已不大可能。正如俄罗斯学者指出的：“在俄罗斯（苏联）利用中国改革经验，也许在这一经验出现前的十几年是可行的。因为当中国改革的经验出现的时候(70年代末)，俄罗斯的原社会经济体制已经病入膏肓，无法医治，与其说是需

---

① 参见（俄罗斯）A. B. 乌留卡耶夫著，石天等译：《期待危机——俄罗斯经济改革的进程与矛盾》，第17—20页。

② 同上，第18、20页。

③ 同上，第28页。

④ 《北京晨报》2002年3月7日。

要医生，不如说是需要挖坟者了。”[①]

3. 巨大的心理与政治压力

俄罗斯新执政者一上台，在以什么样的速度推行经济体制改革问题上，面临着巨大的心理与政治压力。人们对旧体制对社会经济造成的严重恶果已看得清清楚楚，同时从官方到普通居民产生一种“幻想与错觉”，似乎经济只要一向市场经济转型，马上就可摆脱危机，很快就可以缩短与发达国家的距离，并很快可以达到发达国家的经济水平。正是这种压力成为俄罗斯加快改革步伐的催化剂。从这个意义讲，俄罗斯采用激进式的“休克疗法”进行经济体制转型，是公共选择的结果，在较大程度上反映了当时的民意。下列的情况亦可能从一个侧面证明这一点。俄 1992 年年初推进“休克疗法”后“从街上回来的人，惊慌失措，神情沮丧。然而，根据民意测验，1992 年底有 60%的居民支持市场改革”。[②]

4. 通过激进改革尽快摧垮传统计划经济体制的基础，使得向市场经济的转轨变得不可逆转

1991 年底苏联剧变，俄罗斯独立执政，民主派取得了领导权。但是，民主派的领导地位并不十分巩固，面临着以俄罗斯共产党为代表的左派力量的挑战，在当时的俄罗斯国内，各种反对派的力量，对民主派实行以私有化为基础的资本主义市场经济体制并不都持赞成的立场。也就是说，在民主派上台初期，俄罗斯国内面临着国家向何处去的争论与斗争。斗争的核心是俄罗斯国家发展道路问题。另外，虽然以叶利钦总统为中心的国家执行权力机关已成为国家强有力的权力，但亦应看到，另一个国家最高权力机关——人民代表大会，它是由左派俄罗斯共产党等反总统派居主导地位的。在上述政治背景下，在民主派看来，必须加速经济体制转型进程，特别是要加快国有企业的私有化速度，从根本上摧垮以国有制为基础的计划经济体制，最后达到体制转型不可逆转的目的。被称为私有化之父的 A. 丘拜斯认为，俄罗斯的转型到了 1996 年才可以说已不可逆转了，一个重要的标志是，这个时候已基本完成私有化任务。2001 年 12 月 29 日叶利钦对俄

---

① （俄罗斯）A. B. 乌留卡耶夫著，石天等译：《期待危机——俄罗斯经济改革的进程与矛盾》，第 6 页。

② （俄罗斯）格·萨塔洛夫等著，高增训等译：《叶利钦时代》，东方出版社 2002 年版，第 217 页。

罗斯电视台《明镜》电视节目发表谈话时谈到，1999 年年底他所以能下决心辞职，因为他坚信在俄罗斯改革已不可逆转。

5. 政治局势也是促使新执政者推行经济激进转型的重要因素

苏联解体前后所面临经济形势复杂而又严峻，但在政治领域情况也十分严重。1991 年“8·19”事件后，由戈尔巴乔夫领导的苏联，改革实际已停顿。“联盟国家机关已经寿终正寝并且四分五裂。”“无论是什么样的国家监控实际上都不起作用。”[①] 这是因为，“俄罗斯市场是在苏联经济的行政命令体制崩溃过程中产生的。它产生于强大的国家体制削弱和瓦解过程之中”，这在“客观上导致了旧的国家调节经济机制陷入崩溃”[②]。在这一期间，大家忙于政治斗争，重大事件一个接一个，取缔苏共，最后是苏联解体。这样，在俄罗斯已不存在强有力的政治核心力量，掌了权的民主派，在上述政治情况下，下决心实行激进的改革。“改革战略的实质不仅在于要进行极为迫切的经济改革，而且还在于要建立俄罗斯民族国家，这个国家具有一切必要的属性，如预算、稳定的并可兑换的本国货币，税收制度，边防军队，海关，有效的货币制度，可控制的国家银行，等等。”[③] 这也说明，当时俄罗斯可供选择的改革途径已十分狭窄。俄罗斯有的学者认为，当时俄罗斯最高领导只要愿意，就完全能建立和形成一个权威机构，因此，这不能成为否定当时存在渐进改革的理由。但另一些学者指出，这种说法是脱离当时俄罗斯实际情况的，“这只在办公桌上是可能的。”“在纸面上一切都好摆弄，但忘记了存在峡谷。而目前的俄罗斯政治经济现实是接连不断的峡谷。”[④] 正如弗拉基米尔·毛在论证“为什么俄罗斯不能像中国那样，通过渐进的方式启动和实现经济转轨”时指出：“中国模式的关键是（转轨开始时），中国的党政集权制度仍然有效地控制着全国局势……而俄罗斯的自由化改革开始时，不仅没有强大的政府，而是根本就没有政府——苏联已经解体，俄罗斯作为一个主权国家仍只是停留在纸上。”[⑤]

---

① （俄罗斯）A.B. 乌留卡耶夫著，石天等译：《期待危机——俄罗斯经济改革的进程与矛盾》，第 21、22 页。

② 同上，第 30 页。

③ 同上，第 26 页。

④ 同上，第 33 页。

⑤ 转引自《俄罗斯研究》2003 年第 3 期。

6. 合乎历史逻辑的发展

从历史逻辑来看，以叶利钦、盖达尔（当时任俄罗斯副总理、代总理，负责经济体制转型问题，是一位著名的经济学家，但并不是成功的改革家。他下台后创办了转型经济研究所，于2009年12月16日去世，终年53岁）为代表的民主派推行的激进改革，是承袭了戈尔巴乔夫下台前的1990—1991年所形成和提出的改革设想。经过激烈的争论与斗争，在1990年苏联先后提出了四个向市场经济过渡的文件。[①] 戈尔巴乔夫执政时期无论是向市场经济转型的沙塔林500天纲领，还是亚夫林斯的400天构想都是快速转型的计划。这说明，在戈尔巴乔夫执政后期，苏联各政治派别不仅就经济改革的市场目标达成了共识，并且快速向市场经济转轨的主张也已占主导地位。因此，叶利钦、盖达尔执政后，从历史逻辑上来说，推行激进改革是顺理成章的事。

上述分析说明，20世纪90年代初俄罗斯实行激进改革是由特定的历史条件决定的。这也充分说明，到了这个时期，苏联社会中已积累了能够破坏一切的能量。寻找一个宣泄这股破坏性能量的出口是俄罗斯转型的当务之急。从这个意义上讲，激进式“休克疗法”不过是释放1991年俄罗斯经济与社会生活中所积累破坏性能量的一种较为可行的策略选择，亦是一种无可奈何的危机应对策略。这正如盖达尔所说的：到了1990年秋天，很明显一场危机就要爆发了，一场革命就要来临。在这种背景下，有秩序的改革是根本不可能的，唯一剩下的就是如何对付危机。[②] 丘拜斯在分析上个世纪90年代初俄罗斯之所以采取激进转型方式时指出：盖达尔政府开始的改革，“不是别人强加给我们的，不是有人从外面命令我们做的。这是已经成熟了的、使人困扰已久的变革，是由整个俄罗斯的历史进程所准备好了的变革。这是我们国家命运中不能避免的转折。”[③] 雅科夫列夫在谈到这一问题时说：盖达尔政府“从所有可能的方案中选择了最简捷的，但也是

---

① 1991年3月，我国国家体改委国外经济体制司委托特约研究员陆南泉组织有关研究人员翻译了这四个文件，以《苏联向市场经济过渡文件汇编》供国内跟踪研究苏联经济体制改革进程参考。在此前，当时任苏联部长会议主席的雷日科夫于1990年9月签署了《苏联关于形成可调节市场经济的结构和机制的政府纲领》。

② 参见徐坡岭：《俄罗斯经济转轨的路径选择与转型性经济危机》，《俄罗斯研究》2003年第3期。

③ （俄罗斯）阿纳托利·丘拜斯主编，乔木林等译：《俄罗斯式的私有化》，新华出版社2004年版，第12页。

最脆弱的方案——休克疗法”。“我自己最初就感到这个方案至少是冒险的，代价会很大，是注定要失败的，这一点我在 1992 年 2 月就说了。物价放开需要有个竞争环境，然而当时并没有这种环境。在市场上，土地、住房、生产资料都不上市。没有制定应有的保护企业家、特别是生产者的法律。”“但是我既不充当预言家，也不想充当裁判员。在怀疑‘休克疗法’主张的同时，我依然认为，当时政府根本没有别的选择。”① 程伟教授对俄罗斯当时之所以采用激进式改革提出的结论之一是：“俄罗斯经济转轨启用激进方式，即使是不合适的，但却是不可避免的。”② 在俄罗斯连坚决反对叶利钦、盖达尔经济转型的阿巴尔金在他主管苏联经济改革期间，亦曾设想过激进改革的方案，他回忆说：“时间会令人忘却一些事情，而今日的激愤又限制了历史的记忆。但是应该直说，激进经济改革的构想是有过……你可能喜欢它或者不喜欢它，但这是另一个问题。”③ 后来，阿巴尔金赞成的是实行适度激进方案。有人说，在俄罗斯除选择激进转型方式，别无他途的说法，十足是一种宣传伎俩，是给不明真相的人强行灌输一种观念；另有人说，俄罗斯选择激进转轨方式，纯粹是出于意识形态的理由；还有人说，俄罗斯实行激进转型方式是完全屈从西方国家的压力；等等。笔者一直认为，对俄罗斯采取激进转型方式原因的分析，应该从当时俄罗斯面临诸多复杂的主客观因素去探究，切忌简单化，更不能想当然地认为，套用中国的做法才是正确的。

有关激进、渐进转轨方式的几点看法

有关激进与渐进两种转型方式的评价，是个十分复杂的问题，学术界至今存在不同看法。它既关系到经济转型的理论问题，也关系到对这两种不同经济转型方式实际绩效的评价问题。这里，笔者提出一些粗浅的看法。

首先，不能以激进和渐进来划分市场经济体制模式，这只是过渡方式的区别。不论是激进还是渐进，都只不过是一种手段与方式。市场经济体制模式基本上有两种：自由市场经济模式和社会市场经济模式。这是大家所公认的。

① （俄罗斯）亚·尼·雅科夫列夫著，徐葵等译：《一杯苦酒——俄罗斯的布尔什维主义和改革运动》，新华出版社 1999 年版，第 262—263 页。

② 程伟：《计划经济国家体制转轨评论》，辽宁大学出版社 1999 年版，第 166 页。

③ （俄罗斯）列·伊·阿巴尔金著，李刚军等译：《阿巴尔金经济学文集》，第 90 页。

其次，从过渡速度来划分渐进与激进也是相对而言的。有不少激进的改革措施具有局部性与临时性的特点。从波兰头 5 年来的激进改革过程看，也很难认为全部变革都是采取激进的方式。俄罗斯政府也在不断调整政策，逐步放弃“休克疗法”初期的一些做法。中国采取渐进方式进行经济体制改革，是从这 30 多年来的整个改革过程来讲的。在各个领域、各个时期，改革的速度也不都是一样的，有时慢一些，有时快一些。应该认识到，“即使是激进的改革也有渐进的性质。”[①]

第三，国外有些学者有这样的说法，即认为渐进式向市场经济过渡必然要失败，这种说法是没有根据的。当然也不能笼统地认为渐进方式一定要比激进方式好。俄罗斯实行“休克疗法”的过渡未取得成功，不等于波兰也不成功。波兰 1990 年实行“休克疗法”之后，在较短的时间内度过了最困难的时期，并较快地出现了经济的增长，1992 年国内生产总值增长 2.6%，1993 年增长 3.8%，1994 年增长 5%左右。通货膨胀也得到了遏制，1992 年通货膨胀率为 43%，1993 年为 32.2%，1994 年为 29.5%。

这表明波兰实行激进式过渡，较快地获得了成效。

第四，一个国家采用激进式的过渡往往是不得已而为之。它们或者是在多次采取措施而仍无法控制通货膨胀时，而被迫一次性放开价格；或者是在国内市场极其不平衡、赤字庞大、通货膨胀失控、国家行政管理体系完全崩溃的条件下，通过政府有效控制地、逐步地实行价格改革已不可能，而不得不采用激进方式。

第五，从实行渐进式向市场经济过渡的一些国家情况来看，也并不像有些人所想的那样渐进式过渡必然拖得很长，进程很慢。拿匈牙利来说，它是东欧诸国中实行渐进式过渡的典型。虽然在转型的头几年，它离发育完善的市场体制还有较大距离，但匈牙利在向市场经济过渡方面也取得了很大进展，即价格很快基本放开，价格结构有了很大调整，传统的计划体制已经打破，市场调节的作用大大加强，市场经济的因素明显增多。另外，匈牙利的某些措施，如在企业破产方面，比实行“休克疗法”的波兰迈的步子要大得多。所以，渐进式绝不是慢慢来，更不是走走停停，而同样需要迈大步。

第六，人们对激进过渡方式所产生的问题容易看得比较清楚，如生产下滑速度快，通货膨胀失控，生活水平大幅度下降，失业人数增加，承担的风险大等。

---

① （美国）杰里·霍夫著，徐葵等译：《丢失的巨人》，新华出版社 2003 年版，第 324 页。

但容易忽视渐进过渡方式存在的问题，如过渡时间拖得较长，在较长时间内价格仍不是市场价格，价格仍不能成为衡量经济效率的标准，不利于产权关系的改革，本国价格与国际价格长期脱节等。渐进的过渡方式，容易把问题与矛盾掩盖起来，搞得不好，有可能使问题越积越多，使改革难以取得实质性进展。另外，由于渐进式过渡时间较长，在过渡期会出现双轨体制的运行状态，尤其是价格双轨制，难免会导致经济秩序混乱，企业行为短期化，会为官倒、私倒创造条件，成为产生腐败的一个重要因素。所以，不能忽视渐进式改革的负效应，而应该力争在实行渐进式改革过程中把它带来的负效应减少到最低限度。

第七，不论采取哪种方式向市场经济过渡，过渡的主要内容是相同的：一是通过对国有企业的改造，改变独占的、单一的所有制结构，建立起多种所有制形式，在此基础上，使企业成为独立的商品生产者；二是为了使市场机制在实现社会资源优化配置方面起决定性作用，转换经济的运行机制，即由传统计划经济条件下形成的行政机制转换成市场机制；三是改变政府调控宏观经济的手段与方法，即由直接的行政方法的调控改为间接的经济方法的调控，为此就必须转变政府职能；四是在形成与培育市场经济的同时，建立起完善的社会保障体系。

第八，从原苏联与东欧各国向市场经济过渡方式的发展过程看，其趋势是渐进与激进两种方式的混合，但侧重于渐进式。搞激进转型的国家，经过一段时间后转向渐进，并不意味着对前一段时间激进改革政策的根本否定，亦不是什么纠偏，是合乎逻辑的发展。因为原苏东国家要从传统的计划经济体制向市场经济体制过渡，不可能一蹴而就。转型是一个推陈出新的过程，一些国家通过激进式转型是为未来整个经济改革过程与制度建设创造初始条件。按科勒德克的看法，经济稳定化和自由化可以以激进方式达到，而结构改革、制度安排与现存生产力的微观结构重组则必须是渐进进行的。[①] 所以，如果从通过转型达到制度建设的目的这一角度讲，所有计划经济体制向市场经济体制过渡的国家，其经济体制转型实质上都是渐进的，必然是一个渐进的过程。关于一点，应该是不存疑问的。

以上的分析说明，不要对激进与渐进转型方式作绝对化的理解，实际生活中往往出现这种情况：在“某个人看来是渐进的转型，或许在另外一个人看来就是

---

① 参见（波兰）格泽戈尔兹·W. 科勒德克著，刘晓勇等译：《从休克到治疗——后社会主义转轨的政治经济》，第 35—37 页。

激进的改革”。例如，“科尼亚（Cornia）和波波夫（Popov. 1998）则把越南视为休克方式的典型，主要是指其快速放松价格管制并保持宏观经济的稳定。他们因此而将俄罗斯和乌克兰计入实施非连续休克（inconsistent shock）战略的国家之列，也就是迅速放开价格，但却未能保持宏观经济稳定。”① 拿中国改革来说，一般认为是渐进的典型，而吴敬琏教授在分析中国改革战略问题时指出：“不能用‘渐进论’概括中国的改革战略。”他自问自答地说：“‘渐进改革论’是否符合中国改革的实际？是否符合小平同志经济体制改革的战略思想？我的回答是否定的。”他解释说：“从中国改革的实际情况看，在国有经济（包括有工商企业、国家银行和国家财政）的范围内，改革的确是渐进进行的，15 年来基本上只做了一些小的修补，而没有根本性变革……直到 1993 年党的十三届三中全会以后，都没有采取实际步骤对国有经济进行全面改革。”“从 1981 年开始，中国改革在国有经济领域中实际上是停顿了。”因此，“中国改革举世公认的成就，并不是因为国有经济采用了渐进改革的方法才取得的。”中国改革取得的成就主要是由于在“1980 年秋到 1982 年秋短短 2 年时间内，就实现了农村改革，家庭联产承包责任制取代了人民公社三级所有制的体制。1982 年以后，乡镇企业大发展，进而带动了城市非国有经济的发展。加上搞了两个特区和沿海对外开放政策，使中国一部分地区和国际市场对接，而且建立了一批‘三资企业’。……一个农村改革，一个对外开放，构成了 1980 年以后中国改革的特点。1980—1984 年所取得的成就在很大程度上与这一特点有关”②。而搞农村改革、特区和对外开放，其速度都是快的，也并不是时间拖得很长的渐进式进行的。杰弗里·萨克斯也说：“我并不认为中国的成功是渐进主义发挥了特别的作用，真正起作用的是开放农村、开放沿海地区、鼓励劳动密集型生产、允许外资与技术的输入，等等。一句话，允许足够的经济自由，从而最好地利用了中国的结构。”③

---

① 参见（波兰）格泽戈尔兹·W. 科勒德克著，刘晓勇等译：《从休克到治疗——后社会主义转轨的政治经济》，第 35、47 页。

② 吴敬琏等：《渐进与激进——中国改革道路的选择》，经济科学出版社 1996 年版，第 1—3 页。

③ 吴敬琏等：《渐进与激进——中国改革道路的选择》，经济科学出版社 1996 年版，第 166 页。

37. 俄罗斯对财税体制做了哪些改革?

陆南泉

俄罗斯在确立了以建立市场经济为目标的经济体制转型后，对在传统的计划经济条件下形成的财税体制作了重大改革，使其适应市场经济发展的要求，财税体制改革的基本方向是：根据市场与财政所满足的不同的社会需要来界定财政的职能范围，在合理划分中央与地方政府的事权范围基础上，实行分税制，以确立中央财政与地方财政之间的收入范围，根据事权范围划分支出范围。

财政体制改革

不论在计划经济体制还是在市场经济体制条件下，就财政作为分配与再分配社会产品和国民收入的这一职能而言，并没有多大区别，即国家都凭借政治权力取得财政收入，以此来为保证国家职能顺利实现提供财政基础。但财政在实现分配职能的过程中，采取的财政政策、政策目标、途径与作用，在不同经济体制条件下，则有很大的区别。在计划经济条件下的财政体制，其最大的一个特点是，国家在参与企业分配时，不以企业是市场主体为出发点的。在具体政策上，实行的是统收统支。在这种条件下，从国家与企业的财政关系看，是政府的一个下属行政机构，这是由国家对企业实行直接管理与控制的计划经济体制所决定的。由于不把企业视为独立的商品生产者与市场的主体，因此，在苏联时期经过多次的经济改革，在国家参与企业利润分配时，就可以从国家需要出发，让企业把绝大部分利润上缴财政，从而使企业缺乏自我更新的能力，从而影响企业的生产积极性。传统经济体制条件下的财政体制的另一个特点是，集中程度高。这表现在两个方面：一是大量的国民收入通过财政分配与再分配，集中到国家预算。以1980年为例，苏联国家预算占国民收入的比重为65%以上；二是财政资金主要集中在中央预算，1980年苏联地方预算占的比重为17.1%。在谈到传统经济体制条件下的财政体制特点时，不能不提及财政与银行的关系。苏联时期，在产品经济理论的影响下，重视生产过程，忽视流通过程，把大量国民收入集中在财政，通过财政进行直接分配，从而使管理资金流通的银行不能充分发挥作用。银行往往成为货币资金的出纳机构和财政的附庸，在相当一个时期里，银行不独立。很明显，原来财政体制的一些特点，很难与以建立市场经济体制目标为方向的经济改革相适应。

俄罗斯在1992年年初在进行激进式向市场经济转轨时，也对财政体制进行根本性的改革。

一、由国家财政向社会公共财政转化，缩小财政范围

有关财政范围和体系问题，在苏联历史上曾是经常争论的一个问题。在20世纪30年代以前，由于国家的货币资金基本上是集中在国家预算，之后，再按国家统一的计划进行统一分配，因此，对国家财政的范围局限于国家预算，往往把国家预算与国家财政等同起来。上个世纪30年代后，随着国营企业在整个国民经济中占主导地位，国营企业广泛推行经济核算，企业自行支配的货币基金增多，随之财政的范围亦就扩大，国民经济各部门与企业的财务成了国家财政体系中的一个重要环节。根据当时的苏联财政理论，国民经济各部门与企业的财务主要作用有：一是通过财务活动来形成内部资金，以保证企业生产的顺利实现；二是实现国家与企业的财政关系，即向预算的和获得预算的拨款；三是体现公有制企业其一切经济活动是为完成苏联国家经济职能的直接组织者作用。后来，在苏联形成的财政体系包括三个领域：物质生产领域财务、国家预算与非生产领域财务。

十分明显，在财政体系中列入企业财务，是指令性计划经济体制的要求。苏联长期坚持的看法是在国营和合作企业在国民经济中占绝对统治地位的条件下，企业财务是整个国家财政的基础，国家通过财政分配与再分配，把企业大量资金集中在国家（预算）手里，然后按国家统一计划进行分配与使用。因此，国家要求直接管理企业的活动，参与企业货币基金的形成与分配过程。

在俄罗斯确立了以向市场经济过渡为改革目标后，在改革财政体制时，开始调整国家与企业的关系。财政职能转变的重点有两个：一是财政作为政府行为，不再直接干预企业的生产经营管理活动，主要是为解决市场不能满足的一些社会公共需要，如社会保险、义务教育、防疫保健、国防、社会安全、行政管理、基础科学研究、生态环境保护等。二是由于在市场经济条件下，国家调控宏观经济的方式由以直接的行政方法为主转向以间接的经济方法为主，因此，要强化财政对宏观经济的调控作用。这方面的作用是多种多样的，如保证国家基础产业，重点项目的投入；调节行业之间、地区之间收入分配水平，促进社会分配的公平；运用财政、税收杠杆，调整产业结构，促进生产要素的优化配置与经济效益的提高；通过财政政策与货币政策的相互配合与协调应用，来调节社会供需总量，以利其平衡；加强财政法、税法的建设，实行依法理财，强化财政监督管理，从而在市场经济运行过程中，使财政领域的法治日益加强。而过去在指令性计划经济体制条件下，靠各级行政权力、人治办法运转经济的现象，逐渐得以克服；等等。中东欧一些转轨国家，在改革财政体制时强调，国家财政在现代市场经济中的主要功能是：资源配置功能、收入再分配功能、经济管理功能与宏观调控功能。财政职能的重大转变，有利于使企业成为独立的商品生产者，成为市场经济的主体。另外，随着东欧中亚国家私有化政策的推行，国营企业的比重大大降低，私有化企业与国家关系已发生重大变化。

鉴于财政职能的上述变化，在俄罗斯财政体系中，已不列入企业财务。在其他转轨国家，如 1991 年年初，罗马尼亚公布的《公共财政法》，一是已不再用国家财政的概念，而是采用西方国家的公共财政概念；二是在新财政体系中，主要包括国家公共预算（由中央预算、地方预算与国家社会保险预算组成）、税收和财政监督等。

二、预算结构的调整

1. 预算管理体制的调整

国家预算管理体制是与国家政权及行政管理体制相适应的。苏联长期实行三级制。根据 1924 年通过的苏联宪法确定的原则，建立了统一的国家预算管理体制，它由联盟（中央）预算、各加盟共和国预算和地方预算组成。国家预算中还包括社会保险综合预算。1991 年前，苏联的预算制度由中央实行单一的统一管理。1992 年实行向市场经济转轨的初始阶段，俄罗斯预算制度的调整带有明显的分权性质。1993 年 12 月 12 日颁布的俄罗斯宪法，开始向巩固国家联邦制方向发展，改变了在预算制度和预算程序领域的法规。根据国家管理级别，分清了预算权能，确定了各级预算之间的相互关系。俄罗斯从1991年到1998年期间颁布了一系列预算法。1998年7月31日通过的（于2000年1月1日正式生效）俄罗斯联邦预算法典规定，俄联邦预算体系建立在俄罗斯联邦经济关系和国家制度基础上，它是受法规制约的俄罗斯联邦预算、俄罗斯联邦各主体预算[①]、地方预算和国家预算外基金的综合体。就是说，俄罗斯的预算体系仍由三级组成（见下图）。

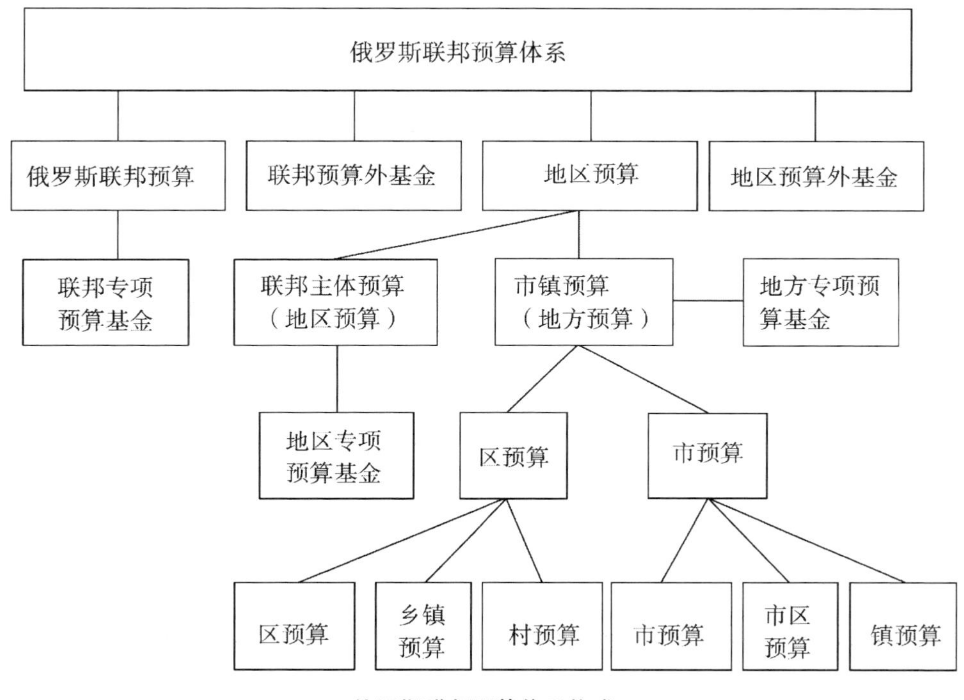

俄罗斯联邦预算体系构成

资料来源：（俄罗斯）Г.Б.波利亚克院士主编：《俄罗斯预算体系》，莫斯科ЮНИТИ—ДАНА出版社2003年俄文版，扉页。

从上表可以看出，第一级预算为联邦预算（中央预算），但不再称为联盟预算；第二级为联邦主体预算，即89个联邦主体；第三级为地方预算，包括区、市、镇和乡预算。在涉及中央与地方关系时，俄罗斯则把第二和第三级预算合称

① 俄罗斯由89个联邦主体组成，其中包括21个共和国，50个州，6个边疆区，10个自治区，莫斯科与圣彼得堡直辖市。

为地方预算，联邦预算与地方预算合在一起构成国家预算，称为联合预算。这里要指出的是，在俄罗斯进行转型后，建立了预算外基金制度。这一部分也是俄罗斯联邦预算体系的组成部分。俄罗斯预算外基金分成两个部分：一是称之为专项社会基金，它包括养老基金、社会保险基金和联邦、地方强制医疗保险基金。这三项基金构成了当前俄罗斯的社会保险体系。二是称之为专项经济基金，主要指地区道路基金、联邦矿物原料基地再生产基金、联邦生态基金、国家制止犯罪基金，联邦支持小企业主活动基金与促进科技进步基金等。今后，俄罗斯对预算外基金在管理方面的改革，其基本方向是：对专项社会基金，在保持其法人独立地位的同时，要将其纳入联邦预算体系之内；至于经济预算外基金将朝着把资金列入预算，管理权交给财政机关的方向进行。

俄罗斯还规定，以下原则是俄罗斯联邦执行预算体系的基础：统一性；分清不同级别预算的收入和支出；独立性；全面反映预算、国家预算外基金的收入与支出；平衡预算；节约与高效利用预算资金；全面弥补预算支出；公开性；预算的可信度；预算资金的针对性和目的性。

2. 合理划分中央财政与地方财政的关系

俄罗斯在向市场经济过渡的初始阶段，调控宏观经济手段还很不完善，更谈不上已形成较为成熟的体系，因此，如何在中央与地方政府事权范围较为明确划分的基础上，合理划分中央财政与地方财政的收支范围，处理好两者之间的关系，尚处于探索与不断调整时期，东欧中亚各国，普遍通过分税制办法来协调中央财政与地方财政关系。但从这几年的情况看，中央与地方政府在财政收支问题上的存在尖锐矛盾，双方都力图控制更多的财源。这在俄罗斯表现得更为突出。

1992—2010 年俄罗斯联邦与地方预算收支所占比例（%）

	1992 年	1995 年	2005 年	2006 年	2007 年	2008 年	2009 年	2010 年
联邦预算收入	57	54	63	63	60	60	55	56
地方联合预算收入	43	46	37	37	40	40	45	44
联邦预算支出	70	50	54	54	56	53	61	60
地方联合预算支出	30	50	46	46	44	47	39	40

资料来源：俄罗斯联邦财政部。

从上表可明显看到，在转型初期，俄罗斯地方财政收入的相当一部分要上缴中央财政来支配，从而使85%的地区要靠联邦预算补贴来维持。这严重地影响了地方的积极性，制约了地方经济的发展，因此也必然遭到地方的抵制。地方许多人士认为，在俄罗斯应实行地方优先的预算制度，并建议把60%的税收留归地方，提出的主要根据是，美国把全部税收收入的60%留给了州和市政府。特别要指出的是，一些地方执政者，公开主张实行预算单轨制，即以地方为主，上缴的中央的部分由地方来确定。苏联解体前的1991年，俄罗斯联邦曾经用这一办法对付过当时的联盟中央，并使联盟中央财政处于极为不利的地位。曾有数十个联邦主体在自己的苏维埃议会上作出向预算单轨制过渡的决定，这无疑将严重影响俄联邦中央财政的稳定。俄罗斯地方政府还采取了一些具体办法来与俄中央相抗争，主要办法是不完成上缴税收任务。如1993年，有38个地区没有完成增值税的上缴任务，14个地区未完成上缴利润税。另据1993年10月18日美国《新闻周刊》报道，在俄罗斯89个地区中，已经有30个地区停止向中央财政缴税。俄联邦为了制止上述情况的发展，叶利钦总统发布命令授权政府采取严厉制裁措施，主要有：对抗税地方政府停止提供资金、分配出口份额，提供进口物资，减少国家贷款，没收其在银行账户的资金等。与此同时，俄联邦中央政府对地方采取了一些缓解措施，如1993年4月曾通过《俄罗斯联邦地方预算权基础法》规定，适当扩大地方财权，对有些重要税种如增值税与利润税由联邦税改为联邦地方共享税。增值税收入的20%—50%留归地方，32%的利润税中，22%留归地方，10%缴入联邦中央预算。还规定，个人所得税全部划归地方等。之后，俄罗斯联邦政府又采取了一些扩大地方财政的措施。但问题并没有根本解决。后来，俄罗斯联邦政府又采取以下办法：在每年编制预算前，先确定地方预算的最低需要额度，如本地方收低于支，中央财政用调节税给予补贴，以保证地方预算收支之间的平稳。从形式来看，上述做法可以起到平衡地方预算的作用，但在实践中存在不少问题，主要是在确定地方最低需要额度问题上缺乏科学根据，带有很大的盲目性与随意性，执行的结果往往是苦乐不均，该得到调节收入的没有得到，不该得到的反而给予了过多的补贴。在这种情况下，有人建议，实行预算双轨制，即一方面有中央统一规定税率，各地方与企业必须一律执行；另一方面中央只规定税率的上限，各地方在此限度内制定本地区的税率，形成地方预算。俄罗斯联邦在转型初期，中央财政与地方财政关系的矛盾十分突出。形成这个局面是有多种因素造成的。从当时的客观条件来看，转型初期的经济危机十分严重，GDP总量大大减少，而国家通过税收等途径所得统一预算收入所占GDP的比重也大大下降，1992年为28%，1993年为29%，1994年为28.2%，1995年为26.8%，1996年为24.8%，1997年为25.7%，1998年为24.5%，1999年为24.7%。在财政收入下降的情况，各级政府却竭力争取获得更多的财政资金。另外，Nadezhda Bikalova认为，从俄罗斯各级政府间财政关系的改革来看，存在以下主要缺陷："（1）财政预算收入分配缺乏客观的、标准的基准；（2）地方和地区政府对开发自己的财政收入和缩减开支缺乏兴趣；（3）联邦政府向联邦成员转移支付时没有考虑到它们得到的其他国家的补贴和资助。地区政府的结构和职能缺乏透明度，联邦政府又对其缺乏了解。这都是各级政府间财政关系冲突的重要原因"①。还要指出的是，在经济转轨出现严重危机的年份，联邦政府向各地区与地方主要根据其自然和气候条件以及自源资源情况而拨给了一定的资金，但同时给它们又下放了向公民提供服务及支付儿童保育费和退伍军人津贴等许多责任，但却未批准给地区征收新税以提供财政收入的机会。这也使许多地区陷入极端困难境地。由于地区差别很大，人均预算收入的地区差异日益加剧。地区间人均最高预算收入与人均最低预算收入的比值从1991年的11.6增加到1998年的30。② 而这些富裕的地区又反对将它们所征收的税收转移到联邦预算中。对此，叶利钦领导的联邦政府采取的政策是，经常通过给予它们比其他地区更加优惠的条件寻求它们的政治支持。这样，使得在俄罗斯转型后的相当一个时期里，推行财政的地方分权进展得十分缓慢。自1992年以来，地方财政在俄罗斯预算收入的比重比苏联时期虽大大提高了，但一般保持在50%的水平。这使得各地区和地方政府满足法定支出义务的能力显然不足。这可从俄罗斯1997年实行的转移支付制度③的情况证实这一点。1994年全俄89个联邦主体中，接受转移支付资金的有66个，1995年增加到78个，1997年有85个享受转移支付

---

① 《金融与发展》2001年9月号。Nadzhda Bikalova系IMF财务部访问学者，现任北方地区和远东问题委员会顾问，曾为俄罗斯国家杜马成员。

② 《金融与发展》2001年9月号。

③ 系指俄罗斯联邦进行预算调节的一种办法，以此来为地方预算提供财政援助。按规定，如果一个地区的人均预算收入低于全国所有地区人均预算收入，那么，该地区就有权得到联邦的转移支付资金。

资金。转移支付资金在各种财政援助总额中的比重从 1994 年的 21%上升到 1996 年的 42.4%。

到了 1998 年，俄罗斯在改善中央与各地方财政关系方面采取措施。一个重要的举措是，由俄罗斯政府、联邦议会和国家杜马派出代表组成的三方委员会，就改革俄罗斯各级预算之间关系提出建议，其主要内容是，制定三级主要政府论和提出进一步改进政府间财政关系体制的建议和途径。如上面提到的 Nadezhda Bikalova 认为，提出了以下两个途径：（1）通过颁布特别的法律，如防止各级政府及各自的法规间冲突的法律来加强政府间的财政关系；（2）分配税收收入、联邦制发展纲要。主要目的在于划清各级预算支出与收入的权能，从而保证各主体、地方权力机构财政的独立性与责任心，提高它们在管理公共财政方面的兴趣，实施有效管理，支持地区经济的发展，实行结构改革。①

经过上述调整措施，目前俄罗斯各级预算收入来源同支出需要之间基本上持平。

3. 收支结构变化

苏联时期，国家预算收入的一个重要特点是，它集中全国的资金量大，一般要占国民收入的 50%—70%。产生这一特点的主要原因是，国家执行着广泛的职能，特别是经济职能，国有经济占的比重极高，全国的经济政策，从宏观到微观都控制在国家手里，全国经济活动基本上按统一的国家计划运行。在向市场经济过渡后，国家集中的财政资金日益减少。正如前面指出的，俄罗斯国家预算收入总额约占国内生产总值的 25%。国家预算收入另一个重要变化是，税收占的比重日益增大，以税收形式的缴纳一般要占俄罗斯预算收入总额的 80%—90%，1992—1993 年分别占 98%—84%。从预算支出结构来看，随着向市场经济过渡，国家组织经济、直接干预经济作用的削弱，一个突出的变化是，用于国民经济的拨款大大减少。在苏联时期，国家预算用于发展经济的支出要占全部预算支出的 50%以上（如 1980 年占 54.77%，1988 年占 52.8%），而到 1994 年，俄罗斯这项支出只占 27%。从 1995 年开始，在俄罗斯预算支出中，不再单列“国民经济”项目，而分别列为工业、能源、建筑；农业与渔业；道路交通、通信、信息、住

① 参见刘美珣、（俄罗斯）列·亚·伊万诺维奇主编：《中国与俄罗斯两种改革道路》，清华大学出版社 2004 年版，第 436 页。

宅公用事业等四项。如把这四项加在一起，作为国民经济拨款，那么1998年与1999年，其所占俄罗斯联邦统一预算支出总的比重分别为19.8%和17.5%，2010年用国民经济的支出为13.2%（详见下表）。

俄罗斯财政支出结构比重（%）

	2008	2009	2010
支出	100	100	100
其中：			
全国性问题	9.2	8.2	8.2
国防	7.5	7.4	7.3
国家安全和司法	7.8	7.8	7.6
国民经济	16.1	17.3	13.2
住房和公用事业	8.2	6.3	6.1
社会文化措施	51.0	52.8	57.5
其中			
教育	11.9	11.1	10.8
文化、影视、大众传媒	2.2	2.0	2.0
医疗、卫生与体育	11.1	10.3	9.7
社会政策	25.8	29.4	35.0

注：社会政策包括养老保障、居民社会服务、居民社会保障、家庭和儿童保护、社会政策领域科学研究及其他等方面。

资料来源：俄罗斯联邦财政部。

发生上述变化的一个直接原因是投资主体的改变。随着私有化的推行，过去的投资主体是国家，现在主要是企业。

税收体制改革

俄罗斯政府为了使税制适应市场经济体制的要求，特别是为了税制成为调节宏观经济的有力工具，通过税制改革不仅要保证国家有效的筹集资金即发挥集中收入的功能，并且还要与刺激投资有效地结合起来。为此，在苏联解体前，俄罗斯宣布独立后不久就在税制改革方面通过了一些改革的法规，这包括《关于俄罗斯联邦税收体制的基本原则法》、《俄罗斯联邦增值税法》、《俄罗斯联邦企业和组织利润法》、《俄罗斯联邦个人所得税法》等。由于俄罗斯税法不断补充和改变，使得其中的一些条款出现相互不一致，有关税收的某些问题的处理上缺乏法律根据。从 1995 年起就提出制定俄罗斯联邦税收法典问题，到 1998 年 7 月 31 日，在俄罗斯联合会议上通过了《俄罗斯联邦税收法典》（以下简称《税法典》）的第一部分，并于 1999 年生效。这是俄罗斯税制的主要文件。《税法典》的第二部分于 2001 年生效。

在 1999 年以前，即 1998 年《税法典》第一部分生效前，所通过的有关税制改革的一些法规，大体上规定了俄罗斯税制改革的主要内容和基本框架，也就形成了头几年与向市场经济过渡相适应的新的税收体制。

纵观叶利钦执政时期税制改革的发展过程，其税制改革的基本方向是实行分税制，统一税制，简化税率，实行当今世界上市场经济国家普遍采用的增值税为主体的流转税制度。主要税种是增值税、利润税、所得税和消费税。

一、实行分税制

建立市场经济体制要求财政体制与政策，从原来的计划经济体制条件下所起的管理工具作用转变为市场经济基础上起宏观调控经济手段的作用，而分税制适应了这一要求。这是因为分税制有利于市场经济的发展，它表现在：首先，可以使对市场经济宏观调控间接化和规范化。过去中央财政收入与地方财政收入的划分，主要是按行政隶属关系进行的，分税制则按税种划分，这样改变了企业与各级政府的关系，从而有利于弱化财政的直接管理，强化对经济的间接调控。其次，分税制有利于资源的优化配置。市场经济条件下，主要通过市场调节来实现资源优化配置，要达到这一目的，需要政府创造良好的投资、运营和销售环境。而分税制是按分级财政的原则来提供公共产品的。这比过去单靠中央不仅提供全国，而且还要提供各地公共产品的集税制更为有效。由于事先明确了各自的事权范围，也有利于各级政府有效地利用归属于它的资金。另外，分税制有利于地方政府发挥对经济的调控作用。在旧体制条件下，财政资金主要集中在中央财政一级，因此，用于发展国民经济的主要资源来自中央财政，从而地方财政对经济调控作用十分有限。在市场经济的条件下，调控经济不但要靠中央政府还要靠地方政府。地方财政是国家宏观调控中的一个有机组成部分。这有利于全国经济的稳定发展。

从实行分税制的世界各国情况看，分税制有多种类型，税制结构和具体做法更是多种多样。但如果从分税制的彻底程度来划分，基本上可分为两种类型：即彻底的分税制与适度的分税制。彻底的分税制，其主要特点是只设中央税与地方税，不设共享税，并且中央与地方在税收立法、管理征收等方面也完全分开。适度的分税制，其主要特点是既设中央税与地方税，也设共享税，在税收立法权方面，一般集中在中央，但地方也具有一定的税收管理权限。

从俄罗斯税制改革情况看，实行的是适度的分税制。

根据俄罗斯转轨起始阶段颁布的有关税制改革的法令，确定了46个税种，按全国三级财政加以划分，属于联邦（中央）的有16种，主要有增值税、企业利润税、消费税、自然人所得税等；属于联邦主体税及地方税共30种，主要是那些与地方经济关系较为密切、资源较为分散的税种，如财产税、土地税、森林税、广告税、企业注册手续费等。增值税是全国普遍征收的税，它又是在全国各级财政之间分配的调节税。属于调节分配的还有自然资源利用税、企业利润税和自然人所得税等。

俄罗斯的骨干税种是增值税、利润税这两项，消费税与所得税也有一定的比重。1997年增值税、利润税和消费税三项就占税收总额的74.75%。

二、实行几种主体税

俄罗斯向市场经济转轨后，实行利改税后，主体税一般由增值税、利润税、所得税与消费税组成。

1. 增值税。它是对原来的周转税进行重大改革后形成的新税。与周转税相比，增值税有明显的特点：一是它采取价外税的形式，即其税金不包括在产品销售价内，不由售方支付，而由需求方缴纳；二是征收的范围很大，对所有产品和劳务的增加价值征税，不仅在生产环节征收，而且在商业批发环节征收。

2. 利润税。这是由原来的利润提成缴纳改变来的。它是国家参与企业利润分配与直接调节利润的重要税种。俄罗斯在税改时，决定实行企业利润税。按照俄罗斯《企业利润法》的规定，在俄罗斯境内所有企业、法人团体、有单独财务平衡表和银行账户的分公司、分支机构、外资在俄罗斯的常设机构等，统一按比例税率征收利润税。应税利润是商品和劳务的经营所得和营业外所得。企业的利润税率为32%。交易所与中间商为45%。利润税是一次性原则征收，即同一纳税对象不重复征税。企业的应税利润是企业出售商品和提供劳务收入减去生产费用、增值税与消费税后的利润。俄决定在1996年1月1日起，对企业超标准支付的劳动报酬基金部分不再征收企业利润税，采取这一措施而减少的利润税收入，准备用增加个人所得税方法为弥补。

3. 所得税。现今的所得税与过去的所得税在内容上不同。苏联时期一般指居民收入和合作制企业缴纳所得税，而现在的所得税包括二部分内容：法人所得税和自然人所得税。俄罗斯在实行私有化之后，不少居民成为企业、公司的所有者或经营者，这些法人缴纳上面提到的利润税。大部分居民不具有法人地位，他们是自然人，而按自然人所得税税法纳税。俄罗斯《自然人所得税法》规定，自然人所得税按自然人全年总收入计税，但计算总收入时，先要扣除一个月的最低工资额，再扣除子女和被赡养的赡养费，余下部分则是应税总收入额。如夫妇都工作，只能一方享有免征赡养费的待遇。在2001年前俄罗斯自然人所得税实行的是累进税率。

4. 消费税。这是包含在商品价格中由消费者支付的间接税。苏联在上个世纪20年代曾采用过这一税种，后因并入周转税而取消。1992年又开征此税。课征对象主要是部分高级消费品，税率为商品自由批发价格的10%—90%不等。[①]

三、税制中存在的主要问题

俄罗斯在1999年之前，税收体制存在不少问题，突出表现在以下几个方面：

1. 税制复杂与混乱。转型初期俄罗斯政府规定有联邦与地方税费共46种。但在叶利钦于1994年颁布了有关对联邦主体下放一些税收立法与同意地方可以自行收费的总统令后，这使得税收秩序更加混乱，使联邦税费一度增加到40种，联邦主体税费达到70种，地方税费增加到140种，三级税费相加竟达到250种，在税项数量方面俄罗斯名列世界前茅。如此复杂的税费，极度地增加了征管的难度，也妨碍了税收任务的完成。

2. 税负过重所引起的种种后果。由于俄罗斯的税制改革基本上以完成国库任务为导向，从而削弱了税收对经济的刺激作用。俄罗斯学者认为，长期以来，税款占了企业总收入的80%—90%。对汽车制造企业的研究表明，企业的通常

---

① 参见郭连成：《俄罗斯联邦税制》，中国财政经济出版社2000年版，第265页。

纳税水平占账面利润的70%—120%。根据社会学家的调查，超过90%的企业经营者认为，税收政策是俄罗斯商业发展的主要障碍之一。问题是，这种主要以满足国库要求的税制，实际上并不能达到目的。高额税收迫使相当一部分的公开交易转向“地下”。根据企业经营者的调查表明，只有1.5%的经营者按规定签订商业合同，并缴纳所有税项。这样亦使得俄罗斯企业的财务报表只能反映不超过50%的真实流转情况，相应的征税水平平均为50%—60%，个别税种更低。例如，1997年，根据真正的纳税基础，个人所得税总额应为1750亿卢布，但事实上只上缴了750亿卢布，即只完成应缴税款的42.8%。[①] 普里马科夫在谈到税负过高的消极作用时指出：“过高的税收不仅限制了生产的发展，而且引发大量逃税，将相当大一部分经济变成了所谓的‘影子’领域，其中包括本来想诚实，但经常被迫去干‘影子’勾当的企业。同时，对劳动报酬过分沉重的税收压力也刺激了上面所说的‘影子’报酬，为大规模的藐视法律提供了温床。”[②]

3. 税收体制的非市场特点。表现在对一些税收的优惠。对部分地区和企业征税延期与税收纪律执行宽严等问题上，往往取决于官员的态度，因此，寻求与政府机构建立非正式的不正常关系的渠道和形式，成了企业经营行为的重要目标，这样不可避免地出现官员腐败和大量的偷税漏税。“不同资料显示，犯罪组织和商务机构利润的20%—50%用于贿赂国家各级机构官员。”[③]

4. 由于地方缺少骨干税种和税量小等原因，使得地方财政难以完成所承担的任务。这容易造成地方政府抗税。1993年8—9月间曾出现过30多起联邦主体联合抗税的风潮。

四、普京执政后的税制改革

这一时期税制的改革，主要是实施1999—2001年开始生效的“税法典”规定的有关内容，主要政策有：

一是简化税制，减少税种。规定将47种联邦税与地方税经调整后减为28种。

---

① 参见刘美珣、(俄罗斯)列·亚·伊万诺维奇主编：《中国与俄罗斯两种改革道路》，清华大学出版社2004年版，第516页。

② (俄罗斯)叶夫根尼·普里马科夫著、高增训等译：《临危受命》，东方出版社2002年版，第49—50页。

③ 同上，第183页。

二是调整税率。从2001年起，对个人税基，而且大大减少了偷漏税，因此，改革后个人所得税不仅没有减少反而增加了。俄罗斯为减轻中小企业的税负，从2003年1月起，规定把中小企业原上缴的5种税（利润税、销售税、财产税、统一社会税与增值税）合并为一种税即“小企业统一税”。这一改革使小企业税负减轻50%。俄罗斯从2009年1月1日起，把企业利润所得税税率由24%下降至20%。

三是从2001年起新增设统一社会税。开征该税的目的是动员资金，以便使俄罗斯公民在养老和社会保障、医疗保障方面得到保证。俄罗斯自增加这一税种后，税率不断下降，从2002年的39.5%降至14%，但从2011年年初起，又调高到34%普京在2010年12月16日通过电视与百姓对话时谈道，调高税率的原因是因为俄罗斯制定了庞大的退休金制度和医疗保健制度的改革计划，医疗保健等方面需要巨大的开支，为此，不得不提高统一社会税。普京最后说：“我很遗憾，我们实在是别无选择。”

四是在以降低税负为总趋势的改革条件下，强化税收纪律。这是保证应税收入能及时进入国库。

五是根据WTO的要求，在有关关税方面进行一些改革，主要内容有，首先降低进口商品税率，平均降至14%；其次，逐步取消关税补贴；第三，简化税率，对万余种进口商品分别按5%征收。

俄罗斯税制改革未来的趋势是，更多地着眼于为经济现代化服务，能为创新型经济起到刺激作用，换言之，税收政策要有利于企业开发新技术、生产新产品。与此同时，要使俄罗斯税收体系进一步完善，进一步强化税收纪律，提高效率。

至于税负问题，21世纪头十年俄罗斯税收收入占GDP的比重一般均超过32%，如2001年为33.9%，2007年最高为36.8%，2009年受金融危机的影响降至30.3%，据估计2010年可能降至30%以下。俄罗斯今后税收改革政策在涉及税负问题上，持有两种不同看法：一种意见认为，目前受金融危机影响的条件下，不应减少预算收入，增大财政赤字，因此不宜减轻税负；另一种意见认为，为了刺激与拉动投资及消费，应减轻税负。看来，持后一种意见的人居多。俄罗斯前财长库德林的看法是，在俄罗斯税收收入占GDP的比重30%—35%较为合适。

38. 俄罗斯对银行体制进行了哪些改革?

徐向梅

从苏联时期大一统的单一的银行体制向现代的市场的二级银行体制过渡，是俄罗斯由计划向市场转轨过程中制度转型的重要组成部分和核心环节。追溯起来，银行改革发端于苏联末期，制度性转轨完成于新俄罗斯初期，不过在其后20年的发展中，银行制度也处在不断的调整和完善之中。

概括地讲，俄罗斯银行体制改革大体可以划分为三个主要阶段。第一阶段从上世纪80年代末、90年代初算起至1998年危机前，这是银行制度转轨和新的二级银行体系形成时期。第二阶段从1998年到2003年，是危机及其后的重大制度调整和银行部门恢复发展时期。第三阶段从2004年至今，是俄罗斯银行部门进一步改革开放和快速发展时期。

俄罗斯二级银行体制的形成

苏联金融体制是单一银行制度，银行体系结构相当简单，所有金融业务全部由苏联国家银行与建设银行、外贸银行和国家储蓄银行三家国有专业银行经营。苏联国家银行作为负责发行货币和集中分配信贷资金的机构，集宏观金融政策与微观经营于一体，成为一个拥有庞大、多级行政机构的管理部门。银行本身被纳入行政管理的系列，成为国家对经济活动实施行政管理的工具，其自身经营活动和经营活动所要实现的目标都由国家指令性计划约束。作为国家财政的附属物，银行信贷资金的来源和运用只是对财政预算和拨款资金的补充。

高度集中的大一统国家银行体制的形成是计划经济模式的必然，在其存在初年有效地保证了苏联工业化和国民经济计划的实现，尽管是作为“大财政”的附属。但是另一方面，高度集中的银行信贷体制又使金融在经济发展中的作用受到很大抑制，在计划经济模式日益暴露出其固有的缺陷和弊端而陷入停滞和衰退的过程中，这种金融制度也日益显露出在制度结构和运行机制上的局限性和无能为力。20 世纪 80 年代末期戈尔巴乔夫推行新经济体制改革，90 年代初期苏联剧变后俄罗斯经济政治转轨，金融制度也像经济转型的其他领域一样开始了其彻底的变革时期，在很短的时间内就形成了以中央银行为核心、以商业银行为链条的所有制结构多元、混业经营、高度对外开放的二级银行体制。

一、中央银行制度的构建

1988 年新的苏联国家银行章程颁布实施，确立了国家银行作为主导银行和国民经济的发行中心以及苏联信贷结算的组织者和坐标系的地位，规定中央银行拥有独立的经济法人地位。在这段时间，改变了单一的国家银行体制，建立起包括苏联国家银行和 5 家专业银行及其分支机构的新银行体系，5 家专业银行分别是：苏联对外经济活动银行、苏联工业建设银行、苏联农工银行、苏联城市公用住宅事业和社会发展银行、苏联居民劳动储蓄与信贷银行。所有专业银行与国家银行一样实行完全的经济核算制和自筹资金制。国家银行对银行活动的调节主要应采用经济方式，并肩负着对专业银行业务活动的监督职能。随着 1987 年 6 月《国有企业法》和 1988 年 5 月《合作社法》的出台，俄罗斯各地兴建了大大小小的股份制商业银行和合作银行，原国有专业银行则加速在地方开办自己的分部。在新银行体系中苏联国家银行依然是主导银行，其职能向中央银行靠近。

苏联解体前后银行部门加速了转轨进程。1990 年 12 月颁布的《俄联邦中央银行法》和《俄联邦银行及银行活动法》成为俄联邦境内银行改革和银行业务活动的立法基础，以后经过了多次修改补充，但基本原则变化不大。俄联邦中央银行承担了苏联国家银行的全部权力和职能。

俄联邦中央银行的法律地位、任务、职能、权限和组织活动原则是由俄联邦宪法和其他专门法，包括《中央银行法》所确定的。中央银行行长候选人由俄联邦总统提名，中央银行行长及其经理理事会成员的任命和解职归国家杜马管辖。中央银行是具有完全行为能力的、经济上独立的实体，其活动具有独立性，联邦国家政权机关、联邦主体国家政权机关以及地方自治机关都无权干预中央银行执行法律许可的职能和权力。

中央银行内部的最高管理机关是经理理事会，由央行行长和12名理事组成。中央银行行长由总统提名，国家杜马多数票通过予以任命，任期4年，连任不能超过三届。央行行长除由于任期已满、健康原因或违法犯罪原因外不能被解职，这也是央行独立性的重要体现。12名理事由央行行长提名，报总统批复，任期也是4年。

俄中央银行实行三级管理体制，最高一级是经理理事会及其央行的中心机构（在莫斯科），第二级是位于俄罗斯大区（边区、州、共和国和大城市）作为央行分支机构的总管理局，第三级是作为总管理局分科机构的清算出纳中心，主要在城市和小地区为当地的商业银行提供清算和出纳服务，也执行其他属于央行权限的业务。央行系统实行垂直集中管理，总管理局及地方分支机构不具有法人地位，其职权范围由央行经理理事会决定。

《中央银行法》为央行规定的主要职能和业务范围归纳起来主要有以下几个方面：

1. 制定和实施统一的国家货币信贷政策，控制货币供应量，保护和保障卢布的稳定，垄断现金发行，组织货币流通。

2. 组织联邦内部的非现金结算，进行国际贸易结算，制定联邦范围内实施结算的原则。

3. 信贷组织活动的调节和监管，包括制定银行业务和财务报表的准则、实行信贷组织国家登记、发放和吊销许可证、对信贷组织发行有价证券实行国家登记、对银行资本充足率和流动性指标的制定和监督检查等。作为银行的银行，中央银行充当信贷组织最后贷款人角色，组织再贷款体系。

4. 实施外汇调节和外汇监督，央行有权进行外汇买卖以影响卢布汇率，组织编制年度国际收支平衡表。

5. 参与制定国家预算，对俄联邦和地区的经济发展状况，首先是货币信贷、外汇金融和价格关系做出分析和预测，公布相应的统计资料。

为完善货币信贷体系，还建立了附属于中央银行的国家银行理事会，央行行长任国家银行理事会主席。国家银行理事会作为一种咨议机构，负责对中央银行的工作予以协助和监督。

《中央银行法》的通过和实施标志着俄罗斯中央银行作为二级银行体制第一级主导银行的地位和独立性从法律上得到了确认，中央银行的职能和业务范畴从法律意义上向西方中央银行制度靠拢。中央银行作为国家银行、货币发行银行和银行的银行，是经济和流通中的货币信贷政策制定、实施和调节的机关，同时负责对商业银行的监管。

但《中央银行法》也有很多矛盾之处，一是尽管法律规定了对央行业务的限制，但是几乎所有的限制都不是绝对的，都附加了例外的条款。例如在该法的第48条第2款中明文规定央行不能持有金融机构的股权，但在第7—8款中又规定了很多例外，中央银行持有外贸银行、首都储蓄银行、储蓄银行的控股股权，同时是伦敦莫斯科人民银行、维也纳多瑙河银行、巴黎北欧商业银行等多家商业银行的控股股东。二是与商业银行的界限不清。一方面是在商业银行中持股，另一方面是与商业银行争夺业务范围，还有条件地保留了结算、储蓄、信贷以及对军队的业务，还在国外设立投资公司和银行，拥有国外资产。

二、商业银行制度的初步形成

1. 银行体系结构发生了重要变化

《俄联邦银行及银行活动法》（即通常所说的商业银行法）从法律上肯定，所有的银行都必须改建成股份制商业银行，而且允许任何所有制形式的银行建立。俄罗斯银行体系结构因而发生了重要变化，国有银行一统天下的局面彻底打破。目前在俄罗斯主要存在三种所有制形式的银行：国有银行、其他股份制商业银行、外资银行。不过国有银行依然保持着优势地位。

国有银行是指中央银行控股、联邦和地方政府控股以及国有企业控股的银行，即国资占比50%以上的银行。这首先是从前苏联继承下来的储蓄银行、外贸银行和对外经济银行等，它们也按照银行法的要求都改造成了股份制商业银行，不过仍由国家绝对控股并成为俄罗斯银行市场上的当然老大。比如储蓄银行长期占有俄罗斯自然人存款市场75%左右的比重，资产占银行体系的1/4左右。还有一些银行是转型之初由原部委或主管机关创立的，如：石油化学银行、石油天然气建设银行、渔业银行、通讯银行等，国家也是最大的股东。1998年危机以后俄罗斯建立了三家政策性银行——俄罗斯发展银行、全俄地区发展银行和俄罗斯农业银行。尽管近年来俄罗斯政府把储蓄银行、外贸银行等大的国有银行都列入私有化名单，但也只是部分股份私有化，而且由于多次发生银行部门危机以及由此而产生的国家救助，目前国有银行的资产占银行系统全部资产的比重较2000年年初有所上升，按俄中央银行的统计在40%以上，按照西方银行部门的计算达到45%左右，俄罗斯有专家评估甚至达到了57%。[①]

其他股份制商业银行，是指国有银行之外的其他国内资本为主的银行。这类银行中也包括国资占股但比例很小的银行。俄罗斯转轨之初银行市场准入条件非常低，1988年苏联时期，股份制银行最小法定资本要求是500万卢布，以后该指标逐步上调，1996年4月调整到50万欧洲货币单位，1998年1月调整为100万欧洲货币单位，1998年7月再度调整为125万欧洲货币单位。由于门槛低，商业银行在这些年里如雨后春笋般发展起来，1998年危机前有近1600家银行，其中中小银行众多，甚至有1/4左右的银行资本不足50万美元，有的银行甚至只为一家企业提供服务，俗称"袖珍银行"。2006年4—5月间，俄议会批准了《俄联邦中央银行法》和《俄联邦银行及银行活动法》修正案，规定从2007年1月1日起，新注册的银行最小自有资本额上调至500万欧元卢布当量，而非银行信贷机构自有资本则不得低于50万欧元。低于该指标的原有银行尽管仍有权继续存在，但是不允许其自有资本发生下降，否则将面临被吊销许可证的命运。随后，新注册银行的最低法定资本限额也作了相应的调整。

2. 银行部门高度对外开放

俄罗斯银行部门的对内对外开放是同步进行的。联邦法律鼓励外国投资者投资新建独资、合资银行或参股俄罗斯银行，也可以在俄罗斯领土上建立外国银行分支机构。转轨之初，俄罗斯对外资银行的开放度就相当高，外资银行中大多数都拥有总许可证——全面经营银行业务的权利，少数银行业务权限受到限制主要是由于其自有资本规模没有达到相应标准。俄联邦中央银行对外资参与俄银行体系的限制主要有两点：一是限制外国银行在俄领土上设分行，只能开办代表处或者以独立法人的形式经营子银行；二是对外资银行法定资本的限制，规定外国独资机构的最小法定资本为1000万欧元，外资总法定资本不得超过俄罗斯银行系统总法定资本的12%，外资要增加自己的法定资本份额，必须预先获得央行的批准。

就是这些限制也逐渐被打破，2002年11月，俄罗斯中央银行做出决定，取消外国银行资本在俄罗斯银行体系法定资本占比的限额。2006年11月，俄罗斯

---

① http：//www. finanal. ru/011/dolya－gosudarstvennogo－uchastiya－v－bankovskoi－sisteme－rossii1.

国家杜马通过法案，取消各银行在利用非居民资金增加银行法定资本时必须获得俄罗斯中央银行事先许可的规定，允许非居民按照居民规定程序购买贷款组织的股份。与此同时，法案还取消了中央银行有权对新注册的外国银行子行最低资本提出额外要求的条例。至此，俄罗斯对外资银行的特殊限制只剩了不能在俄联邦领土上设立分行，外资银行基本上获得了与俄本国银行平等开展业务的权力。

2007 年 1 月，俄罗斯银行法修正案取消吸收个人存款的权力只授予注册期满两年的银行的限制，规定新注册的法定资本不低于 1 亿欧元的银行就有权获得吸收个人存款的许可证。个人银行存款市场的放开更为外资银行的进入开了方便之门。

截至 2010 年年底，外资占股 50%以上的银行在俄罗斯银行体系中资产占比 18%，自有资本占比 19.1%，实体部门贷款 20.3%，个人贷款 15.1%，个人存款 11.5%。[①]

3. 银行业混业经营

在发达市场经济国家，商业银行的经营模式有两种，一种是单一经营模式，一种是混合经营模式。俄罗斯《银行及银行活动法》规定，商业银行有权从事有价证券管理业务，并被允许直接发行、买卖和持有有价证券。《中央银行法》规定了商业银行经营许可证的种类，包括吸收居民存款业务、经营外汇业务、经营贵金属业务、总许可证等，获得不同许可证的银行只能从事许可证规定范围的业务。从这些规定可以看出，俄罗斯商业银行实行的是类似德国的全能型综合银行体制，商业银行既可以从事传统银行的存、贷、汇业务，也可以从事投资银行的债券、股票发行、经纪业务以及外汇和贵金属交易等其他金融业务。

除了《中央银行法》和《银行及银行活动法》之外，转型以来，在银行部门发展和危机治理过程中，还陆续出台了《信贷组织破产法》、《信贷组织重组法》、《自然人银行储蓄保险法》等一系列银行立法。可以说银行体系的制度结构从改革伊始就发生了根本性改变，不同金融产权形式迅速进入市场竞争环境，中央银行和商业银行制度、银行业市场准入和退出机制、银行破产和重组机制、自然人存款保险机制等一整套类似现代西方市场经济国家的银行制度都建立起来。在制度构建和完善的过程中，继续深化银行部门改革，逐步提高银行市场准入门槛，

---

① Отчет о развитии банковского сектора и банковского надзора в 2010 году.

放开银行个人存款市场，放宽外资进入俄银行部门的限制。市场化的制度形成可以认为是俄罗斯20年来转轨取得的最大成效，经济和银行部门的后续发展和现代化进程的制度障碍将大为弱化。

近年来俄罗斯银行部门发展的主要特点

一、银行部门总体规模成倍增长，但比较而言还是太小

俄罗斯银行部门经过清理整顿，到2003年年初基本上恢复并超过了危机前的水平。其后是银行业飞速发展的阶段，2003—2007年5年间，俄罗斯银行体系资产规模增长了5.3倍，银行资本增长了4.9倍。不过尽管增长迅速，但相较宏观经济而言，银行部门的总体规模还是太小。截止到2008年年初，俄罗斯银行部门资本金总量1088亿美元，占GDP的8.1%。资产总量8245亿美元，占GDP的61.4%。[①] 横向比较，俄罗斯2007年的GDP相当于中国的39%，但银行部门资产只相当于中国的11.3%，俄罗斯整个银行部门的资产规模还比不上中国工商银行一家。因此，从银行部门发展的规模及其与经济发展的金融相关性来说，俄罗斯银行部门发展还严重不足。

二、银行资产结构发生重要变化

在1998年危机以前，俄罗斯银行部门资产集中于国家短期债券等有价证券市场和外汇市场这类投机性业务，非金融部门贷款经常保持在总资产的30%左右。危机后证券市场和外汇市场的投机效应消失。受到《自然人银行储蓄保险法》推动，居民储蓄增长较快，银行部门长期负债占总负债已经从1998年的7.8%上升到2008年年初的22.3%，相对于长期资产占总资产的19.2%，资产负债结构趋于合理。宏观经济连续多年保持高增长，企业利润水平提高，加之各种贷款利率大幅度下降[②]，企业的偿债能力得以提高。这样，俄罗斯银行资产结构发生了重要变化，到2008年年初，非金融部门贷款已经占银行资产61.1%，在GDP中的占比也增加到37.1%。随着银行资产结构的变化，利息收入取代有

---

① 这一部分数据主要来源于 Обзор банковского сектора российской федерации : аналитические показатели. №6. апрель. 2003. ; №64. февраль. 2008. http://www.cbr.ru.

② 根据俄罗斯中央银行公布的资料，俄1999年1年以内企业贷款平均利率为40.1%，此后逐年下降，2007年为10.18%。

价证券收入成为银行利润增长的最重要的稳定的来源。

三、银行风险水平得到较好的控制，赢利能力一直保持在较高的水平

俄罗斯银行部门的资本充足率一直保持在较高水平，这些年基本维持在20%左右。信用风险下降，2007年损失和可疑两级贷款比率只有2.2%。流动性风险也不大，由于卢布持续坚挺，汇率风险有很大下降。不过由于近年来利率的调整比较频繁，银行部门利率风险有比较明显的增加。

度过了1998年危机后的恢复期以后俄罗斯银行部门的赢利增长迅速，赢利能力始终保持在一个较高的水平上。2007年年底1136家银行中除两家银行未提供报表外，只有11家银行亏损，也就是说99%的银行赢利。银行部门7年间资产收益率都保持在2.4%—3.2%，净资产收益率都在20%上下，高的时候达到24.2%、26.3%。

四、银行部门结构分散，发展不平衡

俄罗斯银行部门发展的不平衡表现在两个方面。一是地区分布不均，半数以上的银行集中于以莫斯科为中心的中央联邦区，地方上特别是边远地区金融资源有限；二是资产高度集中于大银行，中小银行众多但力量微弱。截止到2008年初，前200家银行集中了91.6%的银行资产。尽管从2007年年初，俄罗斯银行服务市场准入条件提高至500万欧元，但是依然有400多家自有资本不足500万欧元的银行存在。

俄罗斯银行危机的回顾与分析

在激进的制度转型过程中银行部门自身积累了许多严重问题，比如说资本金不足、银行体系过于分散、中小银行过多造成了银行系统整体抗风险的能力差；1998年前银行过度参与国债投资和外汇投机业务，使银行资产项目集聚了过度的风险和高度的外部依赖；对实体经济部门贷款的短缺使银行体系偏离了自身基本的经济功能，成为转轨年代里国家实体经济衰退的重要原因之一，也因此造成银行自身发展根基的虚薄；银行立法不够完备，特别是在1998年危机前缺乏居民存款保障制度，缺乏对整顿、重组和银行破产的立法监督；涉及洗钱等金融犯罪问题严重等。俄银行部门存在的这些问题弱化了其自身财务稳定的根基，在内部不适或外部冲击下危机频发。

俄罗斯银行业的第一次比较大的危机发生在1995年8月，由莫斯科银行间信贷市场上几家大银行拖欠到期债务开始，迅速产生连锁反应，在两天内莫斯科银行间信贷市场崩溃，接下来莫斯科和莫斯科州范围所有从事支付业务的银行都陷于瘫痪状态。危机也波及了部分地区间银行市场。

第二次危机发生在1998年，受到亚洲金融危机冲击和国内政治经济局势恶化的影响，以“黑色8·17”为导火索银行部门发生了系统性危机，造成银行系统全面瘫痪。1998年8—12月4个月的时间，银行资本损失接近30%，银行资产总额下降16.3%。危机发生后不到两个月，俄罗斯最大的18家银行中的15家资不抵债。[①]

第三次危机发生在2004年5月，俄罗斯经济状况已经全面好转，但是由于一家中等银行涉嫌洗钱被中央银行吊销许可证，由此引发传言四起，市场恐慌，银行间贷款利率有时一天上涨40%，甚至80%。名列俄罗斯前30家大银行之列的古塔银行归并国有外贸银行控制和管理。从6月到8月，有7家中小银行被吊销了执照。[②]

第四次危机发生在2008年，即在2007—2008年全球金融危机和国际能源和原材料价格大幅持续下跌的冲击下。2008年全年被吊销银行业务许可证的信贷组织共有34家，其中仅11和12两个月就吊销了16家。俄罗斯对银行部门加大清理力度是从2006年开始，每年被吊销许可证的银行都有几十家，但不同的是，2006年和2007年被吊销许可证绝大多数是因为涉嫌洗钱犯罪，几乎占到90%，但2008年和2009年被吊销的几十家银行多半是因为受金融危机所累出现严重的流动性问题。受危机影响，多家大银行纷纷报亏。就连俄银行服务市场上的龙头老大储蓄银行和老二外贸银行，在危机的第一时间虽就获得国家支持，但也依然深受所累。储蓄银行2009年第一季度的净利润降到上年同期的1/120，从361亿卢布降到3亿卢布。外贸银行2008年净利润相比上年降到1/7，从15亿美元跌到2.12亿。从整个银行系统来讲，2007年年底的财务结果显示99%的银行是赢利的，合计盈亏之后赢利额达到5079.75亿卢布，只有11家银行亏损。到2008

---

① 徐向梅：《俄罗斯银行制度转轨研究》，中国金融出版社2005年版，第175—176页。

② Россия должна продолжать банковскую реформу, несмотря на трудный старт. 07－09－2004. http：//www.standardandpoors.ru.

年年底，赢利银行下降到94.9%，银行部门利润较上年下降19.4%，而2009年银行部门的利润较上年下降了49.9%，2010年才又回复利润增长，恢复到5734亿卢布。①

每次大的危机发生，中央银行都对银行部门进行了紧急救助，充实资本金，改善资产质量，重组银行债务，以国债回购、提供短期贷款、降低法定储备率和再贷款利率等手段支持市场流动性。在第三次危机发展中，为了减少挤兑的发生，政府特别宣布把那些没有加入存款保险体系的银行也纳入保障范围。

尽管这些危机在或长或短的时间内被克服了，但是无疑都给俄罗斯银行以至经济部门造成重大的伤害。不过危机也暴露出银行部门发展中的一些积弊，从而给重大制度调整创造了契机。第一次危机的一个重要结果就是，银行间信贷市场不再成为商业银行资产业务的拨款来源，而开始回归它的本质职能——保证流动性，从而也减少了商业银行的一些投机性操作。第二次危机促使政府下决心对银行部门从完善立法、健全制度层面对银行部门进行了许多重大的调整。银行破产、重组以及自然人存款保险等法律制度都是在这次重大的危机之后完善和新建起来的。第三次危机促使政府和中央银行加大对商业银行反洗钱监管的力度，其后几年被吊销执照的银行几乎90%都是因为涉足洗钱等金融犯罪活动。第四次危机中政府大幅调高了银行破产自然人储蓄赔偿的额度。

应该说俄罗斯的银行改革是一个“危机—改革—危机—重组”的过程，且也是一个银行业逐渐走出误区，向着良性发展的轨道迈进的过程。

对俄罗斯银行改革与银行危机中几个问题的思考

一、银行经营模式问题

各国金融业发展大体经历了混业到分业再到混业的过程。不可否认，混业经营是当前的总体趋势。进入2000年以后，我国银行制度在“分业经营、分业监

① Чистая прибыль ВТБ сократилась в семь раз. http://www.lenta.ru/news/2009/04/23/vtb/; Минэкономразвития России. О текущей ситуации в экономике российской федерации по итогам I квартала 2009 года; Отчет о развитии банковского сектора и банковского надзора в2009/2010 году.

管”的总框架下，也逐渐拉开了混业经营的帷幕。[①]

俄罗斯从转轨伊始就实行了全能型混业经营机制，在市场经济发展不成熟、实体经济部门衰退、监管机制不健全的情况下不能对银行的政策取向进行有效的调节，致使在1998年大危机前银行部门对实体经济缺乏兴趣，转而积极投身于国家短期债券和外汇市场这类投机性业务。银行不能对实体经济形成有效支撑，就造成其基本的经济功能缺失，而在债市和汇市剧烈波动和危机中，银行系统丧失了自身的流动性从而引发了1998年的系统性危机。

本轮国际危机中，美国花旗银行等西方大银行的悲剧也是过度涉足证券化业务的结果。

因此笔者认为，在转轨之初制度不健全、市场机制不完善的情况下如何选择银行经营模式、如何在混业的热情中加强规制、规避风险需要审慎思考。

二、银行与实体部门关系问题

银行与实体经济部门的关系具有互赖性和互动性。俄罗斯银行部门与实体经济部门的关系长期处于非效率状态。前面讲到，1998年危机后俄罗斯银行部门资产结构发生重大变化，非金融部门贷款已经成为银行部门资产中最重要的组成部分。但是仔细分析非金融部门贷款占银行资产的结构发现，在2008年年初占银行部门资产61.1%的非金融部门贷款中有14.8%属于快速增加的自然人贷款，主要是消费信贷，实体经济部门贷款比例只有46.3%。就是说，较1998年危机前是有较大增长，但是银行对实体经济的支持还远远不够。俄罗斯企业扩大再生产所需资金依然主要依靠自筹。截止到2009年年初银行贷款在企业固定资产中占比为9.4%，俄罗斯经济发展部部长娜比乌林娜称希望在2011年能增加到14%。[②] 在2008年12月《莫斯科银行实务》杂志上公布的一项调查显示，在俄罗斯只有21%的中小企业生产活动资金主要依赖银行贷款。

俄罗斯银行部门资产规模的限制以及相对外部金融市场过高的利率一方面构成企业的融资约束，另一方面使企业特别是大企业更多地转向国际金融市场，又

① 2001年出台《商业银行中间业务暂行规定》，2003年修改《商业银行法》，2005年工商银行等获批投资设立基金公司。

② Финансы и экономика. анализ. прогноз. http://www.finans－ekonomika.ru/3726_.htm.

进一步增加了俄罗斯经济的外部依赖性和脆弱性，而反过来影响到银行系统的稳定性。

因此笔者认为，在金融市场推陈出新，企业融资渠道不断拓宽的今天，应该认真探索如何增强银行体系资金对实体经济的支撑效用，促进国家的经济调整和发展战略的实施。这也是我们国家银行制度发展中需要注意的问题。

三、自然人存款保险体系问题

2003年年底，俄罗斯议会两院通过了酝酿已久的联邦《自然人银行储蓄保险法》。法律规定，国家存款保险代理公司承担居民储蓄保险责任，国家先期投入一笔资金作为保险基金，各银行按吸收存款的一定比例交纳保险金。如果银行破产，储蓄保险基金将全部或部分返还储户。此后对破产银行自然人储蓄全额赔偿的额度从10万卢布一再调高，至这次金融危机调整到70万卢布。到目前为止，俄罗斯现有营业银行中有80％被批准加入了存款保险体系，覆盖了98.5％的居民存款。

《自然人银行储蓄保险法》是一部关系到所有居民利益的法律，也是俄罗斯金融改革的一个关键部分。法律生效之后在俄近年银行部门发展中发挥了重要作用，居民对银行部门的信任度有所恢复，居民储蓄增长迅速，银行部门长期债务比例上升。银行存款保险制度在2004年春夏之交以及本轮银行危机中在很大程度上起到了稳定市场的作用。

与此同时，需要注意的是，存款保险制度也不是万能的。在这次金融危机中2008年和2009年被吊销许可证的俄罗斯银行多半都是因为流动性危机，其中加入和没加入存款保险体系的都有。因此说仅依靠存款保险制度不能完全避免和抵御危机，还需要加强和完善市场监管和其他规制，在大的系统性危机冲击中，政府主导的补充调节措施还是十分必要的。

在国际金融危机蔓延，金融风险日趋加大的今天，为有效地维护金融稳定和社会稳定，我国的存款保险制度从隐性转为显性也是呼之欲出。在此时刻，吸取别国存款保险制度发展的经验教训，无疑具有重要的借鉴意义。

四、金融危机情况下的国家救助问题

鉴于金融系统在国家经济中的特殊地位，这次席卷全球的危机中，无论是发达国家还是发展中国家都实施了强有力的国家救助。俄罗斯政府也不例外。危机刚一波及俄金融系统，政府和央行就推出了《支持金融系统补充措施》，重新修订《俄联邦银行及银行活动法》，实施了向俄罗斯外经银行、储蓄银行和外贸银行等一系列银行注资、发放无抵押补贴贷款并延长贷款年限、帮助清偿商业银行和企业的国外贷款等一揽子紧急救助措施。2008年俄央行先是通过外经银行向银行系统提供500亿美元的外汇贷款用以清偿公司和银行的外部贷款和债务，此项资金来源于外汇储备。嗣后又向储蓄银行、外贸银行及其他符合条件的商业银行提供了9500亿卢布的无抵押贷款。2009年在增加的预算开支中计划为稳定本国银行体系拨款3000亿卢布，并继续向上述银行部门提供10550亿卢布的无抵押贷款，以充实银行系统流动性和资本金。[①]

危急关头，为维护金融、经济和社会稳定，国家挺身而出是必要的。但是，这里有两个问题，一是要预防大规模国家救助中的腐败问题，在俄罗斯就出现个别银行用国家补贴性贷款转贷谋取利差的行为。在这里重点要说的是第二个问题。拯救债务人、向银行注资、提高对私人存款的担保额，这就意味着国家把经济生活主要参与者——银行家、存款人和债务人——所作决定的风险都承担了起来。在“损失国有化”的同时不可避免地会导致风险社会化。而基于“大银行不倒”的所谓共识，“利润私有化、亏损国有化”也有可能从银行系统传导到其他部门。

---

① Институт экономики переходного периода. Экономико — политическая ситуация в России. Октябрь 2008 года; Программа антикризисных мерПравительства Российской Федерации на 2009 год. http://www.government.ru.

39. 如何评价俄罗斯国有企业私有化政策?

陆南泉

所有由传统计划经济体制向市场经济体制转型的国家，不论其转型方式与最后达到的目标模式有何不同，都无例外会涉及所有制的改革。可以说，所有制的改革是经济转型的核心问题，而国有企业改革又是所有制转型的关键。这也决定了所有转型国家都把国有企业改革置于十分重要的地位。

先从所有制的一个基本理论谈起

长期以来，不论在原苏联东欧国家还是在中国，一直存在着一个历史性的理论误区：即认为国有企业是全民所有制经济，是社会主义经济的高级形式。并把这个理论说成是马克思主义重要理论。实际上，这并不是马克思主义理论而是斯大林主义，或者说是苏联化了的社会主义所有制理论。而马克思认为：取代资本主义的新的社会主义生产方式将是实现劳动者与生产资料所有权的统一，它是“联合起来的社会个人所有制”，是建立在协作和共同占有生产资料的基础上的个人所有制。这也是马克思所说的：“在协作和对土地及靠劳动本身生产的生产资料的共同占有的基础上，重新建立个人所有制。”[①] 马克思在《1861—1863 年经济手稿》中，把这种所有制称之为“非孤立的单个人的所有制”，也就是“联合起来的社会个人的所有制”。[②] 这些都说明，社会主义所有制形式的一个重要特

---

① 《马克思恩格斯全集》第 25 卷，第 832 页。

② 《马克思恩格斯全集》第 48 卷，第 22 页。

征是：以劳动者在联合占有的生产资料中享有一定的所有权。进一步说，这种所有制具有以下两个方面相互密切相关的本质内涵：一是劳动者集体共同占有和使用生产资料，任何个人均无权分割生产资料；二是在用于集体劳动的生产资料中，每个劳动者都享有一定的生产资料所有权。这就是“在自由联合的劳动条件下”实现劳动者与生产资料所有权相统一的具体形式。[①]

在国有企业是全民所有制经济，是社会主义公有制的高级形式这理论误区的影响下，长期以来影响着经济改革的深化。在苏联时期的历次改革，有两个问题是不允许触及的：一是市场经济；二是国家所有制经济。在勃列日涅夫时期显得尤为突出，这个时期是批“市场社会主义”最起劲的，认为搞市场经济就会冲跨国有制经济。中国随着经济改革的深化，特别在股份制推行的起始阶段，不少人就认为是“走向资本主义”，是“社会主义的倒退”或者称之为“和平演变”。产生上述问题亦是合乎逻辑的：既然国家所有制是高级形式，或者像由斯大林亲自审定的、1954 年出版的苏联《政治经济学》教科书所说的，国有企业是社会主义生产关系“最成熟、最彻底的”，[②] 那么，任何对这种所有制形式的改革必然意味着是一种倒退。而实际上，国家所有制也好，还是全民所有制也好，都没有解决劳动者与生产资料的结合问题，而是存在着严重的异化。

这就说明，要把所有制变成真正社会主义的经济性质，其方向应是如马克思所说的劳动者与生产资料所有权统一的“联合起来的社会个人的所有制”。

俄罗斯国有企业改革的迫切性

苏联剧变后，独立执政的俄罗斯，在转轨起步阶段实施的是激进“休克疗法”过渡方式，目的是为了在短时期内形成市场经济体制模式。但为此，必须尽快实现国有企业的改革，形成多种所有制结构，使企业成为真正意义上的独立商品生产者主体。但是，对苏联继承国的俄罗斯来说，国有企业改革的迫切性比其他转轨国家更为突出。

---

① 关于这一问题，杜光教授作过较系统和深入的研究，见《转轨通讯》2003 年第 1 期《中国改革的社会主义方向探讨》。

② 苏联《政治经济学》教科书，人民出版社 1955 年版，第 428 页。

苏联时期建立了以国家所有制为主体的、单一的公有制结构，并认为国家所有制是全民所有制经济，是社会主义经济的高级形式。斯大林执政期间，以这一理论为指导，在超高速工业化与全盘农业集体化过程中，加速了生产资料所有制的改造。在完成第二个五年计划时，苏联完成了从多种经济成分变成了单一的生产资料公有制经济（见下表）。

社会主义经济在整个国民经济中所占比重（%）

	1924 年	1928 年	1937 年
生产性固定资产①			
包括牲畜	35.0	35.1	99.0
不包括牲畜	58.9	65.7	99.6
国民收入①	35.0	44.0	99.1
工业产值	76.3	82.4	99.8
农业产值①	1.5	3.3	98.5
零售商品周转额（包括公共饮食品）	47.3	76.4	100.0

资料来源：根据苏联部长会议中央统计局编，陆南泉等译：《苏联国民经济六十年》一书编制，三联书店 1979 年版，第 5 页。

①包括集体农庄庄员、工人和职员的个人副业。

在后来的经济发展过程中，虽然经历多次经济体制改革，但单一的公有制结构不仅未能改变，而且国家所有制进一步发展。苏联剧变前的 1990 年在所有制结构中，国有制的比重为 92%，各部门的所有制结构详见下表。

1990 年苏联固定资产所有制结构

部门	总计	其中（%）			
	（亿卢布）	国家所有制	合作社	集体经济	其他
固定资产	18287	92	1	5	2
工业	6149	99		1	
建筑	974	99		1	

续表

部门	总计		其中（%）		
	（亿卢布）	国家所有制	合作社	集体经济	其他
农业	2977.8	66		30	
运输	2437	100			
通讯	190	96		4	
批发贸易	116	100			
零售贸易	419	80	14	1	
住宅	3401	83	4	1	
服务业	852	98		2	

资料来源：参见张森主编：《俄罗斯经济转轨与中国经济改革》，当代世界出版社2003年版，第34页。

从上表可以看出，苏联在剧变前的国有制经济占绝对的统治地位，真正地体现了“一大二公三纯”的特点。为何经过多次经济体制改革，苏联不仅未能建立起多元化的所有制结构，而是不断地、快速地向经济国有化方向迈进，这与长期存在的理论误区有关。

国有企业是全民所有制经济，是社会主义公有制的高级形式这一理论误区，长期以来影响着经济改革的深化。

苏联国有经济占统治地位这一所有制结构的特点，它在一定的历史条件下与传统的计划经济体制一起，对苏联经济的发展起过积极的作用。首先，十月革命后，无产阶级必须通过生产资料的改造，建立必要的国有企业，以保证社会主义经济基础的建立；其次，通过国有企业的建立，国家直接控制这些企业及财政资源，可以发展新的经济部门与建设一些重大的具有全国经济意义的重大项目；第三，往往具有较大规模，在保证量的增长与较快发展速度方面起到较为有效的作用；第四，国家直接控制大量的国有企业，比较容易适应战备的要求。

但是，苏联这种全盘国有化的所有制结构，与传统的计划经济体制一样，随着经济的发展，其局限性日益明显，它不可能改变企业是政府的一个附属单位的地位，也不可能使企业成为独立的商品生产者，企业的经济运行全靠上级行政指令，物资由国家统一调拨，国家对企业在财政上实行统收统支，价格由国家统一规定。

这样排斥了市场的作用，也就决定了企业在资源有效配置中不可能发挥作用。

这里可以看到，全盘国有化的所有制结构是传统计划经济体制的经济基础，而传统计划经济体制又在体制上保证了国有经济的巩固与不断强化。这也说明国有企业作为政府的附属品，完全听从政府的指令，它与传统计划经济体制是完全合拍的，互为条件的。所以，当苏联剧变后，俄罗斯在向市场经济体制方向转型时，即要实现从原来的以国有制经济为基础的计划经济体制向以非国有化和私有化为基础的市场经济体制过渡，形成市场经济体制，一个重要条件是，要把过去统一的、过分集中的以国家所有制为基础的经济变为与市场经济相适应的所有制关系。所以，对从计划经济体制向市场经济转型的国家来说，改革国有企业是必不可少的步骤。

私有化的理论、含义与目标

一、以西方产权理论为指导的私有化

俄罗斯对国有企业的改革，其主要途径是私有化。它在上个世纪 90 年代推行的私有化，并不是一个孤立的现象。在 80 年代初以来，可以说，私有化作为一种经济思潮已波及全世界。之所以出现这种情况，一方面由于以市场经济运行为主要研究内容的西方经济学日趋成熟，对如何处理市场与政府的关系有了广泛的认同；另一方面，历史证明市场经济要优于传统的计划经济。在苏联解体前的 1991 年年底，各政治派别与学术界虽在不少问题上有纷争，但普遍认识到“人类还没有创造出比市场经济更有效的东西”，“市场经济是人类在经济运行方面所取得的成果，不应把它拒之门外”。

俄罗斯私有化的构想是以西方产权理论设计的。西方产权理论的著作与代表人物不少，但普遍以科斯定理为代表，其基本观点是：市场经济本质上是一种私人占有权为主要基础来实现产权交易与重组的机制；私人产权是最有效的产权，私有产权制度是最具效率的产权制度形式；私有产权才能保证给个人行动提供最大的激励与必要的成本约束。很明显，科斯产权理论最重要倾向是产权的私有制，或者说其制度偏好是私有制。上述西方产权理论，符合 20 世纪 90 年代初刚上台的俄罗斯民主派国有制企业改革思路的。当时以盖达尔为首的俄罗斯政府，国有企业改革政策的实质，是建立在国家应不管经济和国家所有制绝对没有效率

这个总的思想基础上的。盖达尔一再主张，要最大限度地限制国家对经济的调节作用，国家应最大限度地离开市场经济。1994年盖达尔还撰文强调："要尽最大可能减少国家对经济的管理。"①

在上述理论与指导思想的基础上，俄罗斯政府制定了私有化纲要。

二、私有化的含义与目标

关于私有化的含义，一直有不同的理解。一些经济学家认为，私有化是一种产权在不同主体之间交易而不受国家垄断的制度安排；另一些学者则认为，只有把财产分给自然人个人时，才算是实现了真正的私有，即才能称为私有化。实际上，对私有化一直存在着两种理解：即狭义理解的私有化是指所有权的转化；而广义理解的私有化不只包括所有权的转化，还应包括经营权的转化与经营方式的改变。

弄清俄罗斯私有化概念，是个重要的问题。1992年俄罗斯公布的用于指导私有化的法律文件《俄罗斯联邦和地方企业私有化法》规定："国营企业和地方企业私有化，是指公民、股份公司（合伙公司）把向国家和地方人民代表苏维埃购置的下列资产变为私有：企业、车间、生产部门、工段和从这些企业划分为独立企业的其他部分；现有企业和撤销企业（根据有权以所有者的名义作出这种决定的机构的决议）的设备、厂房、设施、许可证、专利和其他物质的与非物质的资产；国家和地方人民代表苏维埃在股份公司（合伙公司）资本中的份额（股份、股票）；在其他股份公司（合伙公司），以及合资企业、商业银行、联合企业、康采恩、联合会和其他企业联合公司资本中属于私有化企业的份额（股金、股票）"。俄罗斯推行一个时期私有化政策之后，在总结过去私有化的经验教训上，从1996年起政府着手调整私有化政策，从而在1997年7月21日俄罗斯通过了新的私有化法，即《俄罗斯联邦国家资产私有化和市政资产私有化原则法》。该法第1条规定的私有化概念是："对于本联邦法律的目标来说，国有资产和市政资产的私有化，应理解为把属于俄罗斯联邦、俄罗斯联邦主体或市政机构所有的财产（私有化对象）有偿转让，变为自然人和法人所有制。"新旧私有化法都把私有化的概念归结为"把国有资产与市政资产有偿转让给自然人和法人所有"。但在旧的私有化法中有关"变为私有"的提法在新私有化法中取消了。1999年俄

① （俄罗斯）《消息报》1994年2月10日。

国家统计委员会对国家与地方所有的财产私有化进行再次界定："把俄罗斯联邦、各联邦主体和地方机构的财产有偿让渡给自然人和法人所有"。这些变化进一步明确了俄罗斯私有化既包括把国有资产转让为私人所有，也包括把它转为法人（股份公司、集体企业）所有。在中东欧国家，把私有化也分为狭义与广义两种，前者是指通过出售把国有企业的全部或部分资产转为私人所有，后者既包括将国有企业的资产转为私人所有、非国有成分的法人所有，也包括将国有资产的所有权与经营权分离等。这些都说明，在俄罗斯等经济转型国家，私有化实际上是指国有经济的非国有化过程，所有非国有化的形式（包括个体、合作、股份等），都属于私有化的范畴。从俄罗斯的实际情况及有关文件看，俄罗斯有时单独用私有化（Приватизация）一词，有时单独用非国有化（Разгосударствление）一词，有时把这两词并列使用。所以私有化是一个内容很广泛的概念，不能只归结为把国有资产转为私人所有。

以上是从法律文件来界定私有化的含义的。笔者在20世纪90年代中期对原苏东国家私有化问题进行过专门的考察，与不少学者与一些负责推行私有化的政府机构进行了解，他们对推行私有化的政策与理论一般归纳为以下几点：(1)所有制改革的基本出发点是取消国家的直接经济职能，把权力交给企业。(2)改革所有制政策的理论基础，是建立在国家所有制绝对没有效率这个总的想法的基础上的。(3)私有化是市场化的必由之路。一些学者指出：私有化是为市场经济创造条件。过去东欧国家几十年经济改革的特点是在国家所有制基础上寻找计划与市场的正确结合点，但公有制或国家所有制起决定性作用的条件下，市场就难以发挥作用。(4)把小型企业，特别是商业、服务行业、饮食业，通过转让、出售等途径变为私有。(5)实行私有化的形式是多种多样的，但不论何种所有制形式，都必须实行自由经营，即使企业作为独立商品生产者出现在市场。各种所有制一律平等，在同一基础上发展，都在竞争中求生存与发展。(6)不再人为地规定以哪种所有制形式为主，哪种所有制对经济发展有利就发展哪种所有制，即不坚持以公有经济的为主体。

俄罗斯通过私有化要达到的目标是：首先要使所有制结构符合市场经济的要求，使企业不再受政府的直接控制；其次，还包括一系列的经济目标，如使国家摆脱亏损国营企业的包袱，减少财政补贴，回收资金以弥补财政赤字；另一个目标是提高企业经营效益，为整个经济注入活力；最终要达到的目标是，建立起以私有制经济为基础的市场经济。《俄罗斯私有化纲要》对其要达到的目标作了以下规定：（1）形成一个广泛的私有化阶层；（2）提高企业的生产效率；（3）用私有化收入对居民进行社会保护和发展社会性基础设施；（4）促进国家财政稳定；（5）创造竞争环境，打破经济中的垄断；（6）吸引外国投资；（7）为扩大私有化创造条件，并建立组织机构。

私有化进程与方式方法

一、私有化的基本方式

经济转型国家私有化的一个特点是，都采取了先易后难的做法，即都从小私有化开始，然后再逐步对大中型国家企业推行私有化。所以，俄罗斯的私有化也分为小私有化与大私有化两种基本方式。

小私有化是指对小型工商企业、饮食业、服务业及一些小型的建筑企业实行私有化。对实行小私有化的小企业的标准，各国都有一些规定，俄罗斯规定的标准是：到1992年1月1日，固定资产净值不超过100万卢布，工作人员不超过200人。小私有化一般采取三种办法进行：公开拍卖、租赁和出售。[①] 俄罗斯在1993年的小私有化中，采取赎买租赁财产办法的占42.8%，商业投标占44%，拍卖占9.2%，股份制占3.9%。匈牙利主要采取直接出售与拍卖的形式，对没有出售和未被拍卖的企业实行私有化租赁。波兰的办法是，先把国有企业撤销，即使其不再存在，之后再出售其全部或部分资产。一些国家在出售小企业时允许同时出售企业的不动产和经营场地，但采用这一做法的并不很多，在波兰、匈牙利和捷克等国只占12%，而75%的小私有化过程中出售的只是企业不动产的租用权。

小私有化进展较顺利，速度也较快，一般在2—3年内完成。俄罗斯从1992年起实际起步到1993年年底，小私有化基本完成：实现了小私有化的企业已达6万家，占商业、服务业企业的70%，占轻工、食品和建材企业的54%—56%，建筑企业的43%，运输企业的45%。到1994年，俄罗斯零售商品流转额中非国有成分已占85%。

---

① 在东欧一些国家还采用退赔的方式，这系指依法将国有化时期被没收的财产归还原主。俄罗斯没有实行这一做法。

大私有化是指大中型国有企业的私有化。这比小私有化复杂得多，进展也较慢，出现的问题也较多。大私有化的具体办法分无偿分配和有偿转让，采取的主要形式是股份制。考虑到大私有化难度大，因此大多数国家对大私有化实行分阶段进行，俄罗斯先实行并非国有化，之后逐步使产权转移。

俄罗斯确定的大企业标准是：截至1992年1月1日，固定资产超过5000万卢布或工作人员人数超过1000人。它采取的步骤是，先将大型国有企业改造为股份公司或集团，即首先改变其所有权。之后，使股份公司的股票进入资本市场，具体办法有无偿分发和出售转让。

二、大私有化的发展阶段

俄罗斯大私有化的第一阶段，从1992年7月开始到1994年6月，[①] 经历了两年。这一阶段私有化的主要特点是，通过发放私有化证券无偿转让国有资产，通常称之为“证券私有化”阶段。证券发放的具体做法是：俄罗斯政府从1992年10月1日起，向每个公民无偿发放私有化证券，所以是一次大规模的群众性私有化运动，也叫作大众私有化。按照规定，每个公民不分民族、性别、年龄、收入水平、社会地位，从刚出生的婴儿到年迈的老者，均可获得面值为1万卢布的私有化证券。按当时黑市汇率计算，一张私有化证券相当于150美元，或4个月的平均工资。俄罗斯公民得到了14605.5万张私有化证券。每个持有者使用私有化证券的方法有4种：（1）以自己的证券内部认购本企业的股票（在认购过程中共吸收了2600万张证券）；（2）参与证券拍卖；（3）购买证券投资基金会的股票（这样的投资基金会共640个，它们共收集了6000多万张私有化证券）；（4）出售证券（总共有1/4左右的证券被卖掉）。另据有关材料，分给居民的证券，25%流向证券投资基金；25%的证券被出售；余下的5%的证券被劳动集体的成员作为资金投到自己的企业中去了。在私有化过程中，总共有95%—96%的发给的证券得到了利用。

在股票上市前，俄罗斯对股份制的企业职工，规定用三种优惠的方案向本企业职工出售股票。企业职工根据全体会议作出的决定，从三种方案中选择一种。这三种方案之间的主要区别在于赋予企业职工的种种优惠不同。

---

① 主管俄罗斯私有化重要人物之一的阿尔弗雷德·科赫认为，1994年年初，俄罗斯已完成了证券私有化。

第一个方案：企业职工可以一次性无偿获得企业法定资本25%的优先股(无投票权)。

第二个方案：企业职工有权按国有资产委员会规定的价格，购买占企业法定资本51%的普通股票（有投票权），即使职工的股票达到控股额，以体现企业归职工控制的要求。

第三个方案：企业职工可购买企业40%的股份（有投票权）。

从第一阶段私有化的发展情况看，大部分企业选择了第二种方案（约占70%），选择第一种方案的约占20%，而选择第三种方案的仅为2%。

俄罗斯在1996年6月底之前，为何采用无偿的证券私有化或大众私有化，其主要原因有四：一是为了加速私有化的进程。二是俄罗斯缺乏资金。当时俄罗斯存有的资金只属于国家，并且数额有限，把资产卖给外国人，对此时的叶利钦来说意味着政治上的自杀，而企业、居民个人普遍没有资金，在此情况下，尽管俄罗斯政府当时亦考虑到，无偿私有化并不是最佳方案，但实际上又不得不实行这一方案。三是无偿的证券私有化，在当时的条件来看，也较为公平。在广大公民中发放人人有份的证券，比用货币购买股票平均得多。因为，在推行证券私有化时，不只居民货币持有量很少，而仅有的货币亦集中在5%的居民手中。所以，当时无偿的证券私有化要比货币私有化具有明显的优势，居民容易接受。四是政治需要。对此，被称为俄罗斯私有化之父的丘拜斯毫不隐讳，他说："俄罗斯实行的整个私有化是一种享有优惠政策的私有化。对我们来说，重要的是要获得各种政治力量和社会力量的支持，获得企业经理们、工人们、地方当权派和广大人民的支持。我们需要把上述这些人都变成自己的同盟者。正是这种状况在很大程度上决定了我们对私有化战略的选择。"不得不采用优惠的办法，"把很不错的一块财产给予企业的经理们和职工们。"他还说：考虑到当时执政当局在政治上还不够强大，刚刚组织起来的政府组织能力很弱等，这些情况，"我们得出这样一个结论：要'正确地'按照经典标准推行私有化，使它自始至终绝对符合国家的利益，这是不可能的。为了使私有化得以进行，它必须在政治上是可以被大家接受的，在实践上是可行的。"①

---

① （俄罗斯）阿纳托利·丘拜斯主编，乔木森等译：《俄罗斯式的私有化》，新华出版社2004年版，第35页。

俄罗斯私有化的第二阶段，从 1994 年 7 月 1 日开始到 1996 年年底。这一阶段称之为货币（或称现金）私有化。第二阶段的私有化与第一阶段的证券私有化其根本性的区别在于：前者是无偿转让国有资产，而后者主要是按市场价格出售国有资产。此外，两者区别还在于：证券私有化通过国有资产平均分配来形成广泛的私有化阶层，而货币私有化重点是解决投资与改造两者的结合；货币私有化与证券私有化相比，私有化范围大大扩大，除了 30%的企业禁止私有化外，其他企业均可私有化；货币私有化比证券私有化对企业劳动集体与领导人的优惠大大减少。货币私有化要实现的战略任务是：

（1）形成控股的投资者，以期提高他们对长期投资的兴趣；

（2）为推行私有化改革的企业进行结构变革提供必要现金；

（3）促进增加国家预算收入。

俄罗斯在推行货币私有化阶段期间，搞了“抵押拍卖”。在抵押拍卖过程中，出现了不少问题。被进行抵押拍卖的一般是俄罗斯带有战略性的骨干企业，又是“肥肉”。因此争夺很激烈。而这些竞拍项目往往需要上亿美元的资金，所以有力量参与拍卖的亦只能是几个大财团。抵押拍卖的结果是，使一些大型的具有重要全俄经济意义的企业落到一些财团手里，特别是一些金融集团手里。另外，由于抵押拍卖过程中缺乏透明度，使这一私有化方式往往变成“内部人之间的分配”。这也是引起国内对抵押拍卖激烈争论与强力不满的原因。

到 1996 年，俄罗斯以转让国有资产为主要内容的大规模的产权私有化已基本结束。私有化企业在俄罗斯企业总数中的比重与其生产的产值占全俄罗斯 GDP 的比重均约为 70%。但正如前面已指出的，由于私有化是个广义的概念，因此，俄罗斯统计上使用的“私有化企业”所含内容很杂，它不只包括真正意义的私有化企业与个体经济，并还包括租赁企业、承包企业、股份制企业、各种形式的合营、合伙与合作制企业。据有关材料估计，1996 年真正的私有经济大约只占俄罗斯 GDP 的 25%。私营部门、混合所有制和集体所有制部门的就业人数占俄罗斯就业总人数的 63%。另外，针对前两个阶段私有化过程出现的问题，俄罗斯需要总结与整顿，因此，宣布“今后不再搞大规模的拍卖”。时任俄总理的切尔诺梅尔金提出，从 1997 年起俄罗斯经济体制转轨进入一个新阶段，即结构改革阶段，其主要任务是恢复经济增长，提高经济效益。在此背景下，在 1996 年下半年俄罗斯政府制定了《1997—2000 年俄罗斯政府中期纲要构想：结构改革与经济增长》。根据该纲要构想，从1997年起，俄罗斯私有化将从大规模私有化转向有选择地对个别国有企业的私有化，即进入私有化的第三阶段——"个案私有化"。在这一阶段，对进行股份制改造的企业名单，要由俄联邦政府根据国有资产管理委员会的提议并在制订的私有化计划中批准，还需呈交国家杜马。之后，才逐个地对企业制订私有化方案。

私有化的评价

经济转型国家的私有化，在不同国家的业绩与问题存有差别，但有些问题是相同的。总的情况看，中东欧国家私有化的效果要比以俄罗斯为代表的独联体国家好。下面集中对俄罗斯私有化的主要业绩与问题进行分析。

一、私有化的主要业绩

1. 由于俄罗斯以较快速度实现了私有化，从而打破了国家对不动产与生产设备所有权的垄断，形成了私营、个体、集体、合资、股份制与国有经济多种经济成分并存和经营多元化的新格局，为多元市场经济奠定了基础。

2. 在俄罗斯政府看来，较为顺利地实现了私有化的政治目标：一是铲除了计划经济体制的经济基础，从而使经济转型朝向市场经济体制模式变得不可逆转；二是培育与形成一个私有者阶层，成为新社会制度的社会基础和政治保证。

3. 私有化企业经营中决策的自由度增大与开发新产品积极性的提高。这样，使企业生产经营活动有可能更符合市场的要求。根据俄罗斯学者1994年对426名企业经理所进行的调查材料来看，经理们认为企业私有化后主要的积极变化也表现在以上两个方面。在这426名企业经理中，认为决策自由度有改善的占61%，有利于刺激企业开发新产品的占52%。[①] 私有化企业的经理普遍认识到，与国有企业相比，他们只能更多地利用市场方式去解决自己面临的各种问题，只能通过开发新产品，提高竞争力，吸引外资，寻找新的销售市场等途径求生存和求发展。

4. 小私有化都取得较为明显的效果：（1）由于商业、服务业、小型工交企

① 参见（俄罗斯）Л. Я. 科萨尔斯等著，石天等译：《俄罗斯：转型时期的经济与社会》，经济科学出版社2000年版，第81页。

业转换了所有制形式，提高了适应市场经济的能力，从而得到较快发展。1994年在俄罗斯零售商品流转总额中，非国有成分已占80%以上。（2）活跃了消费市场与促进了流通领域发展。（3）对调整原苏联长期存在的不合理的经济结构产生了积极影响，特别是在促进第三产业的发展方面的作用更大，如俄罗斯，1991年服务业占GDP的24%，而到1994年已上升为50%。

二、私有化的主要问题

1. 由于俄罗斯私有化首先考虑的是政治目的。换言之，是在私有化之父丘拜斯经济转型下述主导思想下进行的，即尽快摧垮社会主义经济的基础。丘拜斯明确地说："我们需要解决的是一个问题：凡是有助于使国家脱离共产主义，有助于在国内消除共产主义意识形态和共产主义制度的基础的东西，就应该能做多少，就做多少。"[①] 因此，俄罗斯私有化从指导思想与方法等方面，都存在严重失误。例如：（1）俄罗斯改革国营企业，采取强制的方法，人为地确定在每个时期要把国有经济成分在整个国民经济中的比重下降到多少，等等。（2）为了尽快培植起一个广泛的私有者和企业家阶层，形成一个资产阶级，就实行无偿的证券私有化，力图用相当于当时俄罗斯国有资产总值的1/3的证券，让公司购买私有化后企业的股票。但实际上，由于严重的通胀因素，原值可购买一辆小汽车，变成只能购买一箱啤酒，后来甚至只值5美元，只能买一瓶"伏特加"酒。更为严重的是，广大居民手中持的私有化证券大部分落入领导人手中。或者落入MMM那样的搞欺诈和投机的公司手中。据一项调查，俄罗斯61%的新企业主曾经被列为党、政府、企业的精英成员。就是说，私有化为原领导人和投机者大量侵吞国有资产大开方便之门。他们从事投机，大发横财。（3）与上述问题有关，俄罗斯在私有化过程中，公司治理实行的是经理人员控股的"内部人控制"的模式。据调查，1994年，私有化的企业中，65%股权为内部人所掌握，13%仍在国家手中，而外部人与法人总共只控股21%。这样，企业内部人主要是经理人员的利益得到了充分的体现。（4）与上述因素相联系，在改造国有企业过程中，没有考虑如何保护国有企业已经形成的潜力，并使其继续发挥，而是在条件不具备的情况下，匆匆把国营企业推向市场。在改革国有企业的同时，也并没有去研究和

---

① （俄罗斯）阿纳托利·丘拜斯主编，乔木森等译：《俄罗斯式的私有化》，新华出版社2004年版，第282页。

解决如何改变国有企业的经营管理机制问题。这些因素有，也是导致俄罗斯在转轨初期产生严重经济危机的重要原因之一。

2. 国有资产大量流失。这是经济转型国家普遍存在的一个严重问题。主要原因有：(1) 向居民无偿发放“私有化证券”，以及向职工按优惠价格转让股权，这造成国有资产的直接流失；(2) 问题的复杂性在于资产评估。例如，俄罗斯国有资产按 1992 年 1 月 1 日会计报表上的账面价值出售与转让的，并没有充分考虑到通胀因素，例如，1992 年 1 月物价上涨了 26 倍，而大部分企业在私有化时，允许以股票面值的 1.7 倍价格出售。更重要的是出现了资产评估的价值与会计核算中的资产价值的严重脱节。如俄罗斯 500 家最大的私有化企业按现价至少值 2000 亿美元，而实际以 72 亿美元出售。

3. 国有大中型工业企业私有化后，经济效益没有提高或者变化不明显。这由多种因素决定的：(1) 私有化的一个重要目标是使企业成为独立的商品生产者，成为市场的主体，以此来促使企业尽快转换经营机制，提高经营效率与竞争能力。但实现这一目标，对长期在计划经济体制条件下从事生产经营活动的国有企业来说，需要有个过程，绝不是某些人所想象的，只要所有制一变，经营机制立即会变，经营效果立即会提高。(2) 对部分以股份制形式实现私有化、并又是国家控股的企业来说，企业的产权与责任并不十分清楚，一个重要原因是，这类私有化企业，更多的是考虑国有财产的处理问题，不顾及企业管理机制的改革问题。(3) 经济转型国家的大中型国有工业企业，在传统体制下，都忽视设备的更新，生产技术十分落后，急需更新设备与技术，而私有化后的新企业主往往缺乏资金，没有新的投入。“根据全俄社会舆论研究中心的材料，当原班管理人员当领导时，74%的新投资者拒绝为自己拥有的项目投资。”[①] 这样就难以提高产品质量与生产效益。(4) 一个重要的因素是，俄罗斯私有化尽管是打着科斯定理的旗号下进行的，即国家财产一旦私有化，它最终会落入效率最高的生产者手中。而俄罗斯实际上没有按科斯定理推行私有化。(5) 大私有化打破了国家的垄断，但在俄罗斯又出现私人垄断和行业垄断。这在西方如英国也出现过这种情况，如英国供排水公司，私有化初期效果较好，后来因存在行业垄断，该公司价格上涨

---

① 刘美珣、(俄罗斯) 列·亚·伊诺维奇主编：《中国与俄罗斯两种改革道路》，清华大学出版社 2004 年版，第 352 页。

幅度大于利润上涨幅度。俄罗斯推行私有化政策后，由七个银行家和商人联合起来控制俄罗斯50%财产的成员之一的鲍里斯·别列佐夫斯基供认，[①] 这些大财团，控制某个行业是十分容易的事。垄断不打破，就不能通过竞争达到提高效率的目的。(6) 从客观条件来讲，较为完善的发达的市场经济条件尚未形成。

4. 产生的社会问题甚多。主要有失业人数增加；经济犯罪日益严重；对整个社会经济犯罪起着推动的作用；加速了社会的两极分化。如在俄罗斯一方面出现了暴发的“新俄罗斯人”；另一方面出现了大量的生活在贫困线以下的广大居民阶层。这必然使社会大多数人的不满和社会处于紧张状态。

5. 通过私有化也没有达到大量增加预算收入的目的。普里马科夫指出：“从1992—1998年，预算从大量的、全面的私有化中仅仅得到相当于国内生产总值1%的收入。其余所有的全落入人数很少的所谓‘寡头’集团腰包。”[②]

6. 国家政权的“寡头化”。俄罗斯经济转轨进程中，出现了金融资本与工业资本的互相融合与发展过程，因此，也可称金融工业集团。

金融寡头的出现，从其大环境来讲，是俄罗斯社会经济的转轨；从具体条件来讲，最直接与重要的是俄罗斯国家实行的私有化政策与采取的全权委托银行制度。这些条件为俄罗斯在私有化过程中已握有财权和管理权的大企业与大银行，通过与权力的结合，成为更快集聚资本的最有效的途径。

重新国有化问题

普京第二任期开始后，在国民经济的一些主要部门出现了明显的重新国有化现象。这主要涉及油气、军工、飞机制造、重型机械、汽车、核能、矿产开采、海洋运输、民运机场、银行与造船等领域。

俄罗斯重新国有化主要是通过企业兼并与重组方式达到国家控股的目的，在一些重要部门企业兼并与重组有明显进展：

在能源领域，最具规模的国有企业之一——俄罗斯统一电力公司，在2005

---

① 参见（美国）《挑战》杂志1997年第5—6月号。

② （俄罗斯）叶夫根尼·普里马科夫著，高增训等译：《临危受命》，东方出版社2002年版，第33页。

年以 1 亿美元从国际俄罗斯公司手中收购了电力设备公司。2004 年 12 月，国家全资的俄罗斯石油公司以 93.5 亿美元收购了尤科斯石油天然气公司 76.79％的股票。该公司继续扩张，收购苏尔古特石油天然气公司。2005 年 9 月，俄罗斯天然气工业股份公司以 131 亿美元收购了全俄第五大石油公司——西伯利亚石油公司 72.66％的股份。2006 年 12 月，它又以 74.5 亿美元的价格获得了萨哈林能源公司 51％的股份与萨哈林 2 号油气项目的控股权。

在军工领域，2000 年俄罗斯在重整国防工业时，建立了国防工业联合公司，它是一个综合性的工业和投资公司，股东是俄罗斯联邦财产管理局，拥有 51％的股份。俄罗斯还将武器出口统一由俄罗斯国防出口公司进行，公司董事会主席由当时任国防部长（现任政府第一副总理）的伊万诺夫担任。该公司不断扩充实力，2005 年它以 3 亿美元收购了俄罗斯最大的汽车制造厂之一的伏尔加汽车制造厂。2006 年 10 月，又以 70 亿美元的价格获得了俄罗斯最大的钛锰制造商集团 66％的股票。2006 年俄罗斯国防出口公司，还宣布了一项以俄罗斯国内主要的特种冶金企业为基础组建一个庞大的冶金控股公司计划，该公司将由国家控制。国防出口公司在不断扩张与实现了主要由国家直接控制之后，2006 年 2 月，普京总统签署了一项总统令，赋予该公司为俄罗斯唯一有权进行出口武器的垄断性集团地位。

在金融领域，现俄罗斯国家控股的银行与信贷机构已有 20 多个。国有股份银行与信贷机构在总资产中所占的比重已接近 40％。从发展趋势看，国家控股的银行在增加，并且规模也在扩大，向银行集团公司发展。还应指出的是，这些银行不仅扩张金融业务，而且还向其他行业推进，如房地产行业，等等。

在其他一些重要部门都出现了上述企业兼并与重组的现象。在普京任总统 8 年期间，俄罗斯国有经济比重升至 50％。

普京推行国有化政策的主要目的是：

第一，增强国家对经济的主导作用，特别是对影响国家重要经济战略利益的领域加强调控力度。例如，在石油部门通过重新国有化的措施，国家对石油的控制率已达到 31％。大型国有企业在俄罗斯经济中的作用已大大提高（见下表）。

2005 年俄罗斯 10 个大型国有公司销售额及其对 GDP 增长的贡献度

公司名称	销售额（单位：亿美元）	销售额占 GDP 的比重
天然气股份公司	489	6.4
统一电力公司	270	3.5
俄罗斯铁路公司	265	3.5
俄罗斯石油公司	177	2.3
天然气工业石油公司	145	1.9
储蓄银行	110	1.4
通讯投资公司	75	1.0
石油运输公司	64	0.8
俄罗斯国防出口公司	56	0.7
伏尔加汽车制造厂股份公司	47	0.6
总计：	1698	22.1

资料来源：Дедовой еженеделеьник《Компания》No444，25 декабря，2006г.

从上表可以看到，10 家最大的国有公司其 2005 年的销售额已达到俄罗斯 GDP 的 22.1%。

第二，进一步打击与削弱寡头势力，防止国家政权寡头化，剥离寡头与政治的关系，不允许寡头参政，对国家经济政策指手画脚。

第三，在一些重要经济部门培植一些大型国有控股企业，目的是保证国家重要的产业政策得以实现。俄罗斯在重新国有化时，并不要求 100%的股份，而是保持 51%的股份。

在谈到这几年来俄罗斯重新国有化现象时，必须指出以下两点：一是原规定的进一步私有化的进程不中断，按规定，2008 年以前，俄罗斯将国家不需要的国有资产全部售完；二是国有化措施并不构成一个大规模运动，而只是在某些具有重要战略意义的领域的某些企业中进行，采取“个案”处理的办法。至于重新国有化后，形成的大型企业集团，就有可能在某个行业与部门产生垄断，从而效率的提高起到不利的影响。梅德韦杰夫总统认为，当前俄罗斯国有企业比重过高，据经合组织统计，目前俄罗斯国有资本在银行领域占 60%，在加工工业中占 50%，在石油天然气领域占 45%。为此，梅德韦杰夫在 2010 年 6 月宣布，要将战略性企业数量削减到原来的20%，并召开了国有资产私有化与缩减战略性企业清单的专门会议，计划在2010年对250家国家独资企业与国家持股的462家股份制公司进行私有化。这次私有化将涉及5500家企业。俄罗斯经济发展部估计，通过这次私有化2009年可增加财政收入120亿卢布，2010年可增加700亿卢布。此番私有化计划实施后俄罗斯可把国有经济的比重从50%降至30%。2011年1月26日梅德韦杰夫提出2011至2013年，俄罗斯要进行一轮大型国企私有化进程。为了顺利推行私有化与排除国家对企业的行政干预，梅德韦杰夫总统限令高级行政官员2011年7月1日前退出17家国有企业董事会（或监事会）。俄罗斯总统网站正式公布了完整的公司名单。按规定，2011年10月1日前，所有政府与部委领导及总统办公厅领导成员应退出各大国有企业管理层。

40. 俄罗斯对农业实行了哪些改革?

陆南泉

农业一直是苏联经济的一个薄弱部门。斯大林执政时期大规模的饥荒就发生两次，一次是二十世纪 30 年代初集体化时期，一次是二战后。每次饥荒饿死的人数以数百万计。1950 年苏联谷物总产量为 6480 万吨，1913 年沙俄时期为 7250 万吨，同期，肉类分别为 490 万吨与 500 万吨，人均谷物为 447 公斤与 540 公斤，畜产品为 27 公斤与 31 公斤。到斯大林逝世的 1953 年牛、马、绵羊的头数仍未达到集体化前的水平，粮食产量甚至还低于 1913 年的水平。[①]

赫鲁晓夫一上台之所以首先抓农业，是因为斯大林逝世时苏联农业处于严重落后状态，苏联尚未解决粮食问题。赫鲁晓夫执政时期农业虽有一定的发展，但农业仍处于不稳定状态。勃列日涅夫一上台，亦不得不首先推行加强农业的政策。但同样出现经常性的农业歉收。1979—1982 年出现连续 4 年歉收。1973 年苏联历史上第一次成为粮食净进口国，这一年净进口 1904 万吨。后来，粮食进口上了瘾，就像吸毒者上了海洛因的瘾一样，[②] 震惊了世界市场，引起了各国愤怒。1985 年进口粮食 4420 万吨，1989 年为 3700 万吨。[③] 长期以来，苏联农业劳

---

① 参见陆南泉等编：《苏联国民经济发展七十年》，机械工业出版社 1988 年版，第 251、270 页；李宗禹等：《斯大林模式研究》，中央编译出版社 1999 年版，第 104 页；其他有关材料。

② 参见（俄罗斯）格·阿尔巴托夫著，徐葵等译：《苏联政治内幕：知情者的见证》，新华出版社 1998 年版，第 239 页。

③ 苏联国家统计委员会：《1990 年苏联国民经济》，莫斯科财政与统计出版社 1991 年俄文版，第 653 页。

动生产率只及美国的 20%—25%。

苏联时期一直改变不了农业的落后状态，有其多方面的原因，如由于为了实现超高速的工业化，片面发展重工业，一直实行对农民剥夺的政策。但最为重要的原因是，苏联在超越社会发展阶段的思想指导下，把解决农业问题着力点放在不顾生产力发展水平不停顿地改变与折腾生产关系上。斯大林时期搞农业全盘集体化是明显的例子。这对农业造成了很大的破坏。在斯大林之后的苏联领导人，还继续实行合并农庄与把农庄集体所有制向全民所有制过渡的政策。这些做法完全是违反马克思主义的。马克思讲过："无论哪一种社会形态，在它所能容纳的全部生产力发挥出来以前，是决不会灭亡的：而新的更高的生产关系，在它的物质存在的条件在旧社会的胎胞里成熟以前，是决不会出现的。"[①] 与此同时，不顾农业生产的特点，也不顾集体农庄集体所有制的特点，在经营管理上也全面推行与全民所有制企业一样的指令性计划那一套做法。

苏联剧变后，俄罗斯新执政者为了构建市场经济体制，不仅对城市的国有企业实行私有化，并且也对农业进行改革，农业领域的改革，涉及两个相互紧密联系但又有区别的内容：即农业土地所有制与农业生产经营组织的改组问题。

曲折的土地私有化改革

苏联在十月革命胜利后，列宁就宣布一切土地归国家所有。1970 年 7 月 1 日批准的《俄罗斯联邦土地法典》也明确规定，土地归国家所有，农业企业、其他企业、社会组织和机构以及公民有权无限期使用。俄罗斯为了向市场经济转型，认为，不能在国民经济其他部门进行私有化时，而在农业中对最重要的生产资料土地，仍保持单一的国有制。为此，1991 年 4 月 25 日，俄罗斯联邦议会通过了《俄罗斯联邦土地法典》。该法典为"根本改革俄罗斯联邦土地关系、保护土地所有者、土地占有者和土地使用者的权利，组织合理使用土地资源，提供了法律保证"。根据这一法典，在俄罗斯取消了土地的单一形式，确定了多种土地所有制形式，包括：国家所有制，它分为联邦所有制和共和国所有制；集体所有制，土地可作为集体共同所有的财产，但不为其中的每个公民确定具体的土地份额；集

① 《马克思恩格斯选集》第 2 卷，第 83 页。

体股份所有制，在确定每个公民的具体土地份额后，土地所有权转交给公民，并可作为集体股份制；公民所有制，公民在从事家庭农场、个人副业、个人住宅与别墅建设等活动时，有权获得土地所有权，并终身继承占有权或租赁权。

1991年年底，叶利钦签发了《关于俄罗斯联邦实施土地改革的紧急措施》的总统令，它不只规定了土地改革的一般原则，并要求在一年内完成集体农庄和国营农场的改组与重新登记，预定要在俄罗斯农村发展100万个家庭农场，以形成一个中产者阶层。1993年10月27日，叶利钦又签署了《关于调节土地关系和发展土地改革》的总统令。这道总统令的一项重要内容是，规定土地所有者有权出售为自己所有的土地。接着，又于1994年和1995年分别颁布了俄罗斯政府《关于借鉴下诺夫戈德州实际经验改革农业企业》的决议和《关于实现土地份额和财产份额所有者权利的方式》的决议。根据这两个决议，在改组织农业企业的过程中，使这些企业的工作人员和农民得到归自己所有的一份土地和一份财产。1996年3月7日，叶利钦又签署了《关于实现宪法规定的公民土地权利》的总统令，重申土地所有者有权自由支配自己的土地份额，包括出售、出租和赠送土地份额。

俄罗斯随着农业改革的发展和一系列总统令的实施，俄罗斯在调节土地关系的政策、法规与1991年4月25日通过的《俄罗斯联邦土地法典》存在一些矛盾的地方，加上俄罗斯社会各界人士对土地所有制改革的看法亦不一致，因此，决定要制定新的土地法典。但从拟定草案、多次审议，经过不断反复，一直到叶利钦1999年底辞职，包括土地私有化特别是土地自由买卖内容的土地法典也未最后获得通过。

虽然俄罗斯在执行有关土地所有制改革的总统令方面，存在不少阻力，但土地私有化的改革还是取得了不少进展。到1997年1月1日，国营农业企业占用的农业用地占全俄农业用地的已下降到13.4%，其中耕地为12.5%。到1999年，约有63%的农业用地转为私人所有。在土地使用结构也发生了大的变化，农业企业和组织使用土地为1.6亿公顷。占农用土地的81.9%。①

在叶利钦时期，有关土地私有化的改革，虽然通过了有关法典，并签署了一

① 在经济转型前的1991年年底，国营农场占用农业用地为1.06亿公顷，集体农庄占用7910万公顷，分别占全部农业用地的47.7%和35.6%。

系列总统令，但并没有解决一个关键性问题——农用土地可以自由买卖。后来叶利钦总统与杜马为此闹得很僵。1997 年 8 月，俄罗斯杜马通过的新土地法典没有规定农用土地可自由买卖的内容，从而遭到叶利钦的否决，他还明确地说：只要新土地法典没有规定农用土地可以自由买卖的内容，他就不会在上面签字。

普京上台后，在农业问题上强调指出，要解决俄罗斯农业中存在的大量问题，急需尽快通过长期争论不休的新土地法典。2000 年 1 月，他在国家杜马发表讲话时就呼吁尽快通过土地法典。在他执政初期，对土地自由买卖问题的态度并不十分明朗，比较谨慎，但实际上是同意土地自由买卖的。2001 年 1 月 30 日，普京在俄罗斯国务委员会主席团会议要求：必须通过明确的土地法。认为，缺乏对土地的调节，是影响投资的一个很大障碍。接着他在 2001 年 2 月 21 日向俄罗斯联邦国务委员会上讲“土地关系领域需要解决三个关键问题”：“第一，在所有制领域制定出各种法律关系的规定；第二，清点土地数量；第三，建立土地资源有效管理的体系。”“新的土地法典应该成为推进这方工作的出发点。”他还说，在农业方面俄罗斯“最尖锐的问题是农业用土的流转问题。在土地资源的构成中，农业用地占了四分之一。在今天的讨论中我们应该对此予以特别的关注”。[①] 2001 年 4 月 3 日普京发表的总统国情咨文中专门谈了土地问题。他说：“现在的主要问题是，在那些已有土地市场的地方，不要去阻挠土地市场的发展。把关于调节土地关系的形式和方法的最现代的概念写入法典。还应该承认，现在非农用土地在民间交易中已不受限制。对农用土地的交易调控显然需要专门的联邦法律，大概还应当赋予联邦主体独立决定何时进行农用土地交易的权限。”[②]

经过激烈争论，2001 年 9 月 20 日，国家杜马三读通过了拖了 7 年之久的新的俄联邦土地法典草案，10 月 10 日，俄罗斯联邦议会以 103 票赞成、29 票反对、9 票弃权的表决结果最后通过了《俄罗斯联邦新土地法典》，并由普京总统签发生效。但这一法典并未解决农用土地私有化与自由买卖问题。为了解决这个问题，2002 年 6 月 26 日，俄罗斯国家杜马最终通过了《俄罗斯联邦农业用土地流通法》。7 月 9 日俄罗斯联邦委员会批准，并由总统签发，自正式公布之日起 6 个月后生效。应该说，这项法律的出台，它标志着俄罗斯土地私有化有了重大发

---

① 《普京文集：文章和讲话选集》，中国社会科学出版社 2002 年版，第 257 页。

② 同上，第 284 页。

展，即最后解决了农用土地可以自由买卖的问题。《俄罗斯联邦农用土地流通法》明确规定了农用土地地块和具有共同所有权的土地份额的流转（交易）规则和限制条件，完成交易的结果，是产生或者中止农用土地地块和具有共同所有权的农用地份额的各种权力。还规定，“不允许俄联邦主体通过法律法规包括附加条款，对农用土地地块的流转进行限制”。这里要指出的是，有关农用土地自由买卖还是需要遵循一些原则。《俄罗斯联邦农用土地流通法》作了以下一些限制性的规定，如：为了保证农用土地的专项用途，在出售股份所有制的土地份额时，其他土地股份所有者有权优先购买；出卖农用土地地块时，俄联邦主体或联邦主体法律规定的地方自治机构有优先购买这些土地地块；禁止将农用土地卖给外国人、无国籍人士和外国人的股份超过50%的法人。从杜马讨论农用土地进入流通问题的情况看，总的看法是比较一致，即不能把农用土地卖给外国人。[①] 这主要是担心俄罗斯农业和农村被外国企业与外籍人士控制。关于这个问题，2002年6月19日普京在俄罗斯工商会第4次代表大会上说：“我理解那些主张不急于赋予外国人购土地的人。”“解决这个问题需要平衡、斟酌和非常谨慎。”但他还说：“随着土地市场和必要基础设施的发展，这个问题还会被提到日程上来。”至于农用土地自由买卖的改革，虽已通过了法律，但在实施过程中不同观点的争论不会停止，而土地私有化改革的进程也不会因有争论而停滞不前，还会不断深化。

集体农庄与国营农场经营组织形式的改组

在叶利钦时期，与土地私有化相适应，决定把在农业中占绝对统治地位的国营农场与集体农庄加以改组。规定必须在一年内（在1993年1月1日前），完成国营农场与集体农庄重新登记工作，并对那些无力支付劳动报酬和偿还贷款债务的农场、农庄，应在1992年第一季度加以取消与改组。1992年9月4日，俄罗斯政府正式批准了农场、农庄与国营农企业的条例。该条例确定的经营形式改革与产权改造的基本原则是：按生产单位劳动集体成员的意愿，将农庄、农场改组为合伙公司、股份公司、农业生产合作社、家庭农场及其联合体。到1993年年底，俄罗斯已有2.4万个农庄、农场进行了改组与重新登记，这占农庄、农场总

① 外国人可购买工业和建筑用土。农用土地只能租赁，租赁期不得超过49年。

数的95%，其中1/3的农庄、农场根据劳动集体的决定保留了原来的经营形式，其余的2/3改组为1.15万个合伙公司、300个股份公司、2000个农业合作社和3000个其他新的经营形式。它们的成员成为具有自己份地和股份的商品生产者。[①] 农庄、农场改组后的详细情况见下表。

俄罗斯农庄、农场的改组情况

	1993年	1994年	1995年
重新登记的集体农庄和国营农场占原有的比重（%）	77	95	—
其中：保留原有法律地位的占已重新登记的集体农庄和国营农场的比重（%）	35	34	32
改组为下列企业形式的占已重新登记的集体农庄和国营农场的比重（%）：			
开放型股份公司	1.5	1.3	1.0
有限责任公司，合营公司	43.7	47.3	42.6
农业合作社	8.6	7.8	7.2
农民经济联合体	3.6	3.7	2.5
被工业企业和其他企业买断的	1.8	1.7	—

资料来源：（俄罗斯）过渡时期经济问题研究所编：《过渡时期经济》，莫斯科1998年俄文版，第579页。

这里要指出的是，在叶利钦时期，特别重视发展农户（农场）经济（或称私人农场）。这与当时叶利钦、盖达尔等人接受西方模式来改造成俄罗斯农业的战略有关。这个模式就是以土地私有化和经营组织农场化为基础的。在他们看来，美国与西方其他一些国家在土地私有制基础上发展家庭农场能获得良好的经济效益。但在俄罗斯，这种农户（农场）经济并没有得到很大发展，更没有成为农业生产的主力军。1992年农户（农场）经济49000个，1993年为182800个，从1994年至1989年，一直保持在27万—28万个这一水平。占用土地面积一般在1200万—1300万公顷，平均每个农户经济占用土地为40—50公顷。1999年农

① 陆南泉主编：《独联体国家向市场经济过渡研究》，中共中央党校出版社1995年版，第134页。

户（农场）经济生产的粮食占俄粮食总产量的7.1%，而在畜牧业中的比重很小，如在大牲畜中饲养头数中只占1.8%，其中奶牛占1.9%，猪占2.2%，羊占5.5%，在整个农业产值中仅占2.5%[①]。

在俄罗斯，农户（农场）经济之所以难以发展，因它受到一系列条件的制约：第一，俄罗斯不像在美国，有发达的、能及时得到的农业社会化服务。美国家庭农场所以能发展并有巩固的地位，一个十分重要的条件就是具有高水平的社会化服务。而这一套服务体系绝不是在短期内可建立起来的。第二，长期以来，在俄罗斯搞的是大农业，国营农场和集体农庄的生产规模都很大，使用的是大型农业机械，机械化水平已达到一定程度，粮食作物的种植与收获已全部机械化，畜牧业综合机械化水平已达到70%—80%。而搞小规模的农户经济，需要小型的农业机械。在当时的俄罗斯，财政极其困难，国家不可能投入资金来及时地发展小型农机，以满足农户经济的需要。第三，在苏联，大型农业已搞了几十年，农业生产中的劳动分工已形成，这样，能够掌握农业生产全过程的典型的农民已不存在，这对搞一家一户的农业经济在客观上就有很多困难。第四，农户缺乏必要的启动资金，它们既得不到财政帮助，又得不到必要的银行贷款，这种情况下，使得组建来的农户经济难以维持，出现大量解体的情况。第五，农用生产资料如化肥等得不到保证。看来，叶利钦时期推行的小农业经济政策并不适合俄罗斯国情，未能取得应有的效益。普京上台执政后，不得不改变农业发展政策，变革农业发展道路。普京强调要搞大农业，具体说要搞大型的农业综合体，把它视为发展农业的重要途径之一，要使俄罗斯农业在今后成为“大的商品生产者”。从西方发达国家的情况看，大型农业企业是农业生产经营的一种基本形式。目前美国50%的商品农产品是由占4.7%的大农场生产的，而欧盟国家50%的商品农产品是由10%—15%的大农场生产的。大型农业在俄罗斯农业中起着重要的作用，它们生产92%粮食，94%的甜菜，86%的向日葵籽，70%的蛋，49%的奶，39%的肉，38%的羊毛，21%的蔬菜和90%的饲料。在这些大企业中，已有300个大型龙头企业，俄罗斯还在组建15个大型农工集团。这些大型农业企业的经营效益也较好，如300个大型龙头企业，虽仅占农业总数的1.1%，但在2000年

① 王跃生等主编：《市场经济发展：国际视角与中国经验》，社会科学文献出版社2006年版，第250页。

生产的商品农产品占其总量的16.1%，所得收入占农业总收入的28%，所得利润占农业总利润的47.2%。[①]

需要指出的是，经过20年的经济转型，俄罗斯农业并没有完全摆脱落后状态。2011年5月18日梅德韦杰夫在记者会上说，俄罗斯农业人口占总人口的三分之一，而工业发达国家只占3%—5%。他执政后重视农业问题，视为俄罗斯大力发展的一个优先方面。但从体制层面来说，梅德韦杰夫并没有提出重要的政策与主张。

① 以上资料转引自乔木森2003年10月撰写的题为《俄罗斯农业发展道路》的研究报告。

41. 俄罗斯农业状况与发展前景如何?

李中海

农业作为农产品生产部门，对保障国家粮食需求、工业生产所需原材料和促进农业地区发展都有非常重要的意义。目前俄罗斯农业和食品工业产值约占GDP的8.5%，其中农业占GDP的4.4%；农业就业人口约为730万人，占就业人口总数的11%。1999年以来俄罗斯农业连续多年持续增长，出现了俄罗斯历史上少有的好局面。从1999年至2006年，农业产值增长了34.4%[①]。除2010年受干旱影响粮食大幅歉收外，历年粮食产量都达到8000万吨以上，2011年为9780万吨，全年可出口粮食2500万吨，使俄罗斯成为粮食出口大国。

俄罗斯农业生产组织形式及主要农产品产量

一、俄罗斯农业生产组织形式的变化及特点

当前俄罗斯农业生产组织形式及农产品生产有以下突出特点：

第一，各类农业生产者之间形成了自然的劳动分工。俄罗斯农业有三种生产组织形式，分别是农业企业、居民经济和农户（农场）经济。从现有统计数据看，上述三种不同类型的农业生产主体之间形成了自然的劳动分工，农业企业是粮食、甜菜和葵花籽的生产主体；居民家庭经济是马铃薯、蔬菜等作物的生产主

① А. Гордеев，О проекте Государственной программы “Развитие сельского хозяйства и регулирование рынков сельскохозяйственной продукции，сырья и продовольствия на 2008—2012 годы”，http：//www. mcx. gov. ru，12. 07. 2007.

体，在畜牧业方面，农业企业与居民家庭经济旗鼓相当。农户（农场）经济虽然在产品产量和产值中所占比例不大，但其增长速度明显高于农业企业和居民家庭经济。各类生产组织之间的自然劳动分工是俄罗斯土地及农业生产的特点所决定的。粮食、甜菜、葵花籽的生产需要进行大田机耕作业，而马铃薯和蔬菜种植大多以手工劳动为主，农业企业和家庭经济只能利用本身所具有的劳动和生产资源优势组织生产。

第二，在农业领域出现了一些大型控股公司。这些公司通过投资设厂、收购、兼并等措施，建立起了集生产、加工、销售于一体的大型企业集团，进行规模化经营。一些大型农业加工企业正在兴起，比如，欧洲最大的年加工能力为100万吨葵花籽的加工企业，已在顿河罗斯托夫建成投产；投资3.5亿美元兴建的“鲁斯农业”生猪养殖场在贝尔格勒州也已建成。

第三，外资开始流入俄罗斯农业领域。比如，2005年法国丹侬公司投资兴建了大型奶制品生产企业；专门生产粮食收割机的“克拉阿斯”公司已在克拉斯诺达尔安家落户。

第四，农业企业财务状况明显好转。从1999年起，俄罗斯农业企业财务状况持续改善，赢利企业数量提高，企业利润率增长。从2002年起开始实施的农业企业债务重组计划，对农业企业改善财务状况起到了重要作用。从2004年起农业企业财务状况出现了质的飞跃，利润率明显提高，赢利企业所占比例超过了50%，尚未偿还逾期贷款的企业的数量以及企业债务总额明显下降。

第五，农业生产者出现了两极分化趋势。无论是大型企业还是小农经济都出现了两极分化现象，一方面表现在地区间差距拉大，俄罗斯幅员辽阔，各地区由于地理、气候条件等原因，农业生产者的生产经营状况出现差距日益拉大的趋势；另一方面，即使在一些同质化地区，也存在农业企业生产成本相差数倍甚至数十倍的情况。①

二、俄罗斯农业生产形势

近年来，俄罗斯农业生产形势呈现出以下两个突出特点，归结为一句话，种植业产量增长较快，畜牧业增长缓慢，甚至仍处在危机之中。

---

① Е. Гайдар, Российская экономика в 2006 году: тенденции и перспективы, http://www.iet.ru, С. 445—447.

在种植业方面，生产持续恢复，形势明显好转。到 2004 年，俄农业种植业产量已超过 1990 年的水平，2006 年产量已比 1990 年水平高出 6%。虽然 2010 年受干旱影响粮食产量下降到 6500 万吨左右，2011 年仍可望获得大丰收。这说明，俄罗斯种植业在总体上仍然是靠天吃饭，气候对生产影响较大。近年来俄罗斯主要农作物生产的突出特点是：

第一，具有较强比较优势的农作物产量增长较快。葵花籽、甜菜、马铃薯及其他蔬菜的生产在新技术支撑下获得了高速增长，产量指标超过了苏联时期水平。葵花籽种植生产已从粗放型发展转向集约型发展。实际上，葵花籽产量在经济转型初期就已出现增长趋势，但当时的增长是粗放型的，主要增长途径是利用豆麦类粮食作物播种面积减少后留下的土地，扩大了向日葵的播种面积。从 2001 年起，葵花籽的收成快速增长，生产者开始大量使用改良品种，并增加了化肥施用量，实现了在播种面积不变情况下的产量增长。同时，由于向日葵与豆麦类粮食作物种植对土壤状况有相似的要求，两者之间出现了争抢耕地的现象。

第二，粮食作物仍然是俄罗斯主要农作物。其中小麦产量不稳定；燕麦产量明显下降；玉米产量有所增长。玉米产量的提高得益于国际玉米价格增长较快，美国用玉米提炼乙醇，玉米需求急剧增加。同时，俄罗斯国内畜牧业饲料需求大幅提高。在国内外需求同步提高情况下，俄玉米播种面积明显提高。另外，由于从 2003 年起国家对稻米进口进行调控，俄国内稻米产量有所增长。

第三，甜菜产量在国家实施食糖进口配额制度后有所增长。2003 年俄政府开始加征食糖进口关税，建立调控税率制度，其税率与纽约交易所和国内价格建立联动关系。这一制度实施后，甜菜播种面积及收成均出现增长趋势。在这种情况下，用甜菜为原料的食糖产量大幅增长，超过了改革前的水平。

第四，油菜产量增长较快。这首先得益于欧盟扩大使用油菜生产生物燃料的做法。欧盟宣布到 2010 年将用油菜总产量的 5.75%制作生物燃料。据预测，到 2013 年欧盟 30%的油菜（超过 1500 万吨）将用于能源生产，2003 年能源行业消耗油菜 360 万吨，2006 年 800 万吨。在国内方面，油菜是俄养殖业的饲料之一。国内外需求增长促进了俄油菜产量的增长。

第五，马铃薯是俄主要农作物之一，是家庭经济的主要作物。近年来，马铃薯播种面积虽有所下降，但收成率不断提高。其中，农业企业的马铃薯产量占比有所提高。从总体上看，俄马铃薯种植也仍是粗放型的。

第六，亚麻产量经过长期下滑后开始出现稳步增长趋势。亚麻产量增长既是农业集约化发展的结果，也是亚麻加工企业现代化改造的结果。俄亚麻生产呈现出区域分工的特点，西西伯利亚地区成为亚麻主产地，而亚麻的加工企业主要集中在俄罗斯的欧洲部分。①

在畜牧业方面，发展状况仍不乐观，复苏乏力，恢复缓慢。2006 年养殖业产量仅相当于 1990 年水平的 50%。这种局面导致畜牧业产品供应紧张。近年来，俄人均肉食消费量下降了 30%，奶消费量下降了 40%。畜牧业发展缓慢的主要表现是：（1）主要牲畜的存栏量不断下降。（2）主要养殖业产品的产量不稳定，有的呈现出不断下降的趋势，有的出现了缓慢的增长势头，但增幅不稳定。（3）“农业发展”国民优先项目启动以来，俄罗斯畜牧业开始出现好转趋势。2006 年肉类生产增长了近 5%，禽类增长约 15%，生猪养殖增长了约 9%，奶的生产增长了 1%，大牲畜存栏量下降的趋势得到扭转。②

三、当前俄罗斯农村状况

虽然近年来俄罗斯农业形势有了明显好转，但农村面貌仍有待改善。贫穷是俄罗斯农村发展中亟待解决的问题。上世纪 90 年代的经济危机造成俄农村状况不断恶化。据统计，俄罗斯 3300 万居民处于贫困状态，其中 75.6%（2950 万人）是农村居民。③ 在农业改革过程中，农业劳动生产率明显下降。在整个 90 年代，农业生产下降了 40%。农业生产增长速度放缓，农村就业岗位少，农村社会和工程基础设施不完善，导致农村社会问题不断激化。只有约 60%的农村居民达到全国人均收入水平，35%的居民实际可支配收入低于最低生活标准。④ 其次，俄罗斯农村地理布局分散，并且远离城市，农村富余劳动力难以被城市吸收。农村快速边缘化，为解决农村贫穷问题增加了难度。另外，农业劳动的质量

---

① Е. Гайдар，Российская экономика в 2006 году：тенденции и перспективы，http：//www. iet. ru，С. 251—462.

② А. Гордеев，Новая ситуация в АПК России. Собирание аграрных ресурсов под эгидой Минсельхоза укрепляет эффективность отрасли，http：//www. agronews. ru，24 марта 2007 .

③ Галина Карелова，У бедности деревенское лицо，http：//www. rg. ru/2003/10/28/karelova. html.

④ А. Гордеев，О проекте Государственной программы “Развитие сельского хозяйства и регулирование рынков сельскохозяйственной продукции，сырья и продовольствия на 2008—2012 годы”，http：//www. mcx. gov. ru，12. 07. 2007.

明显下降，这意味着在农业生产增长的情况下，劳动力供给不能满足需要，农村专业技术人员短缺成为制约农业生产增长的主要因素。总之，农业生产状况既是农村状况恶化、农村贫穷水平较高的主要因素，也是制约农村发展的主要因素。

俄罗斯农业发展战略及政策的全面调整

俄罗斯自经济改革以来的农业发展经历了三个阶段。第一阶段（1991 年 4 月—1998 年 9 月）是叶利钦主导下的激进改革，突出特点是围绕土地所有制和农业生产组织形式进行颠覆性制度变革，改变了苏联时期国家对土地的垄断所有权，建立了多种所有制形式并存的土地所有制结构；大规模改组国营农场和集体农庄，建立了各种新型的农业经营形式。激进改革导致农业综合生产指标及主要农产品产量连续多年大幅度下降，农业农村形势急剧恶化。第二阶段（1998 年 10 月—1999 年 8 月）是普里马科夫政府主导下的政策调整时期。1998 年金融危机后临危受命的普里马科夫政府对农业发展战略及政策进行了部分调整。[①] 这一时期虽然时间较短，但为普京主政后的农业政策调整奠定了基础。第三阶段（1999 年 9 月以来）是普京主导下的系统性政策调整时期。这一时期，国家恢复了对农业的有效管理，农业发展战略和政策思维发生了明显变化，农业政策的调整更具针对性和系统性，主要特点是：第一，摒弃了叶利钦时期以制度变革为核心的自由主义经济政策，代之以务实的政策调整，围绕实现农业现代化和提高农业竞争力完善法律法规，针对农业和农村的特定问题制订发展纲要和计划。第二，国家农业政策从放任自流向积极干预转变。随着宏观经济形势好转和国家财力的增强，俄政府在解决农业企业债务、农业发展融资和农业技术保障等方面，加大了扶持力度，为农业发展注入了新的活力。第三，从单纯的以提高农业产量为目标的政策向综合性农业政策转变，将解决农村社会问题及治理农村居民贫穷问题列入政府的议事日程，着力建立有利于农业生产持续增长、农村社会稳定发展的制度环境。

---

① 详见许新主编：《叶利钦时代的俄罗斯》（经济卷），人民出版社 2001 年版，第 164—168 页。

一、农业发展战略的调整

2000年以来，俄罗斯政府针对农业和农村的落后状况及农业生产实际，制订颁布了一系列法规和计划，并提出了包括“农工综合体发展”在内的四大国民优先项目，为农业和农村改变落后面貌、切实提高农业发展水平提供了法律和组织保证。

第一，制定农业农村长期发展规划，确定不同时期农业发展的目标、任务及实现目标的政策措施。普京执政初期，俄罗斯政府颁布了《俄罗斯2010年前发展战略》和《俄罗斯2001—2010年农业粮食政策基本方针》（以下简称《基本方针》），对农业发展战略目标进行了重新界定，提出了需要解决的三大问题：一是发展高效的有竞争力的农工综合体，保障国家粮食安全，为俄罗斯农业与国际农产品市场接轨创造条件；二是提高农村居民生活水平，恢复和发展农村地区社会基础设施；三是提高农业科研水平，推广节能技术，生产安全可靠的食品，保护农业长期发展所需的自然资源。其中《基本方针》全面分析了俄罗斯农业生产面临的问题，提出了着眼于农工综合体及农业地区长远发展的政策措施。俄罗斯农业部根据《基本方针》确定了农业生产的预计指标，将2001—2010年分为两个阶段，前5年的重点是完善市场机制，稳定农业生产，并为农业后续发展创造条件，确定了农业生产年均增长3%—5%的目标；后5年政策目标的重点是实现农业现代化，提高农业竞争力，并将农业生产指标确定为年均增长5%—7%。

2002年12月俄罗斯政府颁布了《2010年前农村社会发展纲要》，提出2010年前农村发展目标是：发展农村乡镇的社会机构和基础设施，缩小城乡之间在社会和基础设施保障方面的差距，提高农村生活水平；为农村乡镇稳定发展创造法律、制度和经济条件；扩大农村劳动力市场，为农村居民提高收入、增加农产品需求及繁荣农村经济创造条件。《纲要》还确定了2010年前农村社会经济发展指标。

2003年9月俄罗斯政府颁布实施的《俄罗斯联邦社会经济发展中期纲要（2003—2005年）》提出了发展富有竞争力的农业、建立发达的粮食市场、实现农村居民就业渠道多样化、增加农民收入、改善农业企业财务状况的农业政策目标，确定了继续进行制度改革、完善土地法律法规、扩大农产品销售市场、优化竞争环境、促进农产品出口、完善关税政策、保护国内粮食市场等阶段性任务，并提出了促进农业发展的具体措施，如刺激农工综合体实现全面发展，制定有利于农工综合体发展的金融信贷政策和税收政策，建立有效的农产品销售机制，大力促进农村发展等。

第二，提出包括“农工综合体发展”在内的国民优先项目，着力解决农业和农村发展中的老大难问题。2005 年俄罗斯总统普京正式提出名为“国民四大优先项目”的社会经济发展规划，其中确定了农业领域应着重解决的问题，如养殖业生产落后、小型农业企业发展缓慢及专业人才流失严重等问题。该计划的主要内容是：

1. 加快养殖业的发展。明确养殖业发展的主要指标是，将肉产量提高 7%；在稳定大牲畜存栏量的情况下，将奶产量提高 4.5%。主要措施包括：（1）增加 8 年期以上长期信贷的规模，将这些信贷用于建设和更新养殖业基地，提高养殖业盈利水平，加快现有养殖业基地的技术更新，增建新的养殖场；确定扶持养殖业快速发展的财政补贴规模，其中联邦预算 2006 年拨款 34.5 亿卢布，2007 年拨款 31.8 亿卢布，计划使用这笔资金新建和更新畜牧养殖场 37 万个。（2）为养殖业发展提供技术支持。政府要求“俄罗斯农业租赁公司”增加养殖业良种、技术和设备租赁规模，联邦财政每年将为此拨款 40 亿卢布，其中 30 亿卢布用于购买牲畜，10 亿卢布用于购买设备。计划每年向养殖业者提供 5 万只种畜，并为 6.5 万个养殖场提供设备。同时，对“俄罗斯农业租赁公司”购买种畜所需贷款实行零利率，从而将租赁成本降低 20%，将租赁期限提高到 10 年，使租用者的支出平均减少 5%—6%。（3）国家对养殖业设备及肉类进口实行调控关税，调整 2006—2007 年及 2009 年前的肉类进口配额和关税税率。

2. 促进小型农业企业的发展。确定小型农业企业发展目标是，到 2008 年年初将家庭副业和农户（农场）经济的农产品产值提高 6%。2004 年，俄家庭副业和农户（农场）经济的 2004 年产值为 1173 亿卢布，计划到 2008 年增加 70 亿卢布。促进小型农业企业发展的具体措施是：（1）增加对家庭副业和农户（农场）经济的信贷规模，降低利率，提高产品的商品化率。主要机制是中央银行对商业银行的小额农业信贷提供 95%的再贷款。联邦预算将为此提供资金支持，计划 2006 年联邦预算拨款 29 亿卢布，2007 年拨款 36.7 亿卢布，目标是使家庭副业和农户（农场）经济每年获得 200 亿卢布的贷款。（2）促进农产品加工、供应和销售合作社的发展，对农产品加工和销售的基础设施进行更新。其中，2006 年建成农产品加工合作社 200 个，2007 年建成 350 个；2006 年建立农业消费信贷合作社 600 个，2007 年建成 400 个。联邦预算 2006 年为此拨款 36 亿卢布，2007 年拨款 45 亿卢布。(3) 建立土地抵押贷款制度，提高农业生产者用土地作为抵押获得贷款的能力。"俄罗斯农业银行" 2006 年开始对土地抵押贷款制度进行试点。为此联邦预算 2006 年向"俄罗斯农业银行"注资 1 亿卢布，2007 年注资 12 亿卢布，计划到 2008 年向 5000 农户提供土地抵押贷款。

3. 为年轻农业人才提供住房保障。主要目标是建设 139 万平方米住宅，至少改善 3.1 万年轻农业人才的住房条件。主要措施是：中央与地方政府共同提供住房建设补贴，其中联邦预算提供补贴额不超过 30%，地方政府预算提供补贴不少于 40%，建筑企业自筹资金 30%。住宅竣工后，以商业租赁形式出租给年轻的农业专门人才。为此，联邦预算 2006 年拨款 20 亿卢布，2007 年拨款 20 亿卢布。计划 2006 年建设住房 71 万平方米，为 1.6 万人提供住房，2007 年建成 68 万平方米，再为 1.6 万人提供住房保障。①

第三，制定《农业发展法》，确保农业政策的稳定性。2007 年 1 月颁布实施的《农业发展法》是俄罗斯农业政策的基础性文件。该法共计 18 条，对国家农业政策目标、原则、基本方针及农业政策措施作出了明确界定。农业政策的目标是：提高俄罗斯农产品和农业生产者的竞争力，保障粮食质量；保障农业地区稳定发展，农村居民就业及提高农村居民生活水平；保护和更新农业生产所需的自然资源；建立农产品、农业原料及粮食市场，提高粮食生产者收入水平，发展市场基础设施；建设良好的农业投资环境，提高投资规模；建立农产品及原材料与农业生产所需的工业品价格之间的指数化制度，缩小工农业产品价格的"剪刀差"。该法确定了国家农业政策的基本方向，包括保障粮食供应，使居民获得稳定的粮食保障；建立和管理农产品市场，发展农产品市场基础设施；国家对农业生产者提供支持；在国内外市场保护农业生产者的经济利益；发展农工综合体的科技和创新活动；实现农业地区的可持续发展；完善农业专门人才的教育、培训和再培训体系。此外，该法还对农业领域联邦专项纲要的制定、实施与监督做出了法律规范，对国家对农业信贷和保险制度以及农产品市场价格的市场干预机制做出了界定，对各级政府扶持农业发

---

① А. В. Гордеев, О готовности Минсельхоза России к реализации приоритетного национального проекта "Развитие АПК", http://www.mcx.ru/index.htmlhe_id=981&news_id=2656, 20.10.2005.

展的职能和权限以及农业行业协会的作用作出了规范。

这部法律首次确定了国家扶持农业发展的财政、税收、金融及关税政策，明确了国家与农业生产者之间的权利义务关系，以及联邦中央与地方政府及农业企业之间的风险分担机制，将为农业政策长期稳定以及农业长远发展创造条件。

二、国家对农业的扶持政策

俄罗斯政府对农业的扶持政策体现在财政补贴、税收优惠、金融信贷、农产品价格干预、农作物保险、农机和良种租赁以及发展农机生产等很多方面。

财政政策方面的扶持措施包括：1. 改变财政补贴机制，变直接补贴为信贷利率补贴。从 2001 年起俄罗斯政府改变了对农业的财政扶持机制，取消了效率不高的直接补贴，代之以信贷利率补贴，联邦中央与地方政府共同对农业生产者的银行信贷提供利率补贴。其中，联邦和联邦主体预算为农业生产者的银行信贷提供补贴的比例为中央银行基准利率的 2/3，地方预算根据财力情况提供不同比例的补贴。2000—2004 年农业生产者从商业银行贷款约 1500 亿卢布。此外，从 2002 年起针对 3—5 年期农业长期投资信贷也启动了利率补贴机制。2002—2003 年农业企业为进行装备更新、建设或改造农牧业生产和加工的基础设施，在利率补贴机制下贷款 200 亿卢布。[①] 这一机制有效地支持了农业企业的发展。随着联邦预算收入的增加，联邦政府对农业信贷补贴规模不断增加。2. 制定《统一农业税法》，降低农业生产者税收负担。2004 年 2 月生效的《统一农业税法》规定：该法生效后，农业企业可自行选择是按原税种纳税还是缴纳统一农业税；统一农业税替代过去农业企业应缴纳的增值税、利润税、统一社会税和财产税；增加税前收入抵扣成本的范围，农业企业经营活动应税收入可扣除生产、储存、加工及销售成本，以及银行信贷、广告等与生产活动相关的所有成本。简化纳税程序，统一农业税每年缴纳一次即可。《统一农业税法》生效后，农业企业缴税仅剩下统一农业税和土地税两项，企业税收负担明显下降。截至 2005 年 6 月，有 54%的农业企业开始缴纳统一农业税，农业生产者每年可少缴税 150 亿卢布，税收负担降低了 1/3。[②] 新税制有利于刺激农业生产和大企业向农业投资。3. 通过

---

① А. Гордеев，Актуальные проблемы развития сельского хозяйства Российской Федерации，http：//www. mcx. gov. ru，17. 06. 2005.

② Владимир Тишко，Единый сельхозналог прибавит крестьянам 15 миллиардов рублей，http：//www. rg. ru/2003/11/13/nalogi－selo. htm，13. 11. 2003.

实施联邦专项纲要，对土壤改良、农机和燃油保障、养殖业发展、农村建设等提供财政支持。近年来俄政府在农业领域先后制定实施的联邦专项纲要有："2002—2005 年提高土壤肥力纲要"，"2006—2010 年保持和恢复农用土地土壤肥力纲要"、"提高农业效率、发展农业资源潜力纲要"（子纲要包括："畜牧业产品国内市场进口替代的发展纲要"、"粮食出口潜力发展纲要"、"干部保障纲要"、"支持小企业纲要"、"建立农业统一信息保障体系纲要"）。同时，俄罗斯政府继续加快落实"2010 年前农村社会发展"纲要，促进农村社会和工程基础设施的发展、加强农村青年工作、发展非农产业、着力解决环境保护和生态问题、发展农村旅游等，这一发展纲要可能将更名为"农业地区可持续发展纲要"。通过实施联邦专项纲要，俄罗斯农业和农村状况有所改善。

金融信贷领域的扶持措施包括：1. 对农业企业所欠债务进行重组。农业企业拖欠各级预算税收造成企业财务状况恶化、扩大再生产乏力一直是制约俄农业发展的重要因素。截至 2001 年，俄罗斯农业企业债务总额已高达 2860 亿卢布，其中逾期债务达 1800 亿卢布，并呈现出不断增长的趋势。为解决这一问题，俄罗斯政府首先对农业企业欠各级预算和预算外基金的债务进行了重组，2001 年通过延长债务偿还期限的办法，对 8500 家企业总额为 210 亿卢布的债务进行了重组。2002 年 7 月，俄罗斯政府颁布实施了《农业生产者财务重整法》，提出了为改善农业企业财务状况对债务进行重组的条件。2004 年，2.23 万个农业企业有逾期债务，对其中的 1.21 万个企业进行了债务重组，约占总数的 54%，其中 1.15 万个企业签订了总额为 716 亿卢布的债务重组协议。此外，根据《农业生产者财务重整法补充措施的总统令》，对 8600 个农业企业注销了总额为 276 亿卢布的欠税罚款和滞纳金①。据农业部发布的数字，截至 2006 年 10 月 1 日，共有 12388 家企业签署了债务重组协议，占农业企业总数的 40%左右，占逾期贷款尚未偿还企业总数的 64%。已完成重组的债务总额为 806 亿卢布，其中滞纳金和罚款 416 亿卢布（297 亿卢布被注销）。此外，近年来农业企业逾期贷款额也出现

① А. Гордеев, О мерах, принимаемых Правительством Российской Федерации по стабилизации продовольственного рынка, законодательному обеспечению развития аграрного сектора на ближайшую перспективу и о готовности агропромышленного комплекса к проведению весенних полевых работ, http://www.mcx.gov.ru, 16.02.2005.

下降趋势。仅2003—2004年逾期贷款总额就下降了33.8%。[①] 对农业企业进行债务重组有利于农业企业恢复生产、加强管理，对农业生产状况的改善起到了重要作用。2. 建立和完善农业金融信贷体系，为农业发展提供资金支持。2000年6月俄罗斯总统签署命令，重新组建过去被拍卖和重组的"俄罗斯农业银行"，着手建立并完善农业金融信贷体系。"俄农行"在农业和农村信贷中发挥关键作用，在向农工综合体提供贷款方面成为仅次于储蓄银行的第二大银行。目前该银行已在俄罗斯65个地区开办了分支机构。2001年俄政府改变农业信贷政策后，向农业生产者提供贴息贷款大都是通过农业银行进行的。此外，农业银行还提供小额农业发展信贷，其平均贷款额为2000万卢布。3. 建立国有租赁公司，对农业生产提供技术支持。租赁是金融业务的新领域。为建立和完善农业机械和良种租赁制度，2002年俄罗斯总统签署命令建立了"俄罗斯农业租赁公司"。该公司的法定资本来源于联邦预算，通过购买农业机械和良种、再将其以优惠条件出租给农业生产者的做法，对农业提供技术支持。到2005年，俄罗斯农业租赁公司共提供了总额为220亿卢布的1.9万台农业机械的租赁，总额超过15亿卢布的良种的租赁。4. 建立农业保险制度。从2004年起，俄罗斯保险公司在国家支持下扩大了农作物保险业务，2004年政府从联邦预算拨款19亿卢布，为农作物保险提供保险金补贴，通过这一做法，2004年为25%的农作物上了保险，2006年为近50%的农作物上了保险。[②] 建立农作物保险制度分担了因灾害等原因造成农作物减收所造成的损失，提高了农业企业和农村居民的生产积极性。

在农业机械领域，力图通过发展农业机械生产，满足农业对农机更新和补充的需要。农用机械不足是制约俄罗斯农业发展的重要因素之一。自上世纪90年代以来，俄罗斯农业机械保有量持续下降，其中农用拖拉机减少了40%，康拜因50%，犁55%，播种机52%，饲料收割机49%。根据2001年的统计数字，俄罗斯当年农业拖拉机短缺69.1万台，中耕机17.3万台，播种机15.3万台，粮食收割机16.4万台，饲料收割机短缺2.7万台，甜菜收割机短缺5000台。

---

① А. Гордеев, Актуальные проблемы развития сельского хозяйства Российской Федерации, http://www.mcx.gov.ru, 17.06.2005.

② 同上。

2001年各种农业机械的保有量仅比2000年就减少了2%—6%[①]。俄罗斯约90%的农用机械需要更新。由于目前俄罗斯农业机械生产行业与国外相比存在竞争力劣势，且进口农工机械由于享受税收上的好处及出口国补贴政策，对俄罗斯国内农机生产行业造成巨大压力，仅2005年农业机械进口量就比2004年增长了66%。俄政府为改变这一局面，从2006年起开始针对不同机械征收不同的进口关税，并且召开了有关发展本国农机生产的专门会议，制订出农业机械发展的计划。目前，俄罗斯农机生产企业已开始对农业机械和设备的研发和生产扩大投资。其中"俄罗斯农业机械公司"做出了年投资2000万美元进行农业机械和设备研发的计划[②]。农用机械的生产出现了快速增长的趋势，2006年农用机械和拖拉机生产比1999年增长了63%。但农业机械不足的局面没有得到有效扭转，2002—2005年农用机械的淘汰率达到3.1%，机械磨损率达到53.7%，而更新率仅为1%。[③]

三、国家对农业的保护政策

国家对农业的保护政策主要体现在价格保护和关税保护两个方面，其中价格保护政策分为收购性保护政策和市场干预性保护政策，关税保护分为鼓励农产品出口和限制部分农产品进口两方面。近年来俄政府为保护农产品市场建立了粮食收购制度和市场投放机制，对部分农产品尤其是肉食品采取了进口配额制度。

第一，通过粮食收购和市场投放机制，对粮食市场进行价格干预。对粮食市场进行价格干预是世界各国的通用做法。一方面，国家按照保护价收购粮食，防止丰年谷贱伤农，保护农业生产者利益，另一方面，通过向市场投放储备粮，抑制价格过快上涨，保护农产品加工企业和消费者的利益，保障粮食市场的稳定。2001年8月，俄罗斯政府批准了《关于国家为稳定农产品、原料及粮食市场进行收购和市场投放的规则》，指定农业部为国家在粮食市场上进行购销干预、执行粮食价格政策的联邦机关，政府根据农业部的建议确定进行价格干预的粮食及

---

① Константин Щеглов, От стального коня к одной лошадиной силе. Переходят во многих российских хозяйствах. Крестьянские ведомости, 12 февраля 2002.

② Константин Бабкин, Наша отрасль жива и развивается, http://www.agronews.ru, 6 апрель 2006.

③ Е. Гайдар, Российская экономика в 2006 году: тенденции и перспективы, http://www.iet.ru.

其他农产品种类，在粮食价格达到上限或下限时，国家粮食储备库在市场收购粮食或向市场投放粮食，在粮食价格达到最低或最高水平时，停止收购或停止投放。该《规则》提出，每年6月1日前确定粮食收购的最高和最低价格，每年12月1日前确定粮食投放的最高和最低价格。近年来由于受多种因素影响，俄罗斯粮食和食品价格不断上涨，成为通货膨胀的重要因素，政府多次启动价格干预机制，动用国家储备粮对粮食价格进行市场干预，对稳定粮价及食品价格起到了一定作用。

第二，通过关税政策和进口配额政策，调控粮食及其他农产品进出口，鼓励本国粮食出口，限制部分农产品进口以保护本国农业生产者利益，促进农业的恢复和发展。具体措施是：其一，限制肉类进口。由于养殖业恢复缓慢，国内肉类制品供不应求，肉类进口占农产品进口总额20%，俄罗斯政府认为，肉类进口冲击了本国养殖业，影响了养殖业的发展，从2003年起推行肉类制品进口配额制度，肉类进口规模有所减少。其二，限制食糖进口。2003年12月，俄罗斯政府对独联体以外国家向俄罗斯出口食糖制定可调控关税，限制独联体以外国家的食糖进口。这一措施导致2004年俄从独联体国家进口食糖量大幅提高，当年90%的食糖进口均来自独联体国家。在这种情况下，俄罗斯政府又对来自独联体国家的食糖加强了海关监管。俄罗斯政府认为，限制食糖进口的措施促进了国内甜菜和食糖的生产。2006年俄白糖生产达到创纪录的300万吨的产量。其三，限制稻米进口。俄罗斯从2003年开始就对稻米进口采取了限制措施，调高了稻米进口关税。2006年1月稻米进口关税进一步提高以后，每公斤稻米进口关税由原来不到0.03欧元调高到0.07欧元。这一措施起到了限制稻米进口的作用，但同时也导致国内稻米价格上涨。①

第三，采取鼓励粮食出口及增加出口的措施。俄罗斯历来是粮食进口国，近年来随着粮食产量的增长以及国内外粮食价格差价拉大，开始向国际市场出口部分粮食，俄罗斯粮食外贸额明显增长。2006年粮食贸易额创造了12年以来的最高水平，达到220多亿美元。从出口的价值量角度看，2005年比1998年增长了2.5倍。由于俄罗斯国内粮食出口的基础设施较差，从2002年大量出口粮食以

---

① Е. Гайдар，Российская экономика в 2006 году：тенденции и перспективы，http：//www.iet.ru，С. 251—462.

后，私人资本开始对粮食出口码头进行大规模投资，政府也从预算中划拨出一些资金，对粮食出口码头建设的长期投资提供补贴。目前，俄罗斯作为粮食出口国已在国际市场占据了一席之地，根据年度产量及国内需求状况可出口粮食500万—1000万吨。2006年以来俄罗斯粮食出口的地理结构有所变化。由于美国和欧盟粮食播种面积扩大，非洲和中东粮食需求下降，欧盟实行进口配额制度，印度成为俄罗斯粮食的最大进口国之一。此外，俄罗斯油料作物的出口呈现不断增长趋势，从2000年起，由于油料作物加工能力的提高，油料作物出口快速提高，到2005年俄罗斯已成为葵花籽和葵花籽油的净出口国。

进入2007年，俄罗斯多次提出建立“粮食欧佩克”的倡议引人关注。俄罗斯政府认为，世界粮食价格大幅上涨，导致世界粮食市场发生变化，俄罗斯每年可出口粮食1200万吨，[①] 正在成为世界粮食市场上的重量级选手，因此呼吁建立一个协调世界粮食生产与贸易的跨国组织——“粮食欧佩克”。

俄罗斯农业发展面临的主要问题及前景

俄罗斯农业产值虽然连续多年持续增长，但农业领域仍存在很多问题，制约农业稳定发展的因素仍大量存在，其中比较突出的问题是：

第一，农业增长幅度波动较大，近年来增长速度放缓的趋势增强。2000—2003年间，农业产值年均增长6.5%—7%，增长幅度较大，2004—2007年以来，年均增幅下降到1.5%—2%，增长速度放缓。俄罗斯农业投资积极性仍然不高。农业投资占总投资的比例不足3%。而农业产值在GDP中所占的比重约为5.5个百分点[②]。

第二，农业生产条件差，首先表现在市场基础设施发展水平低，农业生产者难以获取到从事农业生产所必需的资金、技术和信息；由于农产品市场不稳定，资本短缺，私人投资不足，保险活动发展水平低，农业的资金保障程度低，农业人才短缺。农业科技水平仍然比较落后，产业技术装备落后，主要生产设施更新

---

① Михаил Чкаников, Время собирать “зерновой ОПЕК”, Российская газета, 25 августа 2007.

② А. Гордеев, Актуальные проблемы развития сельского хозяйства Российской Федерации, http://www.mcx.gov.ru, 17.06.2005.

速度慢；靠天吃饭的状况没有改变，农业竞争力仍处于较低水平。农业作为弱质产业，仍需要国家政策扶持。

第三，在粮食自给有余，部分粮食出口国际市场的情况下，一些品种的农产品仍需要大量进口。与进口粮食相比，俄罗斯本国农业生产者所生产的产品竞争力低，在市场上受到进口农产品的排挤。与2000年相比，粮食和农业生产原料的进口总量增长了1.9倍，2006年进口总额高达216亿美元。[①] 在肉奶市场上，进口产品占据相当高的份额。欧盟国家农业国内支持度高于俄罗斯，欧盟农业生产企业每公顷农用地获得的财政补贴是俄罗斯的60倍，欧盟每年用于补贴农业的预算支出为600亿美元。进口粮食对俄罗斯粮食市场冲击较大，目前俄罗斯农产品进口平均关税为12％，而欧盟进口平均关税为25％。

第四，农产品与工业品之间“剪刀差”日趋扩大。农产品价格低于农业生产资料价格，增加了农业生产者的成本。此外，自然垄断行业产品与服务价格不断上涨，农业生产所需的燃油、电力等支出增加，农业企业利润率难以快速提高。[②]

第五，一些农业企业的生产经营状况和财务状况仍在不断恶化，农业企业债务负担未得到根本解决。虽然政府启动了农业企业的债务重组计划，但仍有近1.2万家企业因各种原因无法参与该计划，近5000家企业在债务重组后仍无法清偿重组后的债务，导致一些农业企业无力进行扩大再生产。农业企业破产企业数量快速增加：2004年破产诉讼案为3455件，2005年11月初，还有6210件处于诉讼程序中。[③]

第六，农业的惯性发展以及较低的竞争力，导致国家社会经济发展面临着一系列系统性危机，主要表现在：产业间的交换减少，全国统一市场的形成速度慢，对经济增长有消极影响；城乡居民生活水平差距不断扩大，不仅导致城乡间社会紧张程度加剧，由于各地区农业发展水平不平衡，也导致地区矛盾；农村居民大量流入城市，激化了城市的社会问题，导致城市劳动力市场和住房市场的

---

① А. Гордеев，О проекте Государственной программы “Развитие сельского хозяйства и регулирование рынков сельскохозяйственной продукции，сырья и продовольствия на 2008—2012 годы”，http：//www.mcx.gov.ru，12.07.2007.

② А. Гордеев，Актуальные проблемы развития сельского хозяйства Российской Федерации，http：//www.mcx.gov.ru，17.06.2005.

③ 同上。

失衡。

第七，2011 年 12 月 16 日，世界贸易组织正式批准俄罗斯加入该组织，普遍认为，入世后俄罗斯农业将受到很大冲击。

总的来说，如果俄罗斯政治和社会局势不出现严重的混乱，其农业发展前景还是比较乐观的。俄罗斯政府制定的《2008—2012 年农业发展和农产品市场、原材料及粮食调控的国家纲要》，确定了近期俄罗斯农业发展的目标、任务和方针、国家农业政策措施以及支持农业发展的资金保障和各项措施的落实机制。其中农业政策的主要目标是：促进农业地区稳定发展、扩大农业生产、提高农业的竞争力；增加农村居民就业，提高农村居民收入，发展农村地区社会和工程基础设施，促进住房建设，发展天然气管道系统、电力和供水事业发展，建设教育、医疗、文化休闲机构，加大交通和电讯网络设施建设，提高农村生活水平和生活质量；为加强农业生产者竞争能力、使农业生产者能够获得土地、资金、技术和信息资源创造条件；拓宽农业融资渠道，使农业生产者能够获得信贷资金，为农业部门提高生产效率创造条件；加快农业重点领域的现代化改造，使其在国内外市场获得较强的竞争优势，促进农村居民扩大需求；增加农产品商品化率，增加农业收入；发展保险业，完善税收制度等。

此外，纲要还提出，农业快速高效发展不仅是解决生产、金融和社会问题的经济前提，也应该是 GDP 翻一番、减少贫穷、提高国家粮食安全水平的保证。这份文件还提出，到纲要执行完毕，俄罗斯农业生产赢利水平将提高到 10%（目前赢利水平为 8%），国产农产品所占比重从 2006 年的 63%提高到 66.8%，农业企业工作人员工资翻一番，从 2006 年的年工资 3.72 万增加到 7.37 万。①

---

① А. Гордеев, О проекте Государственной программы “Развитие сельского хозяйства и регулирование рынков сельскохозяйственной продукции, сырья и продовольствия на 2008—2012 годы”, http://www.mcx.gov.ru, 12.07.2007.

42. 俄罗斯是如何对市场经济实行反垄断调节的?

李福川

现代经济活动离不开国家调节。国家调节是现代经济发展的必要条件，决定着社会经济发展方向，决定着国家经济的竞争力，也决定着居民的生活水平。经济全球化加剧了国家间经济竞争，也对国家经济调节提出了更高要求。各国国情不同，国家调节政策也有差异。俄罗斯是具有典型意义的转型国家，对市场经济的反垄断调节是其国家经济调节的重要方面。了解其反垄断政策是有明显借鉴意义的。

俄罗斯经济垄断特点

俄罗斯有着100多年的经济垄断史。随着经济和社会的发展，俄罗斯既有当代市场经济所有的垄断形式，也有其垄断特点。这些特点既反映了作为转型期的市场经济特征，也保留了转型前经济的某些痕迹。这些特点主要是国家垄断和自然垄断。

一、国家垄断

国家公司是俄罗斯国家垄断的重要形式。2003年12月俄罗斯建立了第一家国家公司——储蓄保险公司。2007年在前总统普京的支持下，通过分别制定专项联邦法律，先后建立了俄罗斯外经银行（开发银行）、俄罗斯纳米技术公司、促进住宅公共事业改革基金、奥林匹克建设公司、俄罗斯技术公司和俄罗斯原子能公司。2009年7月建立了第8家国家公司——俄罗斯公路公司。

建立上述国家公司的目的是，通过储蓄保险公司保障银行私人储蓄安全；通过外经银行支持基础设施建设和技术创新，支持出口和帮助中小企业；通过俄罗斯纳米技术公司实施国家纳米科技政策，实施重大纳米工业项目，分配和使用国家纳米工业发展基金；通过促进住宅公共事业改革基金分配和使用国家支持住宅建设基金，监督和指导地方危旧房改造计划；通过奥林匹克建设公司管理2014年索契冬奥会基础设施建设；通过俄罗斯技术公司发展军工企业，促进高科技产品出口，促进工业投资；通过俄罗斯原子能公司实施国家核工业政策，管理核工业领域的国家资产，保障核工业安全；通过俄罗斯公路公司加强公路建设和养护，促进公路建设投资。

国家公司有特殊的法律地位，既不同于传统的国有独资公司，也不同于国有控股公司。俄罗斯《非商业机构法》第7.1条规定，“国家公司是独立非商业机构。由国家出资组建，目的是使其发挥社会、管理和其他有利于社会的职能”。国家公司属于非商业性公司，每个国家公司由专项联邦法律决定建立，职能由专项联邦法律规定，这使国家公司与一般国有公司有完全不同的法律地位。

国家公司有特殊组织结构。根据法律，监事会是国家公司最高管理机构，理事会是集体执行机构。总裁是一长制执行人，负责公司日常管理。监事会成员分别由联邦政府、议会上下两院提名，监事会主席和总裁则分别由联邦政府和联邦总统任命。其中关于俄罗斯外经银行的法律规定，监事会主席由联邦政府总理担任，由联邦总统任命。联邦政府总理普京就是俄罗斯外经银行的监事会主席。俄罗斯国家公司的组建和组织模式见下图。

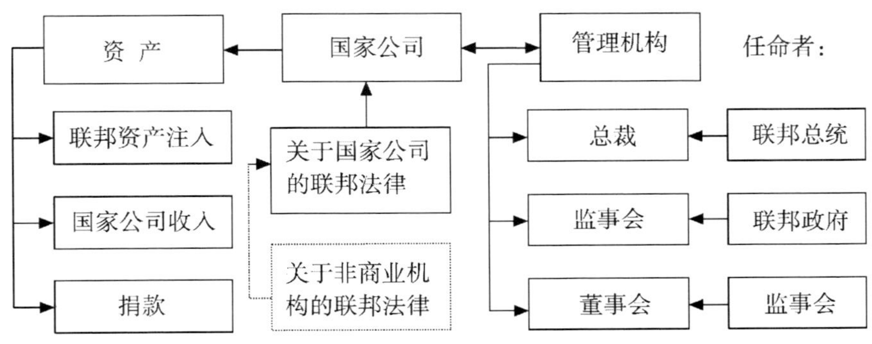

俄罗斯国家公司的组建方式和组织模式

普京是国家公司这一国家垄断形式的倡导者。他在2007年国情咨文中指出，国家公司的任务是实施大规模的投资项目；保障国家的国防利益；成为创新经济主体；确立俄罗斯在国际经济中应有的地位；由国家向这些国家集团公司提供资金用于建立技术基础和人才团队。2007年12月他在俄罗斯工商会董事大会上说，“我们不想永久保留国家公司。国家资本主义不是我们选择的道路。但是，如果没有国家支持，某些领域就无法振兴”。俄罗斯成立国家公司的初衷是加强国家对社会经济的调控能力，扩大国家调控范围，保障国家工业和社会政策实施效果，提高国家经济竞争力。

国家公司具有以下特点：1. 国家公司对国家对其划拨的资产拥有所有权。2. 只有专项联邦法律才能决定国家公司破产，《破产法》对俄罗斯原子能公司，俄罗斯技术公司和俄罗斯纳米公司不适用。3. 联邦《商业机构法》规定的公司活动监督细则，不适用于国家公司。4. 国家公司可以享受《非商业机构法》规定的优惠，如联邦政府、联邦主体政府和地方自治机构可以向国家公司提供税收、关税和其他的税费优惠，减免对国家和地方自治机构资产的使用费。

俄罗斯国家公司集中了相应行业的优质核心资产，可以获得联邦财政支持，是俄罗斯国家垄断的高级形式，这对发展竞争市场会产生以下消极影响。

1. 政企不分，造成不平等竞争。根据俄罗斯联邦《保护竞争法》，禁止政府与经营主体职能合二为一。但关于建立国家公司的法律，规定国家公司承担部分政府职能，如制定国家行业政策，行业管理规范以及实行行业监督。俄罗斯原子能公司可以制定法规文件，提供国家服务，管理国家资产，保护国家秘密，制定联邦规范和规则，对原子能利用进行国家登记和实行安全监督等。为此，俄罗斯还专门修改了《保护竞争法》。促进住宅公共事业改革基金的职能是分配联邦预算的资金，事实上也是在履行国家政府机构的职能。俄罗斯技术公司可以参与制定国家的进出口政策，制定国家在对外军事技术合作的国家政策。每一家国家公司事实上已经具有国家政府部门的属性。

2. 国家公司具有天然市场优势地位。国家公司拥有经营特权，这基本上消除了其他私企与其竞争的可能性。对于其他企业是法律义务的内容，但对于国家集团公司却可以是例外。如国家公司不分配利润，对信息公开的要求比其他企业低得多。国家公司年报可以简化，而且没有义务向相关国家机构提供财务和经营报告。国家公司的发展目标是建立纵向或横向一体化结构，最终在俄罗斯市场经济中确立国家公司的集体支配地位。国家公司拥有政治、经济和财政资源，可以拥有越来越多的资金实力，在相应的商品市场上可以决定商品流通条件，或者对其他经营者进入市场设置壁垒。

3. 干扰市场竞争秩序。由于把一些部门整个划归国家公司管理，使国家公司直接获得最高垄断地位。也由于国家公司可以有保障地获得国家财政和政策支持，国家公司在主观和客观上都难有提高效益和降低成本的积极性。在这种条件下，即国家公司会可能采取反竞争的经营方式，就如自然垄断企业或是占有市场支配地位的私企那样，通过压低或是提高价格进行不正当竞争，或是摊高成本，或是把更多资金用于控股其他公司。

国家公司在其成立后的几年里遭到社会广泛批评。2010 年 7 月俄罗斯制定《关于改组俄罗斯纳米技术国家公司》联邦法律，[①] 开始对俄罗斯纳米技术公司实行股份化，即改制为国家控股商业公司。以后还会有其他国家公司转制为商业公司，但部分领域的国家公司仍会继续存在，如俄罗斯原子能公司。

二、自然垄断

自然垄断是指在某一产品市场上，生产技术特性决定了由独个厂家提供产品时才会最有效，而且产品具有不可替代性。这里的生产技术特性是，只有在大规模生产条件下才能最大限度降低生产成本。这个市场叫自然垄断市场，产品叫自然垄断产品，生产厂家叫自然垄断企业。[②]

按照俄罗斯《自然垄断法》，[③] 属于自然垄断的行业是，原油和成品油的干线管道运输，天然气管道运输，铁路运输，港口和空运港服务，公共电力和公共邮政服务，电力送配服务，电力调度服务，热力送配服务，内河基础设施服务。

俄罗斯自然垄断企业最初建立时就是垂直一体化结构。2008 年前俄罗斯三家最大的自然垄断公司分别是天然气工业公司、俄罗斯统一电力公司和俄罗斯铁路公司，都是从苏联时期遗留下来的。天然气工业公司的天然气产量占全国

---

① Федеральный закон РФ от 27.07.2010. № 211 — ФЗ О реорганизации Российской корпорации нанотехнологий.

② Князева И. В.: Антимонопольная политика в России （4 — е изд.， испр.）（М. Издательство Омега—Л，2009），421.

③ Федеральный закон РФ от 17.08.1995 № 147—ФЗ О естественных монополиях.

80%以上，拥有天然气管道垄断经营权，拥有天然气出口垄断经营权。国家持有51%天然气工业公司股份。俄罗斯统一电力公司拥有全国超过70%的发电能力，负责全国电力输送。国家持有52%统一电力公司的股份。俄罗斯铁路公司则是拥有全国铁路运输线和绝大部分专用基础设施，属于国有独资企业。三大自然垄断公司的存在，表明俄罗斯经济中存在着相当部分的非市场部门。从经营内容划分，上述三家公司为属于自然垄断。从经营主体的所有权结构划分，也可以认为是反映俄罗斯特点的国家垄断经营。俄罗斯其他大型自然垄断企业还有原油管道运输公司、成品油管道运输公司等。

在发展市场经济的过程中，俄罗斯一些企业通过并购迅速扩大了市场份额，或是通过企业间的“默契”合作，控制着市场的供应和价格，形成垄断的势力。通过反垄断调节来建立市场经济合作秩序，一直是俄罗斯经济政策中的主要内容，也是调节经济的重要手段。

俄罗斯反垄断法规体系

法规是指法律、法令、条例、规则、章程等法定文件的总称。俄罗斯反垄断法规体系由联邦法律、联邦政府决议、联邦部委规范文件、联邦反垄断机构规范文件，以及俄罗斯参与的国际条约和公约（如巴黎工业产权保护公约）构成。[①]其中，联邦法律是俄罗斯反垄断法规体系的基础，是联邦政府及部门管理机构制定行政法规的法律基础。其中主要有：

一、《保护竞争法》

《保护竞争法》（2006年）的主要内容是：

监督和调节经济集中。对经济集中实行国家监督和调节是反垄断政策的基本内容，《保护竞争法》规定了向国家反垄断机构的报批制度。需要报批的事项包括注册新企业，企业并购，非金融机构股权、资产和经营权交易事项等。规定了对关联人经济集中行为实行国家监督原则和办法，以及对垄断企业的登记管理制度。按照法律，要对占相应商品市场份额超过35%和占有市场支配地位的企业进行登记。

---

① Федеральный закон РФ от 26.07.2006. № 135－ФЗ О защите конкуренции.

发现和制止不正当竞争。法律规定了发现和制止不正当竞争的具体方向和措施：（1）发现和制止滥用市场支配地位；（2）发现和制止垄断高价或垄断低价；（3）禁止强迫客户接受合同条款；（4）发现和制止不正当减产或停产；（5）制止无正当理由拒签商品供货合同；（6）制止对同一商品制定不同价格；（7）制止金融机构过高或过低的服务价格；（8）发现和制止限制竞争协议及协同行为。

发现和制止国家机构限制竞争的行为。法律规定，"禁止联邦政府机构、联邦主体国家权力机构和地方自治机构，以及国家预算外基金和俄罗斯中央银行制定限制竞争的法规文件、存在限制竞争的行为或不作为以及存在限制竞争的协议和协同行为。"值得注意的是，除联邦立法和司法机构，这一规定对联邦政府机构，联邦主体的政府、立法和司法机构以及地方自治机构都具有约束力。所以，这里"国家机构"的范畴比反垄断政策中使用的"行政垄断"或"行政壁垒"要宽，后者主要是指政府部门。

二、《国家采购法》

2005 年 7 月俄罗斯制定了联邦法律《国家和地方自治机构商品、设计和服务的订货办法》（下称《国家采购法》）。[①] 制定《国家采购法》是为了建立统一的国家采购制度，在国家采购领域保障俄罗斯国内市场的统一，保障预算资金和预算外资金使用效益，使更多企业和个人有机会参与国家采购，发展诚实竞争，完善国家机构的采购工作，保障国家采购的公开和透明，防止腐败和其他不正当采购行为。

三、《外国投资俄罗斯战略企业管理办法》

2008 年 4 月俄罗斯制定了联邦法律《关于外国对国防和国家安全有战略意义的俄罗斯企业投资的程序》（下称《外国投资俄罗斯战略企业管理办法》），[②] 目的是为了保障国防和国家安全，限制外国投资者持有俄罗斯战略企业的股权比例，限制以控制俄罗斯战略企业为目的的外国投资。

法律规定了对外国投资俄罗斯战略企业的审批制度。规定，以控制俄罗斯战

---

① Федеральный закон РФ от 21.07.2005. № 94－ФЗ О размещении заказов на поставки товаров, выполнение работ, оказание услуг для государственных и муниципальных нужд.

② Федеральный закон РФ от 29.04.2008. № 57 － ФЗ О порядке осуществления иностранных инвестиций в хозяйственные общества, имеющие стратегическое значение для обеспечения обороны страны и безопасности государства.

略企业为目的的外国投资行为，“须与联邦政府专门机构事先磋商并获同意”。为此，成立了联邦政府监督外国投资委员会，联邦反垄断署负责保障委员会的工作，负责对外资提交申请的初审工作并提出相应建议。

四、《自然垄断法》

1995 年 8 月俄罗斯制定了《自然垄断法》。[①] 制定这一法律的目的是，制定国家对自然垄断进行调节的法律基础，实现自然垄断企业与消费者利益平衡，既保障消费者获得价格合理的自然垄断产品和服务，也保障自然垄断企业合理的经营效益。

法律规定国家调节和监督自然垄断的主要方法是，价格调节、划定必须予以保障的特别消费者、规定使用自然垄断服务的原则以及制定国家价格调控商品和服务清单。

法律规定自然垄断企业应承担的义务是：1. 在具备生产能力的条件下，自然垄断企业无权拒绝与消费者签署提供商品和服务的合同；2. 向国家自然垄断监督管理机构定期提交企业经营报告；3. 向国家自然垄断监督管理机构报告固定资产投资方案；4. 必须生产和提供受自然垄断法调节的商品和服务，并开放相应商品和服务市场；5. 对所有经营中的收入和支出实行分开核算。

五、《行政违法法典》

为了实施《保护竞争法》，俄罗斯于 2007 年 4 月制定了对《行政违法法典》（2001 年）的补充修正案，[②] 加强了对违反反垄断法行为的行政惩戒制度。《行政违法法典》[③] 是俄罗斯实施反垄断政策的重要法律保障。规定了对违反反垄断法的处罚制度，特别是详细规定了对国家机关行政人员违反反垄断法、违反国家定价制度、非法限制贸易自由的行为给予处罚的标准。

六、《贸易法》

2009 年 12 月俄罗斯制定了联邦法律《国家对贸易活动的调节基础》（简称

---

① Федеральный закон РФ от 17.08.1995. № 147－ФЗО естественных монополиях (в ред. от 25.12.2008.).

② Федеральный закон РФ от 09.04.2007. № 45－ФЗ О внесении изменений в Кодекс Российской Федерации об административных правонарушениях.

③ Кодекс РФ от 30.12.2001. № 195－ФЗ Об административных правонарушениях.

《贸易法》)[①]。《贸易法》第三章为"对贸易活动的反垄断调节和国家监督"。其中第13条规定了适用于贸易企业和食品供应企业的反垄断规则。

上述联邦法律的重要特点是做到了最大限度的具体化，而不是仅规定些原则，这为法律的实施提供了重要保障。

反垄断调节的主要内容

反垄断与保护竞争是不可分割的两个方面，一般可统称反垄断调节。俄罗斯反垄断调节的主要内容是：

一、对经济集中的监督与调节

"经济集中"即市场集中。市场集中包括生产集中、销售市场集中、服务市场集中和金融市场集中等。对经济集中实行监督和调节，是为了影响市场结构，防止出现过度经济集中和不合理的垄断，防止出现恶性竞争和企业过强的市场支配地位。按照国内外经济现状及发展趋势，对经济集中实行必要监督，可以避免出现新的一体化垄断企业，同时又不阻碍企业正常的一体化进程。

企业资产交易是资本和生产集中的普遍方式，资本和生产集中则是经济集中的基本体现。俄罗斯经济集中的主要原因是，不断建立大型金融工业集团，大银行调整投资的资产结构，以及私有化过程中大量国有股份被出售。为了抑制资本和生产过度集中并形成垄断，防止大型资产交易危害市场竞争，以及防止出现对竞争的危害大于交易后得到的利益，俄罗斯规定对企业资产交易实行监督和调节。

对经济集中的事先监督，主要体现在对企业资产交易的事先监督，通过资产交易的报批制度，由反垄断机构做出事先审议。审议过程中，反垄断机构依据对市场竞争状况的分析，根据国家和市场发展的需要进行监督和调节。反垄断机构市场分析的主要内容，是企业资产交易后的市场份额变化程度。市场份额的大小体现了企业对市场的支配能力。所以，企业市场份额变化是对报批报备事项进行审核的标准之一。

对经济集中的监督和调节不是简单的反对任何形式的经济集中。在对资产交

---

① Федеральный закон РФ от 28.12.2009. № 381 — ФЗ Об основах государственного регулирования торговой деятельности в Российской Федерации.

易的报批报备事项进行审议时，除了市场份额变化因素外，还要遵循的标准是：1. 经济集中是否促进商品生产和销售，或者是否有利于促进技术和经济进步。2. 集中产生的经济效应是否有利于全社会，或是只是有利于少数企业建立市场优势，而对其他竞争者造成损害。3. 经济集中是否是必需的，是否没有其他选择。4. 经济集中是否是进入国际市场所必需的，经济集中是否有利于提高俄罗斯经济的国际竞争力。

1998 年俄罗斯调整了对经济集中进行监督的标准后，向反垄断机构报批报备资产交易的事项明显增加。到了在 2001—2003 年间平均每年审议约 2 万件。从报批报备事项分类看，57.5%是申报人通过资产交易获得两个或更多企业的管理权。居第二位的是股份交易，占 21.6%。居第三位的是建立新企业，占 14.9%。

二、对垄断企业的监督和管理

俄罗斯把占市场份额超过 35%的企业、占有市场支配地位的企业和自然垄断企业泛称垄断企业。自经济转型以来，俄罗斯对垄断企业的监督和管理已经成为一项成熟的制度。主要内容是：

垄断企业登记制度。对垄断企业实行登记的制度，尽管具有较强的行政因素，但在俄罗斯，无论对于监督者还是被监督者，这种制度容易制定，也容易实行。尽管这一制度运行成本较高，但对于经济转型国家是必要的。

1996 年 2 月俄联邦政府就制定通过了《关于对占相应商品市场份额超过 35%的企业进行登记》的决议，① 开始把对企业进行登记作为一项重要的监督和调节措施。根据 2006 年《保护竞争法》第 23 条第 1 部分第 8 款的要求，俄联邦政府 2007 年 12 月第 896 号决议《关于对相应商品市场份额超过 35%和占有市场支配地位的企业进行登记的规则》，② 以代替 1996 年 2 月决议。这是进一步完善垄断企业登记制度的措施。

---

① Постановление Правительства РФ от 19.02.1996. № 154 О Реестре хозяйствующих субъектов, имеющих на рынке определенного товара долю более 35 процентов.

② Постановление Правительства РФ от 19.12.2007. № 896 Об утверждении правил формирования и ведения реестра хозяйствующих субъектов, имеющих долю на рынке определенного товара в размере боле чем 35 процентов или занимающих доминирующее положение на рынке определенного товара, если в отношении такого рынка федеральными законами установлены случаи признания доминирующим положения хозяйствующих субъектов (в ред. Постановления Правительства РФ от 29.12.2008. № 1063).

反垄断机构对企业做垄断企业登记的决议的依据分别是：1. 根据市场竞争分析报告；2. 根据对资产交易报批报备事项审议过程中所做的市场分析报告；3. 根据对企业申请做垄断企业登记的审议过程中所做的市场分析报告；4. 法院对具体企业是否做垄断企业登记的裁决。

垄断企业登记册是有关企业的数据库，属于国家信息资源。由联邦反垄断署制定垄断企业登记格式，联邦反垄断署和地方反垄断分署负责登记和管理。登记和管理工作的内容包括把相应企业登记入册或从垄断企业名录中剔除，或修改登记信息。联邦反垄断署有权改变地方反垄断分署关于对企业进行登记或从垄断企业名录中剔除企业的决定。

认定企业市场支配地位。市场支配地位（доминирующее положение на рынке）是指经营者在相关市场内具有能够控制商品价格、数量或者其他交易条件，或者能够阻碍、影响其他经营者进入相关市场能力的市场地位。认定企业市场支配地位是制定具体反垄断和保护竞争措施的前提。俄罗斯认定生产和销售企业市场支配地位的标准主要是（金融企业除外，下同）：3 个及以内企业所占市场份额合计超过 50%，或 5 个及以内企业所占市场份额合计超过 70%的；在超过 1 年以上时间内，若干企业合计的市场份额没有变化或只有微小变化，同时新竞争者很难进入该市场的；多个企业所销售或采购的商品没有可替代品（含生活和生产用品），该商品属性决定了价格上涨不会导致需求下降，且只有关联人（企业）能够获得该商品价格、销售或采购信息的。俄罗斯还相应规定了对非银行金融机构和银行的市场支配地位的认定标准。

发现和制止不正当竞争。不正当竞争是指经营者违反法律规定、损害其他经营者的合法权益、扰乱市场经济秩序、违反市场经济规则的竞争行为。这里的经营者可以是从事商品生产或销售，以及从事营利性服务的法人、经济组织和个人。为建立市场经济秩序，保障市场经济健康发展，鼓励和保护公平竞争，保护经营者和消费者合法权益，必须发现和制止不正当竞争。俄罗斯在这方面的主要做法是：

发现和制止垄断高价或垄断低价。俄罗斯市场存在国家调节价格和市场调节价格。按照相关规定，如果占有市场支配地位的企业的产品不属于国家价格调节范畴，企业可按市场价格销售。非消费类产品由企业自主制定批发价或出厂价，或是根据市场供求变化采用协议价格。国家价格调节主要是与民生和国家经济安全密切相关的产品。

发现和制止减少供应并致价格上涨的行为。2009 年 12 月初俄联邦反垄断署从媒体获知，部分石油公司为阻止国内市场成品油价格下跌，可能通过减少内销增加出口的做法阻止价格下跌。12 月 24 日俄联邦反垄断署向数家石油公司同时发出行政警示函。俄联邦反垄断署在警示函中指出，成品油生产企业减少内销的结果是国内市场价格上涨，会在事实上违反反垄断法。并提示，根据《保护竞争法》第 10 条第 1 部分第 2 款的规定，石油企业的做法可能被作为违反反垄断法立案调查，并对责任人依法追究责任。①

发现和制止强迫客户接受合同条件的行为。《保护竞争法》第 10 条规定，占市场支配地位的企业不得强迫客户接受不利的合同，不得强迫客户接受与合同标的无关的内容，并因此损害客户权利，或使其被迫处于在法律上不利的状态。这种行为属于滥用市场支配地位。

制止对同一商品制定不同价格的行为。《保护竞争法》第 10 条规定，占市场支配地位的企业，无正当经济和技术及其他理由，不得对同一种商品执行不同的价格。此外，发现和制止不正当竞争的措施还包括，制止金融机构过高或过低的服务价格，制止企业规定歧视性购销条件的行为，制止企业设置市场进入壁垒的行为，制止违反国家定价制度的行为，发现和制止限制竞争协议及协同行为，以及发现和制止卡特尔行为。

对国家机构限制竞争行为的监督与调节。发现和制止国家机构限制竞争，是俄罗斯反垄断实践中的难点。来自行政机构和立法机构的地方保护主义，是俄罗斯市场经济中形形色色的“权力壁垒”。“权力壁垒”直接危害市场竞争，扭曲市场经济秩序，违背国家、社会、企业和个人利益均衡原则。发现和制止国家机构限制竞争的行为是俄罗斯反垄断政策中的重要内容之一。

对国家机构限制竞争行为的监督与调节的主要内容是，禁止国家机构制定限制市场竞争的法规，禁止国家机构在出让国有资产使用权中的限制竞争行为，制定对政府向企业和个人提供国家特惠的限制性规定，对国家机构选择金融服务机

---

① Пресс－служба ФАС России 24 декабря 2009：ФАС России напоминает нефтяным компаниям，что изъятие топлива из обращения с целью остановить снижение цен в России может стать основанием для новых антимонопольныхрасследований. — http：//www. fas. gov. ru/.

构的限制性规定。

对外国投资的反垄断监督与调节。俄罗斯对外国投资的反垄断监督与调节，主要是指对外国投资俄战略企业的审批制度。2008年4月俄罗斯制定了联邦法律《外国投资俄罗斯战略企业管理办法》，也称2008年第57号联邦法律，规定战略企业是指在俄境内注册、从事至少一项对国防和国家安全有战略意义的经济活动的企业。[①] 并详细规定了属于对国防和国家安全有战略意义的42项经济活动。

根据保护国家经济安全的需要，以及反垄断的要求，俄罗斯制定了外国投资控制俄战略企业的认定标准，以及对外国投资俄战略企业的审批制度。按照法律规定，外国投资俄战略企业，“须与俄联邦政府专门机构事先磋商并获同意”。获得批准的外国投资者，可在批准决议的规定期限内进行投资，有权直接或间接获得战略企业一定比例的表决权。

联邦反垄断署负责初审外国投资者的投资申请，通过初审后的投资申请要由联邦政府监督外国投资委员会最后终审，而这一委员会的主席由联邦政府总理担任。

对自然垄断的监督与调节。俄《自然垄断法》[②] 是对自然垄断实行国家调节和监督的法律基础。国家调节自然垄断的目的，是实现自然垄断企业与消费者之间的利益平衡，使消费者能够有保障地获得自然垄断商品和服务，促进提高自然垄断企业经营效益。俄罗斯对自然垄断实行监督和调节主要方法是：

价格调节。通过规定价格或制定限价的方法，调节自然垄断企业的生产和服务。

划定必须予以保障的特别消费者。为了保障宪法规定的公民权利和利益，保障国家安全，保护自然和文化遗产，在不能充分满足对自然垄断产品和服务的消费需求时，规定对部分居民实行必需保障制度，或规定最低保障程度。

规定使用自然垄断基础设施和服务的原则。如规定原油开采企业出口原油时，可获得开采量与管道最大运输能力的比例相同的管道运输使用权。

---

① Федеральный закон РФ от 29.04.2008. № 57 — ФЗ О порядке осуществления иностранных инвестиций в хозяйственные общества, имеющие стратегическое значение для обеспечения обороны страны и безопасности государства.

② Федеральный закон РФ от 17.08.1995. №147—ФЗ О естественных монополиях.

制定实行国家价格调控的商品和服务清单。俄联邦政府负责制定这一清单，并制定国家价格调控方法，其中包括定价方法和国家价格调控原则。

规定自然垄断企业必须承担以下义务，即在具备生产能力的条件下，自然垄断企业无权拒绝与消费者签署提供自然垄断商品和服务的合同；向国家自然垄断监督管理机构定期提交企业经营报告；向国家自然垄断监督管理机构报告固定资产投资方案；必须生产和提供受自然垄断法调节的商品和服务，并开放相应商品和服务市场，不得设置市场进入壁垒；经营收入和支出分列核算。

有关俄罗斯反垄断调节的几点启示

在俄罗斯建立和发展市场经济过程中，国家反垄断调节发挥了重要作用，市场经济秩序较上世纪 90 年代中期时有了明显改观，社会和居民的利益受到保护，国家对经济的调控能力有了明显增强。俄罗斯反垄断调节给我们的重要启示是，经济转型国家需要加强反垄断调节。

经济转型国家是指近几十年来约 30 余个从计划经济向市场经济转变的国家，主要指苏联解体后出现的 15 个国家、部分中东欧国家以及中国。为在较短时间里建立市场经济主体，私有化是转型国家的普遍选择。国情不同，私有化方式、进程和程度不同，转型中社会矛盾和经济矛盾的形式和程度也不同，但在转型过程中，既保持经济增长，又保持社会稳定是这些国家共同的艰巨任务。俄罗斯的经验和教训表明，转型过程中，反垄断调节对于保持社会稳定、支持经济增长和保障国家安全有着特别重要的意义。

一、反垄断调节有利于社会稳定

社会公平是社会稳定的基础。这里的社会公平是指市场经济条件下的社会公平。由于转型国家实行国有资产私有化以及鼓励发展私营经济，生产关系以激进或渐进的方式发生了重要变化。以公有制为基础的生产关系，被以多种所有制为基础的生产关系所取代。尽管以公有制为基础、多种所有制形式共存仍是一种国家主张，但不以人的意志为转移，当私有制把资产变成了资本时，以公有制为基础的社会公平受到了破坏，资本靠着本能的力量，成了影响社会关系最重要的因素。

可以通过许多途径实现社会公平。如通过合理的收入分配制度，通过建立基本的社会保障制度以及建立合理的法律制度。在这里，国家应当是在市场经济中实现社会公平的调节器。应当通过国家调节使社会中的每个成员在与其他成员交换时，认为交换的结果对于自己是有利的和公正的，也就是说，他从社会中得到的利益与他的付出相符合。在这样的社会经济状态下，每个个体以及社会的全部成员，将不再有改变社会进程和现状的经济动力。社会成员会在经济上更加关心维护社会的稳定。因为社会稳定受到破坏，一定会使他们部分或全部失去从社会中得到的利益。

反垄断调节就是国家调节最有效手段之一。反垄断调节对象是市场主体的经济行为，调节方向和效果都与人有着直接或间接的关系，从而也影响着社会公平。试想，在存在垄断和不正当竞争的市场中，当一个人的劳动成果或劳动收入被他人以不正当竞争手段据为己有，而他自己无能为力的时候，他会认为市场和社会是不公平的。社会成员对市场不满极易成为社会不稳定的潜在因素。这里的不正当竞争手段，可以是企业恶意并购，可以是以虚假广告进行的欺骗行为，可以是销售有毒有害商品，也可以是垄断产品和服务的垄断高价。如果不正当竞争经常和严重损害消费者利益，说明市场经济秩序不公平、市场经济无规则无秩序，或只有纸的规则，没有实际秩序。

反垄断调节是维护市场经济秩序的最重要手段。俄罗斯的做法是，在经济转型的准备阶段就进行反垄断立法。如 1990 年苏联政府制定了《关于国民经济非垄断化的措施》的决议，以及俄罗斯联邦 1991 年制定《反垄断法》。尽管俄罗斯在上世纪 90 年代转型过程中，社会公平原则受到严重损害，社会动荡不断，但现在看来，如果没有反垄断法律制度，情况也许会更糟。进入 20 世纪以来，俄罗斯加强了对市场经济的反垄断调节，特别是在保护消费者利益方面有很强的调节力度，有力地保障了俄罗斯连续 8 年的社会稳定和经济增长。

俄罗斯反垄断署署长 И. Ю. 阿尔捷米耶夫说，“总的来说，全世界各国反垄断政策的目的，就是发展市场竞争，防止出现垄断市场，保障有效的分配资源和保障社会利益”。[①] 进入 21 世纪以来，俄罗斯出现了经济增长、居民收入增长和社会稳定的局面。这既与国际原料市场价格上升有关，也是俄罗斯对市场经济实

---

① Артемьев И. Ю.：Битва за конкуренцию. http：//www. yabloko. ru/Publ/Book/FAS/gl1. html.

行国家经济调节的结果。俄罗斯已经形成的模式，不是自由市场经济，而是可调控的市场经济，其调控力度大于许多转型国家。调控最终目标是既有利于经济增长，也有利于社会公平和社会发展。俄罗斯是在这样做，尽管个别情况下调控效果不尽如人意，需要不断完善调控办法。

反垄断政策有着不可替代的社会功能。这一点其实很重要。

二、反垄断调节有利于经济可持续增长

反垄断政策的另一重要方面就是保护和发展竞争，发现和制止各种形式的垄断对竞争的侵害。竞争是市场经济的本质特征，不尊重竞争原则的经济不是真正的市场经济。反垄断政策既监督和调节经济集中和垄断，也保护、鼓励和发展竞争。这就像一个硬币的两面。只有在制止恶性垄断行为的同时，保护和发展公平竞争才能使经济更有活力，促进提高企业效益，才能实现可持续增长。

俄罗斯在反垄断立法和实践中，都把禁止国家权力机构限制竞争的行为作为重点。在俄罗斯，政府限制竞争主要表现为，滥用优惠措施，人为设置壁垒，在提供国家服务时的歧视性做法，过多的不合理检查，通过行政资源对企业经营活动施加影响或直接干预。《俄罗斯发展竞争的纲要》指出，在市场经济中，某些企业“利用国家权力机关的力量参与竞争，这已成了他们参与市场竞争的不可分割的一部分”[①]。《纲要》认为，国家管理机构资源分配机制不透明，是新企业进入市场的严重壁垒。国家权力机关的行为限制了大多数企业参与竞争的积极性，也明显增加了社会和经济运行成本。

包括俄罗斯在内的有过多年转型经历的国家，市场经济仍不成熟，市场机制仍不完善，限制竞争的现象仍很严重。例如，企业联合限价、限产、分割销售市场，有些行业通过企业联合已经发展到少数企业垄断市场的局面。特别是计划经济体制时的政企不分状况仍然存在。“国家经济生活中仍存在着严重的行政性限制竞争现象”。[②]

从计划经济到市场经济转轨过程中，如果没有充分的市场竞争，十分有可能导致产生政府主导经济增长模式。这一模式的主要特征是，政府在投资、融资、

---

① Программа развития конкуренции в Российской Федерации. http://www.businessuchet.ru/pravo/DocumShow_DocumID_153607.html.

② 王晓晔：《反垄断法在构建和谐社会中的作用》，《学习时报》2006 年第 11 期。

土地等资源配置方面掌握过多的权力，几乎所有企业都不得不与政府搞好关系。政府是最主要的投资主体，以GDP增长指标为经济发展的最高目标，不重视资源与环境承受能力。政府投资是在任何一种经济体制下都是拉动经济增长的最简单的方式。由于缺少对政府投资行为的约束和监督制度，这一增长方式中蕴藏着产生经济低效和腐败的因素。在政府主导的投资行为中，没有合理的竞争机制，大资本从政府投资行为中获得了最大份额的利益，而大量劳动者只是得到了继续提供劳动力的机会，继续为经济增长作贡献。劳动者实际上仍然只是可以再生的生产要素，成了经济增长的手段，而不再是目的。

在市场经济中，国家权力与资本结合并成了影响经济发展的重要因素时，就形成了权贵市场经济。权贵市场经济是社会经济转型过程中的一种变态现象，其本质是反竞争的，因而也是反市场的。在市场经济中，限制经济可持续增长的因素很多。但在权贵市场经济条件下，经济增长肯定是不可持续的。

三、反垄断调节有利于保障国家经济安全

经济安全是非传统安全的主要内容。经济安全主要包括一个国家的金融安全、产业安全、环境安全、粮食安全、资源安全。针对不同的经济安全内容有不同的保障措施。经济安全是一个社会和经济可持续发展的内在要求。

经济安全对于转型国家有着特别重要的意义。在经济全球化条件下，转型国家的经济受到来自外部的威胁。“转型国家在其制度变迁过程中，还要应对经济全球化对国家经济主权和经济安全带来的挑战，特别是要处理好经济主权与经济安全的关系。这是转型国家有别于其他国家的特殊性的一面”。①

转型国家经济受到的主要外部威胁是，国际资本对转型国家金融体系的侵蚀，对国家核心产业和流通领域的控制。

俄罗斯在保障国家经济安全方面一个重要做法是，规定42项对国家安全有重要意义的经济活动，对进入这些经济活动范围，并对相应俄罗斯企业形成控制的外国资本实行监督的制度。在这些经济活动中，包括从事自然垄断性质的经营性服务，以及联邦级矿产地的开采。

俄罗斯对外国投资其战略企业的审批和监督制度相当烦琐，但也相当有效。

---

① 郭连成、李卿燕：《经济全球化与转轨国家经济安全相关性》，《世界经济》2005年第11期。

对外国投资进行安全审查是各国普遍做法，也都有各自的法律基础。这是在世界贸易组织规则范围内，各国保护经济安全的权利。尽管有的转型国家已经建立对外资的审查制度，但最重要的是不要形同虚设。在这方面，俄罗斯的做法可以借鉴。

43. 俄罗斯公司治理制度有何特点?

唐朱昌

公司治理的内涵

公司治理是现代企业制度运行的核心，因为它要解决现代企业发展的两个基本问题：一是如何保证投资者（股东和债权人）按时收回投资并获得合理的投资回报，即协调股东与企业的利益关系；二是企业内各利益集团的关系协调。这包括对经理层与其他员工的激励，以及对高层管理者的制约。这个问题的解决有助于处理企业各集团的利益关系，又可以避免因高管决策失误给企业造成的不利影响。

公司治理问题的最早提出可追溯到亚当·斯密，他在著名的《国富论》中提出了“作为其他人所有的资金的经营者，不要期望他会像自己所有的资金一样获得精心照顾”。[①] 随着新制度经济学的兴起，经济学家开始研究厂商的产权安排与交易成本等问题。1932 年伯利和米恩斯合著了《现代公司和私人财产》，该书首先注意到了所有权和经营权的分离问题，并表明，现代大型企业的管理权不可避免地从私人资产所有者转到有管理技术的人手中。[②] 1937 年科斯在他的《公司的性质》一书中，讨论了在自由竞争的市场上，工人为何不到市场上向顾客直接

① 郑志刚：《外部控制、内部治理与整合》，《南大商学评论》2006 年第 9 期，第 75 页。

② 约翰·伊特韦尔、默里·米尔盖特、彼得·纽曼编：《新帕尔格雷夫经济学大辞典》（第 1 卷），经济科学出版社 1996 年版，第 249 页。

出售商品和劳务，而要自愿地服从企业主和代理人指令？提出了后来称为交易成本的经济理论问题。自此，公司治理开始进入经济学家的视野，公司治理的理论和实践得到迅猛发展。从上世纪 90 年代开始，公司治理理论被开始运用于分析转型经济国家的经济问题。

所谓的公司治理就是对现代企业进行管理和控制的体系。它有狭义和广义的概念。狭义的公司治理主要是指公司内部形成的委托方（所有者）与代理方（公司经营管理者）达成的一种制度安排，通过这种制度安排，公司所有者可以通过明确双方的责任和权力，对经营者进行监督和激励，实现股东利益的最大化。广义的公司治理是基于美国经济学家斯蒂格利茨提出的“利益相关者理论”（或称“多重代理理论”）延伸出来的。利益相关者理论认为，公司不仅仅是资本所有者的联合体，而是相关利益者的结合点，相关利益者不仅包括资本所有者和经营者，而且还包括相关的债权人和债务人，甚至是社团和政府。因此，公司治理不仅包括公司的内部治理，还包括公司的外部治理，不是仅仅为了实现股东利益的最大化，而是要实现社会利益的最大化。在利益相关者理论下，公司治理成为一系列协调相关利益者之间关系的契约或机制，这套机制不仅仅是一种所有者和经营者之间权力配置的制度安排，而且包括政府针对公司制定的相关法律法规，包括企业内部人与外部人之间契约。因此狭义的公司治理含义着眼于微观层面，广义的公司治理含义看问题的视角更加宏观和宽广。作者以下涉及的俄罗斯公司治理，主要是指广义的公司治理。

俄罗斯股份公司的形成特点

企业有公司型和非公司型之分，但本质上都是从事生产、流通、服务的经济主体，是自主经营、独立核算、依法设立的一种营利性的经济组织。现代企业制度区别于传统企业的根本点在于所有权和经营权的分离。在苏联传统的计划经济体制下，国有企业在整个国民经济中一统天下，因此传统经济体制的问题和弊端，也集中反映在企业身上，并通过企业和整个国民经济管理体制的互动，而得到强化。一方面，企业的经济地位、决策机制、经营环境和动力机制具有鲜明的行政化特征，企业成为社会行政机器的组成部分，企业的决策人是带有行政级别的国家干部，企业只能听命于国家行政机构的指挥，而无经营的自主权。另一方面，企业行为也呈现鲜明的“非理性化”特征。企业不但可以依赖纵向的管理体制不管“生产什么”和“如何生产”，而且也可以不计成本，不计利润地扩张或收缩企业的产、供、销、人、财、物。结果企业只有“企业”的躯壳，而无企业功能的“神韵”，因为企业不是独立的生产经营者，不是独立的成本中心，没有独立的企业利益。因此，在传统的计划经济体制下，事实上不存在真正意义上的企业，而只存在简单的生产中心或单位。由于传统的国有制严重不适应苏联的对外和对内的需要，因此，在苏联时期，虽然国有企业的改革始终没有停止过，但是，由于所有改革均是以肯定传统的国家与企业关系为基础的，所以，没有根本改变企业经济地位、决策机制、经营环境、动力机制行政化和企业行为非理性化的特征。

要根本打破国家与企业之间的行政化关系，为国家与企业之间的利益关系奠定“双赢”的局面，必须把国家与企业之间的利益关系纳入现代市场经济的产权关系体系中，通过企业产权制度的改革，建立适合现代企业运行的股份公司制度。

股份公司制是现代市场经济的主导形式。股份公司制以入股方式把分散的、属于不同所有者的资本统一起来集中使用，股东以出资额为限，负有限责任并享有按股份分红的权利。股份公司制利用股权分散造成的利益多元化，硬化了企业财产约束，避免了产权单一造成的财产约束软化。在股份制企业中，国家投资和其他经济主体投资一样转化为公司的股权，国家股东与其他股东处于平等的股东地位。

俄罗斯股份公司制度是随着国有资产私有化而诞生的。通过“小私有化”、“大私有化”、“个别私有化”和“农业私有化”等途径，把大量的国有企业改造成股份制企业。1992 年 7 月 1 日，叶利钦总统签署了《关于国有企业及国有企业的自愿联合组织改变为股份公司的组织措施》和《关于国有企业商业化并决定同时改变为开放型股份公司的条例》两个总统令，要求除不准私有化的企业外，其余大中型企业一律私有化。从此俄罗斯企业的股份制改造全面推开。

从操作程序上看，俄罗斯国有企业改造成股份制企业主要通过三个阶段，采取不同的途径实施的：

第一阶段，针对私有化初期的特点，采取改造国有企业，实行股份制的措施。这一过程大致从 1992 年 7 月开始。这一阶段主要通过“小私有化”和“大私有化”把国有企业改造成为股份公司。

第二阶段，从1994年7月1日开始，主要是适应货币私有化的需要，规定把国家或市政独资企业改组成股份100%属于国家或市政所有的开放型的股份公司，然后出售股票。

第三阶段，从1997年7月开始，主要是针对股份制改造前两个阶段中出现的问题，开展“个别（案）私有化”，亦称“单独私有化”。

通过三个阶段的发展，1992—2008年，共创建了33200家股份公司。[①] 但第一阶段和第二阶段的股份制改造主要更加突出政治目标和数量目标，而第三阶段的股份制改造更加强调追求经济目标，更加强调根据大企业的实际情况，针对不同的大企业，有目的和有选择地解决大企业产权的问题，是对大企业实行股份制改造的真正的“大私有化”阶段。因此1997年7月后，不少以前卖不动的特大型企业也开始被股份化。所以虽然1997年后私有化企业的数量比以前大大减少，但大企业私有化的速度却大大提高（见下表）。

1993—2008年国有企业改造成股份制企业的基本指标

	1993年	1995年	2000年	2003年	2005年	2007年	2008年
创建的股份公司数（家）	13547	2816	199	314	396	254	225
其中：联邦所有制	5419	1326	36	159	112	73	23
地方所有制	6028	859	138	120	200	109	127
市政所有制	2100	631	25	35	84	72	75
注册资本（百万卢布）※	503	585	1970	9767	25278	9973	14517
享有黄金股的股份公司数（家）	204	429	8	10	—	—	—
发行的股票数（百万股）	695	856	1062	98	15931	994	603

注：※2000年的注册资本为10亿卢布。

资料来源：（俄罗斯）俄罗斯国家统计委员会：《2009年俄罗斯统计数据》，第196页。

① （俄罗斯）俄罗斯国家统计委员会：《2009年俄罗斯统计数据》，第196页。

俄罗斯股份公司治理的现状特点

一、公司治理架构及其成效特点

公司治理是市场经济制度的产物，是所有权和经营权相分离的结果。经过20年的发展，俄罗斯的公司治理有了长足的发展，也形成了具有“俄罗斯特色”的公司治理制度。主要包括：

1．形成了以英美法系模式为基础的股份公司体系

股份制企业按照欧洲大陆法系分为无限责任公司、有限责任公司、股份有限公司、两合公司（由无限责任股东一人以上和有限责任股东一人以上组成的公司。无限责任股东对公司债务负无限责任，代表公司管理业务，处于主导地位。有限责任股东对公司的责任仅以出资额为限，对外无权执行业务，不能代表公司。这种公司实际上是介于无限责任公司和有限责任公司之间的一种公司形式）和股份两合公司（由一人以上的无限责任股东和若干有限责任股东组成的股份公司。无限责任股东对公司债务负无限责任，管理公司业务。有限责任股东对公司的责任仅以所认股份为限，并组成股东会，选举监察人，对公司的事务进行监督）等形式。目前，无限责任公司、两合公司和股份两合公司已被逐渐淘汰，而有限责任公司、股份有限公司则是现代企业制度的基本组织形式。按照英美法系，有限责任公司、股份有限公司统称为股份公司。有限责任公司不是上市公司，称为封闭型股份公司，股份有限公司是上市公司，称为开放型股份公司。

按照1996年生效的俄罗斯联邦《股份公司法》的规定，俄罗斯的股份公司也分为开放型股份公司和封闭型股份公司。这两种股份公司在最低资本金、股东数量及信息公开义务等规定上有一定差别。首先，开放型股份公司的最低资本金必须达到国家法定最低工资的1000倍以上，但封闭型股份公司的最低资本金只要达到国家法定最低工资的100倍即可；其次，开放型股份公司的股东人数不受限制，而封闭型股份公司的股东人数不能超过50名，如果超过限额则必须在1年内予以改正（转为开放式股份公司或解散公司）；再次，开放型股份公司负有向俄联邦有价证券市场管理委员会提供年度业务报告和财务报表的义务，而封闭型股份公司则没有这项义务；最后，开放型股份公司有权公

开发行股票，股票可公开认购和上市自由交易，股东人数没有限制，股东出让股票时公司或其他股东没有优先购买权。管理上实行所有权与经营权相分离，按股东大会—董事会—经理部门的治理结构进行管理。封闭型股份公司无权公开发行股票，股票不可公开认购和上市自由交易，只能在公司创立者之间或事先限定的成员范围内进行分配，股东出让股票时其他股东享有优先购买权。管理上所有权与经营权不分离，经理同时又是股东，公司治理结构简单，一般只有股东大会和经理部门两级。

2. 确立了公司治理结构的基本架构

公司治理就是要理顺相关利益者之间的契约关系。公司治理必须具备三个核心要素：规则、合规和问责。[①] 其中规则包括：公司治理的内部规则，如公司章程、公司内部管理制度等；公司治理的外部规则，主要指规范公司治理的法律法规，如公司法、合同法等；公司治理的国际规则，如国际会计准则，国际上市公司信息披露规则等。公司治理中的合规就是要求公司在治理过程中不仅要规范其内部治理结构，而且要符合国家法律法规的要求。实行跨国经营的公司，还应符合公司治理的国际规范。

为了规范公司治理的基本架构，在私有化过程中，俄罗斯出台了一系列相关的法律法规。如：1995 年实施的《俄罗斯联邦民法典》，1996 年实施的《股份公司法》，1998 年实施的《有限责任公司法》和《员工股份公司（人民企业）特别法律地位法》以及 2001 年颁布实施《法人和个体经营者国家登记法》等等。这些法律和法规对俄罗斯各类型企业的公司治理提供了比较完善的法律保障和约束。如 1996 年实施的《股份公司法》不仅明确规定了股份公司机构的设置，而且对各机构，如股东大会、董事会、执行机构等的具体权力进行了规定。为了不断改善公司治理结构，俄罗斯还对实施后的《股份公司法》几经修订，以进一步明确委托方和代理方的权力，预防在信息不对称情况下出现道德风险，损害股东利益。如 2004 年 12 月 4 日的联邦法修正案规定对《股份公司法》第 68 条进行修改，规定违反法律或公司章程所做的董事会决议，如果侵犯了未参加表决或表决时投了反对票的董事的权利或合法利益，受侵犯的董事有权向法院提出诉讼，

---

① 李维安、牛建波等编著：《CEO 公司治理》，北京大学出版社 2011 年版，第 10 页。

撤销董事会决议。[①] 此外，俄罗斯政府还以世界经济合作与发展组织的相关规则为基础，结合俄罗斯具体经济、社会、文化等状况，制定了《公司行为规范》。该《规范》是关于公司治理的伦理道德汇编，虽然不具有强制性，但是一旦公司将其写入公司文件中，其就具有了强制性。

俄罗斯《股份公司法》对公司治理结构的规定主要包括：

公司必须设立5个权责明确、相互制衡的机构，以对日常业务及重大事项进行决策和监督。这5个机构分别为股东大会、董事会（监事会）、独立执行机构、委员制执行机构以及监察委员会。其中，股东大会为公司的最高权力机构，主要负责确定公司经营活动的基本方针；修改公司章程；组建公司执行机关，选举董事会成员（包括董事长），提前终止其权限；选举公司监察委员会（监察员）和提前终止其权限；确认年度报告和年度会计报表；通过向参股人分配纯利润的决议；确认（通过）调整公司内部文件；通过公司改组和清算的决议等。

董事会或监事会的名称可并用。公司董事会（监事会）的职权由公司章程确定。主要职权包括：组建公司执行机构、提前终止其权限；决定公司重大交易事项；决定公司关联交易事项；决定公司参股人全体会议的筹备、召集和召开事项，以及其他事项。公司董事会（监事会）的组建和活动方式，以及公司董事会（监事会）权限的终止方式和公司董事长（监事会主席）的职权，由公司章程规定。

独立执行机构和委员制执行机构负责公司日常事务，负责向董事会和股东大会报告业务经营的情况。委员制执行机构成员的组成不得多于公司董事会（监事会）组成成员的1/4。行使公司执行机关职能的独立执行机构的个人，不得同时担任公司董事会（监事会）的董事长。

超过15个参股人的公司，必须组建公司监察委员会（监事会）和选举监察员，主要负责对执行机构进行监督。公司监察委员会委员（监察员）也可以为非公司参股人。如果公司章程做出规定，公司监察委员会（监察员）的职能也可以由公司参股人全体会议确认的与公司、公司董事会（监事会）董事、行使公司执行机构职能的个人、公司执行委员会成员和与公司参股人无财产上利益关系的审

---

① 王志华：《俄罗斯公司立法综述——兼与中国公司立法比较》，《北方法学》第2卷（总第12期），第106页。

计员行使。公司董事会（监事会）董事、履行公司执行机构职能的个人和公司执行委员会成员不得为公司监察委员会（监察员）委员。

股东大会、董事会（监事会）、执行机构三者构成俄罗斯股份公司的核心。

此外，由于实际上俄罗斯的股份公司并非都具有《股份公司法》所规定的5个机构，因此，《股份公司法》还对一些特殊情况作出了具体规定。例如，当拥有表决权的股东未满50人时，股东大会可以代理行使董事会的职能；是否设置委员制执行机构可由公司自主决定；对董事会最少人数的规定可随拥有表决权的股东人数的变化而不同等。

股东大会、董事会（监事会）、执行机构的主要权限可参见下表。

股东大会、董事会（监事会）、执行机构的主要权限

公司机构名称	主要权限
股东大会	1. 人事任免权：任命或解聘董事会成员、执行机构成员和监察委员会成员；认可监察会计师；确定独立执行机构的权限。 2. 制订与修改公司章程：在公司增资或减资后修改公司章程。 3. 股票发行与投资权：确定股票发行事项、扩股增资、股票的分割与合并；认可本公司上市股票的回购；认可采用提高股票票面价格的增资方式和确定可转换公司债券的发行事项；认可公司的自我交易行为及巨额资产交易。 4. 收益分配权：确定年末分配红利的金额和日期，以及董事会和监察会成员的报酬。 5. 财务审查权：认可年度报告和财务报表；提出对财务和经营活动实施监察的要求。 6. 经营决策权：向股东大会提出关于公司合并、拆分的议案；改组有限公司或生产合作组织的议案；采纳股东大会提出的议案；确定公司经营的优先方案；认可公司内部文件和开设分公司。

续表

公司机构名称	主要权限
董事会（监事会）	1. 人事任免提议权：自愿解散时向股东大会提出解散及任命清算委员会问题的议案；推举公司各机构的候选人、任命或解聘执行机构人员；签署或终止人事聘任合同；选举董事长；向股东大会提建议赋予独立执行机构的权限；批准执行机构成员兼任其他公司职务。 2. 修改公司章程：在公司增资或减资后以及在开设或关闭分公司后修改公司章程。 3. 召集股东大会：召集股东大会、审议股东大会议事日程和大会的准备工作；为任命临时独立执行机构和合议执行机构而召集临时股东大会。 4. 收益分配及审批提案权：拟定监察委员会及监察会计师报酬水平、红利数额及红利分配方案。 5. 融资与投资的审批权：确定公司准备金的运用方式、回购本公司股票的结构、可转换公司债券的发行事项、股票发行价格、有价证券发行价格、发行新股票以扩大资本、发行企业债券及其他有价证券；评估资产价格、确定上市后有价证券的回购价格以及认可公司对股票和企业债券及其他有价证券的自我购买行为和认可巨额交易行为。 6. 经营决策权：向股东大会提出关于公司合并拆分的议案；改组有限公司或生产合作组织的议案；采纳股东大会提出的议案以及确定公司经营的优先方案；认可公司内部文件和开设分公司。
执行机构	执行除股东大会和董事会的权力外，执行其他对公司日常经营活动的指导权；根据独立执行机构的要求，召开执行机构会议。

资料来源：参考（日）岩崎一郎：《ロッア企业の法制构造》绘制，（日）《经济研究》2003年第7期。

3. 公司治理的效率特征不断得到显现

效率是企业的生命。俄罗斯实施公司治理的基本目的是为了增强企业的活力，提高企业的效率，增强企业抵御风险的能力。经过20年的改革，俄罗斯公司治理的效率不断得到显现，主要表现在以下几个方面：

第一，从根本上打破了国有企业一统天下的传统企业治理格局。俄罗斯传统的国有企业产权制度具有产权归属的唯一性、产权结构的划一性、产权管理的行政性、产权运作的非市场性和剩余索取权的单一性特征。这种产权制度的弊端不仅造成了“无企业”（没有市场意义上的企业）、“无企业产权”、“无产权责任”、“无产权激励”的状况，还像任何一种现实的经济制度一样，造就了她自己的既得利益者——“赢利的官僚部门”，正是这些既得利益者的存在，使传统的集权模式的国有企业产权制度可以维系很长的历史时期。前苏联历史上多次进行的经济改革之所以不成功，其根本的原因在于遭到了原苏联经济制度造就的“赢利官僚部门”的强大阻力。

除政治目标之外，俄罗斯构建公司治理制度的最重要的经济目标就是要根本改革传统的国有企业产权制度，建立适合市场经济发展的企业制度框架，从所有制的存量结构和流量结构上建立多种所有制形式，从而根本摆脱原苏联在所有制形式和实现形式的划一性、僵硬性、封闭性和行政性，转向开放性、市场性、灵活性和兼容性。虽然在初始阶段，俄罗斯公司治理制度的构建并非在自由契约的基础上进行，带有国家强制（尤其在前期）性制度变迁特征，交易成本很高，但构建公司治理制度的方向是符合现代企业产权制度的基本要求的，有利于打破传统的资源配置方式和“赢利官僚部门”以及“反市场的既得利益者”，创造来自市场经济的经济潜力。按企业和组织的总量计算，目前俄罗斯企业与组织的所有制结构发生了根本的变化，见下表。

1996—2009 年企业和组织的所有制形式比例（%）

	1996 年	2001 年	2005 年	2006 年	2007 年	2008 年	2009 年
企业与组织总数	100	100	100	100	100	100	100
其中：							
国家所有制	14.3	4.3	3.6	3.4	3.3	3.0	2.8
市政所有制	8.8	6.4	5.6	5.3	5.9	5.6	5.4
私人所有制	63.4	75.8	79.2	80.5	80.7	82.5	83.3
社会与宗教组织所有制	4.2	6.6	5.7	5.3	5.3	4.6	4.1
其他所有制（合资企业）	9.3	6.8	5.8	5.6	4.8	4.3	4.4

资料来源：（俄罗斯）俄罗斯国家统计委员会：《2009 年俄罗斯统计数据》，第 178 页。

第二，“内部人”和“外部人”持股结构严重失衡的状况得到逐步缓解。俄罗斯的股份公司按英美法系分为开放型股份公司和封闭型股份公司。前者是上市公司，后者是非上市公司。虽然俄罗斯学者极力反对建立封闭型股份公司，认为它不利于广泛吸收资金，不利于企业制度创新，不利于企业的有效管理，容易造成“内部人”控制企业的局面。但事实上，由于俄罗斯私有化进程中70%以上的企业选择了私有化的第二种方法，即51%的股份可以出售给职工，剩下的部分可以拍卖或由国家持有，从而形成了封闭型股份公司。造成了私有化初期“内部人”持股占大部分的状况。所谓的内部人控制，“是指从前的国有经理或工人在企业公司化过程中获得相当大控制权的现象。”① 而“内部人”就是指公司的经理或职工。例如 1994 年俄罗斯大中型股份公司中，内部人持股达60%—65%。②

封闭型股份公司相对于开放型股份公司而言，固然有缺陷，但如果是规范的封闭型股份公司，虽然不能公开发行股票，股东人数有限，但仍然有正常的投资来源，股份往往由创始股东认购，公司管理结构简单。然而俄罗斯的封闭型股份公司并不具备规范的封闭型股份公司的基本特征，这些企业的创始资本来自无偿的私有化证券，没有真正意义上的创始股东。而且由于企业领导人担心自己的企业被外部人控制而丧失既得利益，因此千方百计通过各种关系和手段（如，收买本公司的股票增加内部人持股比例、增加公司法定资本稀释外部人股权、强制代理和控制投票程序等），寻求不要使自己的企业成为开放型股份公司，以强化内部人持股。因此名义是股份公司，实际上企业仍然由原领导层控制和管理。在俄罗斯私有化初期，俄罗斯的股份公司绝大多数是封闭型股份公司。即使到 1997 年，内部人股东在工业股份公司中仍高达 52.1%。③

俄罗斯私有化的目的是希望通过股权分散化形成利益激励，提高国有企业的效率。但是，“内部人”控权不利于建立良好的公司治理机制，改变企业效率低下的局面。原因有三：其一，“内部人”控制型的股份公司，不利于企业管理者基本素质的提高。企业管理者头衔的改变，不能改变传统企业治理的思路和路

① 青木昌彦、钱颖一主编：《转轨经济中的公司治理结构：内部人控制和银行的作用》，经济出版社 1995 年版。

② （俄罗斯）《经济问题》2000 年第 5 期。

③ （俄罗斯）《经济问题》2000 年第 1 期。

径，企业管理者的“路径依赖”难以适应市场经济条件下的公司治理。其二，即使外部人拥有良好的投融资渠道和先进的公司治理经验，由于股权比重较低，也无法真正参与公司治理。其三，新的公司治理制度必然会改变原有的利益分配格局，企业的“内部人”因害怕新制度对自身利益的损害，因而往往会自觉地形成抵制联盟，抵制新的公司治理制度的实施。

有鉴于此，俄罗斯政府在私有化进程中不断采取措施削减“内部人”的股份，增加“外部人”持股比例。

首先，通过立法、行政规制等措施限制企业的经理和职工对本公司股份的持有数量。由于俄罗斯初期的私有化安排是弱势中央政府和强大的企业经理集团不对称博弈的产物，因此，私有化方案不得不照顾经理阶层的利益需求。随着政府力量的增强与政府运行的正常化，俄罗斯政府开始逐步出台一系列法律与法规，约束“内部人”在公司治理中无限的权力。如1996年实施的《股份公司法》规定，职工人数在500人以上的公司必须在独立的第三方股东登记公司进行登记，提升了股东名册的公信力；股东人数超过1000人的股份公司实行累计投票制，以约束内部人利用控股选择董事的权力，有利于保护股权较少的外部投资者。

其次，通过培育股票市场，为股权的转让和股票流动创造条件，以达到逐步减少内部人持股的比例。

最后，通过培育外部战略投资者，增加外部人持股的比例。这主要表现为俄罗斯允许商业银行从事投资业务，鼓励成立金融工业集团。

通过一系列制度调整，俄罗斯公司私有化初期内部人高比例持股的状况得到逐步改变。内部人持股呈下降趋势，外部人持股呈上升趋势。例如，内部人控股占法定资本的比重从1994年的60%—65%和1996年的55%—60%，下降为1998年和2000年的50%—55%和30%—35%。同期，外部人持股占法定资本的比重从15%—25%和30%—35%，分别上升到35%—40%和50%—55%。[①]“内部人”和“外部人”持股结构严重失衡的状况得到逐步缓解。

第三，促进了工业企业和金融企业的相互融合。目前，在世界主要市场经济国家中，主要形成了两种最具有代表性的公司治理模式，一种是以美国和英国为代表的公司治理模式，其基本特征是股权分散，股权在二级市场上频繁变动，银

① （俄罗斯）《经济问题》2000年第5期。

行不能持有公司股份，也不能代理小股东行使股东权利。另一种是以日本和德国为代表的公司治理模式，其基本特征是股权高度集中，银行在公司治理中扮演重要角色。俄罗斯的股份制基本上是依据英美法系模式设立的，但是由于它不拥有英美国家那样的发达的金融市场，如股票市场、债券市场、货币市场等，因此俄罗斯的股份公司想要从股票市场或者债券市场上募集到大量所需资金的难度非常大。有鉴于此，俄罗斯又吸收了日本和德国模式的某些元素，允许其商业银行从事投资业务，促使工业企业和金融企业的相互融合。先后密集通过了《关于在俄罗斯联邦建立金融工业集团的命令》（1993 年 12 月 5 日）、《关于促进建立金融工业集团纲要》（1995 年 1 月 16 日）、《金融工业集团联邦法》的决议（1995 年 11 月 30 日）、《关于鼓励建立金融工业集团活动的措施》（1996 年 4 月 1 日）等法令和法规，扶持金融工业集团的建立。从此，金融工业集团进入了大发展阶段。1993 年和 1994 年分别只有 1 家和 7 家金融工业集团，1995 年后迅速增加。1995 年为 27 家，1996 年为 45 家，共有 1000 多个企业和组织和 100 多个金融信贷组织参加了金融工业集团，在职职工人数达 300 万人。1997 年官方登记的金融工业集团已达 75 家，产值超过 100 万亿卢布，大约占国内生产总值的 10%。1997—1998 年的金融危机也没有阻止金融工业集团不断扩张的势头。到 2001 年 3 月，全俄共有 88 家金融工业集团，联合了 1500 多个法人，共有注册资本 39 亿卢布，在职职工 350 万人，其创造的产值占俄罗斯国内生产总值的 15%。①

俄罗斯的金融工业集团是金融资本和工业资本融合的产物，是集生产、销售、金融活动于一体的大型经济组织。它有利于解决企业发展所需的资金供给，有利于增加和提高企业在国内外市场上的竞争力，有利于企业内资源的合理配置，提高企业一体化生产和管理水平，提高企业的经营管理效益，在一定程度上有利于国家宏观调控政策的实施。但是由于它们对经济的影响和控制作用不断增大，使它们具有了干预国家政治和经济的能力，甚至左右国家政治经济生活，以至政府在同它们的博弈中处于被动地位。这在叶利钦时代表现得尤其明显。因此，普京上任后，对金融工业集团实行了利用和限制相结合的政策，利用它们的经济潜力，支持它们合法经营，但同时通过打击少数金融工业巨头的不法行为，遏制它们干预国家政治经济生活的势头。例如，2003 年 8 月初，普京曾下令禁

---

① （俄罗斯）《经济学家》2002 年第 3 期。

止对上千家战略企业实行私有化，其中包括“天然气工业”、“统一电力系统”、“石油运输”、“俄罗斯石油”、“俄罗斯铁路”等一批企业。“尤科斯”事件把普京对少数金融工业巨头不法行为的打击推向了顶峰。但此后，由于俄罗斯工商巨头如惊弓之鸟，担心政府改变私有化政策，实行秋后算账，因此纷纷把资金转向国外。据俄罗斯中央统计局的资料，2003 年外流的资金为 19 亿美元，2004 年猛增到 79 亿。为了稳定投资环境，2005 年 3 月 24 日，普京不得不会见工商界代表，强调稳定所有制关系，不允许对所有制重新划分，并建议将俄罗斯私有化交易的诉讼时效期从 10 年缩短为 3 年。普京的讲话和承诺，给担心重新国有化的俄罗斯大企业家吃了一颗定心丸。

4. 建立了公司激励机制

公司经营者和管理者的激励制度是公司治理制度环节中的重要内容。在现代公司制度中，只有通过投资者与经理人之间的激励合约，才能约束作为代理人的经理人的偷懒、内部交易、谋求控制权收益等道德风险问题。在原苏联，虽然早在上世纪 50 年代就提出了对企业和个人实行物质刺激的措施，但由于传统的产权制度否认了个人对生产资料的占有和个人对其生产性人力资本的占有权，只承认政府对企业及其员工拥有控制权和剩余追索权，无论是领导还是职工都不拥有剩余追索权，因而有效激励机制始终难以真正建立起来。

私有化使产权分散化得以实现，改变了原先由国家一统所有权的状况，企业财产所有权逐渐由企业经理、职工、外部法人、银行、自然人等占有，拥有所有权的相关利益者也随之拥有了企业的剩余追索权。与之相适应，私有化缔造了各类资源所有者（包括人力资本所有者）缔结合约的市场机制，不同的资源所有者可以按缔结的合约，利用资源直接获取收入，从而根本上取消了对个人人力资本产权的限制，使个人都在为自身利益最大化而工作，个人的作用和影响得到了充分的发挥，俄罗斯人开始习惯于利用自己的或与自己相联系的生产资料、企业和组织为自己工作，传统体制下的“混日子”、“搭便车”、“吃大锅饭”的陋习难以为继，个人和社会的激励机制从根本上得到了确立。

二、公司治理的问题特点

经过 20 年的发展，俄罗斯股份公司从无到有，股份公司治理的基本框架已建立，公司的运行效率也有提高。但是由于俄罗斯股份制建立的原始目的是为了“尽快消除国家所有制”，因此这种“休克疗法”式的企业改制，不可避免地带有很强的“路径依赖”特征，从而影响了股份制企业的应有潜力。

1. 无法有效实现股东的剩余价值索取权和与之相对应的剩余价值控制权

公司治理的重要内容是解决利益相关者的权力和利益的平衡问题。为了实现这种平衡，必须解决“契约的执行问题”，即如何使契约形式上的规章制度和各类相关者的权力得到真正执行的问题。

俄罗斯的股份公司法不仅对股东及其股东大会的一般权限作了明确的规定，而且还对某些特别权限做出了规定。例如，在确定公司高级管理人员方面，规定无论何种原因，股东大会都有权通过绝对多数票解聘任职期内的董事；在评判公司经营状况方面，不仅规定股东大会有权评判公司经营状况，而且还规定允许股东大会有权在公司增资扩股时可选择自我交易行为（发行股票的公司购买本公司的股票）及巨额资产交易行为（取得或出售在总额上相当于公司资产的25%或25%以上行为）；在少数股东的特殊权利方面，规定拥有1/10股份的股东有要求召开临时股东大会并提出实施监察的权力。拥有1/50股份的股东享有股东提案权和对执行机构成员候补人选的提案权。拥有1/100股份的股东享有股东代表诉讼权和股东大会参加者名单的阅览权；在诉讼权方面，规定对决议提起诉讼的期限为6个月，在此期间内，股东不受持股数的限制均可以提出诉讼，即可要求取消股东大会决议或宣布决议无效；在限制股份转让方面，严格规定了开放式股份公司与封闭式股份公司的区别，禁止开放式股份公司股东享受优先购买权，允许封闭式股份公司将股份转让的信息以书面形式通知全体股东，由他们确认是否要行使优先购买权。如发生违反上述规定，公司及股东可以提出交易无效的诉讼。此外，股份公司可以根据公司章程自主决定股东的股票数、票面金额及表决权数量。

但是，由于公司有多个利益相关者，如股东、债权人、政府、经理等，他们也拥有明确的公司控制权和收益权，公司的决策往往是多个利益相关者合力或博弈的结果。在一些发达的市场经济国家，由于公司股东的所有权性质主要为私有，其主要目标是追求股东利益的最大化，因此股东的剩余价值索取权和与之相对应的剩余价值控制权能够得到比较有效的保证。然而，在俄罗斯转型经济条件下，股份制企业不能不考虑政府在内的多个利益相关者的利益。从政府层面看，由于政府有权通过各种规定对企业股东的剩余价值索取权和与之相对应的剩余价值控制权做出规定（例如，国家可拥有享有国家股特权的“黄金股”），因此国家股东的权限在理论上不仅能够实现（当然，实际上由于委托人和代理人利益的不对称，由于寻租和各种腐败，造成的国有资产的大量流失，使国家股东的权限也没有完全实现），而且还可以通过限制正常的股东权限来实现自身的权限。从少数大股东的层面看，由于俄罗斯的股份制法对少数股东规定了特殊权利，使少数股东拥有通过“合法”程序获取自身利益的权限。他们也可以通过与公司管理人员合谋等手段窃取公司利润、将公司的资产以低于市场的价格“转让”给自己人，将更好的市场机会让给自己人等各种手段，在牺牲中小股东利益的基础上，控制公司剩余价值索取权和与剩余价值索取权相对应的剩余价值控制权。从经理等其他相关利益相关者层面看，如果股份制的建立不能使他们获取高于转型前国有制条件下的利益回报，他们就有可能会采取不合作态度，甚至利用权力侵吞公司财富，拿走他们所能拿走的一切。也就是说，由于广大中小股东在与多个利益相关者的博弈中处于弱势，因此他们的应有权限往往不能得到有效的保证。结果，虽然从表面上看，俄罗斯普通的中小股东有权依法取得一定份额的资产和随之而来的管理权力，但事实上却没有真正的内容，没有拥有作为企业生产资料的所有者共同支配企业生产资料，共同管理企业的权力，他们应得的剩余价值索取权往往在弱势中受损。

那么，是什么原因导致明文规定的权益无法有效兑现呢？关键在于“承诺”与“执行”的脱节。“承诺”只是一种“合约”，往往表现为纸面上的各种规定与保证。“承诺”是重要的，但“承诺”需要“执行”来保证，即把纸面上的各种规定与保证付诸实施。诺贝尔奖得主诺斯曾经说过“有效的契约能否被执行，是一个最为重要的经济绩效决定因素”。[①]

在完善的市场经济国家，“执行”包括多种层次：私人秩序执行，即合约行为人之间依据事先“承诺”的“执行”，往往表现为合约的兑现；私人法律执行，即私人通过法律手段实现合约的兑现；公共执行，即政府干预。虽然各个国家选择“执行”的手段组合不可能相同，但是“执行”的效率取决于一国的整体制度环境和法律环境。在资本市场和整体制度、法律环境不完善的条件下，俄罗斯的许多股份公司为了获取自身发展的融资，不得不作出各种承诺，甚至是完全缺乏信用的承诺，以达到吸引投资者的目的。但是“承诺”越多，融资成本越高，以致在俄罗斯股份制公司建立过程中，“出现了成百上千的骗人的交易所”，有价证

① 转引自《南大商学评论》2006年第9期，第2页。

券市场“变成了世界上前所未有的大规模的投机场所”。[①] 然而，法制的不完善，又大大增加了私人法律执行的难度。至于公共执行，也往往“因为政府及其官员的自利行为而出现政府失灵”现象。所以要提高公司治理的效率，“执行”比“承诺”更有效。正是“承诺”与“执行”的脱节，或者说执行机制的严重滞后，影响了俄罗斯公司各类股东，尤其是中小股东剩余价值索取权与控制权的有效实现。

2. 经理委员会凭借“大股东”地位影响董事会决策

一个股份公司必须由股东选举产生董事会，已成为各国公司法的普遍规定。但在公司治理实践中，各国又形成了不同的董事会结构模式。当今世界的股份公司董事会模式主要有两种，即“内部”治理结构类型和“外部”治理结构类型。

内部治理结构类型又可分为日耳曼系统和日本式系统。日耳曼系统以德国、奥地利、瑞士等欧洲大陆国家为代表，这种治理系统采用双层的董事会机制，主要有监事会和管理委员会构成。管理委员会负责公司的日常管理决策，监事会负责任命管理委员会成员，批准股份红利和会计政策，决定并购等重大决策。监事会与董事会是垂直的上下关系，起着与英国和美国公司董事会中的外部董事的作用，代表股东的利益协调和监督管理层与股东的权益。董事会由股东、工会、雇员选出的董事组成。在日本式的公司治理结构中，监事会和董事会是一种平行的关系，分别直接向股东大会负责，持有公司股份的主银行和其他金融机构在公司的监事会中占有一席之地。但董事会主要受控于公司管理层，董事会成员中公司经理占大部分，因此当公司股东与管理层发生权益冲突时，其权益往往难以得到有效保护。

“外部”治理结构类型主要以美国和英国为代表，这种治理系统采用单层的董事会机制，所有权分散，股东只能间接参加公司管理事务，通过选举代表监督董事会或投票表决一些特定的管理议案。在单层董事会机制中，董事会内设立审计委员会作为公司治理的监督机构。

俄罗斯的公司治理结构既具有英美模式的特点，也有德国和日本模式的某些特点。从“外部”治理看，俄罗斯坚持发展证券市场，主张建立开放型的股份公司，以股票市场融资为基础，遵循“股东至上原则”，对股东权限做出明确规定。但由

---

① （俄罗斯）阿巴尔金主编：《俄罗斯发展前景预测》，社会科学文献出版社 2001 年版，第 227 页。

于股权分散，往往采用委托投资人的方法，由机构投资者代表所有者实施投资，行使股东权利。分散的股东不直接参加公司治理。股东对公司的约束和监督主要通过市场“用脚投票”。股东的投资回报是衡量公司及其管理层业绩的主要指标。这与英美模式的特点有许多相似之处。但与此同时，俄罗斯在建立两级银行体制过程中，商业银行采用了综合银行制，银行可以从事投资业务，使银行可以通过股东的身份参与公司治理，这与德国治理模式相类似，但又有别于英美模式，在英美模式中，银行不持有股份，但银行在公司破产时可以直接接管公司，对公司进行整顿，当公司经营状况转变时及时退出，公司经营状况无法转变时进入破产程序。

从“内部”治理架构看，俄罗斯股份公司基本按股东大会—董事会—经理委员会的英美模式设立，股份公司法对各自的职责作了明确的规定。但是由于俄罗斯初期组建的股份公司有相当部分只是原来国有企业的“翻牌公司”，虽然董事会在形式上是存在的，但外部股东难以进入董事会，经理委员会实际上作为执行机构控制一切。虽然以后俄罗斯的股份公司法对初期的问题做出了新的规定，例如规定，股东超过1000人的开放型股份公司，董事会的成员不得少于7人，股东超过10000人的大公司，董事会的成员不得少于9人；禁止董事会主席（董事长）与总裁（总经理）由同一人担任；公司经理委员会担任董事会的成员不能超过1/4；董事会中应该设立既不代表股东利益，也不代表职工利益的，由专家组成的独立董事。然而，由于管理层中许多人本身就是控股股东，而管理层以外人员持有的股票很分散，他们虽然可以通过市场“用脚投票”，但很少能对经理层的管理进行制约和挑战。经理委员会可以利用控股股东的权力和日常的执行大权“架空”董事会，使其对公司的实际经营状况难以获得准确的信息。美国哈佛大学著名的苏联和俄罗斯问题专家马歇尔·戈德曼教授在分析俄罗斯股份制企业的股份结构时指出，俄罗斯“跟美国企业情况一样，原因在于管理层以外人员持有的股票很分散，以致没有人能对现在的经理和董事所享有的管理特权进行制约、提出挑战，有时管理层在获得控制权方面也得到地方政府的帮助”。① “俄罗斯私有化的突出问题是给了经理无限的控制权”。②

---

① （美国）马歇尔·戈德曼著，李铁海等译：《失去的机会——俄罗斯的经济改革为什么失败》，上海译文出版社1997年版，第135页。

② （俄罗斯）《消息报》1995年8月3日。

根据俄罗斯联邦证券市场委员会、证券市场管理研究所及资本市场投资咨询服务机构2001年4—6月对俄罗斯56个在证券市场委员会登记股票，并提供季度报告的最大的开放型股份公司的调查表明，虽然这些公司的董事会组织架构已建立，但董事会履行职能的情况并不令人乐观：69%的公司董事会参与了公司战略计划的制订，而31%的公司董事会把这一权力让给了行政管理层；87%的公司没有正式的风险管理制度体系；11%的公司董事会参与了公司风险管理制度的制定；51%的公司董事会在会后没有正式参与公司的风险管理。在董事会对公司信息披露和沟通的监督参与方面，大多数董事会没有明确的目标和积极的行动，只有13%的董事会要求相应的地位，44%的董事会对此持消极态度，并且对公司的信息实行控制。可见，“总的来说，董事会的作用还是名义上的，董事会并没有扮演公司领导者的角色，并未行使领导的职能，这为高级经理人实施统治提供了广阔的空间”。①

当然，在俄罗斯股份公司中，除了董事会（监事会）以外，有权对执行机构进行监督的还有监察委员会或监察员。俄罗斯股份公司法规定，监察委员会可定期对股东大会提交的财务报表进行审查，并且可以应股东大会、董事会及拥有1/10持股比例股东的要求，对公司财务状况进行临时审查。监察委员会还享有召开临时股东大会及董事会的权力。股东大会有权任命监察委员会成员及确定其报酬，并以公司章程的形式确定监察委员会成员及活动规则。另外，为确保监察委员会的独立性，当公司股东被董事会和执行机构聘为监察委员会成员时，暂时中止其股东表决权。

从一般意义上讲，股东，尤其是中小股东均希望监察委员会能够承担公司财务及业务监督的职责。但是，由于俄罗斯董事的“内部人”控制特征，以及管理层中许多人本身就是控股股东，因此监察委员会在股份公司中的作用并不大，有效性不高。

3. 对战略性企业的过度国家控股，造就了庞大的垄断企业

如上所述，经济转型以来，按企业总数计算，俄罗斯的所有制结构呈现鲜明的“国退民进”特征，目前国家和市政所有制企业占企业总数的比重在8%左

---

① 参见王晓平、张聪明：《大公司：俄罗斯的治理》，《俄罗斯东欧中亚研究》2004年第4期。

右，私人所有制占企业总数的比重在83%左右。与此同时，在俄罗斯大中型股份公司持股结构中，国有股份所占的份额也出现了下降。例如，1994年国有股份占全部股份公司法定资本的比重为15%—20%，1996年和1998年分别为9%—10%，5%—10%，2000年为10%—12%。

但这并不标志着俄罗斯政府对战略性企业控制的弱化。为了保证对涉及国计民生的少数战略性大企业的控制，俄罗斯在对大部分国有企业进行私有化的同时，对涉及国计民生的战略性大企业，采取了一系列国家控制制度，其中既包括硬性控制制度，也包括柔性控制制度。

硬性控制制度包括：规定战略性股份制大企业必须履行完成国防、安全、社会计划和调节自然垄断等方面的职责；确定战略性股份制大企业管理专家的鉴定考核制度；任命国家公职人员为战略性股份大企业的国家代表；规定战略性股份制大企业注册资本的比重（对某些企业规定超过50%，另一些20%—50%）；控制战略性股份制大企业董事会组成及总裁人选；等等。

柔性约束制度包括股权收购、股权置换、“黄金股”等手段。例如，2004年12月，俄罗斯石油公司（俄罗斯政府100%控股的国营公司）以93亿美元的价格收购了尤甘斯克石油天然气公司，从而使俄罗斯石油公司从俄罗斯第七大石油公司一跃成为俄罗斯第二大石油公司，其市值也从68亿美元增加至161亿美元。又如，2005年3月，俄罗斯实现了自己历史上最大的企业兼并。俄罗斯政府用俄罗斯石油公司100%的股权，置换俄罗斯天然气工业股份公司的控股权，使国家在俄罗斯天然气工业股份公司中的股份从原先的38.37%提高到51%，从而掌握了俄罗斯天然气工业股份公司的控股权。两大公司合并后，俄罗斯天然气工业股份公司将成为世界上规模最大的能源公司之一，成为集石油和天然气产业于一身的能源巨头，不仅对俄罗斯的能源产业产生巨大影响，而且对世界能源市场产生深远影响，大大提高了俄罗斯政府在俄罗斯国内外能源市场上的发言权和决定权。除此之外，俄罗斯还通过实施国家“黄金股”控制等手段，保证国家对重要企业的控股权。所谓的“黄金股”，亦称“金股”、“金边股”、特别股、特权优先股或特权偿还股等，是指一种份额极小，不享有一般股份作为股权的表决、分红等权利，但当涉及一些影响公司前途的重大事务时具有特殊权利的股份。其持有主体通常是政府或者政府的某个职能部门。在实际运用中，黄金股的份额通常是1股或者是1%，而其权利一般包括对重大事项的发言权、否决权、提案权与确认权。由于其突破了传统的“同股同权”观念，在份额极小的股份上凝结了极大的特别权利，因此使其相对于一般的股份具有更高的价值，故被称为“黄金股份”。俄罗斯规定的国家“黄金股”虽然在相关企业中只有一股，但对企业经营方向、经营机制、股份增减等问题上也具有否决权。“黄金股”的设立，有利于制约大股东根据自己的利益行事，追求自己的私利，而不顾企业的整体利益、小股东收益率和企业社会职能的行为。俄罗斯国家“黄金股”持股最多的是在燃料动力综合体、运输和军工综合体企业。但最近几年，俄罗斯享有“黄金股”的股份公司的数量在不断减少。在当年成立的股份公司中，1993—1999 年享有“黄金股”特权的股份公司分别为 204 家、429 家、132 家、58 家、28 家、42 家，而在 2000—2008 年期间，除 2000 与 2003 年分别为 8 家和 10 家外，2004 和 2006 年分别为 1 家和 2 家，其余年份则为空白。[①] 这至少有两个原因：一是，其他控股手段替代了“黄金股”的作用。二是，国有股份已牢牢控制了这些战略性企业，以致不必像转型初期那样需要数量众多的“黄金股”。

建立对战略性企业的控股制度，是世界各国的普遍做法，因此它本身不应该受到质疑。但是，战略性企业的界限和范围并不十分清晰。这不仅为政府根据自身的需要拓宽战略性部门的边界提供了空间，也为相关的利益集团绑架政府，突破合理边界提供了可能。一旦战略性企业的界限和范围超过了合理的边界，就会造成国有企业“一股独大”，形成寄生于国有资本基础上的垄断企业，从而影响市场竞争和效率。

2002 年 3 月生效的《俄罗斯联邦国有资产和市政资产私有化法》（第三部私有化法），虽然对国有企业的私有化方式作了更加规范的规定，有利于防止国有资产的流失。但它同时规定国有独资企业的股份制改造必须首先改造成股份 100％属于国家所有的开放型股份公司，然后再以规定的方式出售股份，并强调，国家对战略性股份公司的控股比例不低于一半或 1/4。这为强化政府对国有企业的控股提供了法律基础。此后，俄罗斯对一些战略性企业又推行了“重新国有化”的措施。2007 年后，针对美国次贷危机对经济的影响而采取的宏观调控，又客观上对国有企业的“一股独大”起到了推波助澜的作用。目前，俄罗斯政府

---

① 俄罗斯国家统计委员会：《俄罗斯统计年鉴 2004 年》，第 352 页；《2009 年俄罗斯统计数据》，第 196 页。

持有本国约5500家企业的股份，俄罗斯政府直接和间接控制的企业占俄经济总量的45%—50%，这一比例远高于全球30%的平均水平。其中俄罗斯石油公司目前的国家持股份额为75.16%，俄罗斯石油管道运输公司为78.1%，储蓄银行为60.3%，对外贸易银行为85.5%，俄罗斯农业银行为100%，等等。[①]

垄断必然影响市场竞争和效率。下表引用的资料表明，除电力、印刷等少数部门外，大部分国有工业部门的经济效益指标低于非国有工业部门（见下表）。

俄罗斯国有和非国有工业部门的经济效益比较（%）

工业部门	劳动生产率		资本产出率		整体效益	
	国有	非国有	国有	非国有	国有	非国有
全部工业	67.8	105.6	84.9	102.0	76.3	103.8
其中：电力	89.4	101.2	131.0	97.6	110.2	99.4
燃料	28.7	111.2	81.3	100.9	55.0	106.1
黑色冶金	45.6	103.3	66.7	101.4	56.1	102.3
有色冶金	93.4	101.3	57.4	115.9	75.4	108.6
化学与石油化学	55.2	107.6	59.3	106.4	57.2	107.0
机器制造与金属加工	96.3	101.0	101.5	99.6	98.9	100.3
原木、木材加工与纸浆	49.5	105.9	54.7	104.8	52.1	105.3
建筑材料	72.9	101.7	66.2	102.4	69.5	102.0
玻璃与陶瓷	38.6	102.8	23.0	106.2	30.8	104.5
轻工业	79.0	101.4	87.5	100.7	83.3	101.1
食品	71.0	103.0	53.2	106.6	62.1	104.8
酿造业	96.6	102.4	81.5	117.9	89.1	110.2
面粉碾米	69.1	106.7	68.0	107.1	68.5	106.9
制药	86.3	103.1	67.8	109.8	77.1	106.4
印刷	109.6	91.2	88.4	117.0	99.0	104.1

资料来源：（俄罗斯）A. 阿尔捷莫夫、A. 阿雷金：《国家经济管理现代化》，《经济学家》2008年第2期。

① 吴海珊：《俄罗斯新一轮私有化阻力重重》，《经济观察报》2011年6月17日。

俄罗斯公司治理发展的趋势特点

如上所述，经过20年的发展，俄罗斯股份公司治理的基本框架已经基本形成，公司的运行效率也有提高。但是，公司治理并不是一朝一夕就能够完善的。欧美企业之所以拥有良好的公司治理制度，至少有三个方面的原因：第一，有序的市场竞争、发达的资本市场和要素市场为公司治理提供了良好的外部条件。第二，丰富多彩的经济学体系，为公司治理提供了扎实的理论基础。从上个世纪二三十年代开始，一批卓越的经济学家如科斯、诺思、格罗斯曼、斯蒂格勒、斯蒂格利茨等开始对制度经济学、产权经济学、信息经济学等进行了广泛研究，从而为公司治理提供了强有力的理论支持。第三，公司治理在欧美企业有上百年的历史，有着深厚的积累和沉淀。相比西方发达国家公司治理制度，俄罗斯的公司治理制度还处于“幼稚期”，俄罗斯公司治理制度还需要不断完善。从目前俄罗斯国内的情况看，俄罗斯公司治理发展的趋势特点大致有以下几个内容：

一、在保持战略性企业国家控股的基础上，实行“有限私有化”政策

迄今为止，俄罗斯共颁布了三部关于私有化的法律，第一部是1991年7月公布，1992年6月修改补充的《俄罗斯联邦关于国营企业和地方企业私有化法》，第二部是1997年6月24日通过的《俄罗斯联邦国有财产私有化和市政财产私有化原则法》，第三部是2002年3月生效的《俄罗斯联邦国有资产和市政资产私有化法》。这三部私有化法虽然都对国有企业的私有化方式作了规定，而且第三部私有化法规定的国有企业股份制的方法显得更加规范。但是，如上所述，第三部私有化法客观起到了强化国家控股比例的作用。这显然不利于俄罗斯通过“国退民进”改革经济结构，改善投资环境，促进民间投资，改善国企的经营管理，实现以创新经济为基础的现代化目标。而正如梅德韦杰夫所言，“不实现现代化，俄罗斯经济就没有未来”。

根据新时期俄罗斯面临的目标和任务，俄罗斯政府计划从2011年年初起，启动新一轮“私有化”进程，在3年内出售石油运输公司、石油公司、储蓄银行、对外贸易银行、农业银行、联合粮食公司等11家国有企业股份，计划出售俄罗斯石油公司24.16%的股份（目前的国家股份为75.16%），俄罗斯石油管道运输公司27.1%的股份（目前国家持股78.1%），储蓄银行9.3%的股份（目前国家持股60.3%），对外贸易银行24.5%的股份（国家目前持股85.5%），俄罗斯农业银行49%的股份（国家目前持股100%）等。3年总计将筹得8835亿卢布资金。俄罗斯一些学者形象地把新一轮的“私有化”称之“私有化2.0版”（20世纪90年代的“私有化”被称之为“私有化1.0版”）。

必须指出，虽然“私有化2.0版”的重要目的是为了填补俄罗斯近年来严重的预算赤字，根据俄罗斯财政部预计，2011—2013年，预算赤字将分别占GDP的3.6%、3.1%和2.9%。仅2011年的预算赤字就高达1.8万亿卢布（约合600亿美元）。[①] 但是，“私有化2.0版”的目的绝不是仅仅为了“钱”，不是像“私有化1.0版”那样“低价甩卖”国有资产，更不是放弃国家对战略性企业的绝对控股权。因为，虽然俄罗斯此次出售的都是非常优质的国有资产，而且国有股减持的力度也不小，但是仍然属于“有限私有化”。因为一些十分重要的战略性国有企业仍然不在此次“私有化”之列，对进入此次“私有化”名单的企业，也进行了十分认真的筛选。按计划，即使在进行新一轮的“私有化”后，俄罗斯政府仍将拥有统一电力系统电网公司、石油管道运输公司、现代商船公司各75%的股权，以及其他8家国企和银行51%的股权，没有影响政府对这11家国企和银行保持绝对控股地位，[②] 而且也没有放弃“黄金股”。因此俄罗斯新一轮的“私有化”具有“一石多鸟”的目的，其中最重要的长远目标就是为了进一步改变经济结构，为推动“国家现代化”的战略部署创造更为宽松的经济环境。

二、进一步完善公司治理结构

首先，注重公司控制权的重新安排。如上所述，虽然俄罗斯公司“内部人”和“外部人”持股结构严重失衡的状况得到逐步缓解，但由于俄罗斯的股份公司发端于国有企业，而大部分人在“私有化”方案中又选择了“内部人”控制模式，所以通过“内部人”控制的股份制改革特点仍然非常清晰。尽管很难有充分的数据和资料来证明“内部人”控制模式一定比“外部人”控制模式差，但各国公司治理的实践表明，“内部人”控制模式的确增加了代理成本，有利于公司的“内部人”凭借其实际控制地位，谋求私人利益，使投资人利益受损。所以致力于在保持较小的董事会基础上，增加外部董事的比例，使股东对经理人的约束机

---

① 关健斌：《俄罗斯新一轮私有化背后有玄机》，人民网2010年8月9日。

② 赵志鹏、郭一娜：《俄“私有化2.0”背后的战略考量》，新华网2010年8月13日。

制实现从依靠纯“内部人”转向依靠包括外部董事在内的“内部控制机制”转换，将是俄罗斯公司治理未来的重要内容之一。

其次，通过保持外部投资者的合理结构，构筑外部债权人监督机制。一般而言，股份公司的外部债权人对公司的监督主要来自银行、关联企业法人和证券市场上的分散股东的集合。因此，为了构筑外部债权人监督机制，俄罗斯学者建议，未来俄罗斯必须确保外部投资者中银行和非银行金融机构地位的均衡，提升外国股东的投资比重，保持大投资者和小投资者持股比例的相对稳定。还要强化股份制范围内的一体化，利用各种一体化组织形式，加快跨部门、跨地区和跨国集团公司的发展，扩大一体化组织之间的交叉持股规模。

最后，完善管理层对企业改革和创造利润的充分激励。俄罗斯学者认为，这需要保持外部投资者和内部投资者，各类内部投资者的合理投资结构，确保职工持股比重的下降和经理持股比重的上升。因为只有在价值可实现的前提下，经理人才能把自己的利益与公司的发展前途紧密捆绑起来，避免经理人的短期行为内部和败德行为。

三、提高股份制立法质量

俄罗斯学者认为，这方面的任务特别繁重，要完善的立法还有许多。其中包括：规范调节股份公司领导对其经营结果、对集团资金使用责任的法律制度；放宽针对大型集团公司的反垄断立法；制定股份公司因欠国家债务而把股份变成国有股的程序和机制；加强国家在国有和私人混合股份公司破产程序中的作用、参与程序和机制。

总之，俄罗斯在建立现代企业制度的转型中取得了最初的成效，但俄罗斯股份制企业的发展在俄罗斯还是“新生事物”，俄罗斯不但要强化董事会的有效性，提高股份制企业的运作效率，还要确保股份制改革中国家股东权益和其他股东企业权益以及不同利益相关者权益的合理结合，而这必须不断完善股份制企业发展的外部竞争市场环境和法律法规制度。从这个意义上，俄罗斯股份制企业的改革仍然是任重而道远。

44. 俄罗斯金融寡头是怎样形成的?

李建民

苏联剧变后，独立后的俄罗斯开始向市场经济转型。20世纪90年代下半期开始出现了资本集中的趋势，快速形成了金融工业集团，并在这一基础之上形成了金融寡头。叶利钦时期，金融寡头进入发展的全盛期。普京上任后，寡头与当局的关系发生微妙变化。寡头对俄罗斯政治经济产生了重要影响，也给转型期的俄政治经济体制留下深刻烙印。

俄罗斯寡头面面观

金融寡头和金融工业集团在俄罗斯有其特定的含义。金融寡头特指那些由工业资本和银行资本相结合、在国家经济中具有重要影响、操纵媒体、染指政治、干预决策的最大资本的代表。而金融工业集团系指一种经营活动的组织形式，是工业企业、银行、商业机构和其他机构的联合体。根据俄罗斯金融工业集团协会的数据，到1998年1月22日，共有72家金融工业集团取得了正式资格。而真正够得上"寡头"资格的仅有以"7人集团"为典型代表的十来家。

"7人集团"是一个个庞大的企业集群，拥有众多的独资子公司、控股公司和参股公司，雇用有数千名乃至十几万名职工，经营领域遍及农业、工业、服务业，其触角伸到了政治、经济、社会和国民生活的各个角落，其能量之大足以影响整个国民经济的运行。1996年11月，寡头别列佐夫斯基在接受英国《金融时报》采访时说：六大金融集团控制了50%的俄罗斯经济和绝大部分传媒。"7人集团"中除阿列克别罗夫的"卢克"集团经营石油业务比较单一外，其他6个均有自己的银行，主要经营范围在石油、有色金属、水泥、房地产等部门。以下为"7人集团"的主要情况。

1. 别列佐夫斯基的罗卡瓦斯集团。1995年该公司控制了全俄最大的石油一体化公司"西伯利亚石油"控股公司51%的股份，石油储备为10.928亿吨。控股公司下属还有石油开采公司"纳亚帕利石油天然气"公司（1995年，该公司共开采2034万吨石油，雇有41000名工人）；欧姆斯克石油加工厂（该厂有11800名工人，1995年生产石油产品1653万吨，由于在私有化之前"欧姆斯克石油加工厂"实行了现代化，该厂的石油加工深度已达到91%，成为俄同行业中技术工艺水平最高的企业）；纳亚帕利石油天然气公司地球物理配套研究公司（1000名工人）；欧姆斯克石油产品销售公司（2500名工人）。

2. 波塔宁的奥涅克辛姆集团。该集团控制了"诺利斯克镍业"39%的优惠股和51%的有表决权的股份（该公司占有世界镍和钴产量的1/5，铂金和铂金族金属产量的42%和世界钢产量的绝大部分），"辛丹卡"石油控股公司51%的股份（"辛丹卡"的石油储备量在俄罗斯排行第一，开采量排第四）。除"诺利斯克镍业"外，还有20多个工业企业加入波塔宁集团，其中有库兹涅茨基冶金企业、诺沃利别兹基钢铁厂、诺沃库兹涅茨基铝厂、西北内河船运公司、外贸组织"果蔬进口联盟"和"重工业出口"及一系列建材生产企业和印刷公司。

3. 霍多尔科夫斯基的梅纳捷普集团。该公司持有尤科斯公司33%的控股权（"尤科斯"的石油开采量在俄罗斯排第二，位卢克公司之后）。在私有化中，梅纳捷普集团得以将银行和多个工业部门的数十家企业联合为一体，建立起庞大的私人金融工业集团。梅纳捷普集团和它的控股公司——"俄罗斯工业"中包括30多个公司，雇有14万工人和职员。"俄罗斯工业"下辖9个部门管理局，包括石油、纺织（管理9个股份公司，其中包括纺织业巨头"俄罗斯纺织"和纺织科学研究院）、食品工业、化学、有色冶金、轻金属、矿石工业用化工制品、建材和商业等。

4. 古辛斯基的桥集团。该集团在1996年年底已经控制了50家企业，雇有员工14000人。据俄刊报道，没有一个集团能与古辛斯基集团在传媒方面的广度相比。1993年桥银行成立了"独立电视台"，并持有"独立电视台"77%的股份。由桥银行发起，联合自由化报纸《今日报》，买下了《莫斯科回声》电台，发行了《七日报》，与美国《新闻周刊》（Newsweek）共同出版《总结》周刊。1997

年制订独立电视频道的全球计划，打算在 5 个频道播送名为“独立电视——增加”的卫星电视。

5. 阿文和弗里德曼的阿尔法金融工业集团。该集团拥有从生产水泥、出口石油到艺术品买卖的“阿尔法银行”、“阿尔法 ICO”、“阿尔法房地产”、“阿尔法艺术品”、“阿尔法资本”、“阿尔法水泥”等公司，经营领域广泛。截至 1996 年，它控制了俄罗斯最大的水泥生产企业“斯巴斯克水泥”、“矿山工厂水泥”、舒罗夫斯基和沃尔斯基水泥厂，掌握着“诺沃罗斯水泥”和苏沃罗日斯基水泥厂的大量控股权，有“托普基水泥”和“下达基利斯基水泥”的大部分股份。其控股公司是俄罗斯最大的水泥生产商，水泥产量占全俄总产量的 26%。阿尔法集团与别列佐夫斯基、波塔宁和霍多尔罗夫斯基的不同之处在于，它没有石油开采和石油加工企业，“阿尔法 ICO”是俄罗斯最大的石油和石油产品出口商，拥有政府颁发的有关的许可证，可以不受限制地进入国家的输油管道。1996 年共出口价值 6 亿美元的 500 万吨石油。“阿尔法 ICO”还成功地获得了每年用 150 万吨石油与古巴换 50 万吨糖的国家优惠合同。

6. 斯摩棱斯基的首都银行。其经营领域分布在银行业、建筑、石油开采和加工、有色金属业等。首都储蓄银行专门为私人储户服务，在莫斯科市共有 42 家分行，数量上仅次于联邦储蓄银行。1996 年 11 月，首都储蓄银行在取得对农工银行（银行数量位全俄第五）控制权的投资竞标中获胜，用 1300 亿卢布购买了农工银行 51%的股份。农工银行是 1988 年俄罗斯实行股份制的第一家银行，至 1996 年，政府在该行中的股份仅有 2%，剩余股份均在各农业企业和私人银行手中。农工银行曾是政府对俄罗斯农业提供贷款的主要渠道，为保证预算对农业的直接贷款，俄罗斯政府通过农工银行对农业和加工业提供优惠贷款。斯摩棱斯基还与古辛斯基一起同是《今日报》和独立电视台的奠基人，是《新周报》的参股人，与别列佐夫斯基一起主持俄罗斯“公共电视台”的董事会。

7. 阿列克别罗夫的卢克集团。卢克为俄罗斯最大的石油控股公司。1995 年其石油开采量为 5730 万吨，超过“西伯利亚石油”和“辛丹卡”的总和。公司开采石油的 2/3 用于出口或在国内销售，1/3 在其位于彼尔姆和伏尔加格勒的企业中进行加工。俄罗斯凝析油产量的 1/3 是由该公司生产，其生产加工能力超过 200 万吨/年，占全国年加工量的 11%。卢克是集石油开采、加工和销售于一身的一体化公司，其主要油田集中在西伯利亚，其中最大的为乌利耶夫斯基、巴卡恰夫斯基、北达尼罗夫斯基等。公司还有自己的航空公司、通信企业、家具修理厂、运输—发送公司、医疗中心、商业大厦、保险公司、印刷厂和伏特加酒厂。①

形成与发展特点

俄罗斯的金融寡头既不同于欧美等经历了18世纪产业革命的老牌财团，也不同于日本明治维新后发展起来的“三井”、“三菱”、“住友”等大财团和韩国脱胎于传统农业经济社会、在战后迅速崛起的财阀。后者主要是随着市场经济发展的过程，通过不断的兼并和联合而逐步形成的，是市场经济发展到一定阶段的产物，通常这一发展过程持续了几十乃至上百年左右，如美国的洛克菲勒财团、德国的拜耳公司、英国的罗尔—罗伊斯公司等。俄罗斯的金融财团是在经济转轨的过程中产生并发展壮大起来的，如果可以把俄国的生产资源、产出和收益，以及市场的份额向大财团的集中看成是一种核“聚变”效应的话，那么，在不到10年的时间里，俄罗斯金融财团从无到有、从小到大的发展历程堪称是一种“裂变”效应。从其过程看，它具有以下明显的特点。

第一，金融财团是工业、商业、金融和国家机构相互依存的集团。典型的俄罗斯金融集团具有以下特征：(1) 集团的核心层通常是银行和金融控股公司，集团本身具有信贷能力；(2) 集团中包括一个或几个部门的工业公司，以及商业和配套的企业；(3) 加入集团的企业按照封闭型或开放型股份公司的形式组织起来（在后一种形式下，其股票可以在俄罗斯或国外的金融交易所上市）；(4) 金融集团之间为争夺原全民所有的“蛋糕”中最诱人的那块而争斗，同时又被错综复杂的相互参与的金融关系网联系在一起；(5) 集团还控制着各种传媒。

第二，金融寡头是“官僚国家资本主义”的代表。俄罗斯学术界对金融寡头的性质有很多论述，其中，俄罗斯科学院世界经济和国际关系研究所副所长诺·西蒙尼亚的观点颇为精辟。他认为，当官员只是从国营企业、合作社工作人员、承租人、个体经营者、普通公民中捞取好处时，他不过是一个受贿者，是一个腐败的官员或窃贼。但如果他本人或是通过代理人（亲戚或熟人）在这种“积累”

---

① 本部分资料部分引自1997年1—2月（俄罗斯）《苏维埃俄罗斯报》连载文章《金融寡头》。

的基础上进行交易，那他就成了官僚资本家。这是官僚资本的低级形式，即私人资本。更高一级形式的官僚资本是这样形成的：国营部门官员并不非法占有国营企业的财政资金、设备及原料，而是在国营部门内部非法利用所有这一切。这时，官员利用各种形式上合法而实际上违法的方式将私人利益同国营企业的活动联系在一起（改变国营企业的法律地位、出租部分企业、与为此目的特意成立的私营企业或合作社建立“合作”关系等）。这样就产生了官僚国家资本主义。随着官僚资产阶级对大型重要国营企业控制的加强，出现了官僚垄断资本，而当官僚资产阶级的代表掌握国家政权的主要杠杆时，就产生了官僚国家资本主义。官僚国家资本主义与一般国家资本主义的区别在于产生的根源不同，它的“资本主义”成分不是通过古典形式，而是以官僚主义的形式表现出来。从某种意义上说，官僚资本也是资本原始积累的一种形式。在过渡时期的社会经济模式的范围内，这是官僚资本主义成分和欧洲的、确切地说是意大利的黑手党成分的综合。而巴弗连科认为，私有化的新阶段导致俄罗斯经济形成新的所有制结构，即作为对“私有”和“国有”成分补充的“由私人管理的国家所有制”。[①]

第三，俄金融集团是政治权力与垄断资本即权力与金钱的高度结合。这表现在，金融集团与政府有着密切的私人联系，即在政府中有着其代表，或者在其领导班子中有前政府高级官吏。《苏维埃俄罗斯报》在介绍俄罗斯金融寡头形成的过程时指出，在波塔宁的“奥涅克辛姆银行”的创建中，原财政部长费奥得罗夫、原对外经济贸易部部长达维多夫及其他部长在发放必需的批文和所要求的许可证方面给了波塔宁无可估量的帮助。《莫斯科时报》在 1996 年 11 月 12 日的评论中指出：阿文的“阿尔法集团的实力不在于其商业利益的广泛，而在于其与政府的关系。如果领导集团的是前经贸部长，可以想象集团的能力”。稳居俄罗斯最有影响的 50 位大企业家榜首的联邦级股份公司“天然气工业”董事长维亚西列夫从 1986 年起就担任前苏联的天然气工业部副部长，而时任政府总理切尔诺梅尔金则是其前任。1996 年 6 月的政府改组中，维亚西列夫被任命为能源电力部长，原部长沙夫兰尼科转坐上秋明石油股份公司总裁的交椅。1996 年 8 月 15 日，身为俄罗斯最大的私人银行“奥涅克辛姆”董事会主席的波塔宁被任命为政府第一副总理，主管经济部、反垄断委员会、国有资产委员会和其他经济组织委

---

① （俄罗斯）《国际关系与世界经济》1996 年第 7 期。

员会。俄罗斯最大的一体化石油公司的“主人”别列佐夫斯基被任命为俄国家安全委员会副秘书。在这些任命和干部接替中，反映了金融寡头在俄政治经济生活中的重要作用。俄罗斯舆论指出，对波塔宁的任命意味着在俄罗斯复制资本主义的一个质上全新的阶段——新生的俄罗斯金融资本与国家的结合（私人结合方式）——的开始。

第四，在金融集团的形成过程中自始至终伴随着“寻租活动”的泛滥。寻租理论的创立是现代西方政治经济学的一项重要进展。所谓“租金”是指少数有特权进行不平等竞争的人凭权力取得的超额收入，而谋求得到这种权力以取得“租金”的活动被称作“寻租活动”。“寻租活动”的特点，是利用合法或非法手段，如游说疏通、找后台、送贿赂等，得到占有租金的特权，进行“权钱交易”，取得高额收入。考察发展中国家的现代化过程，当平等竞争的市场秩序尚未确立，而政府官员还拥有对微观经济活动的巨大干预权力时，往往广泛出现需求权力以营私的“寻租”活动的泛滥。由于行政权力可以创造寻租的条件，于是也就有人在制度变迁和转轨进程中，利用权力进行“设租”活动，以便造成寻租的可能性。这样，由寻租到设租，构成了腐败蔓延的恶性循环和一批靠“寻租”活动发财致富的官僚权贵富豪集团。[①] 所谓“印度病”、“拉美现象”和“马科斯陷阱”等就是对权贵集团凭借特权，横征暴敛，侵吞国库自肥的代名词。现代经济学对寻租问题的分析，对俄罗斯金融寡头的形成同样有很强的解释能力。据俄罗斯总检察院的秘密报告，在俄罗斯，官员收入中50%来自受贿，而黑手党支出中的50%是用于向官员行贿。行贿的对象主要涉及国有资产管理委员会、中央银行、医药卫生部门、海关、税务局甚至内务部等司法护法机关。诺·西蒙尼亚就指出的，俄罗斯的官僚资本不是在正常的实业活动中产生的，而是国家官员利用自己在国家机关中的特权和地位为谋私利非法干预经济的结果。

金融寡头产生的根源

第一，全权委托银行制度的实施使金融寡头在金融领域迅速膨胀。在经济转轨中，俄罗斯力图通过扩大出口来保证国家的积累能力，并在这一基础上支撑和

① （俄罗斯）《经济社会体制比较》1995年第4期。

稳定整体经济。为保证出口部门的信贷资金，国家实行了全权委托银行制度。全权委托银行相当于政府的一种全权机构，负责为专业的进出口公司提供出口信贷和结汇，进行海关外汇监管和国家外汇管理；为国有企业和国家专项纲要贷款；经管国库，为预算收入和支出服务，管理国税、国债、关税；从事有价证券业务等。中央银行原则上选择了那些能够稳定货币信贷体系，自身能够承受高风险，作为国家投资传导器的大型商业银行作为全权委托银行。俄罗斯约有100多家大银行被批准为“全权委托银行”。“7人集团”中的奥涅克辛姆银行、梅纳捷普银行、首都银行—农工银行、桥银行、阿尔法银行均被纳入全权委托银行的清单。根据1994年5月24日联邦政府与奥涅克辛姆银行签订的协议，政府赋予该行以下职能：作为政府的办事机构，银行从事与为集中的对外经济关系服务的有关业务。具体而言，奥涅克辛姆银行获得了开设财政部的外汇账户和进行外汇结算，为银行的出口商客户开设专门账户；实行对外贸易国际结算；在国际外汇和信贷市场、有价证券市场根据世界银行业实际开展业务，以保证有效使用国家外汇资金为集中的外贸业务服务的权力。从任务和业务范围来看，全权委托银行基本上从事的是中央银行的金融业务，有国家作后盾，使其在市场竞争中仍处于垄断地位，一方面得以及时规避市场风险，另一方面也最大限度地赚取了超额利润。以1992年为例，当年俄中央银行的利率是120%，而商业银行的贷款利率却高达240%—300%。这意味着，这些大银行仅发放贷款业务一项，就可坐收100%或以上的利润。据俄刊资料，在这些大银行用于资金市场上炒作的“自己的钱”中，90%来自预算的无偿赠与。1996年，受联邦财政部委托，经由全权委托银行发放的各类预算贷款就达30万亿卢布（相当于50多亿美元），在这一过程中，这些银行所得的好处可想而知，而“全权委托银行成为一种‘甜差’也就不足为怪了”。

第二，对权力的依附与结合成为资本集聚最快捷的办法。俄罗斯学术界非常注重从社会精英形成和更替模式的角度分析寡头现象。俄罗斯由谁来掌管？什么人最富和怎样才能成为富人是研究的主要议题之一，其实质是要回答向市场经济过渡的过程会给哪些人提供机会，使之成为精英；改革前后的精英是连续的，还是断裂的。核心问题是改革之前的干部在向市场过渡中的命运，是随着权力的丧失而导致社会地位的下降，还是利用原来掌握的权力和其他社会资源更方便地获取市场中的机会，即原来的干部地位使他们在市场机会面前是否具有一种优势地位。

如前所述，寡头的崛起并没有因循传统的资本原始积累之路，而是改革前的政治官僚和技术官僚利用原来掌握的权力和其他社会资源更方便地获取了市场中的机会。在向市场经济的过渡中，这些拥有权力的干部利用自己掌握的权力，将自己重构为一个“攫取财富的阶级”。在俄罗斯做过多次权威性的社会调查，分析目前在俄罗斯掌握政治经济大权的暴富群体、高官要人等所谓“精英阶层”的构成，形成途径，其结果与上述结论是符合的。根据俄罗斯科学院社会学所精英研究室调查，在原苏联的官员中有两个基本的集团：党僚集团（党团干部）和技术官僚集团（经济管理人员、部长和经理）。在转轨期间，官员分裂成为政治精英和经济精英。75%以上的政治精英和61%以上的企业精英是从原来的苏维埃官员中产生的。“7人集团”的人员构成大体符合这一比例：他们或原为共青团高级干部，或原为政府部长。还有一项有关富人阶层巨大财富形成的社会机制的调查结论认为，通往富裕阶层之门主要有三：一是在改革开始之前的职务和曾在党和国家机关工作；二是有各种各样的关系，其中包括与外国公司和犯罪机构的关系；三是个人在经营领域的能力。在经济转轨过程中，拥有权力和不拥有权力的人明显处于不同的竞争地位和生存状态，这一调查结果与寡头崛起方式是吻合的。以俄罗斯的第一代即1998年金融危机之前出现的富豪与寡头为例，他们中的一些人在苏联解体前就是政府机构中有权势的官员，在自己的部门都是有决策权的人物。如阿尔法集团总裁阿文曾担任盖达尔政府的对外经贸部部长、尤科斯总裁霍多尔科夫斯基上世纪80年代是共青团莫斯科市委第二书记、卢克石油公司总裁阿列科别罗夫自1990年起担任苏联石油天然气工业部副部长、第一副部长，自1991年起为“卢克”石油股份公司董事长。

第三，社会经济转型、私有化是俄罗斯金融寡头产生的大环境。私有化是考察俄金融寡头的一面镜子。回顾苏联经济改革的历史，早在1988年，“苏联国营企业法”、“租赁法”和“合作社法”的通过就为经济官僚占有国家财产开了绿灯，1992年开始的私有化只不过为“资本向少数人手中集中”提供了法律框架和依据。在“证券私有化”结束的1994年，被称为俄国“私有化之父”的丘拜斯就说，俄企业的股份将不可避免地集中于10%—15%的少数人之手。俄国有资产管理委员会第一副主席瓦西里耶夫认为，有6%的人在过渡时期积累了资本，成为暴发户，他们是一些潜在的投资者。俄罗斯学者认为，俄大规模私有化的进程之所以速度很快，是因为私有化行动本身只不过是一种形式，只是从法律上确认一个存在的事实：领导在控制着企业。把企业变成原始资本主义的公司以及实际争夺控制权的过程，是在形式上的私有化过程结束之后才开始的。1995年开始的“现金私有化”实际是国有资产在“内部人”之间的一种再分配。1995年，正是波塔宁向政府提出了关于将国有企业进行抵押拍卖的第二阶段私有化思想。所谓抵押拍卖是指政府通过国有资产委员会提供国有企业的控股权进行拍卖，拥有闲置资金的银行和金融公司以这些控股权为抵押向政府提供贷款，3年后国家通过还贷可以收回股票，否则股权归买主所有。1996年年初，俄国有资产委员会第一副主席科赫承认，政府接受这一建议多少“是为了从‘红色经理’手中夺取他们在证券私有化阶段确立的对企业的控制权”。正是通过抵押拍卖，“7人集团”获得了对巨型、大型企业的控制权。正因为如此，俄罗斯的私有化被称为“官员的私有化”、“经理的私有化”和“影子经济的私有化”。盖达尔在其《国家与变革》一书中提出，俄国的私有化实际上是“权力转变为资本”的进程。新时期的官僚权贵们不仅掌握了比过去更大的权力，同时也拥有了未曾有过的巨大财富。俄罗斯的金融工业集团是大规模私有化的特殊产物，由于其崛起的特殊方式而被称为“投机资本和大规模掠夺时代的象征物”。然而仅用私有化恐怕还不足以解释金融寡头产生的原因，私有化为资本的原始积累提供了法律框架和依据，但它尚不足以解释资本原始积累在俄罗斯缘何要采取官僚垄断的形式，这表明金融寡头的产生还有其更深刻的社会历史根源。

第四，长期存在的极权制度是金融寡头产生的历史前提。马克思恩格斯都曾把俄国称作半亚细亚社会。按照马克思的理解，亚细亚社会有三个基本特点：第一，没有土地私有制，一切土地都归国家所有；第二，以农村村社为社会的基础；第三，实行中央集权制度，政府指挥一切。在这三个特点中，马克思认为最重要的是第一点。亚细亚社会与其他社会形式相比，其特殊之处在于它缺少中间阶层。俄罗斯的学者亦从这种角度考察金融寡头产生的根源，如诺·西蒙尼亚就认为，俄国作为一个欧亚国家，综合了传统的“亚细亚方式”的特点及某些欧洲的特征。“亚细亚方式”在俄国的影响一直存在到1917年，无论是革命和内战都没有能够克服它。从1928年起，斯大林又开始以一种集权主义形式成功地恢复了亚细亚生产方式的成分，建立了一种特殊的经济体制。这种体制完全丧失了自我发展的机制，只能依靠官僚行政命令粗放地来发展。实行经济恐怖和“铁幕”政策是这一体制的主要特点。一旦削弱了这两种因素，这种体制就开始衰退，并且很快陷入深刻的危机。

在苏联长期的集权体制下，与其政治上的集权体制密切相关的是，国家以及以国家的自然代表的面目出现的高级干部实际上拥有国民经济中的一切，可以支配一切。在制度变迁中，只有这部分人最有可能和最有条件利用手中的特权，迅速分割国家这块“蛋糕”，这决定了在俄罗斯不可能走经典意义上的“资本原始积累”之路，而对权力的依附与结合是资本集聚最快捷的办法。正如俄罗斯学者所指出的，那些自发的、凭借个人的才能所进行的“原始资本积累阶段到购买‘MMM’的股票时就结束了，很少能上升到资本‘再积累’阶段”。真正能上升到“再积累”的除了官僚外，就是那些在经济上“被委以全权”的人，即专业出口商和被委以全权的银行。俄罗斯的资本原始积累从一开始就带有官员性。诺·西蒙尼亚认为，官僚资本主义是俄国向正常的市场经济过渡客观的必不可少的阶段。在当前的俄罗斯，资本主义之所以能以官僚资本的形式出现，是因为这里缺乏足够的前资本主义私有者和能够在社会中履行资本主义传统职能的企业家。直到改革前俄国尚缺少拥有私人财产和具有从事经营活动的资金与经验的社会阶层。因此，叶利钦—盖达尔—丘拜斯政府试图以“休克疗法”来立即解决国营部门非官僚化和私有化问题的做法是根本行不通的。[①] 摆脱了思想控制而获得自由的经济官僚开始进行反击。从这一意义上说，俄国必然要经历国家垄断资本主义阶段。

金融寡头在俄罗斯政治经济中的作用

以“7人集团”为代表的金融寡头在俄罗斯政治和经济生活中起什么作用一直受到高度关注。寡头势力在叶利钦时期进入其发展的全盛期。由于“7人集团”与政府的紧密联系，以至于有舆论认为这种关系已“达到令人难以区分政府机构和私人集团的程度”。“7人集团”的成员们也曾相当公开地把自己说成是制定克里姆林宫政策的主要力量。对此俄各方舆论贬多褒少。如对别列佐夫斯基被任命为国家安全委员会副秘书一事，俄罗斯《公共周报》文章认为：这“显示出俄罗斯政治进程中的一个极其重要的方面——权力在向银行寡头的手中集中”。

---

① （俄罗斯）《国际关系与世界经济》1997年第7期。

原“俄罗斯民主选择”领导人盖达尔表示了同样的担忧，他认为新的俄罗斯牌资本主义的特点是大公司与国家之间有着密切的关系，而市场是受到限制的，这种资本主义可能存在着致命的缺陷。

俄国内外舆论侧重对金融寡头在社会经济发展中的负面影响进行批评，主要可以归纳为：

第一，由于资本迅速向少数人手中的积聚，造成了社会严重的两极分化。一些转型国家的经验已经表明，当官僚权贵资本在一个国家居于统治地位时，大量社会财富被少数人鲸吞，广大群众将处于普遍的贫困之中。由于贫富过于悬殊，经济不可能顺利发展，社会的安定也得不到保证。“俄罗斯国家经济安全战略”指出，对俄罗斯国家经济安全的威胁主要来自内部；严重的社会两极分化是对其国家经济安全的最大威胁之一，是引起社会冲突的重要根源。

第二，伴随官僚资本形成全过程的“寻租”行为，造成了严重的腐败。腐败已成为一种被普遍接受的社会文化。《莫斯科真理报》指出，俄罗斯出现了一种新式的有别于苏联时代的腐败。当前俄罗斯的营私舞弊现象如此严重，以至于外国商人、经济学家以及俄罗斯的分析家都认为，这是投资和经济发展道路上的最主要障碍，与团伙犯罪相比有过之而无不及。世界银行的专家们也指出，俄罗斯经济转型之所以进展缓慢与腐败有很大关系。要通过削弱那些由于法制不健全而获益的集团的数量及其影响来加速法律规则的发展。

第三，使经济结构更加畸形。在资本原始积累时期，由于资本的扩张主要是在银行、石油和与出口有关的行业，结果人为地造成了资金市场、流通与生产的严重脱节，导致资源配置的不合理，使原本不合理的经济结构更加畸形。

第四，寡头干预政治趋势的加强，导致出现了国家权力异化现象。俄国内舆论认为，寡头从寻求同盟、游说政府官员、提供竞选捐赠、利用公共舆论等间接的政治参与到直接入阁，将使政府机构在政策取向和组织构成上与利益集团融为一体，而不能真正为广大公众的利益服务。寡头的政治参与扭曲了俄罗斯的民主进程，导致形成一种狭隘的圈子，最终损害国家的整体利益和广大公众的利益。

第五，严重限制政权效能。由于寡头拥有赖以影响公共政策的组织资源、财政资源和信息资源，包含着极大的政治潜力，寡头与政权之间围绕重大政治和经济方针不乏激烈的角逐，这种斗争严重影响了政权的威信，限制了政权的效能。

值得关注的问题是，官僚资本主义自身是否包含了自我发展的机制？俄罗斯曾一度流行一种观点：财产集中有助于加速企业结构变革，寡头为国家发展作出的贡献最大。金融寡头实际上是在金融资本与工业资本融合的基础上形成的，集团具有庞大的资产总额和流动资金系统，内部集中了代表俄罗斯工业和科学技术潜力、水平的一些大企业，具有较高的商业信誉和融资能力，也是外国投资者追逐的目标，对俄罗斯经济的发展具有举足轻重的影响和作用。正因为如此，在俄罗斯，包括一些对官僚资本主义的性质有很深刻的认识和分析的人也认为，官僚国家资本一方面利用民族国家的职能满足自己的私利，另一方面也在满足整个国家的需求，使民族生产得以发展。[①] 这说明金融寡头是一个矛盾的综合体。作为官僚垄断资本，自然带有生来俱有的剥削性，最大限度地攫取利润本来就是资本所有者不变的原则，但金融寡头由于其在资金和工业中的实力，在支撑国家经济方面的作用也是不可否认的事实。金融寡头为了自身的存在和发展，同样关心俄社会政治的稳定，其经济利益决定着它的基本价值观：追求一个强有力的、集中的国家；推崇以保护主义为基础的爱国主义；追求公民公平与和谐等。从这个意义上说，它有可能成为社会稳定的基本力量。客观上，官僚垄断资本主义是俄罗斯向正常的市场经济过渡中必不可少的阶段，它与旧体制无论在生产力体系方面，还是意识形态方面都有着不容置疑的继承性。金融寡头把收购作为扩大自身势力的主要手段，要比直接投资建设新企业简捷得多，不需要重新组织技术力量和操作工人，降低了交易成本。此外，金融集团的控股公司积极吸收国外先进的管理经验，重视引进和进行技术开发，依照国际标准组织生产、销售和服务，努力使企业具备与国际先进大企业竞争、抗衡的资格和地位，这些都是集团的优势所在。诺·西蒙尼亚认为，官僚资本主义本身所包含的这种自我发展的机制，是其与僵化的斯大林式的行政命令方式最主要的区别，它使俄国在不远的将来能够发挥科技革命的潜力并过渡到后工业化时期的生产力。

普京时期寡头的演化

2000 年普京执掌俄罗斯大权是金融寡头发展进程中的重要转折点。最近 10 年，对寡头问题有两大关注点，一是寡头与当局关系的变化，二是寡头自身的

① （俄罗斯）《国际关系与世界经济》1996 年第 7 期。

演化。

一、寡头与当局关系的变化

资本与权力的结合原本是垄断资本发展的普遍现象，也是资本本性的体现，但这种现象在俄罗斯却得到了极端的发展，列宁在80多年前对垄断资本的精辟概括——“今天是部长，明天是银行家；今天是银行家，明天是部长”——仍然适用于转型期的俄罗斯。叶利钦时期，寡头与政权保持着紧密的联系。别列佐夫斯基曾理直气壮地说：“俄罗斯的大资本家当然要同政治家搞在一起！在政治家身上下赌注才是一本万利的投资！”[①] 而叶利钦在其回忆录《午夜日记》中也直言不讳地写道，在1996年的总统大选关键时刻，正是由于七大寡头的联合支持，他才击败对手当选总统。叶利钦当选后，对在大选中做出“贡献”的寡头投桃报李：别列佐夫斯基被委任为权力极大的处理独联体事务的总统特别代表和地位显赫的国家安全会议的副秘书，波塔宁被任命为政府副总理。而一些下野的政治家和政府部长，也几乎都能在寡头控制的大公司和企业中找到自己的位置。普京上任之初，面对的正是这样一种寡头与政权难解难分的局面。

普京当政以后，寡头与当局的关系发生了微妙的变化。与叶利钦时期相比，普京的治国理念、指导思想、基本战略方针均发生了重大转变。2000年，许多媒体在报道和分析普京新政的未来走向时，都把摆脱财团和寡头的影响看成是其实现振兴俄罗斯经济这一最高目标的首要任务，并把如何处理与寡头的关系看作是对普京政权的挑战。2000年4月，法国《费加罗报》在分析普京新政对寡头可能采取的态度时提出三种可能性：毫无保留地将寡头赶出政府部门，甚至追究法律责任；继续维持与寡头关系的现状；或者同寡头们达成协议，宽恕他们的“罪恶”，条件是他们必须遵守共同的规则。[②] 回溯历史，普京执政时期，寡头垄断现象并没有消除，最近10年，普京的做法以第三种为主。

普京上任后提出的打击寡头目标是：结束俄罗斯的寡头政治、寡头经济时代，恢复政权的独立性和权威性，使国家从寡头和利益集团的挟持下摆脱出来，成为游戏规则的制定者。从其政策主张看，一方面反对重审私有化结果，提出所有制改革的大方向和政策应该是保留和完善已形成的市场微观基础，认为“不应

---

① 《普京执掌寡头们的国家》，(法国)《费加罗报》2000年4月12日。

② 同上。

该谈重新分配俄罗斯资产问题”，“如果允许重新分配资产，则遇到的问题和造成的损失将比过去搞私有化时还大”。他提出今后要按照国际通用的办法，通过规范的私有化程序，完成“提高生产效率和增加预算收入的双重任务”，为中小企业发展创造条件。另一方面主张政企分开，坚决执行政权与金融寡头保持距离的原则。他多次表示，要疏远寡头，同寡头划清界限，保持距离。警告寡头可以尽管赚钱，但不许参政。普京第一任期内，重点打击了那些控制媒体，干预政治的寡头：2000 年，普京政权迫使工矿大亨波塔宁向国库上缴 1.4 亿美元罚金，以惩罚其在私有化进程中的压价行为。2003 年，俄将传媒大亨古辛斯基、传媒和汽车工业巨头别列佐夫斯基驱逐出境，8 月又在希腊逮捕古辛斯基。2003 年 10 月 25 日，在新西伯利亚机场逮捕了尤科斯石油公司总裁霍多尔科夫斯基。

普京第二任期内，俄罗斯政治舞台力量对比和局势均发生了重大变化，国家政治经济走上正常发展轨道的基础已经奠定。在处理与寡头的关系上，则是进一步强化国家对经济的干预和主导作用，彻底摆脱叶利钦时期寡头凌驾于政府之上，干预政治经济的模式，拆分私人寡头企业，促进国企强强联合，组建超大型国家公司，强化国家对战略性行业的掌控，推行国家—私人伙伴即公私合营模式，用国家资本主义取代寡头资本主义。借助打击寡头的机会，当局已成功收回并管控了大多数传媒机构和主要战略性产业。需要指出的是，普京政策的初衷并不是要终结和取缔寡头，而是打击、规制和利用三者并用，借此使寡头服从于政府，利用寡头雄厚的资金参与俄罗斯建设，为社会效力，为俄罗斯振兴服务。正是在普京时期，俄罗斯亿万富翁和寡头的人数比叶利钦时代增长 10 倍。2003 年以来，俄罗斯进入美国《福布斯》杂志全球富豪榜的人数不断增加，2008 年俄 10 亿美元富豪人数已从叶利钦时代的 9 名激增至 101 名。伴随着老寡头的褪色，钢铁业巨头利辛、工业大亨普罗霍罗夫、金融及石油业大亨弗里德曼、石油巨头、英格兰足球协会切尔西老板阿布拉莫维奇和铝业大王杰列帕斯卡等新一代富豪代之而起。

二、寡头的自身演化

1999 年之后，俄罗斯国内发生了以企业并购为主要内容的新一轮资本集中过程，资本开始从流通领域向能源动力、原材料、军工综合体、农工综合体等生产性行业转移。在此次资本集中过程中，寡头仍然是主要的力量。这一时期完成的企业并购案多数是在各路寡头之间或内部完成的，如能源业进军冶金业和农业，冶金业进军汽车制造业等。一些研究据此认为，寡头并没有完全消失，“苏联时期的康采恩目前正在以新的控股公司的面目在另外一种所有制的基础上复活”。

从对财富和权力的追求来看，新老寡头差别不大，但是与老寡头相比，新富豪仍然具有某些新的特点。

第一，只赚钱不干政。普京的重拳打击让新寡头学会了如何服从国家意志。有了老金融寡头身败名裂的前车之鉴，新兴寡头行为处事低调，较少过问政治，对自己同当局之间的关系寡头们都严守普京对寡头的要求——只可发财、必须交税、不准涉足政治，不显山不露水地争取同当局合作，拓展自己事业发展的空间。

第二，广泛拓展经营领域。相比叶利钦时期经营领域较为单一的老寡头，新富豪涉足的领域十分广泛，包括金融、能源、有色金属、汽车、医药、电信、纳米技术、房地产诸多行业。如俄罗斯“基础元素”公司所有人杰里帕斯卡尽管执掌俄罗斯铝业公司，但同时将触角伸向机械制造、能源、金融、传媒及汽车业。据统计，截至2001年年底，俄罗斯的大部分汽车厂都被杰里帕斯卡收入门下。俄罗斯国际控股公司总裁波塔宁虽然持有全球最大的镍业企业诺尔里斯克镍业公司的股份，但同时还进军石油、航运、黄金开采、机械制造、建筑地产、电影传媒和旅游领域，建立了一个规模庞大的金融工业帝国。

第三，紧跟全球化进程积极进军海外。据俄央行统计，2005—2007年，俄对外直接投资额从130亿美元增长至478亿美元。据UNCTAD统计，截止到2006年年初，俄累计境外直接投资额已达1200亿美元。石油、黑色冶金和移动通信是对外投资最活跃的产业，而这些资金主要是由寡头富豪控制的产业流向国外的，其投资触角已遍及独联体、欧洲和北美。如波塔宁控制的诺里尔斯克镍业公司除了在亚洲和美洲大量投资外，还研究向南太平洋投资镍矿开采。俄最大、世界第二大私人石油公司卢克继2000年以7100万美元首次买进美国格蒂石油公司的1300个加油站后，不断加大海外扩张步伐，并在2008年后变得更为积极。目前卢克在世界范围内已有上下游资产，涵盖成品油销售、炼油、勘探和开采，海外油气产量已占卢克总产量的9.3%。“卢克”作为成品油商标，已被英国《金融时报》评选进入2009年全球100个最著名商标行列。

第四，涉足公益事业树立新形象。与叶利钦时期寡头不择手段疯狂敛财不同，普京时期新老富豪开始注意通过公益事业改变形象，为自己披上社会“慈善家”的外衣。1999 年金融巨头波塔宁成立了自己的慈善基金会，之后每年至少拿出 100 万美元救助孤儿和设立奖学金。2000 年，波塔宁在诺里尔斯克镍矿矿区投入 160 亿卢布，兴建社会福利和环保工程，在他的手中，诺里尔斯克矿区的生活水平达到 60 年来最高水平。2010 年年初，波塔宁对外宣布，他将在死后捐出数十亿美元家产。对此，俄罗斯《消息报》称，“捐出如此多的财产，这在俄罗斯前所未有”。另一富豪阿布拉莫维奇则通过在接近北极的楚科奇地区的一系列善举为自己树立了一个全新的形象。阿布拉莫维奇赞成普京提出的俄罗斯企业应向社会做出更多回报的要求，在楚科奇这个远离俄罗斯中央的不毛之地，先后拿出 2 亿美元改善当地居民的生活条件，自掏腰包建起了电影院、超市、宾馆、居民住宅楼和互联网学校，被当地人称为“太阳神”。

三、未来可能走向

2011 年 9 月 24 日，在统一俄罗斯党代表大会上，总理普京宣布参加 2012 年总统大选，总统梅德韦杰夫将转任总理。两人的表态让之前的各种猜测尘埃落定，俄大选局势和政坛前景已趋明朗化。在对待寡头问题上，普京的政策会有什么变化呢？从目前情况看，大体可以这样判断：

第一，将保持既定的方针政策。目前在俄罗斯，有关寡头问题已不像十年前普京刚上任时那么尖锐突出，寡头与当局的关系也不是俄政治经济生活中的主要矛盾。过去的四年，是作为总理的普京在执行当年普京总统制定的政治经济发展战略。因此，这次普京回归不会对现行政策做大幅度调整，而是继续执行既定方针。普京在 9 月 24 日“统俄党”代表大会上这样阐述其政策：“在大宗商品和原材料领域拥有排他性地位的公司应当多交税，而从事创新、新工厂建设和新型生产的公司应当少交税。”普京同时提议，“对富人的税率应当高于对中产阶层、普通大众，尤其可以通过消费税、房产税和财产税等手段。”

第二，利用寡头资金加快经济转型。2008 年金融危机是检测俄当局与寡头关系的标尺。金融危机爆发后，俄最富有的 25 人资产损失合计超过 2300 亿美元。俄商界精英曾普遍担心，当局会利用富豪的债务困境从他们手中夺取优良资产，进行财产的大规模重新分配，从而达到兵不血刃颠覆寡头的目的。但实际情况是，俄政府一直在小心保护亿万富翁的利益，一方面总统在电视访谈中督促各行业寡头在经济颓势中置社会责任和国民利益于自身之上，承担社会责任，偿还他们作为“先富起来”人群向俄罗斯社会欠下的“良心债”①。另一方面，普京政府出手救助了那些“忠于政府的商界寡头”及其把持的关系国家战略发展的重要产业。有分析认为，寡头与俄当局是共生的关系，政府并不想将左右着俄罗斯经济命脉的大亨彻底消灭，而是要利用这些企业抑制金融危机的影响，减少国内失业率。预计普京归来重掌大权后，将会继续利用寡头作为俄“政府主导经济的资本主义发动机”作用，加快经济增长和结构转型，谋求共同创新发展。

第三，不排除寡头部分参政的可能性。2011 年 6 月，现俄罗斯第三大富豪、亿万富翁普罗霍洛夫当选为俄罗斯在野党“右翼事业党”领袖。普罗霍罗夫当选后当即宣布将挑战普京领导的统一俄罗斯党，使该党派成为俄罗斯第二大党，并欲取代普京成为俄总理。在受到高度控制的俄罗斯国内政治环境中，普罗霍洛夫的举动并未引起更多意外，这从另一个侧面表明俄罗斯的社会政治经济“仍在普京掌控之中”。《日本时报》评论称，俄罗斯是一个受政府控制的民主国家，其政治变动和选举结果都在克里姆林宫的精心策划之下。② 可以认为，未来在不动摇普京政治统治基础的前提下，可能会允许寡头部分参政，以促进国内政治竞争的发展。

① 梅德韦杰夫“俄罗斯电视一台”2009 年 3 月 15 日访谈节目。

② 《日本时报》网站 2011 年 6 月 25 日报道。

45. 俄罗斯经济结构调整的主要政策与困境何在?

曲文轶

苏联经济的一个重要特点是经济结构畸形，比例严重失调。俄罗斯从普京执政第二任期开始致力于调整经济结构，方向是经济多元化，重点是发展创新型经济。为此，俄罗斯政府推出了一系列政策措施，但受制因素甚多，俄罗斯经济结构调整进程缓慢，成效不彰。

俄罗斯经济结构问题与结构政策出台背景

经济结构指国民经济的构成要素及这些要素的构成方式，是国民经济各个要素在特定的关联方式和比例关系下所结成的有机整体。经济结构概念有广义与狭义之分。广义上经济结构指的是生产方式的结构总和，既包括生产力结构又包含生产关系结构。狭义的经济结构单指生产力或生产关系结构，前者研究的重点是国民经济各个部门的结构，后者则主要通过生产资料所有制的结构来体现。

经济结构是一个由许多系统构成的多层次、多因素的复合体，因而可以从多个角度进行考察。从再生产或职能性方面可以把经济结构分解成最终消费、投资和净出口三部分；社会经济结构，主要取决于所有制状况，即各种不同的所有制形式如国有制、私有制和混合所有制的相互关系；反映资本集中程度的结构范畴，比如大企业和中小企业的比例关系；产业结构，以及技术结构和地区结构等。这里重点围绕三次产业关系与产业内部构成来分析俄罗斯经济的结构问题。

俄罗斯在向市场经济转型与经济发展过程中，始终存在着产业结构问题，其根本症结是国民经济对原材料部门的高度依赖。事实上，产业结构畸形也是困扰苏联发展的核心问题之一。追求国民经济的军事化一方面使苏联成为两个超级大国之一极，另一方面也拖累了面向民生的农业和轻工业的发展，致使民众生活福利长期得不到改善，这是广大苏联人民最终抛弃社会主义制度的根本原因之一。

苏联剧变后，俄罗斯继承了“重重轻轻”的结构特征。在向市场经济转型的过程中，俄罗斯经济的原料化特征进一步加剧。以 2002 年为例，燃料能源综合体的比重占到俄罗斯工业生产总值的 30%，联邦预算收入和出口收入的一半以上。

产业结构恶化首先与生产下降密切相关。危机期间，生产需求和国民收入持续大幅度下降，导致有消费能力的需求大幅下降，致使需求和生产向提供基本生存需要的行业以及基础行业集中，更高科学技术含量的产业则大幅萎缩。

20 世纪 90 年代俄罗斯在进行激进式市场经济转型时，也曾经采取过一定措施对经济结构进行调节，比如，实施军转民工程，减少军工生产；推行大规模私有化政策，鼓励私营经济从事服务业和一般加工业；调整土地制度和农业组织制度，促进农业发展。但这些只是为追求更宏大制度变革目标的工具，而非实质的产业结构政策。由于当时整个经济处于严重的危机状态，当务之急是稳定生产，因此俄罗斯政府只能重点扶植基础设施供应，以避免整个社会走向崩溃。这样做的结果是，转型初期，尽管军事工业生产减少了，但工业制造业却陷入更严重的衰退。

普京上台后，首先致力于结束社会经济危机状态并恢复国家秩序和经济增长，第一任期内并未关注结构问题，只是到了第二任期，随着经济恢复才开始采取实质措施推进经济结构的调整。

结构调整政策或产业政策是指在一般的宏观经济政策之外，作用于具体的行业或特定产业发展的政策措施，目的在于促进产业发展或加速产业退出。俄罗斯只是到了普京执政第二任期才开始推行结构调整政策，这与当时的客观形势以及理论认识的转变紧密相关。

首先是 2003 年左右具备了政治和经济基础。叶利钦执政时，基础的政治格局是府院相争，自由派政府与共产党执掌的议会几乎在所有国家大事上都是相互拆台，这样的背景下，想推出需要政府高度协调的结构调整政策几乎是不可能的。普京当选总统后则结束了这种政治制约状态，亲政府的议会确保了推行国家干预政策的政治基础。尤其是在成功领导了第二次车臣战争、整肃寡头行动以及联邦行政区调整后，普京彻底树立了执政权威，为推行新政奠定了坚实的政治基础。

经济层面，由于高油价推动了持续5年的增长，俄罗斯一改20世纪90年代衰退的阴霾，经济实力和国库收入大增。尤其是石油稳定基金的建立，极大地改善了俄罗斯政府的预算能力。

此外，经济理念也完成了转换。苏联剧变后，俄罗斯奉行激进市场化转型战略，认为只有政府退出市场，转型才能实现，政府对经济的干预则被视为洪水猛兽，尤其是产业政策，由政府来挑选优先发展的特定行业或产业并提供优惠和支持，被认为是重复计划经济的老路。1998年金融危机使自由放任式改革战略彻底失去了正统地位，整个社会开始重新反省市场经济建设中政府的角色问题。当普里马科夫任总理时，俄罗斯政府重又提出了产业政策问题，但并未付诸实施。只是到了2003年，俄罗斯国务委员会主席团建立了专门小组，才开始制定国家产业政策的基础文件。

俄罗斯经济结构调整的主要政策

俄罗斯经济结构的症结在于对能源原材料产业的高度依赖，因此，结构调整的方向是经济多元化，大力发展原材料工业以外的其他产业，包括服务业和农业以及加工制造业，这其中的重点是推进创新型经济发展。俄罗斯政府在结构调整方面采取的主要政策措施包括如下几个方面：

1. 制定中长期社会经济发展规划，为经济结构调整指明方向和工作重点

俄罗斯较早提出经济结构调整的方针和目标的政府文件是《俄罗斯联邦社会经济发展中期纲要（2003—2005）》。纲要明确提出，俄罗斯经济增长速度放慢的主要原因之一是原料依赖加深，提出经济结构改革的目标是实现经济多样化，其主要内容为：扩大非原料出口，扩大加工工业部门投资，保证“新经济”部门的超前增长，以及提高能源利用效率。所以，“为加速经济增长，提高生活水平，唯一的方向是实现经济结构的多样化：超前发展加工工业（首先是高科技部门）和服务业，同时相对降低采矿部门在经济结构中，尤其是出口结构中的比重。”

2004年和2005年制定的《社会经济发展中期纲要》进一步明确了自然资源

在促进经济结构调整中的作用，即要把自然资源优势转化为促进制造业发展的可靠保障和基础，要利用能源工业创造的资源条件和资金积累加速发展制造业，提高制造业对经济的贡献率，实现资源型经济向发展型经济的转变。

如果说“多样化”是经济结构调整的方向，那么侧重点则是高技术产业的发展。俄罗斯主流观点认为，俄罗斯的优势不仅在于储量丰富的自然资源，还在于其拥有雄厚的科研实力和高素质的科研队伍，因此，俄罗斯应从国际分工中的原材料产地转变为高技术产品研发和生产基地。2008 年 2 月普京的《俄罗斯 2020 年发展战略》报告出炉，明确提出了创新发展战略，即实施积极的产业政策，优先发展高技术领域以优化经济结构。

2. 挑选优先发展的重点产业，制定产业发展的长期战略

根据中长期社会经济发展规划确定的结构调整方向，俄罗斯政府挑选重点扶植的战略产业，制定产业长期发展战略作为指导产业发展的纲领性文件。产业发展战略通常要指出发展该产业的经济社会意义，明确产业战略的目标和优先方向，指出产业发展面临的主要问题和制约因素，提出产业发展的预期性指标，并阐明该领域的国家政策措施。

俄罗斯政府在选择战略性产业时主要遵循以下标准：产业增长速度快；产业关联度高，技术扩散效应强；对经济社会和国防安全具有战略意义。截至目前，俄罗斯通过制定长期发展战略确定的战略产业主要集中于三个领域：一是加工制造部门。通过的行业战略包括：《2015 年前化学和石化工业发展战略》、《2007—2010 年及 2015 年前运输机械制造业发展战略》，危机期间通过的《2020 年前汽车工业发展战略》、《重型机械和能源机械制造业发展战略》、《无线电工业发展战略》和《2020 年前制药工业发展战略》。二是能源和资源密集型部门，包括《2020 年前能源战略》、《2015 年前冶金工业发展战略》、《在远东和西伯利亚建立天然气开采、运输和供应的统一系统并考虑向中国和亚太地区其他国家出口天然气的纲要》、《2015 年前发展木材深加工能力和开发新林业资源的联邦专项纲要》以及《俄罗斯联邦林业综合体 2020 年前发展战略》。三是高科技产业部门，主要集中在科学教育、国防、信息以及航空和造船行业，比如《“电子俄罗斯”（2002—2010）专项纲要》、《2007—2010 年及 2015 年前国防工业综合体发展纲要》、《2020 年前船舶制造工业发展战略》、《2015 年前航空工业发展战略》和《2002—2010 年及 2015 年前民用航空技术发展专项纲要》等。

3. 通过组建国有公司构建产业结构升级的组织和制度基础

为推进结构调整进程，俄罗斯不仅由政府机构负责整体规划和政策协调，还通过组建大型国有公司来具体实施产业投资计划。

首先是创建新的国有金融机构，为战略性产业发展提供资金支持。为顺利实施国家产业发展计划，俄罗斯专门成立了为重点产业融资的国有金融机构——又称发展机构（институты развития），包括“发展银行”（Банк развития）、“投资基金”（Инвестиционный фонд）、“俄罗斯风险投资公司”（Российская венчурная компания）等，国家支持重点产业的资金通过这些发展机构投入到特定产业和工业企业。这其中，投资基金的成立具有重要的象征意义。俄罗斯于2002年创建了“稳定基金”（Стабилизационный фонд），由出口石油天然气所获得的外汇收入为主体形成。当时创建基金的初衷是降低俄罗斯经济对世界能源市场的依赖，确保预算收入并降低通货膨胀，实质上反映了当时主流社会关于政府作用的认识仍停留在“守夜人”模式上。

随着稳定基金的规模持续扩大，关于如何使用基金这一问题成为各方争论的焦点。普京总统在2007年的《国情咨文》中明确提出要“修改稳定基金的职能和结构”，因为“当前面临的经济任务”的性质发生了变化，要求在“保留保守的金融政策”的同时，扩大国家的社会开支并促进产业发展。具体来说，石油燃气收入分成三个组成部分：第一部分为储备基金（резервный фонд），目的在于使世界市场能源价格大幅下降所带来的经济风险最小化，维护宏观经济稳定以及反通胀。第二部分用于完成大规模的社会计划（социальные программы）。第三部分为剩余的所有石油燃气收入形成的后代人基金（фонд будущих поколений），用于提高人的生活质量和经济发展，改善公民——既包括后代人也包括当代人的福利状况。“因此这部分基金更准确的名称应该是国民福利基金（фонд национального благосостояния）”。

由稳定基金拆分而来的投资基金最初的设想是实现大项目的机制，这些项目伴随着高风险并需要巨大的财政投入，主要是大港口和飞机场、高速路的建设以及其他的大项目。这些资金可以用来为投资项目融资，提供国家担保或者进行固定资产投资。

此外，在全球金融危机期间，俄罗斯还设立了第二个投资基金，核心功能是为基础设施项目（主要包括电力和交通行业）融资。

第二，组建垄断性的国有工业和贸易公司，比如“联合飞机制造公司”、“联合船舶制造公司”、“俄罗斯纳米工业公司”、“俄罗斯原子能公司”、以军工产品出口公司为基础组建的“俄罗斯技术公司”，以及“俄罗斯粮食公司”等等。

此外，还通过原有企业的重组来整合资源，构建战略性国有企业，比如石油燃气和电力行业国有垄断组织的扩张等等。

总之，国有资本大量进入经济部门的结果是，普遍在战略性行业中建立了国有行业控股公司。作为市场竞争，尤其是进入国际市场参与全球竞争的主体，以及带动产业发展的发动机，这些国有大公司成为执行国家产业政策的坚实基础。

4. 设立经济特区和科技园区，提供基础设施保证

为促进产业集聚，优化地理布局，俄罗斯政府还提供基础设施建设服务。首先是建立经济特区。2005 年 7 月俄罗斯颁布了《俄罗斯经济特区法》，2006 年 1 月 1 日该法生效，2007 年首批经济特区开始运作。俄罗斯经济特区有四种类型：工业生产型特区、技术推广型特区、旅游休闲型特区和海港型特区，重点是工业生产与科技推广型特区。特区内企业可以在一定期限内享受税收、信贷、用地等优惠，希望借此吸引国内外投资者在特区内从事高技术与高附加值产品的研发与生产。从 2006—2010 年间，俄罗斯政府对经济特区共投资 15 亿美元，吸收了来自世界 18 个国家的 223 个外资企业入驻，投资总额超过 50 亿美元。

第二是建立科技园区。俄罗斯早在 1990 年就在托木斯克创办了第一个作为创新基地的科技园，到 2005 年登记注册的科技园已经近百家，其中发展较好的有莫斯科、圣彼得堡、绿城和托木斯克等城市。2006 年 3 月俄罗斯政府又批准了一项新的《在俄罗斯联邦组建高技术科技园计划》，计划在 2006—2010 年在莫斯科、圣彼得堡、新西伯利亚、下新城、卡卢加州、秋明州和鞑靼斯坦建立 7 个科技园，重点开发纳米技术、生物技术和信息技术。科技园区建设由国家财政支持，园区的基础设施全部由联邦预算出资建设，预计到 2010 年投入政府资金 1000 亿卢布（约合 35.7 亿美元）。

为促进科技园发展，还建立创新技术中心。目前在俄罗斯有 50 多个创新技术中心，它们对园区内小企业提供技术、信息与咨询服务，并对小企业融资提供担保。

科技园区和创新技术中心主要由俄罗斯教育科学部、俄罗斯科学院、地方政府和俄罗斯支持科技型小企业发展基金会等单位创办，具体承办单位多为教育科

学部下属的国家科学中心和大学。

第三，实施“科学城计划”。“科学城”原是指地理上相邻的科技型企业和机构组成的特殊城镇，1999年俄罗斯总统签署了《俄罗斯联邦科学城地位法》，确定科学城为国家行政区。2000年5月卡卢加州的奥布宁斯克成为首个国家正式确认的科学城。目前俄罗斯科学城总数超过70个，绝大多数都有自己的高等学校，并且一半以上位于莫斯科州及其邻近地区，其余较为集中的地区是乌拉尔、西西伯利亚和南部地区。科学城可以从联邦预算“支持联邦主体”项下获得国家资金支持，并可使用联邦资产。

斯科尔科沃成为目前最为著名的俄罗斯科学城。2010年2月，总统梅德韦杰夫宣布要在莫斯科郊外的斯科尔科沃建造一个研发中心。该中心将成为俄罗斯的“硅谷”，以能源、IT、电信、生物医疗技术和核能技术为主攻方向，成为高技术研发与产业化的创新基地。

5. 综合运用财政金融与政策资源扶植重点产业发展

首先是对国家项目的预算投资。向市场经济过渡过程中，俄罗斯曾在很长时间里对国家项目投资持消极态度，但进入普京第二任期后，情况发生了转变，国家投资的意义重新得到肯定。2004年俄罗斯政府制定颁布了《2008年前俄罗斯联邦政府活动基本方针》，提出为了加快社会经济发展，国家不仅要采用制度性刺激措施，也要提出国家项目的倡议。“依靠在突破方向上落实大项目，中期远景的GDP增长速度可以提高2.5—3个百分点。这能够走上增长的轨道，甚至在国际能源价格下降的情况下也能完成GDP翻番的任务。为了解决全国性的问题，俄罗斯政府应该集中力量，建立必要的制度，并落实国家项目。”

国家项目通常以俄罗斯联邦专项纲要形式由政府通过财政拨款等方式进行投资。联邦专项纲要主要针对特定部门、产业和行业的发展，因此带有很强的产业政策工具的性质。按规定，专项纲要是为解决社会经济、国防、科技和环保等领域的重大问题，由政府投资进行的生产经营活动，并且必须符合以下几种情况：现有的市场机制不能完成的投资项目；高新技术项目；产业关联度高的行业投资项目。

事实上，第一个联邦专项纲要为1993年的《燃料与能源发展纲要》，从2002年起联邦预算对专项纲要支出有所提高，同时改变了资金分配重点，将重点放在发展基础经济部门和基础设施上，如制定了《基础产业与基础设施发展纲要》、

《竞争力与创新活动发展纲要》等。2004 年以来对大项目的拨款逐年递增。2004 年预算拨款 1882 亿卢布（约合 63 亿美元），2005 年 3194 亿卢布（约合 93 亿美元），2006 年和 2007 年则分别增加到 7272 亿卢布和 1 万亿卢布。

除了传统的国家预算投资，俄罗斯政府还利用投资基金等金融机构向特定产业或企业注入国家资金。此外，俄罗斯政府还综合运用其他政策工具推进产业结构调整，比如，对于特区或科技园区中的创新型企业提供税收减免；利用进口关税，投资和国产化以及尾气排放标准保护并促进国内汽车生产；为促进轻工业发展建立跨部门工作小组，对非法生产、销售和进口轻工产品的活动进行监督检查，大力打击“灰色清关”，并对轻工企业购买原材料的贷款提供利率补贴等。

值得注意的是，即使在全球金融危机期间俄罗斯也未放弃产业发展战略，而是巧妙地将反危机政策与长期结构政策结合起来。

第一，为支持战略性产业发展，广泛运用扩大需求的工具。这在汽车工业取得了最明显的效果。首先是对进口关税政策进行了及时调整，结果使国产汽车包括外国品牌的国内加工汽车在轻型汽车销售中从 2008 年的 38%上升至 2009 年的 49%，在商用车市场上则从 2008 年的 59%升至 2009 年的 75%。其次，运用联邦政府直接采购政策，2009 年安排了 125 亿卢布用于购买国产汽车，地方政府的汽车采购则超过了 300 亿卢布。2010 年继续使用政府采购这一政策工具支持国产汽车发展。此外，在预算购买之外，还通过提供汽车贷款补贴的方式刺激私人和非国家机构购买国产汽车。

第二，利用贸易保护主义措施，比如关税调节和反倾销措施保护本国产品免于进口竞争，并利用出口补贴等工具刺激俄罗斯产品出口。这方面的典型例子是对国产农用机械生产者的保护。2009 年提高了进口农用机械的关税，此外，还禁止使用联邦和地区预算资金购买进口农业技术，这一政策确保上半年多销售了 1.5 万套农用机器，总价超过了 225 亿卢布。此外，还使用出口信贷和出口补贴鼓励高技术产品出口。为工业品提供出口补贴 61 亿卢布，用于支持高技术的军工产品和民用品出口。

第三，提供融资优惠和贷款补贴。2009 年工贸部实施了 19 项补贴，其中 133 亿卢布是向民用部门提供融资，172 亿卢布为军工部门补贴。

第四，注入国家资金并提供政府担保。用于定向支持军工企业的预算资金共计 700 亿卢布，向军工企业注资充实固定资产，总计 600 亿卢布，还提供担保

1000亿卢布。此外，也向飞机制造和造船企业提供融资担保。

6. 大力实施创新经济政策，推动经济向高科技和高附加值方向转变

发展创新型经济不仅是产业结构调整的重要组成部分，也是实现经济持续发展的必然要求。早在20世纪90年代初俄罗斯就已提出了发展创新型经济的问题，1997年还提出了建设国家创新体系的战略目标，并初步建立了促进创新型经济发展的若干机制。但由于经济衰退，90年代创新发展进展缓慢。普京当选总统后组建了"俄罗斯总统科学与高技术委员会"，并于2002年3月制定了《俄罗斯2010年前及长期科技发展政策的基本原则》，提出了建设国家创新体系、发展创新型经济的中长期规划，并明确提出，自然资源深加工，现有工业大规模现代化和发展有国际竞争力的高新企业是国家创新体系的核心。普京在《2006年国情咨文》中进一步要求政府在高科技发展问题上制定具体政策和措施。此后，俄政府陆续出台了涉及国家科技和创新发展的战略、重点科技领域和关键技术、科技体制改革、创新体系建设和知识产权保护等诸多新政策，为科技和创新发展提供法律和政策支持。

俄罗斯确定了科技领域发展战略，颁布的长期战略包括《俄罗斯联邦2010年前及长期科技发展政策基本原则》、《俄罗斯2010年前科学和创新领域的战略》、《俄罗斯2015年前科学和创新领域的战略》及《俄罗斯2010年前国家发展创新体系政策的基本方针》。这些文件提出了发展创新型经济的制度、资金、组织和人才保障等问题，其中包括建立国家创新体系，对效率低下的科研机构和实验室进行重组，利用原有的科研机构和实验室发展创新产业，建立有竞争力的科技园区，发展风险投资等。电子信息、核能、航天、医药与节能技术是创新发展的战略重点。此外，由于事关人力资本积累，教育和医疗也是重点扶植的创新领域。

为向科技发展提供金融支持，俄罗斯在预算拨款、银行信贷与金融市场融资之外，还建立了各种类型的创新发展基金（比如2000年3月俄罗斯经济发展与贸易部建立了风险创新基金）以向科技型创新企业提供优惠贷款。2006年8月政府还组建了"俄罗斯风险投资公司"，计划通过建立10—12项基金向高技术研发机构投资12亿美元。

除了财政金融支持，还重视向创新活动提供长期的法律保护，最为典型的是2003年颁布了《专利法》。

7. 在工业政策之外，俄罗斯还推出一系列举措推动农业和服务业发展

农业曾经是沙皇俄国时期重点发展的部门，沙俄还曾经被誉为“欧洲粮仓”。但在苏联工业化进程中，苏联农业急剧衰落并且在俄罗斯向市场经济转型的很长时间里仍未有根本性的进展。农业发展长期滞后不仅制约了民众福利提高，也限制了工业发展和人力资本的积累。因此，当俄罗斯经济恢复增长后，普京总统提出了包括重振农业在内的民生计划，发展农业成为一项重要的产业政策目标。

为扶植农业发展，俄罗斯恢复了农产品国家补贴政策，并采取进口关税和配额措施保护国内农产品生产，还新组建国有“俄罗斯粮食公司”垄断粮食的进出口贸易。在诸多保护措施的帮助下，俄罗斯农业渐渐有了起色，已经开始大量出口粮食，肉类尤其是禽肉生产数量也在持续增长。

服务业在计划体制时期被列入非生产性部门，被认为不直接创造价值，其发展不受重视。转型过程中，服务业尤其是现代服务业发展滞后拖累了经济增长，生活服务业发展滞后也不利于改善民众福利水平。

俄罗斯发展服务业的主要政策目标包括：加快推进金融业发展，把莫斯科建设成为国际金融中心；大力发展交通运输与信息产业，降低运输与通信费用，提高服务质量，满足经济增长对运输和信息服务不断增长的需求；强化贸易网络建设以降低流通费用。此外，大力发展教育和文化事业，改变第三产业内部失衡问题，实现服务业全面发展，并以此推动国民经济向以科技进步、知识经济和人力资本为基础的发展型经济转变。

俄罗斯经济结构调整面临的主要困境

总之，从普京第二任起俄罗斯开始实施积极的产业政策以推动产业结构调整和优化。与确立少数主导产业的发展模式不同，俄产业政策是全方位的，致力于发展所有非原材料产业，当然重点是创新型经济部门的发展。优先发展的工业领域包括：军工综合体，飞机制造，船舶制造，无线电子，发动机制造；黑色和有色冶金，包括资源基地，管道工业，运输机械，森林工业；汽车工业，农机制造，道路建筑机械，能源，石化机械，机床工业；化学和制药工业，包括矿物肥料。抛弃计划时期国家主导的投资模式，立足国—私合作共同推进产业与项目建设。挑选增长快、科技含量高和具有重大社会经济意义的产业作为战略重点，通

过组建国有金融机构和行业控股公司，集中资源优先发展战略产业。

俄罗斯的结构调整政策尽管也取得了一定进展，但距离成功还很遥远。俄罗斯经济在全球金融危机中遭受重创更突显了结构调整的任重道远。概括起来，俄罗斯经济结构调整面临的主要困境如下：

第一，低效的国内政治体制制约着国家产业政策的实施。产业政策的实施是以大规模的政府干预为前提的，在战略产业和企业的筛选、投资项目的落实、资金和优惠政策安排，以及公平的竞争环境建设方面，都需要政府亲力亲为。如果没有高效专业而又廉洁的官僚队伍支撑，产业政策的执行不仅难以保证质量，甚至有可能沦为个别人聚敛财富的工具。毋庸讳言，俄罗斯迄今为止仍是政府效能低下而腐败泛滥的国家，产业政策的实施效果必然会大打折扣。

第二，国家财力的掣肘。无论是基础设施建设，还是大项目的落实，都需要投入大量的资金。俄罗斯曾经主要依靠石油燃气等原材料资源换汇所取得的收入筹集投资基金。但在全球金融危机冲击下，出口收入大幅下降，财政很快出现了赤字。俄罗斯政府也认识到，财政资金不足以支撑长期的投资，提出要吸引私人投资共同建设。但俄罗斯毕竟不是资金富裕的国度，因此事实上是将引资重点转向了外资，这导致危机前国有大型公司的外债负担急剧上升。但结构调整尚未取得实效之际便爆发了金融危机，外资迅速撤离严重冲击了俄罗斯经济稳定，更使结构调整陷入停顿。目前，发达国家深陷债务危机泥潭而自顾不暇，对外投资有限，俄罗斯至少近期引资前景不容乐观。另外，俄罗斯始终对外资抱持怀疑态度，也限制了它的引资能力。

第三，贸易保护的外部约束。为扶植国内生产，加速结构升级，俄罗斯政府曾广泛运用贸易保护主义措施，比如提高进口关税，实施进口关税配额，反倾销，限制外国投资以及制定严格的技术检验标准等。但随着入世，这些保护主义工具的使用必将受到很大限制。市场开放将使幼稚产业发展面临更为复杂的环境，并且可能将资源导向更具比较优势的能源原材料工业领域，从而拖累产业结构调整进程。

第四，劳动人口的制约。俄罗斯拥有丰富的自然资源，但劳动人口数量却一直不能满足经济发展的需要，同时劳动力人口增长乏力，甚至出现逐年下降的趋势。在普京推出民生计划以后，人口下降的趋势得到一定程度的缓解，一定年份甚至出现了人口增长的现象，但总体上的人口制约问题迄今并未得到根本解决。

为使劳动人口适应俄罗斯产业结构调整和优化的需要，俄罗斯一方面大力改善医疗、教育、住房和农业生产以提升劳动力质量，另一方面放宽移民政策，通过吸引更多外来人口尤其是独联体国家居民从事生产经营活动来降低人力成本。但俄罗斯的人口政策效果并不明显，人口因素始终是制约俄罗斯经济结构调整的一个重要阻碍。

第五，中小企业发展滞后。现代经济发展经验证明，中小企业在高科技领域的创新活动是推动一国创新经济发展的重要力量。俄罗斯的产业政策尽管也把促进中小企业发展尤其是小型创新企业发展作为内容之一，但实际上仍是向国有大型企业倾斜的。无论是国家大项目的建设，还是国家贷款和优惠政策的落实，国有控股的大型企业都得到最多的实惠。这实际上抑制了竞争，恶化了中小企业尤其是私营经济的发展环境。中小企业发展滞后不仅不利于金融服务业发展，也会抑制创新型经济增长，从而制约产业结构调整和升级的进程。

第六，如何利用自然资源优势助推结构调整进程是俄罗斯经济结构调整所面临的长期问题。在普京执政时期，立足于丰富的自然资源和比较优势战略，通过原材料的大规模出口带动其他部门扩张，俄罗斯实现了长达 8 年的经济增长。尽管在这一过程中原材料部门比重过大的特征始终未能发生根本改变，但产业结构还是出现了积极变化，知识技术密集型产业与基础设施部门发展迅猛，甚至超越了原材料工业的发展速度。这表明，丰富的自然资源禀赋优势以及原材料工业的超常发展有可能成为带动整体经济增长进而经济结构调整的助推剂。问题的关键，是该国的自然、经济与制度条件能否将原材料部门的先发优势外溢到其他行业部门。俄罗斯的困境在于，尚未形成完善的制度机制能将原材料部门积累的资金顺畅地配置到其他部门，结果是，原材料产业的扩张则进一步恶化产业结构；而若没有石油燃气部门的扩张，就没有支撑大规模项目投资的资本，产业结构升级便会步履维艰。因此，长期来看，能否善加利用自然资源优势将决定俄罗斯经济结构调整的成败。

46. 俄罗斯中小企业发展缓慢的原因是什么?

唐朱昌

俄罗斯中小企业定义和标准的演变

当今世界各国企业的发展呈现着两个基本方向：一是向着大型化、集中化的方向发展，另一个是向着小型化、分散化方向发展。为什么企业发展的大型化、集中化不能遏制中小企业的生存发展？这是因为在市场经济中，由于企业交易费用的存在，企业规模的扩张，往往会伴随交易费用的提高，因此大企业虽然有规模化生产效应，但企业规模的扩张可能由于需要比中小企业更高的交易费用而使规模扩张的收益递减，导致“规模不经济”的出现。而中小企业不仅具有组织结构简单、机制灵活有效、经营方式贴近市场、业务转移进退便捷、能充分满足不同需求偏好等优势，而且由于它在确保经济增长、缓解就业压力、实施科技创新、优化经济结构、丰富税源等方面都有着举足轻重的地位，因而在包括发达国家在内的世界各国的经济发展中，中小企业始终是市场的重要主体，是国家整体竞争力的重要组成部分。

从一般意义上讲，所谓的中小企业是与所处行业的大企业相比，人员规模、资产规模与经营规模都比较小的经济单位，但它在不同国家、同一国家的不同经济发展阶段、不同行业的衡量标准是不尽相同的，且随着经济的发展而动态变化。各国一般从质和量两个方面对中小企业进行定义，质的指标主要包括企业的组织形式、融资方式及所处行业地位等，量的指标则主要包括雇员人数、营业额、资产总值等。由于量的指标较质的指标更为直观，数据选取更容易，大多数国家都以量的标准进行划分。

在传统的苏联经济中，尤其是在苏联后期，苏联政府虽然也给中小企业以合法的地位，但由于长期对规模经济理论和大生产方式的片面理解，因此整个苏联时期一直没有摆脱追求“一大二公”的企业组织形式，甚至把大企业等同于高效率，把中小企业等同于低效率企业。因此中小企业在传统的苏联经济中一直处于“后娘养”的地位。俄罗斯向市场经济转型后，中小企业的发展问题日益得到关注，但关于中小企业的定义和标准却有一个发展的过程。1991 年 7 月 18 日俄罗斯联邦政府在《关于俄罗斯联邦发展和扶持小企业的措施》的 446 号法令中，对小企业作了明确的界定，规定小企业可以按人数、固定资产账面值、营业额等标准划分：按就业人数划分，不超过 200 人的企业列为小企业。其中工业和建筑业在 200 人以下，科技企业在 100 人以下，其他生产领域在 50 人以下，商业和公共饮食业在 16 人以下；按固定资产账面值划分，固定资产账面净值在 100 万卢布以下；按营业额划分，年营业额在 1000 万卢布以下。[①] 1995 年 6 月 14 日，俄罗斯在《俄罗斯小企业促进法》中对小企业的性质与职工人数作了进一步规定，规定小企业为私营企业，包括非法人组建的企业、农民经济组织和法人制小企业三种，其中法人制小企业要满足两个注册条件：一是国有、公有、社团组织、宗教组织、社会福利组织、各类基金及其他法人组织在小企业中所占的投资份额不超过 25%，小企业所有人的投资份额应在 50%以上，处于控股地位，其他非所有人的投资份额不得超过 25%；二是对在职职工人数作了一定限制，规定工业、交通、运输行业的小企业不超过 100 人，农业与科技领域的小企业不超过 60 人，批发性商业企业不超过 50 人，零售和居民日常服务领域的小企业不超过 30 人，其他业务领域的小企业不超过 50 人等。[②] 同年 12 月 29 日，在关于《小企业会计纳税制度简化办法》中，又对小企业的经营范围和规模作了规定，规定小企业可以从事工业、农业、建筑业、交通运输行业、科技、商业、外贸等经营业务，年收入不超过 63 亿卢布（旧卢布，相当于 1 美元等于 5000 卢布）。

2007 年 7 月 24 日联邦政府第 209 号令颁布的《俄罗斯联邦发展中小企业法》（2008 年 1 月 1 日生效），改变了以前只有小企业而没有中型企业标准的状况，明

---

① 参见许新主编：《转型经济的产权改革》，社会科学文献出版社 2003 年版，第 258 页。

② 《俄罗斯东欧中亚市场》2004 年第 11 期。

确区分了中型、小型和微型企业的规模。规定微型企业是指雇佣人数不足 15 人的企业。“小企业”是指注册资本中俄罗斯联邦、联邦主体、社会、宗教组织和慈善机构的投资份额不超过 25%，非小企业范畴的法人股份不超过 25%，且在连续两年内平均职工数不超过一定标准（各行业从 16—100 人不等），一年内销售收入（税前不超过 4 亿卢布）和资产总值符合政府相关标准的企业[①]。“中型企业”是指雇佣人数在 100—250 人，注册资本、销售收入和资产总值均符合政府相关标准的企业。因此，在《俄罗斯联邦发展中小企业法》生效前，俄罗斯所指的“小企业”，实际上就是指我们通常所说的“中小企业”。而此法生效后，俄罗斯才对“小企业”的标准作了严格的划分。

由于历史和统计上的原因，我们在以下的分析中，有时不得不把小企业与中小企业的概念互相混用。

俄罗斯中小企业的发展现状

一、发展概况

俄罗斯中小企业的发展是俄罗斯产权制度变迁的重要内容之一。产权制度变迁使俄罗斯人根本转变了对中小企业的传统观念，从而使中小企业得到了较快的发展。1991 年年底俄罗斯注册登记的小企业为 25 万家，1992 年年底迅速发展到 56 万家，1998 年达 86.8 万家。由于受 1998 年的金融危机的影响，俄罗斯小企业的数量一度有所减少，从 1999 年的 89.1 万家减少到 2001 年的 84.3 万家[②]。直到 2002 年后逐步得到恢复并增长，从 2002 年的 88.2 万家发展到 2008 年的 134.8 万家。2008 年固定从业人员总数 1141 多万人。2004—2008 年中小企业发展的若干指标见下表。

---

① 参见徐昱东：《俄罗斯中小企业发展研究》，中国社会科学出版社 2010 年版，第 35—37 页；靳会新：《俄罗斯小企业分析》，《俄罗斯中亚东欧市场》2009 年第 1 期；Российские реформы в цифрах и фактах，http：//kaivg. narod. ru。

② （俄罗斯）《金融消息报》1998 年 4 月 9 日；《俄罗斯数据》，2004 年，第 164 页。

2004—2008 年俄罗斯中小企业发展指标

指标＼年份	2004	2005	2006	2007	2008
企业总数（家）	953100	979300	103280	1137400	1347700
从业人数（万）	866.7	893.4	946.9	1015.7	1141.2
占从业人员总数的比率（%）	15.9	16.7	17.8	18.9	21.1

资料来源：俄罗斯国家统计局 www.gks.ru。

2008 年后，俄罗斯公布的资料中开始区分中型、小型和微型企业。俄罗斯开始有了真正意义上的中小企业的概念。2008 年后俄罗斯中小企业的若干发展指标见下表。

2008—2011 年俄罗斯中型企业数　　单位：家

年份	2008	2009	2010	2011
1—3 月	16225	17195	17583	16520
1—6 月	16612	17476	18260	
1—9 月	17084	17723	18550	
1—12 月	17387	18012	18882	

资料来源：俄罗斯国家统计局 www.gks.ru。

2009 年俄罗斯中小型企业发展指标

	中小企业	其中：微型企业
企业数（千家）	1602.5	1374.7
平均在册员工人数（含外资企业）（千人）	10247.5	4526.9
外资企业平均在册员工人数（千人）	669.0	394.0
实际平均履行合约人数（千人）	276.4	85.0
企业产值（十亿卢布）	16873.1	8067.2
固定资产投资（十亿卢布）	346.1	93.3

资料来源：俄罗斯国家统计局 www.gks.ru。

如上所述，中小企业在俄罗斯的国民经济中占有十分重要的地位。2009 年俄罗斯共有160多万家中小企业，比1991年增加了4.6倍，从业人数达1120万人，占经济部门从业人员总数的16.6%（2008年达21%以上），平均每一企业的从业人数为7人。2008年，建筑部门的从业人员占总数的30%，商业部门占30%以上，宾馆和餐饮部门占27%[①]。小企业在国内生产总值中所占的比例从2001—2005年一直徘徊在8.4%—13.1%，而从2006年开始已超过40%，其中，2006年和2007年分别达到44.6%和45.2%。[②]

二、中小企业发展的原因

俄罗斯中小企业之所以在向市场经济转型后得到发展，主要得益于以下几个因素：

1. 对中小企业作用的认识逐步深化。由于中小企业在市场经济中具有大企业所无法比拟的优越性，早在苏联后期，俄罗斯学者就认为，中小企业不仅可以创造新的就业机会，吸纳剩余劳动力，而且可以在极大的程度上促进第三产业的繁荣，促进技术创新和高效率管理，成为国民经济的新的增长点。随着“私有化”进程的发展和传统的国家主导就业供给制度的崩溃，俄罗斯社会对中小企业的作用和优越性的认识也不断深化。一些学者经过研究后认为，在俄罗斯中小企业中，每人所创造的技术革新项目是大企业的3倍，而小企业的劳动力成本却只有大企业的1/10。在新产品开发中，小企业每投资1卢布，能获得3—5卢布的收益。还有一些学者认为，一般而言，在西方发达国家，为了减少失业岗位，30—50人的居民居住地就有一家小企业。如按这个标准，俄罗斯在转型期间应保有350万—500万家小企业，其在国内生产总值中的比重至少不应低于25%。[③]还有一些学者从俄罗斯能在较短的时间内改变传统苏联经济的“短缺”特征这一事实出发，认为中小企业功不可没。

2. 法律法规不断出台。经济转型使俄罗斯对中小企业的发展定位不断变化，

---

① Российские реформы в цифрах и фактах，http：//kaivg. narod. ru. 2008年和2009年占从业人员总数的比重相差较大，一是因为数据的来源不同，二是因为2008年的金融危机对中小企业产生的冲击。

② （俄罗斯）Р. Г. 列昂季耶夫、М. В. 拉琴科著，钟建平译：《企业区域合作关系研究》，黑龙江教育出版社2011年版，第43页。

③ （俄罗斯）《经济问题》1997年第4期；（俄罗斯）Л. И. 阿巴尔金：《过渡经济学教程》，莫斯科1997年版，第211页。

各种支持中小企业发展的法律制度不断问世。从1992年开始，几乎每年都有若干个相关法律文本的颁布，仅1996—1997年，就制定和颁布了40多部涉及支持中小企业发展的法律制度。[①] 尤其是1995年6月的《俄罗斯小企业促进法》、2007年5月的《反垄断法》和2007年7月的《俄罗斯联邦发展中小企业法》等重要法律文本，更为中小企业的市场地位、准入标准和全社会对中小企业的支持提供了根本的法律依据。

3. 早在叶利钦时期，俄罗斯政府就制定了一系列扶持中小企业的具体措施，例如，1994年支持成立了俄罗斯发展小企业经营协会，1995年成立了俄罗斯联邦支持和发展小企业经营委员会，1996年支持召开了第一届全俄小企业家代表大会，专门制定了《俄罗斯联邦国家支持小企业经营的主要措施》和《1996—1997年国家支持小企业经营的联邦纲要》，这些文件详细规定了国家支持中小企业经营的目标、任务、具体措施。政府的支持，不仅帮助俄罗斯中小企业在激烈动荡的转型早期度过了痛苦的初创期，而且也为俄罗斯未来的中小企业发展奠定了基础环境。

普京上任后，曾经亲自委托政府制定中小企业发展战略，目标是要使中小企业产值达到国内生产总值的50%以上。不仅要求中小企业成为纳税的主体，而且还希望通过发展中小企业改善经济结构，优化产业结构，调节市场需求结构，扩大就业，提高居民收入，提高企业的国际竞争力，维护社会的稳定。为此普京政府强调，俄罗斯经济中既要有大公司、大集团的发展空间，又要有中小企业的发展空间，以保持各种经济形式的合理比例，只有这样，才能真正建立起合理的结构政策和国家—私人伙伴关系。所谓的国家—私人伙伴关系是指让所有企业与政权保持同等关系，避免国家的家长作风和企业利用政权为自己谋利的可能性。根据俄罗斯学者的分析，这种伙伴关系具体包括六个内容：这种关系应该既有国营经济，又有私人经济；这种关系应该以正式文件（合同等）固定下来；这种关系应该是平等的；这种关系应该具有明确的共同目标与国家利益；伙伴双方应该为实现共同目标作出自己的贡献；伙伴双方应该利益共沾，风险共担。[②]

---

① （俄罗斯）P. Г. 列昂季耶夫、M. B. 拉琴科著，钟建平译：《企业区域合作关系研究》，第10页。

② 同上，第68页。

在普京时期，俄罗斯还通过了《反垄断法》、《俄罗斯联邦行政法》、《租赁协议法》、《自由经济区法》、《关于中小企业租赁联邦主体或地方自治体所有的不动产特别转让办法的法案》、《进行国家和地方自治机关检查（监督）时保护法人和个体企业主权利的法案》、《银行和银行业务法（修正案）》等法律文本，以便为中小企业的发展提供法律保证。此外，普京时期俄罗斯还通过采取一系列规制金融寡头干预政治和操纵经济的措施，确保政策和法律的实施。

梅德韦杰夫总统在自己的任期内对中小企业的发展也非常重视。所不同的是，他还结合俄罗斯发展创新经济的战略构想，提出了使中小企业成为“俄罗斯工业组织机制新模式建设的动力”的思想。强调必须建立一种新型的激励机制，使中小企业融入大型甚至超大型工业企业的生产环节，最大可能地提高自身产品的竞争力。为了保证中小企业在发展创新经济中的作用，俄罗斯政府还提出了未来俄罗斯发展中小企业的政策重点，即依托汽车制造、飞机制造、造船业、化学和食品工业、木材加工和生物技术等行业，构建包括特许经营、分包、外包、来料加工等各种形式的企业协作机制和区域产业集群经营模式。为了鼓励中小企业投身创新经济，把强化中小企业基础设施建设、支持新建中小企业、扶持有竞争力的出口导向型项目、提供创业培训和规划、提供融资便利、减少行政限制和壁垒作为2008—2010年社会经济发展规划的重要内容，并承诺为此增加政府拨款。

综观经济转型以来俄罗斯发展小企业的政策措施，主要可归纳为以下几个内容：

第一，制定有所侧重的中小企业发展规划。如上所述，虽然在俄罗斯经济转型的三个重要时期，俄罗斯政府都制定了支持中小企业经营的发展战略，但仔细判断，由于所处的环境不同，俄罗斯政府在不同时期所确立的支持中小企业经营的战略目标和内容还是有所侧重的。叶利钦时期更强调为中小企业创造稳定的经营环境，普京时期更强调加快中小企业发展，使其在国民经济中占有重要位置。而梅德韦杰夫时期更强调让中小企业在科技创新中发挥作用。体现了把支持中小企业发展与不同时期的经济发展重点融为一体的特点。

第二，不断完善法律制度。俄罗斯中小企业的发展史，同时也是俄罗斯中小企业的立法史。这些立法为中小企业的市场准入、国家权力机关和其他社会组织对中小企业的扶持提供了法律依据。

第三，建立多渠道的资金支持体系。俄罗斯用于支持中小企业发展的资金来源主要包括：国家预算拨款、银行优惠贷款、创新基金支持、信贷担保、租赁融资、支持和帮助中小企业开展国际融资合作等。例如根据俄经济发展和贸易部制定的社会经济发展规划，仅2008—2010年，联邦政府每年从预算中拨出了40亿卢布用于设立中小企业发展基金。同时还规定各联邦主体必须从地方预算中拨出部分资金用于扶持中小企业。[①]

第四，建立各种专门的组织，促进中小企业发展。在政府层面，建立信息共享网络体系、区域集群体系、中小企业孵化基地、技术园区、中小企业学习和培训中心等组织形式培养中小企业管理人才，并给中小企业提供各种法律、会计、行政、咨询等优惠服务。例如，在2007年，仅在联邦经济发展和贸易部支持下建立起来的孵化器企业就达120家[②]；在民间层面，建立全国与地方层面的“俄罗斯中小企业联合会”，维护中小企业权益。早在2004年，已在俄罗斯不同地区建立了67个“中小企业联合会”，包括了大约90个不同领域和地区的小企业联盟。[③]

第五，优惠税收，降低税负。在俄罗斯经济转型的三个标志性时期中，俄罗斯政府都出台了不少税收优惠政策，以达到给中小企业减负的目的。例如为使经受危机打击后的中小企业尽快恢复元气，2008年6月3日，俄政府向国家杜马提交了旨在完善小企业纳税制度的法案，要求向小企业提供优惠政策，简化纳税方式，合并税种。

第六，强化政府官员对小企业的服务意识，减少政府干预。为了制约政府部门严重的官僚主义给中小企业造成的种种障碍，历届俄罗斯政府都强调增强官员服务意识，把政府官员对中小企业的服务置于法律框架之下，打击政府官员对中小企业的不法行为。为了给中小企业提供服务便利，俄罗斯还设立了为中小企业服务的“一个窗口”制度。作为试点，从2007年开始，莫斯科市政府还创建了“企业主快速法律援助局”，以便其工作人员能迅速赶到企业，就消防、卫生检疫等事务向中小企业提供快速法律援助。[④] 这些措施已经收到了一定的效果。例如，据报道，自2005年起，俄罗斯新企业登记注册时间比原来缩短了一周。

---

① http：//www. businesspress. ru，2009年1月8日。

② http：//www. businesspress. ru，2009年1月8日。

③ 参见新华网2004年9月20日。

④ 参见新华网2004年9月20日。

俄罗斯中小企业发展中存在的主要问题与原因

一、存在的主要问题

如上所述，自经济转型以来，俄罗斯政府在支持和扶持中小企业上的确作出了努力，正是这些努力，使中小企业在整个经济中的作用日益提高。但是，俄罗斯中小企业的发展还远远不能适应俄罗斯经济发展的需要，中小企业的发展离俄罗斯政府对它的期望还差得很远，没有真正成为在各方面支撑俄罗斯经济的半壁江山，成为“俄罗斯工业组织机制新模式建设的动力”。而且，俄罗斯中小企业还即将面临入世的冲击。目前俄罗斯中小企业发展中的问题主要包括：

首先，中小企业在国民经济中的地位仍然亟待提高。国际经验表明，由于中小企业在国民经济中的巨大作用，因此各国都为千方百计地采取措施促进中小企业的稳定发展。目前，中小企业占全球企业总数的80%以上，就业人数占世界经济总就业人数的60%—75%。在许多国家，中小企业数占企业总数的比重可达90%以上，在就业人员总数中的比重可达60%以上，在国民经济增加值中所占的比重可达50%以上（见下表）。

2003年部分国家中小企业在国民经济中所占的比重（%）

国家	企业数	就业人数	增加值
美国	99.2	60.0	45.0
英国	99.1	46.0	42.0
法国	99.3	66.0	66.0
德国	99.5	68.0	52.4
日本	99.1	73.0	51.3
巴西	98.5	62.0	21.0
中国	99.7	75.0	57.0

资料来源：中国统计数据库。

虽然2005年后，俄罗斯中小企业产值占GDP的比重有较大的提高，但在国民经济中发挥的作用仍然有限。每1000人相对应的中小企业数量为德国的1/6，美国的 1/3。在工业生产和创新经济中的作用更加显得十分有限，虽然目前企业数和从业人员分别占工业企业相关指标总数的 35%和 10.8%，但在工业生产总量中仅占 3.5%，在创新研发中仅占 0.3%。[①] 与中国相比，俄罗斯中小企业在工业生产中的作用差距更大（见下表）。

其次，行业分布失衡。从中小企业数在各行业所占的比重看，占比最高的行业是贸易和餐饮行业，2001—2008 年的平均占比达到了 46.8%。通信业占比最低，迄今不超过 1%。农业占比有缓慢增长趋势，目前在 2.6%—2.8%。工业占比逐年递减，2008 年仅占 10.7%。

中国中小型工业企业若干经济指标（2005—2007）

年份＼指标	中小企业总数（万个）	工业企业占比（%）	中小企业从业人员（万人）	工业企业占比（%）	中小企业总产（亿元）	工业企业占比（%）
2005	26.93	99.1	5314	77.1	160355	63.7
2006	29.93	99.1	5636	76.6	204250	64.5
2007	33.39	99.1	6052	76.8	264319	65.2

资料来源：中国统计数据库，其中 2005 年数据由表“中国 2005 年各地区规模以上工业企业主要指标统计”节选计算而得。

科研企业的占比也有下降趋势，目前不足 1%。为人们的日常生活提供服务的交通、轻工、纺织服装和制鞋等其他行业所占比例也很低。相关行业的中小企业占比太低，至少可以说明中小企业在这些行业中的生存环境不佳（见下表）。

2001—2008 年俄罗斯主要行业的中小企业数占的比重（%）

年份	2001	2002	2003	2004	2005	2006	2007	2008
全部行业	100	100	100	100	100	100	100	100
农业	1.6	1.8	2.0	2.0	2.7	2.8	2.6	2.6

① （俄罗斯）P. Γ. 列昂季耶夫、M. B. 拉琴科著，钟建平译：《企业区域合作关系研究》，第 21、22、44、49 页。

续表

年份	2001	2002	2003	2004	2005	2006	2007	2008
工业	14.8	13.7	13.3	13.4	12.3	11.9	11.3	10.7
建筑业	14.5	12.8	13.1	12.7	11.2	11.3	1.1	11.9
贸易与餐饮	46.0	47.9	46.7	46.3	47.9	47.0	47.5	45.0
运输	2.2	1.8	2.4	2.0	3.9	2.8	4.4	2.6
通信业	0.4	0.4	0.5	0.6	0.6	0.7	0.7	0.7
科研	3.4	2.6	2.5	2.2	\	\	\	0.9
其他	17.0	18.5	19.5	20.0	21.5	22.0	22.1	23.4

资料来源：根据俄罗斯国家统计局 www.gks.ru 的相关数据计算而得。

第三，地区分布不平衡。截至 2004 年，34.6%的中小企业集中在中央联邦区，而其中 1/3 集中在莫斯科市和圣彼得堡市。而与此同时，南部联邦区占 11.2%，西伯利亚联邦区占 11%，乌拉尔联邦区占 6.4%，远东联邦区占 4.1%。[①] 根据徐昱东、徐波岭对俄罗斯 85 个联邦区中小企业发展的地区差异的实证分析得出的结论，影响中小企业地区分布不平衡的主要原因是地理区位、自然或人文环境、融资环境、地方政府服务、信息化、政策、技术和人才差异等因素。[②]

第四，发展开放度低。这不仅表现为俄罗斯的中小企业缺乏走出国门的动力，而且表现为吸收外资的动力也严重不足。目前俄罗斯中小企业吸收的外资仅占外资总额的 3%—5%，而中国中小企业的这一比重为 10.6%。[③]

二、影响中小企业发展的主要原因

任何一种经济现象都有其内在的经济逻辑。那么影响俄罗斯中小企业发展的内在经济逻辑或原因是什么？笔者认为主要包括以下几个方面：

1. 制度层面的脱节。制度是约束和规范各行为主体的规则。但制度不仅仅

---

① 徐昱东：《俄罗斯中小企业发展研究》，第 48 页。

② 徐昱东、徐波岭：《俄罗斯中小企业发展的地区差异实证分析》，《俄罗斯中亚东欧市场》2009 年第 1 期。

③ （俄罗斯）P. Г. 列昂季耶夫、M. B. 拉琴科著，钟建平译：《企业区域合作关系研究》，第 50 页。

只是约束和规范各种行为主体的规则，还是促使各行为主体执行和实现各种行为的规则。因为制度是一个由多层次构成的结合体，它应该包括制度的规定性、能动性和变动性三个层面。规定性层面是指规则、条文约束等静态条件，它是制度的基础，为制度整体作用的发挥提供规矩，构建框架，是制度稳定性的来源和保障；能动性层面是指制度规定性条文的执行、实施和作用，是制度将其规定性的条文作用于行为主体，产生效应的过程，是制度价值的实现环节。它通过制度的操作和执行，实现制度的预期目标。它是制度由抽象向具体，由静态向动态转化的层面，是保证制度实施效率的关键和核心；变动性层面是制度的提升层面，是通过制度在能动层面的作用后，修正和弥补制度框架中的缺陷和不足，使之更趋于合理，约束能力得以进一步增强的层面。从一定意义上讲，也是对原有制度进行创新过程，是一个动态与静态的融合过程。

笔者认为，从制度的第一层面，即规定性层面看，俄罗斯的确通过不断颁布新的法律和法规，为中小企业的生存和发展提供了一个制度性框架。制度的规定性的确很重要，但是制度并非是单纯的规则条文。制度要起到约束作用，必须以执行力为保障。只有通过有效的执行，制度才成为具有约束力的现实的制度，才能真正起到规范人们行为的作用。然而，由于俄罗斯在中小企业制度变迁进程中没有有效解决制度规定性环节和制度能动性层面的脱节，使规定性层面的制度因缺乏能动性而“梗阻”，从而使许多规则条文只能成为死板的、静态的规定。例如，俄罗斯历届政府颁布的法令早已明确了中小企业在市场经济中的地位，希望中小企业应该成为推进市场经济发展的主体，但是事实上，政府不少部门迄今仍认为中小企业只是推进市场经济发展的工具，是市场经济的副产品，因此它们虽然在口头承认发展中小企业的重要性，但实际上却又认为“中小企业是需要国家给予经常性支持的社会‘受抚养者’”，“无意使中小企业发展成为经济社会发展的最重要的资源和解决国家战略任务的手段”。由于没有把中小企业置于生产经营的主体地位，因此不少政府部门“没有运用一切可能的经济、法律、社会和组织措施为优先发展创造条件”，从而使国家支持中小企业发展的经营政策长期“毫无成效”，使中小企业缺乏实际的支持[①]。又如，虽然俄罗斯官方文件曾经多

① （俄罗斯）Р. Г. 列昂季耶夫、М. В. 拉琴科著，钟建平译：《企业区域合作关系研究》，第22、24页。

次强调帮助中小企业解决融资难问题，给予税收优惠，给予提供各类服务，但是事实上这些问题始终没有解决好，以致直到现在，仍然有67%的中小企业希望政府给予税收优惠，43%的中小企业希望政府帮助解决融资难的问题。13.5%的中小企业希望政府提供信息支持。[①]

另外，制度的有效性不仅取决于执行层面，还要取决于制度的变动性，即需要在执行过程中发挥行为主体能动性，通过具体、细微的更新、调整，不断强化制度规范人们行为的作用，使制度的有效性不断提升。而俄罗斯中小企业制度实施在第一层面与第二层面的脱节，必然使第三层面缺乏现实基础，即使俄罗斯政府试图通过不断制定新的法律法规来修正和弥补制度在第一层面与第二层面的缺陷，但事实上只能是起到增加新规定的“数量效应”，即表现为框架性制度在数量上的增加而已，难以真正实现约束能力的提升。结果，事实上使许多法律和政策规范只能成为摆设的“空头文件”。正如俄罗斯学者所言，目前“谈论俄罗斯小企业经营的真正发展还为时尚早”，因为“多数生产者的地位具有垄断性，没有形成真正的小企业活动的竞争环境”，“国家在确定企业经营活动方针和优先方向过程中的作用没有发生实质性的变化，依旧停留在确定给予支持的必要性和制定支持小企业经营纲要的水平上”[②]。这是为什么俄罗斯在促进中小企业发展方面各种规范性文件许许多多，但许多提出多年的问题始终难以有效解决的重要原因。

2. 经济结构拖累。经济结构严重失衡是前苏联和俄罗斯经济的基本特点，而俄罗斯政府鼓励中小企业发展的基本目的之一，就是为了改造传统的经济结构。然而，由于当前的俄罗斯经济呈现鲜明的能源主导型特征，[③] 从而也奠定了能源部门在俄罗斯经济资源配置中的高度垄断地位。虽然俄罗斯也在2001年建立了联邦反垄断政策和支持企业经营部，但面对庞大的能源利益集团，这样的部门很难真正地制定出反垄断政策和支持中小企业发展的有效政策，很难在资源配置中为中小企业获取急需的发展资源。因此，本来肩负着改造经济结构严重失衡

---

① （俄罗斯）Р.Г. 列昂季耶夫、М.В. 拉琴科著，钟建平译：《企业区域合作关系研究》，第192页。

② 同上，第16页。

③ 2010年12月8日，俄罗斯能源部长什马托克在国家杜马提交的有关俄能源部门发展现状及前景的报告中透露，俄能源部门的产出占GDP近30%，其提供的出口收入占67.2%。

使命的中小企业，却被能源主导型经济所拖累，往往处于“夹缝求生”的境地。因为这种能源主导型经济至少在以下几个方面影响了中小企业的发展：

第一，阻碍中小企业的进入。由于能源产业是俄罗斯政府和能源利益集团希望控制和主导的产业，再加上能源产业自身具有规模大、垄断性强的特征，使中小企业难以进入参与竞争，甚至难以进入能源产业的边缘部门。以致直到 2010 年，在矿产开采和生产部门以及电力、天然气、水资源配置部门的中小企业产值，只占全部中小企业产值的 1.3％。①

第二，牺牲中小企业发展所需要的基本资源。庞大的能源产业因其重要地位和垄断特征获得了巨大的政策支持，因而在资源配置中具有先决优势，从而使牺牲和侵占中小企业所需的发展资源成为可能，使长期困扰中小企业发展中的资金约束、基础设施约束、能源供给约束等日常经营问题始终难以解决。例如，目前俄罗斯平均只有 15％—32％的中小企业拥有自己的办公场所；俄罗斯新开业的中小企业所需用电申请的 60％被拒绝。②

第三，垄断高技术人才。能源产业凭借其垄断地位和优厚的待遇，在与中小企业的人才竞争中更容易获取高技术人才，从而严重影响了中小企业的技术进步和创新。

3. 政府失败。由于市场本身存在的种种缺陷，政府通过介入、干预经济活动来弥补市场缺陷有其客观必要性。但是，弥补市场经济缺陷的政府职能本身并不是完美无缺的。在现实的经济活动中，人们期望政府能够办好市场办不好的事，结果却发现政府在不少方面不仅不能弥补市场失灵，反而降低了社会效益。这种现象称之为“政府失败”（也称政府失灵）。政府失败导致了政策失效和低效。

按照公共选择学派的观点，政策失效的主要原因除了公共政策过程本身的复杂性、困难性、公共决策体制和方式的缺陷外，还与政府官员追求机构及人员规模的最大化，以及政府官员的寻租及腐败等因素有关，而政府官员的寻租及腐败是各种政府失败类型中一个最基本的或深层次的根源，它可以用来解释各种非市场缺陷及政府失败。因为寻租是政府干预的必然产物，在有政府干预的地方就可

① 俄罗斯国家统计局 www.gks.ru。

② 徐昱东：《俄罗斯中小企业发展研究》，第 82—83 页。

能产生寻租现象。正是政府官员追求机构及人员规模最大化的动机，以及政府官员的寻租及腐败，使俄罗斯中小企业生存和发展的环境仍然存在许多问题：行政壁垒、官僚主义、敲诈勒索等等。这些问题使中小企业的发展面临三个非常严重的问题：

第一，提高了中小企业的交易成本。交易的发生，必然会给人们带来成本与收益，这是经济主体做出经济决策的基础，因为交易成本过高，必然影响收益，从而影响企业的活力乃至生存。虽然2008年与2003年相比，俄罗斯包括中小企业在内的企业开业成本有所下降，但与世界其他主要经济体相比，俄罗斯的企业开业成本仍然比较高（见下表）。

2003年和2008年世界若干国家的企业开业成本比较

指　　标	企业开业所需要办理的手续数（个）		企业办理开业手续所需的时间（天）		企业登记注册费占人均国民总收入的比重（%）	
国家和地区	2003年	2008年	2003年	2008年	2003年	2008年
新加坡	7	4	8	4	1.0	0.7
日本	11	8	31	23	10.7	7.5
美国	6	6	6	6	0.7	0.7
德国	9	9	45	18	5.9	5.6
法国	8	5	41	7	1.3	1
英国	6	6	13	13	1.0	0.8
中国	13	14	48	40	17.8	8.4
俄罗斯	13	8	43	29	12.0	2.6

资料来源：《国际统计年鉴2009》，中国统计出版社2009年版，第151页。

第二，经营环境难以有效改变。经营环境不佳是困扰俄罗斯中小企业发展的老问题，其中包含了许多内容，既包括宏观层面的问题，也包括法律、融资、税收、服务体系等许多方面的问题。下表列出了2008年世界主要经济体包括中小企业在内的企业经营环境排名。在这里，企业经营环境排名综合考虑了开办企业数目，申请许可的难易程度，雇佣工人的数目，注册财产数量，信贷的可获得程度，投资者保护，纳税排名，企业持续时间及企业回报等指标。2008 年俄罗斯的企业经营环境排名占世界第 120 位（见下表）。

俄罗斯中小企业联合会副会长弗拉基米尔·帕达科在 2004 年 9 月 20 日北京首届世界工商协会论坛上涉及中小企业经营环境时曾经说，“俄罗斯的小企业在一贯的工作中仍面对严峻的需克服的困难。首先，需要完善法律、法规，协调中小商业的活动。并且需要解决在与保护企业财产法有关的中小企业获得金融、信贷资源、降低税收负担方面的问题。通过提高有效的区域发展计划，消除国家过多的参与和行政屏障，整治贪污，建立一套行之有效的国家支持中小企业的体系”。①

2008 **年各国企业经营环境排名**

国家	名次
新加坡	1
美国	3
中国香港	4
英国	6
日本	12
德国	25
法国	31
中国	83
俄罗斯	120

资料来源：《国际统计年鉴 2009》，第 152 页。

第三，压抑了中小企业的创新热情。创新的价值在于以新的生产方式重新配置生产要素形成新的生产力，表现为创新成果从个别主体的垄断价值到社会普遍价值的社会化过程。企业是实现创新价值的主体。要使企业成为创新经济的主体，就要“放鱼于水”，使企业游刃于市场经济的汪洋大海，以市场为导向强化内在的创新动力，并将技术优势不断转化为产品优势，形成规模经济效应，才能

① 摘自新华网 2004 年 9 月 20 日。

真正形成国家的创新经济体系。但俄罗斯的权力经济部门，利用行政管制和政府官员审批制度，通过垄断重要的资源配置权、垄断信息，人为扩大资源的供求差额，形成资源差价，通过“设租”获得权钱交易的机会，其结果要么大大增加中小企业的交易成本，要么限制和挤出中小企业参与竞争，阻碍企业的科学创新。

4. 维权体系的缺陷。市场经济是各种经济力量博弈的经济。中小企业在俄罗斯之所以发展相对缓慢，主要是在同垄断经济和权力经济的博弈中相对处于弱势。而这又与俄罗斯中小企业的维权体系缺陷紧密相关。这些缺陷表现在正式层面与非正式层面两个方面：

正式层面的缺陷主要表现为法律和法规的缺陷。例如，由于俄罗斯联邦民法中没有对中小企业在国民经济中的地位做出明确的规定，以致“联邦层面没有建立有效的中小企业管理机构”，导致政府和社会往往无意使中小企业成为社会经济发展的最重要资源和战略手段，使中小企业在社会的资源竞争中处于弱势。[①]而由于针对中小企业发展中的实际问题的专项法律和法规的稀缺，也为政府机构和其他经济主体支持中小企业政策和行动的低效率提供了借口。例如，由于缺少实实在在的有约束力和激励作用的解决中小企业融资的专项法规，因此虽然一般的法规和政府文件三令五申要各金融机构协助解决中小企业融资难的问题，但金融机构总是以贷款风险太大为理由拒绝提供资金，而把融资重点放在有国家担保的大客户和老客户身上。

非正式层面的缺陷主要表现为中小企业联合层面的制度的缺失。在经济和社会转型背景下，除确立中小企业发展的正式制度外，中小企业如何把自己看作为一个群体，以追求共同利益为基础，通过自己的组织，构建非正式制度，发出自己的声音，是确保自己在博弈中强化自身利益地位的重要举措。这就是说，中小企业必须形成有合力的集体行动。

虽然从20世纪90年代以来，俄罗斯中小企业家建立了自己的企业家联合会，而且俄联邦工商会也对中小企业的发展起了重要的推动作用，正是由俄联邦工商会牵头，自2000年以来，俄罗斯中小企业几乎每年召开全俄中小企业家代表大会，为推动解决中小企业发展的迫切问题起到了一定的推动作用。但是总体

---

① （俄罗斯）参见 P. Г. 列昂季耶夫、M. B. 拉琴科著，钟建平译：《企业区域合作关系研究》，第22、24页。

上来看，有力推动中小企业集体行动的良性机制还未形成，联合会在联邦层面的院外游说力量还不够强大。一些地方性或全国性中小企业联合会的实际力量还非常弱小，许多中小企业家出于“搭便车”的考虑，并不强有力地支持集体行动，从而往往不能进行有效的集体活动，更不能进行像西方发达国家那样有效的院外游说活动，以达到在利益博弈中使政府政策有利于自己的目的。而有些企业家受自利行为的驱使，宁愿成为政府官员的“钱袋子”，大企业的“幌子公司”、“皮包公司”和“第二经济”，从政府官员和大企业那里分得一杯残羹剩饭。

总之，只有为中小企业的发展构建完整的维权体系，才能保证中小企业的健康发展。而俄罗斯正式层面与非正式层面的维权体系的缺陷，不仅使中小企业成为俄罗斯经济中的弱势群体，而且也成为承担经济转型成本与经济衰退成本的主要承担者。例如，受1998年和2007年危机的冲击，许多工业小企业实行了大幅度裁员。目前俄罗斯中小企业又面临着入世带来的冲击，如何利用入世这把双刃剑，如何避免自身竞争不足而遭受自伤，将成为俄罗斯中小企业面临的最严峻和迫切的问题。

5. 中小企业自身的问题。有不少中小企业缺乏自律机制，利用政府给予的特许政策和支持，打擦边球。例如不少中小企业为了获取额外的补贴而登记注册，而实际上没有开展任何活动。有的中小企业缺乏长远的经营规范和应有的经营风险意识。有的中小企业采用类似传销的销售模式进行经营活动，据透露，俄罗斯目前大约有30%的中小企业采用类似传销的销售模式进行经营活动。[①] 有的中小企业法律意识仍很淡薄，甚至不惜从事洗钱等违法活动。所有这些，不能不影响中小企业的竞争力。

① 《第一财经日报》2007年6月4日。

47. 俄罗斯"影子经济"的现状与发展趋势如何?

刘军梅

影子经济作为一种非正常的经济现象,不仅是让俄罗斯头痛的问题,而是存在于任何国家的任何经济领域,甚至任何一家企业都有可能或多或少地以某种形式从事着影子经济活动。而俄罗斯的影子经济之所以引人关注,很大程度上是因为在经济转型初期,私有化和自由化的浪潮使俄罗斯影子经济的高犯罪率和高腐败率特征非常突出。时至今日,俄罗斯已经走过了20年的转型路程,当前影子经济现状究竟怎样,发展趋势如何,其中的变化能否折射出俄罗斯经济转型与发展的成效是人们普遍关注的问题。

俄罗斯影子经济中的结构特征与表现形式

影子经济(shadow economy)有很多种叫法,如地下经济(underground economy)、隐藏经济(hidden economy)或非正式经济(informal economy)等等。按照经济理论来定义的话,影子经济指的是所有系统性的、以自己的恐惧和风险为代价、以获取不纳入国库的收入为目的经济活动。由此可以认为一国范围内所有为了逃避税收、劳动力市场监管等"市场摩擦"因素而在官方GDP统计之外进行的经济活动都属于影子经济[①]。从影子经济的产生与运行方式可以看

① 肖文、李黎:《地下经济:原因、影响及规模估计方法》,《世界经济与政治》2001年第3期。

出，它通常通过逃避税收、欺诈、走私、贩毒等各种方式获取暴利，其行为游离于法律视野之外，未在官方机构注册，不向国家申报收入，其产值不能纳入国民生产总值中，国家也无法对其实行税收管理和监控。影子经济的重要特征可以概括为隐蔽性、国家的不可控性、发展的非规范性和非合法性和高回报性等。[①] 影子经济这样一个拥有大量特质的多维概念，如果想加以简单地概括的话，也可以归结为一句话，即“一种不纳税的经济”。单就这一点而言，其实任何一个企业都或多或少地触碰过影子经济。同时必须加以明确的是，影子经济并不等同于犯罪，犯罪领域要远远小于影子经济的规模。

俄罗斯的影子经济并非是经济转型之后的特有产物。实际上在苏联时期影子经济就已存在。只不过在经济转型的 20 年中，俄罗斯的影子经济被逐渐机制化了，即影子经济行为固定为某些组织稳定的形式，这种形式得到所有该活动参与者的认可，并由下一代的该活动主体所继承。机制化的俄罗斯影子经济产生了质变：从经济主体混乱的、个别的相互作用转变为结构化的、自我复制的社会体系，这一体系逃避国家的直接监督并具有内部组织，也有某些严格的规则对经济主体的行为加以限制。[②]

俄罗斯的影子经济同其他所有国家一样是经济的组成部分。经济本身包含了合法和非法两个板块，而影子经济中既有合法的经济活动也有非法的经济活动，合法的影子经济我们可以将喻为“粉色经济”，而非法的影子经济则可以喻为“灰色经济”和“黑色经济”（见图 1）。按照联合国 1993 年版 SAN 的核算方法，俄罗斯影子经济结构中的 3 个层次及其特征可归结如下：

第一，“粉色的”非正规经济或法律外经济（out－of－law economy），这是影子经济中较轻的部分，虽然是破坏了其他经济主体的规则，但现行法律对其没有做出具体规定，因而处于法律管制之外，且不受当局监控的经营活动。具体表现为地下生产和服务等。俄罗斯地下生产多由地下工厂和车间进行，尤以酿酒、皮革和首饰等行业为主；提供地下服务的主要是建筑和机动车修理业。

第二，“灰色的”半合法经济（semi－legal economy），这种经济行为的目的

---

① 王林昌、宣海林：《俄罗斯地下经济：现状、成因及借鉴》，《武汉大学学报》（社会科学版）2002 年第 2 期。

② 冯佩成：《俄罗斯的影子经济与腐败》，《俄罗斯研究》2004 年第 1 期。

基本合法，但有时会超出法律的界限之外。具体表现为假冒伪劣和盗版以及通过各种手段逃税、非法移民及雇工等，目前这在俄罗斯影子经济中所占的比例是最高的。盗版的情况在俄罗斯非常严重，甚至已经影响到了音像产业的正常发展。而非法移民及雇工在俄罗斯远东地区主要来自中国，在俄罗斯的欧洲部分，则主要来自吉尔吉斯坦、塔吉克斯坦、哈萨克斯坦等国。

第三，“黑色的”不合法经济及犯罪经济（non－legal，criminal economy），是法律禁止的经济活动，实质是违法的。如贩毒，非法生产、倒卖武器，大规模走私，卖淫，贩卖人口和讹诈勒索、行贿受贿等[①]，这是影子经济中最为严重的部分。从事此类经济活动的主要是犯罪团伙和黑社会。黑钱流通是它们的经济基础，政府贪污行为与其增长紧密相关，甚至共生。此类影子经济在20世纪90年代初的俄罗斯经济中占据了主导地位，而21世纪之后，虽然收敛了许多，但情况依然不容乐观。资料显示，被俄罗斯有组织犯罪团伙所直接控制操纵的经济规模占到了其GDP的5%；而俄罗斯内务部的统计资料则显示，俄罗斯约有4.1万个企业、50%的银行和80%以上的合资企业与有组织犯罪集团有牵连；俄罗斯总检察院公布的资料证实，目前有高达60%的俄罗斯企业处在有组织犯罪团伙的控制之下；且据俄罗斯内务部估计，800多个经济犯罪团伙中近1/7是在被收买官员的帮助下进行犯罪活动的[②]。2007年经济学家Г. А. Ковалева出版了一本名为《斯维尔德洛夫斯克地区的影子经济》的书，按照作者的观点，斯维尔德洛夫斯克地区犯罪率最高的经济领域为有色金属和机械制造业，每年斯维尔德洛夫斯克地区政府的“伙伴们”从国库中窃取数十亿美元，斯维尔德洛夫斯克地区冶金业每年的“黑钱流”高达108亿美元。[③]

① 时映梅：《俄罗斯影子经济结构属性分析》，《俄罗斯中亚东欧研究》2006年第4期。

② 李传桐：《俄罗斯影子经济：特征及成因》，《聊城大学学报》（社会科学版）2004年第4期。

③ Владимир Овчинский，Теневая роскошь，экономические стратегии，2008，№5—6.

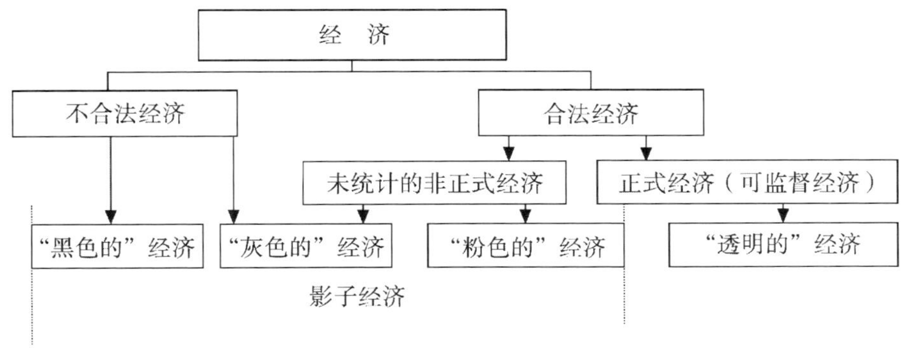

图 1　俄罗斯影子经济的结构

总体而言，影子经济已蔓延至俄罗斯经济的各个领域：在农业领域表现为土地的私下交易、未统计收入、地下雇工；在城市生产领域表现为隐形就业、地下生产；在金融和财政税收领域包括通过伪造支付文件窃取资金、银行滥用存款、结算过程中的造假行为，有价证券的造假行为，金融诈骗，挪用国家财政贷款，偷税漏税，虚假破产，洗钱和资本外逃；在服务和贸易领域表现为黑市交易；行政执法领域中表现为国家各级公职人员贪污受贿、官商勾结、执法人员的敲诈勒索、收取保护费；在医疗服务领域表现为在医生和患者之间的私下交易；在进出口领域具体表现为逃税、利用出口特权获得非法收入、海关的行贿受贿、买官卖官和灰色清关①；在高校录取、考试过程中也存在着严重的腐败现象②。

俄罗斯影子经济规模的发展与变化历程

如前所述，俄罗斯的影子经济并非是经济转型的特殊产物，大量的研究资料证明，在苏联的计划经济体制时期影子经济就已存在，并不断扩张着自己的规模。特别是苏联末期的 20 世纪 70 年代至 80 年代中期，影子经济的活动领域和规模都在进一步扩大，已占到了苏联 GDP 的 10%—20%。而西方学者的调查则表明，苏联社会中个人收入的 12%—13%来源于影子经济，全部消费支出中约

① 时映梅：《俄罗斯“影子经济”问题研究》，黑龙江大学博士学位论文，2008 年 6 月。
② 同上。

18%用于各类私人提供的商品和劳务。[①] 到了剧变之前的1990年，影子经济占到了苏联GDP的14.3%。

在俄罗斯经济转型之初，不少人，包括理论界都普遍认为"影子经济"应该是苏联体制所固有的特征和缺陷所引致的，而由于市场经济的自由化和私有化可以消除苏联体制的这些缺陷，则随着向市场经济转型的推进与深入，"影子经济"将不断减少，甚至销声匿迹。然而，俄罗斯的现实却残酷地击碎了这个美好愿望，"影子经济"的规模非但没有缩减，反而在俄罗斯转型的最初4年内增长了45倍。[②] 这说明，当代俄罗斯的影子经济不仅是苏联的继承，更是俄罗斯经济转型与社会改革的产物。如果说在苏联的计划经济时期，其"影子经济"是在夹缝中生存，其运行成本表面上看较大，实质却是对"短缺经济"的有机补充的话，那么20世纪90年代后的俄罗斯"影子经济"则是借经济转型之制度真空期而大面积生成、变异乃至泛滥，一直发展到超过GDP的40%，[③] 并由此产生了一系列社会经济问题，甚至对俄罗斯建立真正意义上的市场经济产生了巨大的离散作用。[④] 从发展历程上来看，根据俄罗斯内务部的统计资料，"影子经济"的GDP占比在1990—1991年为10%—11%，1993年为27%，1994年为39%，1995年为45%，1996年为46%。1997年，在联合国经济合作组织所做的"影子经济"国家排行榜上，俄罗斯仅次于秘鲁位居第二。[⑤] 不过，据1998—1999年国际货币基金组织（IMF）的一项调查显示，影子经济占GDP的比重超过一半的国家有尼日利亚77%、埃及69%、泰国70%、玻利维亚67%等等。[⑥] 相比之下，俄罗斯的影子经济就其平均40%上下的GDP占比来看，排名第二"交椅"显然已经"让贤"。而与苏联时期相比，按各种估计的幅度，20世纪90年代初的俄罗斯影

---

① 王林昌、宣海林：《俄罗斯地下经济：现状、成因及借鉴》，《武汉大学学报》（社会科学版）2002年第2期。

② 陈支农：《俄罗斯的"影子经济"》，《俄罗斯中亚东欧市场》2004年第1期。

③ 宋景义、范敬春：《俄罗斯经济转轨过程中的影子经济》，《河北学刊》2002年第4期。

④ 曹英华：《俄罗斯不同时期的"影子经济"比较》，《西伯利亚研究》2007年第2期。

⑤ 陈支农：《俄罗斯的"影子经济"》，《俄罗斯中亚东欧市场》2004年第1期。

⑥ 刘洪、程庆生：《非正规经济的国际比较及对我国的借鉴》，《统计研究》2004年第4期。

子经济规模较 20 世纪 60 年代增加了 4—30 倍，人均则增加了 18 倍。[①]

由此可见，1997 年之前，影子经济在俄罗斯 GDP 中所占的份额非常之高，这在一定程度上也能够解释为什么俄罗斯在经济转型中 GDP 连年惨降。据美国财政部专家的一份报告说，俄国人的收入有一半来自影子经济，即俄罗斯的实际国民收入和 GDP 应该比其官方的统计高出一倍。[②] 美国新墨西哥大学的俄国问题专家阿维·沙马对俄罗斯 200 多家私人企业进行了实地考察，发现这些企业的产值年均增长 15%—150%，但它们通常是通过虚假交易和做假账等方式掩盖真实的经营和收益情况，致使其收入和利润的 90%并未申报。俄罗斯在影子经济中的就业人数占其总就业人口的 30%；而俄罗斯人来自影子经济的家庭经济收入占比则高达 30%。[③]

1998 年后，俄罗斯的用电量、交通流量等经济指数增长很快，但 GDP 增速却很慢。“当时俄罗斯的经济学家对此现象也非常费解，后来才发现原来这也是‘影子经济’造成的”。[④] 1998 年，俄罗斯影子经济的 GDP 占比仍旧徘徊在 45%。[⑤]

普京执政之后，虽然在惩治寡头、打击犯罪方面卓有成效，但据俄联邦统计局公布的数据显示，俄罗斯的影子经济规模却未降反升了（见下表）。俄罗斯 15.4%的有劳动能力者在影子经济中就业，其中，农村的比例约为 29%，城市的比例约为 11%，俄罗斯在影子经济中就业的总人数达到 1017.5 万人。[⑥] 2007 年俄罗斯用“信封”发放的工资达 6.5 万亿卢布，相当于所有工资收入的 45%，相当于乌克兰欠俄罗斯的所有天然气债务的 140 倍。俄罗斯中小企业有 30%—40%，甚至是超过 60%的工资是不在统计之内的。

---

① 格林金娜：《当代俄国的影子经济》，《现代外国哲学社会科学文摘》1996 年第 6 期。

② 王林昌、宣海林：《俄罗斯地下经济：现状、成因及借鉴》，《武汉大学学报》（社会科学版）2002 年第 2 期。

③ 中国莫斯科贸易中心信息部：《俄罗斯“影子经济”有增无减》，《国际商报》2000 年 12 月 4 日第 3 版。

④ 张平：《中国的“影子经济”和俄罗斯很像》，《财经时报》2005 年 12 月 26 日第 A03 版。

⑤ 时映梅：《俄罗斯“影子经济”问题研究》，黑龙江大学博士学位论文，2008 年 6 月。

⑥ 王毅：《俄罗斯转轨过程中的影子经济》，《黑河学刊》2006 年第 1 期。

影子经济占 GDP 的比重（%）

	国家	年度			
		1999	2003	2007	1999—2007 平均值
1	瑞士	8.4	8.4	9.1	8.6
2	美国	8.6	8.7	9.1	8.8
3	奥地利	9.6	9.8	10.1	9.8
5	日本	11	11.2	13.2	11.4
6	英国	12.6	12.9	13.2	12.9
7	荷兰	12.9	12.9	13.6	13
10	中国	13	13.4	14.3	13.5
13	法国	14.8	15.4	15.7	15.4
15	德国	15.6	15.8	16.7	16
22	芬兰	17.8	18.5	19.2	18.5
23	沙特阿拉伯	18.1	18.5	20	18.7
42	印度	23	24	25.6	24
50	意大利	26.5	27.2	27.4	27.2
104	巴西	38.8	40	43	40.5
124	哈萨克斯坦	42.6	45.4	48.2	45.3
130	俄罗斯	45.1	48.8	52	48.6
145	乌克兰	51.7	55	58.1	54.9

资料来源：Евстифеев М. А.，Савина Т. Н.，Теневая экономическая деятельность как угроза современной России，Системное управленре，2011，выпуск 1（11）.

按照 IMF2003 年的评估，世界范围内影子经济的规模约为 8 万亿美元，约占整个世界 GDP 的 5%—10%[①]。而这一指标的临界值为 40%—50%，越过这一边界，影子因素对经济生活的影响将变得非常大。[②] 据此，我们不难判断出影子

① Евстифеев М. А.，Савина Т. Н.，Теневая экономическая деятельность как угроза современной России，Системное управленре，№1. 2011. С. 11.

② 宋景义、范敬春：《俄罗斯经济转轨过程中的影子经济》，《河北学刊》2002 年第4 期。

经济对俄罗斯经济和社会的影响是多么巨大。

影子经济对俄罗斯经济发展的影响

任何事务都具有两面性，影子经济也不例外。作为一种经济成分，影子经济在对俄罗斯经济发展产生巨大负面影响的同时，也不能否认它所能起到的一定程度上的正面作用，比如经济润滑剂、社会减震器、市场稳定器等等，具体则表现为俄罗斯的影子经济通过资源重组缩小了苏联解体前后居民收入的巨大落差；改善了收入阶层的物质条件，缩小了贫富差距；减轻了劳动力市场的压力；为合法经济提供了商品和服务；等等。我们不妨举例加以说明：

第一，许多俄罗斯经济学家一致认为，正是得益于影子经济，才使俄罗斯的老百姓熬过了 1992 到 1994 年间的最艰难困苦的转折时期。[①] 大量的俄罗斯居民在影子经济中就业，这种非正式用工及偷逃税款在一定程度上使俄罗斯老百姓的实际生活状况有所改善。

第二，非法移民能够补充俄罗斯劳动力的不足。俄罗斯的人口及劳动力短缺的状况是众所周知的，特别是又脏、又累、收入又低但又不可或缺的行业、职位无人问津，而来自各个国家的“非法移民”则充当了廉价劳动力，既降低了劳动成本，又弥补了劳动力的短缺。

第三，虽然影子经济未在 GDP 的核算之内，但它却在相当大的程度上对实际 GDP 的增长作出了贡献。

尽管如此，影子经济的上述积极作用仍不足以抵消其负面影响。当影子经济的规模发展到一定程度之后，对俄罗斯经济的负面影响也是令人触目惊心的。它的存在干扰了国家的宏观调控，导致国有资产流失，财政损失严重，破坏贸易环境，扰乱经济秩序，甚至直接威胁到国家的经济安全，影响社会治安，带来了大量社会问题。[②] 应该说影子经济对于俄罗斯的宏观经济政策效果、经济统计数据的准确性及劳动力市场运行状况都产生了一定的负面影响，具体而言主要表现在

---

① 李传桐：《俄罗斯影子经济：特征及成因》，《聊城大学学报》（社会科学版）2004 年第 4 期。

② 时映梅：《俄罗斯“影子经济”问题研究》，黑龙江大学博士学位论文，2008 年 6 月。

以下几个方面：

第一，影子经济偷税漏税，导致国家税收大量流失，减少了政府财政收入，从而加剧了财政赤字，降低了政府的宏观调控能力，不仅使俄罗斯资本外流，而且使政府内外债务缠身，经济发展稳定水平下降，并形成对外资的严重依赖。

第二，影子经济加大了俄罗斯政府宏观调控的难度。影子经济的泛滥使统计数据失真，致使一系列宏观指标严重扭曲，真实GDP与官方的统计有较大的差异。不准确的数据产生了信息噪音，使得俄罗斯政府只根据这些“表面”数据来制定宏观政策，不但增加了交易成本，使经济更加偏离最优化轨迹，而且这些决策往往是错误的。

第三，影子经济扰乱了俄罗斯的资源配置，既可错误引导需求，也可扰乱供给。从需求方面看，由于影子经济中一些部门从事暴力性活动的收入极高，他们偏好于消费高档奢侈品（其中许多直接是通过走私获得的进口品），其消费模式会形成一种示范效应，诱使人们选择奢侈消费，引起有限的资源从必需品部门流向奢侈品部门；从供给方面看，由于影子经济活动不在政府直接掌握的范围内，而社会实际的消费品有相当一部分是影子经济部门提供的，许多表面上供求平衡的产品背后却隐藏着不平衡，当经营者在利益驱动下转入另一个部门时，原有的需求平衡很容易被打破。

第四，影子经济不利于俄罗斯形成平等竞争的市场秩序。影子经济的盛行不仅使俄罗斯经济犯罪增加，社会道德水平下降，而且还导致经济自由化和市场化程度的降低，并且妨碍市场经济体制的进一步建立。由于逃税者得不到应有的惩罚，在竞争中处于优势地位，社会资源便会从正常部门流向影子经济部门。当逃税的收益远高于改善经营和提高技术而获得的收益时，他们便不再进行技术投资而转向于逃税，影响了全社会投资规模的扩大；而黑社会组织的存在则严重影响市场竞争的公平性。[①]

影子经济最大的破坏性是破坏了老百姓和政府之间的信任关系，不仅起不到凝聚社会的作用，相反只会促使社会崩溃。

---

① 王毅：《俄罗斯转轨过程中的影子经济》，《黑河学刊》2006年第1期。

俄罗斯影子经济规模扩展及难以根除的原因

既然影子经济的存在弊大于利，为什么俄罗斯不趋利避害地想办法将其铲除，反而使影子经济愈演愈烈了呢？如果说在20世纪90年代由于经济转型中过度追求经济自由化，致使俄罗斯政府对经济失去了调控能力，导致“强者通吃”的话，那还比较好理解为什么影子经济会乘机泛滥。但是，当俄罗斯社会发展到了今天，当财产的“瓜分”已近结束，社会趋于稳定，为什么影子经济还是如此猖獗呢？我们把原因由远及近归结如下：

第一，漏洞百出的激进私有化导致俄罗斯国有资产流失、权钱交易盛行。

在俄罗斯的私有化过程中，一些大官僚和大企业家通过各种方式、以超低价格或国家补贴形式控制具有出口优势或资源优势的国有企业，然后再以出售、出租或者经营等各种手段谋取暴利，“大捞了一把”，完成了个人财富资本的原始积累过程；而一些中小官僚、中小企业家则通过贪污受贿、偷税漏税，“小捞了一把”。[①] 据统计，在俄罗斯私有化过程中，约有500家价值2万亿美元的大企业被以72亿美元的低价出售。例如，据一家美国银行的资料，俄罗斯石油公司仅按每采一桶4分出售有效矿区，低于北美的价格（7.06美元）；电话公司按一条线路116.62美元出售，同北美的637美元和匈牙利的2083美元相比微不足道；俄罗斯“统一动力系统”公司在北美估值约490亿美元，在中欧为2300多亿美元，而在俄罗斯它仅卖2亿美元，仅相当于其实际价值的1%。应该说俄罗斯的大规模私有化从一开始就漏洞百出，彻头彻尾就是一场大规模的投机活动。俄罗斯内务部、反间谍总署认为，大约有6%的俄罗斯人通过私有化成了暴发户，私有化已使50%的资本、80%的股权落入影子经济中，可以说私有化不仅为影子经济的产生创造了好的条件，并且为其以后的发展创造了一个不受约束的或者控制力不强的空间。[②]

第二，转型初期法制不健全致使俄罗斯黑社会势力膨胀、经济犯罪活动

① 王林昌、宣海林：《俄罗斯地下经济：现状、成因及借鉴》，《武汉大学学报》（社会科学版）2002年第2期。

② 李传桐：《俄罗斯影子经济：特征及成因》，《聊城大学学报》（社会科学版）2004年第4期。

猖獗。

俄罗斯已经被国际社会认可为是市场经济国家，然而众所周知市场经济是法制经济，很显然俄罗斯的市场经济不仅缺乏健全的法律和法规，而且因转型初期的政局动荡和党派对立导致了政府因职能弱化而不能弥补法制不健全的“真空”，结果使金融寡头、特权阶层、黑帮集团在“失控的俄罗斯社会里”肆无忌惮地巧取豪夺、横行霸道，形成了严重的犯罪经济。俄罗斯内务部 1999 年公布的资料表明，集团犯罪组织在俄罗斯经济生活中的影响日益增强，已控制了俄罗斯经济的 60%。各类黑社会组织控制了俄罗斯 40%的私人企业、60%的国有企业和 50%—80%的银行。此外，大部分私人企业和银行被迫定期向犯罪组织支付大量的保护金，一般占到其利润的 10%—30%。可见，黑社会势力的膨胀是俄罗斯影子经济盛行的一个重要原因和特征。①

第三，过度推崇自由致使俄罗斯政府的管理职能在转型初期被弱化。

“休克疗法”的设计者一开始就把市场经济和宏观调控对立起来，把国家的宏观调控作用等同于国家行政干预，认为改革就意味着必须让国家最大限度地离开市场，让“看不见的手”来完全替代“看得见的手”，由“市场来决定一切”。这种对自由放任的过度推崇导致了俄罗斯政府在经济转型初期进入了经济管理的“无为”状态，几乎放弃了对国民经济的管制和调控，从而为许多不法分子提供了可乘之机，他们投机倒把，倒买倒卖，通过一系列手段逃避政府的监管。应该说俄罗斯政府管理的弱化和政策失误为影子经济的发展打开了方便之门。②

第四，贪污腐败、行贿受贿成为俄罗斯社会顽症。

俄罗斯的贪腐现象已是痼疾。贪腐和行贿受贿刺激了影子经济，企业也乐于通过贿赂行政官员以使自己的经营躲入“影子”中。据俄罗斯《劳动报》透露，在俄罗斯经商若不行贿或者是不送礼，则经营活动寸步难行，俄罗斯企业家为此每年行贿官员的金额高达 100 多亿美元。包括普京在内的俄罗斯主要领导人多次在各种场合强调过与“贪腐”作斗争的重要性和艰巨性，梅德韦杰夫甚至言辞犀利地指出，俄罗斯青年人之所以热衷于“公务员”职位，就是看重了腐败——这

---

① 王林昌、宣海林：《俄罗斯地下经济：现状、成因及借鉴》，《武汉大学学报》（社会科学版）2002 年第 2 期。

② 同上。

一快速致富的手段。据专家估计经影子经济窃取和“清洗”的资金占国家各种计划和项目的财政金融资金总额及国有企业利润的10%—20%。另据俄经济发展部统计数据显示，2010年俄罗斯民众向政府官员行贿的平均金额为5285卢布（合1229元人民币）。另有民调显示，俄罗斯目前最大的“腐败领域”是医疗卫生领域，行贿受贿总金额达到353亿卢布（合82.1亿元人民币）；其次是交通警察，行贿受贿总额为242亿卢布（合56.3亿元人民币）；第三位是教育领域，总额为208亿卢布（合48.4亿元人民币）。[①] 透明国际发表的2010年度国际贪腐印象指数显示，俄罗斯从2009年排名第146位下滑到2010年的154位。俄罗斯是20国集团成员中最腐败的经济体，也是欧洲最腐败的国家[②]。如果俄罗斯政府惩治腐败未来仍然收效甚微的话，那么指望影子经济规模能够“奇迹般”地缩减无异于痴人说梦。

第五，税制体制不完善，税负重压导致大规模偷税漏税。

俄罗斯税负沉重是公认的事实，而税负与影子经济的规模成正比，税负越高，就会有更多的企业躲到影子里，影子经济的规模就会越大。近十年来俄罗斯税制体制的建设和改革一直没有完全到位，以至于无法吸引金融资本进入实体经济。在现行的税收制度下，俄罗斯企业上缴的税款约占其利润的60%—80%，而西方国家这一比例为33%—35%。如此一来，企业的赢利，至少财务报表上的赢利变得非常不划算。社会调查表明，绝大部分俄罗斯人认为税收规模过大，税种名目繁多，企业家甚至认为税收是最尖锐的社会问题之一。为此俄罗斯企业家想出了很多隐藏企业利润及员工收入的办法。根据俄罗斯官方统计数据，在所有应申报收入的俄罗斯公民中，约有2/3的人从不申报，平均有1/4的收入被隐瞒。而所有这些被隐匿的收入，无论是个人的还是企业的，则都进入了影子经济，并且基本不可能再通过正常渠道回流到实体经济进行再投资。

第六，日益加大的贫富差距使俄罗斯的社会问题越发严重。

俄罗斯社会的阶层分化使其社会问题越发严重了。通常我们用“十等分法”[③]和“基尼系数”来衡量一个社会的分化程度。就十等分法而言，国际标准为10倍，若低于10倍，则整个社会的贫富差距还在可忍受的范围内。而从下表中的数据来

---

① http://www.rky.org.cn/c/cn/news/2011－08/02/news_11095.html.

② 该指数共对世界上178个国家进行了调查，并将其按照最廉洁到最腐败进行排名。

③ 一个社会最富有10%的居民和最贫穷10%居民的收入之比。

看，俄罗斯收入最高的10%的居民与收入最低的10%的居民之收入差距在2009年已经扩大到了16倍以上，这说明俄罗斯的社会问题已经相当严重。

俄罗斯的收入分配及社会分化状况

	1992	1995	2000	2004	2005	2006	2007	2008	2009
基尼系数	0.289	0.387	0.395	0.409	0.409	0.416	0.423	0.422	0.422
十等分法，简数	8.0	13.5	13.9	15.2	15.2	16.0	16.8	16.8	16.7

资料来源：Россия в ппфрах. 2010. Краг. crar. cō/Poccrar-M. 2010. C. 114. 123.

这样的贫富差距不仅容易造成社会的不稳定，而且使包括青年、失业者、移民工人等社会的贫困阶层和边缘阶层更多地参与到影子经济中，并且成为影子经济不折不扣的主力军。在这样的贫富差距之下，我们也就不难理解为什么影子经济会成为俄罗斯经济发展和社会稳定的又一个顽疾。①

第七，为了生计，俄罗斯老百姓已经对“隐性就业”习以为常。

如今，俄罗斯老百姓已经很难摆脱“政府是恶”的观念，进而觉得需要对政府隐瞒自己的任何经济行为，这种始于上世纪90年代初的观念发展至今，有些俄罗斯老百姓甚至已经不知道还可以用什么其他方法做生意了。在俄罗斯的老太太和大学生中非常流行非正式就业，比如在自己的住所内做理发、修指甲等小生意等，而这些恰恰也是俄罗斯人影子经济很重要的组成部分和表现形式。除此之外，在俄罗斯还存在这千姿百态的隐性收入，如银行先以低息给职员贷款，职员再把钱反存入银行获取高息；各行各业的人们从事出租车中的“黑车”生意等。

俄罗斯“影子经济”未来趋势

俄罗斯影子经济已经形成了较为稳固的组织形式，拥有与正式的经济成分相

① 王林昌、宣海林：《俄罗斯地下经济：现状、成因及借鉴》，《武汉大学学报》（社会科学版）2002年第2期。

似的一套法规，甚至包括灰色税收制度、保护商业和投资制度等[1]。俄罗斯影子经济不但能够自我组织，还能够自我适应并不断发展，能够在很短时间内随着经济规则的变化而不断发展完善加以适应。

与影子经济作斗争，特别使消除其中的诸如贩毒、卖淫、贩卖人口及人体器官、非法买卖放射性原料和杀伤性武器等对社会危害极大的那些成分[2]，一直是俄罗斯政界和经济学家们始终没有放弃的努力，而对这种斗争的成果在俄罗斯无外乎有两派看法：一派是那些对俄罗斯经济本身就不抱希望的人，认为影子经济就是俄罗斯的绝症，基本上就是死路一条；而另外一派则认为，影子经济虽然是顽症，但并非完全没有根治的可能性或者希望。而我们若要对俄罗斯影子经济的发展趋势加以判断，就要以上述所分析的影子经济难以根除的原因为依据，逐一加以分析，才能得出较为合理的结论。

在前面所归纳的俄罗斯影子经济之所以泛滥的 7 个原因中，前 3 个因素经过普京及梅德韦杰夫两位总统的治理和努力，其作用和影响在今天的俄罗斯已经在很大程度上被减弱了，即俄罗斯影子经济原来所具有的非常明显的“非法”、“犯罪”特征已经逐步减弱了，而其未来的发展趋势在很大程度上就取决于前面所论及的另外 4 个原因的根治情况。简而言之就是看俄罗斯能否健全法制、改善经营环境、简化财会制度、加强行政和法律监督、引导社会舆论等。除了老生常谈的加强和改善国家的监督和管理职能、保证法律的正常实施、为企业家和居民提供足够的保护使其免受暴力侵害、尽可能缩小贫富差距、加大惩处力度以反腐倡廉之外，我们也尝试提出一下建议，若能够实现，则对缩小俄罗斯影子经济的规模无疑是有好处的，具体而言是：

第一，实施电子政务，这样可以减少递交申请的程序复杂性，老百姓可以从网站上下载各类表格，并在网站上获取相关信息，既可以减少行贿受贿的环节，也节省老百姓的办事时间，不用在费尽心思地考虑给谁、用什么方式、送多少钱，虽然实践中这一进程在俄罗斯已经开始了，但仍然需要尽快、在尽可能大的范围内推进。而对于老一辈人来说，可以考虑提供专门的服务。

---

① 李传桐：《俄罗斯影子经济：特征及成因》，《聊城大学学报》（社会科学版）2004 年第 4 期。

② 时映梅：《俄罗斯影子经济结构属性分析》，《俄罗斯中亚东欧研究》2006 年第 4 期。

第二，对于老年人及学生的非正式就业而言，应该通过提高退休金和助学金收入以使他们能够维持较为体面的生活。如果短时间内无法实现的话，则可以考虑帮助他们做些小生意，比如提供免费的经营场所，为他们提供就业或者安排兼职、勤工助学的帮助，鼓励企业提供实习基地，等等。这些措施其实已经在俄罗斯的某些地区实践着，但问题在于如何才能借助政府的力量尽快、在尽可能大的范围内实施。

第三，进行税制体制改革，以避免税率落入“拉弗曲线”的阴影部分，尽可能以低税率获取税收，这一方面可以减少老百姓偷税逃税的行为，同时也可以由此增加政府的税收收入。俄罗斯政府应该通过社会宣传来逐步改变老百姓的观念，使大家在相信政府的同时，逐步树立纳税光荣的理念。

总而言之，治理俄罗斯的影子经济将是一个循序渐进的过程，不可能一蹴而就。

48. 俄罗斯对外经贸合作政策有哪些变化？

陆南泉

在苏联时期，较为重视对外经贸关系，把它视为发展本国经济、增强经济实力的一项重要政策。

苏联时期对外经贸合作的特点

纵观苏联对外经贸关系 70 多年的发展历史，它有以下一些特点。

第一，从地区结构来看，由二战前的西方与二战后转向东方。二战前，苏联作为唯一的社会主义国家，它只能主要与西方资本主义国家发展经贸关系。战后与战前相比。地区结构发生了根本性的变化，即由西方转向东方。在战后初期，与社会主义国家贸易在苏联外贸易总额中占有很大的比重，在 1950 年占 81.1％。到 1989 年，社会主义国家的比重由 1950 年的 81.1％下降到 61.6％，而同期发达资本主义国家与发展中民族主义国家的比重分别由 15.0％提高到 26.2％与由 3.0％提高到 12.2％。尽管社会主义国家所占比重下降了，但一直保持在 60％以上。

第二，从进出口商品结构来看，类同于发展中国家。苏联虽然是个工业大国，但机器设备及其他深加工产品在出口中所占的比重不高，在 20 世纪 80 年代占 15％左右。而燃料、电力和原材料的出口要占一半以上。在进口产品中，占第一位的是机器和设备，在 80 年代要占 40％左右，其次是食品与食品原料要占 17％左右。

第三，从战后苏联对外贸易发展情况来看，一个重要特点是：发展速度超社会总产值的增长速度；一般保持顺差；外贸在社会总产值中的比重不断提高。

苏联在对外贸易中较为重视平衡并尽可能保持一定的顺差。从1946年到1988年的43年间，只有8年出现过少量逆差，而其余的35年均为顺差。

第四，从外贸管理体制来看，苏联很长一个时期坚持实行对外经贸活动的国家垄断制。苏联在对外经贸体制与整个国民经济管理体制一样，实行中央高度集权，以行政管理方法为主的管理原则。它与其他经济部门不同的是完全由国家垄断，具体由外贸部与对外经济联络委员会垄断经营，而其他经济部门，特别是生产企业与组织均无权从事对外经贸活动。这种管理体制，既不能调动各经济部门与企业从事以外经贸活动的积极性，也不能适应世界市场的变化，更不能使各部门与企业走向国际市场和参与竞争。这样使得苏联企业失去对采用新技术的兴趣，难以提高产品质量。在斯大林逝世后，虽然对对外经贸体制做过一些改革，但实际上都未从根本上触动对外经贸活动的国家垄断制。到了戈尔巴乔夫时期，才着手积极推动这一领域的改革。

俄罗斯对外经贸合作政策

苏联剧变后，作为苏联继承国的俄罗斯，在对外经贸关系方面既有与苏联时期相同之处，也有很大变化并产生了不少新特点。

第一，对外经贸关系对支撑俄罗斯经济的作用大大提高。

俄罗斯独立执政后的时期，在对外商品贸易方面，除1992年、1998年、1999年3年比上年下降外，其余各年均是上升的。从2000年开始，保持了稳定增长的态势（见下表）。

1992—2010年俄罗斯的对外贸易　　（单位：亿美元）

年份	贸易额	同比增减%	出口额	同比增减%	进口额	同比增减%	贸易差额
1992	965.76	－20.7	536.05	－19.8	429.71	－22	106.34
1993	1039.5	7.6	596.46	11.3	443.04	3.1	153.42
1994	1180.6	13.6	675.42	13.2	505.18	14	170.24
1995	1450	22.8	824	22	626	23.9	198

续表

年份	贸易额	同比增减%	出口额	同比增减%	进口额	同比增减%	贸易差额
1996	1574.27	8.6	885.99	7.5	688.28	9.95	197.71
1997	1619.39	2.9	883.26	−0.3	736.13	7	147.13
1998	1334	−17.6	739	−16.3	595	−19.2	144
1999	1152	−13.6	757	2.4	395	−33.6	362
2000	1499	30.1	1055	39.4	449	13.7	606
2001	1557	3.9	1019	−3.4	538	19.8	481
2002	1683	8.1	1073	5.3	610	13.4	463
2003	2120	26.0	1359	26.7	761	24.8	598
2004	2806	32.4	1832	34.8	974	28.0	858
2005	3689	31.5	2436	33	1253	28.7	1183
2006	4684	27.0	3045	25.0	1639	30.8	1406
2007	5779	23.4	3544	16.4	2235	36.4	1309
2008	7623	31.9	4708	32.8	2915	30.4	1793
2009	4952	−35.0	3034	−35.6	1918	−34.2	1116
2010	6468	30.6	3980	31.2	2488	29.7	1492
2011	8213	31.2	5160	30.0	3053	33.4	2019

资料来源：根据俄罗斯联邦统计委员会编辑出版的历年统计年鉴资料编制。

从上表可以看到，除2009年俄罗斯对外贸易由于金融危机影响出现大幅度下降外（35%），其外贸额增速度要比GDP的增速快得多。2000—2006年俄罗斯GDP年均增长率为6%—7%，而同期对外贸易额的年均增长率为22.6%。2007年与2008年俄罗斯对外贸易额分别增长23.4%与此同时31.9%，而同期GDP分别增长8.1%与5.6%。这无疑外贸对推动俄罗斯经济起着重要作用。从出口对俄罗斯经济增长的贡献率来看，2001年为36.7%，2002年为35.2%，2003年为35%。据俄罗斯经济分析研究所的估计，1999—2003年期间对外经济因素保证了俄罗斯每年5.9%的经济增长率，2004年俄罗斯经济50%增幅得益于国际市场的高油价。[①] 对外贸易对俄罗斯经济发展的作用还表现在不断增长的外

① 高际香：《俄罗斯对外经济关系研究》，中华工商联合出版社2007年版，第37页。

贸顺差。从1992至2008年，外贸年年顺差，并且增长幅度很大，从1992年的106亿美元增加到2008年的1793亿美元。外贸顺差增加了近16倍。1992年至2011年顺差为14892.89亿美元，这对发展俄罗斯经济的作用表现在：一是使外汇储备大量增加；二是保证了联邦预算的稳定，预算盈余不断增加；三是提高了偿还外债的能力，从而减轻了俄罗斯外债的负担。这些因素对保证俄罗斯经济稳定发展都有着重要的作用。另外，俄罗斯通过外贸大量进口国外先进技术设备和消费品特别是食品，这对改善其经济结构、产业升级与稳定国内消费市场都起了不小的作用。

第二，对外贸易的地区结构的变化。

随着经互会的解散，苏联东欧各国发生剧变，俄罗斯对外贸易的地区结构也发生了重大变化，原东欧国家已不占主要地位。对外贸易的地区为：欧盟居首位，其次是独联体国家、亚太地区与中东欧国家（见下表）。

俄罗斯对外贸易地区结构（占外贸总额的比重：%）

年份	1997	1998	1999	2000	2002	2003	2004	2005	2006	2007	2008	2009	2010
所有地区	100	100	100	100	100	100	100	100	100	100	100	100	100
欧盟	34.5	33.9	34.4	35.0	36.8	36.1	45.1	52.1	52.7	51.3	52.0	50.5	49.6
独联体国家	22.2	21.8	18.7	19.0	16.9	17.8	18.3	15.2	14.7	15.0	14.5	14.7	13.7
亚太经合组织国家	16.1	17.7	17.1	15.3	16.4	16.1	16.8	16.2	17.1	19.3	20.4	20.7	25.6
中东欧国家	13.5	12.4	12.9	14.39	12.9	12.4	12.9	12.9	—	—	—	—	—

资料来源：根据俄罗斯海关统计、全俄罗斯行情研究所《中外商情公报》与俄罗斯联邦统计委员会编辑出版的历年统计年鉴有关资料编制。

从上表可以看出，欧盟国家的贸易占俄罗斯外贸总额比重不仅最大，而且是不断提高的趋势。到2006年占52.7%。这是因为俄罗斯出口主要依赖于欧盟市场，而欧盟的能源主要靠俄罗斯供应。另外，近几年来，中东欧一些国家先后参加了欧盟，这样使欧盟从原来的15国增加到2006年的25国，2007年又增加到27国。这几年来，俄罗斯与独联体国家的贸易呈下降趋势，从1997年的22.2%下降到2008年的14.5%。

从具体国别来看，2006 年在俄罗斯对外贸易中排在前十位的国家是德国（占 9.8%）、荷兰（占 8.8%）、意大利（占 7.0%）、中国（占 6.5%）、乌克兰（占 5.5%）、白俄罗斯（占 4.5%）、土耳其（占 3.9%）、美国（占 3.5%）、波兰（占 3.4%）与哈萨克斯坦（占 2.9%）。而近几年来，中国在俄罗斯外贸中的地位日益提升，2010 年已上升为第一位。

第三，进出口商品结构与苏联时期大体类同，但出口更加原材料化。

从总体来看，作为苏联继承国，俄罗斯也继承了苏联时期的经济结构，因此，其进出口商品结构大体上与苏联时期相同。在出口产品中主要以燃料能源产品为主，2008 年在俄罗斯出口产品中占 68.6%，原料与非能源产品占 23.3%，机器设备与运输工具占 4.9%，其他产品占 3.2%。2009 年与 2010 年燃料能源产品分别占 66.7%与 68.3%。俄罗斯自经济转轨以来，其经济结构的调整未能取得重大进展，因此，其出口商品的结构有以下特点：一是由于经济原材化的趋势日益严重，燃料能源产品在对外出口产品中一直占主要地位；二是机器设备与运输工具类产品出口不断下降，在上个世纪最后十年这类产品出口还占其出口总额的 10%左右，但到了 21 世纪出现了明显下降的局面，到 2009 年与 2010 年分别下降为 5.7%和 5.4%。分析俄罗斯出口商品结构时，值得一提的是军技产品出口问题。苏联时期军技产品在其出口中占有重要地位。苏联剧变后，俄罗斯继承了苏联 70%军队，1500 多家军工厂，500 多万生产工人。苏联解体结束苏美争霸的格局，大国关系逐步由冷战状态走向缓和。这种情况下，俄罗斯面临着如何对待庞大的军事工业。在经济转型初期，俄罗斯政府实行“雪崩式”的转产，即力图通过急剧消减国家军事订货的办法，在两年内使 70%的军工企业实现转产，1992 年与 1993 年国家军事订货急剧减少 65%—70%。1992 年军工产品产量仅为上年的 32%。这种快速的转产，在客观上不可能做到，而实际的结果是导致大量军工企业停产。后来，不得不调整快速军转民的政策，认识到这是一个长期的过程，需要大量投资。叶利钦的顾问马列伊认为：“实现军工转产需要 15 年的时间，花费 1500 亿美元。”普京执政后，对军事工业采取扶植的政策，主要措施有：一是进行规划。2001 年俄罗斯通过《到 2010 年及未来俄联邦军工综合体发展政策纲要》与《2002—2006 年军工综合体改革与发展专项纲要》。二是加强管理。2000 年 11 月 4 日，普京签署了《关于创建俄罗斯联邦国有公司“俄罗斯武器出口公司”1834 号总统令》，由其代表国家经营俄罗斯军技产品进出口。2001

年5月，在普京的支持下，又把1500家军工企业改组成50家综合性的军品出口集团。俄罗斯武器出口从原来的9—12级管理变成3级管理，即由总统、政府、专门的军技产品出口机构进行。三是增加军技产品生产的科研费用。俄罗斯将出口军技产品所得的外汇收入，60%用于开发新武器与发展军工综合体，以便研制更新、更有战斗力的武器。四是俄罗斯这几年来，重视售后服务，并能为买主培训人员与供应武器零配件。五是俄罗斯还通过外交途径支持军技产品的出口，领导人出访，一有机会就着力开拓军技产品市场。这些政策措施，使俄罗斯军技产品出口有较大的增长，1994年为17.18亿美元，到2000年增加到36.81亿美元，2001年为37.05亿美元，2002年为47亿美元，2003年为54亿美元，2004年为56亿美元，2005年为60亿美元，2008年约为80亿美元，2010年为88.8亿美元。目前，俄罗斯已向世界上80个国家出口武器。俄罗斯增加对军技产品的出口，其目的有三：一是促进整个国民经济的发展。人所共知，庞大的军事工业，它与各工业部门有着密切的关系，苏联时期80%的工业直接与间接地为军工服务，因此，军工的恢复与发展，不仅解决军工企业本身的问题，还能带动整个工业的发展。二是增加外汇收入。三是提高俄罗斯在国际社会的影响力与国际地位。

俄罗斯进口商品中主要是机器设备与运输工具，2008年占52.7%，其次是食品与农业原料占13.2%，化工制品与橡胶占13.1%，金属及其制品占7.0%，纺织品、鞋类占4.4%，矿产品占3.1%，其他产品占6.5%。俄罗斯进口商品中，机器设备与运输工具一直占主要地位，在上个世纪最后十年一般要占进口总额的32%—35%，而目前仍约占50%。另一个大项是食品、轻纺产品，2000年前一直占俄罗斯进口总额的30%左右。随着俄罗斯经济好转，特别是食品工业与轻工业的发展，这类产品进口所占的比重逐步下降，但绝对额还是增加的。2007年与2008年进口的食品与农业原料分别占进口总额的13.8%与13.2%，价值分别为308.43亿和386.1亿美元。俄罗斯依赖大量出口能源赚取的外汇，购进西方先进的机器设备与食品，是俄罗斯对外贸易的一项重要政策。

第四，积极推行融入世界经济体系的对外经贸政策。

在戈尔巴乔夫执政时期，就苏联经济如何融入世界经济体系提出了一些设想并采取了一些措施，但真正采取实际行动的是在1992年俄罗斯推行经济转型之后。俄罗斯经济转型目标已不再像戈尔巴乔夫执政后期处于争论不休的状态，而已是十分明确，即由传统的计划经济体制转向市场经济体制。这一转型目标与经济全球化、全球经济一体化有着密切的联系。就是说，俄罗斯经济要融入世界经济体系，参与全球化过程，必须使其经济适应世界经济变化了的环境，跟上经济全球化的步伐。因此，改变对外经贸关系体制与政策成为俄罗斯经济转型的一个重要组成部分。为此，俄罗斯实施了下列政策措施。

1. 积极参加国际经济组织

俄罗斯在向市场经济转轨过程中，对国际经济组织持积极合作的态度。

俄罗斯先后加入的国际经济组织有：

1992 年 6 月加入国际货币基金组织（IMF）。当时俄罗斯的经济处于十分困难的时期，特别是债务危机与支付危机尤为严重。俄罗斯加入了 IMF 后，对其缓解经济危机还是起到了一定的作用，在 20 世纪 90 年代，IMF 向俄罗斯提供的贷款总额为 321 亿美元。

在苏联解体后的 1992 年加入世界银行。自加入该银行后，俄罗斯先后获得的贷款项目共有 53 个，合计 134 亿美元的贷款，其中实际使用了 84 亿美元。

俄罗斯除了参与世界性金融组织外，还与一些地区性的国际金融机构合作，如与欧洲复兴开发银行、欧洲投资银行都有合作关系。另外，俄罗斯还与由其主导或创建的地区性国际金融机构进行合作，这些机构有：国际经济合作银行、国际投资银行、独联体跨国银行、黑海贸易与发展银行等。[①]

俄罗斯为了更好地参与经济全球化进程，加强与世界各经济区域的合作，还参加了如西方“八国集团”、亚太经合组织、上海合作组织等国际经济机构。

2. 努力争取加入世界贸易组织（WTO）

与 WTO 的关系，从一个重要侧面反映了俄罗斯的对外贸易政策的指导思想，为此，这里进行较多的论述。

1990 年苏联成为 WTO 前身关贸总协定的观察员。1991 年年底苏联解体后，俄罗斯于 1992 年继承了前苏联的观察员地位。1993 年俄罗斯向关贸总协定递交了加入该组织的正式申请，2001 年加紧了入世的步伐。与此同时，国内对此问题的讨论更加激烈，不同意见的争论也日益尖锐。俄罗斯为加入世贸组织已进行

---

① 有关俄罗斯参加国际金融机构的情况与问题，详见郭连成主编：《俄罗斯对外经济关系》，经济科学出版社 2007 年版，第 2—18 页。

了多年的努力，至今尚未解决。

从叶利钦执政时期来看，主要原因有：

首先，尚缺乏必要的与WTO标准接轨的法律。在叶利钦执政时期，虽然通过激进的经济改革，很快冲破了传统的计划经济体制模式，形成了市场经济体制的框架，但它的市场经济一直处于混乱无序状态。一系列重要的经济法规，如税法、土地法、银行法、外国投资法等，要么尚未很好地建立起来，要么难以执行。以外国在俄罗斯投资为例：1989—1998年9年间，俄罗斯所吸引的外国直接投资，按人均计算，在中东欧和独联体的25个国家中排第21位，从外资占GDP的比重看，在情况最好的1997年为0.8%。在中东欧和独联体国家中排行倒数第二。2000年，俄罗斯吸引的直接投资仅为44.29亿美元，而证券投资几乎为零，大大低于其他发展中国家的水平。据德国经济学院专家对在俄罗斯投资的340家公司的问卷调查，有超过90%的被调查者认为，影响俄罗斯引进外资的主要因素是："法律的不稳定，税收过高……高关税、地方当局的官僚主义。"

其次，俄罗斯担心其经济安全受到威胁。苏联实行了70多年的计划经济体制，约60%经贸是与经互会成员国进行的，它的大量民用产品缺乏竞争能力，因此，立即全面开放市场，其经济会受到重大冲击，而俄罗斯打进西方市场的可能性又很小。俄罗斯从经济转型以来，由于缺乏对本国工业的保护措施，它的轻工业、食品工业等部门几乎被冲垮，大量企业倒闭。

第三，俄罗斯国内缺乏统一的认识。长期以来，一直存在两种不同的意见：一是一些大公司、大企业特别是一些垄断大财团和国家安全部门，坚决反对俄罗斯匆忙入世，认为俄罗斯政府如果在入世谈判中妥协过大，让步过多，会得不偿失。二是国家主要领导人大部分知识界人士认为，俄罗斯应该争取早日参加WTO。普京执政后，一直十分重视俄罗斯入世问题。他在2001年的总统国情咨文中说："今天我国正在加快融入世界经济一体化进程。"应该"加快在我们可以接受的条件下加入世界贸易组织的准备工作"。2001年10月30日，普京在莫斯科召开的世界经济论坛《相会俄罗斯——2001》会议上明确指出："俄罗斯的战略目标是成为商品和服务最有竞争力的国家，我们的全部活动都是为了实现这一目标。"他还表示，俄罗斯致力于在合理的条件下加入世界贸易组织。普京还一再强调，俄罗斯今后应以WTO的规则与要求为坐标进行经济体制改革。普京在2002年总统国情咨文中专门谈了入世问题。他指出："世贸组织是一种工具。谁善于使用它，谁就会变得更强大。谁不善于或不想使用它、不想学习，宁愿坐在贸易保护主义的配额和税率的栏杆外面，谁就注定要失败，在战略上绝对要失败。”“这将使俄罗斯经济停滞，降低俄罗斯经济竞争能力。”他在2002年6月24日举行的记者招待会上又强调：“如今俄罗斯是世界经济大国中唯一一个不是世界贸易组织成员的国家，唯一的国家！参加世贸组织的国家的经济占到世界经济的95%可能还多一点，停留在这个组织的框架之外或这个进程之外是危险和愚昧的。对我们来说，问题不在于从表面上计算是否值得，尽管这同样重要，也需要计算。问题在于，加入世贸组织会自然而然地将文明世界的一套法律关系推广到俄罗斯。这会在相当程度上影响到国家的经济、社会和政治领域，也包括犯罪。因为这会大大地使我国的各种经济秩序合法化并把它们置于法律的框架内。”① 普京在其连任后，于2004年5月26日发表的第一个总统国情咨文中也谈道：“希望俄罗斯经济今后进一步与全球经济接轨，包括在符合我国利益的前提下加入世界贸易组织。”

第四，一个不可忽视的因素是，在较长的时间里，俄罗斯政府在组织入世的领导工作方面极为不力。自1993年提出入世申请后，也成立了俄罗斯入世的政府委员会，并都由一名副总理任该委员会主席。但在普京上台执政前，历届负责入世的政府委员会并未积极开展工作，而该委员会的主席往往是在被解职前才知道自己是担任这一职务的。

尽管出现了一些有利于俄罗斯跨入WTO大门的因素，也存在很多困难。

首先，俄罗斯市场经济从无序走向有序，使法律与WTO条款和标准相一致，对俄罗斯来说，有漫长的路要走。2001年7月，WTO总干事穆尔在发表有关决定推迟俄罗斯入世问题的谈判的声明时说，为加入WTO俄罗斯需要通过一些必要的法律，开放市场，建立可靠的金融体系，使生产商适应世界市场高度竞争的环境。为此，俄罗斯还需要若干年。

其次，一些涉及俄罗斯国家经济安全的重要领域，如农业、航空、家具、汽车制药和钢铁业等，其入世谈判是十分复杂和困难的，俄罗斯与WTO存在很大的分歧。俄罗斯农业部长曾说，世贸组织对新成员的审核不公平，他举例说，俄

---

① 《普京文集：文章和讲话选集》，中国社会科学出版社2002年版，第290、617、618、700、701页。

罗斯每公顷只有5美元的补贴，而欧盟国家为800美元。在此情况下，世贸组织还要求俄罗斯支持农产品出口的补贴与1985—1990年相比应减低35%。

第三，普京上台执政初期，俄罗斯国内反对入世的呼声很高，有人专门建立了反对入世的网站，大财团、大企业一再呼吁，政府在入世前必须加强与他们对话，听取他们的意见，并说，如果俄罗斯政府采取强制性的办法来加速入世，将会导致俄4万家企业倒闭。从而会导致在入世初有1000万—1500万人失去工作。在这种压力下。俄罗斯入世谈判代表团团长梅德韦德科夫表态说：参加世贸组织的代价应该是合理的，不能超过从加入世贸组织中得到的好处；如果我们看到这种平衡无法保持，我们将不建议俄罗斯政府加入这个国际组织。

第四，对俄罗斯来说，入世谈判最复杂的对手是欧盟。欧盟市场约占俄进口额的40%与出口额的38%，俄罗斯吸收的全部外资中有一半来自西欧。因此，欧盟的态度对俄罗斯入世无疑至关重要。在相当一个时期里欧盟一方面表示欢迎俄罗斯入世，同时又向WTO施压，让其制止俄罗斯对它们的倾销活动。

第五，任何一个大国参加世贸组织，不只是考虑经济因素，国际政治关系的影响也是不可低估的，俄罗斯也不例外。1998年，美国作为对俄罗斯默认北约东扩的回答，叶利钦与克林顿都声明，俄罗斯应在1998年12月成为WTO的成员。“9·11”事件后，普京发表了全面支持在阿富汗实施军事打击的五点声明。美国对此在俄罗斯入世问题也做出反应。美国贸易谈判代表表示，俄罗斯尽快入世符合美国利益，同时承诺在2001年年底前讨论俄罗斯参加WTO的问题。但后来实际情况表明，美国并没有在俄罗斯入世问题给予积极支持。

尽管俄罗斯入世过程中遇到种种困难，但一直在没有停止入世方面的工作，

例如，俄罗斯为了与世界经济接轨，为入世做好准备，于2003年4月25日通过新的《俄罗斯联邦海关法》，2003年5月28日普京签署，2004年1月1日起实施新的海关法。这部法典是对1993年7月21日公布实施的《俄罗斯联邦海关法》的补充和修订。其间经历近5年时间，经过反复协调、协商和反复修改，终于获得了通过。新海关法与旧海关法相比，一个最重要的特点是更加符合国际规范，与国际公约中简化程序的原则协调一致，同时也有利于从事对外经贸活动的单位和个人维护自己的利益。海关将按法律赋予的权力履行自己的义务和职责。俄罗斯国家杜马预算和税收委员会副主席德拉加诺夫认为，新海关法与旧海关法相比，国家减少了对外经贸活动经营者的行政壁垒；新海关法更加透明，外

贸经营者不会再对如何逃避海关税费感兴趣；是俄罗斯与国际一体化接轨迈出的一步，将有利于俄罗斯加入世界贸易组织。俄罗斯海关委主席瓦宁强调，新海关法中规定通关的时间是 3 天，实际上，海关预计 90%的商品在一天之内就能通过，即早晨上交文件，晚上收到货物。这样做简化了程序；促进了信息技术的广泛采用，保证了海关税费 24 小时到位，还将会采用海关统一的付费卡。瓦宁主席还强调，根据新海关法，俄罗斯海关将对商品过境的办理海关手续做到简捷、方便、快速和舒适。应该说，俄罗斯新海关法的实施，对其入世是个很大的促进。入世谈判一直在进行。2004 年 10 月普京访华时，在北京同中国完成了有关俄罗斯入世谈判，签署了《中华人民共和国与俄罗斯联邦关于俄罗斯加入世贸组织的市场准入协议》，使中国成为最早与俄罗斯结束 WTO 谈判的 WTO 成员之一。到 2005 年 5 月，俄罗斯已经结束了与世贸组织大多数成员国的谈判。之后，2006 年俄罗斯先后与哥伦比亚、澳大利亚、哥斯达黎加、危地马拉、萨尔瓦多、斯里兰卡等国结束了加入 WTO 的双边谈判。2006 年 11 月 19 日，在河内举行的亚太经合组织峰会期间，俄美签署了俄罗斯入世双边谈判议定书。美国成为与俄罗斯达成商品市场准入协议的第 56 个、完成双边服务市场准入谈判的第 27 个 WTO 成员国。目前俄罗斯在入世方面尚存在一些遗留问题，但入世问题的解决不会再拖得很久。

从争取入世的进程可以看，俄罗斯在这个问题上的基本政策是：总的来说是持积极的态度，但同时表现得较为谨慎。2007 年普京在葡萄牙俄欧峰会结束后举行的记者招待会上表示，只有在加入世贸组织参数符合俄罗斯利益的情况下，俄罗斯才会作出加入世贸组织的最终决定。据俄罗斯入世谈判组织征询地方意见后得出的看法是，俄罗斯入世后，进口量的加大可能对 22 个地区（联邦主体）产生负面影响。这种谨慎的态度，一是与俄罗斯的对外战略总的主导思想有关，它在对外关系方面一直是以追求最大限度国家利益为原则的，因此，在入世问题一再强调不能以牺牲国家利益为条件，普京强调，俄罗斯现在已经不存在是否应该加入世贸组织的问题，而是何时，以何种条件加入的问题。二是与俄罗斯的经济结构有很大的关系。它出口的主要是能源等原材料产品，这是在国际市场短缺的产品，竞争力很强。而其进口的主要是机器设备、运输工具、食品与服务等轻工产品，这些产品在国际市场并不稀缺。这说明，入世后在短期内难以给俄罗斯带来很大效益，因此，俄罗斯入世更多着眼于长远利益。三是从俄罗斯申请入世到目前为止，主要面临关税减让、过渡期的确定、服务贸易的准入与农业补贴等难题。这些问题的解决是十分困难的，是影响谈判进程的重要因素。

目前俄罗斯在入世问题上，又涉及是否坚持俄罗斯、白俄罗斯与哈萨克斯坦将作为统一关税同盟同时入世问题，欧盟委员会发言人卢茨·古尔纳于2009年6月10日在新闻吹风会上要求俄罗斯澄清入世立场。俄罗斯在2009年6月在与欧盟举行部长级会议上表示，打算2009年年底前完成入世谈判。俄罗斯第一副总理伊戈尔·舒瓦洛夫2009年8月12日又向媒体证实，俄罗斯将作为一单独国家入世，但在入世谈判中与白、哈两国开展合作。之后不久，俄罗斯又宣布它将单独入世。经过18年的努力，俄罗斯于2011年12月16日跑完了“入世”马拉松，WTO正式批准了俄罗斯加入该组织。

改革对外经济体制

1. 废除国家对对外经贸的垄断制，实行外经贸活动自由化

1991年11月15日，俄罗斯通过了《对外经济活动自由化法令》。该法令明确规定，废除国家在对外贸易中的垄断制，放开对外经营活动。还规定，凡是在俄罗斯境内注册的企业，不论其是何种所有制，均有权从事对外经贸活动，包括中介业务。1992年俄罗斯向市场经济过渡之后，围绕废除国家垄断制与实行外经贸活动自由化，还采取了一些具体措施，这主要有：取消对外贸易的各种限制，逐步减少按许可证和配额进出口的商品数量。在转型初始阶段，在商品进口方面取消了一切限制，以便尽快解决国内市场商品（特别是消费品）严重短缺问题。在1992年6月以前实行免征关税的政策。后来，随着市场供应的逐步缓解，考虑到增加财政收入与保护本国工业的恢复，俄联邦政府才决定从1992年7月1日起对14类进口商品征收15%的临时关税。从1993年2月1日起，俄罗斯开始对大部分进口商品课征增值税（税率统一规定为价值的20%），对某些特定商品课征消费税。从1993年8月1日，俄联邦通过的《海关税法》生效，对进口商品采用国际上通用的从价税、从量税和综合税按国际价格课税。在商品出口方面，也实行取消出口限制的政策。

俄罗斯自1993年之后，在对外经贸活动实行以自由化为改革方向的同时，考虑到保护本国经济需要等因素，也加强了国家的宏观调控，其主要手段是利率

和关税，并不断注意规范关税制度，使其逐步朝着与国际接轨的方向发展。

2. 实行全面的开放政策

俄罗斯在推进全面开放方面，采取了一些具体政策与措施。

1992年2月，叶利钦总统在会见驻莫斯科外交使团团长时就说，俄罗斯准备与世界各国、各地区进行广泛合作，将执行开放政策。叶利钦执政后，其对外政策的特点是：推行不受意识形态束缚的外交政策；推行全方位外交政策（除了1992年实行“一边倒”的对外政策外），既面向西方，也面向东方，既同北方，也同南方进行广泛合作；实行重视国家利益的经济优先外交政策，把对外开放视为俄罗斯的一项基本政策。当然，俄罗斯对各地区与国家发展经济合作时有其不同的侧重点，对美国与欧洲发达国家，主要是吸引资金与技术，争取获得更多的经济援助；对独联体国家，主要是通过经济一体化，实现多层次的经济合作，并达到在政治上扩大影响的目的；对亚太地区特别是东北亚地区加强经济合作，一方面可以推行俄罗斯参与多边合作和世界经济一体化进程，另一方面使俄罗斯西伯利亚与远东地区适应世界经贸的重点向亚太地区转移的总趋势，同时也促进西伯利亚与远东的开放。

49. 俄罗斯实行怎样的收入分配政策?

马蔚云

苏联由于不允许私有制存在，限制个体经营活动，官方意识形态只承认社会中存在工人阶级、农民阶级和知识分子阶层，所以社会阶层分化程度低，分化速度慢，社会阶层相对稳固。苏联剧变后，俄罗斯以经济机制的市场化和所有制关系的私有化为特征的经济转型，加大权力关系调整和利益再分配的强度，社会结构开始分化，出现了富有阶层、中产阶层和贫困阶层。随着私有化政策的实施，所有制结构的变化，俄罗斯居民的收入来源出现多样化趋势，居民收入从主要来自劳动报酬向越来越多地依靠资本收入、经营活动收入等要素收入过渡，不同阶层的收入来源存在差异。俄罗斯收入分配方面存在的最大问题是收入分配不公，主要表现为社会群体之间两极分化严重。

收入分配是社会再生产的一个重要环节，更是一国宏观经济政策的重要组成部分，其核心是解决社会经济发展中的效率与公平问题。社会公平尤其是贫困问题和收入分配是全体社会成员最现实、最关心、最直接的利益，俄罗斯亦不例外。俄罗斯对社会公平的社会关注和理论研究，始于20世纪90年代初。因为从20世纪90年代开始的经济和社会转型，使经济和社会问题日渐突出。随着20世纪90年代经济和社会转型，俄罗斯的贫困问题和收入分配问题十分尖锐。改革20年来，尤其是普京主政的8年间（2000—2008年），随着经济的进一步好转，居民收入快速增长，消费需求明显加快。俄罗斯在消除贫困和缩小收入差距方面做出了努力，也取得了成效。然而，贫困问题和收入分配不公的问题仍然尖锐，已成为俄罗斯社会最难解决而又必须解决的问题。随着俄罗斯改革的不断深化，贫困、不平等等社会公平问题越来越受到各方关注。

俄罗斯居民收入分配不公的问题基本上是经济改革过程中形成的，成因非常复杂，其根源主要是初次分配秩序混乱和再分配功能的弱化。为此，俄罗斯出台了一系列调节收入分配的政策：推行积极的收入政策，实现符合穷人的经济增长；完善最低生活保障制度，减少贫困；借个人所得税改革减少收入差距，实现社会公平；借社会保障体系关怀弱势群体，提供生活保障；发展慈善事业，发挥第三次分配的调节作用。

推行积极的收入政策，实现符合穷人的经济增长

从俄罗斯居民收入变动的特征来看，除相对收入水平略有恶化外，绝对收入水平和收入增长速度总体上值得肯定。这里涉及对收入政策的评判问题。收入政策产生于1945年，西方国家将其作为财政政策与货币政策之外的短期调节工资水平的一种手段，因为效果不佳，经济学界多持批评态度。然而，实践证明，20世纪80年代日本、联邦德国和瑞士等国实施的收入政策都发挥了积极作用。此后，收入政策被经济转型国家普遍采用。应该说，作为直接控制要素收入的宏观经济政策，俄罗斯2000年以来实行的收入政策是成功的。俄罗斯把反贫困和提高居民实际收入作为政策的优先方面：一是政府对公务员实行不断提高薪水的政策；二是对企业职工工资实行指数化；三是对退休者保证退休金稳定增长，并实行有针对性的社会帮助；四是实行最低工资制度。

俄罗斯国家统计局资料显示，1992—2010年的19年间，实际工资在1999年之前除了1997年增长5%之外其他年份均为下降，从2000年起实际工资总体呈增长态势：2000年增长21%，2005年增长13%，2006年增长13%，2007年增长17%，2008年增长11%，2009年下降3%，2010年增长5%。实际退休金在1992—1999年呈持续下降趋势，以后持续增长：2000年增长28%，2005年增长10%，2006年增长5%，2007年增长5%，2008年增长18%，2009年增长11%，2010年增长35%。实际最低工资在1992—1999年除了1997年与上年持平外其他年份均呈下降趋势，之后基本呈增长态势：2000年增长6.9%，2005年增长10.4%，2006年增长22.1%，2007年增长37.6%，2008年增长34.4%，2009年增长68.6%，2010年下降6.4%。俄罗斯实际工资、实际退休金和实际最低工资增长幅度大大超过经济增长速度（GDP2000年增长10.0%，2005年增

长6.4%，2006年增长8.2%，2007年增长8.5%，2008年增长5.2%，2009年下降7.8%，2010年增长4.0%），可见，经济增长是符合穷人的增长。一般而言，判断一国国民经济或国民收入初次收入分配是否公平的主要标准是分配率，即劳动报酬总额占国内生产总值的比重。分配率越高，初次分配越公平；反之，则不公平。经济发达国家的初次分配率大多在60%上下，美国则高达70%。1991至2010年的20年间，俄罗斯国民收入初次分配率2009年最高（37.9%），2000年最低（29.1%），其他年份在31%—38%，2010年比改革前（1991年）仅高出0.7个百分点。即使加上隐形报酬部分，分配率也没有达到市场经济成熟国家的标准。不过，俄罗斯分配率毕竟出现了增长。

总之，同20世纪90年代俄罗斯的激进改革相比，俄罗斯近10年实行的收入政策使国家实现了低利率、低失业、低通胀等目标。按照俄罗斯科学院院士阿巴尔金1999年的预测，俄罗斯的收入政策分为三个时期，目前已经度过了2002—2003年的反危机时期和2003—2008年的稳定时期，现在步入“新阶段政策”（полиика“новых рубежей”）时期。[①]

在肯定俄罗斯收入政策的同时，需要指出的是，俄罗斯在对原始收入进行初次分配方面也存在不足，暴露出一些问题，社会群体之间收入差距扩大就是一个典型。从基尼系数来看，苏联时期一般在0.250左右。经济转型以来，俄罗斯的基尼系数从1992年的0.260升至2003年的0.390，2010年进一步升至0.423。总的来看，收入差距比较明显，已进入国际警戒区。从五等分法计算的收入差别系数来看，苏联时期收入差距呈下降趋势，1970年为4.7倍，1991年降为2.6倍。经济转型以来，俄罗斯居民收入差距不断扩大，收入差别系数由1991年的2.6倍上升为2002年的8.2倍和2010年的9.3倍。从十等分法计算的收入差别系数来看，苏联时期一般在3—5倍。经济转型以来，俄罗斯居民收入差别系数不断扩大，1992年为8倍，1999年升至14.1倍，2010年再升至16.5倍。这一比值超过俄罗斯国家经济安全警戒线（不应超过8倍），也大大超过国际公认10倍的安全警戒线。

在俄罗斯，关于国家调节收入差距过大的问题，历来存在两种对立的观点。

---

① （俄）Л.И.阿巴尔金主编，周绍珩等译：《俄罗斯发展前景预测——2015年最佳方案》，社会科学文献出版社2001年版，第217页。

一种观点认为，应该调节收入，另一种观点则持反对态度。目前大多数学者赞同第一种观点，如果国家不对居民的收入和支出结构进行调节，俄罗斯的经济状况不可能根本好转。这已为发达国家的经济实践所证明。

完善最低生活保障制度，减少贫困

最低生活保障制度或贫困线制度是现代国家保护公民基本权利的重要形式，俄罗斯宪法第 7 条第 2 款明确规定："俄罗斯联邦保护人们的劳动和健康，规定有保障的最低劳动报酬额，国家帮助家庭、母亲、父亲和子女，向残疾人和老年公民发放补助，建立国家退休金、补助金及其他社会保障，建立社会服务体系。"① 俄罗斯最低生活保障制度或贫困线制度的发展，从 1992 年 3 月叶利钦发布《关于俄罗斯联邦最低消费预算体系》的总统令算起，已经有近 20 年的历史，在贫困居民的保护和社会稳定方面发挥了重要作用。按照俄罗斯 1997 年 10 月 24 日颁布的《俄罗斯联邦最低生活保障法》的解释，最低生活保障或贫困线，是指在社会发展阶段能够保障居民最起码的生活条件和维持人的劳动能力和健康所需要的费用。根据本国国情，俄罗斯在实践中采用标准预算法，即根据人们生存的需要来制定贫困线。标准预算法亦称标准法，是传统的计算贫困线的方法。俄罗斯在采用这种方法确定贫困线时，以 10％的最贫困家庭最低食品、非食品商品与服务的消费、税收和缴费占支出的结构为基准，确定基本生活品的种类和标准。

从最低生活保障标准（贫困线）来看，1992—2010 年俄罗斯人月均水平呈持续上升趋势：1992 年为 1.9 卢布（折合改值后卢布），1995 年为 264 卢布（折合改值后卢布），2000 年为 1210 卢布，2005 年为 3018 卢布，2006 年为 3422 卢布，2007 年为 3847 卢布，2008 年为 4593 卢布，2009 年为 5153 卢布，2010 年为 5688 卢布。19 年间，1995 年增长最快，增长了 205％；2010 年增长最慢，增长了 10％；其他年份增长幅度在 12％—20％。从贫困人口比重看，货币收入低于贫困线的人口比重 1992 年最高，达到 4940 万，占全国人口的 33.5％。以后贫

① Конституция Российской Федерации. Принята 12 декабря 1993 г. Владивосток: Издательство《Интертех》, 2002. С. 5.

困人口的绝对数和相对数总体呈下降趋势：1995年为3650万（24.8%），2000年为4230万（29%），2005年为2520万（17.7%），2006年为2150万（15.2%），2007年为1870万（13.3%），2008年为1890万（13.4%），2009年为1850万（13.2%），2010年为1850万（13.1%）。

居民贫困线制度是以保障公民最低生存需要并消除现实中贫困问题为目标的社会救济制度。毋庸置疑，作为一项普遍的、有效的社会政策，俄罗斯贫困线制度改革的方向是符合市场经济发展要求的，在贫困居民的保护和社会的稳定方面发挥了重要作用。之所以说是重要作用，首先，贫困线对救济困难，促进社会安定，保障居民安居乐业具有积极作用。其次，贫困线实行动态管理。贫困线随着维持居民基本生活的物质需要、全国及地方社会经济发展水平、物价上涨指数、财政的承受能力等因素的不断变化适时调整，总体反映了俄罗斯居民贫困的现状和变化趋势，并基本符合国际适用标准。再次，贫困线比较科学。消费篮子构成中的食品、非食品和服务消费品基本符合不同人口群体的消费需求。最后，贫困线易于操作。俄罗斯界定贫困线的方法在资料的收集、整理上较为简单，在计算方法上也通俗易懂，便于推广应用。同时也要看到，俄罗斯贫困线制度只有20年的历史，相比较英国的“济贫法”有400年历史，俄罗斯的这种救济制度只是刚刚起步，尚有许多困难和问题。

第一，测量贫困线的指标选择存在问题。俄罗斯官方在计算贫困线时使用收入作为总福利指标。由于货币收入没有列入住户预算调查范围，因此在实践中通过间接的方法获取收入指标，即采用货币支出和金融资产流量两项指标加总后计算得出。在调查时发现，隐性收入调查困难，富裕家庭对其货币支出和拥有的金融资产存在低估或回避倾向。为了使得出的结论更加科学、客观，俄国家统计局在得出上述初步指标后采用加权指标，即分别赋予富裕住户和贫困住户较高和较低权重重新计算后得出最终指标，在一定程度上弥补了收入指标的不足，但仍低于根据国民经济核算体系计算的相应指标。世界银行在2004年的《俄罗斯联邦贫困评估报告》中也指出了这个缺陷。[①]

第二，消费篮子的价值评估存在问题。俄罗斯有学者认为，官方公布的最低

---

① Документ Всемирного банка. Российская Федерация: Доклад по оценке бедности. 28 июня 2004 г. С. 8. http://web. worldbank. org.

生活保障标准尽管已指数化，但从解决人的正常再生产的角度看，最低生活保障标准规定的消费结构没有包括许多非弹性支出，例如，住宅与公用事业费支出。该标准只能保证家庭的最低生活水平。在最贫困家庭中食品消费甚至低于最低生活保障标准规定的水平。因而，该标准不是贫困线，而是赤贫线。①

第三，贫困线标准存在一定的随意性。由于各地区制定贫困线的出发点不同，最低生活保障政策具有一定的随意性，地区间的标准差距悬殊，缺乏可比性。按照世界银行专家的说法，地区间的贫困线可比是指，生活在不同地区但生活水平相同的两个人均应列入贫困阶层范畴，但大多数情况下俄罗斯各地区间的贫困线不具有可比性，而且从 2005 年开始这个问题更加严重。主要原因是，地区制定贫困线时往往考虑“自然气候差异”这一因素，“地区测定贫困线时出现欺诈行为”②。

第四，没有考虑家庭规模和结构问题。家庭的人口数量可以形成消费的规模效应，如大家庭可共用厨房、厕所等基本设施，并能节省燃料等开支。国际经验证明，住户由于规模效应可以节约 1/3 的收入。因此，贫困线应随住户规模的扩大而下降，即二者之间呈反向关系。

第五，测定贫困线的方法不科学。标准预算法具有简明直观、简便易行的特点，但必需品清单的确定易受价值观的影响，采用这种方法制定出的贫困线标准偏低。世界银行专家建议，俄罗斯最好根据住户预算调查总结贫困居民的消费特点并作为确定消费篮子的依据。

改革个人所得税，体现社会公平

个人所得税是对初始收入的调节，其再分配功能是双重的：一是调节市场分配（即初次分配）所形成的收入差距；二是聚积可供财政分配（即收入再分配）的财政资金。各国个人所得税制对课税范围的规定，大致有两种类型：一是以美国联邦“总所得”概念为典型的个人所得税；二是以英国的“所得税分类表制

---

① Любимцева С. Потребительский спрос и предложение на внутреннем рынке. Экономист. 2002，№ 5. С. 34.

② Документ Всемирного банка. Российская Федерация：Доклад по оценке бедности. 28 июня 2004 г. С. 6. http：//web. worldbank. org.

度”为典型的个人所得税。俄罗斯实行的是美国模式的个人所得税，即课税所得包括“总所得”。

个人所得税一般实行超额累进税，在促进经济稳定方面可以起到较好的作用。俄罗斯的个人所得税改革大致分为两个阶段：1992—2000 年为第一阶段。俄罗斯按累进原则征收个人所得税，最初税率定为 7 级，最低税率为 12%，最高为 60%，1993 年以后税级减少为 6 级，最高税率降到 30%，最低为 10%，1997 年最高税率依然是 30%，最低税率上升为 12%。2000 年俄罗斯个人所得税收入 1747 亿卢布，占 GDP 的 2.5%，占国家税收的 6.5%，远远低于美国 40%、其他发达国家和转型国家 25%—35%的水平。实行累进税率要有一个前提，即收入要有足够的透明度。俄罗斯收入的透明度还不够高，如隐形工资在居民收入的比重高达 40%—50%、灰色收入占 GDP 的比重高达 40%等，从而限制了累进税率在收入再分配上的效果。2001 年至今为第二阶段。为了使高收入公民诚实申报实际收入，2000 年俄罗斯决定对所得税进行改革。基本目标是，降低名义税收负担（对收入课征的边际税率）从而减少偷漏税规模。规定公民需缴纳 13%的统一线性所得税，并将所得税起征点由原 53 万卢布降为 10 万卢布，对超高收入者还规定一个免税线，但对个别收入规定特殊税率（如对彩票中彩收入实行 35%税率等）。个人所得税收入的分配办法是：税收的 16%纳入联邦预算，84%纳入联邦主体预算。从 2001 年起调整后的个人所得税制开始实施。从改革结果看，个人所得税收入没有因税率调整而下降，而是出现了大幅度上升。在改革的第一年，俄罗斯个人所得税收入比 2000 年增长 45%（实际增长 23%）；2002 年收入 3581 亿卢布，占国家税收的 12.8%，占 GDP 的 3.3%；2007 年收入 12666 亿卢布，占国家税收的 11.7%，占 GDP 的 3.8%；2008 年收入 16663 亿卢布，占国家税收的 11.5%，占 GDP 的 4.0%；2009 年收入 16658 亿卢布，占国家税收的 15.4%，占 GDP 的 4.3%；2010 年收入 17905 亿卢布，占国家税收的 12.3%，占 GDP 的 4.0%。

俄罗斯国内对个人所得税的调节作用褒贬不一。俄罗斯“休克疗法”之父、过渡时期经济研究所前所长盖达尔认为，个人所得税收入增长的主要原因有：其一，总体价格水平上升导致居民名义收入增长；其二，在经济增长条件下实际收入扩大；其三，对低收入纳税人所得课征的税率从 12%提高到 13%；其四，2000 年的部分收入结转到 2001 年，尽管所得税税率降低，但税基扩大；其五，对现役军人收入开征所得税。[①] 俄罗斯过渡时期经济研究所其他学者则认为，所得税收入的增加，主要是偷漏税规模下降和申报所得额增长导致课税基础扩大的结果。[②] 俄罗斯大多数学者基本认同“个人所得税收入增长主要是因为偷逃税现象减少”这种观点[③]。笔者同意后者的看法。从理论上讲，由累进税率向线性税率过渡应该导致所得税的累进性下降。然而，所得税选择累进税率只有建立在真实可靠的税基之上，才能更好地针对纳税人的实际纳税能力来确定税收负担。从实践看，2001 年以前俄罗斯个人所得税税率设计不够合理，体现在累进税率级档过多，大部分边际税率不适用。选择累进税率的结果是，高收入纳税人偷逃税现象严重，累进所得税率事实上是累退的。诚如诺贝尔经济学奖得主斯蒂格利茨所言：“如果富人比穷人交纳更多的税，但不是按比例递增的，那么这种税收制度仍然被认为是累退的。”[④] 如果假定，2001 年以后所得税收入增长在很大程度上是高收入纳税人偷漏税规模下降所致，那么所得税的实际累进性应随线性税率的实行而扩大。换言之，所得税的“纵向公平”应该提高。

健全社会保障制度，关怀弱势群体

社会保障是指社会成员面临生、老、病、死、伤残、失业等情况而出现生活困难时，社会或政府给予金钱的或物质的帮助，以保障社会成员能维持最基本的生活水平。苏联时期拥有完整的社会保障体系，主要包括免费教育、免费医疗、免费疗养、免费休假，对基本生活必需品及住房、水电实行价格补贴等内容。近 10 年来，俄罗斯投入大量资金用于居民的社会保障，对社会公平产生了积极的影响。2000 年俄罗斯用于社会政策的支出为 1268 亿卢布，占预算支出的 6.8%；2002 年支出 6258 亿卢布，占预算支出的 18.4%；2007 年支出 27172 亿卢布，占预算支出的 24.2%；2008 年支出 36077 亿卢布，占预算支出的 25.8%；2009 年支出 47188 亿

---

① Гайдар Е. и др. Российская экономика в 2001 году. Тенденции и перспективы (Выпуск 23). М.: ИЭПП. 2002. С. 5.

② Синельников－Мурылев С. и др. Оценка результатов реформы подоходного налога в Российской Федерации. Вопросы экономики. 2003，№6. С. 62.

③ Корокина И. Реформа подоходного налога. Российская газета. 20 декабря 2005. С. 3.

④ 丁元竹等：《分配是民生之源》，《群言》2007 年第 8 期。

卢布，占预算支出的29.4%；2010年支出61777亿卢布，占预算支出的35.1%。

随着社会保障制度的不断完善，这在第二次分配过程中有利于弱体群体生活水平的提高。考虑到本书有专门列有社会保障制度的专题，这里就不再论述。

发展慈善事业，发挥第三次分配的调节作用

贫富差距的缓解，特别是贫困问题的解决，既有赖于各国政府乃至国际社会的努力，也有赖于各种民间组织与个人的积极参与。后者的扶贫济困活动，亦即通常所指的慈善事业或第三次分配或第三部门，是通过募集、捐赠、资助和自愿者服务等方式实现个人收入的转移，是对社会资源和社会财富进行的一种分配方式。在现代社会，作为市场初次分配和政府再分配之后的又一种社会调节收入与财富的方式，慈善事业是社会保障制度的一个有力补充，对于缓解与消除贫困、缩小收入差距发挥着不可忽视的作用。“慈善”是一个道德范畴，表现为人们在对仁慈、同情和慷慨认同基础之上的一种互助行为。在俄罗斯传统文化中，反映慈善美德的思想非常普遍。俄罗斯人有着浓厚的东正教信仰，东正教倡导一种行善积德的理念，提倡以慈悲为怀、关爱生命，把乐善好施当做美德，如大多数俄罗斯人重视集体活动、不习惯于通过个人努力和奋斗，而是习惯于依靠国家和社会的帮助改善自己的状况。

慈善事业的发展，主要取决于经济社会的发展水平和文化传统的差异。一般而言，有着基督教文化传统的、经济发达的西方国家，慈善事业相对发达。作为发达国家的领头羊，美国的慈善事业在世界具有典型性与代表性。俄罗斯慈善事业的发展，从1995年8月政府出台的《俄罗斯慈善活动和慈善组织法》（1997年9月19日由国家杜马通过）算起，已经有16年的历史。截至2010年年底，俄罗斯的慈善机构共9597个，大致分为以下几类：

第一，企业慈善机构。主要由俄罗斯企业开办，由大型商业集团或银行提供活动资金，活动目的带有纯慈善性。俄罗斯成立此类慈善机构的企业不多，基本上是大型企业，如俄罗斯通讯公司、卢克石油公司、尤科斯石油公司和一些银行。

第二，基金会。主要由西方在俄罗斯设立，活动经费一般来源于富人或富裕家庭提供的私人基金运转资本产生的利息，如福特基金会、卡耐基基金会等。近年，俄罗斯开始出现本国私人基金会，数量不多，如波塔宁慈善基金会等。

第三，中介组织。由于缺乏管理和组织经验，俄罗斯政府所属的基金会常常邀请包括从事慈善活动机构在内的国内外非政府组织，参与政府拨款计划的实施。这些机构主要有“捍卫民主”民族基金会、世界学会、欧亚基金会、国际研究与交流理事会、慈善援助基金会等。

俄罗斯慈善组织资金主要来自国外：一是外国政府财政拨款，如美国国际开发署开办的欧亚基金会。二是政党资助。三是大型企业捐助，如微软、苹果和麦当劳等大型跨国企业。四是个人捐助，如索罗斯、巴菲特、比尔·盖茨等跨国企业的老板。俄罗斯境内的西方慈善机构绝大部分为美国所控制，其中最有影响的有两个：一个是索罗斯基金会。1992 年由美国金融家索罗斯创立，总部设在纽约。基金会的宗旨是：支持东欧、原苏联等国的科研工作，向正在进行社会改革的国家提供帮助。基金会常为美国情报部门所用，在承担一些政府委托项目时，经费也由相关政府机关提供。索罗斯基金会是俄罗斯最大的私人慈善基金，在俄罗斯活动有近 17 年历史。从苏联时期至今该基金在俄罗斯境内的慈善活动共花费约 70 亿美元，主要活动是在教育、科学、文化、新技术的发展、地方自治与管理、公民社会的构建等领域帮助俄罗斯实施改革。主要做法是对相关机构和学者的研究给予资金支持，组织俄罗斯大学与外国大学进行学术交流。目前该基金会在莫斯科、圣彼得堡、萨马拉、下诺夫哥罗德、新西伯利亚等 30 多个大中城市设有分支机构。另一个是福特基金会。1936 年由美国汽车业大亨福特家族出资创立，总部原在美国密歇根州，后迁至纽约。目前该基金会已成为世界最大的国际慈善机构之一，宗旨是巩固民主价值，推动国际合作，促进人类发展。1996 年福特基金会在莫斯科设立办事处，重点资助俄罗斯人文学者进行政治、经济、对外政策和国际关系等领域的工作。①

相对于美国等西方发达国家，俄罗斯的慈善事业起步较晚，但在聚集与分配社会财富、支持社会福利，以及参与其他社会活动方面扮演了重要的角色，在缓和社会矛盾、保障弱势群体方面发挥着重要作用。

① 详见石欧亚：《俄罗斯非政府组织》，《国际资料信息》2007 年第 8 期。

50. 俄罗斯养老保障制度进行了哪些重大改革?

高际香

俄罗斯养老保障制度起源于苏联时期的国家保险型养老保障制度。苏联的养老保障模式的主要特点可以归纳为：一是在宪法层面上把养老保障确立为公民应享受的权利之一，把养老保障制度确定为社会主义国家基本制度之一；二是苏联的养老保障制度建立在生产资料公有制基础上，并且与高度集中的计划经济相匹配；三是养老保障受按劳分配原则的影响，养老保险享受条件和待遇标准与工龄直接挂钩；四是养老保障的资金来源于政府和企业，劳动者个人不负担任何社会保险费用；五是通过人民代表机构参与养老保障制度的实施与管理；六是养老保障只有基本养老金一个层次，而且不进行定期调整。①

苏联解体后，随着向市场经济转型，俄罗斯的经济和社会结构发生了重大变化，原有的养老保障制度逐渐失去了赖以存在的基础。在这种背景下，对养老保障制度进行重大改革成为必然。

叶利钦时期的养老保障制度改革

叶利钦时期的养老保障制度改革实质上起始于 1990 年，主要是建立了现收现付养老保险制度，并且对其进行了一系列修订。

---

① 部分内容参见阎坤：《国际养老保障模式及其对我国的启示》，《财政研究》1998 年第 7 期。

一、1990—1997 年现收现付养老保险制度的建立阶段

1990 年 11 月 20 日，俄罗斯通过了《俄罗斯联邦国家养老金法》，并且于 1991 年 12 月 27 日，通过了独立以后的第一部《养老基金法》。至此，俄罗斯从完全依赖国家拨款的养老金分配制度，逐步过渡到与市场经济原则相适应，由国家、企业和个人共同承担的养老金分配制度。其主要内容包括如下几个方面：一是养老保险同国家预算脱钩，通过俄联邦预算外自治养老基金（PFR）进行管理，不得挪作他用，基金的日常开支列入政府的财政预算。二是提高养老金的最低标准，实行养老金指数化，每三个月根据物价变化情况进行调整，以抑制由于通货膨胀而引起的养老金水平下降。三是从完全由国家拨款的养老保障制度逐渐过渡到由国家、企业和个人三方共同承担：最初规定雇主按工资总额的 31.6%缴纳费用，农场主按工资总额的 20.6%缴纳，工人和公司职员按本人工资收入的 5%缴纳，其他人员按工资收入的 1%缴纳。但由于缴费负担过重，从 1993 年 1 月起改为企业按工资总额的 28%、个人按本人工资的 1%缴纳。四是改革养老金的计算方式，延长养老金收入基数的期限，规定按照最后 15 个工作年的前 5 个月的平均收入计算养老金，新的养老金由两部分组成，一部分实行固定制，按平均收入或最低生活费标准的一定百分比发放，所有退休人员数额都相等，另一部分实行浮动制，与领取者的工龄和收入水平挂钩。五是实行“老人老办法，新人新办法”，国家对已退休职工的义务不变，但新的年轻工人将来退休时，可以从国家管理的养老退休基金获得 50%的养老金，另一半则来自其个人退休金账户。六是国家强制的退休保险制度同自由的退休保险制度相结合，职工除了国家规定的养老保险外，还可以通过社会保险机构购买个人退休养老保险。七是通过了《非国家养老基金法》，设立了第一批非国家养老基金。如上的改革方案实质上是把国家统揽式的现收现付制（pay as you go）[①] 变为多方共同负担的现收现付制。

二、1997—2001 年谋求对原有现收现付制度进行政策性修正阶段

1997 年，俄罗斯希望按照世界银行提出的“三支柱”模式对养老金体制进行根本性的改革，在财务机制上准备从现收现付制过渡到完全基金积累制。俄罗斯“三支柱”养老保障制度的具体构想如下：第一支柱：社会养老保险，提供给无力

---

① 用当代劳动者缴纳的养老费支付退休劳动者的养老待遇，当年提取，当年支付完毕，不做任何积累。

缴纳养老保险费的特困人群，由政府财政出资；第二支柱：强制养老保险，这是“三支柱”中最重要的部分，其资金来源于企业和职工的缴费和基金收益，它要求所有雇员必须加入并且为其建立个人账户；第三支柱：补充养老保险，也称为职业年金计划或企业年金计划，它是私人管理的退休计划，由雇主自愿建立，所有工人都可以自愿参加，采用基金制的个人账户管理方式，使职工在得到基本生活保障之外可自行通过购买补充养老保险灵活调整退休后的收入。但是，鉴于当时俄罗斯国内市场体制不完善，完全放手让私人管理退休养老基金存在巨大风险，而且完全积累基金制还会让在职一代职工背负双重压力，因为采用完全基金积累制意味着所有30岁以下的职工都要加入积累制，工资额的11%将用来向这一制度供款，因此，这项激进的改革提议最终未获政府批准。

1998年俄罗斯金融危机爆发，工业生产遭受沉重打击，养老基金收入锐减，养老金拖欠现象严重。现收现付制的正常运转难以为继，陷入崩溃状态。俄罗斯不得不开始了新一轮的养老金改革。1998年5月，俄罗斯政府经反复论证后达成一项妥协方案，决定将现收现付制和部分积累制相结合，渐进地实现向完全积累制的过渡，该方案最终获得了政府的批准。新方案的主要变化体现在第二支柱“强制养老保险”中。“强制性养老保险”包括现收现付部分和积累部分：前者采用名义缴费确定型（NDC）账户形式，资金来源于国家财政和企业缴费；后者采用缴费确定型（DC）账户形式，资金来源于企业和个人缴费。达到退休年龄后，个人养老金账户的积累总额（DC＋NDC）将转化为年金，按月发放。但是新的方案遭到议会的抵制，一直到2001年尚未获得通过。

普京时期的养老保障制度改革

普京执政后，国内政治经济形势稳定为重新启动养老保险改革提供了条件。2001年年底，俄罗斯开始正式落实1998年提出的“三支柱”模式养老保险新方案，为此先后出台了一系列有关养老保险改革的法律：《俄罗斯强制养老保险法》（第167号联邦法，2001年12月15日）、《俄罗斯联邦劳动退休金法》（第173号联邦法，2001年12月17日）、《俄罗斯联邦国家退休保障法》（第166号联邦法，2001年12月15日）、《俄罗斯联邦强制养老保险法》（第167号联邦法，2001年12月15日）、《俄罗斯联邦税法及关于税收和保险缴费规定的增补与修正》（第198号联邦法，2001 年 12 月 31 日）等。俄罗斯的养老金保障体制改革进入了一个更加完备的有法律保障的发展阶段。

2002 年 1 月 1 日，“三支柱”型养老保险制度开始实施。该制度采用包含现收现付制和积累制二者特点的混合型财务模式，养老保险的缴费形式变为以统一社会税[①]的形式缴纳，这标志着俄罗斯对原有现收现付的养老保险制度进行了根本性的变革。[②]

该阶段俄罗斯养老保障制度改革的具体内容体现在如下方面：

一、强化“第二支柱”强制性养老保险

根据上述法律规定，劳动退休金由基本养老金、养老保险金和养老储蓄金三部分构成。基本养老金是其中硬性规定的固定数额，根据年龄、身体是否残疾，是否有受抚养人和赡养人以及受抚养人和赡养人的数量等确定，从俄联邦财政预算资金中支出。基本养老金缴费由企业和国家共同承担，企业每月将职工工资总额的14％上缴（统一社会税中职工工资总额 28％的一半），政府用这笔钱和部分财政拨款给退休人员发放基本养老金。基本养老金数额较低，但会随通货膨胀率变化情况作相应调整。养老保险金因人而异，取决于个人的工作成效，其中包括其雇主向国家养老基金缴费后反映在其个人名义账户上的金额。养老保险金分两部分：一部分是 2002 年 1 月 1 日经核算个人应得的养老金数额加上日后指数化所得的数额，另一部分是 2002 年 1 月 1 日之后雇主为员工缴纳的养老保险费，这两部分都存入个人养老金账户。养老保险金缴费由企业负担。缴费比例根据职工的年龄和性别确定。45 岁以上女职工和 50 岁以上的男职工，缴费额为工资的 14％（农业职工为10.3％）；35—45 岁的女职工和 35—50 岁的男职工的缴费为工资的 12％（农业职工为 8.3％），35 岁以下的职工之前的缴费比例为 11％（农业职工为 5.3％），2006 年下降到 8％（农业职工为 5.3％）。养老保险金存入每位职工在国家养老基金设立

---

① 《俄罗斯联邦税法及关于税收和保险缴费规定的增补与修正》（第 198 号联邦法）规定，养老保险变为按统一社会税的形式缴纳。统一社会税属于联邦税种之一，类同于通常意义上的社会保障税，它把原来的三种国家预算外基金，即养老基金、社会保险基金、强制医疗保险基金的保险费合并到一起。当时规定统一社会税按工资总额的 35.6％征收，其中 28％用于养老基金，4％用于社会保险基金，3.6％用于强制医疗保险基金。之后统一社会税税率有所变动，具体内容见下文。

② Р. Кокорев，Проблемы становления накопительной части системы обязательного пенсионного обеспечения，Фонд “Бюро экономического анализа”，http//：www. beafnd. org/.

的个人账户。职工退休后，每月领取的养老金是个人账户上的资金总额除以领取养老金的总月数。当时俄政府暂时规定退休职工养老保险金的领取年限为 14 年。养老储蓄金缴费主要由个人承担。起初规定的缴费比例是 35 岁以上（1966 年之前出生）的男女职工缴纳额是按其工资的 2%，35 岁以下（1967 年之后出生）的为 3%，50 岁以上男职工和 45 岁以上女职工免缴费。但从 2005 年开始，根据修改后的《强制养老保险法》，1966 年之前出生的人不为养老储蓄金缴费，而 1967 年之后出生的人，其养老储蓄金缴费比例占到其工资的 6%。企业最初也要按相同比例缴纳养老储蓄金，但为减轻企业负担，企业缴纳的比例逐年下降，而个人缴纳的比例逐渐增加。养老储蓄金也进入职工在国家养老基金中的个人账户，其中还包括这部分资金的投资收益。养老储蓄金在 2013 年之前仅是名义上的，因为从如上所述可知，离退休不足十年的人不为养老储蓄金缴费（个别情况除外）。截至 2009 年年底，俄罗斯的养老保险缴费规定见下表。

截至 2009 年年底俄罗斯的养老保险缴费率（%）

年收入（万卢布）	养老保险金缴费		养老储蓄金缴费		基本养老金缴费	养老基金缴费	备注	
	1966 年之前出生者	1967 年之后出生者	1966 年之前出生者	1967 年之后出生者			其他预算外基金*缴费	统一社会税税率
低于 28	14	8	0	6	6	20	6	26
28—60	5.5	3.1	0	2.4	2.4	7.9	2.1	10
60 以上	0	0	0	0	2	2	0	2

注：*指强制医疗保险基金和社会保险基金，其中 3.1%入强制医疗保险基金，2.9%入社会保险基金。

资料来源：俄罗斯养老基金网，http：//www.pfrf.ru/。

二、落实"第一支柱"社会养老保险

作为俄罗斯养老保障制度"第一支柱"的社会养老金，是国家提供给不能享受退休人员养老金的老年人、残疾人和丧失赡养人的社会群体的养老金。根据《俄罗斯联邦国家养老金法》第 113—116 条的规定，有权享受社会养老金的人群包括一、二、三级残疾人员，残疾儿童，失去单亲或双亲的未满 18 周岁的未成年人。此外还有年满65周岁的男士、年满60周岁的女士，即不能享受退休金的人员，在到达公认退休年龄之后的5年可以享受社会养老金。

三、扩大养老保险缴费人群，确立职工对养老储蓄金投资操作机构的选择权

从2004年开始，养老保险缴纳人群有所扩大，法律规定，自由职业者也必须缴纳个人养老保险，但与企业职工不同的是，自由职业者退休后无权领取国家发放的基本养老金，只能领取个人养老保险金。养老储蓄金的投资操作问题也有了明确规定。从2004年1月1日起，职工可以自由选择国有或私营投资机构，并与其签订合同，委托其对个人的养老储蓄金进行投资操作，投资收益将纳入职工个人养老保险账户。若职工未作选择，则养老储蓄金统一归国家养老基金会代为管理。

四、通过指数化方式不断增加养老金

从2002年开始，俄罗斯通过指数化方式不断增加劳动退休金。基本养老金根据物价上涨幅度做相应调整，调整幅度和调整周期由联邦政府决定。养老保险金指数化比例也由俄联邦政府根据当时的物价水平决定。养老保险金指数化的有关标准如下：每季度的物价上涨幅度超过6%时，每三个月调整一次，分别从2月1日、5月1日、8月1日和11月1日开始增加；每半年物价上涨幅度超过6%时，每六个月调整一次，从8月1日和2月1日开始实行；半年时间内物价上涨幅度低于6%时，每一年调整一次，从2月1日起执行。在俄联邦月平均工资年涨幅超过养老保险金年涨幅的年份，则从下一年的4月1日起根据月平均工资年涨幅补充增加养老保险金，以弥补二者之间在年涨幅上的差异。养老储蓄金从建立之后的下一年开始，于每年的7月1日实行指数化。养老储蓄金额度取决于养老储蓄金所有人选择的管理公司的投资收益率。

2010年正式启动的又一轮养老保障制度改革

经过历次改革，俄罗斯在养老保障方面仍与世界标准存在较大差距，而且人口持续老龄化趋势使养老保障体系的负担越来越重，养老保障体系赤字运行，靠财政补贴难以维系。

2009年4月，俄罗斯政府批准了俄罗斯卫生与社会发展部提交的完善养老保障体系的改革方案，并决定从2010年1月1日开始实施。此次养老金改革的实质是向保险原则过渡，即公民所享受的养老金权利和养老金额度直接取决于每个人向国家养老基金的保险缴费。改革的具体内容如下：

一、强制养老保险缴费替代统一社会税，并大幅提高强制保险缴费率

这是此次改革的中心问题，目的是使养老金收入由依靠税收收入向依靠保险收入转变。强制养老保险缴费实行统一缴费标准，不分行业，基本养老金纳入强制保险体系，由保险缴费资金账户支付（之前基本养老金赤字由联邦预算补足），养老金总额随俄联邦养老基金收入增加成比例增加，但是每个养老人员的养老金收入增长率不能高于月均工资收入的增长率。2008 年 10 月 1 日，在专门审议《2020 年前俄罗斯长期经济社会发展构想》和《2012 年前俄联邦政府主要行动方向》的联邦政府会议上，俄罗斯经政府总理普京宣布了此次养老保障制度的改革方案："取消统一社会税，改为强制养老保险缴费。2010 年对于年工资收入低于 41.5 万卢布的职工，缴费率为工资总额的 26%，加上医疗保险和社会保险缴费，总缴费率不超过工资总额的 34%。具体分配方案是：26%纳入强制养老保险；5.1%纳入强制医疗保险；2.9%纳入社会保险基金。年工资收入超过 41.5 万卢布的人员不缴纳强制养老保险费。"[①] 具体缴费方案见下表。

从 2010 年开始的俄罗斯养老保障体系缴费方案

年收入（万卢布）	纳入个人名义账户的保险缴费率				现收现付制的缴费	保险缴费总费率	备注	
	养老保险金缴费		养老储蓄金缴费				向预算外基金的缴费	保险缴费总费率
	1966 年之前出生者	1967 年之后出生者	1966 年之前出生者	1967 年之后出生者				
低于 41.5	16	10	0	6	10	26	8	34
高于 41.5	0							

资料来源：В. Назаров，С. Мурылев，О стратегии совершенствования российской пенсионной системы，http：//www.iet.ru/files/text/other/nazarov－sinelnikov.pdf.

二、简化养老保险金重新核算程序，鼓励退休人员继续工作

为鼓励退休人员继续工作，2008 年 10 月 3 日，国家杜马一读通过第 98474—5 法律草案，规定实行养老保险金自动重新核算制度。根据现行的《劳动退休金法》（第 173 号联邦法），对于建立养老保险金满 12 个月的人员，

① http：//www.government.ru/content/governmentactivity/mainnews/archive/2008/10/01/1254237.htm.

欲进行养老保险金额度重新核算，必须提交本人申请。这在实践中意味着每个在职工作的退休人员，每年必须亲自携书面申请到国家养老基金去办理养老保险金重新核算。这不仅给在职工作的退休人员造成了麻烦，而且增加了养老基金的行政性支出。98474—5法律草案则规定，从每年的7月1日开始，将根据进入养老基金的保险缴费信息，自动重新核算养老保险金的额度。也即该法律草案通过后，退休后仍在职工作的人员没有必要提交申请，要求养老保险基金重新核算养老保险金额度，养老基金将会自动核算。当然，根据公民的意愿，仍旧保留申请要求重新核算养老保险金额度的制度：如果公民不是从7月1日开始要求重新核算养老保险金额度，则应当向养老基金提交要求重新核算养老保险金额度的申请。[①]

三、推行国家协同缴费制度，鼓励公民参加养老储蓄金补充缴费

2008年10月1日，《养老储蓄金补充保险缴费和国家支持设立养老储蓄金法》（第56号联邦法，2008年4月30日）生效。根据该法，职工可以把自己的一部分工资自愿存入养老储蓄金账户，作为鼓励，国家也会把相同金额存入其个人的养老储蓄金账户，目的是增加未来退休人员的养老储蓄金。该法的第11款和第15款对自愿存入的金额和获得国家补贴的手续进行了严格的规定。一是参加人员每年自愿存入养老储蓄金账户的金额不得少于2000卢布。二是规定国家给予的补贴每年不超过12000卢布。三是对期限也有硬性规定，职工必须从2008年10月1日到2013年10月1日加入自愿养老储蓄金补充缴费体系，国家按其缴费额度在10年期限内提供相同金额的协同缴费。10年期限从职工加入自愿养老储蓄金补充缴费体系的下一年开始起算。四是规定了申请制度，职工需要向雇主提交申请，表达参加自愿养老储蓄金补充缴费体系的愿望，同时写明意欲缴纳的金额（金额不得超过法律规定的数额）。

四、拓宽养老储蓄金投资渠道

根据俄罗斯政府总理批准的《改善金融部门和个别经济领域状况的行动计划》和2009年7月俄罗斯总统签署的《非国家养老基金法》和《俄罗斯联邦养老储蓄金投资法》修正案，管理国家养老基金中养老储蓄金的对外经济银行可以

---

① Основные направления дальнейшего реформирования пенсионног системы и их возможные результаты，http：//www. iet. ru/files/text/other/Kaz—Pens. sistema. pdf.

扩大养老储蓄金的投资渠道，这对于没有权利选择非国家养老基金和养老储蓄金管理公司的公民，无疑是件好事。非养老基金投资政策也有所放宽。非国家养老基金投资政策的变化要点主要体现在如下方面：一是非国家养老基金可以不通过管理公司，自行在证券市场进行投资；二是非国家养老基金可以把其掌握的养老储备金的80%存入银行，但是在一家银行的存款额不得超过养老储备金总量的25%；三是非国家养老基金可以参股合股投资基金，数量可以占到其养老储备金总量的70%（之前规定为50%），同时，参股为职业投资者而设的不到证券交易募集资金的合股投资基金，可占到其养老储备金总量的10%；四是允许投资同一个证券发行人的证券最多可达其证券投资总量的25%（之前是10%，投资国家证券和股份投资基金的股票除外）；五是非国家养老基金可把养老储备金总量的10%投资属于套期保值类型的封闭型合股投资基金的股份；六是可以投资公司有价证券，但该公司必须是养老基金的存款人，之前规定投资这类公司有价证券的比例不得超过养老储备金总量的5%（信用级别达到A1标准的公司的股票不超过10%），现在可以把投资比例增加至5%（信用级别达到A1标准的公司的股票可达10%），同时对投资子公司证券没有数量限制。[①]

五、规定最低保险缴费期限并发放社会保障卡

新改革方案规定，只有养老保险缴费期达30年以上者，才可以获得不低于退休人员最低生活保障线的退休金，而且从2015年起，对于工龄低于30年的公民，基本养老金减少3%，工龄超过30年的，每超过一年，基本养老金增加6%[②]。2009年国家养老基金在巴什科尔托斯坦共和国、阿斯特拉罕和鞑靼斯坦共和国进行了社会保障卡的实验性发放，2010年将进行更大规模的实验性发放，准备2011年将发放经验在全俄推广。该举措的实质在于建立全国统一的社会保障卡体系，使每一个持卡人都可以借助该卡，快捷地查询自己的养老金权利情况和名义账户上的养老金数目。此外，凭社会保障卡还可以迅速而方便地获得一系列国家和商业性机构提供的社会性服务，诸如交通和住房公用事业服务等。[③]

---

① Пенсионным фондам подменяют активы: правительство утвердило новый порядок инвестирования средств, Коммерсантъ, 01. 09. 2009.

② http：//www. olegshein. ru/index. php newsid=486.

③ http：//www. rg. ru/2009/12/18/dolgi. html.

六、为实施社会养老金最低给付年龄设定了5年过渡期

俄罗斯养老保障制度改革通过规定劳动退休金最低额度，实际上变相提高了2010年没有达到退休年龄的低收入阶层的退休年龄，即从2010年开始还要再增加5年。因为如果按规定的标准来计算这些人的劳动退休金额度，则他们的劳动退休金会低于最低标准。这样一来，这些人就无法获得劳动退休金，而只能领取社会养老金，而社会养老金的最低给付年龄男性公民是65岁，女性公民是60岁（劳动退休金的最低给付年龄是男性60岁，女性55岁）。因为担心隐性提高低收入人群的退休年龄为社会所不能容忍，改革方案中设定了一个过渡期。2010年年满60岁的男性公民（女性年满55岁）就可以获得社会养老金的给付，之后每年相应提高一岁，最低给付年龄（男性65岁，女性60岁）的规定正式从2015年开始执行（见下表）。

男性公民和女性公民领取社会养老金的年龄（岁）

	2010年	2011年	2012年	2013年	2014年	2015年之后
男性公民	60	61	62	63	64	65
女性公民	55	56	57	58	59	60

对俄罗斯养老保障制度进一步改革方向的判断

2010年以提高强制养老保险缴费率为主要特征的改革存在诸多问题。如“税”改“费”实际上并没有改变养老保险缴费的税收性质，增加了企业运营负担，有可能导致俄罗斯经济竞争力下降、产生逃税（费）风险，而且强制养老保险缴费门槛的设定存在“劫贫济富”倾向等。

尽管此次改革大幅提高了强制养老保险缴费率，但从中长期来看俄罗斯养老保障体系的稳定运行还是困难重重。2020—2030年养老储蓄金的缴费增加幅度不大，但是给付却将达到最大值，主要原因是老年扶养比指标将不断恶化。根据俄罗斯经济与社会发展部的长期经济社会发展构想的预测，到2020年俄罗斯人的预期寿命将增加到72—75岁，1967年之后出生的人将陆续退休，届时将是俄

罗斯养老保障体系最困难的时期。为了抑制养老金替代率的下降，俄罗斯面临三个选择。一是持续增加预算拨款。专家测算，2020—2030年，要保持养老金替代率为30%的水平，即使企业的社会性支出保持极高的水平，从联邦预算支持养老金体系运转的费用也将占到GDP的4%。[①] 二是不得不提高退休年龄。三是不断提高养老保险缴费率。归根结底是养老保障体系的增收节支问题。三个选择中，增加预算拨款可能会使联邦预算不堪重负，产生预算风险，而继续提高养老保险缴费率则面临很大的政治风险，提高退休年龄相对风险较小，但也需要审慎操作。

---

① В. Назаров, С. Мурылев, О стратегии совершенствования российской пенсионной системы, http: //www. iet. ru/files/text/other/nazarov—sinelnikov. pdf.

51. 俄罗斯是如何解决住房问题的？

高际香

苏联时期的住房制度

研究俄罗斯住房制度的演变，作为铺垫和初始条件，就必须对苏联时期的住房制度进行简单回顾。一言以蔽之，原苏联实行福利性质的住房制度，住房由国家统一分配，居民无偿使用。

斯大林时期，1926 年中央委员会和苏联共产党（布尔什维克）全体联席会议通过住房建设决议，第一次进行满足居民住房需求的尝试。1928 年 1 月苏联人民委员会又通过了《住房政策决议》。1931 年 3 月，苏联共产党（布尔什维克）通过了《发展简易住房决议》，随后，又出台了三个决议：《改进住房建设决议》（1934 年 4 月）、《降低建设费用决议》（1936 年 2 月）、《规范住房建设拨款决议》（1938 年 2 月）。但是有关决议的出台却没有根本改变不同住户合住同一套住房的状况，1920—1946 年苏联人均住房面积从 11 平方米下降到 6 平方米。[①]

赫鲁晓夫时期，为切实保障居民的住房需求，政府制定了明确的目标：为每个家庭分配独立住房，标准是人均 9 平方米。当时建立了几百家大型装配式房屋建造工厂，在城市周边建造了大量的预制板结构五层住房。每套住房的面积不大，独户居住，从而结束几户居民合住同一套住房的尴尬状况，这在当时被称为住宅创新理念。

① http：//demoscope. ru/weekly/2007/0307/analit03. php.

勃列日涅夫时期，开始实行国家和私人的合作建房机制，即房屋住户开始部分出资，以弥补国家建房费用的不足。但是住房的维修养护费仍由国家承担。

戈尔巴乔夫改革时期出台了两个决议，一是《引导居民用自有资金建造独家住房、加速解决住房问题决议》，二是《国家加速解决住房问题的主要方向决议》(1986年)。当时开展了全苏优秀建设者竞赛，实行流动红旗制，用增加新建住房层数的办法，来加速住房问题的解决。但是结果并不理想，导致了建筑工期延长和建设费用的增加，特别是增加了住房使用费用。

叶利钦时期的住房制度改革

俄罗斯转型后，于1993年12月通过的《宪法》规定，拥有住房是公民宪法权利，创造条件使公民实现其权利是政府的宪法义务。《宪法》第40条确立了俄罗斯住房制度的基本原则：每个公民有权拥有住房；联邦和地方政府支持建房，为公民实现住房权创造条件；贫困公民及法律规定特定的群体，可免费获得公有房或公有廉租房。该时期住房制度改革的重点是向市场化住房制度过渡。《俄罗斯联邦住房私有化法》等法律详细规定了公民参与住房私有化的条件、范围、权利和义务。公有住房的私有化按“自愿、无偿和一次性付款”的原则进行。公有住房按统一标准无偿转归居民所有，超标部分由居民自己购买。无偿转归居民所有的住房面积按俄罗斯人均住房面积确定，但不得少于每人18平方米，特殊条件下，可按住房性能再向每户提供9平方米。超标部分按一次性付款或分期付款方式解决。1995年俄罗斯又通过《保障每个家庭拥有独立单元房或独栋住房计划》。叶利钦连任总统的1996年，俄罗斯又推出了《自有住房计划》，并开始大量拆除赫鲁晓夫时期建造的五层楼，翻建高层建筑。1997年4月，叶利钦签署《住房公用事业改革》总统令，开始实行住房公用事业改革。① 为发展住房按揭贷款体系，1997年成立了住房按揭贷款公司（100%国家所有），1998年通过《不动产抵押法》(第102号联邦法)，2000年以政府令的方式推出俄罗斯住房按揭贷款体系发展构想。

---

① 住房公用事业指包括冷热水、电、气、取暖、维修、电梯、垃圾清理等30多项与住房有关的服务。

叶利钦时期的住房制度改革取得了一定的效果。一是为建立房地产市场创造了条件。俄罗斯实行住房无偿私有化改革，使居民获得了进一步改善住房条件的启动资本，对住房一、二级市场的构建具有重要的意义。构建房地产市场的前提条件是需要一定数量的私有住房。到 2001 年，私人住房占存量住房的 63%，公房仅占 37%，与 1989 年相比已明显不同，当时 67%的住房属于公房，33%为居民私人所有①。二是居民的住房条件明显改善。居民拥有单独单元房的比例从 1995 年的 72.3%增加到 1999 年的 73.5%，拥有独栋住房的居民比例从 14.9%增加到 18%，而共用一套住房的居民比例从 4.3%下降到 2.4%，住在宿舍里的居民从 5.3%下降到 1.8%，② 夫妻离异后不得不共用一套住房的家庭相应减少，与父母同住的人也越来越少。三是为住房按揭贷款市场发展奠定了一定的法律基础。

但是，叶利钦时期的住房制度改革也产生了一系列的问题。首先是住房无偿私有化后，可供无偿分配或以优惠价出售的住房急剧减少，导致无房户增加。如 1990 年在属于社会保障住房之列的家庭中，只有 14%排队等待分配住房的家庭能获得新住房，也就是平均等待时间约为 7 年，到 1999 年，仅有 5%的家庭能分到住房，即平均等待的时间变为 20 年。其次是住房价格的上涨，特别是大城市房价的上涨，使得低收入家庭乃至相当大一部分中等收入家庭无力购买住房。1999 年，俄罗斯的房价收入比③平均已高达 6.2，超过了 6 这个国际公认的衡量一个国家居民经济承受能力的标准。

普京时期的住房制度改革

2002 年，俄罗斯人均住房面积达到 19 平方米，2004 年增加到 19.7 平方米，但低收入居民住房难问题仍未得到彻底解决。当时俄罗斯的住房市场存在诸多问题。主要是大多数人需要住房，但是却买不起，2004 年有 61%的俄罗斯家庭对

---

① 俄罗斯联邦国家建设部的数据。

② 俄罗斯联邦国家建设部的数据。

③ 该指标是指一个国家一套标准住房面积乘以当年的住房平均价格再除以家庭年收入，它反映了居民家庭对住房的支付能力，比值越高，支付能力就越低。目前国际上公认的“合理的房价收入比”是 3—6 之间。

居住条件不满意，[①] 但是只有 1/10 的居民能够依靠积蓄和利用住房贷款购买住房；新建住房不能满足居民的需求，2005 年俄罗斯居民的住房需求达 15.7 亿平方米；缺乏有效运行的长期住房信贷体系；尚未制定出有关土地销售和将土地划归住宅用地的有效办法；市政机构缺乏住房用地和城市建设规划；住房公用基础设施老化程度严重，住房公用设施 53%的事故是因为其老化引起；社会保障型住房的建造速度缓慢；建筑文件审批程序复杂；住房买卖中陷阱较多，当事人利益不能得到有效保障；住房价格持续上涨等。

针对住房领域存在的问题，普京总统在 2004 年国情咨文中特别强调了住房问题，并在其第二任期开始实施住房改革计划。普京住房改革的基本目标和基本方针包括在《住宅法典》和《2002—2010 年俄联邦住房专项规划》（2005 年 12 月 31 日，俄政府第 865 号决议通过）等文件中。当时制定的主要目标包括：到 2010 年，存量住房数量在 2004 年 28.5 亿平方米的基础上增加一倍；人均住房面积从 2004 年的 19.7 平方米增加到 40 平方米。住房政策借助两条腿走路，一是实行计划机制，即国家依法保障低收入家庭和享受住房优惠阶层的住房，具体实施步骤就是“住房国家优先计划项目”；[②] 二是促进住房市场机制运行，即创造条件保障国家计划机制外的居民利用抵押贷款和自有资金改善居住条件。

普京时期的住房改革可以概括为以下几个方面：

第一，完善有关住房的法律体系。2003 年制定并通过《有价证券抵押法》（№152—ФЗ，2003 年 11 月 11 日），为住房抵押贷款再贷款提供了法律依据。2004 年通过了《住宅法典》（№188—ФЗ，2004 年 12 月 29 日）、《城市建设法典》（№190—ФЗ，2004 年 12 月 29 日）。后两部法律的通过旨在提高俄罗斯住房市场效率。目的是降低住房交易成本，强化对公民权的保护，为低收入居民提供社会性住房，并通过推行城市建设规划，用以规范住房用地和住房建设，实现住房用地公开拍卖，简化规划文件的审批和鉴定程序，为建筑商和市政公用设施建

---

① С. Б. Сиваев, Э. К. Трутнев, В. Ю. Прокофьев, Государственная поддержка жилищного строительства и развития коммунальной инфраструктуры, М., Издательство《Дело》2009.

② 2005 年 9 月 5 日，普京总统召集政府、议会和地方领导开会，开始实施“住房国家优先计划”项目。住房国家优先计划项目的全称为“为俄罗斯居民提供质优价廉住房计划”，其实际是对《2002—2010 年俄联邦住房专项规划》的具体实施。

设项目提供贷款并设定专门的收费标准，完善居民购房和自建住房按揭贷款服务，并用税收手段提高住房市场透明度。[①]

第二，确定各阶段住房保障的量化指标、资金来源和资金数额。按照《2002—2010年俄联邦住房专项规划》和“住房国家优先项目”的要求，俄罗斯住房改革的基本量化指标如下：2010年投入使用的住宅建设面积增加到8000万平方米，住房按揭贷款额达到4150亿卢布，贷款年利率下降到8%，使有能力用自有资金和银行信贷购得标准住房的家庭[②]占到家庭总数的30%；2002—2010年解决属于联邦法保障义务范围内的22.91万家庭的住房问题，其中2002—2005年帮助9.68万家庭改善居住条件，2006—2010年解决其余13.23万家庭的住房问题；2002—2010年联邦预算资金资助29.57万个年轻家庭改善居住条件，其中2003—2005年资助11.4万个家庭，2006—2010年资助18.17万个家庭，到2010年将质优价廉住房的年轻家庭比例从9%增加到30%；提高住房公用事业服务质量，将住房公用基础设施的老化程度从60%降低到50%；将低收入者获得国家免费住房的排队期限从20年降低到5—7年。此外，确定实施《2002—2010年俄联邦住房专项规划》的资金来源与资金数额。2006—2010年预设的各项资金总额为9024亿卢布，其中联邦预算出资2398亿卢布，联邦主体和地方预算出资932亿卢布，私人投资者和债权人出资4704亿卢布，公民自有资金和抵押贷款资金（主要是年轻家庭）990亿卢布。

第三，为发展住房抵押贷款市场构建住房抵押贷款再贷款体系。为构建住房抵押贷款再贷款体系，俄罗斯具体实施了三项措施：一是允许银行发行住房抵押

---

① Н. Б. Косарева， А. Б. Копейкин， Н. Н. Рогожина， Д. С. Сиваев， А. А. Туманов，Развитие ипотечного кредитования в Российской Федерации，М.，Издательство《Дело》РАНХ，2010.

② 俄城市发展研究所专家设定一个公式，用来计算有能力用自有资金和贷款购房或自建住房家庭的最低收入：$TI=\frac{\frac{LTY}{100\%}\times P\times\frac{i}{12.100\%}}{1-\left(1+\frac{i}{12\times100\%}\right)^{-t\times12}}\times\frac{100\%}{PI}$，其中：TI三口之家的最低总收入（卢布/月），LTY代表购房总价中借贷资金所占比重，P代表每平方米住房的年均市场均价（卢布），i代表住房按揭贷款或者其他借贷资金的年均利率（%）；t为借款或借贷期限，PI表示住房按揭贷款还款在家庭收入中所占比重（%）。该公式是俄罗斯住房政策的主要指标之一。

贷款证券，到公开市场上吸纳私人投资者的资金，以此增强为公民提供信贷的能力；二是中央银行降低对商业银行发行抵押贷款债券的自有资金比例要求，从14%降低到10%；三是政府借助住房抵押贷款公司[①]，直接参与住房抵押贷款市场的运作。住房抵押贷款公司靠联邦预算拨款增强对商业银行的融资能力，靠联邦预算提供的国家担保扩大债券筹资规模。经营模式是由公司购买商业银行的不动产抵押贷款的抵押权，以此作为还债保障，发行和出售住房抵押贷款债券（国家提供担保），获得资金后为银行再贷款。2006年国家为住房抵押贷款公司抵押贷款债券提供140亿卢布的国家担保，又为其拨款37亿卢布扩大资本，2007年的拨款数量为45亿卢布，国家担保额为160亿卢布。当初计划在2010年把该公司注册资本金增至220亿卢布，2010年前国家对其提供的担保总额达1552亿卢布。因此，在住房抵押贷款公司的运作下，银行即使在长期资金不足的情况下也可以扩大信贷规模，降低贷款利率和延长贷款期限。住房抵押贷款公司的经营模式表明，俄政府是以联邦预算和国家信用承担居民住房抵押贷款中的商业风险，并通过市场运作降低承担风险的成本和扩大承担风险的能力。这一做法既有利于活跃住房市场，促进银行和建筑业发展，更使普通购房者受益。

第四，创建土地抵押贷款融资方式。这种融资方式规定，私人、市政机构和法人均可以将土地抵押获得贷款。具体步骤是：拥有土地的自然人或者法人可以将土地抵押获得贷款，用所获贷款在该块土地上修建住宅公用设施，之后将这块已建好公用设施的土地重新估价，获得新的贷款，再用新的贷款建造房屋主体结构，然后将修好房屋主体结构的土地再重新估价，再次获得新贷款，用这笔新贷款将房屋建造完毕。

第五，继续推进住房公用事业改革。住房公用事业改革的滞后一直是俄罗斯住房制度改革的一大缺陷。过去住房公用事业费用主要由地方财政补贴，地方财政负担较重，许多地方政府因而经常拖欠热力、电力、天然气等生产企业巨额债务。企业则因缺乏资金被迫停工，造成居民生活困难。此外，因为资金缺乏，房屋和各种管道长年得不到维修，公用设施老化程度严重，事故频发，已经危及居民安全。普京执政后下决心进行住房公用事业改革，计划逐步提高居民公用事业

---

① 1997年9月成立，与其他商业银行共同从事住房抵押贷款业务。该公司在俄87个地区设有分支机构，形成了全俄统一的抵押贷款再贷款体系。

收费的缴费比例，到2005年让居民100%承担。但同时规定，如果住房公用事业费支出在居民家庭总收入中的比重超过22%，国家则给予相应补贴。此外，也通过成立业主委员会、引入竞争机制、应用节能技术和机制等方式解决住房公用设施发展滞后问题。

第六，履行国家对低收入者和特定人群的住房保障义务。首先是继续为国家具有法定义务的五类人群提供社会住房或优先改善住房条件。这五类人群包括：从危房和从上世纪50—60年代建造的预制板结构五层楼（即赫鲁晓夫时期建造的住房）中搬迁出来的居民；在自然灾害、技术和其他事故中丧失居所的居民；法律规定有权获得住房补贴的公民，如现职军人，在个别强力部门和护法部门工作的员工，和从上述部门退役的人员；从北极地区或者类似地区迁移出来的居民；辐射事故及灾害救援人员及受害者，从拜加努尔迁移出的俄罗斯公民，卫国战争参战人员，孤儿院中的孤儿等。通常给如上的五类人群提供记名有价《国家住房证书》，持证者可在常住地获得一套标准住房或相当于标准住房成本的购房补贴。房款或补贴由联邦预算支付，房价以当地市场平均价计。住房标准或补贴面积为每一家庭成员18平方米。其次是为低收入居民提供廉租房。根据《住宅法典》第49—91条规定，根据实际住房状况、家庭成员收入及资产状况，政府与符合条件的困难居民签署协议后向后者提供公有廉租房，其中的特别困难户可获租金优惠或免缴租金。实践中还要参照如下标准：人均住房面积低于核定标准；居住在不符合居住要求的房屋中；家庭中有患病者，其他家庭成员不能与其共居。再次是向年轻家庭提供购房（建房）补贴。根据俄政府2006年3月13日第85号决议，政府向夫妇双方均不超过30岁的年轻家庭提供购房（或建房）补贴。补贴方式是政府为其支付部分购房款（含支付购房首付款）。补贴面积是二人家庭（含单亲家庭）42平方米，三人或更多成员家庭（含单亲多子女家庭）按人均18平方米计。补贴标准是对二人家庭的补贴不低于平均房价的35%，对三人或更多成员家庭的补贴不低于平均房价的40%，对在还贷期生育（或领养）一个孩子的家庭，可再追加5%的补贴。补贴资金来源，10%来自联邦预算，25%—30%来自地方预算，5%追加补贴由地方预算独立承担。实践中，如上住房保障政策取得了一定的实效。2005—2009年，卫国战争参战人员家庭中，平均每年有9.14%的家庭获得了住房或改善了居住条件；多子女家庭中，平均每年有2.5%家庭改善居住条件；年轻家庭中，改善居住条件的家庭平均每年占比达 10.96%，危房中居住的家庭平均每年有 8.7%得以乔迁。此外，2005—2009 年还有 5700 名患严重慢性疾病的居民和 3.19 万孤儿及无人照管儿童优先分得了住房。

梅德韦杰夫执政以来的住房政策

梅德韦杰夫执政之后，世界金融危机使俄罗斯住房市场遭受冲击。此阶段俄罗斯把住房保障作为反危机政策中民生项目的主要方向之一，采取了一系列措施。这些措施中，有应对金融危机的短期无奈之举，但着眼于建立长效机制，以促进住房市场健康发展的政策倾向也很明显。

第一，强化住房保障。2009 年联邦预算（包括从国民财富基金中的支出）用于住房建设和住房保障方面的支出达 5010 亿卢布，是 2008 年的 2.3 倍。强化住房保障的措施有：履行国家对军队服役人员和复员人员的住房保障义务；为需要改善居住条件的年轻家庭提供援助；保障卫国战争老战士的住房需求，仅在 2009 年就为 33%的卫国战争参战人员家庭解决了住房问题；设立住房按揭贷款重组公司（作为住房按揭贷款公司的子公司），伙同联邦政府与国有参股银行联合对陷入经济困难公民的住房按揭贷款进行重组，2008 年为住房按揭贷款重组公司追加法定资本 600 亿卢布，2009 年又注资 200 亿卢布，同时还提供了 400 亿卢布贷款；联邦预算支出 263 亿卢布，对享受多子女救助基金的家庭提供按揭贷款支持（约覆盖 8.8 万个家庭），允许用多子女救助基金偿还住房按揭贷款[①]。2010 年，关于多子女补助金的利用，政府逐渐放宽限制，允许提取现金。2011 年初，养老基金开始受理多子女补助金提取申请，正在自建、翻修住房的多子女家庭均可以申请。34.3 万卢布的多子女补助金中的一部分（不能超过 50%）在申请手续履行完毕的两个月之内，会转到申请人指定账户上。剩余部分可以在半年之后，待申请人向养老基金提交了住房建设和翻修工程主要工序完成的证明后再行提取。

第二，增加住房用地供给。2008 年俄罗斯设立推进住房建设联邦基金，其主要职能之一是把属于联邦机构所有的废弃地块或者利用效率较低的地块推向土

① 该法案于 2008 年 12 月 19 日由俄国家杜马三读通过，并从 2009 年执行。

地流通市场，[1] 以增加住房建设用地，同时负责住房用地的拍卖。2009 年该基金宣布 2009—2010 年将拍卖属于联邦所有的 27 个地块，总面积达 431.4876 公顷。其中 15 个地块在 2009 年组织拍卖，12 个地块放到 2010 年拍卖。其中 2009 年的拍卖比较成功，15 个地块全部拍出，在这些地块上能建造 190 多万平方米的经济型住房。截至 2011 年年初，属于机构所有的 177 个地块（总面积为 4485.66 公顷），作为政府住房发展委员会的资产性注资已经转到基金会项下。计划在其中的 94 个地块（共计 3469.3 公顷）上将建造 1000 多万平方米的经济型住房。另外，确定了长远规划，从 2012 年开始，每年建在联邦推进住房建设基金会提供的地块上的住房将占新建住房总量的 30%。

第三，用长期发展战略方式确定住房按揭贷款市场发展目标。2010 年 7 月 19 日，俄联邦政府签署了 2030 年之前住房按揭贷款发展战略。战略分三阶段实施：2010—2012 年，2013—2020 年，2021—2030 年。总体战略目标如下：使能够用住房按揭贷款和自有资金购买或者自建房屋的家庭从 2009 年的仅占 17%增加到 2030 年的 60%；住房按揭贷款的发放额从 2009 年的 13 亿卢布增加到 2030 年的 87.3 亿卢布；房屋交易中，用按揭贷款方式购房的比例从 2009 年的 12%增加到 2030 年的 50%；贷款期限从 2009 年的平均 16.5 年增加到 2030 年的 32 年。住房按揭贷款占 GDP 的比例将达到 14.9%。

第四，推出《2011—2015 年俄联邦“住房”专项规划》，确定住房市场中期发展目标。2010 年 12 月 17 日，第 1050 号政府决议批准了《2011—2015 年俄联邦“住房”专项规划》。规划总投资 6206.9 亿卢布，其中联邦预算出资 2911.5 亿卢布，地区和地方预算出资 1999.6 亿卢布，预算外资金 2195.8 亿卢布。计划五年间建造 3.7 亿平方米住房（即每年的新建住房量达到约 9000 万平方米），其中经济型住房（其中包括低层住房）在新增住房面积中的比重不低于 60%。此外，《2011—2015 年俄联邦“住房”专项规划》还规定，到 2015 年，俄罗斯将有 1/3 的家庭可以用个人积蓄和贷款买房（2009 年该比例仅有 12%），人均住房面积将提高到 24.2 平方米，收入/房价比下降到 4。[2]

---

① 根据基金会的数据，如果把这些地块“抛向”住房市场，就会使建房速度成倍增长。

② http：//www.minregion.ru/upload/documents/2011/01/101217－1050－post.pdf.

52. 俄罗斯是怎样进行医疗制度改革的?

高际香

俄罗斯医疗制度起源于苏联时期的国家医疗卫生体制。该体制形式上保障全体公民有权享受免费医疗服务，但是受经费不足、医疗机构的医疗设备落后、药品短缺、医疗服务水平低、医院看病排长队等问题的困扰，公民看病难问题一直没得到有效解决。苏联剧变后，俄罗斯致力于医疗制度的改革，主要经历了两大转变：一是从预算拨款制度向保险制度转变；二是从完全免费医疗向扩大居民承担比例转变。两大转变从医疗支出结构的变化上可见一斑。俄罗斯的医疗总支出中，国家拨款所占的比重从1994年的90%下降到2009年的64%，居民支出从1994年占10%增加到2009年占36%。[①] 2009年国家对医疗的投入占GDP的3.2%，私人支出占GDP的2.2%，医疗支出入共计占GDP的5.4%。医疗总支出中，联邦预算支出占13%，联邦主体预算支出占34%，居民药品支出占25%，强制医疗保险支出占11%（见下图）。

---

① Сергей Шишкин, Новая финансовая модель здравоохранения: правила конструирования, http://www.opec.ru/1346971.html.

2009 年俄罗斯医疗支出结构

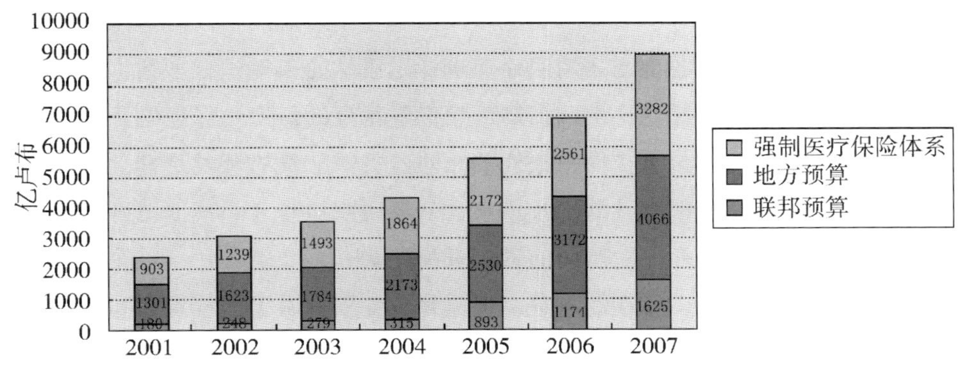

资料来源：Сергей Шишкин，Новая финансовая модель здравоохранения：правила конструирования，http：//www.opec.ru/1346971.html.

叶利钦时期的医疗改革

1991 年 6 月俄罗斯通过了《俄联邦公民医疗保险法》。1993 年 4 月和 1996 年又分别通过了《关于建立联邦和地方强制医疗保险基金的规定》和《俄罗斯联邦公民强制性医疗保险法》，这些法律文件为叶利钦时期的医疗制度改革奠定了法律基础。

根据如上法律法规，俄罗斯医疗保障制度的基本原则是通过成立医疗保险公司，设立强制医疗保险基金等构建起强制医疗保险制度；将强制和自愿医疗保险缴费作为医疗保健的主要资金来源；在职人员的强制医疗保险缴费由企业承担，而非在职人员和预算范围内的就业人员的强制医疗保险费由预算拨款支付；在强制医疗保险范围内提供免费医疗服务的数量和条件，各地依据政府批准的强制医疗保险基本纲要和当地权力机关通过的地方性纲要具体执行；医疗保险业务由非国有的保险公司经办；在企业额外缴费和公民个人缴费的基础上实行自愿医疗保险。

从这些原则来看，俄罗斯医疗保障体制改革的目标是在维持国家医疗保障体系和鼓励创建私人医疗体系的基础上，着重发展强制医疗保险制度。可以说，叶利钦时期俄罗斯基本形成了强制医疗保险制度框架。该强制医疗保险制度框架如下：

一、设立强制医疗保险基金

根据 1993 年 4 月通过的《关于建立联邦和地方强制医疗保险基金的规定》，

俄罗斯设立了强制医疗保险基金。强制医疗保险基金分为联邦强制医疗保险基金和地区强制医疗保险基金。联邦强制医疗保险基金主要职能是以对地区基金拨付补助的形式，对俄罗斯各地区强制医疗保险计划拨款的条件进行平衡。地区强制医疗保险基金的职能则是积聚地区强制医疗保险基金的财力，保证地区医疗事业发展；核算保险缴费和付款；同税务机关一同监督保险费的及时足额上缴和合理使用；对地区强制医疗保险计划进行拨款；办理同联邦基金和其他地区基金之间的业务往来等。强制医疗保险基金的资金来源主要有三个渠道：一是企业、组织等投保单位缴纳的强制性医疗保险费，这部分基金主要用于支付企业和组织在职人员的强制医疗保险费；二是国家预算拨款，主要用于儿童、老残恤金领取者和预算范围内就业人员的医疗费用开支；三是从事个体劳动和私人经济活动的公民缴纳的强制医疗保险费。以上三项缴费所构成的强制医疗保险基金的绝大部分留归地方使用，只有很少部分（约为 1%）归联邦支配。

二、成立医疗保险公司

医疗保险公司是不受医疗保健管理机关和医疗机构支配的独立经营主体。医疗保险公司履行承保人的职能，负责为被保险人支付医疗费。企业和国家管理机关作为投保人首先同保险公司订立为本单位本部门就业人员提供医疗保健服务的合同，之后保险公司有权选择能为被保险人（企业的在职人员和非在职人员以及预算范围内的就业人员）提供医疗保健服务的医疗机构，并向医疗机构支付医疗费用。医疗保险公司可代表被保险人的利益对医疗机构所提供的医疗服务质量进行检查和监督，必要时对医疗机构提出索赔和罚款制裁。

实质上，1995—1996 年强制医疗保险制度改革没有取得实质性的进展，大多数地区的改革基本上处于停滞状态。1996 年秋天，政府又向杜马提交了新的法律草案，试图再次修改和补充现行的强制医疗保险模式。由于法律草案首先反映的是医疗保障机关工作人员的利益，在其他利益集团的阻挠下，该草案只有极个别联邦主体予以采纳。到 1998 年，强制医疗保险制度由于资金问题实际上已经运转不灵。为此，国家杜马通过了将在 2001 年实施的医疗保险改革方案。该方案除了引入病人和保险公司共同支付住院和门诊费用的一般规定外，还对基本医疗保健服务做出了具体规定，即规定了治疗每种疾病最起码的医疗和药品服务。社会医疗保险将保证每个病人都能得到这样的免费服务，但是如果医疗服务超过这一水平，则只对贫困人口免费，而非贫困者对此则须直接付费或通过自愿投保的医疗保险项目支付。这项规定实质上是对贫困人口实行的医疗救助方式。

可以说，到叶利钦时代结束的时候，俄罗斯法律规定的强制医疗保险制度框架虽然基本建立起来，但是并没有完全运转起来，主要是原因是改革设计存在局部性缺陷，导致了如下问题的产生。

第一，资金不足，预算缺口较大。主要原因是雇主们想方设法降低缴费基数，以达到少缴保险费的目的；地方财政因为资金不足往往不缴或少缴医疗保险费；管理机制和诸多流程上存在的缺陷使得承保人、医疗机构和医生缺乏提高资金利用效率的动力，浪费现象、基金被挪用问题时有发生。

第二，医疗保险多头管理，缺乏整体性和规范性。医疗保健管理机关和强制医疗保险基金会没有隶属关系，职能划分和授权管理上存在很多不明晰的地方。医疗保险基金和保险公司之间的关系也没有理顺，各自为政、互相扯皮的现象时有发生。

第三，保险机构之间缺乏竞争。许多地区没有建立医疗保险公司，而在建立了医疗保险公司的地区，其业务活动也仅局限于各自的势力范围之内，彼此之间并没有形成真正的竞争。

第四，患者的选择权缺失。强制医疗保险的执行首先是由企业和地方权力机构选择医疗保险机构，然后再由保险机构或者地区强制医疗保险基金会及其分支机构选择医疗机构，对患者来说，自由选择医生和医疗机构的权力只是停留在“纸面上”，实际难以执行。

第五，改革效果不明显，医疗服务质量没有提高，就医难问题没有得到改善。医院的诊断设备和医疗设备依旧不足，医疗保险系统向病人提供的免费药品逐年减少，免费医疗的覆盖范围下降，患者承担的自费部分明显增加。

普京时期的医疗保障制度改革

一、开征“统一社会税”，并把其中一部分纳入强制医疗保险基金

2002 年 1 月 1 日，通过修改《俄罗斯联邦税法典》（第二部分），俄罗斯开征统一社会税。统一社会税的开征标志着俄罗斯社会保障体系的重大变革。统一社会税属于联邦税种，实质上类似于通常意义上的社会保障税。它把原来的三种国家预算外基金——退休基金、社会保险基金、强制医疗保险基金合在一起，以达到精减税种、减轻税负的目的。缴费的主体是各种所有制形式的企业、组织、机

构，此外还包括从事个体劳动和私人经营活动的公民。其中医疗保险缴费率为劳动报酬的3.6％，其中0.2％上缴联邦医疗保险基金，3.4％纳入地方医疗保险基金。强制医疗保险费的缴纳办法是：以雇主身份出现的各类缴款人，在发放工资时交纳，每月交纳一次；从事经营活动的公民，根据交纳个人所得税的期限，并按计算个人所得税的收入基数交纳；农户、农场、北方少数民族的家族公社，每年交纳一次；按合同雇用其他公民的自然人，每月5日前交纳上个月的保险金；地方政府在每月的25日之前，按不少于有关预算中规定用于该项目的季度资金总额的1/3拨付，用于无工作居民的强制医疗保险；残疾人、退休者创建的企业和组织或残疾人、退休者人数超过50％的企业和组织可免缴强制医疗保险金。

二、实施“健康”国家优先发展计划

2005年俄罗斯总统普京提出了医疗、教育、住宅和农业四大领域的国家优先发展计划，并亲自担任为此而专门成立的国家优先发展计划委员会的主席。“健康”国家优秀发展计划翌年开始实施，当年的支出就高达787亿卢布，占当年对医疗卫生事业投入的9.1％。“健康”国家优先发展计划框架下的高科技医疗救助项目进展状况较好。为推行该计划，2006年卫生与社会发展部对该计划的拨款达99亿卢布，“健康”国家优先发展计划从2006—2010年共投入了7860亿卢布。

三、发展高科技医疗

2006年7月普京总统签署命令，决定成立隶属于俄罗斯卫生与社会发展部的联邦高科技医疗救护署，目的是提高现代医疗技术与新型诊断和医疗方法研制、应用的效率。俄罗斯政府被委托在3个月内制订高科技医疗救护署的规章。当时计划在2008年之前在俄罗斯建造15所高科技医疗救护中心，每一所医疗救护中心的建设成本为10亿美元。

四、实行联邦医疗试点改革

2007年5月19日，俄联邦第296号政府令确定了医疗试点改革规则以及最先纳入试点地区。医疗试点改革2007年6月开始启动，到2008年7月结束。试点改革共选择了19个地区作为试点，总投入54.34亿卢布，由联邦预算拨款，通过联邦强制医疗保险基金划拨。实验内容主要包括四个方面：资金全部纳入强制医疗保险基金并由基金统一拨付；住院治疗服务支出实行统一标准；按人头拨款给基础门诊部门，使其负责辖区内居民的基础医疗服务，并建立医疗机构内部

和机构间的转诊体系；医务工作者薪酬改革，增加工资并实行绩效工资制。试点改革因时间较短，而且最初的半年多用于改革准备，因此效果不是十分明显。但是试点地区在如下方面取得的成绩有目共睹：大多数地区的门诊就医人数增多，人均急救次数下降，人均住院天数减少。

五、扩大资金来源，提高医疗机构工作效率

提取部分社会保险基金，用于对医疗卫生事业拨款。2005—2006 年来自社会保险基金中的资金占俄罗斯医疗卫生事业总投入的比重分别达到 1.8%和 2.6%，此外还尝试在一些地区实行以退休基金来保障向离退休公民提供医疗保障的制度。精简医疗机构，扩大门诊部职能，对医院和门诊部进行考核，缩减医院床位数量和关闭一些条件相对落后的医院和门诊部，与此同时，相应扩大保留下来的门诊部的职能。针对基层医疗服务体系不完善的状况，扩大基层医护人员的数量，并将其工资提高 1—2 倍。

从普京时期的这些改革举措来看，侧重点是增加资金投入，特别是联邦预算的资金投入，制度性改革举措并不多。从公民免费医疗保障资金来源结构上明显可以看出这一特点：2001—2007 年来自联邦预算、地方预算和强制医疗保险体系的资金逐年增加，从 2001 年的 2384 亿卢布增加到 2007 年的 8973 亿卢布，其中自联邦预算的资金占比从 2001 年的 7.5%增加到了 2007 年的 18.1%（见下图）。

2001—2007 **年俄罗斯免费医疗保障资金来源（亿卢布）**

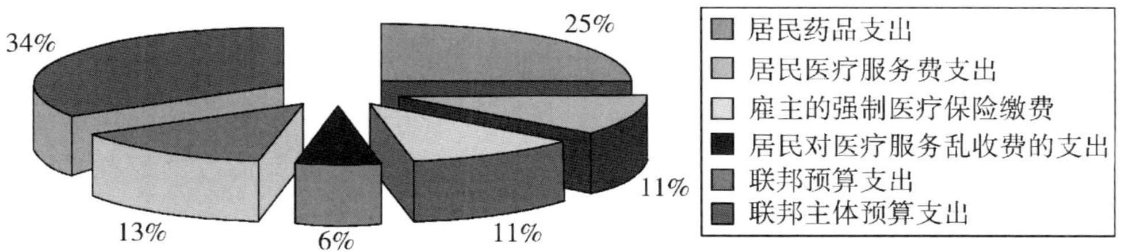

资料来源：Доклад о ходе реализации Программы государственных гарантий оказания гражданам Российской Федерации бесплатной медицинской помощи в 2007 году. Министерство здравохранения и социального развития Российской Федерации. htttp：www. minzdravsoc. ru/，И. М. Шейман，С. В. Шишкин，Модернизация здравохранения：новая ситуация и новые задачи，М.，Издательство Дело.

可以说，普京第二任期强制医疗保险体系的资金状况虽有所好转，但是制度的根本转型并没有完成，俄罗斯医疗体系仍存在诸多的问题。

一是进一步推进改革的力量不足。多年来的强制医疗保险改革并没有增加民众和医生的现实利益，因此他们对改革信心不足，缺乏推进改革的动力。而在改革中业已形成的医疗卫生领域中的三个特殊利益集团之间，即医疗卫生管理机关、强制医疗保险基金会和医疗保险公司，则存在着利益的制衡，改革的进一步推进还受制于这些集团之间的斗争和相互作用，特别是医疗保险公司对医疗机构的制约作用差，而且缺乏制约动力的问题比较严重。

二是对医疗机构服务水平缺乏社会监督。国家和医疗保险机构不能为公民提供医疗机构服务质量、医疗机构对某些疾病的治疗效果等信息。公民因缺乏对医疗服务质量和治疗效果的知情权，从而导致公众对医疗服务机构的监督力度较差。

三是医护人员收入低和业务水平问题。尽管从 2005 年之后，俄罗斯不断提高医护人员的工资水平，特别是基层医务人员的工资。但是到 2007 年，俄罗斯医护人员工资收入与西方国家相比依旧有较大的差距：西方国家医生的收入是社会平均工资的 2—3 倍，而俄罗斯医生收入仅是社会平均工资的 65%。医生收入低导致医生提高业务水平的积极性不高。同时联邦中高级医疗职业教育标准不符合现代医疗发展的需要，不仅授课质量不高，而且缺少再教育体系，也导致医务工作者不能及时了解现代诊疗方法，管理人员的医疗知识和医疗保险知识欠缺。上述两个原因导致俄罗斯医疗人员总体职业素质欠佳，高素质医生不足，工作责任心不强，患者的利益不能得到有效保障。

四是免费医疗救助保障计划存在较大的资金缺口，而且地区间差异较大。从 1998 年开始，俄罗斯每年批准国家对公民实施免费医疗救助保障计划，保障资金由预算体系拨款。2005 年起联邦政府每年确定人均医疗救助拨款标准。但是因各联邦主体的财政保障能力不一和缺乏统一规划，各地区在实施国家免费医疗保障计划方面存在巨大差异。2007 年地区免费医疗保障计划出现大规模资金缺口，其中 60 个联邦主体出现资金缺口，缺口总规模达 654 亿卢布。地区免费医疗保障计划缺口较大的是南部联邦区各联邦主体：印古什的缺口达 56.4%，达吉斯坦为 51.1%，车臣为 36.1%。此外，地区在免费医疗救助保障水平方面也存在巨大差异，从而使医疗救助的能力和质量参差不齐。国家免费医疗保障计划的地区间差异体现在人均指标上，如印古什共和国人均 1723 卢布，楚科奇自治州 26918 卢布，而全俄的平均标准为 5150 卢布。

五是医疗效率低下问题。主要体现在六个方面：(1) 基础医疗发展不足且缺乏效率。划归每个社区诊所的居民人数与实际人数不符，如在大城市中，每个社区诊所名义上应当为 1800—2500 人提供医疗服务，但实际上每个诊所服务的对象将近 4000 人。如此一来，社区诊所医生沦为了补充药品保障计划的开方人。而且国家和市政机构所属的初级医疗机构主要是工作日接诊，对上班族来说形同虚设。此外，初级医疗卫生救助部门之间缺乏协调和衔接，影响了整体的工作效率。(2) 急救服务效率不高，且存在较大的浪费。俄罗斯大多数劳动年龄人口死亡的直接原因是急救不及时，每年约有 180 万人死在医院外。影响急救服务效率的主要原因是：城市中不是按照就近原则部署医疗急救中心，而是按区域所属原则布局；急救中心在资金保障方面存在巨大差异，难以建立统一的电子调度系统并为急救车辆装备导航系统，对投入使用设备的技术状况更是疏于监控；对高级和中级急救人员的培训不足，急救中心高技能人员缺编，特别是能及时接受再培训的人员不足，而且专业急救队中有经验的医疗人员流失严重。此外，急救车辆经常被当做运送一般患者的车辆使用，急救后入院治疗患者仅占 1/6—1/5。(3) “过度”住院治疗问题。截至 2007 年，俄罗斯住院病床的保障率是每千人 12.4 个，符合发达国家的标准（如日本为 15.4 个，荷兰为 14.3 个，挪威为 11.7 个）。但是仍存在病床不足的问题。2007 年市级、联邦主体级和联邦级医院每年有 318 天病房床位全满。主要原因是不适当住院收治的情况很普遍，经常发生所住医院的治疗强项与患者病情不符的情况，患者转院率高，同时因缺少康复中心等，导致患者平均住院期过长，平均为 13.2 天。(4) 医护人员配比失衡问题。2007 年俄罗斯共有医生 61.64 万人，中级护理人员 134.93 万人，平均每万人拥有医生 43.3 位，中级护理人员 94.9 位。医生和中级护理人员的比例是 1∶2.2。从上述数字上看，俄罗斯人均拥有医生的数量比一般发达国家多，但是医生和中级护理人员之比高于大多数发达国家，即医护人员配比失衡，护理人员不足。俄罗斯医疗救护水平和居民健康状况指标比发达国家低得多，其中的一个主要原因就是医护体系失衡，限制了治疗前预防、家庭访诊和康复等医疗服务项目的发展。(5) 现行的优惠药品保障体系存在的问题。俄罗斯对公民的药品保障分三类：一是根据 1999 年 7 月 17 日第 178 号联邦法《国家社会救助法》，对享受“一揽子优惠社会服务”的公民提供的补充药品保障，从2005年起开始实施；二是根据1994年7月30日俄联邦第890号政府令，对个别居民群体根据医生处方提供免费或优惠的药品保障；三是针对患有血友病、囊性纤维化、脑垂体异常侏儒症、高雪氏症、脊髓病、多发性硬化症者以及器官移植和组织移植患者的高价药品保障。现行的优惠药品保障体系存在的问题是不能有效规划和监控支出水平，如补充药品保障人均标准是按预定的月支出额执行，而不是根据需求确定；与优惠药品保障体系相关的国家采购体系不能根据优惠药品清单持续不断地提供所需药品品种；不是根据临床效果和经济性原则确定优惠药品清单；优惠药品保障体系的参与方对资金支出效率漠不关心。（6）医疗信息体系碎片化问题。俄罗斯从1992年开始设计并应用医疗信息系统。但是截至2007年，俄罗斯医疗信息体系仍缺乏统一性，医疗机构拥有800多个医疗信息独立板块，没有形成统一的信息空间，电子信息交换较为困难，仅在各个医疗机构装设了强制医疗保险服务登记系统和优惠药品供应系统。

梅德韦杰夫执政以来俄罗斯医疗体系的改革

一、发展核医疗

为诊断和治疗肿瘤等疾病俄罗斯联邦医疗生物署制定了发展核医疗的联邦专项规划，该规划在2011年12月获得批准。目前计划2016年前在季米特罗夫格勒、奥布宁斯克与托木斯克建成高科技放射医疗中心。每个高科技放射医疗中心都将包括医疗诊断中心、科研教研楼与放射化学区。

二、修订相关法律法规

2010年9月1日起，修订后的第61号联邦法《药品流通法》生效。新修订的药品流通法规定，制药企业注册新药品后6年内，不准其他企业进行仿制药品的生产，该规定将在俄罗斯加入WTO后立即生效。由此可见，俄罗斯新修订的药品流通法已经接近国际标准，确立了公平的市场规范。2011年1月1日，新修订的《强制医疗保险法》生效。该法规定：2013年强制医疗保险将在国家医疗总支出中所占的比重增加到69%；强制医疗保险缴费纳入统一管理体系；居民自主选择保险公司，并可在全俄获得医疗服务，不再受地域限制；从2011年开始，强制医疗保险扣款占工资总额的比重将从之前的3.1%增加到5.1%；拉平地区医疗保险人均支出水平[①]；将统一医疗服务收费标准，建立地区住院服务收费标准模型，并使其日趋合理。此外，公民健康保护法案也正在由国家杜马二读审议，该法案旨在改进卫生系统和改善医疗服务质量。

三、反吸烟

吸烟是导致俄罗斯人死亡的第三大原因，排在高血压和高胆固醇之后。俄罗斯每年因吸烟致死的人口达33万—40万。俄罗斯目前有烟民4390万人，占人口的40%，19—40岁的居民中，吸烟者人数超过一半（男性烟民比例是70%，女性烟民比例是40%）。随着俄罗斯加入《世界卫生组织反吸烟框架公约》，根据2010年9月23日俄罗斯联邦政府令批准的《2010—2015年实施国家反吸烟政策构想》，俄罗斯医疗与社会保障部制订了《消除吸烟对公民健康影响法》草案，截至2011年8月24日，该草案已获得了72.5%俄罗斯居民的支持。

可以说，梅德韦杰夫执政以来的近三年内，尽管加强了对医疗领域的立法建设，但是并没用根本解决俄罗斯医疗领域的根本问题，而且因受金融危机等因素的影响，如下问题更加突出。

一是本国药品和医疗器械生产不足。截至目前，俄罗斯生产医用产品的有2000多家民营企业和国防企业。这些企业的产品占俄罗斯需求量的50%，远远不能满足俄罗斯国内对药品和医疗器械的需求。俄罗斯医疗产品生产不足的主要原因是俄罗斯医学发展的优先方向不明确，创新潜力欠缺，国家支持不足，科研成果转化率低，缺乏制药和生产医疗器械的高新技术。

二是药品保障不足。俄罗斯药品保障水平与发达国家相比有较大的差距。2008年上半年在药品消费中，国家支出部分占31.8%，2009年上半年则下降至23.6%。而2008年同期OECD国家中，除了墨西哥和美国之外，其他国家的国家药品保障占药品市场的份额为38%—88%[②]。

三是商业药品市场规模小、进口药和非处方药所占比重较高。艾美仕市场研究公司2009年的数据显示，俄罗斯人在商业药品市场上的人均药品消费额为19.1美元，远远低于OECD国家413美元的平均值。主要原因是俄罗斯商业药

---

① 近年来俄罗斯各地区在人均医疗支出水平上的差距不断扩大，反映地区预算在人均医疗投入上差别的基尼系数从1996年的0.195增加到了2009年的0.252。

② И. М. Шейман，С. В. Шишкин，Модернизация здравохранения：новая ситуация и новые задачи，М.：Издательство Дело.

品市场上的药品昂贵，不仅缺少应有的价格调控，而且完全没有国家补贴，需要完全由患者承担，患者难以承受。此外，大量的进口药充斥商业药品市场，非处方药所占比重较高。如2009年前三季度，按价值量计算，商业药品市场上处方药占52%，非处方药占48%，而且进口药占绝对优势，2009年上半年，按价值量计算，进口药品和国产药品的比例是76∶24，按药品品名计算，比例为59∶41。

四是医疗人才地域和科目分布不均。俄罗斯医学院毕业生中，大部分人都留在大城市工作，偏远地区医生不足，在农村和社区医院中，近70%的临床医生已到退休年龄，仅有7%是年轻专家。而且儿科医生严重不足，大量幼儿园不能配备医生，小学和中学的医生缺编率达64%—79%①。

五是有关法律的缺失。俄罗斯现行的法律难以完全在免费医疗和收费医疗之间划清界限，法律中缺失有偿医疗服务定价规则，需要完善有关有偿医疗的法律调控体系。此外，还需要制定《俄联邦公民免费医疗救助国家保障法》、《患者权益保险法》、《医疗工作者职业责任强制保险法》、《心理救助和心理救助的公民权利保障法》等。

俄罗斯医疗体系进一步改革的方向

对今后医疗体系改革的方向，政府官员和医疗专家一致认为，俄罗斯所推行的全民强制医疗保险的方向不会改变，但如何实现高效的基础医疗服务，明确界定医疗服务质量的具体标准参照，为民众提供一份既清晰明确又有合理质量保障的服务清单，将成为今后的改革重点。

实际上从2008年年初开始，俄罗斯卫生与社会发展部网站就开始对《俄联邦2020年前医疗体系发展构想》草案开展全民讨论。虽然目前该草案还未获得批准，但其基本勾勒出了2020年前俄罗斯医疗体系的发展方向。该草案确定的2020年前俄罗斯医疗体系的发展目标是：2020年人口数量达到1.45亿；居民预期寿命达75岁；死亡率降至10人/千人（与2007年相比下降1/15）；新生儿死

---

① Игорь Наумов, Государство экономит на здоровье граждан: Финансирование здравоохранения в России не соответствует уровню развитых стран, http://www.ng.ru/economics/2011－06－02/4_health.html, 2011－06－02.

亡率降至 7.5 人/千人（与 2007 年相比下降 20%）；产妇死亡率降至 18.6 人/10 万人（与 2007 年相比下降 15.7%）；年烟草消费量下降 25%，年人均酒精消费量降至 9 升；提高医疗救助质量，方便居民就医。发展任务是：创造条件倡导健康生活方式；对医疗救助组织实施现代化改造；使国家免费医疗救助保障落到实处；实现对国家医疗保障规划资金的有效管理；提高强制医疗保险框架下居民药品保障水平；提高医疗工作者技能水平，激励医疗工作者提供高水平服务；促进医学发展，鼓励医疗创新；实现医疗全面信息化。

53. 俄罗斯为何建立稳定基金?

童　伟

设立稳定基金，是俄罗斯转型以来的一项重要的财经政策。财政稳定基金，是将政府在资源丰沛期获得的一部分“超额”收入存储起来，以备资源枯竭时使用，是化解财政收支不可持续性带来的财政风险，保持政府预算长期稳定的一种有效办法。出于这一目的，同时也为了抑制流动性过剩、降低通货膨胀压力、减轻国民经济对能源的依赖，俄罗斯于 2004 年开设稳定基金。短短几年内，国际原油价格的持续攀升为俄罗斯稳定基金带来了丰厚的收入。在本次金融危机全球蔓延、世界经济全面下行的情况下，储备充沛的俄罗斯稳定基金有效地发挥了平抑经济波动、减缓经济衰退、加速经济复苏、保障国家预算平衡、防范财政金融危机发生的积极功效。

俄罗斯稳定基金设立的背景及初衷

1998 年东南亚金融危机的爆发使俄罗斯经济备受打击，国民经济及全体国民均由此蒙受巨大损失。引发此次危机的直接诱因虽为东南亚金融危机的全球蔓延，但俄罗斯经济由此出现的全面而深刻的危机，则更多的是因为其内在的制度缺陷，以政府支付危机为标志的国家财政事实上的破产，才是引发并加剧全面经济危机的根本原因。

一、政府支付危机引发并加剧 1998 年俄罗斯金融危机

自 1991 年独立以来，俄罗斯经济长期处于动荡与衰退之中，国家财政状况欠佳，每年都出现大量的财政赤字。俄罗斯公共财政状况恶化固然有经济滑坡的

因素，但缺乏一个既符合市场经济要求又考虑俄罗斯国情特点的税收制度，则是其不可忽视的深层次引发原因。

1. 税制缺陷导致国家财政赤字连年

苏联剧变后，俄罗斯急需建立独立的税收制度。1991 年 12 月 27 日通过的《俄罗斯联邦税收基本法》作为俄罗斯一揽子税法，指出作为一个独立国家的俄罗斯应该进行税收改革，建立符合市场经济要求的全新税收制度。然而，俄罗斯的税制建设不是以自己多年累积的经验为基础，而是直接借鉴于美国和西欧国家的税收法律和税收实践，其法律组织结构、税收收入的分配、责任机制的建立都是依据国外专家意见，按发达国家的最优方案设计的。俄罗斯税收体系经验主义的现代化，忽略了国家税制建设须与其本国经济、政治和社会环境相结合这一基本原则，其结果是新税制严重水土不服，税率畸高、税种繁多、税法变更频繁。

过多过滥的税费加剧了税收秩序的混乱，加重了企业和居民的税收负担，使偷漏税现象极为严重。在经济改革高峰的 1996 年，全国 260 万家注册企业中有 1/3 的企业（约 82 万家）不向税务机关提交纳税申报，不缴纳任何税收。在实际运营的 170 万家企业中，有 130 万家，约 75%不定期或不全额纳税，只有 43.6 万家企业是真正履行纳税义务的纳税人。

税款的大量流失致使财政收入严重不足，国家预算年年入不敷出，财政赤字剧增。1992—1998 年，俄罗斯平均预算赤字达到 GDP 的 14.5%，远超过国际上通行的马约标准——3%的国际安全线。1992—1998 年俄罗斯预算收支情况见下表和下图。

俄罗斯联合预算执行情况　　单位：万亿卢布

	收入	支出	赤字（－）盈余（＋）
1992	5.3	5.9	－0.6
1993	49.7	57.7	－8.0
1994	172.4	230.4	－58
1995	437.0	486.1	－49.1
1996	558.5	652.7	－94.2
1997	711.6	830.5	－118.9
1998	686.8	842.1	－155.3

资料来源：俄罗斯财政部。

俄罗斯 1992—1998 年财政赤字

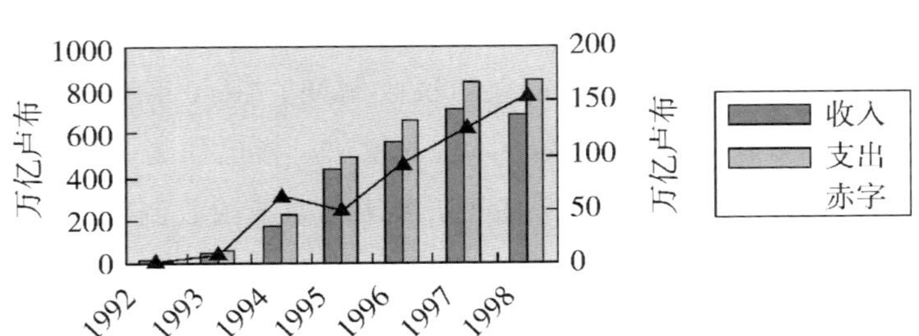

从上表、图可发现，1992—1998 年，俄罗斯联合预算赤字上升了近 260 倍，这足以表明俄罗斯的再生产过程及税收制度都处于极度不正常的运转状态。

2. 巨额财政赤字迫使政府大量举借债务

为弥补财政赤字，保障政府职能的正常履行，俄罗斯政府不得不大量举借债务。1998 年，俄罗斯债务总额占 GDP 的比重已接近 50%，外债总额达到 1500 亿美元，内债约 700 亿美元，巨额债务加重了政府还本付息的财政压力。据统计，1998 年俄罗斯共需偿还卢布外债和美元外债 290 亿美元，而俄罗斯当年的偿债能力不足 150 亿美元，国家外汇储备仅有 140 亿美元。

而债务结构不合理、短期债务比重过大，则进一步加大政府的财政支出压力。由于短期国债发行期限短、周转率高，俄罗斯政府一度将解决赤字的希望寄托在发行国家短期债券之上，最高时一年期以下的短期国债超过内债总额 70%。为吸引银行和企业余款，俄罗斯发行的短期国债的回报高于央行贴现率、企业贷款利率和银行存款利息近 10 倍，年利率高达 50% 至 100%。俄政府原计划待经济振兴、财政收入大增后，再逐步偿清所有国债。但结果事与愿违，商业银行看中如此高额的利息，放弃了为企业贷款，坐收巨额利润。甚至连央行控股的俄罗斯储蓄银行，也把 1200 亿卢布的居民存款的一大半用于炒作国债。

政府连年发行国债，数量越来越大，成本越来越高，最终陷入困境。到 1998 年 7 月 1 日，俄罗斯国债券的市值达到了 4380 亿卢布（约 700 亿美元），其中居民持有的仅为 0.5%。在其余 99.5% 的国债中，三分之二控制在俄罗斯银行和企业手中，三分之一控制在外国投资者手中。然而，国内外资金的热炒虽使短期债务的发行一度得以顺利进行，但同时也增大了发行成本，使本已十分困窘的俄罗斯国家财政陷入饮鸩止渴般的恶性循环之中，1998 年俄罗斯每月财政收入的三分之一用于国债的还本付息。债券市场上的短期债券收益率已超出 300%，有 19 个州和共和国的地方政府拒付债券本息，外资也从债券市场上撤资约 100 亿美元，政府已无法再从债券市场上筹集资金，用于弥补财政赤字。到 1998 年 8 月，俄罗斯的国债市场已难以为继，只好停止交易。

3. 大量政府欠款进一步加重财政支出压力

政府财政状况不佳，使拖欠工资、养老金的现象长期存在。国家统计委员会公布的数据表明，最高时俄罗斯有近 400 万人、大约全部劳动人口的 1/8 不能按时领到工资。截至 1998 年，俄罗斯政府拖欠的工资和养老金已达 120 亿美元，并以每月 17 亿美元的速度递增，而政府每月的实际课税能力只有 40 亿—50 亿美元。大量财政欠款使政府的财政支出压力进一步增大。[①]

在内有巨额债务需要还本付息、大量政府欠账需要偿还，外临国际金融局势动荡不安的情况下，1998 年东南亚金融危机的爆发，犹如压断骆驼腰的最后一根稻草，使财力空虚、财政储备乏力的俄罗斯政府陷入全面的财政危机之中。

内外交困的基里延科政府不得不宣布延期偿还内债、90 天内不支付外债。其政府应付危机的显现进一步加剧了投资者的恐慌，大量抛售国债和抽逃资金使本来就极为脆弱的金融市场雪上加霜，俄罗斯金融危机由此全面爆发：债券市场停止交易，股市大幅度下跌；卢布一贬再贬，到年底卢布与美元比值已达 19.5∶1；外资大量撤走，居民提存挤兑，银行系统面临崩溃，甚至一些大银行也纷纷倒闭；物价急剧上涨，居民实际收入大幅度下降。

二、金融危机促使俄罗斯政府改革财政制度，改变经济战略

1998 年俄罗斯金融危机的爆发带来了极其严重的社会经济后果，使经过长期经济衰退后来之不易的经济趋稳希望彻底破灭，俄罗斯经济重又陷入全面倒退之中。

金融危机造成的严重后果之一是国家行政管理的威信下降，国家纪律严重削弱。在全俄陷入经济政治危机、中央无暇顾及地方事务、地方长期得不到中央拨款和财政支持的情况下，各联邦主体自行其是、自谋生路成为自然而然的事。一些联邦主体趁中央政府自顾不暇之机，擅自将一些属于联邦中央的职权占为己

---

① 傅志华：《俄罗斯金融危机及其教训》，《财政研究》1999 年第 1 期。

有，竭力谋求更大的经济自主权，甚至主权，推行地方保护主义，私设壁垒，拒绝向中央财政纳税。

经济危机的另一后果则是政府公信力大幅度下降，民众对政府完全丧失了信心，社会陷入深刻的信任危机之中。政府长期拖欠工资、退休金使众多俄罗斯民众处于贫困的边缘，激起广大劳动者的不满和抗议；社会两极分化严重更使广大居民阶层对政府的一系列政策，特别是私有化政策持强烈的批评态度，对当权者和新权贵充满敌意。1998 年 8 月 17 日政府宣布卢布贬值和延期偿还债务后，更多的民众被抛向贫困，人们感到再次受到愚弄和剥夺，许多人多年的积蓄再次化为乌有，对改革、对现政权仅有的一点信心也随之丧失殆尽。

支付危机的爆发还使俄罗斯政府举借外债的环境进一步恶化，通过国际市场筹资的难度进一步加大、成本进一步增高。在接受国际货币基金组织援助时不得不接受更为苛刻的条件。

此次金融危机的爆发及其所产生的严重的社会经济后果，使俄罗斯政府对实施多年的经济政策及财政政策进行了重新检视，沉痛的经验教训使俄罗斯政府清醒地认识到，只有采取更为稳健的财政政策，建设更为合理优良的财政制度、拥有雄厚的财政实力，在经济疲软、国际经济局势动荡之时，政府才能凭借坚强的财政实力抵御外部经济的不利影响，保障宏观经济的稳定运行以及全体国民的实际利益。为此，在世界石油价格上升，俄罗斯石油收入增加，财政状况好转的情况下，俄罗斯财政部果断决定，将超额石油收入储备起来，建立预算稳定基金，提高俄罗斯国家财政实力、增强政府宏观调控能力及抵御外部危机侵袭能力。

俄罗斯预算稳定基金的资金来源

2000—2008 年间，国际能源价格的持续飙升，使俄罗斯获得了大量的“油气”收入，财政收入因之得到快速提高，财政收入占 GDP 的比重由 2000 年的 29.4%，上升到 2008 年的 38.4%，提高了 9 个百分点。而俄罗斯长期实行的紧缩型政策，则使财政支出的增长幅度大大低于同期财政收入。2000—2008 年，俄罗斯财政支出占 GDP 的比重由 26.7%上升到 33.6%，仅提高了 7 个百分点。收大于支使俄罗斯财政状况得到根本改善，财政盈余大幅度提高，其占 GDP 的比重由 1.4%上升到 4.8%，提高了 242%。

2000—2010 年俄罗斯预算收入和支出详细情况见下表和下图。

联邦预算收入和支出占 GDP 的比重

单位：%

	财政收入占 GDP 比重	财政支出占 GDP 比重	财政收支余额占 GDP 比重
2001 年	29.6	26.7	2.9
2002 年	32.4	31.3	1.1
2003 年	31.1	29.7	1.4
2004 年	31.9	27.4	4.5
2005 年	39.7	31.6	8.1
2006 年	39.5	31.1	8.4
2007 年	40.5	34.5	6.0
2008 年	38.4	33.6	4.8
2009 年	29.4	34.0	—4.6
2010 年	35.7	39.2	—3.5

资料来源：俄罗斯财政部。

俄罗斯财政收支占 GDP 比重图

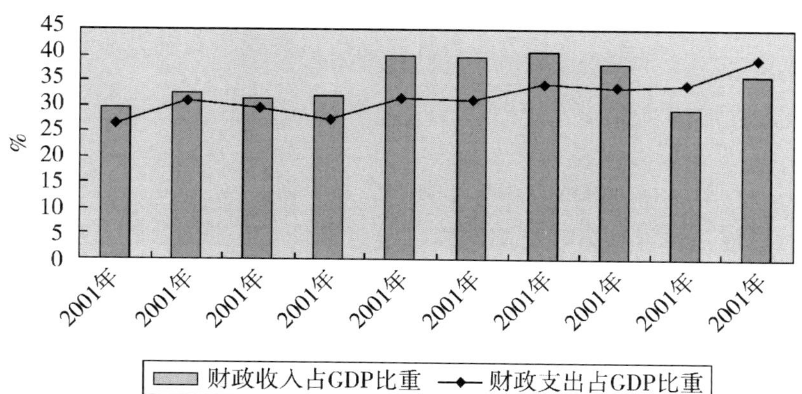

在预算盈余扩大的同时，原材料出口导向也使俄罗斯财政收入对世界经济的依赖程度不断加深：石油、天然气行业收入约占到联邦财政收入的一半，关税收入占财政总收入的比重也由 2000 年的 8.4%上升到 2008 年的 18.4%，9 年间增

长了 117%。

有鉴于由资源产品出口推动的财政收入快速膨胀具有极强的偶然性和阶段性，极易受外部环境影响，而财政支出则随政府支出责任的不断扩大而呈刚性上升。因此，俄罗斯严重受制于外部环境因素的财政收入，显然已无法为国内财政预算的长期平衡提供必要的资金保障。在这种情况下，为摆脱财政收入对自然资源出口的过分依赖，俄罗斯于 2004 年开始设立稳定基金，希望通过有意识的财政周期性收支平衡计划，将高油价带来的额外收入存储起来，以应对国际油价下跌或突发事件对国家财政预算平衡带来的不利影响。

俄罗斯以法律的形式对稳定基金的基本概念、主要内容、投资形式及使用范围予以了清晰界定。《预算法典》第 13.1 章规定，稳定基金是联邦预算资金的一部分，由俄财政部单独核算和管理，其资金来源主要包括两部分：一是超额税收收入，二是财政盈余和稳定基金投资收益。所谓超额税收收入是指以乌拉尔牌原油每桶 20 美元为基准价格，超过基准价格形成的税收收入。[①] 随着国际原油价格的不断升高，2007 年，基准石油价格提高到 27 美元。

稳定基金每个月份对原油出口关税和石油开采税两个税种按以下公式计提：

当月稳定基金收入＝联邦预算当月实际原油出口关税（石油开采税）收入×[当月实际原油出口关税（石油开采税）收入－按基准价计算的当月原油出口关税（石油开采税）收入]/当月实际原油出口关税（石油开采税）收入×100%

其中，石油出口关税的适用税率每两个月根据“乌拉尔”牌石油实际价格的升降适时调整，油价越高，税率越高，但当油价低于每桶 15 美元时税率为零。2008 年 9 月，俄罗斯石油出口税上调为每吨 495.9 美元，比 2004 年 12 月的 101 美元提高了 391%，达到历史最高水平。

---

① 随着国际原油价格的不断升高，自 2006 年起基准石油价格被提高到每桶 27 美元。

预算稳定基金的运营

稳定基金在2004年的初始规模为1060亿卢布，但由于国际油价上涨势头大大超出人们预料，预算稳定基金的规模也迅速扩张。2008年1月1日，俄罗斯稳定基金总额达3.849万亿卢布，约占国内生产总值的10.57%，比2004年预计的4倍还多。

随着稳定基金数额的快速膨胀，关于基金该如何使用的问题也越来越引起人们的关注。俄罗斯部分专家认为，只一味地存钱是没有意义的事情，应当将这些钱用于加快经济发展速度、调节经济发展结构。其主要代表人物为时任俄罗斯经济发展与贸易部部长格尔曼·格列夫。他表示，稳定基金可以投入到基础设施的发展和革新上。以时任财政部部长库德林为首的反对派则坚称，基金投入国内市场不仅会加剧通货膨胀，而且还将不利于基金反危机功能的发挥。这一观点也代表了俄罗斯主要金融机构的立场。

2006年4月，俄罗斯政府最终确定了联邦稳定基金的利用方式。俄罗斯政府于2006年4月21日颁布了N229号《俄罗斯联邦稳定基金管理程序》政府令，提出基金的管理模式。该管理程序规定，俄罗斯财政部为基金管理人，财政部与中央银行签订合同，联邦国库在中央银行开设专门账户，由中央银行对基金进行运作，央行按合同规定对所使用基金支付利息。

一、稳定基金的投资模式

俄罗斯《预算法典》第13.1章规定，稳定基金的投资形式有两种：一是购买外汇（美元、欧元和英镑），存入央行外汇账户。作为国家的战略储备，规定稳定基金的资产币种构成为：美元45%、欧元45%、英镑10%。实际外汇币种构成与规定币种构成的偏离幅度为：美元±5%、欧元±5%、英镑±2%。二是购买外国政府长期债券，为规避风险，所购债券的种类、购买额度、偿还期限等均由俄联邦政府根据国际评级机构的风险评级规定，债券发行国的长期偿债能力评级须在惠誉和标准普耳的AAA级或穆迪评级的Aaa级以上。具体为：

（1）基金可用来购买奥地利、比利时、芬兰、法国、德国、希腊、爱尔兰、意大利、卢森堡、荷兰、葡萄牙、西班牙、英国和美国等14个国家政府发行的有价证券。

（2）以上债券长期信贷能力评级水平不得低于惠誉公司和标准普耳公司的“AAA”级、穆迪公司的“Aaa”级。最低必须同时符合两家公司的相应评级。

（3）所购债券的偿还期限最短为3个月，最长为3年。

（4）所购债券票面额不得超过一次发行债券票面总额的15%。

（5）一旦出现不符合上述要求的任何情况，必须在一个月内将所购债券卖出。

二、稳定基金的其他使用方向

除购买外国债券外，稳定基金还拿出了12815亿卢布帮助提前偿还外债。2005年，俄罗斯依靠稳定基金提前清偿了欠国际货币基金组织的全部债务，2006年，全部偿还了前苏联欠巴黎俱乐部的所有贷款。提前偿还外债不仅使俄罗斯安全地度过了偿债高峰，还使俄罗斯成为世界上政府外债水平最低的国家之一，并因此节省了大约130亿美元的利息。截至2010年12月1日，俄罗斯政府外债总额已降至348亿美元，不到2000年1580亿美元外债的四分之一。①

除此之外，在不损害预算稳定的情况下，2005年稳定基金还拿出300亿卢布用于弥补俄罗斯联邦养老基金赤字；2007年为支持国家发展战略的实施，为国内金融战略机构融资3000亿卢布，以鼓励国内创新经济的发展，例如向俄罗斯发展银行注资74亿美元，为俄罗斯国家投资基金注资37亿美元，资助俄罗斯纳米技术集团公司120亿美元。

三、稳定基金的拆分

俄罗斯稳定基金一直平稳运行到2008年2月，继而被拆分成两个部分：储备基金和国家福利基金。拆分后两种基金的比例安排为：储备基金3.069万亿卢布（合1254亿美元），占原稳定基金的80%；国家福利基金7830亿卢布（合320亿美元），占原稳定基金的20%。

储备基金和国家福利基金的主要区别在于使用和管理方法略有差异。储备基金的目的是在石油和天然气国际价格下跌、国家收入减少时用于弥补财政缺口或偿还国家外债，是原稳定基金职能的延续。根据俄罗斯预算法典规定，储备基金的总额应达到国内生产总值7%至13.5%。如果国际市场油价降至每桶30美元以下，该基金应能连续3年保障联邦预算的平衡。国家福利基金的目的则在于将部分油气收入为下一代储备起来，补充国家养老基金的不足。

---

① http：//www1.minfin.ru/ru/public _ debt/external/structure/，2010—01—04.

与稳定基金相比，拆分后的两种基金的使用管理有所松动，不仅可以购买外国债券，还可购买外国央行和金融局发行的公债、国际金融组织的债券，以及在外国银行和信贷组织存款。其安排比例为：80%投资于主权债券，15%投资于外国央行和金融局发行的债券，5%投资于国际金融组织的债券。

储备基金的资金运作继续遵循原稳定基金相对保守的投资战略，即购买外汇或投资于可靠的、流动性高的短期和中期外债。而国家福利基金则可投资于流动性较低、收益率较高，同时风险也更大的金融产品，如股票、公司债券和投资基金的股份。

与稳定基金不同，新的基金管理程序规定购买外国国债的国别调整为：奥地利、比利时、英国、德国、丹麦、爱尔兰、西班牙、加拿大、卢森堡、荷兰、美国、芬兰、法国和瑞典 14 国。

新管理程序规定可购买其债券的国际金融组织共 8 家，包括：

●亚洲发展银行（Asian Development Bank，ADB）；

●欧洲委员会发展银行（Council of Europe Development Bank，CEDB）；

●欧洲复兴开发银行（European Bank for Reconstruction and Development，EBRD）；

●欧洲投资银行（European Investment Bank，EIB）；

●泛美发展银行（Inter－American Development Bank，IADB）；

●国际金融公司（International Finance Corporation，IFC）；

●国际复兴开发银行（International Bank for Reconstruction and Development，IBRD）；

●北方投资银行（Nordic Investment Bank，NIB）。

对以上债券长期信贷能力主权评级也比原稳定基金要求降低一级，即：不得低于惠誉公司和标准普耳公司的“AA－”级或穆迪公司的“Aa3”级。如果上述公司给出的长期信贷评级不同，则采用最低评级水平。

此外，为规避风险，管理程序还要求基金在做投资安排时自行限制在一家公司的持股上限比例。如规定国家福利基金在一家外国银行或信贷机构购买的债券总额不得超过外汇账户上国家福利基金总额的 25%。[①]

① 李建民：《俄罗斯主权财富基金管理评析》，《国际经济评论》2008 年第 3—4 期。

2009年3月1日，俄罗斯储备基金和国家财富基金达到最大值，合计7.86万亿卢布，其中储备基金4.87万亿卢布，福利基金2.99万亿卢布。其后，为弥补财政赤字和实施反危机措施，俄罗斯储备基金和福利基金规模逐步减少，截止到2011年1月1日，储备基金和国家财富基金余额合计3.47万亿卢布，其中储备基金0.78万亿卢布，福利基金2.69万亿卢布①。

俄罗斯预算稳定基金具体运行情况见下表和下图。

俄罗斯预算稳定基金的运行情况 单位：10亿卢布

	稳定基金	储备基金	国民财富基金
2004.01.01	522.3		
2005.01.01	1387.8		
2006.01.01	1685.6		
2007.01.01	1744.1		
2008.02.01	3841.1	3057.8	783.3
2009.01.01	6612.1	4027.6	2584.5
2010.01.01	4599.5	1830.5	2769.0
2011.01.01	3470.7	775.2	2695.5
2011.06.01	3343.5	745.9	2597.6

资料来源：俄罗斯财政部。

俄罗斯稳定基金发展情况

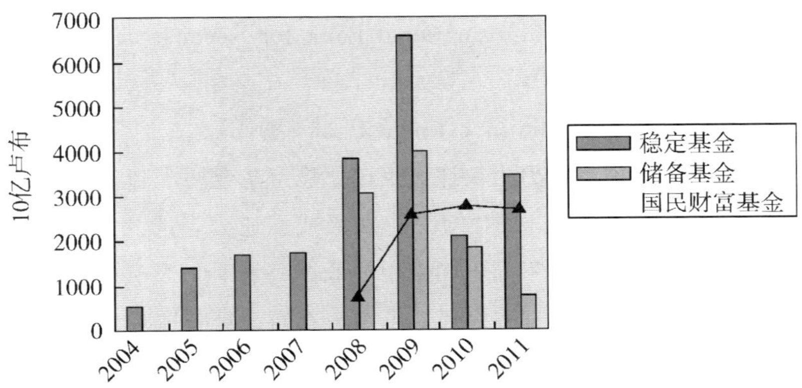

① http：//www.minfin.ru/ru/nationalwealthfund，2010－01－04.

充足的财政储备为俄罗斯应对经济危机奠定了坚实的物质基础

金融危机爆发后，受油价暴跌、资本外流和内需下降等多重因素打击，俄罗斯经济陷入了近10年来最为严重的衰退之中，并引发了一系列经济社会问题：失业率高企、通货膨胀率上升、卢布大幅度贬值、资本外逃严重、投资消费需求疲弱、企业债务加重、国内信贷市场收缩……

为保障宏观经济稳定，促进本国经济早日复苏，针对国内经济中广泛存在的有效需求不足、投资积极性下降、经济增长乏力等问题，俄罗斯政府对经济进行了积极干预，其主要方式就是：(1) 扩大政府公共投资，着力加强重点工程和基础设施项目的建设，(2) 向企业提供更多的税收优惠，(3) 提高居民收入水平，促进消费需求，(4) 优化财政支出结构，努力向社会民生倾斜，(5) 支持科技创新活动，推动经济结构转变。

从上述几项措施可以看出，俄罗斯政府实施了典型的扩张性财政政策，试图通过增加有效需求、刺激投资、实现充分就业等手段，将经济从衰退中解救出来。扩张性财政政策导致公共支出增加、税收收入减少、财政赤字扩大。为此，俄罗斯不得不对2009年的联邦预算进行了大幅度的修订，修订后的联邦预算收入比原定计划减少了40%，从10.9万亿卢布减少到6.7万亿卢布；预算支出则增加了13.4%（6670亿卢布），达到9.692万亿卢布。由此，2009年的俄罗斯联邦预算由最初的计划盈余1.8万亿卢布转为赤字3万亿卢布。

在存在大量预算赤字的情况下，为了保障国家财政预算的平衡，通常需要以等量的资金予以弥补。弥补财政赤字的方法一般有四种：(1) 增发纸币，即增加没有物资保证的货币发行。长期实践经验告诉我们，如果财政性货币发行过多，物资供应长期不能满足需要，必将引发通货膨胀，致使物价上涨，居民生活水平下降。在俄罗斯通货膨胀率长期居高不下的情况下，增发纸币显然不是一个很好的抉择。(2) 增加税收，即以开增新税、扩大税基和提高税率的方式促进财政收入的提高。由于增加税收必定会加重企业和个人的负担，降低纳税人的收入水平，会严重打击纳税人的投资、生产和消费积极性，使需求进一步萎缩。在经济衰退时期，投资、需求水平的下降将会引致经济的更趋低迷。增税显然不符合俄罗斯的反危机主导思想。(3)发行公债。通过发行公债来弥补财政赤字是世界各国通行的做法。但是政府发行公债也会对经济产生一定的影响，因为发行公债不仅会对私人部门产生“挤出效应”，而且中央银行和商业银行持有的公债，还会通过货币乘数产生通货膨胀效应。更为重要的是，1998年俄罗斯政府支付危机、信任危机的爆发，在一定程度上是由于过多、过频债务的发行。(4)动用历年结余，也就是使用以前年度财政收入大于支出形成的财政储备来弥补赤字。

从上述分析可以发现，以预算盈余弥补财政赤字已然成为俄罗斯的最佳选择。基于俄罗斯近年来的预算盈余已全部纳入稳定基金或本身已成为稳定基金的一部分，在这种情况下，稳定基金就成了俄罗斯政府弥补财政赤字的最佳选择，而这也正与俄罗斯设立稳定基金的初衷及目标完全一致。为此，修订后的俄罗斯预算法规定，2009年将从储备基金中拨出2.7万亿卢布用于弥补财政赤字，这将占到全部财政赤字的90%(其余10%的财政赤字将依靠国内外市场的借贷予以抵偿)。

在预算得到平衡，财政支出得到充分保障的情况下，2009年，俄罗斯政府拿出了高达3.66万亿卢布的反危机资金(其中包含国家福利基金的2550亿卢布)，以支持《2009年俄罗斯联邦政府反危机措施纲领》的实施。由此，稳定基金合计支出2.955万亿卢布，约为2009年财政支出总额的30.5%，相当于全部反危机支出的80.7%。

在采取了一系列反危机措施后，俄罗斯经济开始逐步企稳。全年国内总产值下滑7.9%，远低于预期的10%，通货膨胀得到有效控制，全年不超过9%，经济社会局势平稳。这也是为什么在一些国家因债台高筑而处于破产边缘的情况下，俄罗斯政府能够对国家的财政经济状况具有强烈信心的原因。稳定基金不仅为国家“财政金融形势的绝对稳定”① 提供了坚实的物质基础，而且还为政府及民众提供了强大的心理依托。可以说，在本轮经济危机中，作为国家经济的安全气囊，俄罗斯预算稳定基金发挥了极其积极而重要的作用。

---

① 《俄总统称俄罗斯经济形势没有失控》，http://rusnews.cn/eguoxinwen/eluosi_caijing，2009－02－16。

54. 俄罗斯为何发生人口危机？

程亦军

进入新世纪以来，俄罗斯逐渐走上了复兴之路。国内政治局势的稳定，国民经济的持续高速增长，综合国力的逐渐上升，民众生活水平的不断提高，所有这一切为复兴之路铺垫了厚重的基石。但与此同时，俄罗斯的复兴也面临着一系列困难和不利因素，人口下降就是其中最主要的消极因素之一。纵观世界历史，一个大国的振兴通常伴随着人口数量的显著增长，劳动力的充分供给。俄罗斯国家自身的发展历史也证明了这一点。古往今来，还没有哪个大国是在人口急剧下降的情况下迅速崛起的。对于急切希望重振大国雄威的俄罗斯而言，人口的持续下降，劳动力资源的不断萎缩，因人口分布日益失衡和民族结构变化而形成的种种社会矛盾和危机隐患，是其通向理想境界的难以逾越的障碍。

从 1994 年算起，俄罗斯的人口负增长至今已持续了十多年。对于俄罗斯这样一个原本就地广人稀的国家来说，这意味着一场严重的社会危机和民族灾难，已经并且还将继续长期地深刻影响俄罗斯社会的政治、经济、文化、外交和民众心理。这场不期而至的社会现象被俄罗斯人口学家称作第四次人口危机。与前三次分别由战争和饥荒引发的人口危机的显著区别在于，此次危机发生在和平时期，而且持续的时间空前漫长。

俄罗斯人口形势的基本特点

当前的俄罗斯人口形势大致可以用这样几句话加以概括：人口总量持续减少；高死亡率和低出生率并存；人口结构急剧老化，劳动力储备严重萎缩；人口地理分布严重不均衡。

早在20世纪70年代，俄罗斯的人口发展就进入了低速增长期，到90年代初人口增长彻底停止，1994年出现了第二次世界大战结束后的首次人口下降，随后便步入了历史性的下降期。根据在2002年全俄人口普查结果基础上追溯调整后的统计数据，俄罗斯人口的历史峰值出现在1993年，当年全俄常住人口总数为1.486亿，到2010年1月1日已经减少到1.419亿，17年间累计减少了670万，下降幅度达4.5%。

根据俄罗斯联邦国家统计局历年公布的数据计算，自1994年到2010年，全俄共接收了大约600万来自不同国家和地区的外来移民，如果不将他们计算在内的话，那么俄罗斯人口实际减少的数字就不是670万，而是1200多万，下降幅度超过8%，平均每年减少70万人。[①]

近年来，由于俄罗斯政府努力推行积极的人口政策，也由于俄罗斯已经彻底摆脱了苏联解体后出现的严重社会经济危机，国内政治经济生活逐步走向稳定，社会环境明显改善，人口下降的速度得到了一定程度的缓解，但是人口下降的趋势并未得到根本性的遏制，人口总量依然在持续减少。

在20世纪70—80年代的苏联时期，俄罗斯人口自然增长状况比较平稳，每年平均人口自然增长率基本维持在4.6‰—6‰之间。进入90年代，由于生育不振和死亡加剧，人口自然增长率开始明显下降，从2.2‰直线下跌。苏联解体的1991年，俄罗斯全国平均人口自然增长率只有0.7‰，勉强保持了正增长。从次年开始，人口自然增长率便出现负数（－1.5‰），出生率跌到世代更替水平以下，当年人口减少近22万（未将外来移民计算在内，下同），随后的十余年间该项指标不仅没有改善，相反负数却在不断增大。1993年人口下降数字骤然增加到了75万，以后的年份人口减员都在70万以上。1999年至2003年人口自然增长率始终维持在－6‰以下，其中农村则在－7‰以下。2004—2006年，人口负增长有所缓解，分别为－5.6‰、－5.9‰、－4.8‰。

依据俄罗斯联邦国家统计局抽样调查结果，2002年，全俄平均人口出生率

---

① 1992—1996年数据依据《2001年俄罗斯统计年鉴》第128页；1997—2003年数据依据《2004年俄罗斯统计年鉴》，第124页；2004年数据依据《2005年俄罗斯统计年鉴》，第129页；2005—2010年数据依据《数字俄罗斯（2010）》及俄罗斯联邦国家统计局网站，ht-tp：//www.gks.ru/。

9.7‰，死亡率16.2‰，死亡率比出生率高出6.5个千分点；2005年这组数据为10.2‰比16.1‰；2009年为12.4‰比14.2‰。统计数据表明，近年来出生率有所上升，死亡率有所下降，人口负增长的速度趋于缓和，但是，人口总量依然呈现明显下降态势，2009年全国死亡人口是出生人口的1.14倍。①

目前多数欧洲国家的人口增长都进入了低出生率、低死亡率的“两低”状态，其中有些国家出现人口负增长，但同时都能维持出生率和死亡率的基本平衡。而俄罗斯的情况则完全不同，如上所述，它在出现低出生率的同时又面临着高死亡率，这就进一步加快了人口负增长的进程。

俄罗斯社会的人口老龄化问题在上个世纪后半期就已出现。20世纪80年代，高于劳动力年龄的人口数量在俄罗斯总人口中的比例接近19%，表明俄罗斯人口的老龄化程度已经不低，此后持续十多年的人口负增长明显地加快了俄罗斯社会的老龄化进程。2002年人口普查时，俄罗斯人口的平均年龄是37.1岁，比1989年人口普查时提高了4.3岁，其中男性平均年龄为34.1岁，提高了3.6岁；女性为39.8岁，提高了4.6岁。两次人口普查期间老龄人口增加了260万，增长了9.5%，而少年儿童数量则减少了970万，下降了27%。这一时期是二战后历史上人口出生水平最低的时期，特别是10岁以下年龄组人口急剧下降，减少了43%。1998年，俄罗斯首次出现领取养老金人数超过少年儿童人数。②

截至2009年，俄罗斯人口年龄结构呈现出典型的两头小中间大形态，青壮年和中年人口比例最大，达到67.6%，60岁以上老年人口占17.5%，少年儿童比例最低，只有14.9%，比2002年人口普查时的17%又进一步下降。全俄退休人口已超过3000万，超过总人口的20%，表明人口老龄化问题在俄罗斯社会已相当严重，这是低出生率带来的直接后果。③

最近40年来，俄罗斯未满劳动力年龄人口（0—15岁）的比例逐年降低，适龄劳动力人口（男16—59岁，女16—54岁）和高于劳动力年龄人口（男满60

---

① （俄罗斯）俄罗斯联邦国家统计局：《数字俄罗斯（2010）》，莫斯科2010年版，第84页。

② （俄罗斯）俄罗斯联邦国家统计委员会：《2002年全俄人口普查总结》，http：//www.gks.ru/PEREPIS/report.htm。

③ （俄罗斯）俄罗斯联邦国家统计局：《数字俄罗斯（2010）》，莫斯科2010年版，第82页。

岁，女满55岁）的比例在逐年增加。2009年与1970年相比，高于劳动力年龄人口从15.38%增加到21.2%，增加了5个百分点；适龄劳动力人口从55.99%增加到62.9%，增加了7个百分点；而未满劳动力年龄人口则由28.59%减少到15.9%，减少了13个百分点。

1970—2009年俄罗斯各年龄段人口比例变化（%）

	1970年	1985年	1990年	1995年	2000年	2006年	2009年
低于劳动力年龄	28.59	24.08	24.45	22.95	19.96	16.33	15.9
适龄劳动力	55.99	58.12	56.84	56.82	59.31	63.28	62.9
高于劳动力年龄	15.38	17.80	18.71	20.23	20.73	20.39	21.2

资料来源：（俄）联邦国家统计委员会：《2002年俄罗斯统计年鉴》，第83页；《2005年俄罗斯统计年鉴》，第88页；联邦国家统计局网站，http：//www.gks.ru/free_doc/2006/b06_13/04—07.htm；联邦国家统计局：《数字俄罗斯（2010）》，第82页。

多年来，劳动力不足的问题始终困扰着俄罗斯，为了填补空缺的劳动岗位，联邦政府和各级联邦行政机构每年都要引进数十万外来劳务人员。从上世纪90年代开始，新生儿大幅减少，预示着社会劳动力储备进一步萎缩。2006年的统计数字表明，高于劳动力年龄的人口比低于劳动力年龄的人口多出了579.2万。再过若干年，当目前占总人口比例高达63.28%的适龄劳动力人口陆续进入退休年龄时，社会严重老龄化的各种弊端将充分显现。届时，老龄人口将大比例上升，形成沉重的社会负担，新生劳动力将因数量有限无法填补日益空虚的劳动力市场，劳动力供求矛盾将变得更加尖锐，其中城市劳动力不足的现象将更加显著。

俄罗斯是当今世界上人口密度最小的国家之一，平均每平方公里所拥有的人口数量只有8.4人；同时，它也是世界上人口分布最不均衡的国家之一，全国总人口的85%集中在不到1/4的国土上，而其余15%的人口则零星散布在其余3/4的辽阔土地上。在俄罗斯的西部，即它的欧洲部分，平均人口密度大约为每平方公里27人，其中莫斯科、圣彼得堡等大城市的人口密度几乎与世界人口密度最大的地区接近，北高加索地区的人口密度也很大。相比之下，俄罗斯北部、中部和东部的辽阔土地上人口密度则很小，每平方公里只有1人左右，个别地区，如埃文克和泰梅尔两个自治区，人口密度仅为每平方公里 0.03—0.06 人。

截至 2008 年 1 月 1 日，在俄罗斯七大联邦区中人口数量最多的是中央联邦区，达 3715.1 万，其他依次为伏尔加河沿岸联邦区（3024.2 万）、南部联邦区（2283.5 万）、西伯利亚联邦区（1955.3 万）、西北联邦区（1350.1 万）、乌拉尔联邦区（1224.0 万）、远东联邦区（648.6 万）。土地面积只占全国总土地面积 17.15%的中央区、伏尔加河沿岸区和南部区 3 个联邦区聚集了全国人口的 63.5%，而土地面积占全国总土地面积 86.66%的西伯利亚区、西北区、乌拉尔区和远东区 4 个联邦区所拥有的人口数量总和只占全国人口的 36.5%。人口密度最大的中央区平均每平方公里超过 57 人，而人口密度最小的远东区平均每平方公里只有 1 人。

俄罗斯联邦人口分布状况（2008 年 1 月 1 日）

	面积（万平方公里）	人口（万人）	占总人口比例（%）	人口密度（人/平方公里）	城市化率（%）
全国	1707.54	14200.8	100	8.32	72.9
中央区	65.07	3715.1	26.17	57.09	80.3
伏尔加河沿岸区	103.80	3024.2	21.34	29.13	70.2
南部区	58.92	2283.5	16.02	38.76	57.0
西伯利亚区	511.48	1955.3	13.77	3.82	70.7
西北区	167.79	1350.1	9.53	8.05	82.1
乌拉尔区	178.89	1224.0	8.60	6.84	79.3
远东区	621.59	648.6	4.57	1.04	74.2

资料来源：（俄）联邦国家统计局，http://www.gks.ru/free_doc/2008/demo/popul08.htm。

俄罗斯人口危机的形成原因

俄罗斯第四次人口危机的形成有着复杂的历史原因和社会原因。这场危机不是一个突发事件，而是长期酝酿演变的结果，它的出现符合俄罗斯人口自身发展的轨迹。

按照俄罗斯人口专家的动态计算，为了确保人口数量的稳定，每位俄罗斯育龄妇女必须生育 2.4 个孩子，而实际结果是，自 20 世纪 70 年代以来，俄罗斯平均每位育龄妇女只生养了 1.1 个孩子，尚不足需要量的一半。由此可见，俄罗斯人口总量的下降是不可避免的，这一结果早在 30 多年前就已初显端倪。

在上世纪 40 年代苏联卫国战争期间，俄罗斯人口损失惨重，残酷的战争和恶劣的生存环境吞噬了大量的无辜生命，俄罗斯民族因此而元气大伤。战后苏联政府积极推行鼓励国民生育的政策，并在短期内取得了显著的成效，俄罗斯人口总量得到了迅速的恢复，整个 50 年代俄罗斯人口自然增长率平均每年都保持在 15‰以上，50 年代初人口数量就基本恢复到了战前水平。在恢复性增长之后，俄罗斯人口自然增长率步入了平稳时期，60 年代年均增长率基本维持在 9.85‰左右，虽然远远低于 50 年代，但总体上处于比较合理的水平。

从 70 年代开始，俄罗斯的人口再生产形势显现出明显的疲软态势，生育率显著下降，人口自然增长率也相应走低，年均在 6.42‰上下，比 60 年代减少了 3 个千分点。俄罗斯社会学家普遍将此归咎于战后生育观念的改变，认为随着战争的远去，生活变得日益安逸，享乐主义开始在青年人中间滋生和蔓延，传统的家庭观念和生育观念受到了冲击，越来越多的年轻夫妇选择了少育子女的生活方式，甚至完全放弃生育，致使俄罗斯总出生率一降再降。

80 年代以后，人口再生产能力的削弱在俄罗斯表现得更加突出，年均出生人口从 70 年代的每年 70 万—80 万，下降到 80 年代后期的 50 万—60 万，到了 90 年代初就只有 10 万—30 万了，人口自然增长率也由 70 年代的 6‰左右，下降到 80 年代后期的 5‰以下，进而又降到 90 年代初的不足 1‰，直至出现负增长。

俄罗斯社会的自身发展导致了人口总量的下降，最终形成了人口危机，而社会体制的根本变革又极大地促进和加深了这一危机。毫无疑问，如果没有 90 年代初期的大动荡，俄罗斯的人口危机不会来得如此快速、如此凶猛。社会动荡加快了人口下降的速度、加大了人口下降的规模。

苏联的突然崩溃加剧了原有的各种社会矛盾，并由此演变为一系列社会危机，社会生存环境的极端恶化导致了酗酒、吸毒和疾病的蔓延，也导致了暴力事件和恶性事故的迭起，从而造成了大量的非正常死亡。有数据显示，上世纪 90 年代俄罗斯人口的非正常死亡率达到了战后的创纪录水平。政治体制的突变，国民经济体系和社会保障体系的瓦解，民众生活水平的下降，对未来的茫然和担忧，大量无序的人口迁移，民族的纠纷，社会的动荡，家庭的不稳定，价值观的转变，凡此种种极大地提高了养育成本，并因此限制、压抑了人们的婚育意愿，年轻人普遍不愿生育，离婚率高得惊人。80年代每年每千人中结婚人数大约在10人，离婚人数约占结婚人数的40%，而90年代每年每千人中的结婚人数下降到5—7人，而离婚率却大幅上升，离婚人数占到了结婚人数的60%，甚至更高。此外，原本就不受限制的妇女堕胎变得更为普遍，整个90年代，每年仅合法引流产的数量就比活产婴儿数量高出1倍左右。所有这些造成了俄罗斯人口自然增长率可怕的断层式剧降。可以说，第四次人口危机是俄罗斯民族为社会转型所付出的沉重代价的一个具体表现。

俄罗斯人口未来发展趋势

根据目前掌握的资料，俄罗斯政府、民间机构以及国际组织均对俄罗斯未来的人口发展状况持悲观态度，认为俄罗斯的人口下降趋势还将长期持续。

俄罗斯联邦国家统计委员会（2005年后更名为联邦国家统计局）于1993年、1996年、1998年和2002年多次对俄罗斯未来人口发展情况做出预测，结论是俄罗斯总人口将不断下降：近期（至2010年）人口为1.33亿—1.427亿，中期（至2015年）人口为1.257亿—1.428亿，远期（至2050年）人口为0.772亿—1.226亿。由于俄罗斯人口呈现加速下降的趋势，因而联邦统计委员会不得不一再调低预测值。例如，1993年对2010年人口数量的高位、中位、低位预测分别为1.528亿、1.5亿和1.483亿；1996年调低到1.476亿、1.403亿和1.336亿；1998年又进一步下调到1.469亿、1.416亿和1.371亿；2000年则再次下调至1.427亿、1.379亿和1.33亿。[①]

俄罗斯科学院人口与人类生态中心和俄罗斯科学院社会政治研究所对俄罗斯人口发展的趋势预测与联邦国家统计委员会相同，区别只在于具体预测数据不尽一致。对一个相同时期的人口预测，上述两家科研机构所得出的数据明显低于联

---

① 2010—2015年预测数据见（俄罗斯）B. M. 梅特科夫：《人口学基础》，顿河罗斯托夫2003年版，第352页；2002年预测数据见《俄罗斯人口到2050年可能比现在减少30%》，新华社2002年3月28日电。

邦国家统计委员会的数据。例如，俄罗斯联邦国家统计委员会在1998年对2010年俄罗斯人口的预测数字是1.371亿—1.469亿，而俄罗斯科学院人口与人类生态中心和政治研究所在1999年所做的预测则分别是1.355亿—1.466亿和1.326亿—1.413亿。再如，同时完成于2002年的对2050年的预测，俄罗斯联邦国家统计委员会给出的数字为1.226亿（高位）、1.019亿（中位）、0.772亿（低位），而俄罗斯科学院人口与人类生态中心给出的唯一数字是0.98亿，比前者的中位预测还低。俄罗斯科学院社会政治研究所完成于1998年的对2050年的预测则更低——高位0.896亿、中位0.802亿、低位只有0.714亿。[①] 就总体而言，科研机构预测的准确率似乎高于俄罗斯官方的预测。

根据2004年9月联合国人口司的预测，到2050年俄罗斯总人口将下降到1.015亿左右。[②] 这个预测数字低于2002年该机构所做的中位预测。另据美国人口署的预测，俄罗斯人口下降的速度正在加快，到2025年，它将从2004年世界人口排名的第8位降至第17位。[③]

综上所述，所有的预测者都认为俄罗斯人口在未来的半个世纪中将持续下降，彼此之间唯一的区别只在于对下降幅度的预测有所不同。对于地广人稀、强国心切的俄罗斯来说，无论上述的哪一种预测成为现实，结局都将是惨淡的。

由于国民经济自1999年开始持续好转，社会生活趋于稳定，俄罗斯人口形势出现了一些积极现象，这主要表现在出生率缓慢回升，人口负增长有趋缓之势。上世纪90年代俄罗斯人口出生率从1990年的13.4‰连年递减至1999年的8.3‰，[④] 2000年开始回升，当年为8.7‰，次年为9‰，2002年为9.7‰，2003年上升到两位数，达到了10.2‰，2004年为10.4‰，此后的年份大致维持在这一水平上。同期死亡率也在逐年上升，1999年为14.7‰，2000年上升到15.3‰，2003年升至16.4‰，2004年仍为16.0‰，此后年份略有下降，但仍然明显高于上世纪90年代。不过，因为同期出生率增长幅度高于死亡率增长幅度，因而尽管人口自然增长仍为负数，但下降的幅度略微减少，2000年为−6.6‰，

---

① （俄罗斯）B. M. 梅特科夫：《人口学基础》，第352页。

② 索拉亚·艾赫迈得·欧拜德：《2004年世界人口状况》，http://www.unfpa.org/swp/2004/pdf/ch_swp04.pdf。

③ 汪嘉波：《人口锐减挑战俄罗斯未来》，《光明日报》2005年2月4日。

④ （俄罗斯）联邦国家统计委员会：《2001年俄罗斯统计年鉴》，第81页。

2002 年为－6.5‰，2004 年为－5.6‰，2006 年为－4.8‰，2007 年为－3.4‰。①

基于上述分析，可以得出这样的结论：近期俄罗斯人口出生率有望继续缓慢回升，由此人口下降的速度会相对放慢，但人口下降的总体趋势难以改变；10 年后俄罗斯人口将再度急剧老化，新生人口大幅下降，总人口将进一步锐减。

人口危机对俄罗斯国家发展的不利影响

首先，劳动力不足将长期制约俄罗斯的社会经济发展。2009 年 1 月，俄罗斯境内未满劳动力年龄人口、适龄劳动力人口和高于劳动力年龄人口三者的比例大约是 16∶63∶21，当年适龄劳动力人口达 8926.6 万，高于劳动力年龄人口为 3009.7 万，而未满劳动力年龄人口只有区区 2254.1 万，尚不足总人口的二成。②对于俄罗斯民族来说，这是个极其危险的信号，它意味着社会劳动力储备的匮乏程度已接近极限。事实上，多年来劳动力短缺始终是俄罗斯一个难以克服的社会问题，但目前劳动力短缺主要还表现在结构性短缺上，还具有很大的调节空间。而随着未满劳动力年龄人口的不断下降，俄罗斯国家的人力资源将日益枯竭，最终必将演变成劳动力的全面短缺。届时，工矿企业将因劳动力不足而压缩生产规模，农村土地将因无人耕种而大量荒废，军队将因没有足够的兵员来戍卫偌大的疆土而不得不成批地招募异国公民，并有可能因此而引发国家安全危机，俄罗斯人重温超级大国的梦想有可能将因此而彻底破灭。普京总统在 2005 年年初的一次讲话中透露，联邦政府已经着手考虑吸引外国公民加入俄罗斯军队成为职业士兵的问题，并且为这些士兵加入俄罗斯国籍提供便利的相关法律修正案业已提交国家杜马审议。③ 看来，依靠外国公民来保卫本国疆界在俄罗斯已经成为现实问题。

连续十多年的人口下降已经极大地降低了俄罗斯国家的人力资源潜力。据俄罗斯移民研究中心负责人然娜·扎依翁奇科夫斯卡娅的统计，2006 年俄罗斯全

---

① （俄罗斯）联邦国家统计局：《2005 年俄罗斯统计年鉴》，莫斯科 2006 年版，第 105 页；俄罗斯联邦国家统计局网站，http：//www.gks.ru/。

② （俄罗斯）联邦国家统计局网站《数字俄罗斯（2010）》，第 82 页。

③ （俄罗斯）普京：《俄罗斯联邦武装力量发展的紧迫任务》，http：//www.russia.org.cn/chn/SID＝114&ID＝671。

国劳动力短缺达20万，2009年这一数字提高到100万。根据最新户籍登记资料，1992—2006年全俄共引进了1100万外来劳务人员填补劳动力缺口。[①] 俄罗斯民族政策和地区研究中心主任、莫斯科人权委员会专家弗拉基米尔·穆克迈尔也指出，俄罗斯现在已经感受到劳动力极度匮乏的问题，2007年俄罗斯有劳动能力的人口将减少30万，10年后，有劳动能力的人口每年都将减少100万。[②] 联合国开发计划署提供的题为《俄罗斯在2015年的目标和优先发展方向》的年度报告同样指出，2011—2012年俄罗斯将面临劳动力资源严重紧缺的问题。世界银行发布的报告认为，俄罗斯每年需要100万外来移民才能填补劳动力空缺。俄罗斯专家也认为，为了保证目前的经济发展速度，到2015年后，俄罗斯每年必须输入200万劳动力。俄罗斯转型期经济学院在题为《2006年1月俄罗斯国内经济政治状况》的报告中认为，未来20年间俄罗斯将需要2500万左右的劳动移民。如果没有这么多劳动移民，俄罗斯的经济将会因具备劳动能力人口数量的急剧减少而面临停滞的危险，养老金系统也将走向衰落。[③]

在过去十多年中，尽管俄罗斯的总体人口在下降，但由于俄罗斯人口结构的变化滞后于人口下降的速度，因而使得适龄劳动力人口还在增加，其占总人口的比重也在上升，劳动者人均承担的社会赡养负担自然相应地下降，人口结构处于典型的“人口红利期”。从人口学的角度来看，这是最有利于经济发展的时期。然而，这种局面已经面临着根本性的改变，俄罗斯社会正在由“人口红利期”向“人口负债期”过渡。持续多年的低出生率使得劳动力储备大幅下降，不仅适龄劳动力的绝对数将减少，而且适龄劳动力的比重也将下降，劳动力短缺的状况将进一步加剧，人口老龄化的程度也将进一步加深，社会赡养负担随之加重，这无疑将拖累国民经济的发展。

近年来，在国际能源市场强劲需求的带动下，俄罗斯经济蓬勃发展，从而极大地激发了俄罗斯人的建设热情。根据“普京计划”，未来几年俄罗斯将进行大规模的基础建设，包括新建26座核电站、建设第二条伏尔加—顿河运河、对一

---

① （俄罗斯）《斯维尔德洛夫斯克州需要吸收劳务移民》，俄罗斯新闻网，2006年4月28日，http：//rusnews.cn。

② （俄罗斯）《俄有劳动能力人口明年将减少30万人》，俄罗斯新闻网，2006年4月28日，http：//rusnews.cn。

③ （俄罗斯）《俄罗斯媒体摘编》，俄罗斯新闻网，2007年27日，http：//rusnews.cn。

系列大型港口进行改扩建、修建多条城际高速公路等等。所有这一切都需要大量的劳动力投入。可以预见，在未来的俄罗斯社会，人口因素对经济成长的制约作用将日益凸现，社会经济发展与人力资源之间的矛盾将长期存在，并且会愈演愈烈。

其次，人口分布失衡状况的加剧将进一步扩大地区差异。如上所述，俄罗斯是当今世界上人口分布最不均衡的国家之一，最近若干年，这种状况不仅没有得到改善，相反却在日益恶化。例如，东部的西伯利亚和远东两个联邦区本来就是俄罗斯人口密度最小的地区，近年来又成了人口下降最猛烈的地区。1993—2009年，俄罗斯全国人口从 14856.2 万减少到 14190.4 万，下降幅度为 4.5%；西伯利亚联邦区人口从 2111.2 万减少到 1954.5 万，下降了 6.8%；远东联邦区从 785.1 万减少到 646.0 万，下降了 17.7%。[①]

东部地区人口大幅下降的主要原因之一是人口再生产能力严重不足，其根源在于低生育率和高死亡率。俄罗斯官方统计资料显示，在东部地区，几乎所有与人口再生产能力相关的指标（如人口平均出生率、妇女总和生育率、婴儿死亡率等）都很不理想。以远东联邦区的滨海边疆区为例，当地妇女总和生育率仅为 1.33，远远低于维持人口简单再生产的最低值——2.2。2005 年全年，偌大的联邦主体总共只有 2.1 万个婴儿降生。[②] 远东联邦区婴儿死亡率为全俄最高：全俄婴儿死亡率为 11‰，而远东联邦区为 14.4‰，高出 3.4 个千分点。[③] 20 世纪 90 年代后半期，西伯利亚地区的人口平均出生率不足 10‰，进入 21 世纪后，这项指标有所上升，2004 年达到 11.6‰，但是仍然不敌同期高达 15‰的死亡率。[④]

东部地区人口下降的另一个重要原因是当地人口大量外流。早在 2000 年 10 月，俄罗斯政府就在《俄罗斯联邦 2015 年前人口政策构想》中明确指出："全国的人口危机还伴随着境内移民形势的恶化。由于境内移民流动的方向较之以往发

① （俄罗斯）联邦国家统计局网站，http：//www.gks.ru/scripts/db_inet/dbinet.cgi；《2010 年俄罗斯统计年鉴》，第 78—79 页。

② （俄罗斯）《滨海边疆区出生率低于人口再生产率》，俄罗斯新闻网，2006 年 5 月 29 日，http：//rusnews.cn。

③ （俄罗斯）拉里莎·多库恰耶娃：《俄首届母亲论坛讨论如何解决远东人口问题》，俄罗斯新闻网，2006 年 6 月 7 日，http：//rusnews.cn。

④ （俄罗斯）联邦国家统计局：《2005 年俄罗斯统计年鉴》，第 119、123 页。

生了根本性的改变，整个90年代，北部和东部地区的人口明显减少。1992—1999年，光是北方地区由于移民外迁就损失了超过100万人，相当于当地人口的8.5%”。[①] 2006年12月，普京总统在国家安全会议上再次强调，西伯利亚和远东地区最复杂的问题之一是居民流失，平均每天有274人离开，最近15年内当地居民数量下降了20%。[②]

东部人口的大量外迁，进一步加剧了俄罗斯人口分布的不合理，西部地区，特别是欧洲部分的人口比重越来越大，而原本就人烟稀少的东部地区人口比重却越来越小，这一方面加剧了西部地区劳动力市场的竞争，另一方面又使东部劳动力紧缺的现象更加突出。上述状况进一步加剧了地区间社会经济发展的不平衡，拉大了地区间的差异，成为影响社会安定的重大隐患。

近年来，俄罗斯政府利用财政状况逐渐好转的有利时机，加大了对东北部地区基础建设的投入，计划在西伯利亚和远东地区实施大约100项重大建设项目，其中包括在赤塔州和克拉斯诺亚尔斯克边疆区修建多条公路和铁路，建设博古恰内水力发电站配套输电线路，综合开发下安加尔河沿岸地区，在东部地区建立50个拥有雄厚实力和多种专业的、具备高效生产能力和发达基础设施的工业枢纽，等等。[③] 然而，这些宏伟的工程不仅需要庞大的财政支出，更需要巨大的人力投入，而目前东部地区的劳动力状况是根本无法完成这些任务的。

第三，人口民族结构的显著变化将加剧个别地区的非俄罗斯化倾向。在全俄人口总量持续缩减的大背景下，各民族在人口发展上存在着巨大的差异，有些民族人口急剧缩减，有些民族人口则高速增长。

1989—2002年两次人口普查期间，俄罗斯人口最多的26个民族中有16个人口获得增长，其中有6个民族增长幅度超过50%——亚美尼亚人（112%）、印古什人（92%）、阿塞拜疆人（85%）、列兹金人（60%）、车臣人（51%）、库梅克人（52%）；另外6个民族增长幅度超过17%——阿瓦尔人（45%）、达尔金人

---

① （俄罗斯）俄罗斯联邦劳动和社会发展部：《俄罗斯联邦2015年前人口政策构想》，http://www.akdi.ru/econom/program/demogr.htm。

② （俄罗斯）《俄总统代表说远东最尖锐问题是非法移民》，俄罗斯新闻网，2006年12月21日，http://rusnews.cn。

③ （俄罗斯）《俄经贸部官员强调西伯利亚应发展基础设施》、《俄起草了近百项发展西伯利亚和远东的项目》，俄罗斯新闻网，2006年9月20、28日，http://rusnews.cn。

（45％）、卡巴尔达人（35％）、奥塞梯人（28％）、巴什基尔人（24％）、图瓦人（18％）和雅库特人（17％）；其余3个略有增长——布里亚特人（7％）、哈萨克人（3％）和鞑靼人（1％）。人口数量下降最明显的民族是犹太人，下降幅度超过五成，达到了负57.17％；下降幅度超过二成的民族有白俄罗斯人（－33.00％）、乌克兰人（－32.55％）、德意志人（－29.10％）和莫尔多瓦人（－21.44％）；此外人口下降的民族还有科米人（－12.80％）、乌德穆尔特人（－10.91％）、楚瓦什人（－7.72％）、马里人（－6.21％）、俄罗斯人（－3.32％）。

从上述民族人口变化中我们可以归纳出以下几个特点：

1. 斯拉夫民族和乌拉尔民族人口普遍下降。在上述10个人口下降的民族中，除犹太人、德意志人和楚瓦什人之外，均属于斯拉夫民族和乌拉尔民族，前者包括俄罗斯人、乌克兰人和白俄罗斯人，后者包括莫尔多瓦人、科米人、乌德穆尔特人和马里人。这些民族人口下降的根本原因在于人口出生率低。过低的出生率已经无法满足人口自然更替的需要，部分民族人口下降还与移民外迁有关，如苏联解体后一部分乌克兰人和白俄罗斯人离开俄罗斯前往独立后的乌克兰和白俄罗斯。在此需要指出的是，1989—2002年，有数百万俄罗斯人从独联体和波罗的海沿岸各国回迁俄罗斯，如果不将他们计算在内，俄罗斯人的下降幅度应当不止3.32％。

2. 高加索民族和突厥民族人口持续增加。在上述16个人口增长的民族中，除亚美尼亚人和奥塞梯人之外，其余清一色为高加索民族和突厥民族。虽然按照语言分类，亚美尼亚人和奥塞梯人属于印欧语系（前者属亚美尼亚语族，后者属伊朗语族），但这两个民族主要居住在高加索地区，与高加索各民族有着千丝万缕的联系。在这16个民族中有13个增长幅度达到了两位数。

3. 信仰基督教的人口在减少。在10个人口下降的民族中，白俄罗斯人、乌克兰人、俄罗斯人、莫尔多瓦人、科米人、乌德穆尔特人、马里人、楚瓦什人普遍信仰东正教，德意志人信仰基督教新教，俄罗斯犹太人除部分人保留了古老的犹太教信仰之外，也有许多人信仰东正教或天主教。

4. 信仰伊斯兰教和喇嘛教的人口在增加。在16个人口增长的民族中，绝大部分为信仰伊斯兰教的民族，如阿塞拜疆人、库梅克人、巴什基尔人、印古什人、列兹金人、车臣人、达尔金人、阿瓦尔人、卡巴尔达人、奥塞梯人、哈萨克人、鞑靼人，个别信仰喇嘛教，如图瓦人和布里亚特人，只有雅库特人信仰东正教。亚美尼亚人一般信仰东正教，这是个特例。

目前就全国而言，人口民族结构的变化还不足以对俄罗斯社会产生重大影响，但是在个别地区，特别是北高加索地区，这种影响已经显而易见。

最近十余年来，在全俄人口普遍减少的情况下，北高加索地区[①]的多数联邦主体的人口依然保持了较快的增长速度。不过，新增人口基本上为当地少数民族，而俄罗斯、乌克兰等其他外来民族人口则在下降。1989—2002 年，在北高加索 8 个共和国中，俄罗斯人口比重下降得最为显著，其中下降幅度最小的是阿迪格共和国，为 5%，其他分别为：卡尔梅克共和国 11%、卡巴尔达—巴尔卡尔共和国 21%、卡拉恰耶夫—切尔克斯共和国 21%、北奥塞梯共和国 22%、达吉斯坦共和国 49%、车臣共和国 84%、印古什共和国 95%。就全国而言，俄罗斯族人口数量仍然占有绝对优势，目前还没有哪个民族可以挑战其第一大民族的地位。但是，在北高加索一带情况则完全不同，俄罗斯人除在阿迪格共和国占 64.5%、仍然为第一大民族外，在其余共和国均成为绝对的少数民族，例如，在车臣共和国，俄罗斯人由 1989 年占当地人口的 23.1%下降到 2002 年的 3.7%，在印古什共和国，更是由 23.1%下降到 1.2%。这与中央区和西北区各联邦主体的情况形成鲜明的对照，在那些地区俄罗斯人的比重普遍高达 80%—90%。[②]

与此同时，在各民族自治地区内，民族单一化的趋势也十分明显，民族杂居、相互融合的比例明显下降。例如，卡尔梅克人在卡尔梅克共和国由 45.4%上升到 53.3%，奥塞梯人在北奥塞梯共和国由 53.0%上升到 62.7%，卡巴尔达人和巴尔卡尔人在卡巴尔达—巴尔卡尔共和国由 57.6%升至 66.9%，印古什人在印古什共和国由 12.9%上升到 77.3%，车臣人在车臣共和国更是由 57.8%上升到 93.5%，几乎成为单一民族。

北高加索地区俄罗斯族人口比重下降的原因是多方面的。首先，这是由民族人口自然负增长所决定的，与当地许多少数民族人口快速增长相反，俄罗斯族人口出生率偏低，低于世代更替水平，人口自然增长呈下降状态，因而人口比重下

① 这里所说的北高加索地区不是一个严格的地理概念，泛指高加索以北的 8 个少数民族地区，即阿迪格共和国、卡拉恰耶夫—切尔克斯共和国、卡巴尔达—巴尔卡尔共和国、北奥塞梯共和国、车臣共和国、印古什共和国、达吉斯坦共和国、卡尔梅克共和国。

② （俄罗斯）联邦国家统计委员会：《俄罗斯各联邦主体民族人口》，《2002 年全俄人口普查资料汇编》电子版，莫斯科，2005 年，第 4 册，表 4。

降不可避免。第二，俄罗斯移民大量倒流也促使当地俄罗斯人口比重的下降。苏联时期来自俄罗斯的新移民本来就是一个不稳定的群体，上世纪90年代后的社会动荡加速了他们的倒流。第三，由于历史和宗教的原因，新时期当地排外势力加强，特别是仇俄排俄情绪强烈，这种社会氛围严重恶化了俄罗斯人的生存环境，迫使许多已在当地生活了几代的俄罗斯人选择离开。第四，连年不断的武装冲突，特别是针对俄罗斯平民的恐怖袭击时有发生，大量的俄罗斯人为躲避战乱和袭击投亲靠友逃往他地。

在当今世界，民族相互融合、文化相互渗透是一种普遍的趋势，也是人类社会发展的必然结果。就一般意义而言，在任何地区民族的本地化和单一化都是有悖于时代发展潮流的。鉴于俄罗斯复杂的民族关系和沉重的历史包袱，北高加索地区的民族本地化和单一化将对俄罗斯社会产生深远的负面影响。

北高加索地区主要少数民族如阿迪盖人、卡巴尔达人、土耳其人、达尔金人、车臣人、印古什人、哈萨克人、库梅克人、阿瓦尔人、列兹金人、阿塞拜疆人、卡拉恰伊人、切尔克斯人等大多为穆斯林。鉴于这种情况，人口民族构成的本地化和单一化必然加重当地的伊斯兰化倾向、加快伊斯兰化进程。苏联解体后的俄罗斯文化带有明显的东正教色彩，它与伊斯兰文化存在着巨大的差异，因而，北高加索地区在宗教上的伊斯兰化自然也就意味着整个文化取向上的非俄罗斯化。考虑到北高加索地区的多数少数民族在历史上与俄罗斯人相处得极不融洽，仇俄排俄情绪由来已久，在这一复杂的历史背景和现实背景下，俄罗斯族人口比重的下降、当地民族的单一化和本地化、宗教上的伊斯兰化、文化上的非俄罗斯化，最终极有可能将导致政治上的非俄罗斯化，进而为分离主义思潮提供沃土，加剧当地已有的独立倾向。

事实上，分离主义在北高加索地区有广阔的市场，因为这种思潮在当地有坚实的历史基础、宗教基础和民族基础。而当前人口民族构成的本地化和伊斯兰化趋势无疑将使这个市场继续扩大，将有更多的当地人从宗教情绪和民族感情上同情分离主义分子。

对此，俄罗斯的政治精英们是十分清楚的，在俄罗斯联邦安全会议制定的《俄罗斯国家安全构想》中就明确地指出，一些社会团体活动中表现出来的民族利己主义、民族中心论和沙文主义以及失控的移民现象，会加剧民族主义、地区分离主义和宗教极端主义，并为爆发冲突创造有利条件。[①]

在民族构成的本地化、宗教上的伊斯兰化、文化上的非俄罗斯化趋势的推动下，北高加索地区的分离主义思潮将长期挑战莫斯科的中央权威。如果说，巴尔干是欧洲的火药桶，科索沃是火药桶上的导火索，那么，将北高加索比作俄罗斯的巴尔干，车臣比作巴尔干的科索沃，不是没有道理的。稍加不慎，这个火药桶就会被引爆，后果将是非常严重的。

俄罗斯2025年前人口政策构想

俄罗斯政府非常重视人口问题，始终将人口发展工作作为各级政府的优先工作，积极推行鼓励早婚、早育、多育、优育的人口政策，并在财政上予以支持，对新生婴儿和养育子女的家庭给予大量的经济补贴。

1999年10月5日，俄罗斯联邦安全会议通过了《俄罗斯国家安全构想》。这份文件多处涉及国内人口问题，指出，“社会领域消极现象的增加将使俄罗斯的智力潜力和生产潜力下降，人口减少，精神和经济发展的基本源泉枯竭，还可能导致丧失民主的成果”；“对民族健康状况的威胁表现在居民保健和社会保障系统情况不佳，对含酒精饮料和毒品的需求迅速增长，居民健康状况恶化”；“出生率下降，平均寿命降低，整个社会的人口组成和社会组成发生变化，劳动力资源这个生产发展的基础被破坏，社会的基本组织——家庭被削弱，社会的精神、道德和创造潜力下降，这一切都是深刻的社会危机的后果”。文件中还特别强调，“一些邻国加强了对俄罗斯领土在经济、人口和宗教文化领域的扩张”，俄罗斯必须采取有力的措施“对付其他国家对俄罗斯进行经济、人口、文化和宗教等方面的入侵”。

2007年10月11日，普京总统正式批准了由联邦政府制定的《俄罗斯联邦2025年前人口政策构想》。该构想在分析了当前俄罗斯人口形势的基础上，明确提出了2025年前联邦政府人口政策的基本方向、目标和任务。

新构想确定的人口政策基本方向是：提高人口寿命，降低死亡率，提高出生率，调控内部和外部移民，保护和增强居民健康并在此基础上改善国内人口形势。

① （俄罗斯）俄罗斯联邦安全会议《俄罗斯国家安全构想》，1999年10月5日通过，引自新华网。

新构想确定的人口政策目标是：稳定人口数量，提高生命质量，延长人均预期寿命。同时，新构想还制定了明确的量化指标，这就是：到2015年将人口数量稳定在1.42亿—1.43亿，力争到2025年使人口总量增加到1.45亿；到2015年将人均预期寿命增加到70岁，到2025年再增加到75岁。

新构想指出，联邦人口政策目标能否实现在很大程度上取决于能否顺利解决广泛的社会经济发展任务，包括确保经济的稳定增长和居民福利的增长，降低贫困率，减少收入分化，大力发展人力资本，建立高效的社会基础结构（卫生保健、教育、居民社会保障），建立廉价住房市场，建立灵活的劳动市场，改善流行病医疗防治状况。

新构想确定的人口政策的基本任务是：

1. 将死亡率水平降低37.5%，首先是降低适龄劳动力年龄段人口的死亡率；

2. 将产妇和婴儿死亡率降低50%以上，增强人口再生产健康，增强少年儿童的健康；

3. 保护和增强居民健康，提高积极生命寿命，为推广健康的生活方式创造条件，降低患病率，改善疾病患者和残疾人的生活质量；

4. 将总和生育指标提高50%，鼓励育龄妇女生育更多的孩子；

5. 巩固家庭，恢复和维护家庭关系的精神道德传统；

6. 根据人口和社会经济发展需要吸收移民，同时要充分考虑他们的社会适应能力和一体化的必要性。

新构想还对吸纳移民及相关工作做了具体阐述：协助居住在国外的俄罗斯公民自愿回迁到俄罗斯联邦的常住地，鼓励旅居国外的俄罗斯侨民返回俄罗斯；吸收掌握熟练技术的外国专家，包括毕业于俄罗斯高等院校、在俄罗斯常住地居住的毕业生，吸收来自外国的青年（首先是来自独联体成员国、拉脱维亚共和国、立陶宛共和国和爱沙尼亚共和国）到俄罗斯联邦学习和进修，并赋予他们在学业结束时优先获得俄罗斯国籍；完善俄罗斯联邦移民法；制定社会经济措施以提高对移民的吸引力；制定和实施联邦和地区规划，为外来移民适应新的环境、在尊重俄罗斯文化、宗教、风俗、传统和生活方式的基础上融入俄罗斯社会创造良好的条件；为外来移民与俄罗斯社会的一体化创造条件，在当地居民和来自其他国家的移民之间营造宽容的社会氛围，预防民族宗教冲突。

55. 俄罗斯为何提出经济现代化的政策?

李　新

全球金融经济危机沉重打击了俄罗斯经济。2009年GDP下降7.9%，是15年来的最大跌幅，是G20中衰退最严重的国家。在世界经济论坛发布的全球竞争力排行榜上，俄罗斯从2008年的第51位滑落到了2009年和2010年的第63位。其主要原因在于对外部市场的过度依赖，经济多元化程度低，以及金融市场欠发达等。俄罗斯总统梅德韦杰夫指出，在金融危机情况下，俄罗斯经济过分依赖能源产业的弊端完全显现出来，这种能源出口型的经济发展模式对俄罗斯发展是致命的。他表示，俄罗斯应加快推进国家经济现代化进程，促使经济由资源型向创新型转变，发展高科技产业，节能、信息、航天、核能、医药等领域应成为经济现代化进程中的优先发展方向，实现经济多元化，非能源部门收入应占财政总收入的30%—40%。争取用10年至15年的时间实现经济发展方式转型，使俄罗斯成为世界其他主要经济体的有力竞争者。2009年11月，梅德韦杰夫在国情咨文中正式提出将以实现现代化作为国家未来十年的任务与目标。这是一个“全方位的现代化”概念，但其中经济现代化是极其重要的内容。

俄罗斯经济的原料出口型模式

俄罗斯经济是在原料出口模式框架内运行的。它并非独一无二的，也不是俄罗斯发明的，这是拥有丰富原料资源的许多国家的共同特点。从原料出口收入占GDP和财政收入的比例看，俄罗斯属于像尼日利亚、安哥拉以及委内瑞拉等国家一类，非原料出口的比例越来越落后于巴西。从长远来看，这还不是可悲的，而可悲的是俄罗斯是唯一从发达工业经济后退到原料经济的国家。在原料经济中，财富的主要源泉不是生产性劳动，而是通过原料（或者原料初加工制品）的出口实现的自然红利，由此获得和分配的收入转化为国内消费需求。此外，积累和再分配原料收益所必需的银行部门和其产品不能被进口替代的所谓“不可贸易部门”（如国内贸易、建筑业、运输、通信服务等）得到迅速发展。所有其他国内市场的需求依靠进口商品得以满足。

俄罗斯这种原料出口模式的形成得益于丰富的能源和金属原料的储备。苏联末期和20世纪90年代加工工业的结构性危机促进了这一模式的发展。这一模式当然有其一定的优势，如良好的外部市场环境下可以获得高额的收入，使得俄罗斯经历了破坏性的“休克疗法”之后得以迅速恢复，保证宏观经济、金融和最重要的社会稳定，帮助几百万人摆脱贫困。该模式有力推动了贸易和服务的发展。同时，许多部门（主要是采掘业、冶金和其他所有“不可贸易”的部门）进行了重新装备：机械和设备在进口中的比例近年达到高潮，约占50%。但是，原料模式也具有明显的缺陷：经济依赖于国际商品市场的变动，导致国家财政和投资计划的政策遵循这样的原则，即“期待原料价格的不断上涨”；原料经济的基本主体是国家和超级原料企业，因为它们保障了大部分人的就业和社会领域的发展；国内市场的特点是竞争能力低下，因为俄罗斯经济是由具有原料优势的巨型企业组成的，500强企业的收益可以与国家的GDP规模比肩（见下表）。

俄罗斯500强企业收益变化情况

	2003年	2004年	2005年	2006年	2007年	2008年
俄罗斯500强企业收益，万亿卢布	7.6	11.6	15.8	20.3	24.6	31.599
俄罗斯名义GDP，万亿卢布	13.2	17.0	21.6	26.9	33.2	41.4
500强企业收益占GDP比例，%	58.0	68.0	73.1	76.3	74.3	76.3

资料来源：根据俄罗斯500强企业排行榜“金融”数据（2008版）和俄罗斯统计署资料计算得出。

由于加工企业的发展不是原料经济优先发展的方向，于是加工企业的经营环境极为不利：官僚化和腐败导致国家政权的效率低下，根据世界银行Doing Business的研究，俄罗斯企业经营环境的适宜程度在183个国家中排第120位（在缅甸和哥斯达黎加之间）；不利的企业经营环境导致投资积极性降低，以及包括加工和原料部门的资本积累倾向；流入国内的资金流，对经济形成通货膨胀压力，为了遏制此压力，政府不得不采取财政措施，从而又反过来对投资环境产生特别消极的影响；市场主体具有短期行为特点，从而制约了长期投资，同时由于经济对原料价格的依赖，政府不能规划自己的长期行为，而制定的战略只具有令人欢欣鼓舞的性质；社会领域完全处于国家的监管之下，俄罗斯65%的居民依赖于“来自中央的资金”，这不仅包括退休人员或预算单位的工作人员，同时也包括一系列靠补贴生存的地区，以及取得国家订货的企业，也就是说整个国家都依赖于“中央的资金”；预算支出不断增加，为了保持社会稳定，国家必须花费越来越多的资金，导致国家支出的经常性扩张；社会分层趋势加剧，原料部门收入水平比其他没有得到应有发展的部门的收入高出好多倍，如天然气工业股份公司的平均工资高于全国平均工资的6倍；社会的消极反应和国有经济的低效率不能激励私人的积极性，反而造成社会的惰性和对自身能力、市场机制、民主原则和国家制度的不信任。

原料出口模式已经达到增长的极限，俄罗斯与其他国家争夺投资，必须保障现代化的社会安全和创新发展目标，所有这一切总体上取决于必须彻底取代现有发展模式并迅速改善投资环境。

无论是从占GDP比重还是源于它的收入绝对量来看，原料出口模式的增长已经达到极限。这表现在以下几个方面：首先是原料开采规模下降，许多油田如苏联时期开发的西西伯利亚油田的开采量年均缩减4%—5%；主要原料部门（燃料能源综合体、有色冶金、矿物化肥工业等）的大型企业的收益因为扩大生产而实际停止了增长，收益变化的主要因素依旧是不以企业意志为转移的国际原料价格的波动，以及其他企业的并购；尽管2009—2011年原料价格已经恢复高位运行，但多数原料部门企业的利润指标依旧停滞不前，这主要是因为成本上升和劳动生产率下降，使得俄罗斯企业在对GDP的贡献方面不可能与发达国家的竞争对手拉近距离，在苏联时期得到大量投资的原料企业及其廉价私有化所具有的高收益率资源实际上已经消耗殆尽；近年来原料企业通过国有银行和在国际资本市场进行的融资与它们对俄罗斯经济的投资并没有直接的相关性，筹措来的资金大部分被消耗掉了或者用于补充因为通货膨胀和成本上升而减少的流动资金。原料部门企业的进一步发展，不仅由于原料价格低迷，而且主要是因为其内部危机如成本上升和投资减少而面临着严重问题。

长期以来，苏联保持了粗放型的经济方式，靠大量投入劳动力、资金与耗费大量原材料来保证经济的增长。上世纪70年代末，苏联每单位国民收入钢耗超过美国90%，电耗超过20%，石油消耗超过100%，水泥耗费超过80%，资金耗费超过50%。[①] 1971年召开的苏共二十四大正式提出经济向集约化方向转变，但一直到苏联1991年解体，其经济增长方式没有实质性的变化。近20年来俄罗斯粗放的经济增长方式得到进一步的延续，特别是2000年以来经济结构变动甚至更出现消极趋势。

首先，"荷兰病"威胁俄罗斯经济。2005年2月，国际评级机构Standard & Poor's发表报告称，俄罗斯已经患上了"荷兰病"，石油出口收入的大幅度增加使得卢布坚挺，威胁工业的竞争力。从长期来看，"荷兰病"会造成资源从加工部门向采掘部门转移，导致增加值减少。经济长期依赖自然资源的出口会削弱加工业发展的动力和高新技术的发明和创造。2008年上半年俄罗斯能源部门对工业生产增长的贡献率高达48%，而生产最终产品即消费品和投资品部门的贡献只有23%。能源部门在工业中的比例达到了35.6%。商品出口当中原料占89%，其中能源占64%，而机械产品出口比1995年减少了一半，不足出口额的5%。2008年1月库德林指出，近7年来卢布对一揽子货币有效汇率升值了85%，是世界升值速度最快的货币。[②] 本国货币的升值导致了进口的增加。2007年商品进口36%，2008年上半年猛增48.5%，进口商品占据居民新增消费的70%，严重威胁本国工业。近8年来，俄罗斯进口商品年均增加26%，超过所有的大国如印度和中国（23%）、美国和日本（7%）。进口商品在国内消费中的比例从2000年的30%上升到2007年的53%。同时，国内通货膨胀高居不下，2000年以来CPI年均上涨13.7%，而PPI则更是高达18.5%。

其次，经济结构严重失衡，畸形发展。第二产业内部结构失衡，经济原料和能源化趋势不断加强。第三产业比重下降，金融服务业严重滞后，2006年其在服务业产出中的比重不足6%，五年来只增加了40%。投资结构失衡，融资渠道

① 陆南泉：《当今俄罗斯经济现代化的迫切性与面临的主要难题》，《学习时报》2010年8月24日。

② 参见 http://www.rian.ru/economy/20080130/97992059.html。

单一。投资的主要领域分布是交通和通信部门、房地产业、加工业和能源开采，对国民经济装备工业投资严重不足。企业主要通过自有资金进行投资，外部融资则主要是银行贷款和企业间贷款，其中银行贷款所占的比重呈逐渐扩大的趋势，外商直接投资所占比重过低。证券市场不发达，从而制约了投资规模的扩张。社会两极分化严重，收入差距从 1992 年 8 倍扩大到 2007 年 16.8 倍，基尼系数从 1992 年的 0.29 上升到 2007 年的 0.42。严重的收入分配差距制约了国内消费的进一步提升，制约了经济增长。地区间差距拉大，区域发展不均衡。研发投入不足，科技进步停滞不前。2008 年俄罗斯研发投入占国家预算的比重为 2.14%，远未达到 1996 年颁布的俄罗斯联邦《科学与国家科技政策法》规定的 4%的最低标准，占 GDP 的比重不足 0.4%。2008 年实施创新活动的企业从 2006 年的 2490 家减少到 2448 家，占企业总数的比例只有 9.6%。

俄罗斯经济现代化战略的提出：扭转俄罗斯经济结构的政治决定

俄罗斯经济创造了惊人的奇迹为实施现代化战略奠定了物质基础。普京执掌俄罗斯政权 8 年时间，居民实际收入增加了 1.5 倍，失业和贫困水平降低了一半，经济稳步发展，GDP 增加了 72%，2007 年 GDP 增长率达到近 7 年来的最高水平 8.1%。商品进出口总额增加了 4 倍，吸引外资增加了 6 倍，而在此之前资本外逃每年达 100 亿—250 亿美元不等。2007 年俄罗斯资本净流入达到创纪录的 823 亿美元，证券市场市值是 1999 年的 22 倍。国家外债已经减少到 GDP 的 3%，这是世界上最低的指标。截至 2008 年 7 月 1 日，俄罗斯国家外汇储备达到 5683 亿美元，2008 年年初，稳定基金也达到了 1600 亿美元。2005 年按购买力平价计算的国内生产总值达到 16975 亿美元，仅次于美、中、日、德、法，居世界第六位，人均 11861 美元，迅速跃入高收入国家行列。国家的宏观经济稳定和金融自主整体上得到了保证。全球金融危机爆发的前两年，俄罗斯兴起了真正的投资和消费高潮，开始了大规模的能源、交通基础设施、机械制造和住房建设计划，飞机和船舶制造正在进行结构改革，汽车和铁路生产吸收了大规模的投资。其推动全球经济增长的作用进一步凸显。然而，其经济结构的调整任重而道远。

普京执掌国家政权的 8 年中，其核心政策就是让居民休养生息，实施教育、医疗、住房和农业四大“国家工程”。如今，国家积累了大笔的资金，人民生活水平已经有了大幅度的提高，社会、政治、经济已经逐步走上正轨，彻底扭转严重依赖原料和能源的畸形经济结构就提上了国家的议事日程。

2008 年 2 月 8 日，即将卸去俄罗斯总统职务的普京在国务委员会扩大会议上做了《俄罗斯 2020 年发展战略》的报告，第一次正式确立了国家的创新发展战略，其根本是人的问题。[①] 围绕这个基本目标，普京规划了俄罗斯未来 12 年的教育、医疗和住房建设三大民生问题的解决方针。普京提交给国务委员会的 2020 年社会经济发展战略实际上是把俄罗斯从惰性的能源和原料发展道路转向创新发展道路的政治决定。这一战略包含了以科技进步及其效率的大幅度提高和社会发展目标为基础的广泛的内容。希望最终将俄罗斯经济转向创新发展的道路，推向以先进技术为基础的快速和稳定增长的轨道。

普京强调实现创新发展就是要大大提高劳动生产率，要求今后 12 年内各主要经济部门要将这一指标至少提高 3 倍。为此，他在《俄罗斯 2020 年发展战略》和 2008 年 5 月的总理就职演说中规划了创新发展的战略目标和手段。首先必须建立国家的创新体系，加强国家对经济的宏观调控能力，保障国家对战略资源的支配权，将国家经济命脉牢牢掌握在政府手中的同时，消除对经济过多的行政压力，积极吸收私人资本到国有部门；进一步加强以企业“强强联合”为特征的战略行业重组，组建国家绝对控股的大型企业集团，以提高俄民族优势产业的国际竞争力。其次要大力发展基础经济部门，包括自然资源的深加工，发挥能源、交通和农业的潜力，对各经济部门的现有生产实行大规模现代化改造，改善企业管理；发展具有全球竞争力的新部门，如航天、造船、能源、信息、医疗等领域的高新技术。第三，加快道路、车站、港口、机场、电站和通信系统等基础设施建设，加快发展落后地区，培育新的社会经济发展中心。第四，大力发展金融业，使其达到经济发展所需要的水平，建设国际金融中心。第五，努力建设良好的市场和竞争环境，积极参与全球和地区一体化进程、经济贸易和投资合作。

2008 年 11 月，俄罗斯总理普京批准了政府制定的《2020 年前俄罗斯联邦社会经济长期发展构想》以及《国际金融中心建设计划》等文件。根据该文件，

---

① Путин В. В. О стратегии развития России до 2020 года. Выступление на расширенном заседании Государственного совета. 08. 02. 2008. http：//www. regnum. ru/news/954426. html.

2012年前，俄罗斯将为经济转型创造条件；2012年至2020年，国家将开始发展创新型经济。《构想》指出，到2020年，俄罗斯应在5至7个高科技行业成为世界领先者。“格洛纳斯”导航系统、核废料再生处理技术、氢能利用、超级计算机等被列入国家重点科研项目。

普京制定的2020年创新发展战略的最大特点就是恢复国家的作用。苏联解体以来，俄罗斯第一次把战略发展问题提到了国家层面。没有国家的应有努力，战略也只能是美好的愿望而已。另外，与以往的战略幼稚地强调万能的市场自我调节机制不同，这一战略清醒地认识到俄罗斯经济的复杂情况。普京在强调GDP翻番任务的同时，他也指出了惰性的能源发展模式是死路一条。他确定了国家政策的方向，那就是加强人力资本投资，创建国家创新体系，发展本国优势，实现经济现代化，发展高新技术领域的竞争能力，重建和扩大生产、社会和金融领域的基础设施。然而普京的雄心壮志却被全球金融经济危机迎头浇了一盆凉水。

俄罗斯经济现代化战略的实施：普京《2020年发展战略》的启动

全球金融经济危机对俄罗斯经济造成了严重打击。2009年实现GDP39.1万亿卢布，比2008年减少7.9%。投资减少16.2%，工业减产10.8%，其中加工业衰退16%，冶金行业衰退13.9%，机器和设备生产下降28.4%，运输工具和设备生产减少38%。2009年失业人数比2008年增加87.3万人，达到616.2万人，而危机前的2007年只有424.6万人。其中登记失业人数2009年同比增加41.1%，达到为214.7万人。2009年进出口总额4958亿美元，只有2008年的64.9%。其中出口3040亿美元，比2008年减少35.5%，进口1919亿美元，减少34.3%。

只有摆脱原料化的经济发展模式，才能真正形成能够承受外部风险并有效应对挑战的强大经济。全球金融经济危机使梅德韦杰夫提前启动了普京的《2020年发展战略》，使俄罗斯经济尽快走上现代化之路。他在其著名的《前进，俄罗斯!》一文描绘了国家现代化的未来图景，“在未来10年当中，俄罗斯将应当成为这样的国家，即公民的财富和高质量的生活将不再依靠原料而是依靠智力资源如创造独一无二知识的创新经济以及新技术和创新产品的出口得到保障。俄罗斯应当成为具有吸引力的国家，吸引来自全世界的人来探索自己的理想，寻求实现自我价值和成功的最好机会，俄罗斯有能力为这些勇于接受挑战的人提供这样的机会。这就是我国现代化的目标。关键是要付诸实施，也就是‘富有智慧的政策’，一方面要利用自己的能力和竞争优势，另一方面要建立稳定的自我完善和发展机制”。[①]

为此，2009 年 5 月梅德韦杰夫签署总统令，成立亲自挂帅的经济现代化和技术发展委员会。其主要任务就是制定俄罗斯经济现代化和技术发展方面国家政策以及各方面的政策协调，确定国家为实现经济现代化和技术发展进行调节的优先方向、形式和方式。2009 年 6 月 18 日该委员会第一次会议便确定了五个“技术突破”的方向：节能、核技术，包括各种信息传递设施在内的航天技术、医疗技术特别是诊断设备和药品，包括制造超级计算机和软件开发在内的战略信息技术。这是提高俄罗斯技术水平的关键。梅德韦杰夫在 2009 年 11 月的总统咨文第一次正式确定了国家的经济现代化任务，并采取了一系列令世人瞩目的惊人举措。

首先是要实现国有部门的现代化，对垄断性企业进行结构性改革。梅德韦杰夫在 2010 年 6 月“圣彼得堡国际经济论坛”上的讲话认为，目前国有部门的太高，必须将战略企业数量削减到原来的 20%，战略性股份公司从 208 个减少到 41 个，联邦独资企业从 230 家减少到 159 家。计划在 2011 年至 2013 年间对 11 家“重量级”国企和国有银行进行部分私有化，涉及金额 200 亿—300 亿美元。这是 20 年来俄罗斯展开的第二轮规模巨大的国有资产私有化。必须吸收私人企业参与现代化进程，国家的作用在于为本国和外国企业创造良好经营环境和诚实竞争环境。

其次，作为现代化任务的核心，创造一个进行世界级研发和投资的良好环境。通过补贴的方式建立长期有效机制吸引著名专家、企业家等优秀人才，对创新企业提供融资扶持。建立公私合营投资基金，以私人资本补充国有资金，吸引战略投资者并对其投资项目进行融资。

---

① Выступление Медведева Д. на пленарном заседании Петербургского международного экономического форума. http：//www. kremlin. ru/news/8093.

第三，完善国家治理结构，大大简化政府对投资项目的审批程序，对创新企业和新技术项目实行优惠的税收政策。从 2010 年 1 月开始扩大对红利免征所得税的适用范围，简化程序。从 2011 年起对进行长期直接投资的新增资本实行免税，对提供教育和医疗服务的企业免除所得税，对创新领域的企业实行大幅度的税收差距。对经济犯罪进行调查进行限制。

第四，从 2011 年开始将对预算政策做出重要调整。重点放在具体项目的实施上，例如推行“电子政府”项目，扩大互联网的普及，保障对青年学者和具有前瞻性研究的资助，支持经济和公用设施能源效率的提高。2010 年政府拨款 1.1 万亿卢布，用于基础科学、应用科学研究，并发展高等教育和落实各种创新项目。这一数字占俄联邦全年预算支出的 10%。

第五，国际竞争是俄罗斯现代化的决定性激励机制，力争早日加入 WTO 和经合组织，积极融入经济全球化和地区经济一体化进程。

第六，优先发展的几十个重点项目已经开始实施。2010 年 5 月，现代化委员会批准了涵盖计算机、核技术、航天、医疗技术和能源效率五大方向的 38 个项目和建设斯科尔科沃创新中心的预算表。[①] 为此三年筹资 8000 亿卢布（约 260 亿美元）。

第七，全面建设莫斯科国际金融中心为现代化提供资金保障。要实现现代化必须有发达的在全球具有竞争力的国家金融体系，它既是俄罗斯现代化的手段也是现代化本身的目标之一。发展莫斯科金融中心可以大大加强卢布作为可能的储备货币的地位。

第八，建设“俄版硅谷”，集聚智慧资本。2010 年 3 月，梅德韦杰夫宣布将在莫斯科近郊的斯科尔科沃建设新技术研发和商业化的超级科学技术综合体，优先发展能源、IT、通信、生物医学技术和核能技术。该创新研发中心将为处于创业阶段的公司设立企业孵化器，为它们提供附加服务，提供各种融资渠道：补贴、播种融资基金、风险基金。吸收大型国际公司参与研发。进驻该中心的创新型企业可享受各项税收优惠措施，包括 10 年内免缴所得税、财产税和土地税，企业社保费上缴标准比全国标准低一半等。该项目初期阶段的融资将由政府预算

---

① Евгения Письменная, Наталья Костенко, Медведев пристроил 800 млрд руб. // Ведомости. 18.05.2010, 88 (2606).

保障，2010 年年底前政府将拨款 40 亿卢布，2011 年计划拨款 150 亿卢布。

第九，设立经济特区，吸收先进技术和资金。2009 年年底，俄罗斯政府设立了 18 个经济特区，包括在利佩茨克州、萨马拉州和鞑靼共和国设立的 3 个工业园区，在莫斯科和莫斯科州、圣彼得堡和托姆斯克州设立的 4 个技术开发区，在乌里扬诺夫斯克州、哈巴罗夫斯克边疆区和摩尔曼斯克州开放 3 个港口，在阿尔泰共和国、布里亚特共和国、阿尔泰边疆区、斯塔福罗波尔边疆区、伊尔库茨克州、加里宁格勒州、滨海边疆区和北高加索设立的 8 个旅游度假区。

第十，改善投资环境。2011 年 3 月底，梅德韦杰夫在经济现代化和技术发展委员会会议上专门就改善投资环境问题提出了 10 个方面的严厉措施，包括降低企业的社会义务保险税，对被指控国家机关作为和不作为案件实行特别程序审理，清理相互矛盾的政策法规，设立联邦区总统全权代表协助私人投资与地方政府之间的关系，消除国有企业对经营环境的影响，设立俄罗斯直接投资基金吸引外国直接投资，减少战略部门对私人投资的设限，改善服务部门的服务工作，总统派出全权代表到地方征询企业意见并及时进行处理。同时，明确了责任人和解决的期限。此外，为实现企业经营的公平性，勒令 17 位政府副总理和部长限期退出国有大型企业的董事兼职。

俄罗斯经济现代化的外部环境建设：营造世界范围的“现代化联盟”

梅德韦杰夫在 2009 年 11 月的总统咨文中强调，“我国同其他国家的关系应当以实现俄罗斯现代化任务为第一要务……对我们重要的是资本、新技术和先进理念的流入。所以，我们的对外政策应当是非常务实的”。[①] 外交必须为实现现代化服务，为此确立了国家外交的优先方向，由于西方是俄罗斯所需要的投资和技术的主要来源，因而西方成为重中之重，唯有借助西方，俄罗斯才有可能获得发展“智能”经济的先进技术，俄罗斯需要与富裕国家特别是美国和欧盟改善关系。他要求外交部制订具体的行动计划。

---

① Дмитрий Медведев, Послание Федеральному Собранию Российской Федерации. 12 ноября 2009 года.

2010 年 5 月 11 日俄罗斯《新闻周刊》发表了俄罗斯外交部制定的《有效利用外部政治因素实现俄罗斯联邦的长远发展计划》。① 7 月 12 日梅德韦杰夫召开外交使节会议上发表了题为《俄罗斯外交：保护国家利益和促进国家的综合现代化》的重要讲话。他指出，“我们应当更有效地利用我国对外政策工具来完成国内任务，实现我国现代化目标，包括经济、社会领域和部分政治体系”。② 梅德韦杰夫多次强调必须借助西方资金和技术，否则俄罗斯没有能力实现自己的现代化目标。

梅德韦杰夫要求俄罗斯外交使节首先需要完成的任务就是为国内经济现代化特别是生产现代化服务，培育创新经济的因素。在俄罗斯历史上外交部第一次被赋予了经济方面的职能：招商引资。与主要的国际伙伴结成“现代化联盟”，这个“联盟”包括欧、美、亚、非 60 多个国家。首先是德、法、意、欧盟和美国，同时与“金砖四国”发展多边联系，利用亚太地区的潜力来完善俄罗斯经济。此外，与独联体伙伴的合作依然是俄罗斯最重要的优先方面，其任务是建立广泛的互补的创新空间和统一经济空间，并与欧洲接轨。在这个“现代化联盟”中，俄罗斯提供投资机会和更大程度上的政治合作，以换取外国资本和技术。

1. 与美国在创新领域结成战略伙伴关系

在俄美关系“重启”背景下，俄罗斯希望与美国构建互利平等的合作模式，寻求美国的技术转让，吸引投资，扩大贸易规模和优化贸易结构。2010 年 6 月梅德韦杰夫访问美国硅谷，寻求与美国的创新技术合作，并说服了思科系统公司对俄投资 10 亿美元。共同声明确定了三个合作方向：首先是创新投资，促进人才、物质和技术资本的形成；其次，创造良好的经营环境，提高创意和创新竞争能力；第三，在新能源、纳米、航天和信息技术等共同的战略重点方面共同努力实现突破。

---

① Доклад МИД РФ: Программа эффективного использования на системной основе внешнеполитических факторов в целях долгосрочного развития Российской Федерации. http://www.runewsweek.ru/country/34184/.

② Выступление Д. Медведева, Российская дипломатия: защита национальных интересов и содействие комплексной модернизации страны. http://www.runet.lt/rusworld/17422—rossijskaya—diplomatiya— zashhita — nacionalnyx — interesov — i — sodejstvie — kompleksnoj — modernizacii — strany.html.

2. 与欧盟国家建立“现代化伙伴关系”

俄罗斯竭力在欧洲树立可靠伙伴和同盟者的形象，高度重视与传统友好国家德、法、意和西班牙的合作。2010 年 5 月举行的俄欧峰会确定了伙伴方针，规定了共同开发的大型项目，包括对俄罗斯工业进行重新装备。鼓励企业进入欧洲市场，支持它们特别是国有大型企业收购欧洲资产，促使创新和高新技术生产向俄罗斯转移。通过创办一体化企业和发展外包的形式，积极参与泛欧经济技术网的建设。把俄罗斯与欧洲的“现代化伙伴关系”打造成“现代化联盟”的样板。

3. 与亚太和新兴市场国家建立“技术伙伴关系”

俄罗斯寻求与亚太地区各国均衡地发展双边和多边合作，“长入”亚太地区一体化进程。有针对性地与东盟主要国家如新加坡建立技术伙伴关系。重视中国与俄罗斯在 G20、“金砖四国”和上合组织以及联合国安理会的共同行动。高度关注中国在国际事务中不断上升的作用，其中也包括中国的崛起对俄罗斯全球和地区利益的挑战。加强俄印在全球和地区安全的现实问题和新挑战新威胁方面的伙伴合作。

4. 加快原苏联地区的经济一体化进程

俄罗斯近年来积极加强与原苏联地区国家一体化进程，其核心是欧亚经济共同体，特别是俄哈白关税同盟和未来的统一经济空间。扶持欧亚经济共同体反危机基金和欧亚经济共同体高新技术中心，扩大俄罗斯卢布作为地区和国际贸易结算货币的使用，建设多边自由贸易区，建立和发展共同市场，深化能源合作，支持俄罗斯企业进军独联体市场。在此基础上，与区域外大国建立平衡关系，在具有共同利益的方面进行合作，但不能容忍区域外国家插手地缘战略周边国家的事务。加强集体安全条约组织作为地区重要的安全和应对威胁的工具。

5. 加强与国际经济组织的合作

俄罗斯正在谋求扩大与经合组织的对话，并争取尽快加入 WTO。试图利用亚太经合组织平台将俄罗斯能源技术和设备推向地区市场，不排除加入该地区双边和多边自由贸易协定的可能性。充分发挥俄罗斯在能源领域的竞争优势，构建能源（包括传统能源和新能源）合作关系，启动上合组织能源俱乐部。在安全领域进一步提高上合组织的效率，保持上合组织与集体安全条约组织之间的紧密协调。与“金砖四国”伙伴协调在 G20 中的地位和立场。

6. 鼓励企业实施“走出去”战略

梅德韦杰夫要求系统研究外国经济现代化的经验，论证与外国签订中长期自由贸易协定以改善俄罗斯出口结构，保护本国生产者利益并增加收入的可能性。制定中长期双边高新技术项目实施效果的评价体系，实施符合俄罗斯高新技术生产者利益的贸易标准，对参与境外合作的俄罗斯企业给予政治和外交支持，为境外俄罗斯投资者建立政治风险保险机制。促使地方与外国建立直接的经济联系，吸引外国资本和先进技术投入各俄联邦主体。

梅德韦杰夫的经济现代化战略与普京2020年战略：对决还是传承？

2011年新年前夕，俄罗斯经济学界发生了一件可能改变国家发展的战略导向的重大事件。如前所述，全球金融、经济危机沉重打击了俄罗斯经济。俄罗斯经济过分依赖能源产业的弊端完全显现出来，这种能源出口型的经济发展模式对俄罗斯发展是致命的。

俄罗斯总理普京决定改变这种经济模式。针对俄罗斯国内经济问题，2010年12月30日，他在俄罗斯高等经济学院向专家学者求教，并建议以高等经济学院和国民经济学院两所高校为基础建立一个独立的专家平台，在政府专家的参与下，要求在2011年年底前共同努力制订新版2020年发展战略。众所周知，2008年普京确定了《俄罗斯2020年发展战略》，这一战略包含了以科技进步及其效率的大幅度提高和社会发展目标为基础的广泛的内容。希望最终将俄罗斯经济转向创新发展的道路，推向以先进技术为基础的快速和稳定增长的轨道。普京在与专家学者的座谈会上强调，2012年将进入2020年发展战略实施的第二阶段，然该战略是在全球金融危机爆发前制定的，因此必须考虑全球金融危机对俄罗斯乃至世界经济的影响来重新制订具体的行动计划，保证俄罗斯在后危机时代的可持续发展。俄罗斯需要紧密结合当前现实的，能够解决现代化问题，提高社会和国家治理效率的增长模式。普京随后任命第一副总理И. 舒瓦洛夫为修订2020年长期发展战略的总协调人，成立了以高等经济学院院长Я. 库兹明诺夫和国民经济学院院长B. 马乌为总负责人的21个专家组，包括大学校长、教授以及企业和官员代表，要求2011年12月提交最终报告（以下简称“2020战略”），计划2012年开始实施。这实际上也就是普京的2012年竞选纲领。专家组将致力于研究摆脱危机和在预算约束条件下实现2020年发展战略目标和任务的必要机制。21个课题组涉及的领域包括经济增长的新模式、宏观经济和社会稳定，财政和货币政策、宏观经济发展指标，深化市场制度改革、保护产权和竞争，从激励创新转向创新基础上的增长，提高国家投资和国家采购的效率，优化国家经济职能，国有财产管理与私有化，改革税收、金融制度，激励中小企业发展，改革养老制度、劳动、教育和移民政策，缩小社会差距，实行真正的联邦制、地方自治和跨预算政策，建立联邦契约制，改革自然垄断部门，发展地区间的互通互联，克服地域和信息割裂，提升俄罗斯的国际地位，实现前苏联地区经济和社会一体化，最终实现创造性的经济增长模式。

2011 年 4 月 20 日，俄罗斯总理普京在 2012 年总统选举前最后一次向国家杜马作政府工作报告。涉及面非常广泛，从优化产业结构出发，着重发展国防、航空、能源、造船和汽车工业，加强远东地区的开发和包括公路、铁路在内的交通建设。报告尤其对民生问题给予了高度关注，着重解决长期以来的人口减少问题，加强住房和体育设施建设，实现医疗现代化，提高工资和退休金，发展教育和文化。改善国家治理，打击贪污腐败，坚持"一个窗口"和"开放的政府"服务原则扶持中小企业的发展。还强调了发展俄白哈关税同盟的重要意义。普京坚信，随着改善经济结构优先方向的确定，改善投资环境措施的实施，战略部门投资障碍的消除，外国直接投资会加速流入俄罗斯。争取每年吸引外国直接投资 600 亿—700 亿美元。为此要求完善海关政策，刺激高技术产业的发展。未来 10 年俄罗斯 GDP 总量应当进入世界五强，人均 GDP 达到 3.5 万美元，高于目前的法国和意大利。劳动生产率至少要提高 1 倍，关键经济部门要提高 2—3 倍，创新产品在总产出的比重要从目前的 12％提高到 25％—35％。

与此同时，俄罗斯总统智囊现代发展研究所在 2011 年 3 月 15 日发布了一份报告的初稿，题为《探索未来：2012 战略》（以下简称"2012 战略"）。正如该研究所所长 И. 尤尔根斯所言，"这是我们为梅德韦杰夫总统制定竞选纲领的尝试"，"是俄罗斯下任总统的行动纲领"。这一纲领的政治主张非常明确，即彻底推翻普京担任总统时期进行的政治改革，也就是放弃"管理民主"的做法，全面恢复各级选举。这一纲领由走向未来实现现代化的"120 步"组成。要求"重启"现有的政治制度，包括取消政党建设的官方障碍，支持非商业组织，取消对电视广播的审查等，恢复联邦选举的混合投票制度，简化政党和公民参加选举的程序，恢复联邦委员会委员和地方领导人的选举做法。司法改革方面，法庭主席实现由法官选举，经济类案件的非刑事化。经济改革要包括预算改革，根据法律规定实行资金支出的目标纲要原则，对使用石油天然气收入弥补预算支出进行法律约束，根据石油美元和国有资产私有化收入建立“新一代主权基金”，其规模要达到GDP的60%。不增加税收负担，严格保护产权。实现社会现代化，包括教育、劳动、人口、养老和国民政策。移民政策应当解决国家人口减少的问题，必须实施吸引第三国公民来俄罗斯定居的计划，其实质在于对符合法律要求的申请人取消获取国籍的中间环节。对所有非法入境的外来务工人员进行移民赦免，取消入境劳工配额，实行私人就业代理，对获取居住权的人取消务工许可证。官僚机构改革必须堵住将权力活动变成获取收益的方式的所有可能。必须缩小权力机关在调节领域的权限和职能，继续建立行政规程，对任职人员的工作成果进行公开评估，公开权力机关及其关联机构的财务。军队改革要取消征召制，改为志愿军，过渡期为2012年新选举出来的总统第一个六年任期。设立军士军衔系列，军事岗位任职和军事开支透明化，明确界定国防部和总司令部的权限。改革警察制度，撤销内务部，其职能分配给地方和市政警察以及保留下来的联邦武装部门和新建的联邦刑事警察署，内务部队应该改制为国民卫队，隶属总统。撤销联邦调查局，并代之以反间局和护宪局。

这两个竞选纲领的根本区别在于，“2012战略”以激进的政治改革作为实现经济现代化的条件，而根据普京要求制定的“2020战略”则相反，不要求任何革命性的政治和经济改革。“2012战略”的制定者认为，必须进行激进的政治改革，“重启”政治竞争机制，简化政党和候选人的准入，改革联邦委员会，逐渐回归地方领导人的直接选举，没有这些方面的政治改革，有效的经济改革就是不可能的。而这些内容都是普京担任俄罗斯总统期间针对上世纪90年代所谓“民主、自由、市场”所造成的“十年动乱”进行拨乱反正的结果，恢复秩序，使俄罗斯得以重返国际舞台。90年代的“民主、自由”已经被俄罗斯大多数人民所唾弃，所以在“2012战略”一出炉即可遭到多数学者的严厉抨击，认为“自由主义祸国殃民”。实际上，90年代的自由主义改革遭到失败以后，特别是进入21世纪普京进行加强中央权力的政治改革以来，俄罗斯自由主义政治家和经济学家就逐渐销声匿迹了，只是在崇尚西方价值观的梅德韦杰夫担任总统后，其身边又逐渐聚集起来一批自由主义“思想家”。

然而，这两个纲领在经济改革方面却具有“惊人相似的一幕”。两个战略都认为经济改革的核心在于建立国家发展的新经济模式，摆脱对原料能源的出口依赖，实现经济现代化。都认识到了国家所面临的迫切任务。“2012 战略”认为，国家面临三个方面的挑战，其一是石油天然气部门及其改革的必要性，其二是投资积极性不高，投资需求受制于质量低劣的制度和投资环境，其三也是最重要的，就是调控环境的恶化，国家在经济中的作用不合比例地急剧上升，竞争委靡，腐败和过度的行政干预等。增长的主要动力、驱动机制应当是企业私人投资和受到国家和法律有效保护的私有产权，无独有偶，“2020 战略”的平台即国民经济学院和高等经济学院则是新自由主义经济学的大本营，主张减少国家对经济的干预，保护私有产权。似乎与普京的政治集权主义理念相悖。其实，在 2000—2007 年，普京进行大刀阔斧的政治改革的同时，依然在核心经济部门保留了新自由主义代理人，如前财政部长 A. 库德林、经济发展和贸易部长 Г. 格列夫以及总统经济顾问 A. 伊拉里奥诺夫。此次起用新自由主义经济学家来制订“2020 战略”，体现了普京根深蒂固的理想主义模式：政治强权＋经济自由。

由此看来，普京的“2020 战略”与梅德韦杰夫推行的经济现代化战略是并行不悖的和承前启后的。不过，梅德韦杰夫更倾向于自由化、西化和民主化，将现代化的希望寄托在西方国家。而普京则相比显得更稳重，他强调，“国家需要至少十年的稳定的发展。俄罗斯不需要未经证实的自由主义或社会煽动导致的各种瞎折腾和鲁莽的试验，这些都将远离国家发展总路线。”对俄罗斯加入 WTO 的进程也要求认真地看待，认为这里有“埋伏”，强调在农业、航空工业、汽车工业等方面绝不放弃原则。严厉抨击美国解决贸易、财政赤字和债务问题的简单做法，“他们开动了印钞机，将这些钱洒向了整个美元区，而这个美元区就是整个世界。我们不可能做出这样的流氓行径，近期也不会。但是我们会努力把卢布变成前苏联地区的储备货币。乌克兰已经提出用卢布结算能源贸易，与白俄罗斯的非现金结算 90％是用卢布进行的。”普京告诫说，“我们要吸取教训，经济和国家软弱，不能抵御外部冲击，国家主权就不可避免地面临着威胁。在当代世界，如果你软弱，一定会有人想过来向你出主意朝什么方向走，采取什么政策，选择什么样的发展道路。表面看来，这似乎是善良的非强加的不错的建议，但其背后实际上是粗暴的操纵和干涉主权国家的内部事务。”必须采取符合本国公民利益的政策，这样才能赢得他们的支持。

俄罗斯经济现代化战略实施的前景：制约因素

从前面的分析可以清楚地看到，俄罗斯经济现代化的实质就是着力解决由资源型向创新型发展模式的转变。俄罗斯领导人已经下定决心要实现这种转变，并为此采取了一系列强有力的措施。这些措施的成效如何，到 2020 年能否实现这一宏伟转变，现在下结论为时太早，这一进程毕竟才刚刚开始。许多学者担忧 2020 年发展战略能否得到实现不是没有道理，有几个方面的问题必须清醒地充分认识到。

1. 正像陆南泉教授指出的，这一宏伟转变的必要性是显而易见的，但这将是一个非常缓慢的过程。[①] 其原因在于以下几个方面：首先，俄罗斯企业缺乏创新的积极性。目前只有 10%的企业有创新积极性，只有 5%的企业和产品属于创新型的。企业只有总支出的 6%用于研发，而日本这一指标为 75%，美国约为 70%，欧盟在 25%—60%之间。其根源在于俄罗斯经济缺乏创新动力。其次，如何解决俄罗斯对能源原料出口的依赖问题是经济现代化必须解决的根本性问题。从前述俄罗斯经济结构变化情况看，俄罗斯经济对能源出口的依赖并没有削弱，而且依赖性更强，形成了俄罗斯经济有机体的鸦片依赖性，一方面要戒除“毒瘾”，强调要从出口原料为主导的发展经济模式过渡到创新导向型经济发展模式；另一方面，发展能源等原材料部门对俄罗斯有着极大的诱惑力与现实需要。第三，固定资本更新缓慢，设备陈旧，经济粗放型发展，竞争力差，这些是老问题又是需要较长时间才能解决的问题。自 2000 年以来，虽然俄罗斯经济一直在快速增长，但结构改革、技术更新极其缓慢。第四，投资不足。优化经济结构需要大量增加在国际市场上有竞争能力的经济部门和高新技术部门的投资。而资金来源却只有“毒品”及原料能源的出口，这形成一个恶性循环的怪圈。第五，如何保证用于经济现代化的资金不被挪作他用或贪污掉，或者利用经济现代化作为幌子进行圈钱和寻租，是个非常令人担忧的问题。据俄罗斯《报纸报》披露，官员贪污金额总数已占到国内生产总值的 50%，[②] “黑手”90%伸向国家和公共服

---

① 陆南泉：《当今俄罗斯经济现代化的迫切性与面临的主要难题》，《学习时报》2010 年 8 月 24 日。

② Лев Македонов，Половина ВВП коррупции. //Газета，17. 08. 2010.

务领域。因此，创新型经济发展缓慢，经济发展摆脱不了能源等原材料部门，这必然使俄罗斯经济难以在短期内实现现代化与保证稳定和可持续发展。

2. 俄罗斯致力于为实现经济现代化营造“现代化联盟”的计划难以令人乐观。这个“计划”以欧美等西方国家为核心，在某些学者来看，实际上是俄罗斯转向西方的新的对外政策构想。的确，俄罗斯的根在欧洲。从彼得大帝到叶卡捷琳娜二世，从维特改革再到上世纪90年代的“休克疗法”，俄罗斯无数次地想融入西方社会，而欧洲却把它看作欧洲的亚细亚，是“野蛮之地”。俄罗斯历史上每次西化改革均以国内社会动荡而夭折。即使戈尔巴乔夫和叶利钦的全盘西化使西方的宿敌苏联解体和社会主义阵营崩溃，也未能使西方有丝毫感动之情，反而通过欧盟和北约东扩前所未有地挤压俄罗斯的生存空间。普京执政初期对西方示好换来的则是其地缘战略周边的“颜色革命”。梅德韦杰夫与奥巴马“重启”俄美关系却又遭遇“间谍案”。所以，俄罗斯政府必须认清西方国家的真面目，清醒地处理与西方国家的关系。不能将现代化的希望寄托在西方国家身上，只能依靠自己，始终坚持自力更生为主，争取外援为辅的原则。

3. 如前所述，经济现代化是一个漫长的过程，必须遵循循序渐进的原则，不可揠苗助长。应该以斯科尔科沃创新城建设为试点，经过几年的时间取得一定的成绩之后，在国内多建一些创新城，并逐步将创新城的优惠政策和经验进一步系统化并推广到全国各地，从而在全国范围内激发创新和投资的热情。充分发挥地方的自主性，使其有能力采取措施吸引更多的投资和技术以及先进的管理经验和理念，不能只盯着中央政府的那块蛋糕。这也是梅德韦杰夫一直批评的现象。

4. 在地方和企业以及个人缺乏创新积极性和主动精神的情况下，中央政府的责任非常重大。由于长期的专制主义、垂直集权管理，俄罗斯历史上的每次改革、资本主义时期的工业革命、苏联时期的工业化等无不是国家政府主导的，自上而下的。所以，此次现代化运动也不能离开国家的主导。鉴于俄罗斯的民族特点，不能指望自发的现代化。国家的作用，正像梅德韦杰夫所说的，在创造良好环境，提供优惠措施，引导地方和企业开展创新活动和新技术开发、增加投资方面的作用是不可或缺的。在对国有经济作用的认识方面，梅德韦杰夫与普京表现出了一定的分歧。实际上就是如何确定国有经济的最佳比例关系问题，关键共识是国家必须掌握国民经济命脉和进行宏观经济调控的必要资源。

56. 如何评价俄罗斯的经济？

徐坡岭

迄今为止，俄罗斯的市场化经济转型已经进行了20年，俄罗斯经济政治社会生活的诸多领域发生了深刻的变化。从叶利钦时期的政治快速转型和政治失序、“休克疗法”和转型性经济危机，到普京时期的全方位调整和政治稳定、经济恢复增长，再到梅普时期俄罗斯对未来发展战略的新探索，应当说，俄罗斯的转型在付出巨大成本后，仍然在为俄罗斯走向一个正常的发展道路建立基础。在俄罗斯取得的一系列转型成果中，核心的还是俄罗斯市场经济制度的确立和市场经济的正常运行。如果放弃先验的标准，仅仅从运行绩效的约束条件看，应当承认，俄罗斯的市场经济越来越带有俄罗斯自己的特色。但从对比的角度看，对俄罗斯市场经济的评价还需要仔细斟酌。

许多研究指出，仅从经济发展和经济增长的角度看俄罗斯的经济转型绩效，还不能认为俄罗斯已经建立了有效的市场经济制度。之所以这样说，是基于两点判断：首先，20世纪90年代，俄罗斯为市场化经济转型付出了巨大代价，经历了深度的转型性经济危机，并初步建立了市场经济的基本框架，但这一基本框架对经济效率的意义仍是不确定的。学术界在20世纪末21世纪初评价俄罗斯的市场经济时，比较一致的基本看法是俄罗斯建立了一个“似是而非”、“虚幻”的市场经济；[①] 其次，进入 21 世纪，在普京任职时期，俄罗斯实现了较长时期的持续较快经济增长，但理论界认为此一时期俄罗斯经济增长的基础与市场经济制度的关系并不密切。一方面，许多研究指出，这一时期的经济增长很大程度上是良好的国际能源市场行情推动的。另一方面，普京加强集权和建立垂直的威权体系，重新国有化并加强政府对经济的干预，是反市场的。这一时期的增长与其说是市场经济发挥了积极作用，毋宁说是国家更多介入经济运行作用的结果。

2008 年全球金融危机打断了俄罗斯的经济增长进程，把俄罗斯市场经济的缺陷和经济结构的风险暴露给世人，证明了俄罗斯市场经济的有效性存在问题。那么，俄罗斯的反危机措施是否意味着俄罗斯的转型深化和市场制度完善？对此，仍有不同的看法。在梅普组合权力结构下，俄罗斯政府对于经济发展的长期基础十分关注，先后有经济现代化和创新经济发展战略出台，但对于市场经济制度的进一步完善，也仅从私有化和加入 WTO 的角度进行了规定。所有这些都说明，俄罗斯的市场经济仍处于发展和变动之中。尽管如此，俄罗斯经济 20 年的转型，其市场经济发育程度和模式特征到底如何，还是可以评价的。那么，如何评价俄罗斯的市场经济？这需要从俄罗斯市场经济的形成、特点和问题入手进行分析。

俄罗斯市场经济的形成

评价俄罗斯所建立的市场经济制度，需要从它的形成和发展开始。俄罗斯的市场经济是苏联剧变后俄罗斯实行政治民主化和经济市场化全面转型的产物。从形式上看，以 1993 年俄罗斯宪政制度体系的确立为标志，俄罗斯的总统制、联邦制、政党制开始运转并制度化，宪政民主和市场经济制度作为俄罗斯的基本政治经济制度，已经在法律上得以确立。但就市场经济的本质看，俄罗斯市场经济

---

① 对此，有学者指出，俄罗斯经济是在“似是而非”的市场机制作用下运行的。参见（俄罗斯）A. 涅基培洛夫：《俄罗斯危机与经济战略的合理化》，（俄罗斯）《Российская Экономика》1999 年第 1 期；美国布鲁金斯研究所的克利福德·G. 盖迪教授在其研究中则用“虚拟市场经济”来概括他对俄罗斯市场经济状况的判断。——参见 Institutional Change in Transition Economises，edited by Michael Cuddy and Ruvin Gekker. Aldershot，Engladn；Buelington，VT：Ashgate，2002，Chapter 4，p. 72。

的形成和发展是一个演化的过程。从市场经济的法律形式确立、市场经济基本要素的生成，到市场经济机制发挥作用，再到探索适合俄罗斯国情的市场经济模式，俄罗斯已经走过了20年的时间，迄今为止，还不能说俄罗斯已建立了完善的、文明的市场经济。

用法律基础、制度框架、市场要素、市场机制有效性和模式建立等几个标准衡量，俄罗斯市场经济的形成和发展，经历了如下几个阶段：

一、俄罗斯市场经济的初步形成阶段（1992—1996年）

在这里，俄罗斯市场经济的初步形成有两个层面的含义：一是在制度层面，市场经济的法律基础和基本制度框架得以确立；二是经济的运行建立在市场机制之上，即作为一种价格体系，价格机制发挥作用的市场要素基本具备，价格机制在资源配置中起基础性作用。俄罗斯实现上述两个方面市场化任务的主要政策措施是以“私有化、自由化和稳定化”为核心的“休克疗法”以及之后制定颁布的一系列法律文件。

二、俄罗斯对自由市场经济的调整（1996—1999年）

尽管俄罗斯通过“休克疗法”激进转型，到1996年基本建立起了包括产权基础、宏观调控和社会保障在内的市场经济制度基本框架，但源于自由主义逻辑的改革方案和移植进来的自由市场模式给俄罗斯经济和社会造成了巨大冲击。一个核心的问题就是政府能力的极度衰弱和私有化自由化过程中的财产瓜分造成的寡头控制社会经济政治生活的局面。因此，自1993年年底切尔诺梅尔金出任政府总理开始，俄罗斯的自由市场经济制度建设就开始步入调整之中。但需要明确的是，切尔诺梅尔金没有提出调整转型目标模式的问题。

激进改革方式和建立自由市场经济试验的失败，以及1997年年底至1998年8月中旬连续爆发5次金融危机，使俄罗斯选择普利马科夫出任政府总理。普里马科夫上任伊始就提出了实行社会市场经济的主张。普里马科夫政府和前几任政府一样，同样面临着反危机的任务，但普里马科夫明确指出，危机的根源是过去错误的政策取向造成的。通过有针对性地纠正过去的政策错误，普里马科夫对经济政策作了进一步的调整，这些调整里渗透了普里马科夫政府建立社会市场经济模式的明确取向：

第一，普里马科夫政府继续加强国家对经济生活的干预，并采取措施促进财政和金融体系的制度化和健康化，创建国家干预经济的载体。

第二，在私有化问题上，普里马科夫批评俄罗斯前政府的私有化政策追求政治目标，却不以经济效率为目的，造成了俄罗斯企业推迟重组和效率低下的严重问题。普里马科夫表示私有化仍将继续进行下去，但不再把改变所有制形式看作最终目标，而是着眼于生产效率的提高。混合所有制是符合俄罗斯经济发展需要的可行选择。

第三，在社会保障方面，普里马科夫坚持国家的主导作用。

上述三方面的主张和措施实际上明确了经济改革继续前进的方向是社会市场经济。

据此不难看出，普利马科夫政府主张实行社会市场经济，是对俄罗斯 10 年改革进行总结反思的结果。普利马科夫在任 8 个月，成功地把局势稳定了下来，终于使得俄罗斯到达了那个呼唤多年的“坏得不能再坏，之后必然变好的底点”。1999 年俄罗斯经济获得 6.4%的增长,[①] 应主要归功于普利马科夫政府的“社会市场经济”政策。

三、俄罗斯市场经济制度框架稳定和完善阶段（2000 年至今）

1999 年 8 月 9 日普京出任政府首脑，2000 年 3 月出任俄罗斯总统。普京对普利马科夫时期提出的建立“社会市场经济”的基本政策没有明确的肯定和反对，但继承了对俄罗斯转型政策的调整，并在回顾苏联 70 多年经济社会发展的基本经验教训和俄罗斯 20 世纪 90 年代经济改革的经验教训的基础上，通过一系列纲领性文件表明了自己关于俄罗斯市场经济制度框架的基本设想，这些设想与他提出的“强国战略”在逻辑上是一脉相承的。

在纲领性文章《千年之交的俄罗斯》中，普京提出了“将市场经济和民主制的普遍原则与俄罗斯的现实有机地结合起来”的国家发展道路。他说：“每个国家，包括俄罗斯，都必须寻找自己的改革之路。我们在这方面还不是很有成效，只是在最近一两年才开始探索自己的改革道路和寻找自己的发展模式。只有将市场经济和民主制的普遍原则与俄罗斯的现实有机地结合起来，我们才会有一个光明的未来。”[②] 从这一国家发展模式出发，普京提出“必须在经济和社会领域建立一整套完整的国家调控体系”，但“不是重新实行指令性计划和管理体制”。应

---

① Госкомстат России，Россия в цифрах，M.，2004，C. 32.

② 《普京文集：文章和讲话选集》，中国社会科学出版社 2002 年版，第 6 页。

遵循的原则是："需要国家调控的地方，就要有国家调控；需要自由的地方，就要有自由。"[1] 与此同时，普京阐述了实行其市场经济模式的"最佳改革战略"。它们是：通过实行市场机制与国家作用机制相结合的投资政策和创造有利的投资环境，提高投资，包括外国资本投资的积极性，刺激经济快速增长；推行优先发展在科技进步领域处于领先地位的部门的工业政策；实施合理的经济结构政策，即保持大中小企业、公司经济形式的合理比例以及合理调节自然垄断部门的活动；建立有效的金融体系，其中包括提高预算作为国家最重要经济政策手段的作用，实行税收改革，消除拖欠现象和杜绝易货及其他代货币结算方式，保持低通胀率及卢布汇率的稳定，建立文明的金融和证券市场，改组银行体系；取缔影子经济，打击经营及金融信贷领域中有组织犯罪现象；实现俄罗斯经济与世界经济结构的一体化；推行现代化的农业政策等。

对于俄罗斯要建立什么样的市场经济，普京强调，竞争是市场经济的核心之一。政府的任务之一是要营造一种竞争的环境，让有竞争力的企业能够脱颖而出，不断努力突显并实现本国企业的竞争优势，要为具有开发新方向、利用新资源的新产业的发展创造最优越的条件。普京在2000年国情咨文指出，"俄罗斯需要一种有竞争力的、有效益的、社会公正的、能够保证政治稳定发展的经济体制。"强调国家职能之一是"保证竞争条件平等"，"使经营者不受行政压迫"。建立和完善市场经济体制，首先要建立和完善与市场经济相匹配的法律法规，改革司法体系，提高国家监控职能的效率，更重要的是要实现企业的自我控制和自我调节。

那么，如何实现有竞争的市场经济？普京指出，加强政府作用非常重要。加强政府在市场经济中的作用，建立"有秩序的市场经济"是普京的基本主张。普京上台之初就指出，"俄罗斯必须在经济和社会领域建立一套完整的国家调控体系"，让"政府成为国家经济和社会力量的有效协调员，使它们的利益保持平衡，确立社会发展的最佳目标和合理参数，为达到这一目的创造条件和建立各种机制"，并且"这并不意味着要重新实行指令性计划经济和管理体制，由国家从上至下为每个企业制定出工作细则"，为此"在确定国家调控体系的规模和机制时，应遵循这样一个原则：'需要国家调控的地方，就要有国家调控；需要自由的地

① 《普京文集：文章和讲话选集》，第13页。

方，就要有自由”[①]。在普京的设想中，国家的作用是促进市场制度的发育和完善，而不是逆转市场化经济改革的方向[②]。普京同时强调，对当前俄罗斯形势而言，尽管加强国家对宏观经济的调控“并不是要重新实行命令式的计划和管理体系”，但也不是仅限于“制定游戏规则并监督规则执行”，而是要比一般意义上的国家调控“发挥更大的影响力”[③]。

根据普京的设想，市场经济中的政府职能，核心是：第一，保护产权；第二，保证竞争条件的平等；第三，保护经营自由；第四，建立统一经济空间，发展金融基础设施；第五，实施社会政策[④]，不仅要关心和援助弱势群体，保证养老金保障体系资金充裕，更要重视对人力资本的投资[⑤]。

在政府与市场的关系问题上，普京强调，确保市场秩序，为市场经济的有效运转创造条件，是政府职能的核心。政府的作用不是取代市场，而是确保市场经济的有效运转，是确保经济自由。确保经济自由化或自由经济，是普京的一贯主张。

有人认为，普京上台后对经济的控制日益加强，通过合并、重组等途径把一些重要经济部门直接控制在国家手里，违背了转型的初衷和自由市场原则。这是对普京“强国战略”和完善市场经济思想的错误理解。之所以有这种错误，是因为混淆了“加强国家对一些重要经济部门的管理和干预”，与“经济自由化”这样两个不同性质的问题。经济自由化是经济制度转型的市场化方向。重新恢复国家对关键领域和重要经济部门的掌控和影响力，这是针对叶利钦时期出现私有化过头，国家对经济的失控而加强国家对经济的调控。

从普京出任政府首脑至今，俄罗斯基本遵循和实践了上述市场原则和改革战略，实现了经济的较快发展。加强政府作用，确保市场秩序，打击寡头对经济的

---

① Владимир Путин，Россия на рубеже тысячелетий，Независьмая газета，30 декабря 1999 г.，http：//www.ng.ru/politics/1999－12－30/4_millenium.html.

② 徐坡岭：《“强国战略”与市场机制能否结合——普京2003年经济政策走向评析》，《经济研究参考》2004年第78期。

③ 赵龙庚：《普京的强国之路》，《和平与发展》2006年第4期。

④ 张养志：《普京时期的俄罗斯对外经贸发展战略》，《俄罗斯中亚东欧研究》2005年第5期。

⑤ Полный текст Послания Президента Федеральному Собранию Российской Федерации. http：//www.edinros.ru/news.htmlid＝122047，18 апреля 2002 года.

扶持，促进市场机制和国家调控发挥作用，实现经济的较快增长和发展，是普京任总统期间建设和完善市场经济制度框架的基本政策。

2000年至2008年的9年期间，俄罗斯国内生产总值年均增长6.9%。[①] 与此同时，由于普京继续实行普利马科夫政府使市场面向“人”的社会市场经济模式，俄罗斯人民的生活明显改善。2000年至2008年，俄罗斯居民实际可支配收入年均增加12.1%，扣除消费物价指数的职工月均工资年均增加19.5%，实际退休金额年均增加11.2%，它们均高于同期国内生产总值的增长率。同期，俄罗斯投入使用的住房面积大幅增加，其中2007年同比增加21.1%。[②]

俄罗斯市场经济的特点和问题

一、俄罗斯市场经济的模式特征——社会市场经济还是混合市场经济

对于俄罗斯当前的市场经济是一种什么模式的市场经济，学者们有不同的看法。有学者把俄罗斯目前的市场经济看作是“混合市场经济”。[③] 也有学者把俄罗斯的市场经济看作是“社会市场经济”。[④] 也有学者依据普京“将市场经济和民主制的普遍原则与俄罗斯的现实有机地结合起来”的理论和采取的一系列政策措施，以及俄罗斯制定的中长期社会经济发展纲要和地区及经济部门发展构想、战略、规划等，把俄罗斯现行市场经济模式看作是“第三条道路”，是“普京的新资本主义道路”等。对此，需要仔细进行分析。

在关于市场经济模式的界定方面，需要注意的是，许多概念，诸如“国家资本主义”、“可控的资本主义”、“第三条道路”、“新资本主义道路”等，都不是关于市场经济模式的概括。因为，从概念上看，它们本身就是和“市场经济”这一概念不在一个层面和范畴之中。就市场经济模式的界定依据而言，也不存在国家

---

① Госкомстат России：《Россия в цифрах》，М.，2009，С.519.

② Госкомстат России：《Россия в цифрах》，М.，2009，С.35—36.

③ 李中海：《论俄罗斯混合市场经济模式的形成及特点》，《俄罗斯研究》2009年第2期。

④ 李福川：《俄罗斯社会市场经济模式的特征》，《中国经济时报》2011年5月19日；李福川：《俄罗斯为什么选择社会市场经济》，《中国经济时报》2011年6月9日；周延丽、王兵银：《俄罗斯社会市场经济模式的研究路径及其未来走向》，《俄罗斯中亚东欧研究》2011年第3期。

宪法规定和法律的规定问题。

从理论上看，对于经济运行的体制模式特征，对其进行界定的依据主要有“社会目标函数、机构和手段、资源和收入分配格式的三要素构成法为主，着重比较各种市场经济体制下社会目标的确定，国家干预经济的程度、方式和手段”。[①] 从上述构成要素出发，当今世界的市场经济通常被划分为三类：自由市场经济、有计划的或政府主导的市场经济、社会市场经济。三种类型市场经济模式的主要区别在于政府的干预程度和干预方式。自由市场经济的基本特征是政府不直接干预经济，调控经济的手段主要依靠财政和货币手段。有计划的市场经济或政府主导的市场经济，其基本特征是社会经济运行中政府的宏观经济计划、经济发展的社会目标和政府对重要经济活动的直接控制，包括国有经济占更大比例等，发挥较大的作用。社会市场经济模式的基本特征则是对经济秩序、社会保障和居民收入调节的重视，特别是国家作为社会保障的主体，在市场经济制度构架中占有重要地位。

对照俄罗斯在2000年以来对转型政策的调整和国家在规制市场秩序、社会保障方面的主体作用，应当认为俄罗斯的市场经济模式更符合“社会市场经济”的特征。这种判断基于社会市场经济的理论逻辑。

“社会市场经济”的理论根源可以追溯到弗赖堡学派。弗赖堡学派把经济活动分为“经济过程”和“经济秩序”两个方面。前者指经济财货的生产、分配、流通和消费活动；后者指社会控制经济过程以便用稀缺资源满足社会成员需要的形式。弗赖堡学派批评“自由放任”的市场经济，认为它的主要弊端是把建立经济秩序的任务交给私人解决，结果产生了各种各样的垄断和一系列社会问题。但弗赖堡学派主张，国家不应直接干预经济过程，而是要通过自己的经济政策建立和维护一种“竞争秩序”，在竞争秩序下，一切经济过程由个别经济主体完成。但“个别经济”不能任意决定经济秩序，经济秩序必须由国家建立和保护。在社会市场经济中，国家对居民收入分配的调节和对于社会保障体系建设的参与，占据非常重要的地位。特别是社会保障问题上，国家通过法律文件的方式，确定了严格的社会保障范围、社会保障对象、居民个人和企业的责任义务、保障费率和公助私助的范围原则等，国家成为规范和完成社会保障的主体。

---

① 冯舜华、程伟：《比较经济体制学》，辽宁大学出版社1993年版，第13页。

依据社会市场经济的上述理论逻辑，对照俄罗斯 2000 年之后对市场化转轨政策的调整，可以发现，普京执政以来的俄罗斯市场经济正在向社会市场经济模式靠拢，由政府确立和保障市场秩序，以国家作为社会保障的主体，是这种趋势的突出特征。

第一，加强政府作用，打击寡头干政和垄断，整顿市场秩序。

普京吸取过去的教训，强调要加强国家的作用和政府建设。普京对国家在经济中的作用作了明确的界定：国家调节经济的实质是保护一切所有制形式的积极性，保障经济自由，保障市场的有效运转，保障全国经济活动的统一条件，建立全国统一开放的市场经济。地方政权的任何限制经济自由的行为都要追究法律责任。普京在 2000 年 8 月的国情咨文中严格界定国家调控的范围，强调国家在经济中作用是：保护产权、保障平等的竞争条件；减低税负拉平税率、改革金融体系；实行现实的社会政策，优先发展卫生、教育和文化；加强立法，保障优越的投资和经营环境。放弃对经济的过多干预，并提高调控的效率。他还把保护私有产权看作是建立有效的经济体制和良好经营环境的根本条件。

同时，采取措施加强国家政权建设。在行政机构方面，国家政权和管理结构的合理化，加强反腐败斗争；改革国家人事干部政策；创造条件建立真正的公民社会，实行权利均等；加强司法的作用和权威；改善中央与联邦主体的关系，特别是财政金融关系；全面严厉打击犯罪活动。在巩固联邦国家方面，首先建立了 7 个联邦区，每个联邦区由总统任命总统全权代表，帮助有效地解决本区的问题，缩减地方联邦公务员机构，加强总统对地区的垂直管理结构，提高政权机构的工作效率。他的顾问班子在有关政策建议中，把彻底提高居民的生活水平，降低社会不平等，保护和扩大俄罗斯的文化价值观，恢复国家在世界上的经济和政治作用作为政府的长期社会经济政策主要目标。可以看得出，这些政策措施都是社会市场经济模式的核心构成要素。

第二，加强社会保障体制建设。普京在多个场合和多次的总统国情咨文中都特别强调居民富裕和社会发展的特别重要性。在普京任职总统期间，俄罗斯经济政策重新向社会领域倾斜。普京总统在 2003 年国情咨文中对经济增长、经济改革与社会政策三者之间的关系进行了重点论述，核心思想是，在经济改革与经济增长目标相冲突时，应以经济增长为优先考虑，“不能为了改革而改革”，但在经济增长与社会政策相冲突时，社会需要则高于经济增长目标。[①] 在国际石油行情有利于俄罗斯的情况下，俄罗斯政府 2004 年建立石油稳定基金。之后又从 2006 年起，俄罗斯政府又开始考虑将其改造为主权养老基金，旨在应对俄罗斯日益尖锐的老龄化和人口危机，为未来的子孙后代多留下一些财富和储蓄，而不是将其仅仅用于当前发展，以实现当代与后代之间的公平分配，烫平石油天然气的收入波动。对社会保障体系的投入和对社会资本的投入是普京执政时期社会政策的突出特点。俄罗斯是一个高度重视教育发展的国家，其教育投资占国民收入的比重常年保持在 3.54%。同时俄罗斯的高等教育水平较高，适龄人口高等教育的注册率可以达到 77%，在全世界的排名也很靠前，大约在 15 名。更为突出的是，2005 年普京提出四大民生工程，加大了对教育、医疗、住房和农业的投入，以解决上述领域中存在的老大难问题。其中对各级预算的拨款额度、使用方向及预期效果均有详细具体明确的规定。这些举措既是社会政策的组成部分，也是促进经济发展的有力手段，对一些落后行业的发展以及拉动内需均有直接的促进作用。

梅德韦杰夫在 2008 年的《国情咨文》中，对俄罗斯现行市场经济模式也是这样称述的。他说，"俄罗斯联邦是社会性国家，它保障人的自由发展，同时对社会保障作出规定。"[②]

二、俄罗斯市场经济的问题——是好的还是坏的市场经济

对于俄罗斯市场经济的现状进行效率或优劣评价，是一个困难的问题。这里涉及评价的标准和参照系问题。从俄罗斯经济增长和发展的效率看，转型以来的经济增长与市场经济制度框架的相关性还有待于证实。即便可以证实，如果用美国经济危机来评价美国市场经济制度的优劣这一标准衡量，我们仍然难以得到明确的结论。因为美国的市场经济制度由于这次金融危机正受到人们的诟病。

从经济发展的角度看，一个社会的经济增长和发展至少依赖于三个基本条件：秩序或稳定、改革与激励、开放与效率。对于市场经济而言，好的市场经济应该是能够促进经济增长的，这样的市场经济同样应该满足秩序、有效激励和效

---

① Полный текст Послания Президента Федеральному Собранию Российской Федерации. http：//www.edinros.ru/news.htmlid＝122046，16 мая 2003 года.

② Послание Президента Федеральному Собранию，5 ноября 2008 года，Москва，Кремль http：//www.kremlin.ru/.

率三个标准。从上述三个标准判断，还不能认为迄今为止俄罗斯已经建立了有效的市场经济制度。之所以这样说，是基于两点判断：首先，20 世纪 90 年代，俄罗斯经历了深度的转型性经济危机，虽然建立了市场经济的基本框架，但为市场化经济转型付出了巨大代价，并且新的市场制度框架仍没有显现出积极的经济效率意义。

那么，到底应当如何评价俄罗斯当前的市场经济？首先，俄罗斯转轨初期的确经历了市场制度确立，但市场机制难以发挥作用的“似是而非”的市场经济时期。其次，不能简单地认为，普京加强政府作用和重新国有化的做法是反市场的。普京一直强调“自由经济和竞争”是俄罗斯经济发展和国家富强的基础，加强政府作用只是重建市场秩序的一种手段，而绝非目的。据此，我们认为可以有两点基本判断：第一，俄罗斯正在通过整顿和建立市场秩序而摆脱“野蛮的”市场经济；第二，俄罗斯的市场经济距离文明的市场经济还有很大差距。

首先看第一点。俄罗斯 20 世纪 90 年代的“休克疗法”把俄罗斯从计划经济带向市场经济的过程中，俄罗斯陷入了“野蛮的”市场经济。这种“野蛮”表现在几个方面：一是私有化过程中对国有资产的掠夺和瓜分。从 1993 年私有化改革大规模推开，到 1996 年大私有化的前两个阶段即证券私有化和现金私有化初步结束，俄罗斯 65%的国有资产被私有化，但私有化的结果并没有产生当初预期的一批中产阶级，而是产生了一批通过巧取豪夺成为资源控制者的金融工业寡头。二是恶性通货膨胀对居民财产的剥夺。俄罗斯转型初期为了消除隐性通货膨胀和实现消费品的供需平衡，实行了快速放开价格和无限制的通货膨胀政策，使得居民在苏联时期积累的财富一夜之间基本化为乌有，通过掠夺和征收铸币税的方式，为俄罗斯的市场化转型开辟道路。三是贫富分化和贫困人口的大幅度增加。俄罗斯转型初期的大幅度经济衰退和社会保障体系崩溃，加上通货膨胀政策，使得大量靠基本工资和养老金、津贴生活的群体迅速陷入贫困，反映贫富差距的基尼系数在俄罗斯迅速扩大，1996 年甚至到达 0.45 的危险界限。四是官员腐败和黑社会盛行，社会经济政治秩序陷入混乱，影子经济和黑社会经济盛行，贪污腐败和公开及隐蔽的掠夺不断发生。整个 20 世纪 90 年代，除了资源类产业出产起伏较小之外，其他行业的生产活动极度萎缩。控制生产资料的所有者在社会秩序混乱、通货膨胀居高不下的情况下，多数倾向于投机性交易和产权、财产的再分配活动。五是经济中的垄断和市场准入限制非常严重，整个经济缺少竞争，攫取垄断利润和寻租活动猖獗。

普京出任总统之后，俄罗斯加强了政府的作用和对市场秩序的整顿，一方面打击寡头，另一方面改革税制，致力于解决垄断和影子经济问题。同时，对于已经形成的财富结构采取承认既成事实的做法，要求那些掌握资源和经济产权的寡头垄断者合法经营。加强整顿经济秩序的同时，普京政府也加强了政府预算能力的培育，对一些战略性部门进行重新国有化，重建中央与地方的关系，加强社会保障体系建设和对国民收入再分配的干预，并加大对社会保障体系的投入。

通过多年的整顿，尽管俄罗斯还存在严重的腐败问题、垄断问题、寻租问题和经济效率问题，但俄罗斯正在逐步走出“野蛮的”市场经济的状态。

其次，俄罗斯的市场经济离文明的市场经济还有很大差距。文明的市场经济要求“平等、民主、文明和公正”。俄罗斯的市场经济距离这一点还差得很远。仅从治理的角度看，俄罗斯确实存在着严重的腐败等问题。在世界银行的一项关于国家治理的指标评价中（全球治理指标 WGI）[①] 显示俄罗斯在监管质量、法治水平和腐败控制等指标中的得分都较低，各项的得分还不及美国的 1/4（见下表）。尽管不能说美国的市场经济就是文明的市场经济，但俄罗斯的市场经济比美国市场经济的文明程度差得远。

俄罗斯和美国 2009 年的 WGI 指标对比

	监管质量	法治水平	腐败控制
俄罗斯	35	24	11
美国	90	92	85

资料来源：Worldwide Governance Indicators，www.worldbank.org.

通过攫取垄断资源租金和设租攫取经济利益，是低治理水平国家的问题。但

---

① 全球治理指标 WGI（The Worldwide Governance Indicators）是世界银行的一项关于国家治理的长期研究项目。WGI 是一个涵盖 200 多个国家从 1996 年开始每年进行评价的指标体系，它包含 6 项指标，即政治生活可参与程度（Voice and Accountability）、政治稳定性（Political Stability and Absence of Violence/Terrorism）、政府效能（Government Effectiveness）、监管质量（Regulatory Quality）、法治水平（Rule of Law）和腐败控制（Control of Corruption）WGI 指标体系的数据来源于 31 个不同的数据库。

腐败必与非民主非透明的权力结构相互作用。俄罗斯的权力结构和资源垄断性符合这些条件。经合组织的经济学家、俄罗斯专家比尔·汤普生（Bill Tompson）说："即使没有丰富的石油和自然资源，俄罗斯也会遭遇腐败问题。石油只是加剧这种现象。""垄断的石油资源给予人们为自己谋求暴利的动机，俄罗斯缺乏政治和企业透明度的状况也为他们提供了必要的掩护。""我们谈论的是一个大多数决策过程都模糊不清的环境，建立在不正规制度上的体系总是会偏爱内部人士。"①

俄罗斯政府加强对经济的干预和控制本身无可厚非，但俄罗斯利用国家垄断力量不公平地干预经济，却是俄罗斯市场经济文明程度降低的主要原因。俄罗斯在战略资源投资问题上，在能源合作问题上，在垄断部门的规制问题上，其做法都与文明、公平、平等相去甚远。

俄罗斯社会市场经济的发展趋势

目前，对俄罗斯市场经济发展趋势的讨论必须考虑几个方面的因素：一是俄罗斯政局的变化，二是俄罗斯的国情，三是当前的国际经济形势。

首先，就俄罗斯政局而言，2012 年普京再次当选总统的可能性很大。目前，俄罗斯实行的是社会市场经济模式，今后，俄罗斯将延续这种社会市场经济模式，这是由于其政权稳定。如果俄罗斯下一届总统非普京莫属，那么，毫无悬念，他们将保持自己所制定政策的连续性。

其次，俄罗斯的国情。俄罗斯在历史上具有集权与专制的历史经验。普京执政之后，推行"强国战略"，恢复国家的能力，在全国建立了 7 个联邦区，由中央对其实施垂直领导，树立了国家权威。普京出任总统后，俄罗斯大力弘扬爱国主义、强国意识、国家观念和社会团结思想。② 这对俄罗斯继续推行社会市场经济模式具有基础性推动作用。加强国家在市场秩序建设方面的作用，同时，由国家作为主体来完成社会保障体系的建设，在俄罗斯具有社会思想意识基础。

第三，当前世界经济受美国 2008 年金融危机的影响和近来欧洲主权债务危

---

① 《普京文集：文章和讲话选集》，中国社会科学出版社 2002 年版，第 10—12 页。

② 同上，第 8—9 页。

机的威胁，仍处于收缩防守的阶段，世界经济存在进入滞涨的巨大风险。在这种情况下，反思美国自由资本主义存在的问题，同时反思欧洲主权债务危机的发生原因和传播机制，对于各转型国家而言非常重要。俄罗斯在反思中将吸取教训，推动俄罗斯市场经济的发展。

2008 年金融危机爆发后，俄罗斯经济受到极大冲击，2009 年 GDP 负增长 7.9％，是全球经济因外部危机而衰退最严重的国家之一。金融危机也将俄罗斯经济运行效率低下、经济发展过度依赖原料出口这一问题暴露出来。不期而至的全球金融危机虽然打断了俄罗斯的经济增长步伐，但是俄罗斯经济在金融危机受到的巨大冲击使其更加深刻地认识到了自身存在的问题，并使其更加坚定了转变经济增长方式、优化经济结构和完善市场经济制度的决心。俄罗斯在制定反危机措施时，虽然采取了一些短期措施，如为金融部门和企业注资来避免经济出现大的动荡，其更注重的是如何改善经济运行的效率和优化经济结构。相比较短期经济绩效的改善，其更注重于为经济的长期增长来创造条件。虽然俄罗斯的一系列发展规划的执行效果还有待进一步的观察，但通过把反危机措施与市场机制建设及长期发展规划联系在一起，则是有利于其转型的进一步深化。对于观察俄罗斯市场经济的未来发展而言，剖析俄罗斯创新发展战略和经济现代化的实施途径，会得到有益的启示。

俄罗斯创新发展战略和经济现代化的实现，仅仅依靠市场机制和仅仅依靠政府干预，都是不可想象的。所以，俄罗斯建立起市场增进型政府和可竞争市场经济结构，对俄罗斯经济现代和创新发展战略至关重要。现代世界经济发展的经验愈来愈证明，政府调控和市场作用相辅相成，缺一不可。市场是配置资源的有效形式，有利于发挥微观主体的内在动力和活力，从而创造更多社会财富。但是，市场不是万能的，市场也有缺陷，也有失灵的时候。发挥市场配置资源的基础性作用，同时也必须发挥政府应有的宏观调控作用，克服市场缺陷，解决市场失灵，提高全社会资源配置效率，特别是在经济发展面临重大挑战的情况下，宏观调控更显重要。在市场经济国家中，普遍地越来越重视宏观调控的作用。特别是在 2009 年应对国际金融危机中，各国无不采用必要的宏观调控措施，以减少危机的冲击，促进经济复苏。

同时，俄罗斯实行社会市场经济、进行现代化经济建设的最大优势还体现在政治方面。普京在执政之后，就提出建设“强大的国家”和“有效的经济”的战略思想，[①] 实施大刀阔斧的治理整顿，重建自上而下的垂直权力体系，严厉打击车臣恐怖分裂势力，实现了国家社会的政治稳定。这是俄罗斯得以实现经济持续稳定快速发展的重要前提和基础。普京在2008年总统任期届满后，原政府第一副总理梅德韦杰夫当选俄罗斯新总统，俄罗斯顺利实现权力平稳过渡，并保持了内外大政方针和执政团队的连续性。“梅普组合”致力于国家振兴，运作顺畅，这对俄罗斯顺利推进市场经济建设、实现经济发展、国家振兴意义重大。2012年的总统选举，普京如再次当选，这是俄罗斯继续推行国家与市场并重，国家参与社会保障建设的重要政治基础

事实上，世界上没有放之四海而皆准的国家发展道路和经济发展模式，每个国家都应当探索和选择符合自身特点的国家发展道路和市场经济发展模式。俄罗斯在照搬“西方模式”吃了大亏之后，一定会从本国实际出发，在借鉴和学习外部经验的同时，不断创新，走自己的路，创造出具有“俄罗斯特色的社会市场经济模式”。

① 《普京文集：文章和讲话选集》，第10—12页。

57. 俄罗斯经济性质是“国家资本主义”吗?

田春生

从俄罗斯是否是“正常”国家说起

早在2005年，俄裔美国著名经济学家安德森·施莱弗（Andrei Shleifer）和丹尼尔·特瑞斯曼（Daniel Treisman）发表题为《一个正常的国家：后共产主义时代的俄罗斯》一文，提出“俄罗斯是一个‘正常’国家吗”的问题。文中，作者分析指出，在上世纪90年代的美国，无论是左翼还是右翼对当时俄罗斯经济的评论都是“灾难性的悲剧”、“经济崩溃”、“强盗统治”等；但是本世纪以来，西方对于俄罗斯的评价中显示出一种“乐观主义”的回归，这种乐观态度主要源自普京所提出的，并致力于使俄罗斯成为“民主自由”的国家。安德森·施莱弗还提出，俄罗斯的转型是痛苦的，其经济和政治体制远非完美，然而，俄罗斯经过转型后已然具有一个“中等收入国家”特点，成为一个正常的国家。①

在俄罗斯著名学者弗拉基米尔·波波夫看来，俄罗斯已经成为一个“正常的发展中国家”。弗·波波夫提出，俄罗斯将和拉丁美洲、撒哈拉以及南非洲一样成为一个“正常的（normal）发展中国家”，这个国家的特征是“孱弱的制度体系、较低而又起伏不定的经济增长”。俄罗斯国家制度能力孱弱表现为，对自由

① （美国）Andrei Shleifer and Daniel Treisman，A Normal Country：Russia after Communism，Journal of Economic Perspectives—Volume 19，Number 1—Winter 2005，pp. 151—174.

选举的片面追求，不仅没有使俄罗斯确立民主制度，反而使其成为一个“非自由民主”国家。[①] 英国华威大学政治经济学名誉教授罗伯特·斯基德尔斯基（Robert Skidelsky）在《全球资本主义和后民主》一文中谈到关于俄罗斯的五个命题，作者从“权威主义”角度解析俄罗斯，认为由于历史原因及俄罗斯特有的历史继承性[②]，俄罗斯从来都不是一个“平常的”或者说是“正常的国家”。作者还指出，对于俄罗斯是否是“正常”或者“正常国家”的所谓的“普通”、“正常”、“现代”的这些评论有太多疑问。在一些学者看来，俄罗斯被极力劝告接受西方的“正常”模式，这个意思是，一个国家如果延续西欧发展路径的线性历史进程，这样的国家被认为是正常国家。

在这之后，国际上的一些学者就俄罗斯转型发表了各种不同观点。对于俄罗斯是否成功转型，美国学者迈克尔·曼德尔鲍姆（Michael Mandelbaum）认为：俄罗斯转型“成功的定义很简单，其定义就是民主的政治体系和有效的自由市场都在运行的国家”[③]。

俄罗斯这个一贯被视为“帝国”的国家，在经历上世纪90年代的转型洗礼和冲击后，如果它已经被视为一个“正常国家”，这说明俄罗斯的制度转型已告一个段落。与此同时，它也引发人们对俄罗斯未来经济发展定位的思考。

审视俄罗斯作为进入“正常国家”的几个视角

俄罗斯被看作一个正常国家，其意指它已走出转型期的经济衰退、市场制度

---

① （俄罗斯）弗拉基米尔·波波夫：《漫长的通往常态之路上的俄罗斯》，“联合国大学世界发展经济学研究中心”（UNU－WIDER）工作论文，2010年2月。

② 关于俄罗斯历史继承性，被认为美国苏联学奠基人乔治·凯南有深入研究。在1947年，乔治·凯南作为“遏制政策”（containment）提出者，他从分析苏联内部社会矛盾和发展角度提出，苏联等社会主义阵营非铁板一块，因而主张对苏采取“遏制政策”并预测苏联将在几十年后解体。他认为，俄罗斯国体和外交具有惊人的继承痕迹。这种观点颇具代表性，美国很多学者特别是历史学家把俄罗斯历史遗产首先看作其“帝国”政策，如崇尚领土扩张、意识形态极端化，对外国人不信任等。转引自（俄罗斯）伊·伊万诺夫著：《俄罗斯新外交：对外政策十年》，当代世界出版社2002年版，第12—15页。

③ （美国）National Intelligence Council，Conference Report 21－23 February 2001；美国国家情报委员会，2001年2月21—23日会议报告。http：//www.skidelskyr.com/site/article/global－capitalism－and－post－democracy/.

缺失以及国家的无序与混乱。尽管俄罗斯在经济社会发展中还存在诸多问题，但俄罗斯市场经济的基本制度已经确立，经济进入正常发展，社会政治和国家制度基本稳定。

一、经济增长及其评价的视角

20 世纪 90 年代俄罗斯的转型急剧衰退，致使其国家经济实力明显减弱。很多研究认为，20 世纪 80 年代，苏联经济实力（以可比价格计算）尚相当于美国的大约 2/3，但是到 80 年代后期经济增速明显下滑。从苏联国家统计局当时发布的统计数字中看出，苏联国民收入年平均增长率 1976—1980 年为 4.8%，1981—1985 年为 3.7%，1986—1989 年为 3.7%；苏联国民总产值年平均增长率 1976—1980 年为 4.2%，1981—1985 年为 3.3%，1986—1989 年为 2.8%。[①] 80 年代后期的 1986—1990 年，苏联国民收入年平均增长率为 1.3%，低于 1980—1985 年的 3.2%。这使很多人认为，在 80 年代末苏联尚存时期其“经济崩溃”就已显现[②]。随后，俄罗斯开始社会经济大转型，这使俄罗斯社会经济受到极端政治变局的影响，导致在 1989—1998 年出现“转型经济衰退”。[③]

经过 20 年的转型与发展，俄罗斯已摆脱转型经济衰退，进入经济增长与良性循环。从俄国经济的年度数据看，自 2000 年以来，除受国际金融危机影响 2008—2009 年俄国经济大幅下滑之外，其余年份的经济始终保持增长，并进入“金砖国家”行列。按照彼得森国际经济研究所的报告，1999—2008 年是俄国经济“增长的 10 年”；该研究还指出，同期俄罗斯居民实际收入增加了 2.5 倍，实际工资增加了 3 倍以上。[④] 有文章引用世界银行报告说，俄罗斯“经济增长是符

---

① （苏联）苏联国家统计委员会编：《1989 年苏联国民经济统计年鉴》，莫斯科国家统计出版社 1990 年俄文版，第 9 页。

② 所谓经济崩溃（Economic Collapse）是指经济完全破坏，发生严重的经济危机，经济陷于一片混乱和瘫痪状态（参见百科智库，http：//wiki. mbalib. com/wiki/）。

③ （俄罗斯）弗拉基米尔·波波夫：《俄罗斯转型为一个发展中国家的根源》，中央编译局网，2011 年 4 月 22 日。

④ （美国）彼得森国际经济研究所谢尔盖·古里耶夫（Sergei Guriev）和艾勒·奇温斯基（Aleh Tsyvinski）《全球经济危机后的俄罗斯》（第一章），国务院发展研究中心信息网，2010 年 9 月 17 日。http：//edu. drcnet. com. cn/DRCnet. common. web/docview. aspxversion=edu&docid=2350128&l.

合穷人利益的经济增长”。[①] 不少西方学者持这种看法，认为俄罗斯经济不断增长，确实惠及俄罗斯中产阶级和穷人，而不仅使社会富裕阶层或非常富裕阶层受益。正是经济增长并惠及更多民众，美国学者安德森·施莱弗提出，俄罗斯已经成为一个“正常国家”。

对于俄罗斯等转型国家，国家经济实现持续增长，是不是既被认定已经完成了“转型”？在国际上，对此并不具有一致的看法。波兰经济学家泽戈尔兹·W.科勒德克和匈牙利籍著名学者科尔奈等学者，一方面肯定中国、越南经济改革所取得的成绩，但是同时认为，这些国家的改革只是一种“半自由的经济制度”，没有“全方位地向市场经济转轨”。还有的学者提出，转型国家的经济增长存在着经济增长的质量和效率的问题。例如一些“金砖国家”快速增长的主要动力，是源于这些国家的资源和资金等要素投入，而非技术进步，以这种依托于不断追加要素基础上的高增长是否能够持续？他们认为，这些国家可以比其他转轨国家，如俄罗斯等国获得更高的持续增长，但是改革变化所带来的力度不大，GDP的增长率并不能说明“长期趋势”问题。这里，作者们隐含的一个观点是，只有像俄罗斯和中东欧转轨国家那样的市场经济，才是完全自由的市场经济。他们认为，真正的市场经济应该包括民主改革。

二、市场制度移植与承继的视角

怎样看待俄罗斯所建立的市场经济制度，这是学术界讨论和评议俄罗斯转型结果的重要问题。从一般市场制度结构来看，以1993年俄罗斯确立起宪政制度的主干体系为标志，俄国的总统制、联邦制、政党制开始运转并制度化，宪政民主和市场制度作为俄罗斯的立国之基，已经确立并难以动摇。由于俄罗斯的历史、民族和国家特性，以及苏联俄罗斯历史承继的独特性等原因，人们对于俄罗斯市场制度及其约束性，始终存有各种论点。有的学者直言，对于俄罗斯“制度的更替绝不像换穿一件外衣那样简单便捷。因为，在苏联实行高度集中的行政命令式的政治经济体制长达半个世纪之久，其制度框架是由无数的具体制度所构

① 世界银行专家在2007年4月17日公布的关于俄罗斯经济状况报告中指出，俄经济增长是符合穷人利益的增长：1999年至2006年，俄罗斯经济年均增长速度约6%，经济总量增加了70%。同时俄罗斯工资和人均收支增加500%，扣除通胀后其人均收入实际增长超过200%。8年间，俄罗斯的人均实际工资和人均实际收入的增长速度，比人均GDP的增长速度高1倍多。需要说明的是，这一观点在网上广为流传，但是本人一直没有找到原文。

成，社会转型必须以具体制度的更替作为基础，这必然会遇到各种利益（或权力）的调整和再分配，必然会遇到新旧观念的碰撞”。[①]

从俄罗斯的市场制度的移植与承继看，俄罗斯成功地对国家正式制度进行了移植；但是，俄罗斯非正式制度则受苏俄历史、文化、传统、习俗等的制约而显现出更多的历史承继性，而且在俄罗斯转型期和“后转型”时期都表现得比较突出。因此，俄罗斯市场经济仍被认为具有一般市场经济的“非正常性”特点。在俄罗斯，以莫斯科高等经济学院叶·亚辛为代表的一些学者认为，俄罗斯已经走上市场经济，但其政治体制和民主制度的实行问题仍然没有解决。[②] 俄罗斯不断显示这样的事实：俄罗斯从叶利钦时期造就出一批权力新贵，把防止俄罗斯回到计划经济的政治目的作为首要目标，从追求政治利益的替身或者“代言人”到现在经济利益与政治权力的结合，使俄罗斯新兴资产阶级的经济利益与政治权力缠绕在一起。政治权力与经济利益一旦结合，“政治内部人”就成为转型中的“攫财大亨”，俄罗斯的“攫财大亨”们就是这样形成的。其中，因转型而发生的权力、利益与制度的碰撞，政治权力与经济利益结合导致的贪腐，则是诸如俄罗斯这样的转型国家所面临的共性问题。俄罗斯市场经济中的“政治权力与经济利益”结合产生的腐败，有着从计划经济向市场经济过渡所导致的特殊性。

俄罗斯转型现实表明，市场经济基本制度可以移植，但因转型而产生的政治与经济权力结合导致市场行为扭曲，这就是转型市场经济的特有问题。一些学者认为，俄罗斯的腐败产生于其市场制度的集权特性。因为，在成熟市场经济国家，政治权力与经济利益是分离的，并且受到国家宪政的制约。对于转型市场经济中的市场扭曲，俄罗斯总理普京指出，“我们应逐步考虑完善俄罗斯的政治体制，及时进行必要的修正，在这个领域的行动当然需要极其谨慎。在任何情况下，我们都不允许俄罗斯政治生活变得乌克兰化（指橙色革命后乌克兰迎来的西

---

① 转引自冯玉军：《对推进中国当代俄罗斯问题研究的几点思考》，《俄罗斯学刊》2011年第1期。

② Ясин Евгений Григорьевич, “Россия нулевых: политическая культура, историческая память, повседневная жизнь”, 27 июля 2011. http://www.hse.ru/org/persons/yasin/nauka_lections_kruglyestoly#Rossiya_nuleh.

方式民主政治)；同样，我们也不允许滑向另一个极端——走向极权主义与专制主义”。[①] 普京的言论和俄罗斯的事实显示，俄罗斯的国家政治不可能回到过去，也难以形成高度集权与专制制度，这就使俄罗斯市场经济运行有保障。尽管俄罗斯市场经济的方向和路径是既定的，但是探索如何从制度上约束政治权力与经济利益的勾结，保证市场经济基本制度的持续有效运转，却是俄罗斯社会稳定发展所不容回避的制度问题。

三、“国家资本主义”模式的视角

既然人们承认俄罗斯已经建立市场经济，那么俄罗斯所建立的市场经济模式及其主要特点是什么？在最近10年的实践中，俄罗斯走的是一条“由国家主导”经济的发展模式，即“国家资本主义”的经济发展模式。按照俄罗斯大百科辞典的解释，“国家资本主义”就是“一系列以加快经济发展为目的的国有企业”[②]，就是由国家力量主导的经济发展。

自21世纪伊始普京执政后，俄罗斯开始通过整治叶利钦时期形成的寡头集团、委派政府官员在垄断性企业任职、组建国有控股的大型企业等方式，控制了在激进转型时期被寡头们所瓜分的重要国有资产，以设立“主权财富基金”等方式，实现国有资本向国有企业的扩张与垄断。俄罗斯所显现出的“国家资本主义”的经济特征与表现形态，体现为国家资本与国家政权的结合，被认为是一种典型“由国家力量主导的资本主义制度”，是“资本主义制度下由国家政权直接控制某些资本主义企业”的一种经济。[③] 因而，也被俄罗斯和我国一些学者视为“国家资本主义”的经济模式。这种模式在俄罗斯、中国和拉美等国家有着特别的体现。特别是2008年的金融危机，在一些国家中政府参与对经济事务的干预力度进一步加大。在我国学者看来，普京执政以后俄罗斯选择了“以国家为主导”的市场经济道路[④]；“以国家为主导”的市场经济，被认为是俄罗斯市场经

---

① （俄罗斯）普京：《俄罗斯不可能重返苏联时期政治体制》，俄新网2010年1月22日。http：//rusnews. cn/eguoxinwen/eluosi _ neizheng/20100122/42687759. html.

② Значение слова “Государственный капитализм” в Большой Советской Энциклопедии, http：//bse. sci—lib. com/article012159. html.

③ 参见田春生：《俄罗斯“国家资本主义”的形成及其特征》，《经济学动态》2010年第7期。

④ 王遒：《俄罗斯大国崛起启示录》，《中国经济评论》2008年第12期。

济的一个显著特点，这一市场经济既不是纯粹自由主义市场经济，也不宜简单定性为“资本主义经济”。

从普京当政以来的言论和思想中可以看出，尽管他没有指明“国家资本主义”，但是普京崇尚国家职能的重要性。在他所倡导的“俄罗斯新思想”中，实际蕴涵有“国家强权治理”等“国家资本主义”的内容。俄罗斯官方如何看待“国家资本主义”呢？2011 年 6 月在俄罗斯圣彼得堡举行的国际经济论坛会议上，俄罗斯总统梅德韦杰夫明确提出，“我们不建设国家资本主义”。按照俄罗斯总统梅德韦杰夫的观点，其内容大致可以归纳为以下方面：1. 俄罗斯过去的经济发展阶段是与国家在经济中作用的加强相联系的，这在一定程度上是需要的，是这样的；但是，国家在经济中的作用加强相联系的俄罗斯经济发展阶段正在消失；2. 要求政府校订俄罗斯的私有化进度表，加快国有企业的私有化或者股份化进程；3. 俄罗斯不建立国家资本主义，政府认为这样的“国家资本主义”模式对国家未来是危险的；4. 这种“国家资本主义”模式的效率取决于它的条件和现存的一切；任何立法的不确定性都是企业家的风险，表现为腐败或者普遍偏好自己的“企业”，而俄罗斯经济中应该是私人企业家和私人投资占国家的主导地位；5. 在“国家资本主义”这样的条件下，俄罗斯国家的经济不能称为市场经济，而是“人治”。[①] 对于梅德韦杰夫的说法，普京总理立即进行了回应，他表示，我不止一次地说我们不准备建设任何国家资本主义，在我们建立了一系列国有公司的时候，对于这个问题的争议开始激烈；我们并不打算扩大国有制，只是想集中国有资源、提高其资本化程度并把国有企业推向市场。[②]

因此，“以国家为主导的市场经济”体现为普京执政以来俄罗斯市场经济的显著特点。当前，这一市场发展模式面临更多的争议。对于备受关注的俄罗斯“国家资本主义”，普京也看到这一经济模式的弊端。在普京看来，如果现行发展模式继续下去，俄罗斯就会落后于世界上其他的经济大国，“被排挤出世界领先国家的行列”。美国著名政治风险咨询师伊恩·布雷默（Ian Bremmer）认为，在未来的 5—15 年，人们将会看到的第一个重要趋势是，国家资本主义将成为全球

---

① （俄罗斯）梅德韦杰夫：《我们不建设国家资本主义》。俄罗斯总统梅德韦杰夫在 2011 年 6 月 17 日圣彼得堡经济论坛上的讲话，俄塔斯社 2011 年 6 月 17 日。

② （俄罗斯）俄罗斯塔斯社报道：《俄罗斯总统普京支持俄罗斯自由化纲要》，《俄罗斯报》，“Российская газета”，www. rg. ru，21. 06. 2011，ИТАР－ТАСС。

化的一个更大的挑战。[①] 对于俄罗斯，“国家资本主义”式的发展模式亦是如此。

俄罗斯的经济发展趋向与定位

俄罗斯经济进入长期发展的轨道，国家的经济发展阶段与其国家定位紧密相关。那么，关于俄罗斯国家经济发展程度如何定义呢？

第一，俄罗斯属于“中等收入国家”吗？

在世界银行2010年发布的《世界发展报告》中称，俄罗斯已经进入“上中等收入”国家。[②] 根据世界银行的数据，在金融危机爆发前，俄罗斯经济总量按市场汇率计算已进入世界前10位。根据世界银行2010年的数据，在2008年国际金融危机爆发前，俄罗斯经济总量按市场汇率计算已进入世界前10位。2010年，俄罗斯GDP总量约为1.480万亿美元（现价）和2.2万亿美元（购买力平价）[③]；2010年，俄罗斯人均GDP为9910美元（现价）。如果俄罗斯经济能够进一步得到提高，它就能够避免“中等收入陷阱”，而迈向更高的经济发展水平。

俄罗斯经济增长进程

年份	2004	2005	2006	2007	2008	2009	2010
GDP（亿卢布）	170480	216250	266800	329870	414540	390636	444914
GDP增长（%）	7.20	6.40	7.40	8.10	5.60	-7.9	4
人均GDP（卢布）	118537	151106	188647	232306	294000	275290	313872

资料来源：俄罗斯联邦统计局网站，http：//www.gks.ru。

第二，俄罗斯是一个“发展中国家”吗？

俄罗斯转型以后由于经济大幅度下滑，其国家经济发展已被归入“发展中国家”之列。从俄罗斯自己的评估来看，在俄罗斯经济发展部推出的一个世界136

① 伊恩·布雷默（Ian Bremmer）：《自由市场的终结：谁是国家与企业之战的赢家?》（The End of the Free Market：Who Wins the War Between States and Corporations），参见百度文库和新浪财经。http：//wenku.baidu.com/view/e9f8670f76c66137ee06190e.html.

② http：//data.worldbank.org.cn/country/russian-federatio.

③ http：//data.worldbank.org.cn/country/russian-federation.

国竞争力排名表中，俄罗斯名位第63。俄国学者弗·波波夫将其定义为一个“正常的（normal）发展中国家”。[①] 近年来，由于俄罗斯被列入“金砖国家”，所以关于俄罗斯是否是一个“发展中国家”的说法正在被“金砖国家”的说法所取代。

第三，俄罗斯可能再次成为“超级大国”吗？

俄罗斯能不能重新成为“超级大国”？俄罗斯是否有这个必要？俄罗斯学者提出，将俄罗斯国家定位为一种世界上“独立的力量中心”。他认为，一个国家的综合实力和它立足于世界的能力在相当大程度上直接取决于该国的领土面积和人口数量。俄罗斯的地位首先由以下特征决定：领土广阔和自然资源丰富，人口稀少但质量相当高，军力依旧相当强大。但是由于俄罗斯的人口相对于其领土面积而不足和稀少，因此俄罗斯不可能再次成为“超级大国”。他建议，俄罗斯的现实定位就是成为一个能够独善其身又拥有实力的国家，而不是“超级大国”。[②] 关于这一点，普京在2000年7月8日向俄罗斯联邦提交的总统国情咨文中说得更加明确。他说：“俄罗斯唯一的选择是做强国，做强大而自信的国家，做一个不反对国际社会，不反对别的强国，而是与其共存的强国。”

第四，俄罗斯经济现代化能够实现吗？

最近得到人们关注和经常讨论的问题是，俄罗斯的国家独特性与经济现代化的关系。英国学者罗伯特·斯基德尔斯基指出了俄罗斯现代化的困境。他认为，正是由于俄罗斯国家的特性使之偏离了今天被认为的现代化。一个经常被讨论的问题是，俄罗斯的奇特性使之偏离“现代化”。[③] 还有的看法认为，俄罗斯不同于所谓的一般“新兴工业化国家”（因为这些国家必须完成从传统的农业社会向

---

① （俄罗斯）弗拉基米尔·波波夫：《漫长的通往常态之路上的俄罗斯》，“联合国大学世界发展经济学研究中心”（UNU－WIDER）工作论文，2010年2月。

② （俄罗斯）政治学博士尼古拉·斯帕斯基：《全球政治中的俄罗斯》，新华社《参考消息》2011年6月29日。

③ （英国）罗伯特·斯基德尔斯基：《关于俄罗斯的五个命题》。该文是作者在2010年7月24日莫斯科政治学院在莫斯科召开的题为“经济、政治、法律与传媒”的国际研讨会的发言。《凯恩斯传》使他成为“20世纪最伟大的传记作家之一”而享誉国际学术界，并被英国女王封为勋爵。本文原文为“Global Capitalism and Post Democracy”，http://www.skidelskyr.com/site/article/global－capitalism－and－post－democracy/，中文转引自《国外理论动态》2010年第10期。

工业社会转变），作为工业化国家的俄罗斯，面临的是“后工业现代化”的挑战。今天，俄罗斯现代化的问题并不是一个世纪之前的“赶超工业化”，而是“赶超后工业发展”的问题。来自俄罗斯更多看法认为，实现“现代化”，这是俄罗斯社会发展的长期任务。[①] 这意味着，首先俄罗斯的现代化是一个长期的发展过程。此外，无论俄罗斯的现代化能否付诸实施，俄罗斯都必然转向“后工业社会”，因为这是经济发展到一定程度和人类社会发展的必经阶段。

结论

第一，对于俄罗斯转型结果的认定，不能仅仅用 GDP 总量来说明一个国家的经济发展程度，现行既定的国际上仅仅用 GDP 总量指标衡量一个国家的社会发展的标准，将会被逐步淘汰。取而代之的将是更为合理的衡量和评价标准，即：国家的可持续的社会和经济发展。[②] 这一衡量的标准也适用于对俄罗斯经济社会的发展程度的评价。

第二，对于俄罗斯的未来趋势的判断，必然受其历史传统、自然资源、文化特性和国家发展惯性的制约。无论是分析其当前的情境，还是研判其未来走向，如果脱离了俄罗斯国家发展的历史轨迹，都不会得出正确的结论。[③] 从俄罗斯经济发展的各种条件进行估量，俄罗斯将会较快走地走出目前“上中等收入国家”和“发展中国家”的名列，无论俄罗斯将采用何种途径和发展方式。

第三，俄罗斯未来的全球“超级大国”地位难以再现。俄罗斯不会再去与美国或者其他国家竞争“超级大国”的地位，而是力争做一个“世界强国”。因为，过去所言的“超级大国”不仅是经济概念，它更多的具有国际政治意义。在全球化时代，政治强国是建筑在经济强国的基础之上，经济强国将比政治强国更具影响力。

---

① 姜睿、苏舟：《现代化与俄罗斯转型》，《俄罗斯研究》2006 年第 1 期。

② （波兰）格热戈日·科勒德克：《新自由主义、全球危机及其出路》，《比较》2010 年第 3 期。

③ 同上。

58. 如何认识俄罗斯经济发展进程与前景?

陆南泉

可以说，20年来俄罗斯经济发展经历了复杂而又艰难的过程，它既与经济转型及发展政策有关，亦与国际经济环境变化有关。

叶利钦执政时期经济转型危机原因分析

关于俄罗斯经济转型过程中，产生经济转型危机的原因问题，有人仅归咎于“休克疗法”，例如，有人说：“俄罗斯经济形势和经济转型出现的问题，原因不在别处，而在‘休克疗法’本身。”“休克疗法”“把国民经济搞休克了，把国家搞休克了，把人民搞休克了。”有人还说，“休克疗法”，是“醒不过来的噩梦”。长期以来，笔者一直不同意把俄出现严重的经济转型危机仅仅归结为“休克疗法”的这个结论。我认为，叶利钦时期俄罗斯出现严重的经济转型危机是各种因素作用的结果，因此，必须历史地、全面地分析，切忌简单化。普京在《千年之交的俄罗斯》一文中，在回答这个问题时写道：“目前我国经济和社会所遇到的困境，在很大程度上是由于继承了苏联式的经济所付出的代价。要知道，在改革开始之前我们没有其他经济。我们不得不在完全不同的基础上，而且有着笨重和畸形结构的体制中实施市场机制。这不能不对改革进程产生影响。”“我们不得不为苏联经济体制所固有的过分依赖原料工业和国防工业而损害日用消费品生产的发展付出代价；我们不得不为轻视现代经济的关键部门付出代价，如信息、电子和通信；我们不得不为不允许产品生产者的竞争付出代价，这妨碍了科学技术的进步，使俄罗斯经济在国际市场丧失竞争力；我们不得不为限制甚至压制企业和个人的创造性和进取精神付出代价。今天我们在饱尝这几十年的苦果，既有物质上的，也有精神上的苦果。”“苏维埃政权没有使国家繁荣，社会昌盛，人民自由。用意识形态化的方式搞经济导致我国远远地落后于发达国家。无论承认这一点有多么痛苦，但是我们将近70年都在一条死胡同里发展，这条道路偏离了人类文明的康庄大道。”与此同时，普京也写道：“毫无疑问，改革中的某些缺点不是不可避免的。它们是我们自己的失误和错误以及经验不足造成的。”[①] 我之所以引了普京上面这些话，因为我认为他讲的是符合实情的，我找不到理由来反对这些看法。笔者认为，应从以下几个方面去研究俄经济转型危机如此严重、时间如此之长的原因。

一、苏联时期留下很深的危机因素

俄罗斯是苏联的继承国。俄罗斯经济继承了苏联经济，两者有着十分密切的联系。导致俄罗斯经济转型危机的因素中，不少是苏联时期留下来的，就是说，旧体制、不合理的经济结构与落后的经济增长方式等惯性作用在短期内不可能消除。在转型过程中新旧体制的摩擦、矛盾与冲突比任何一个从计划经济体制向市场经济体制过渡的国家要尖锐和严重。这是因为：

（一）苏联历次改革未取得成功，这样，经济问题越积越多，潜在的危机因素越来越增加。到了20世纪70年代，苏联经济已处于停滞状态。戈尔巴乔夫改革的失败使苏联经济状况进一步恶化。正如我们前面指出的，苏联经济的负增长在1990年已出现，到1991年GDP下降13％，预算赤字占GDP的20％，黄金与外汇储备基本用尽。这发生在没有实行“休克疗法”之前，这是不争的历史事实。而实行“休克疗法”的第一年（1992年），GDP下降幅度是14.5％，这并不比1991年大多少。而联邦预算赤字占GDP的比重是5％。这比没有实行“休克疗法”的1991年低得多。

（二）长期走粗放型的发展道路，明显地影响了经济增长速度与效益的提高。早在1971年，苏联就正式提出经济向集约化为主的发展道路过渡，但一直到1991年年底苏联解体，集约化的道路仍未取得进展。这种拼消耗、浪费型的经济增长方式长期得不到改变，严重制约了经济的发展。

（三）苏联经济结构严重畸形，军工部门过于庞大，80％的工业与军工有关。

---

① 《普京文集：文章和讲话选集》，中国社会科学出版社2002年版，第4—5页。

这严重制约了俄罗斯经济的发展，突出表现在两个方面：一是冷战结束后，世界军火市场大大萎缩，军工生产处于减产和停产状态；二是庞大的军工企业进行所有制改造与向市场经济转轨，要比民用企业难得多，因为军工产品的买主是单一的，即政府，在这种情况下，市场机制难以起作用，政府订货一减少，军工企业便陷入困境，从而对整个工业企业产生重大影响。这里，我们不妨列举一些资料具体分析一下这个问题。普里马科夫指出，苏联解体前军工领域各部门创造的产值占国内生产总值的70%。[①] 如此庞大、占GDP比重如此高的军工企业，在俄罗斯经济转轨起始阶段由于受上面指出的因素制约，在1992—1993年，武器生产几乎下降了5/6，军工企业生产总规模下降6/7。[②] 上面几个数字告诉我们，占GDP70%的军工生产下降了6/7，这对俄罗斯在经济转型初期经济增长率大幅度下降起多大的作用。还告诉我们，军工生产急剧下降，主要是国际形势的变化与军工企业转型的特殊性造成的。

（四）苏联时期的经济处于半封闭状态，60%左右的对外经贸是与经互会成员国进行。1991年经互会解散，导致俄与经互会国家的贸易锐减。与此同时，俄罗斯的产品在国际市场上缺乏竞争力，难以扩大与西方国家的经济关系，这对俄经济的发展必然带来严重的消极影响。据有关材料分析，在经互会解散的1991年，苏联GDP下降的50%以上是与经互会方面经济联系遭到破坏造成的。这里还要考虑到苏联解体后，原各共和国之间地区合作和部门分工的破裂对经济产生的严重影响。

这里可以看到，仅军工生产的大幅度下滑和经互会解体这两个因素，对俄罗斯出现经济转轨危机起了多大的作用。

（五）还有一个不可忽视的因素是，长达75年苏联历史留给人们头脑中的“印迹”，一时难以抹去的陈旧的、习以为常的东西，它们与新体制难以很快合拍，按新规则行事。对此，俄学者分析说：“俄罗斯向市场过渡遇到困难的主要原因是什么呢，是政策不对头，是市场经济模式不好，是俄罗斯民众的独特性，抑或是其他什么原因？如果简单地进行回答，可以说主要原因存在于向市场经济

① （俄罗斯）叶夫根尼·普里马科夫著，高增训等译：《临危受命》，东方出版社2002年版，第62页。

② 刘美珣、（俄罗斯）列·亚·伊万诺维奇主编：《中国与俄罗斯两种改革道路》，清华大学出版社2004年版，第350页。

过渡开始前的75年的历史中。历史并没有无声无息地流逝，而是留下了痕迹和遗产，因为它在人们头脑中和各个领域都打下了‘印迹’。在国家机构中，在今天的政治家的活动方式中，在今天企业经营的特点中，在企业的经理、专家和工人当中，在本身带有过去特征和社会遗产的整个目前的社会当中，历史都留下了自己的印迹。”①

（六）由于叶利钦在推行激进改革时，既没有制订详细的计划，也在事先与获得主权的共和国就政策协调达成协议，这样一开始就给货币体系稳定带来了很多不确定因素。因为，人们不清楚，原来的卢布是否将保留，还是仅缩小到俄罗斯联邦地区；再说，想留在卢布区的共和国，也没有提出明确的财政与信贷政策，俄对其货币金融政策的监督是否有效。另外，不少主权国家都准备发行自己的货币，这种情况下，大量的货币流入俄罗斯，而商品从俄罗斯流走，这就在很大程度上使得宏观经济更加不稳定，经济更加困难。②

二、经济转型过程中出现的矛盾与失误

在这方面有两类问题：一类是俄罗斯实行快速向市场经济过渡而所采取的措施本身所含有的内在矛盾，③ 它对经济发展带来的困难；一类是转型过程中出现的政策失误。

第一类问题：内在矛盾。

（一）快速地向市场经济过渡的目标是要稳定经济，但为此而采取的措施，往往与目标相矛盾。这表现在：

第一，俄罗斯在转型起步阶段，其经济处于深刻危机状态，原来的经济结构严重畸形，市场供求关系极不平衡。这种情况下，客观上要求政府加强对经济的干预，有时还需要采取一定的行政手段。但快速地、大范围地放开价格，实行经济自由化，一般会使政府的间接调控和行政干预的作用大大减弱，甚至根本不起

---

① （俄罗斯）Л. Я. 科萨尔斯等著，石天等译：《俄罗斯：转型时期的经济与社会》，经济科学出版社2000年版，第35页。

② 参见（俄罗斯）博戈莫洛夫著，张驰译：《俄罗斯的过渡年代》，辽宁大学出版社2002年版，第139—140页。

③ 关于“内在矛盾”的观点，笔者早在1993年2月撰写的一份调研报告中就提出。同年3月在厦门大学一次学术研讨会上，在向会议提交的题为《前苏联与东欧各国向市场经济过渡若干问题分析》论文中，又详细地作了分析。该论文收集在由陆南泉、阎以誉编著的《俄罗斯·东欧·中亚经济转轨的抉择》一书（见中国社会出版社1994年版）中。

作用，这样，不仅达不到稳定经济的目标，反而使经济更加混乱和动荡不定。

第二，稳定经济与紧缩财政与信贷政策之间有矛盾。俄罗斯在转型头几年，经济危机与财政危机一直并存。从客观上讲，要遏制生产下降，稳定经济，就要求增加投资，放松银根。而解决财政赤字问题和控制通胀，又必须压缩支出，减少国家投资和紧缩信贷，这与稳定经济、促进生产的发展又相矛盾。

第三，大幅度地减少财政赤字，除了压支出还要增收，而增收的主要办法是增加对企业的课税。增加对企业课税的结果实际上把企业掠夺一空，刺激生产发展的机制就形成不了。

（二）原苏联与东欧各国经济的一个重要特点是垄断程度高，如原苏联，40％的工业产品受垄断控制的。在垄断没有打破的情况下放开价格，很难达到刺激生产的目的。因为，往往会出现由国家垄断价格变成某部门、某地区甚至某个大企业垄断价格局面。这样，难以形成市场竞争环境。

（三）在向市场经济过渡的起步阶段，实施的像放开价格等宏观改革措施与使企业成为独立的商品生产者的微观改革措施，发挥作用的条件与时间是不同的。例如，放开价格等措施在极短时间内即可实现，而私有化则是一个较长时间的过程，企业机制的转型难以在短期内实现，因此，企业对转向市场经济的宏观改革措施所发出的各种经济信号不能作出灵敏的反应。又如，要形成能适应市场经济的企业领导层和改变广大生产者的惰性，也不是短时间能做到的。

（四）打破对外经济关系垄断制，向国际市场全面开放，是向市场经济过渡的重要外部条件。但这会立即面临激烈的竞争，而俄罗斯的生产设备只有16％能承受住竞争的压力。在这种情况下，加速对外开放的宏观改革措施与保护及促进本国企业发展的微观改革措施难以协调。

以上种种矛盾，往往会拖延向市场经济过渡的速度，使社会经济的动荡与痛苦变成个慢性的和长期的过程，成了在短期内难以摆脱经济困境的一个重要原因。

第二类问题：政策失误。

（一）放弃了国家对经济的调控。这在俄罗斯转型头几年表现得尤为突出。当时盖达尔主张，应该采取措施，以最快的速度在俄形成自我调节和自我组织的市场经济，国家应最大限度地离开市场经济。到1994年2月10日，盖达尔在《消息报》发表文章还强调：“要尽最大可能减少国家对经济的管理”。十分明显，当时俄罗斯经济转型在新自由主义影响下，强调国家放弃对经济的干预，强调市场的神奇力量。没有摆正政府与市场的关系。1994年3月，俄罗斯对专家就国家对经济的作用问题进行了调查，受调查的专家中，认为“国家对经济的调节力度过于软弱”的占57%。[①] 关于这一点，几乎有一致的看法。普里马科夫批评说：“现代自由主义作为一种经济思想，过去和现在都在宣扬在国家最少干预管理对象活动的条件下实行自由竞争。”他认为，要在俄罗斯实现公民社会，政治多元化，继续市场改革，把俄罗斯经济作为世界经济的有机部分发展，“首先必须加强国家对经济的作用，但完全不意味着，也不可能意味着收缩市场过程。与此相反，我们认为国家应当促进转入文明的市场。没有国家认真干预，混乱的运动本身不会也不能出现这一市场。”[②] 阿巴尔金指出，对形成市场经济过程中加强国家作用的看法，国内外多数学者持一致的看法，他转引美国约瑟夫·斯蒂格利兹等三名获得诺贝尔经济学奖的学者的观点说：“他们认为，绝对自由的、自发的市场发展会导致经济中的失衡现象。尖锐的、不可调节的冲突会造成不稳定现象并出现社会危机和动荡。为了防止这些弊端，按照他们的意见，必须有规律地增加国家的调节作用。”[③]

（二）过度的、无区别的紧缩政策恶化了宏观经济环境，还危及企业的基本生存条件。俄罗斯在实行经济自由化特别是价格自由化过程中，为了抑制通胀，需要实行紧缩财政、货币政策，但俄罗斯没有在不同的时间、不同的部门实行适度紧缩，而是全面紧缩，不加区分，结果造成投资大幅下降，1995年俄罗斯投资总额仅为1990年的25%。投资危机在经济危机中最为突出。另外，货币供应量和信贷投放量的过度紧缩，使企业由于缺乏必要的资金而难以进行正常生产经营活动。实践证明，过度的紧缩政策既没有达到稳定经济的目标，也没有达到平衡财政的目标。还需要指出的是，过度紧缩政策，还导致三角债大量增加，并出现经济货币化大幅度下降与严重的支付危机。俄罗斯很多经济问题都与三角债有关。过度紧缩使货币量大大减少。经济转轨之初的1992年1月，货币量占1991

① （俄罗斯）Л.Я. 科萨尔斯等著，石天等译：《俄罗斯：转型时期的经济与社会》，经济科学出版社2000年版，第64页。

② （俄罗斯）叶夫根尼·普里马科夫著，高增训等译：《临危受命》，东方出版社2002年版，第21、36、37页。

③ （俄罗斯）列·伊·阿巴尔金著，李刚军等译：《阿巴尔金经济学文集》，清华大学出版社2004年版，第294页。

年 GDP 的 66.4%，大体与世界实践相适应。到 1998 年 6 月 1 日货币量仅占 1997 年 GDP 的 13.7%。[①] 累积的债务率不断增加，1993 年占 GDP 的 9.6%，而到 1998 年高达 49%。[②]

（三）软性预算控制措施与软弱无力的行政控制手段，是俄罗斯长期解决不了财政问题的重要原因。IMF 出版的《金融与发展》季刊 1999 年 6 月号，盖达尔写了一篇文章，总结俄罗斯危机给转型国家带来的教训。他认为俄罗斯改革中最重要的一个失误是“软性预算控制措施与软性或不存在的行政管理限制灾难性地融合在一起”。过去，在计划经济体制条件下，软性预算措施是与硬性的行政管理措施共存的。由于每个企业都是某个庞大的统治集团的一部分，因此国家牢牢控制着经理的任用，还要确保这些经理完成赋予他们的任务，企业经理人员完全处于集权化的政治控制体系中，他们必须循规蹈矩。虽也有掠取企业财富的犯罪行为，但受到限制。而当这种集权化的计划经济体制崩溃之后，对企业经理人员的行政控制也就瓦解了。这样，造成的结果是，每年的税收计划往往只能完成 50%左右，而大量的财政支出压不下来，财政危机不断加深。1998 年“8·17”的一场金融危机是说明这一点的典型例子。从这一年上半年预算执行情况看，俄罗斯竟有一半以上的预算支出没有资金来源。这种状况一直延续下去，与此同时，还债的压力越来越大，并已完全丧失了偿还债务的能力，到了 8 月，政府与央行不得不宣布调整卢布汇率与重组债务。

（四）国企改革中的失误，对俄经济发展起着不可低估的负面作用。从传统的计划经济体制向市场经济体制过渡，一个重要条件是要把过去统一的、过分集中的以国家所有制为基础的经济变为与市场经济相适应的所有制关系。俄罗斯改革所有制结构，这是实行市场经济必不可少的一步。它在这方面的错误，不在于搞不搞私有化，而在于私有化的战略目标与方式等方面出了严重错误。

（五）对西方的经济援助期望过高。俄罗斯在转轨初期，原设想只要沿着西方认同的改革方向发展，与社会主义决裂，就可获得西方大量资金。实践证明，西方的经济援助不仅数量有限并有苛刻的政治条件，援助的目的是为西方国家自身的安全利益服务的，即要使俄罗斯长期处于弱而不乱状态。经过几年后，俄罗

① （俄罗斯）叶夫根尼·普里马科夫著，高增训等译：《临危受命》，第 47 页。

② （俄罗斯）列·伊·阿巴尔金著，李刚军等译：《阿巴尔金经济学文集》，第 242 页。

斯对此才有较为清醒的认识。

（六）分配领域中的失误。市场经济要求的效率优先、兼顾公平的原则，在俄罗斯经济转轨过程中的相当一个时期未能实现。转型一开始，由于盖达尔坚持实行自由市场经济模式，因此，在社会与分配领域，他坚持的政策是：国家只负责保护社会上最贫困的那部分居民。这样，在废除苏联原有的社会保障体制的同时，并未采取有效的社会公正政策来遏制各阶层收入差距的不断扩大。据俄罗斯统计资料，10%的富有阶层的收入与10%的最低收入阶层的收入差距在1991年为4.5倍，1992年为8倍，1993年为11倍，1993年与1994年上升到14倍左右，1999年的第二季度升至14.7倍。90年代中期，俄罗斯社会中10%和高收入阶层占居民总收入的26%，而占人口总数10%的贫困阶层的收入占总收入的2.3%。[①] 另外，国家基本上不能保证教育、保健与文化等一系列社会问题要求得到满足。这种分配政策，使得大量社会问题得不到解决，大多数居民与政府处于对立状态。这是社会不稳定、改革得不到支持、市场经济秩序迟迟建立不起来的一个重要原因。

三、是政治因素对经济衰退的作用

很长一个时期，俄罗斯政局的不稳是阻碍经济转型和经济正常运行的重要因素。向市场经济过渡要求有一个稳定的社会政治环境，法制建设必须要跟上。俄罗斯在向市场经济转轨的开始阶段，经济过渡与政治过渡之间存在严重的脱节和不协调。1993年10月叶利钦炮打白宫以及政府的不断更迭，不仅反映出政治体制的不成熟、不稳定及不定型，还反映出各种职能机构之间缺乏协调机制，失控现象十分严重。在这样的条件下，俄罗斯难以形成一个在实际中能贯彻执行的经济纲领，从而也就导致经济运行处于混乱、无序的状态。这种复杂的动荡不定的政局，一场接一场的政治风波，使得俄罗斯经济变得更加脆弱，更加扑朔迷离。

四、转轨理论准备不足

在苏联时期，经济理论在意识形态的重压下，对市场经济理论主要是批判，对现代市场经济理论根本不熟悉，因此，在快速向市场经济转轨时，就会对西方市场经济理论不顾俄罗斯具体条件而盲目运用到经济改革中来。正如俄罗斯科学

---

① 转引自张树华：《过渡时期的俄罗斯社会》，新华出版社2001年版，第111—112页。

院经济学部在对十年经济转型进行反思时提出的："不能把改革失败的全部过失归咎于俄罗斯当今的改革派。不管情愿与否，必须承认，改革失败的重要原因之一在经济学对于改革的总体理论准备不足。"

普京执政时期的俄罗斯经济

2004 年 5 月 26 日，普京在其连任后第一次发表的总统国情咨文中说，从上个世纪 90 年代初起，俄罗斯在发展中走过了几个阶段。第一阶段是打破过去的经济体系，习惯的生活方式也随之被打破，出现了尖锐的政治和社会冲突，社会经历了严重困难。而第二阶段是清除旧建筑坍塌的废墟，同时成功地制止了最危险的经济和政治发展趋势。普京认为，在不久前才开始走向发展现代化俄罗斯国家的第三阶段。在这个阶段俄罗斯才有可能高速发展，有可能解决大规模的社会问题，才有了足够的经验和必要的手段，可以为自己提出真正长期的目标。

显然，俄罗斯发展的第一阶段系指叶利钦执政时期，第二阶段系指普京总统的第一任期，而第三阶段系指起始于普京当选第二任总统。普京把他第一任期即俄罗斯发展第二阶段的主要政绩，简要地归结为成功地制止最危险的经济和政治发展趋势。

一、第一任期的主要经济成就

普京执政的第一任期，在经济领域取得的主要进展表现在：

从经济发展来讲，使俄罗斯经济从严重的危机状态摆脱出来，走向复苏，进入了经济增长期。经济成果主要表现在：

在普京第一任期的 4 年内，GDP 累计增长近 30%。由于经济摆脱了危机并出现连续增长，使俄罗斯过去丧失的经济潜力已弥补了 40%，但还没有达到 1989 年的水平。2003 年俄罗斯 GDP 总量（按卢布汇率计算）为 4315 亿美元。

人民生活水平有了明显提高。1999 年职工月均工资为 64 美元，养老金仅为 16 美元，并且经常不能按时发给。而到 2003 年这两项指标分别增加到 180 美元和 60 美元。这 4 年居民的实际收入增加了 50%。生活在贫困线以下的居民从 1999 年占总人口的 29.1%下降到 2003 年的 22.5%。失业率从 1999 年的 12.66%下降到 2003 年的 8.4%。

一些重要的宏观经济指标有改善。在普京的第一任期内，偿还外债 500 多亿美元，而并未引起财政紧张。连续几年出现预算盈余，2003年预算盈余占GDP的2.5%。通胀率得到控制，2003年未超过12%。1998年金融危机后，几乎枯竭的外汇储备，到2003年达到了历史最高水平，为790亿美元，仅2003年一年就增加300亿美元。2004年为1200亿美元。

从经济转型来讲，由于普京第一个任期的中心任务是治理混乱的政治局面和摆脱经济危机并使其稳定发展，因此，在为实现经济转型过程中的改革并不占主导地位。但并不等于说普京在经济体制方面一点也没有进行改革。应该说，他还是采取了一些改革措施。特别在土地私有化与税制方面的改革，都取得了很大进展。但改革措施的一个重要特点是，从总体来看，是叶利钦时期在各个经济领域已开创的改革的继续与发展。普京在经济转型的方向性问题上，一方面坚持走市场经济的道路，上台后反复强调要把市场经济改革一直进行下去；另一方面，在坚持继续推行市场经济改革的前提下，在总结叶利钦时期经济转轨过程中出现在各种失误的基础上，普京在1999年年底提出将“领导俄罗斯要走向一条既不盲目信奉自由主义，也不重新推行共产主义的‘第三条道路’”。他还认为：“我们只有将市场经济和民主制的普遍原则与俄罗斯的现实有机地结合起来，我们才会有一个光明的未来。”[①] 普京提出的在经济转轨方面的第三条道路有多层次的含义，涉及国家与经济的关系，改变转轨方式，调整社会政策，等等。[②]

二、普京实行的经济政策与发展方针

可以说，普京实行的“自由经济”政策与发展方针。他强调的战略是，通过政治上建立强有力的国家政权体系与加强中央权力，保证俄罗斯实现市场经济的改革。1999年11月普京就明确地说：“我相信，只有市场经济能让我们实现目标。政府必须把市场经济改革一直进行下去，直至市场经济能够全面运作时为止。”[③] 2000年1月18日，普京在新一届杜马的讲话也表示了俄罗斯将广泛实施以市场为导向的经济，他敦促国家杜马批准久拖未决的土地私有化。同时，普京强调，这种市场经济不是像叶利钦时期那样的野蛮的资本主义市场经济，而是文明的、建立在法律与平等竞争基础上的市场经济，这也是一种符合市场经济一般

---

① 《普京文集：文章和讲话选集》，第6页。

② 有关第三条道路的内容，详见陆南泉：《俄罗斯：从叶利钦到普京》，《世界经济与政治》2000年第6期。

③ 转引自《开放导报》2002年第7期。

原则要求的“自由经济”。普京认为，在保持强有力的中央政治控制下推行“自由经济”，对推动市场经济的改革与经济发展可取得最佳效果。

这里要指出的是，有关实行“自由经济”的改革与发展方针，是普京反复强调的一个基本观点。他在2000年的总统国情咨文中说：“我们极为重要的任务是学会利用国家工具保证各种自由：个人自由、经营自由、发展公民社会机构的自由。”“我们的战略方针是：减少行政干预，增加经营自由——生产、买卖和投资的自由。”[①] 2000年7月在对《消息报》记者谈话时又强调：“应该保护经济自由”。[②] 2001年7月在一次记者招待会上讲：“我们明白俄罗斯努力方向是什么，即追求经济的自由化，杜绝国家对经济的没有根据的干预。我要说明一点：只是杜绝没有根据的干预，不是完全取消国家的调节职能，而是要杜绝没有根据的干预。”他还接着说：在经济领域，始终不渝地反对经济官僚化，而主张经济自由化。[③] 在2001年10月的一次讲话中指出：“我们主张经济制度的自由化。”[④] 我想不必再引证普京有关主张经济自由化的言论了。笔者认为，经济自由化或自由经济，是普京的一贯思想，至今并没有发生变化。

普京为了有效地实行其“自由经济”的改革方针，他曾提出了以下政策措施：

(1) 应当保护所有权。国家应当确保股东能够获得有关企业经营情况的信息，防止资产流失。公民的财产所有权应当得到保护，他们的住房、土地、银行存款及其他动产和不动产的所有权应当得到保障。2005年4月，普京总统发表的国情咨文中再次强调，“私有财产的不可侵犯性是一切交易活动的基础”。(2) 保证竞争条件的平等。不允许一些企业被国家处于特权地位。因此，应当取消各种毫无根据的优惠及对企业实行毫无理由的各种直接与间接的补贴。(3) 使经营者不受行政压迫。国家应始终避免对经营活动进行过多的干预，应当发挥法律的直接效率，将部门的指示减少到最低限度，消除对法规文件进行双重解释的现象。此外，还应简化企业登记、鉴定、拟定投资项目等活动的程度。(4) 减轻税负。目前的税制加剧了普遍的偷税漏税和影子经济，降低了投资的积极性，最终

---

① 《普京文集：文章和讲话选集》，第81、86页。

② 同上，第102页。

③ 同上，第373、382页。

④ 同上，第446页。

导致俄罗斯国家竞争力的下降。(5) 发展金融基础设施。当前，俄罗斯应该把没有生命力的金融机构清除出银行系统，保证银行活动的透明度；证券市场应当成为募集投资真正的机制，资金应当放到最有前途的经济部门。(6) 实行现实的社会政策。这是俄罗斯经济改革与发展经济最为重要的任务。[①]

三、普京第二任期的经济状况

普京在第二任期经济继续保持较快的增长速度。2004 年 GDP 增长率为 7.2%，2005 年为 6.4%（GDP 为 21.67 万亿卢布，合 7658 亿美元，人均 GDP 超过 5300 美元）。职工月均名义工资约为 320 美元，增长 25%左右，月均实际工资增长 9.3%。到 2005 年贫困人口下降为 2670 万—2900 万人，约占全国人口的 1/5，其月收入不超过 1000 卢布。2006 年 GDP 增长 6.9%。按购买力平价计算，俄罗斯人均 GDP 已超过 1 万亿美元。2006 年通胀率已降为 1 位数（为 9%）。居民实际可支配收入增长 11.5%，失业率下降为 7.4%。俄罗斯政府外债大量减少。在 2005 年偿还了巴黎俱乐部 150 亿美元之后，2006 年偿还外债 337 亿美元，外债余额占 GDP 的 5%。2007 年 GDP 增长 8.1%，工业增长 6.3%，农业增长 3.35%，固定资产投资增长 21.1%，2008 年 GDP 增长 5.6%，工业增长 2.1%，农业增长 10.8%，固定资产投资增长 9.1%。

总的来说，普京执政期间俄罗斯经济形势明显好转。按照普京 2007 年提出的总统国情咨文的说法，“目前俄罗斯不仅彻底度过了漫长的生产衰退期，而且还进入了世界十大经济体的行列”。

普京执政经济不断回升，出现了较快的发展态势，其主要原因有：

（一）普京执政以来，一直把俄罗斯内外政策的着力点放在发展经济上，强调俄罗斯的最主要危险依然是经济方面，最主要的任务是保证经济增长。2006 年 5 月普京发表的总统国情咨文中再次强调：“必须争取高速发展经济，并把这作为绝对优先目标。”普京之所以坚持要求经济的高速增长，其主要考虑因素有：

首先，在普京看来，实现经济高速增长是俄罗斯对所遇到的国内外各种挑战和威胁的唯一回答。

其次，普京竞选总统时提出了富民强国纲领，如果增长速度上不去，那就无法实现这个纲领。

---

① 《普京文集：文章和讲话选集》，第 87、89 页。

第三，低速增长，意味着俄罗斯21世纪初在经济上难以缩小与发达国家的差距，从而使俄罗斯难以成为强国，而这是普京步入政坛以来最为重要的政治理想。

第四，在经济力量成为国际斗争中最重要的、决定性力量的当今世界，经济上不去，俄罗斯就很难与它作为多极世界中一极的地位相称。

（二）经济发展的宏观条件有了很大改善，这里主要指的是政局较为稳定。中央权力的加强，不仅有利于克服叶利钦时期政治无序状态，并且也有利于强化国家对宏观经济的调控。

（三）有利的国际市场行情。这里主要与能源等原材料产品价格大幅度上涨有关。“9·11”事件后，国际市场石油等原材料价格急剧上扬，对俄罗斯经济起了很大作用（见下表）。

1999—2006 **年能源及其他原材料产品的国际价格涨幅情况**

	1999	2000	2001	2002	2003	2004	2005	2006
布伦特原油，美元/桶	15.9	28.19	24.84	25.02	28.83	37.4	54.38	65.15
天然气，美元/百万英制热量单位	2.19	4.34	3.98	3.39	5.46	5.99	8.87	12.2
汽油，美元/加仑	0.52	0.89	0.79	0.76	0.89	1.20	1.508	1.81
铜，美元/吨	1540	1864	1614	1593	1786	2808	3606	6851.4
铝，美元/吨	1318	1550	1445	1351	1425	1693	1871	2619.4
镍，美元/吨	5240	8624	5966	6175	9581	13757	14692	22038

资料来源：（俄罗斯）《2006年俄罗斯经济：趋势与前景》，《过渡经济研究》2006，第28期。

从上表中可以看到，原油价格上涨的幅度很大，每桶石油从1999年的15.9美元上涨到2006年的65.15美元。还应看到，俄罗斯出口结构中，石油等原材料产品占出口总额的80%左右。

以上一些因素，使得出口对俄罗斯GDP增长保持很高的贡献率。例如，2000年俄罗斯出口石油1.45亿吨，比上年增长7.1%，但石油出口收入却比上年增长78.8%，为253.3亿美元。对此，普京明确指出，2000年的经济增长

“在很大程度上是良好的国际市场行情造成的。”[1] 俄罗斯杜马信贷政策委员会主席绍欣指出，2000年俄罗斯经济增长中有70%是外部因素作用的结果，内需的贡献率为30%。而2001年出现了相反情况，内需的扩大对经济的增长率为70%，而出口贡献率下降为30%。2002年出口贡献率又上升为60%，2003年为75%，2004年为70%。俄罗斯政府认为，这几年来，经济增长的外部因素与内部因素各占一半，而经济学界普遍持不同意见。[2]

（四）内需扩大对经济增长的作用在提高。在我们看到外部因素对俄罗斯经济增长起着重要作用的同时，亦不能忽视这几年来内需扩大对经济的影响。这表现在：一是投资呈增长趋势。2001年投资增长率为8.7%，2003—2005年增长率一直保持在11%的水平，2006年为13.5%；二是随着居民实际收入迅速提高，消费需求在扩大。普京执政以来，实际工资、居民货币收入、养老金、居民最低生活费与社会补助五个方面的超前增长（工资增长速度超过GDP增长速度；居民货币收入年均增长率超过GDP年均增长率；养老金、居民最低生活与社会补助增长率超过职工工资增长率）的政策。由于实行上述政策，自2000年以来，居民的实际收入增加了一倍以上。[3] 这使俄罗斯零售商品流转额保持较快的增长率，近几年来增长率为12%的水平。普京上台后，特别重视社会问题，广大居民的生活水平，强化经济政策的社会化进程。他在2005年与2008年总统国情咨文中，都强调住房、教育与医疗问题，提出让老百姓看得起病、买得起房与上得起学的基本社会政策。在这一社会政策的影响下，内需扩大对俄罗斯经济增长的作用是日益提高的趋势。

梅普组合后的俄罗斯经济转轨与发展政策

一、经济转型与发展政策的基本趋向

2008年5月7日梅德韦杰夫正式成为俄罗斯第三任总统，8日普京被国家杜

---

① 《普京文集：文章和讲话选集》，第80页。

② 据俄罗斯科学院院士阿甘别基扬于2004年17日在中国社会科学院俄罗斯东欧中亚研究所的一次报告中提供的材料，1999—2004年6年期间，俄罗斯GDP的增长率，70%是国际市场能源及其他原材料价格上涨的结果。

③ 参见普京2007年4月向俄罗斯联邦会议发表的国情咨文。

马批准为政府总理。这样，“梅普政权”正式形成。

国内外舆论认为，梅普结合将会更加重视经济的发展。俄罗斯学者指出：“梅德韦杰夫和普京联手意味着现政府开始的改革进程会继续下去。这也是将会更加重视经济问题的一个重要信号。”① 为了使普京执政时期的经济政策继续下去，加快经济与社会的发展，普京在其离任前的2008年2月8日在俄罗斯国务委员会扩大会议上作了题为《关于俄罗斯到2020年的发展战略》（以下简称《发展战略》）的讲话。可以说，这为俄罗斯今后12年经济社会的发展规定了大的框架。该《发展战略》基本政策是：

（一）从战略目标层面来讲，与普京一上台就提出的和执政8年期间推行的富民强国战略是一致的。普京在讲话中集中论述了今后12年俄罗斯经济社会发展战略和与此相关的重要政策，其基本点仍是加快经济发展，提高经济效益，尽快提高人民物质文化生活水平。普京还提出了一些重要的、具体的战略目标：根据国际专家的资料，按购买力平价计算的GDP总值算，俄罗斯2007年已超过了“八国集团”中的意大利和法国，已进入世界最强的7个经济体的行列。另据有关资料分析，到2020年俄罗斯经济将进入世界五强之一，按照购买力平价计算的人均GDP从目前的13700美元增加到3万美元，增长1.2倍。三口之家的住房面积不少于100平方米。到2020年前中产阶级在总的居民结构中最低限度不少于60%，也许不能少于70%（而全世界从目前的30%上升到2020年的52%）。在12年内，俄罗斯经济主要部门的劳动生产率至少要提高3倍。人均寿命在2020年前提高到75岁，死亡率减少1/3。家庭收入差距要从现在不可接受的15∶1的大幅度悬殊降到更为合适的程度。上述目标将分三个阶段实现：2008—2012年为跨越准备阶段；2013—2017年为跨越阶段；2018—2020年为巩固与扩大阶段。

（二）从政策层面上讲，这次《发展战略》与普京执政8年期间相比，更加突出以下几个相关联的问题：

1. 经济实行创新型发展。普京强调，这是俄罗斯“唯一的选择”，“创新发展的速度必须从根本上超过我们今天所有的速度”②。

---

① （俄罗斯）《观点报》2007年12月17日。

② 《普京文集：文章和讲话选集》，第677页。

2. 增加人力资本投入。普京讲："要过渡到创新发展道路上去，首先就要大规模地对人的资本进行投资。"[1]"俄罗斯的未来，我们的成就都取决于人的教育和身体素质，取决于人对自我完善的追求，取决于人发挥自己的素养和才能。""因此，发展国家教育体系就成了进行全球竞争的一个要素，也是最重要的生活价值之一。"[2] 为此，俄罗斯计划用于教育与医疗卫生的预算支出占 GDP 的比重分别由 2006 年的 4.6%、3%增加到 2020 年的 5.5%—6%、6.5%—7%。同时，普京强调科研的重要性，要为科研活动创造良好的环境。另外要着力解决住房问题，提高医疗卫生水平。

3. 积极发展高新技术，因为这是"知识经济"的领航员。普京认为，俄罗斯今后重点发展的高科技主要是：航空航天领域，造船业和能源动力领域，还有发展信息、医疗和其他高新技术领域。

4. 调整经济结构。普京说，尽管最近几年俄罗斯取得了一些成绩，但经济并未摆脱惯性地依赖于能源原料的发展版本。俄罗斯也只是局部地在抓住经济的现代化。这种状况将不可避免地导致俄罗斯不断依赖于商品和技术的进口，导致俄罗斯担当世界经济原料附庸国的角色，从而在将来使俄罗斯落后于世界主导经济体，把俄罗斯从世界领头人的行列中挤出去。[3]

（三）从推行经济发展与改革层面来讲，朝着经济更加自由化的方向发展。不论西方还是俄罗斯国内，普遍认为 2008 年 2 月 8 日的讲话，"是普京近年来自由主义色彩最浓的一次讲演，其社会领域的主张更加温和。"他的战略"重点是发展有竞争的市场经济、强大的国家和负责任的社会政策"。[4]

为了发展有竞争能力的市场，使经济朝着更加自由化方向发展，普京在他提出的《发展战略》中，承诺将实行自由主义的改革，主要包括的内容有：

第一，大幅度降低税负，以刺激投资，增加国内需求。普京在《发展战略》的讲话中提出："必须积极地运用税收机制来刺激发展人的资源的投资。为了做

---

① 《普京文集：文章和讲话选集》，第 677 页。

② 同上，第 678 页。

③ 同上，第 676—677 页。

④ 参见俄罗斯政治评论网 2008 年 2 月 11 日刊登的政治艺术中心分析部主任塔季扬娜·斯坦诺瓦娅题为《集体普京的"集体计划"》一文。

到这一点，就必须最大限度地减免公司和居民的税收。”[①]

第二，创造条件发展中小型私营企业。普京指出，现在，在俄罗斯要干中小企业太难了。但要解决就业和发展经济，也取决于从事小企业的条件有多便利。[②]

第三，减少国有企业在经济中的比重。俄罗斯工业家与企业家联盟主席绍欣指出：普京在 2008 年 2 月 8 日之前，曾两次谈及俄罗斯不打算建立国家资本主义，并说：国家集团公司不应包揽一切，更不会限制实业界的利益或压缩私营企业。绍兴认为，这是一个转向自由化改革的重要信号。[③] 普京在《发展战略》的讲话中强调：“必须消除对经济的过分挤压，这种挤压成了经济发展的一个主要阻力。”[④]

第四，推行行政体制改革，提高政府绩效。普京尖锐地指出：“俄罗斯经济今天所面临的问题主要就是效率极低。”“国家机器在很大程度上是一个官僚化的、腐败的制度，它没有谋求积极的动力，更谈不上有谋求急速发展的动力。”“国家管理的一个主要问题依然是权力过分集中。”普京提出，“政府应该成为提出思想、制定战略规划的智囊中心。”“而不是一个劲儿找无关紧要的细节，在鸡毛蒜皮上下工夫。”[⑤] 在行政体制方面最为突出的一个问题是，腐败严重。普京对此作了以下的描述：

“要是看一下，联邦中央在地方上的机构，它们在地区和地方机构的支持下都在干些什么，简直要吓一跳。直到现在，要开创个自己的什么事儿，一连几个月都办不到。无论到哪个机构：到消防站、到医疗点、到妇科大夫那里，无论是你要找个什么人，到处都要带着贿赂去，简直太可怕了！”[⑥]

第五，形成独立的司法体制，以保障企业的权益，使其不受官僚摆布。

第六，实行广泛的社会计划，要集中力量解决住房、教育、医疗保健、提高养老金等。但在这方面普京一方面强调要增加政府的投入，另一方面又强调今后要让公民在解决这些问题时本身要做出努力。普京在《发展战略》的讲话中提

---

① 《普京文集：文章和讲话选集》，第 679 页。

② 同上，第 682 页。

③ (俄罗斯)《共青团真理报》2007 年 12 月 13 日。

④ 《普京文集：文章和讲话选集》，第 683 页。

⑤ 同上，第 680、683 页。

⑥ 同上，第 682 页。

出："要创造这么一个条件，让公民能够独立地解决自己的住房问题"[①]。

以上我们从经济社会发展的几个层面，分析了普京提出的俄罗斯到 2020 年的发展战略。这是俄罗斯今后 12 年发展的综合计划，也是普京政府要推行的基本经济社会发展政策。

二、梅德韦杰夫的经济社会发展政策思路

梅德韦杰夫并没有提出俄罗斯今后经济社会发展战略。普京在 2008 年 2 月 14 日的年度记者招待会上说："俄罗斯总统候选人，第一副总理德米特里·梅德韦杰夫在 2 月 15 日即将在克拉斯诺亚尔斯克经济论坛上发言时提出的经济规划，是对作为国家 2020 年前发展战略的普京计划的补充。"他接着说："梅德韦杰夫的发言不是对国家未来 10 年发展规划，而是对国家未来 4 年发展规划的建议进行了补充、细化和发展。"

应该说，不论从当前还是今后时期，梅普发展战略目标是一致的，都要实行富民强国战略，加速经济发展，提高人民生活水平，强化市场化改革方向。梅德韦杰夫一再强调，将沿着普京的路线走下去，要继续执行普京执政时期的政策。

从梅德韦杰夫在克拉斯诺亚尔斯克在经济论坛讲话来看，他提出的经济发展方向有 4 个：国家制度化建设、基础设施、创新与投资。为了使以上 4 个重点发展方向得以实施，他指出要完成以下 7 个任务：（1）克服法律虚无主义；（2）彻底减少行政障碍；（3）减轻税务，以刺激创新和私人投资流入人力资源领域；（4）创建能成为世界金融稳定柱石的强大且独立的金融系统；（5）将基础设施进行现代化改造；（6）形成创新体系；（7）实现社会发展纲要。

很明显，不论重点发展方向的 4 个方面还是为此要实现的 7 项任务，都与普京的今后 12 年的发展战略构想是吻合的。

但要指出的是，不能从以上的分析得出结论，梅普在今后经济社会发展政策完全一样。从目前一些信息与有关材料来看，在总体上梅德韦杰夫将继续执行普京的政策特别是沿着今后 12 年的发展战略构想走下去，在此条件下，不排除在某些问题的政策侧重点会有所不同。从治国理念来说，梅普都强调强国与国家利益，但梅德韦杰夫在强调上述理念的同时，又特别强调公民的自由。2008 年 5 月 7 日，梅德韦杰夫在宣誓就职的演讲中说："人权和自由在我们的社会被认为

---

① 《普京文集：文章和讲话选集》，第 679 页。

是最高的价值，正是这两点决定着所有国家活动的意义和内容。”他认为，“自己的最重要任务是继续发展公民自由，为自由和责任感的公民实现自我价值和国家繁荣创造宽泛的条件。”据可信的说法，梅德韦杰夫的就职演说是由他本人撰写的。2008年11月5日，梅德韦杰夫所作的首个总统国情咨文中，又特别强调指出，宪法所保障的个人自由和民主体制的成熟程度是俄罗斯今后发展的源泉。他还说，通过宪法来扩大经济与商业自由，形成中产阶级、发展中小企业与建立创新经济。

从经济社会发展思想来看，梅德韦杰夫主张更自由化一些。俄罗斯经济评论网2008年2月11日的一篇评论说：“梅德韦杰夫被认为是普京亲信中自由化程度最高和反西方色彩最低的人物。商界精英和西方都在实施自由化方针上对他寄予厚望。”美国媒体说：“梅德韦杰夫具备相对有力的准自由主义经济和政治资格。”[①] 波兰学者罗戈札认为：“梅德韦杰夫是具有自由派形象的体制内的人。”[②] 国内外对梅德韦杰夫的上述评价，除了考虑了梅德韦杰夫本人的一些历史因素（如他没有克格勃背景，在私营企业工作过，他性格较温和与一直强调法治及人的自由等）外，还因为近一个时期以来发表的一些值得引人关注的言论有关。他在克拉斯诺亚尔斯克经济论坛上曾说：“政府应减少对国有企业的干预，要让专业的管理者，而不是官员来管理企业。”“大部分在（国有企业）董事会里的官员都不应担任董事。应该由国家雇用的真正的董事来替代他们，照看国家的利益。”他还表示：国家机构在国家经济生活中扮演的不少角色都应移交给民营部门。西方对此评论说，这一主张与普京在经济上的政策是有区别的。

2009年9月10日，梅德韦杰夫在俄罗斯报纸网发表长篇文章，概述了他对俄罗斯未来十年的看法。他在文章中说：“效率低下的经济、半苏联式的社会领域、脆弱的民主、人口负增长的趋势以及动荡的高加索，这些即使对俄罗斯这样的大国来说都是非常严重的问题。”普遍认为，梅德韦杰夫的文章对俄罗斯的现状做出了精确的“诊断”，并明确了未来的发展方向。

应该看到，在经济社会发展的实际过程中，俄罗斯还是存在不少需要解决的经济社会难题。

---

① （美国）《东西双边关系》2008年1月号。

② 参见《中国社会科学院院报》2008年2月21日。

(1) 经济结构调整、经济发展模式的改变难度很大。就是说，从目前的资源出口型向以高新技术、人力资本为基础的创新型经济转变，是个长期和复杂的过程。

(2) 创新型经济的发展难以在短期内见效。普京要求在今后12年内将更换现在俄罗斯所使用的全部技术和几乎是所有型号的机器与设备。俄罗斯发展创新型经济前几年就已提出，并也采取了一系列政策措施，但效果并不显著。

(3) 通胀问题已引起国内外普遍关注。2007年通胀率为11.9%（2007年年初俄罗斯确定的目标是8%以内）。通胀问题不解决，不仅影响投资，还影响社会的安定，最终会影响经济的稳定发展。

(4) 设备陈旧，经济粗放型发展，竞争力差，这些是需要较长时间才能解决的老问题。这在向创新型经济转变的条件下，俄罗斯更感到解决这些问题的迫切性。不少学者认为，俄罗斯自2000年以来，虽然经济一直在快速增长，但令人担忧的是，俄罗斯经济仍是“粗糙化”即初级的经济，工艺技术发展缓慢。俄罗斯科学院经济研究所第一副所长索罗金指出：“俄罗斯主要工业设施严重老化，到目前至少落后发达国家20年，生产出的产品在国际上不具有竞争力。机器制造业投资比重为2%—3%先进设备供应国的依赖令人担忧。”俄罗斯早在2003—2004年已有60%—80%的生产设备老化。

设备不更新，技术落后，已成为制约俄罗斯向创新型经济转变的一个重要因素。转型20年来这一状况并没有改变，俄罗斯机电产品出口的大幅度减少，就是一个明显的例证。俄罗斯与中国的机电产品在双边贸易总量中所占的比重从2001年的24.9%下降到2010年的4.1%，其中高新技术产品出口占2.6%。俄罗斯连重点发展的军工产品质量也难保证。2011年7月13日梅德韦杰夫总统怒批国产武器是“废物”。2011年7月10日，俄罗斯发生了沉船事故，第二天一架安—24客架出事，半个月以前一架图—134客架出事。俄罗斯交通设施大部分还处于苏联解体前的水平。以上情况说明，研究俄罗斯经济现代化进程时，不充分考虑设备老化问题就不可能得出正确结论。

(5) 贫富差别拉大。1992年10%最富有的居民收入比10%最贫困的居民收入高出8倍，1993年为11倍，1994年为14倍，2007年提高到17倍。如果包括不动产、股票、利息等资产收入，这个差距为21.1倍。[①] 据俄罗斯科学院人口社会经济问题研究所的计算，这个指标实际上大约为30∶1。

（6）由于人口减少（2006年比1992年减少近600万），俄罗斯面临劳动力短缺问题。

（7）全球金融危机对俄罗斯经济的影响不能低估。

三、金融危机对俄罗斯经济的影响

这次由美国次贷危机引发的全球金融危机，它对与世界经济有密切联系的俄罗斯经济产生了巨大的冲击。

在2008年，受金融危机冲击，最终导致整个经济形势恶化。根据俄经济发展部公布的材料，2008年GDP同比增长5.6%（2007年为8.1%）。工业产值增长2.1%（2007年为6.3%）。另外，还应看到，金融危机对俄罗斯实体经济已产生严重影响。从2008年10月开始，俄工业生产不仅已处于停滞状态，并且第四季度同比下降了8.2%。在一些工业部门，已开始宣布减产。

俄罗斯在今后一段时间，其经济形势取决于以下5个相互联系、相互影响的因素。

1. 全球经济发展态势

2008年11月24日闭幕的亚太经合组织领导人发表的《利马宣言》，提出18个月克服金融危机。这与国际货币基金组织的做过的预测相吻合。不论哪种估计，俄罗斯经济在今后一个时期与其他国家一样，其经济将会继续受到金融危机的冲击。

2009年5月27日，联合国公布的《2009年世界经济形势与前景》的报告指出，2009年世界经济将下滑2.6%，2010年将出现轻微的复苏，从全球范围来看，最好的情况在2010年实现2.3%的增长率，最坏的情况是增长率只有0.2%。报告还预计今年欧元区国家经济将下滑3.7%。十分明显，以上对全球经济以及各主要国家经济增长预测，都要比2008年低得多。据国际货币基金组织7月份的报告预计，2009年世界经济将下降1.4%，这比5月份联合国公布的世界经济下滑2.6%要低得多。但普遍认为，不论美国还是欧洲经济形势仍然严峻，全球经济恢复之路依然漫长。

---

① （俄罗斯）《公报》2008年2月13日。

2. 国际市场能源与原材料价格的水平

这将是影响俄罗斯今后一个时期经济的一个最为直接的重要因素。因上述产品的出口，对俄罗斯经济增长的贡献率为40%，有些年份达到70%。普京执政8年仅油气出口带来的收入达万亿美元。我们在前面已提到，2009年的全球经济将是更加严峻，这样，世界各国对能源与原材料的需求将会降低。金融危机爆发后油气价格不断下挫。至于2009年，从各种因素综合分析，油气价格大幅度回升到原来的高价位是不可能的。近一个时期以来，油价虽有上升，但并不稳定。进入2009年7月份以后，国际原油价格不断下跌。7月10日美国西得克萨斯轻质原油（WTI）期货价格跌破60美元/桶。中间又攀升到70美元/桶。到2009年下半年WTI原油预期为69.5美元，2010年为72.42美元。[①]

3. 金融体系稳定性问题

俄罗斯的银行数量很多，1995年有2500多家，1998年金融危机后淘汰了一大批，到2008年年末还剩下1108家，但银行实力不强。从2003年至2007年，银行体系资产规模增长了5.3倍，银行资本增长了4.9倍。尽管增速很快，但银行部门的总规模并不大。到2008年11月1日银行系统总资本金额为1088亿美元，占GDP的8.1%，总资产量为8245亿美元，占GDP的61.4%。俄罗斯2007年的GDP约为中国的39%，但银行系统的资产只相当于中国的11.3%。另外，俄罗斯银行信誉较差，一旦出现金融风波，容易引发金融市场的动荡。据《俄罗斯报》2009年3月11日一篇文章说，乐观地估计，受金融危机的影响，到2012年俄罗斯银行可能剩下500—600家，悲观的估计只剩下200家。2009年6月26日俄罗斯研究金融问题的专家开会，讨论银行系统的资本重组问题。会议指出：由于通胀、高利率、新增信贷不足以及大宗商品价格暴跌等问题使企业面临压力，银行不良贷款可能会在年底前达到信贷总额的20%。

4. 实体经济的情况

俄罗斯实体经济面临不少困难。一是企业债务负担沉重。2008年年末企业外债总额为4883亿美元，2009年年底，应偿还1600亿—2000亿美元。2009年8月19日俄《报纸报》文章指出，俄罗斯抗危机能力在大国中最弱，主要原因有二：（1）俄罗斯公司债务太重，金融危机后，信贷市场紧张，同时又要还债，

---

① 参见《国际石油经济》2009年第8期。

投资大大减少。(2) 大部分经济与预算收入依赖能源等原料，这部分产品几乎占90%。俄罗斯燃料能源系统产值占全国的30%以上，上缴税收50%，外汇收入65%。不久前世行进行了一次民意调查，以问卷方式对世界范围内的企业经营环境情况作了比较，其中俄罗斯企业认为：高税收、融资困难和缺乏具备必要技能劳动力是影响企业的三大问题。[①] 俄罗斯联邦政府下属国民经济学院院长B.马乌认为，“企业外债的增加成了最严重的问题，特别是其中大部分债务实质上是准政府的。许多借款企业与国家有着密切的联系，并且以‘利润私有化，亏损国有化’的逻辑运营。金融市场也是如此接受它们的。”[②] 二是受金融危机影响，俄罗斯经济已陷入滞胀。以俄罗斯支柱产业的油气部门来讲，自2008年9月以来，对该部门的投资已减少20%—30%。国家对能源的地质勘探工作已暂停。2009年俄罗斯1月石油开采量同比下降3.6%，2月份下降6%。俄罗斯技术公司总裁谢尔盖·切梅佐夫向议员们说：“军工企业中只有36%的战略机构的财务和经济状况能被视为稳定的。”“军工部门中约有30%的机构有破产迹象。”2009年1—7月，俄罗斯工业产值同比下降14.2%。据俄罗斯经济发展部9月份公布的材料，工业生产要到2011年才开始回升，估计2011年工业增长率为1%—2%，2012年为1.5%—3%。

5. 外贸形势

由于全球经济未走出危机，因此，对俄罗斯对外经贸合作形势必然产生消极影响。2009年外贸额为5707亿美元，比上年下降了35.3%。外贸大幅度下降使关税收入减少50%。外贸顺差比上年减少了1434亿美元。贸易顺差大幅度下降，对俄罗斯的外汇储备与财政收入都会产生严重影响。

总的来说，这次金融危机给俄罗斯经济的冲击是很大的，它发展经济的基本条件有了很大变化，反映其过多依赖能源支撑其经济发展的“荷兰病”表现得十分明显。2009年GDP下降了7.9%。2010年GDP比上年增长4.0%，2011年比上年增长4.3%，工业产值增长8.0%。这一年被认为是转折年。普京认为，到2012年年初俄罗斯经济应该恢复到危机前的水平。

---

① 《俄罗斯报》2009年8月4日。

② 《俄罗斯研究》2008年第6期，第11页。

至于对俄罗斯经济在较长一个时期发展的预测，这是一个较为复杂的问题。[①] 俄罗斯是个擅长搞规划、发展纲要等国家。2007年7月俄罗斯经济发展与贸易部发布了《2020年前俄罗斯经济与社会长期发展构想（草案）》，其目标是2020年前俄罗斯经济总量要达到世界前五位。从金融危机后普京发表的言论看，他基本上坚持上述构想，他在2011年4月20日的一次讲话中说，到2020年，俄罗斯将进入世界五大经济体行列，届时人均GDP可达到3.5万美元。

在2009年俄罗斯公布了2008年制定的《到2030年前俄罗斯能源战略》文件中，从今后俄罗斯能源发展的种种不同条件对经济长期发展作了预测，提出了三种方案（见下表）。

俄罗斯GDP 2011—2030年年均增长率（%）

方案	2011—2015年	2016—2020年	2021—2025年	2026—2030年
1	6.3	6.4	5.6	4.8
2	6.8	6.9	6.0	5.2
3	6.1	6.2	5.3	4.4

资料来源：根据《到2030年前俄罗斯能源战略》编制。

根据上述经济发展的预测，俄罗斯经济在世界经济总量中占的份额将不断提高，由2006年的2.6%，分别提高到2015年的3.3%、2020年的4.3%和2030年的5%。俄罗斯的人均GDP到2015年将为2005年的2倍，2020年为3倍2030年为4.5倍，人均GDP可达到3.5万美元。

2001年2月上旬，俄罗斯经济发展部向政府提交了2030年前俄罗斯经济发展预测草案。文件提出两种方案：创新型与能源原料型。两者的原则区别在于国家财政政策：是增加政府投资还是减少预算赤字，换言之，是搞赤字预算还是搞预算平衡。据有关信息，普京与前财长库德林主张实行平衡预算的政策，而俄罗斯经济发展部一些人则主张实行赤字预算，理由是根据俄罗斯经济现实，同时要保证经济现代化的投资与零赤字是不可能的。

至于对俄罗斯经济产生直接影响的能源问题，根据国际能源署的预测，未来

① 《俄罗斯研究》2008年第6期，第11页。

五年油价每桶平均为 100 美元。俄罗斯认为这个价格水平对其经济发展是合适的。

在这里要指出的是，以上对 2030 年前俄罗斯经济发展前景所作的量化预测，也只是一种供参考的数据。对于在很大程度上依赖了国际能源等原材料市场的俄罗斯来说，对其经济发展的长期预测的难度是很大的。

四、今后将集中精力抓经济现代化

2009 年 11 月，俄罗斯总统梅德韦杰夫提出的国情咨文报告，正式提出将以实现现代化作为国家未来十年的任务与目标。他提出的现代化是“需要全方位的现代化”的概念。梅德韦杰夫说：“我们将建立智慧型经济以替代原始的原料经济，这种经济将制造独一无二的知识、新的产品和技术，以及有用的人才。我们将创造一个有智慧的、自由的和负责的人们组成的社会，以取代领袖思考和决定一切的宗法式社会。”但其中经济现代化是个极其重要的内容。

俄罗斯经济转型 20 年期间，俄罗斯粗放经济增长方式并未发生实质性变化。梅德韦杰夫总统在《前进，俄罗斯！》一文中指出：“我们大部分企业的能源有效利用率和劳动生产率低得可耻。这还不是很糟糕。最糟糕的是，企业经理、工程师和官员们对这些问题漠不关心。”“低效的经济，半苏联式的社会环境……所有这些对于像俄罗斯这样的国家来说，都是很大的问题。”俄罗斯经济现代化主要问题是要着力解决由资源型向创新型转变，否则不可能保证俄罗斯经济可持续稳定发展。

第四编

俄罗斯的对外战略与外交政策

59. 俄罗斯外交为什么从“一边倒”转向“全方位”?

从　鹏

1991 年 12 月 26 日，苏联最高苏维埃共和国院举行最后一次会议，宣布苏联停止存在。苏联剧变，俄罗斯联邦成为独立国家。独立后的俄罗斯废弃原来的社会制度，全盘西化，奉行向西方“一边倒”外交。然而，俄罗斯并未受到西方的接纳和欢迎，西方继续挤压俄罗斯的战略空间，对俄罗斯的援助口惠而实不至，俄罗斯依靠西方改变困境的希望落空，俄罗斯倒向西方的外交最终以失败告终。叶利钦因为奉行向西方“一边倒”政策遭到国内强烈批评，影响到其 1996 年竞选总统，叶利钦差点儿败给久加诺夫。从第二任总统任期开始，叶利钦开始向东西方平衡和全方位的外交转向。

对西方的幻想与“一边倒”的外交

苏联虽然解体了，俄罗斯仍然是一个大国，其领土面积世界第一，人口也超过一亿，俄罗斯继承了苏联的国际法地位，是联合国安理会常任理事国之一，俄罗斯仍然掌握能与美国抗衡的军事力量。“俄罗斯领土占世界的 10%，人口占世界的 2.4%，俄罗斯具有世界 21%的资源，其中天然气占世界的 45%、石油占 13%、煤占 23%，具有相当大的科技潜力（宇航、火箭—导弹技术、信息系统、原子能等等）。俄罗斯是当代法律秩序和世界和平的支柱之一。它是联合国安理会和‘八大国’成员，核强国，负责任的国家，实行民主原则、市场经济、法治社会。”[①] 俄罗斯完全具备奉行独立外交政策的能力，但是，俄罗斯政府和“精英们”蔑视“传统的政治思维”，仇视昔日的内外政策，迷信西方社会、政治和生活方式，以所谓“创新态度”对待国内外一系列重大关键问题。在外交上，俄罗斯奉行了向西方“一边倒”的政策。

20 世纪 90 年代初期，俄罗斯国家总统、政府总理和外交部长等政要一致认为，“面向西方是唯一的理智选择”，并极力主张俄罗斯“回归欧洲”和“加入世界最发达国家俱乐部”。俄罗斯把加强同美国和欧盟成员国的关系放在最重要的地位，俄罗斯国家元首、政府首脑及其重要官员频访美欧等西方国家。俄罗斯总统叶利钦仅在 1992 年 1 月底至 7 月初的短短的不到半年的时间里，就两次出访欧美的一些主要国家，其中，同美国总统布什和加拿大总理分别举行了三次会晤，同英国首相和法国总统进行了两次会谈。期间，俄罗斯同美、英、法、加签署了数十份文件，确定了俄罗斯与西方国家发展关系的新原则，强调双方关系不再是潜在的敌人，而是建立在民主和自由经济这个共同价值观基础上的伙伴和盟友；双方不存在任何意识形态障碍和政治分歧，并将致力于消除一切冷战状态的残余；将共同努力，实现俄罗斯接近和加入西方政治、经济和安全组织体系的目标。俄罗斯把西方视为“救世主”，希望美国等西方国家能够再搞一个“马歇尔计划”，帮助俄罗斯走出困境。

为建立和发展与西方国家的新型关系，尽快成为美欧国家的伙伴和盟友并融入西方体系，俄罗斯频频向西方国家示好。在俄美总统签署的《戴维营宣言》和《华盛顿宪章》等重要文件中，俄罗斯表示将遵循西方的民主、人权和基本自由的价值准则，并以此规范自己的行为。在处理对外关系和一系列重大国际问题上，俄罗斯也总是附和美国等西方国家的意愿。在地区热点问题上，俄罗斯政府支持西方对利比亚、伊拉克和南斯拉夫的制裁以及西方国家在波黑和伊拉克设立禁飞区；为取悦美国等西方国家，与原苏联传统盟友进一步拉开距离，尽量撇清同古巴、朝鲜的关系。1992 年 1 月，俄罗斯决定中止对古巴的所有援助，转而同古巴在世界市场价格基础上开展双边贸易，9 月宣布从古巴撤出原苏联的军事教练旅并结束俄古军事合作关系，还破天荒地批评指责古巴的人权状况和国内政

---

① В. Лихачев，Россия и европейский союз，Международнаяжизнь №1－2.2006.С.69.

策；俄罗斯对朝鲜也骤然变脸，俄罗斯外长科济列夫 1992 年 3 月访问韩国时，批评朝鲜在核问题上拒绝与国际社会合作，敦促朝鲜接受国际社会的核检查，表示将与韩国一起阻止朝鲜发展核武器，并保证俄罗斯将不再向朝鲜出售进攻性武器，且声称将考虑修改 1961 年签署的苏朝友好合作条约中的有关军事结盟条款，不再向朝方提供武器，呼吁朝鲜参加不扩散化学武器公约以及同意接受美国等西方国家对其核设施的补充检查。1992 年 6 月，俄罗斯总统叶利钦访美时表示将尽快查清苏联 1983 年在萨哈林上空击落韩国“波音—747”飞机事件的真相，并公之于众；10 月，俄罗斯将飞机黑匣子等材料交给美国和韩国；11 月 18 日至 20 日，叶利钦访问韩国期间，同韩方签署了联合声明和《俄韩关系原则条约》，规定两国未来关系将“建立在自由、民主、尊重人权和市场经济等共同的价值观基础上”；同时，叶利钦还就苏联在 1950 年至 1953 年朝鲜战争期间支持北方、1983 年韩国客机空难，以及 20 世纪 30 年代苏联驱逐朝鲜劳工等事正式向韩国道歉。在涉及苏联与东欧国家的一些历史问题上，俄罗斯领导人也来了个一百八十度的大转弯，1992 年 10 月 14 日，叶利钦派特使向波兰总统瓦文萨递交了苏共中央政治局 1940 年 3 月 3 日的决议文本，将“卡廷事件”真相公布于世；11 月 11 日，叶利钦出访匈牙利时将原苏共中央政治局有关 1956 年匈牙利事件的文件交给匈牙利总统，并向在事件中“遇难者”鞠躬致敬。俄罗斯完全履行了同西方的约定，按时从东欧和波罗的海沿岸三国撤军，并同美国携手解决了乌克兰、哈萨克斯坦和白俄罗斯的核武器问题，使三国成为无核国家。

“一边倒”外交政策的破产

俄罗斯的“一边倒”外交并未达到预期目的，没能换来所期待的西方友善帮助，甚至受到了以美国为首的西方国家的冷遇和排斥。

在同西方国家的经济关系方面，俄罗斯因百废待兴，急需西方伸出援手，为此，叶利钦曾多次呼吁和请求美国等西方国家向俄罗斯施以经济援助，并以俄罗斯改革“决不后退”，决不容许共产主义在俄罗斯复活为担保，甚而不惜在核裁军问题上向美国做出重大让步，但西方并未因此慷慨解囊。1992 年年初，西方各国在美国召开援俄协调会议，结果只是同意向俄罗斯提供“人道主义援助”，这使俄罗斯领导人失望至极。在此后约两年的时间里，虽然西方国家在各种不同名目下答应给俄罗斯约800亿美元的经济支持，但实际上到位的资金也只有五分之一。与此同时，西方通过严格的签证和海关制度限制俄罗斯人入境，并以限额和各种非关税措施保护它们的市场。[①]

1992年年初，盖达尔政府全盘接受来自西方的经改药方，对俄罗斯经济采取“休克疗法”，推行以大规模私有化和全面自由化为核心的激进经济改革。先是“放开”价格，后是分阶段私有化，并彻底废除物质资料统一分配体系。[②] 这种经济改革的直接后果是，通货膨胀，物价飞涨，短短数月，物价猛增100—150倍，而工资平均水平只提高了10—15倍，居民多年铢积寸累的货币储蓄随即荡然无存。鉴于失去储蓄的居民不可能购买股票和国有企业的有价证券，盖达尔政府在当年夏天又匆忙制定并实行所谓的“证券式”私有化计划，向全体国民分配私有化证券。按设想，私有化证券能够兑换股票，证券持有者将获得财富。[③] 但是，绝大多数的俄罗斯人不仅没有成为盖达尔所预计的私有者，反而由于“黑市”交易和各种金融欺诈变得贫苦不堪。是年，俄罗斯经济状况急剧恶化，工业生产下降了35%，农业生产下降了4%，失业者多达800万，大部分家庭将工资的3/4用于购买必需的食品，国家资金外流高达170亿美元。[④] 1992年年底举行的俄罗斯人民代表大会第七次会议解除了激进改革者盖达尔的第一副总理职务，新任政府总理切尔诺梅尔金不得不放弃了“休克疗法”。在俄罗斯经济陷入困境之际，西方虽然对俄罗斯的外交取向表示满意和支持，但西方却并没有像俄罗斯所希望的那样去帮助和“挽救”它。

在欧洲地缘政治上，并未消除冷战的分界线。在1994年8月31日前，俄罗斯实现了从波兰、匈牙利、德国和波罗的海的撤军，由此失去了中、东欧盟友，失去了波罗的海沿岸的海军基地。[⑤] 以美国为首的北约步步进逼，无视俄罗斯的反对，向东欧各国进行势力渗透，积极准备北约东扩。“美进俄退”态势日趋明显。在这种形势下，俄罗斯政府和民众对国家安全越发感到忧虑。据美国新闻署

---

① Торкунов А. В. МельвильА. Ю. НаринскийИ. М. Внешняя политика Российской фидерации1992—1999. М.：Росспэн，2000. С. 45—46.

② Новикова. С. В. История. М.：Изд－во АСТ. 2001. С. 699—700.

③ 同上，С. 699—700. С. 700.

④ 同上，С. 699—700. С. 701.

⑤ 同上，С. 707—709.

的研究材料，在俄罗斯，认为政府基本或完全不能保障国防需要的人，1993 年 9 月占其公民总数的 48%，而到 1996 年 4 月则上升为 60%。[①] 俄罗斯国内不断增强的忧患意识，表明俄罗斯“一边倒”外交无疑是有问题的。

事实证明，西方并没能帮助俄罗斯重振经济，或是将俄罗斯纳入西方安全体系当中。俄罗斯精英始终将自己的国家视作是世界的一个主要大国，所以科济列夫的策略既让人蒙羞又没有达到预期的效果。许多军工产业及其他国有大型产业里经济方面颇具影响的玩家，也都认为自己的利益因科济列夫决意将俄罗斯经济对外界竞争开放而受到威胁。“科济列夫以及代总理叶戈尔·盖达尔领导下对一体化的追求，并没有为普通民众的生活带来多大的改善，反而使他们在 90 年代深受经济政治秩序混乱之苦。在俄罗斯选民的头脑中，民主不断与贫穷和不稳定联系在一起。因而对西方观念及俄罗斯自己‘人为的西方化’的强烈反弹也几乎是不可避免的了。”“结果，人们对于同西方的汇集和融合失去了兴趣”。[②] 1992 年 12 月 17 至 18 日，叶利钦正式访问了中国。双方签署了《关于中华人民共和国和俄罗斯联邦相互关系基础的联合声明》。“相互视为友好国家”——叶利钦称此次访问开辟了两国关系的新纪元。科济列夫认为访问“实现了俄中关系的突破，加强了俄罗斯作为欧亚大国的地位”。[③]

转向东西方平衡的全方位外交

1993 年 4 月，俄罗斯正式出台了《俄罗斯联邦对外政策构想》，把追求与维护俄罗斯的国家利益作为外交政策的基本点，决定推行“双头鹰”外交。提出俄罗斯应同那些有助于俄罗斯国家复兴的国家坚决地发展关系，首先是同邻国、同经济强大的西方国家以及各个地区的新兴工业化国家发展关系；强调俄罗斯在独联体地区的“特殊利益”，要求重视发展同独联体国家和邻国的关系；承认俄罗斯同西方国家既有一致的利益又存在许多矛盾甚至对立的地方。尽管俄罗斯仍然

---

① Торкунов. А. В. МельвильА. Ю. НаринскийИ. М. Внешняя политика Российской фидерации 1992—1999. М.：Росспэн，2000. С. 35.

② （美）杰弗里曼科夫著，黎晓蕾、李慧容译：《大国政治的回归——俄罗斯的外交政策》，新华出版社 2011 年版，第 22 页。

③ 《人民日报》1993 年 1 月 27 日。

把重点放在对美外交上，希望争取稳定地发展同美国的关系，与美国建立战略伙伴关系，长期目标是建立美俄盟友关系，希望在共同价值观和利益的基础上同西方国家建立“伙伴关系”，但是，俄罗斯也开始重视独联体和亚洲。1994 年 9 月中俄建立了建设性伙伴关系。

1993 年 5 月 14 日，独联体元首会议通过了建立经济联盟的宣言，宣布各成员国决心走加强经济一体化和建立共同市场的道路，使商品、劳务、资本和劳动力在共同经济区域内能自由流通，并通过分阶段建立海关联盟等步骤，最终走向经济联盟。9 月 24 日独联体国家元首莫斯科会议上，俄罗斯等 9 个国家正式签署了独联体经济联盟条约。1993 年 7 月 10 日，俄罗斯、乌克兰、白俄罗斯三国政府总理在莫斯科签署了关于三国加强经济一体化的声明，宣布将致力于建立三国经济联盟，在生产、投资、外贸、金融信贷、财政、外汇和社会关系的各个领域实施一体化措施，并对在统一投资和税收政策基础上建立自由统一的商品、服务和资本市场作了具体规定。

坚决反对北约东扩。1993 年下半年，在西方国家的纵容下，波兰、匈牙利、捷克等加快了要求加入北约的进程，俄罗斯领导人最初持默认态度，但很快察觉到北约东扩进程对俄罗斯安全和战略利益造成严重损害，因而坚决反对北约东扩。9 月，叶利钦正式致函西方大国，明确表示俄罗斯反对北约吸收东欧国家，并提出由俄罗斯和西方共同对东欧国家提供安全保障的建议。俄罗斯国防部长格拉乔夫 11 月访问瑞士时，表示俄罗斯不赞成靠损害别国利益扩大北约组织。同月，俄罗斯对外情报局局长普里马科夫举行招待会，公布该局题为《北约扩大的前景与俄罗斯的利益》的长篇报告，详尽阐述了俄罗斯反对北约东扩的原则立场。鉴于俄罗斯的反对，北约国家于 1993 年年底提出了一个折中的北约与东欧国家发展安全合作的“和平伙伴关系计划”，把东欧国家加入北约的要求暂时搁置起来。叶利钦多次发出警告：北约东扩将导致“恢复冷战”；“北约扩大到俄罗斯边界”将恢复“两个军事集团”；北约东扩“不仅在欧洲版图上产生新的分界线，而且将在人民的心头刻下深深的伤痕”。①

在批评向西方“一边倒”和亲西方的外交政策的声浪中，主张根据俄罗斯地

---

① 叶利钦 1995 年 5 月 1 日在接受美国《时代》周刊记者采访时的谈话，《时代》1995 年 5 月 8 日。

处欧亚之间的地缘情况、推行东西方平衡政策的外交思想逐渐占据上风，这种外交思潮被称作“欧亚主义”。其主要思想是：第一，俄罗斯在文化和历史上都不属于欧洲，地缘上处欧亚之间，苏联解体使俄罗斯进一步远离西方，因此俄罗斯不应由欧洲来决定其外交方针，俄罗斯的目标不应是与西方结盟，而应是立足欧亚，建立由俄罗斯领导的欧洲和亚洲并存的欧亚共同体。第二，俄罗斯应奉行重视周边国家、在西方与东方间保持平衡、做欧亚桥梁的外交政策。俄罗斯的外交重点不应是西方发达国家，而应是政治经济实力与俄罗斯相当的国家，如中国、巴西、印度等。[①] 第三，从俄罗斯当前状况看，俄罗斯没富裕和强大到能与西方平等地推行外交政策的地步，不过也没贫穷和衰弱到要追随西方政策的地步。俄罗斯自己的地缘政治情况及在这个过渡阶段所具有的军事、经济潜力，使俄罗斯必然要在国际社会中寻找自己特殊的面貌。为此，俄罗斯在对外交往中应奉行独立自主的方针，在捍卫自己民族利益时不应怕显得“不文明”。[②] 新欧亚主义把俄罗斯看作东方和西方之间的均衡因素，主张俄罗斯应发挥东西方的桥梁作用，这种政策主张似乎更符合俄罗斯的实际。

1994 年 2 月，叶利钦在向议会发表的国情咨文中，宣布：“俄罗斯对外政策的主要任务是不断促进俄罗斯的民族利益。实现这一任务的主要手段是开放和合作，但是为了捍卫自己的合法利益，俄有权在必要时采取坚决和强硬的行动。”他强调，对外政策“要始终体现俄罗斯的大国地位”[③]。俄罗斯的外交政策进行了一些调整，特别是在对美政策上，在诸如波黑危机、与近邻国家的关系、北约东扩等问题上，俄罗斯表现了强硬的姿态。但并未彻底改变“亲西方”的方针。在 1995 年年底举行的杜马选举中，俄共和自由民主党获得了多数选票，叶利钦的支持者遭到失败，不能不令叶利钦重视。如果他不能改变政策，在 1996 年大选中他将无望获胜。

1996 年 1 月，叶利钦任命激烈批评科济列夫的普里马科夫为外交部长，科济列夫去职，也标志着向西方“一边倒”的外交政策彻底终结。普里马科夫强

---

① （俄罗斯）谢·斯坦凯维奇：《在国家政策中寻找自我》，《俄罗斯报》1992 年 3 月 28 日。

② （俄罗斯）安·米格拉尼扬：《对外政策中真正的臆想的方针》，《俄罗斯报》1992 年 8 月 4 日。

③ 海运、李静杰：《叶利钦时代的俄罗斯·外交卷》，人民出版社 2001 年版，第 85 页。

调，俄罗斯作为一个大国，“应该有自己的对外政策”，“不能忽视自己的利益”，“不能牺牲在俄罗斯的全部历史当中其中包括在‘帝俄’时代以及‘苏维埃’时期积累下来的积极的价值观与传统”；“俄罗斯有权关心自己的利益，尤其重要的是安全、稳定和领土完整，创造必要的条件以利于经济和社会进步，防止任何外来势力企图离间俄罗斯与独联体国家之间的关系”。[①] 他在第一次记者会上谈到俄罗斯外交的基本任务时指出：“第一，创造最好的外部条件以巩固我国的领土完整”；“第二，增强原苏联地区的向心趋向”；“第三，稳定地区性国际局势”；“第四，发展国家间的良好关系，有效制止新的紧张局势策源地的产生，尤其是防止大规模杀伤性武器的扩散”。[②]

1996 年以后，俄罗斯开始调整对外政策，实行东西方兼顾的“双头鹰”对外战略。从 19 世纪中叶起，俄国开始实行真正的“双头鹰”外交，现在俄罗斯的这一传统正在得到恢复和加强。俄罗斯外交特使、总统与伊斯兰会议组织联系的专门代表波波夫在接受国际文传电讯记者采访时说：“在这样的场合我总是强调，在俄罗斯的国徽上有个双头鹰，它的一个头向着东方，另一个头向着西方。”[③] 俄罗斯人越来越认同俄罗斯是个欧亚国家的论断。普京执政后，基本上继承了叶利钦后期所实行的对外政策，并做了很大调整，吸收了大西洋主义、新斯拉夫主义和新欧亚主义三种思想中符合俄罗斯实际的所有因素，从俄罗斯的实际出发，注意发挥俄罗斯的地缘政治优势。此后，俄罗斯的外交大国特色日益突出。1996 年 4 月，叶利钦访问中国，双方确定建立“面向二十一世纪的战略协作伙伴关系”。1997 年 4 月江泽民访俄期间，中俄领导人发表了《关于世界多极化和建立国际新秩序的联合声明》，中俄战略协作与互信关系得到迅速发展。

位于欧亚大陆交界处的俄罗斯，在历史上当其向东西都看时，发现西方比东方更为先进，西强东弱。与西方国家相比，俄罗斯是一个亚洲色彩浓厚的落后国家，不论在政治还是在经济方面都不占优势。俄罗斯外交在西方往往表现为更重视外交手段的运用，合纵连横、利用矛盾、维持多极均势，显示了俄罗斯外交艺术的高超，为俄罗斯谋取最大利益，使俄罗斯在很短的时间内就成了欧洲的强

---

① （俄罗斯）叶夫根尼·普里马科夫著，焦广田译：《大政治年代》，东方出版社 2001 年版，第 187 页。

② 同上，第 193 页。

③ www. interfax. ru/r/B/mid－politika/375. htmlid _ issue＝11536667.

国；在东方俄罗斯则利用自己的强势，推行军事扩张政策，更多显示的是军事力量的强大并以此为后盾进行开疆拓土。因此，历史上俄罗斯的外交政策更多是西向的，与西方国家的外交是其重点。但是，现在情况不同了，当俄罗斯从苏联解体的阵痛中走出来时，它需要面对的不仅仍是发达、富裕的欧洲，还有迅速崛起的亚洲。如果俄罗斯想从西方取得更高的要价，离不开对东方的借重，而且亚太地区的经济地位越来越不容俄罗斯忽视。适应俄罗斯地理特点和经济发展的需要，奉行东西方并重的外交政策是俄罗斯的重要选择。

1999 年 3 月 24 日，以美国为首的北约开始对南斯拉夫进行空袭，叶利钦发表声明严厉谴责北约的“赤裸裸的侵略行为”。正赴美国访问的普里马科夫中途返航，俄罗斯召回了驻北约的军事代表，并于 3—4 月举行了一系列大规模军事演习，俄罗斯军队先于北约部队进入科索沃。俄美关系一度紧张起来了。正是在这一背景下，普京于 1999 年 12 月 31 日、在叶利钦“珍重俄罗斯”的嘱托声中走进了克里姆林宫，开始了自己八年的总统生涯。2000 年 6 月，普京签署了新的《俄罗斯联邦对外政策构想》，确定了俄罗斯的外交政策，该文件强调俄罗斯是大国，是当今世界有影响的中心，“作为联合国安理会的常任理事国，由于在生活的各个领域拥有相当大的潜力和重要手段，同世界上的主要国家保持着紧密的联系，俄罗斯能够对新型国际秩序的建立发挥重大影响”。《构想》称俄罗斯外交政策的特点在于其平衡性，这是由俄罗斯作为一个欧亚大国的地缘政治地位所决定的。俄罗斯对解决全球性问题的优先方面是“建立国际新秩序”、“加强国际安全”、“国际经济关系”、“人权及国际关系”以及“外交活动的信息保证”。俄罗斯外交关注的优先地区是：“发展与独联体所有国家的睦邻关系和战略伙伴关系”；“与欧洲国家的关系是俄罗斯外交政策的传统优先方面”；“俄罗斯准备消除最近与美国关系中出现的困难，维护将近花了 10 年时间建立起的俄美合作的基础”；“亚洲在俄罗斯外交政策中具有越来越重要的意义，这是因为俄罗斯直接属于这个飞速发展的地区和必须发展西伯利亚和远东的经济”。[①] 至此，俄罗斯全方位的大国外交政策正式确立，“已经有足够的根据表明，俄罗斯对外政策的形成阶段已经基本结束。俄罗斯国家对外政策的基本原则总体上已经制定完成。这

---

① （俄罗斯）伊·伊万诺夫著，陈凤翔等译：《俄罗斯新外交：对外政策十年》，当代世界出版社 2002 年版，第 148—162 页。

些原则建立在对国家利益有明确认识的基础之上”[①]。

从新俄罗斯外交政策的发展变化中我们看到，作为一个大国，应该保持外交的独立性，更应该自立自强，寄希望于别人施恩是不可能实现强国目标的。俄罗斯在历史上是大国，虽然苏联解体了，俄罗斯的版图和地缘政治环境都大不如前，但这个有着大国主义传统、坚强不屈人民的国家不会甘居二流地位，外交的挫折也只是暂时的。善于从历史中吸取教训的俄罗斯，还会重新崛起，重新成为世界强国。

① （俄罗斯）伊·伊万诺夫著，陈凤翔等译：《俄罗斯新外交：对外政策十年》，当代世界出版社 2002 年版，第 2 页。

60. 普京时代的俄罗斯外交是如何发展变化的？

左凤荣

从 2000 年元旦就任总统，到 2008 年 5 月离职，普京在八年的时间里使俄罗斯摆脱了沦为二流国家的危险，俄罗斯又成了对世界发挥重要影响的大国。在这一进程中，灵活务实的外交起了重要作用。在普京执政时期，俄罗斯外交政策不断调整和变化，但追求经济利益和大国地位的总战略并没有变化。在 2000 年第一个国情咨文中，普京强调俄罗斯对外政策的基础是务实，经济效益、国家利益至上；在 2006 年国情咨文中，普京强调："当前俄罗斯的对外政策是以务实、可预见性及国际法至上为原则的。"[①] 以经济利益为中心的实用主义和以地缘政治利益为中心的大国均衡外交是普京外交的核心。

试图有所作为的初期外交

在叶利钦执政的后期，俄罗斯便开始调整对外政策，从奉行向西方国家"一边倒"的政策转向东西方并重的全方位外交，俄罗斯要在国际事务中发挥重大作用，不再对西方妥协和让步，努力促进世界格局的多极化以制约美国的单边主义，谋求俄罗斯的大国地位。普京执政初期，基本上继承了叶利钦执政后期奉行的这种以振兴俄罗斯大国地位为核心的全方位外交，但表现得更加积极主动，在 2000 年 6 月发表的第一个国情咨文中，普京便突出提到了外交政策的重要性。普京的对外政策突出了俄罗斯的强国主义，表达了俄罗斯追求自身利益，特别是

---

① www. president. kremlin. ru 10 мая 2006 года.

经济利益的务实原则。

普京在继承叶利钦大国外交的同时，也清醒地认识到俄罗斯已经不是世界一流大国了，在1999年12月30日发表的《千年之交的俄罗斯》一文中，普京指出："我国不属于当代世界经济和社会发展高水平的领先国家；其次，我国现在面临着十分复杂的经济和社会问题。"[①] 20世纪90年代的政治经济转型，使俄罗斯付出了巨大代价，大大削弱了俄罗斯的综合实力，使其对外交往和施展影响力的能力受到了极大限制，从某种意义上讲，"俄罗斯目前只是一个衰弱的地区性大国，它只保留了一个全球性标志——有核武器"[②]。2000年1月10日，普京签署了《俄罗斯联邦国家安全构想》，4月21日，普京又批准了《俄罗斯联邦军事学说》，6月，普京签署《俄罗斯联邦对外政策构想》，在苏联解体后俄罗斯第一次提出了明确的国家对外战略和国家安全战略。

鉴于国力下降，俄罗斯特别重视核武器在维护国家安全方面的作用。在核战略上，进一步降低了"核门槛"，增大了核遏制的主动性和威慑力。俄罗斯将核武器视为维护大国地位、确保俄罗斯及其盟国安全的有效遏制手段，"俄罗斯应该拥有在任何条件下对任何一个侵略国家和联盟可靠地进行应有打击的核力量"[③]。强调"俄罗斯及其盟国即使在遭到常规武器进攻的情况下，也有权首先使用核武器"。为了避免在国力衰弱的情况下卷入新一轮军备竞赛，维护与美国的低水平战略均衡，《俄罗斯联邦国家安全构想》还首次明确了"谋求核武器监督领域的进步、维护战略稳定"的核裁军目标。其次，加强独联体集体安全合作对付北约东扩。俄罗斯强调，"应特别重视独联体集团安全体系，发展和加强集体安全条约"。第三，在战略部署和战区建设上，改变部署重点。考虑到北约的威胁和宗教极端势力的猖獗，俄罗斯军事战略强调，俄罗斯的军事战略将以西部方向和南部方向为战略重点，由向亚洲方向倾斜调整为向欧洲方向倾斜。第四，提出发展军事工业综合体，要对1200家军工综合体进行重大改组，确定优先项目，扩大资金来源，通过扩大武器出口促进军工综合体的改造与发展。

面对西方对俄罗斯安全利益的侵害，普京采取了一系列积极的抗争措施：

---

① 《普京文集：文章和讲话选集》，中国社会科学出版社2002年版，第2页。

② 俄罗斯外交与国防政策委员会：《俄罗斯战略——总统的议事日程》，新华出版社2003年版，第62页。

③ 陆齐华：《俄罗斯和欧洲安全》，中央编译出版社2001年版，第359页。

第一，积极参与全球重大安全问题、地区热点问题的解决，力争享有与西方国家平等的参与权和发言权。2000 年普京总统先后访问了被美国称为“无赖国家”的朝鲜和古巴，与朝鲜签署了《俄朝友好互助条约》。2000 年 11 月，俄罗斯与伊朗签署相互关系基础条约，决定继续扩大与伊朗的军事技术和原子能合作。俄罗斯还试图推动联合国取消对伊拉克萨达姆政权的制裁。

第二，积极筹划俄白联盟，坚决抵制北约东扩，谋求建立符合其欧洲大国地位的欧洲安全新机制；增加俄在侧翼地区的军事力量，缓解北约东扩和南翼不稳定给俄安全造成的压力；积极推进独联体一体化，抵制西方对独联体的渗透，努力维护在其传统势力范围内的主导地位。针对北约东扩，1999 年 12 月 8 日俄罗斯与白俄罗斯签署了关于两国建立联盟国家的条约；白俄罗斯是俄罗斯通向欧洲的战略门户，也是其对抗北约的主要战略方向。俄白联盟是针对北约东扩而采取的重大战略步骤，使俄罗斯获得了军事安全保障方面的现实利益，扩大了抵御北约的战略纵深。

第三，在战略平衡问题上向美国叫板。针对美国在发展国家导弹防御系统上加紧造势，俄美在军备控制与战略稳定方面展开了激烈的争论。叶利钦政府曾拒绝美国修改 1972 年的反导条约的要求，反对美国部署国家导弹防御系统。2000 年 4 月，在俄罗斯国家杜马批准了搁置已久的《第二阶段削减进攻性战略武器条约》和《全面禁止核试验条约》后，普京立即呼吁进行俄美第三阶段削减战略武器谈判。在联合国主持召开的《不扩散核武器条约》审议大会上，美国因没有批准《全面禁止核试验条约》而受到了广大无核国家的强烈谴责和联合国秘书长安南的公开批评。德国、法国等西方国家也要求美国慎重行事，并指出美国修改 1972 年《反导条约》，部署国家导弹防御系统有很大的危险性，将对世界稳定和欧洲安全造成不利影响，使美国面临巨大的舆论压力。普京利用无核国家和部分西方国家同美国在核裁军、军控方面的矛盾，加大外交攻势，并利用美国国内在部署导弹防御体系问题上存在的分歧，使克林顿政府在外交上陷入被动。

普京在实现对外战略目标和维护国家安全方面强调首先要解决国内问题，对外战略要为国内发展服务。普京深知，一个国家尤其是对世界能产生重要影响的大国，要在当今和未来的国际关系体系中找到自己的恰当位置，它不仅必须在国家内部创新出有效率的制度安排和明确的发展战略，同时也必须制定出灵活稳定的对外战略，更重要的，它还必须在这两者之间实现有机的综合。尼克松在总结美国经验时就说过："除非在国内强大，否则美国在世界上便不可能强大。"① 俄罗斯也如此，苏联剧变的一个重要原因正是忽视了国内问题的解决。2001 年 1 月 26 日，普京在俄罗斯外交部发表讲话，进一步阐述俄罗斯的对外政策。普京总统强调了几个重要方面：第一，"在全球化日益发展的条件下，俄罗斯正在寻找本国在世界上的位置。俄罗斯的战略方针是加入一体化进程，当然，通过一体化融入国际社会，发展广泛的政治对话，与一切愿意和准备与我们合作的国家发展互利合作。"第二，俄罗斯外交要优先考虑的任务是："创造安定、安全的周边环境，创造条件，使我们能够集中自己的力量与资源解决国家的社会经济发展的任务。"② 普京提出外交工作的一个重要方向是保障战略稳定，保住 1972 年签署的反导条约，俄罗斯学会了坚决但决不发生对抗地维护自己的利益。普京认为俄罗斯遇上了一系列尖锐的问题，包括地区冲突、分离主义、恐怖主义、不受监督的移民、有组织的犯罪，特别是恐怖主义的国际化，应该建立有效的国际机制解决这些问题。第三，经济成分在外交中的比重在增长。"外交要努力为俄罗斯在国外的企业创造不比在俄罗斯的外国企业差的条件，应该了解我们都为外国企业创造了哪些条件。"③ "俄罗斯是独联体一体化合作进程的核心，一体化进程本身是一个过程而不是目的本身，俄罗斯不是追求一体化这种形式、口号，一体化应该给我国和国民带来实际利益。"④ 第四，欧洲是俄罗斯重要的传统外交方向，在传统上有许多一致之处，现在俄罗斯还没提出成为欧盟成员的任务，但要努力与之进行有效合作。俄罗斯与北约的关系正在恢复，北约是国际政治的现实力量，如果我们能与北约本着公开、公平的原则，建立建设性的相互关系，那么这是对欧洲稳定和和平的现实的贡献，俄罗斯始终认为北约扩大是错误。⑤ 第五，亚洲的重要性在增长，很难说我们更多地侧重亚洲还是欧洲，我们不能向西方或者东方倾斜，现实情况是像俄罗斯这样的地缘政治地位的国家，到处都有其国家利益，这一路线应该继续下去，参加亚太区域经济合作，与亚洲国家首先是我们

---

① （美）理查德·尼克松著，范建民等译：《超越和平》，世界知识出版社 1995 年版，第 12 页。

② Международная жизнь №2. 2001. С. 3.

③ 同上，С. 4.

④ 同上，С. 5.

⑤ 同上，С. 6.

的邻国发展友好关系。[1]

普京首先调整了对独联体的政策。在叶利钦当政时期，俄罗斯一直致力于保持独联体，通过降低能源价格和免除债务来支持其伙伴，在独联体的机制内通过了几百项协议，但能得到实施的却很少，俄罗斯以牺牲经济利益为代价并没有换来这些国家对俄罗斯利益的认可。普京重视对独联体国家的政策，把之当成俄罗斯外交的优先方向，积极推进独联体一体化，抵制西方对独联体的渗透，努力维护在其传统势力范围内的主导地位。同时，他把重心放在与独联体国家发展双边关系上，以便更好地维护俄罗斯的经济和安全利益。当格鲁吉亚拒绝允许俄罗斯军队进入它与车臣边境上的潘基西山谷时，俄罗斯采取了报复行动，要求格鲁吉亚公民办签证方可进入俄罗斯，并中断了天然气供应，直到偿还过去的能源债务。乌克兰和摩尔多瓦也受到了同样的压力，被迫结清欠俄罗斯的债务，否则有可能面临天然气供应的中断。主要基于经济原因，普京政府还对俄罗斯与白俄罗斯假定中的联盟表现出比叶利钦更谨慎。

普京利用了美国同中亚国家在如何对付宗教极端势力、民族分裂势力和恐怖主义势力威胁问题上的矛盾，承诺在该问题上向中亚国家提供帮助，以及共同保卫独联体外部边界，加大了独联体的凝聚力，加强了俄罗斯在中亚的地位，使中亚国家出现了疏美亲俄的趋势。

普京对俄美关系的重视程度降低了，更重视发展对欧关系。2001 年 1 月，保守色彩浓厚、主张单边主义的布什总统上台执政后，美国开始把俄罗斯当做竞争对手，对俄罗斯采取强硬政策。在俄白联盟秘书博罗金访美被捕、汉森间谍案、两国大规模互相驱逐外交官，债务谈判中强迫俄罗斯按期还债等一系列不愉快的事件过后，到 2001 年 3 月中旬，俄美关系降到了冷战结束以来的最低点。相反，俄罗斯与欧洲的关系稳步发展，甚至开始扩展到新领域，欧盟与俄罗斯在巴黎首脑峰会上决定在安全和防务政策领域更加密切地合作。由于地理位置接近，欧洲认为俄罗斯如果进一步受到削弱和出现动荡，将成为不稳定的主要隐患。欧洲国家比美国更积极地发展与俄罗斯的关系。俄罗斯也深知这一点，普京试图与西欧国家和机构建立更加密切的关系，既可借此优化周边环境，也可借此影响美国的政策。俄罗斯外交和防务政策委员会主席谢尔盖·卡拉加诺夫认为，

---

① Международная жизнь №2. 2001. С. 6.

"需要避免我们领导人近几十年来所犯的传统错误——宣布与欧洲接近，后来却几乎全面注重对美关系。务实的美国人想再次把我们孤立起来。这对他们有好处，对我们却没好处。欧洲是软弱的，它目前还没有发出一致的声音，但我们的大多数利益在那里。我们希望加强统一的欧洲，其中包括依靠它同俄罗斯的协作。同欧盟的合作会加强俄罗斯在同美国对话中的地位。这不是号召采取苏联老式的'钉楔子'的政策。我们的政策应当不是旨在削弱西方联盟，而旨在使俄罗斯同它们接近"[①]。

从保障经济发展和提高人民生活水平的要求出发，俄罗斯决定单方面削减核武器，2000 年 4 月，普京劝说俄罗斯国家杜马批准了搁置已久的《第二阶段削减进攻性战略武器条约》和《全面禁止核试验条约》，他呼吁立即进行俄美第三阶段削减战略武器谈判，并提出双方分别将战略进攻武器数量从当初议定的2000—2500 枚进一步削减到 1500 枚左右，从而增加了美国在核裁军问题上面临的压力。此后，普京又提出建立俄美、俄欧联合反导系统，试图打消美国建立国家导弹防御系统以对付"无赖国家"的口实。普京认识到在制约美国的霸权方面，中国是俄罗斯的潜在盟友，普京继承了叶利钦对华友好的政策，并有所发展，2000 年 7 月，普京总统与江泽民主席签署了《中华人民共和国主席和俄罗斯联邦总统关于反导问题的联合声明》。声明强调 1972 年反导条约"仍是全球战略稳定与国际安全的基石，维护和严格遵守反导条约是至关重要的"[②]。

向西方示好的退却外交

普京执政之初延续了叶利钦第二任期推行的"多极化"战略，积极宣扬多极化思想，全力抵制北约东扩，并加大了对独联体外交和东方外交的力度。在国际安全领域采取了一系列对美国单边主义的抗争措施，俄罗斯积极参与全球重大安全问题、地区热点问题的解决，力争享有与西方国家平等的参与权和发言权。但是，这样做无助于改善与美国的关系，也与俄罗斯的实力不符。俄罗斯开始对自身定位和安全战略的取向进行重新思考，酝酿外交和安全政策的战略性调整。

---

① www. mn. ru/issue. php 2001－52－4.

② 《人民日报》2000 年 7 月 19 日。

普京尽管没有放弃俄罗斯作为世界大国的理念，但对俄罗斯的国力和在国际舞台上的地位与影响做了比较清醒的评估：一是由于经济持续衰退，俄罗斯在国际舞台上已经下降到次要地位，美国在可预见的将来在国际体系中仍将追求充当唯一领袖的角色，俄罗斯不能充当美国的挑战者，“俄罗斯的目的不是改变世界，而要找到自己在世界上的地位，为俄罗斯争取到应有的经济和政治地位”。[①] 二是由于国防预算支出不足，使俄罗斯用于武器研发的费用减少，军队装备老化，训练不足，后勤保障严重不足，俄罗斯武装力量保障国家安全的能力在下降。相对于独联体其他国家来说，俄罗斯还能基本保持传统影响，但在诸如北约东扩以及波黑和科索沃战争等欧洲安全和政治问题上，俄罗斯不得不节节退让。[②] 因此，俄罗斯不能充当美国的挑战者。“在制定今后（至少 20 年）的政策时，需要持这样的出发点：我们未必能够大大改变国际关系的现有结构，未必能够动摇美国的霸权。美国目前在拉开同发达国家的距离，更不用说俄罗斯了……我们的目的不是改变世界（我们不承担无法胜任的任务。只是深入解决自己的危机），而是要找到自己在世界上的地位（最低限度），为俄罗斯争取到应有的经济和政治地位（最大限度）。”[③] 普京逐渐认识到俄罗斯还无力追求与美国的“平等伙伴关系”。

“9·11”事件后，俄罗斯开始扮演美国伙伴的角色，不再追求实力均衡。普京承认，只有美国仍然是全球性超级大国。但是除此之外，还有一些大国，这是拥有核武器的国家，是其影响越出其国境的国家。在这种意义上，努力争取维护俄罗斯的大国地位，同中国、英国和法国平起平坐。普京改变了俄罗斯对外政策的重点，使外交政策首先为获取经济利益服务，谋求俄罗斯在世贸组织中的成员地位、与欧盟进行对话、争取西方国家承认俄罗斯是市场经济国家、同美国进行“能源对话”等。总之，在对外政策上，俄罗斯更多的是以合作者的姿态出现，其目标是与美国保持战略稳定，不使俄罗斯走上与美国发生冲突的道路。前苏联总统戈尔巴乔夫评论说：“弗拉基米尔·普京从一开始就奉行了英明无误的政策。他逐步谨慎地使俄罗斯对外政策实现了目前的转折。首先是制定与独联体国家关

---

① 俄罗斯外交与国防政策委员会：《俄罗斯战略——总统的议事日程》，第 64 页。

② 范建中等：《当代俄罗斯政治发展进程与对外战略选择》，时事出版社 2004 年版，第 349 页。

③ 俄罗斯外交与国防政策委员会：《俄罗斯战略——总统的议事日程》，第 44 页。

系的新方针。这种做法似乎不言自明，可是十年来几乎一直没这么做。总统做出了根本改善与西欧和美国关系的结论，这一点也很重要。‘9·11’事件加速了做出这方面决定的进程。”[①] 普京把经济放在核心地位，经济利益优先于地缘政治考虑。在这一战略的指导下，俄罗斯对外政策发生了变化，俄罗斯更强调和平与合作，而不是追求虚幻的大国地位，在一些与西方长期争执不下的问题上做出了妥协：不再强行阻止美国退出反导条约，同意美国在前苏联地区的存在，同北约对话，同意波罗的海沿岸国家加入北约等。

俄罗斯主动缓和了与西方国家，特别是与美国的关系。俄罗斯的经济要恢复和发展，离不开西方的技术与资金，这也就决定了俄罗斯必须首先与西方国家搞好关系。在多数俄罗斯人眼里，俄罗斯是个欧洲国家，它要努力回到西方文明世界中去，得到西方发达国家的承认和尊重。普京出生和成长于圣彼得堡这个西方化的城市，他在感情上认同俄罗斯是欧洲的一部分。“9·11”后，美国把反恐纳入国家安全战略，确立了“反恐”、“防扩散”优先的战略，单边主义有所收敛，要在全球建立反恐联盟，把是否支持美国的反恐作为区分敌友的“标准”。以美国需要建立反恐联盟为契机，普京把“9·11”事件当成俄罗斯改善俄美关系的历史性机遇，迅速调整了安全战略，主动进行战略收缩。

“9·11”事件发生后，普京是第一个打电话慰问美国的外国领导人，他发表声明，在对美国人民表示慰问的同时，声明这是对全人类，至少是对整个人类文明的肆无忌惮的挑衅，“我要以俄罗斯的名义向美国人民宣告，我们同你们在一起，我们完完全全地分担和感受你们的痛苦。我们支持你们”。[②] 以“9·11”事件为契机，普京加强了与美国在反恐问题上的合作。2001年9月24日普京发表声明，对美国在阿富汗的反恐行动给予支持：在情报系统合作，向美国提供关于国际恐怖分子的基础设施、所处位置和武装分子训练地点的情报；为飞往反恐行动地区的载有人道主义物资的飞机提供领空；与中亚国家协调立场，不排除中亚国家提供本国机场的可能性；俄罗斯准备参加搜救活动。[③] 美国在阿富汗打击恐怖分子，有利于俄罗斯南部边境的稳定，也使塔利班和其他一些极端势力难以再

---

① Известия. 11. декабря. 2001.

② 《普京文集：文章和讲话选集》，第415页。

③ 《普京文集：文章和讲话选集》，第419页。

支持俄罗斯境内的分裂分子，支持美国反恐符合俄罗斯的利益。

为了改善与美国的关系，普京还在许多问题上采取了退让的立场。俄罗斯主动关闭了在越南和古巴的基地。2001 年 10 月，在访美前夕普京总统宣布，放弃俄罗斯在越南金兰湾的海军基地以及在古巴洛尔德斯的无线电监听站。越南的金兰湾是太平洋上的一个天然优良港湾，在美苏全球争霸的时期，金兰湾海军基地是苏联海军进军太平洋、印度洋的中转站，战略意义非常重要。在俄政府财政预算困难、俄军全面裁减的大背景下，俄海军根本不可能拥有一支远洋舰队。放弃金兰湾意味着放弃在海外拥有海军基地的海上强国地位，表明俄罗斯愿意结束与美国在陆上和海上的全球性对抗。在古巴洛尔德斯的无线电监听中心则是一个先进的无线电侦察站，其侦测范围可遍及整个北美洲——北美大陆上的电话、传真、电子邮件以及卫星传送的通信信号都在其掌握之中，另外俄军总参谋部还可借助于这里的卫星和早期预警系统获知对俄罗斯发动的进攻。放弃在古巴的监听中心表明，普京向美国人发出了一个明确信号——俄罗斯不把美国当做敌人，俄罗斯所做出的让步是战略性的。

2001 年 11 月，普京出访美国，同年 12 月 13 日，美国总统布什宣布，将于 6 个月内正式退出 1972 年签署的反导条约。布什说，“我和普京已经谈妥，美国退出反导条约既不会破坏我们的新型关系，也不威胁俄罗斯的安全。”[①] 普京认为，“美国决定退出反导条约，这对我们来说不是什么意外，但我们仍然认为这个决定是错误的”。“美国做出的决定不会对俄罗斯的安全构成威胁”。[②] 2002 年 5 月，俄美首脑峰会宣布建立“新型战略关系”，美国在反恐、不扩散大规模杀伤性武器、确保能源安全等问题上有求于俄，俄罗斯在发展经济、加入世界贸易组织等问题上也需要美国的支持，俄美两国利益出现前所未有的吻合。2002 年 5 月 24 日美俄两国元首签署了新的《俄美关于削减进攻性战略武器条约》和《新战略关系联合宣言》，双方同意在 2012 年 12 月 31 日前把各自战略核弹头总数削减到 1700 至 2200 枚。无论从何种角度分析，俄罗斯在《削减战略进攻性武器条约》中所做的让步都大于美国，但从俄罗斯综合国力剖析，这个条约“很可能是

---

① （俄罗斯）罗伊·麦德维杰夫：《普京——克里姆林宫四年时光》，社会科学文献出版社 2005 年版，第 397 页。

② 同上，第 398 页。

普京政府为挽救传统核军控机制所能做出的最大、也是最后的努力”。“美国在今后相当长的一段时间内将不会在对等的基础上与俄罗斯发展军控领域的合作关系”。[①] 两国总统还签署了《能源对话声明》，美国将加强对俄能源领域投资，改善俄能源生产运输基础设施，扩大对俄能源设备出口。俄罗斯认识到，俄美之间尽管存在着严重的战略分歧，但它们的相互配合是国际关系好转和保障全球战略稳定的必要条件，缓和双边关系有利于改善国际环境，有利于俄罗斯国内经济改革的进行，有利于借助美国和西方国家的资金技术发展俄罗斯经济。

普京意识到俄罗斯无法阻止美国所主导的北约东扩，唯一的选择是处理好与北约的关系。2002 年 5 月 14 日在雷克雅未克北约与俄罗斯外长会议上决定成立“北约—俄罗斯理事会”，5 月 28 日，俄总统普京与北约 19 个成员国首脑举行会晤，正式签署《罗马宣言》，建立北约—俄罗斯理事会，俄罗斯作为 20 个理事国的一个成员，可以自由地表明自己的立场，俄罗斯官员迁至北约总部办公，使俄与西方国家接触、交流更加频繁。

实际上，俄罗斯在与西方改善关系中失多得少。北约名义上与俄罗斯建立了“北约 20 国”机制，但俄罗斯实际上仍无法参与北约的实质性活动，北约东扩步伐未见停止，除罗马尼亚等东欧国家外，波罗的海三国也加入其中，北约已经扩展到俄罗斯的家门口；西方国家虽不再支持车臣恐怖主义，但仍利用车臣“人道主义”问题干涉俄内政；美国自食其言，在中亚驻军长期化，并进一步加强对独联体的渗透；美欧承认了俄罗斯市场经济地位，但在俄罗斯加入世贸组织的具体条件上没有实质性松动；俄美经济合作说得多做得少，美国对俄罗斯的援助主要用于销毁核武器；美国还要求俄罗斯停止向伊朗输出武器和核电站设备；等等，这些都不符合俄罗斯的利益。美国的所作所为则并非如俄罗斯所愿。美国通过反恐战争，加强了对世界重要的地缘政治和军事地带的进入和掌控，取得了全新的地缘战略布局。进军中亚，使美国在苏联解体以来一直想进入而未能进入的所谓地缘政治黑洞——可能也是新形势下欧亚大陆的“新中心地带”立足，美军因此取得了对中亚—里海—高加索地区控制的战略主动，既可以抑制中俄在这一地区扩大影响，还可对中俄形成新的战略牵制区。美国的战略地位加强了，从长远看

---

① 吴大辉：《防范与合作——苏联解体后的俄美核安全关系（1991—2005）》，人民出版社 2005 年版，第 183—184 页。

损害了俄罗斯的利益。

重振大国雄风的进取性外交

“9·11”事件后，俄罗斯对西方政策总体倾向是让步与退却，希望借此获取更大的经济与政治利益，美国却不想与俄罗斯合作，其弱俄、遏俄的政策仍在加紧进行，这让普京逐渐认识到了美国政策的实质。以反对美国发动伊拉克战争为标志，俄罗斯总统普京开始重新调整对外政策，在国际舞台上表明自己的立场，维护俄罗斯的利益，树立大国形象。当美国不顾国际社会的反对，决定用武力推翻萨达姆政权之时，俄罗斯方面认为，如果美国占领伊拉克，其单边主义将更加猖獗，现行的国际秩序和国际关系准则将遭到严重破坏。同时，俄罗斯在伊拉克有重要的经济利益，伊拉克欠俄罗斯债务 68 亿美元，俄与伊签订价值 400 亿美元的合同，如果美国控制伊拉克的石油，损害俄国的长远利益。于是，俄罗斯与法国、德国一起，组成反战同盟，坚决反对美国对伊动武，声言要在联合国安理会动用否决权，迫使美国没有把伊拉克问题提交联合国安理会。伊拉克战争爆发和萨达姆政权垮台后，俄罗斯又积极谋求参与伊拉克的战后重建，修复与美国的关系，把伊拉克问题重新纳入联合国的轨道。俄罗斯外交部发言人雅科文科认为，“现在，任何一个重大的国际问题没有俄罗斯的参与都是不能解决的。正是在俄罗斯的积极促进下，通过了联合国安理会第 1483 号和 1511 号决议。这两个决议为走出极其尖锐的伊拉克危机和恢复已经动摇的国际社会团结提供了可能”①。

2003 年 11 月 4 日，美国和欧盟利用格鲁吉亚大选之机，支持亲美的民主派以“和平、民主”的形式夺取政权，2004 年 1 月，亲美的萨卡什维利当选格鲁吉亚总统。2004 年 11 月，美国等西方国家又趁乌克兰大选发生争议引发社会动荡之机，启动“民主机制”，在乌掀起“橙色革命”。对俄罗斯来说，乌克兰的地位非常特殊，当波罗的海三国及前东欧盟国加入北约后，乌克兰是俄罗斯在地缘政治上的“最后防线”。俄罗斯一再重申，“对于俄罗斯来说，不能容许的是另外一种情况：某些第三国以损害俄罗斯利益的方式在独联体地区开展活动，并试图

---

① Российская газета. 31 декабря 2003.

将我国从该地区排挤出去，或者人为地弱化我国的阵地”[①]。俄罗斯积极介入乌克兰大选，坚决支持亲俄罗斯的乌克兰总理亚努科维奇当选乌克兰总统，虽然没有成功，俄罗斯并没有善罢甘休，俄罗斯调整政策，坚决捍卫自己的国家利益和大国地位。2004 年 5 月，北约和欧盟实现了“双东扩”。在北约东扩问题上，俄罗斯虽然没有做出激烈的反应，对北约东扩给俄罗斯带来的威胁轻描淡写，但俄罗斯明显调整了政策，其外交的独立性、强国性特点日益突出。

俄罗斯重新奉行大国外交的一个重要条件是国家实力的增强。从 1999 年以来，俄罗斯经济持续增长，俄罗斯的偿债能力大大提高，俄罗斯已经不再向西方国家借贷，并提前偿还外债，卢布在国际和国内市场上实现了自由兑换，比率大致稳定在 1 美元兑换 26—27 卢布的水平上。俄罗斯不再受制于西方，有了更多影响国际市场的能力。在经济形势好转的背景下，俄罗斯的军事力量也得到了发展，军人工资、待遇和福利有了很大提高，俄罗斯加紧研制和部署能突破任何防御体系的新型洲际导弹，建造超级航母和新一代核潜艇，更新战机。俄罗斯民众可支配收入年均增幅超过 20%，全国平均月工资已超过 1 万卢布，经济增长和劳动力短缺的矛盾为民众创造了大量就业机会。政府对住房、医疗、教育等方面加大了补助，民众对国家和政府的信心增强。在国际能源价格上扬的背景下，俄罗斯的能源大国地位突显，使俄罗斯有了对外部世界施加影响的重要手段。俄罗斯与沙特阿拉伯平分世界第一大石油出口国的地位，天然气的影响力也在增大。俄罗斯国内政局稳定，车臣分裂主义基本被打败，俄罗斯国家不再有解体的危险；俄罗斯的地缘政治影响力增加，俄罗斯民众的大国意识复苏。在这一背景下，普京对对外政策再次进行了战略性调整，核心是体现俄罗斯的大国地位和在国际舞台上发挥大国作用。

第一，俄罗斯明确表示反对单极霸权，推动世界格局的多极化。

2005 年以来，俄罗斯外交呈现出咄咄逼人的态势，引起西方国家和邻国的不安。俄罗斯对世界发生的事件做出反应，如伊拉克战争、维护独联体的利益，回击美国和欧洲对独联体事务的干涉，积极介入能源政策的制定，显示八国成员之一的影响力。俄罗斯政府副总理兼国防部长伊万诺夫明确表示：“我们认为不

① （俄罗斯）伊·伊万诺夫著，陈凤翔等译：《俄罗斯新外交：对外政策十年》，当代世界出版社 2002 年版，第 73 页。

能允许这样一种国际秩序的存在，即一个力量中心企图称霸世界，把以军事优势和经济优势为基础的游戏规则强加给其他所有国家。”①

俄罗斯对美国等西方国家的外交趋于强硬，坚决回击西方国家对俄罗斯加强中央权力、实行可控民主等措施的批评，普京总统表示俄罗斯要寻求符合本国国情的民主，批评美国的民主，在俄罗斯国内政治改革、尤科斯事件、车臣反恐、对待非政府组织的态度等问题上坚持自己的立场，决不向西方国家让步。2006年6月7日俄罗斯国家杜马国际事务委员会领导人康斯坦丁·科萨切夫说：“俄罗斯现在的安全比90年代初得到了更有效的维护，而新的国际威胁，首先是来自美国及其盟友不正确的行为，俄罗斯外交官能够化解。”② 2006年9月25日拉夫罗夫在美国洛杉矶发表演讲时说：“应该避免相互猜忌和双重标准，例如，当欧盟领导人宣布欧洲应该成为‘主权民主’的联盟时，谁也没有表示异议。在美国副总统切尼在‘维尔纽斯讲话’中谈到黑海—波罗的海地区的‘主权民主’时大家都能领会。而当俄罗斯政治家开始讨论主权民主时，就有人怀疑我们是在为建立专制辩护。客观事实只有一个，但说法却不一样。这实际上很简单，俄罗斯只是坚定地选择了民主作为国家和社会的组织形式。我们希望，我们的主权，其载体是俄罗斯人民，能够确保国家不受外部干涉，保障能够独立地实行内外政策。”“对于我们来说，这种自主性是问题的关键，无论是在国内还是在国际上，我们都将继续以此作为行动的出发点。我们正在进行的有关主权民主的讨论正是反映了这一点。”③

为了推动世界政治格局的多极化，发挥俄罗斯的大国作用，俄罗斯对西方国家的压力坚决回击，更注意交东方的朋友，以增强对西方强国外交的回旋余地。俄罗斯积极开展东方外交，加强上海合作组织的地位与影响，挑战美国和西方国家向中亚的渗透。俄罗斯积极推动上海合作组织的发展与完善，上海合作组织从一个地区性安全组织逐步发展成一个综合性的组织，包括军事合作、情报共享、反恐、经济合作、政治协调等各个方面。上海合作组织地位和影响的扩大，俄罗斯与中国在许多国际问题上的协调被一些国际问题专家看成是对美国单极世界的

---

① Сергей Иванов. Триаданациональныхценностей，Известия 13. июля. 2006.

② ИТАР－ТАСС 07. 06. 2006.

③ Лавров С. В. Россия и США：между прошлым и будущим，25 сентября 2006 года，www. mid. ru/brp _ 4. nsf/sps/ACB3FD1C5ED62B37C32571F500306650.

挑战。2005年7月上海合作组织成员国峰会，要求美国从中亚军事基地撤出，这是上海合作组织成员国的共同利益促使它们联合起来挑战美国在中亚地区的军事存在。美国涉足中亚，表面上是为了打击阿富汗的恐怖势力，实际上是为了监视这一地区的石油和天然气，影响了上海合作组织成员国的利益。2006年6月16日，普京总统在讲话中把美国在中亚的所作所为比喻为“闯进瓷器店的公牛”。美国被迫从乌兹别克斯坦的军事基地撤离。

第二，俄罗斯坚决维护在独联体的利益和主导地位，调整对独联体国家的政策。

独联体是俄罗斯外交的优先方向，也是俄罗斯重振大国雄风的重要战略依托。格鲁吉亚和乌克兰的政权发生更迭后，实行“亲美反俄”的政策，声称要退出独联体，把“古阿姆”发展成为“民主选择共同体”，要推进独联体国家的民主化，并表示要加入北约。在这种情况下，俄罗斯开始改变对独联体的方针政策，取消对格、乌、摩等有明显反俄倾向的国家的经济优惠政策，坚决维护自己的利益。2006年1月，俄罗斯宣布停止向乌克兰提供天然气，要求乌克兰按国际市场价格支付从俄罗斯购买天然气的费用。在独联体范围内，俄罗斯开始关心自己的经济和安全利益，加强欧亚经济共同体和集体安全条约的建设，加强核心国家之间的联系。普京总统开始注意保护在海外的俄罗斯侨民的利益，并支持这些人的合理要求。

第三，俄罗斯积极介入世界事务，参与世界热点问题的解决。

普京越来越强调俄罗斯是全球政治中独立发挥作用的力量，努力参与国际事务，显示其大国地位。俄罗斯不顾美国的反对，向叙利亚、阿尔及利亚、伊朗这些不按美国轨道行事的国家提供武器，重新进入中东地区同美国势力相对。现在俄罗斯参与国际事务的力度和广度是苏联解体以来所没有过的，突显了俄罗斯要做世界强国的意图。一些西方人认为，俄罗斯已经成为全球麻烦制造者和反民主统治者的同盟，它向伊朗提供核援助，向朝鲜提供核技术，向苏丹、缅甸、委内瑞拉提供军用飞机，与哈马斯结下友谊等等，可以列举出一大堆事例。

2005年4月，普京访问埃及、以色列和巴勒斯坦，建议在莫斯科召开中东和平会议，表示愿意向巴勒斯坦提供武器。哈马斯上台后，普京呼吁哈马斯承认以色列的生存权，承认哈马斯政权的合法性，在与哈马斯这个“民选恐怖分子”打交道的问题上，俄罗斯与西方存在分歧。不顾西方国家不与哈马斯打交道的政策，2006 年 2 月 9 日，普京宣布邀请巴勒斯坦激进组织哈马斯访问俄罗斯。俄罗斯前外长普里马科夫在评价此事时说："当邀请哈马斯领导人访问莫斯科时，一些人马上就会想：为什么？要干什么？你们跟他们有什么事可做？为什么俄罗斯反对其他'四重唱'的参加者？我想请你们相信，俄罗斯并不打算反对任何人，因为你们了解了我们的行为。这不是即兴之作。邀请哈马斯来莫斯科时，其目的是使哈马斯走上谈判之路，放弃反对以色列的平民。这已经做到了。"① 俄罗斯国防部长伊万诺夫强硬地回应西方对俄罗斯出口武器、向巴勒斯坦提供援助等指责，他强调俄罗斯军队有权对恐怖分子发动先发制人的打击，包括在俄罗斯境外，"不久前国家杜马通过的反恐怖法正式许可在境外使用国家的武装力量"，"我们将认真而谨慎地执行这一法律"。"俄罗斯过去一直认为，将来也仍然认为，如果我们百分之百地确定针对俄罗斯公民和俄罗斯目标的恐怖行为即将实施，我们有权发动先发制人的打击"。②

俄罗斯积极介入伊朗核问题的解决，成为美国制裁伊朗的最大阻力。俄罗斯欲借调解伊朗危机，拉近与伊斯兰世界的关系，提高自己的国际地位，这有利于车臣问题的解决。2006 年 2 月 16 日伊朗代表团访问莫斯科，商讨在俄罗斯境内为伊朗民用核计划进行铀浓缩。普京总统在解释俄罗斯的立场时说："第一，伊朗应该在国际组织的监督下发展核技术；第二，不应造成任何威胁，不能造成核武器和任何大规模杀伤性武器的扩散。因此我们寻求解决这两方面问题的妥协方案。俄罗斯提出过一些明确建议，不仅保障伊朗，而且保障其他想发展核技术的国家都能够利用这些科技进步成果。用什么方法？我们建议成立铀浓缩和回收利用国际中心。"③ 拉夫罗夫外长强调："我们不可能支持将所有人都逼入死胡同，并给已经混乱不堪的地区制造新危机的最后通牒。如果联合国安理会走上一条不切实际的政治道路，这会损害到这个维护国际安全的重要机构的威信。""包容而非孤立'问题'国家，才能化解冲突。"④ 2006 年 7 月 12 日，美、英、法、德、中、俄六国决定把伊朗核问题重新提交联合国安理会讨论，理由是伊朗方面未能

---

① Международная жизнь. №4. 2006. С. 29.

② ИТАР—ТАСС. 28. 03. 2006.

③ www. kremlin. ru/appears/2006/07/06.

④ Лавров С. В. Россия и США: между прошлым и будущим, 25 сентября 2006 года, www. mid. ru/brp _ 4. nsf/sps/ACB3FD1C5ED62B37C32571F500306650.

在这一日期前就六国方案做出答复。7月19日，俄外长拉夫罗夫也表示，如果伊朗不回应国际原子能机构的要求，俄罗斯支持安理会讨论对伊朗实施制裁。这意味着当时六国立场一致，俄罗斯支持对伊朗采取强硬立场。可是事实上，在是否动用安理会手段对伊朗进行制裁的问题上，俄罗斯一直强调在国际原子能机构的框架内解决相关问题，这些都是与西方国家存在区别的。而决定俄罗斯立场的根本要素是对于国家安全和国家利益的考虑，俄罗斯在伊朗有切身利益，如果伊朗局势恶化，伊斯兰极端主义者掀起动荡，一旦局势失控受影响的首当其冲是俄罗斯，因为俄罗斯在地理位置上非常接近伊朗。在伊朗核问题上，俄罗斯与西方国家一直是既有合作又有分歧。俄罗斯反对伊朗拥有核武器，但也反对激化矛盾，反对采取有可能使伊朗局势陷入混乱的措施。

俄罗斯开始重返拉美。2005年10月普京邀请巴西总统访问俄罗斯，2006年4月弗拉德科夫访问巴西，扩大能源与经贸合作；恢复与古巴的关系；俄罗斯加强与委内瑞拉的关系，2001年5月和2005年11月查韦斯总统两次访问俄罗斯，俄罗斯宣布向委内瑞拉投资，10年内达到40亿美元；俄罗斯还获得了其两个近海气田的许可证。在2005年11月的访问中，两国元首签署俄罗斯向委内瑞拉提供武器的文件，打破美国对委内瑞拉的禁运，俄罗斯要向其提供10万套冲锋枪和33架直升机，还要为委内瑞拉建造两家自动步枪和弹药的兵工厂。2006年8月，委内瑞拉总统查韦斯第三次访问俄罗斯，他是拉美领导人中唯一一位在任期内三次访问俄罗斯者。

俄罗斯也开始重视非洲，以扩大战略空间。2006年3月，普京总统出访阿尔及利亚，9月5—7日，普京总统又访问了南非和摩洛哥，一年内俄罗斯最高领导人两度出访非洲国家，这是前所未有的。普京总统对南非的访问更具有开创性意义，历史上俄罗斯领导人（包括苏联时期）从来没有到过撒哈拉以南的非洲国家，普京的目的是恢复与非洲的经济关系，扩大俄罗斯在非洲的政治影响。在苏联时期，苏联从意识形态出发在非洲的许多国家都很有影响，如阿尔及利亚、埃及、摩洛哥、尼日利亚、安哥拉和南非等，但苏联解体后，俄罗斯忙于自己的内部事务，与非洲的联系减少。随着俄罗斯国力的增强，俄罗斯开始意识到非洲这个有着8.3亿人口（占全球人口的14%）、幅员辽阔、资源丰富的大陆的重要性。非洲在世界政治和经济上都占有重要地位，它提供了全球工业生产所需白金的92%、钻石的70%、锰的35%、铝土矿的15.5%，非洲还有尼日利亚、安哥拉、阿尔及利亚、苏丹这样一些油气大国，在世界能源价格飙升、能源紧张的情况下，非洲的地位突显，未来国际市场1/4的石油可能来自非洲。俄罗斯恢复和发展与非洲的关系，有一些有利条件，如苏联曾积极支持非洲的民族独立运动，为非洲培养了大量人才，双方发展友好关系有一定的基础。普京的非洲之行是俄罗斯“非洲外交”的开端，随着俄罗斯国力的增强以及非洲战略地位的提高，俄罗斯与非洲大陆的联系会日益密切，在非洲大陆也会越来越频繁地看到俄罗斯领导人的身影。

总之，随着国际局势的变化和俄罗斯实力的变化，俄罗斯的对外战略和外交政策也在变化，俄罗斯将在世界上发挥越来越大的作用。

61. 为现代化服务的俄罗斯外交发生了哪些新变化?

左凤荣

2009 年 9 月梅德韦杰夫总统在《前进，俄罗斯!》一文中提出了国家现代化构想，开始重启俄罗斯的现代化进程，发展创新经济和实现现代化是俄罗斯当前工作的重心。为此，俄专门成立了由梅德韦杰夫亲自领导的现代化与技术发展委员会。梅德韦杰夫宣布，将在莫斯科郊区小城斯科尔科沃建设俄罗斯的“硅谷”——一个现代化的高技术研发和产业中心。2010 年 5 月，俄罗斯政府又出台了更为庞大的经济现代化创新计划：俄罗斯将在未来三年内耗资 8000 亿卢布，实施 38 个现代化创新项目，这些项目涉及节能、核技术、航天、医疗和战略信息技术等五大领域。实现现代化，发展创新经济，俄罗斯需要大量的资金和技术，专家预测到 2013 年俄罗斯需要 1 万亿美元来更新苏联时期的基础设施。俄罗斯要实现现代化的目标，必须处理好与欧洲和美国的关系。为了配合国家的现代化计划，俄外交部专门制定了《在系统基础上有效利用外交因素推动俄罗斯联邦长期发展的计划》，明确要与主要欧洲伙伴乃至欧盟建立“现代化联盟”；利用美国的技术实力、排除美国长期以来对俄罗斯转让高技术的限制；与巴西、印度、中国、韩国等国结成技术伙伴或联盟关系，旨在促进俄罗斯经济转型，克服技术落后的现象。俄罗斯的现代化外交框架初步形成：俄欧、俄美“特殊伙伴联盟”悄然启动；独联体地区的经济一体化加速发展；亚太地区的外交也十分活跃。

更强调外交为经济服务

梅德韦杰夫强调："决定俄罗斯外交政策的不应该是怀旧情绪，而应该是俄罗斯现代化的长期战略目标。"他特别强调，"同西方民主关系的协调问题，不是简单的某类政治团体的爱好或个人偏好问题。目前我们国内的金融和技术还不足以有效地提高人民的生活水平。我们需要引进欧洲、美国和亚洲国家的资金和技术。这些国家反过来也需要俄罗斯。我们非常乐意相互接触并渗透我们的文化和经济"。[①] 在 2010 年 7 月召开的俄驻外使节会议上，梅德韦杰夫强调，俄罗斯外交的首要任务在于服务经济现代化，要更有效地利用外交手段解决国内课题，实现俄罗斯的现代化。外交要突出寻求能为俄罗斯提供相应技术发展和为国产高科技产品走向地区和国际市场作出更大贡献的国家，首先要与主要国际伙伴德法意等国家和美国建立专门的现代化联盟，外交正为实现强国目标营造适宜的国际环境。

外交要为国内的经济发展、为解决国内的经济问题服务，是普京 2000 年上任后提出的任务。普京从苏联和叶利钦时代的外交中吸取教训，强调外交的实用主义原则，一方面，俄罗斯在制定外交目标时要量力而行，与俄罗斯的实力相符；另一方面，要获取经济实惠，得到实际利益。2000 年 6 月 28 日普京批准《俄罗斯对外政策构想》规定："俄罗斯奉行独立自主和建设性的外交政策。这一政策是以连续性、可预测性和互利的务实性为基础的。这一政策具有最大程度的透明度，兼顾其他国家的合法利益并旨在寻求共同的解决办法。"[②] "俄罗斯对外政策的中心任务过去是现在仍然是为深化国内改革创造最佳环境，以便巩固国家，保证国家的经济增长，提高公民生活水平。"[③] 俄罗斯的新外交战略与国内发展的任务紧密联系在一起。

从 2000 年开始，现实主义在俄罗斯外交政策的制定中占据了主导地位。在处理国际关系问题时，意识形态的考虑越来越处于非常次要的位置上，俄罗斯人

---

① Дмитрий Медведев Россия，вперёд! http：//kremlin. ru/news/5413.

② 转引自（俄罗斯）伊·伊万诺夫著，陈凤翔等译：《俄罗斯新外交：对外政策十年》，当代世界出版社 2002 年版，第 151 页。

③ 同上，第 127 页。

已经认识到，由意识形态决定敌友关系是不稳定的，而本国的国家利益、安全态势、地缘政治处境所决定的关系则是相对稳定的，是长期起作用的因素。这一政策转变合乎逻辑的一个结果是俄罗斯在双边交往中强调追求经济利益，在处理国际事务中注意获取经济利益。2001 年 1 月 26 日，普京在外交部发表讲话指出："在外交部和我国其他涉外机构的工作中，经济外交的比重应该增加……必须建立起这样一种在国外推进和保护我们的经济利益的体系，使之能够保障为俄罗斯经济作出最大的贡献，把我们和世界经济实现一体化的各种途径的风险降低到最低。我认为极其重要的是，要让对外政策部门更加注意对最大型的对外经济项目的护驾，注意让它们和国家的利益衔接起来。必须争取在国外为俄罗斯的企业活动创造条件，至少要不比俄罗斯给外国生意界提供的条件差。"① 促进国内经济发展和为俄罗斯企业走向世界创造有利条件，成为俄罗斯外交的法则。在处理对外事务时首先考虑的是经济利益，考虑"外交成本"，外交官要懂经济。普京强调，"我们今天对外政策领域所做的一切都服从于一个主要任务，这就是为俄罗斯经济和我们社会的不断发展创造最为有利的条件。对外政策将越来越转向为国内现实需求服务。所以，在对外政策中，这样一些任务所占的比重不断增加，如保护在国外的俄罗斯公民和同胞的利益。积极促进俄罗斯经贸界走向新的国外市场，发展与其他国家的文化、科技和其他联系"。② 拉夫罗夫外长也声明，俄罗斯奉行务实的对外政策，"它主要服从于国内发展的利益，以发展与外部世界的对话与合作为方针。正是按照这种政策，俄罗斯与美国在反对国际恐怖主义的斗争中成为亲近的盟友，与北约关系发生了质的改变，与欧盟发展战略伙伴关系。"③

梅德韦杰夫上任以来，基本继承了普京时期为国内经济发展服务的对外政策，在 2008 年 7 月 12 日签署的《俄罗斯联邦对外政策构想》中重申，俄罗斯外交"为俄罗斯的现代化、使俄罗斯的经济走上创新发展道路、提高居民的生活水平、整合社会、巩固宪法制度、建设法制国家和民主制度、维护人权和自由，以及保证国家在全球化世界中的竞争力，创造有利的外部条件"。2009 年下半年金

---

① 《普京文集：文章和讲话选集》，中国社会科学出版社 2002 年版，第 252 页。

② （俄罗斯）伊·伊万诺夫著，陈凤翔等译：《俄罗斯新外交：对外政策十年》，第 146 页。

③ Коммерсант. 1 апреля 2004.

融危机开始波及俄罗斯，俄罗斯经济依赖能源原材料的弊端明显暴露出来，梅德韦杰夫重提俄罗斯的现代化问题，提出改变俄罗斯经济的落后性质，实现经济的现代化。为此，梅德韦杰夫更强调外交为现代化服务，他在 2010 年 11 月 30 日的国情咨文中特别强调，“我们还需要扩大经济外交，将其成果同现代化的实际利益直接挂钩”，“俄外交不仅应体现在导弹上，还应体现在老百姓能够理解的具体成就上，诸如在俄罗斯境内成立合资企业、生产质优价廉的产品、增加现代化工业岗位和简化签证制度”。[①]

与现代化战略相联系，俄罗斯外交发生了新的变化。俄罗斯不再锋芒毕露，对西方国家的态度缓和，双方关系的重心从政治与军事安全转向了务实的经济合作，双方的共识在增加，俄罗斯总统再次强调了国家的欧洲属性。虽然俄美在独联体仍存在争夺，但也不再针锋相对。

以实现现代化为出发点发展与各国的关系

2010 年 5 月外交部在向总统梅德韦杰夫提交的《在系统基础上有效利用外交因素推动俄罗斯联邦长期发展的计划》中，确定了为现代化服务的全方位外交方针：“与其他国家和国家联合体发展互利的双边及多边伙伴关系，以实现俄罗斯的现代化及长期发展目标，包括与俄的主要欧洲伙伴乃至欧盟建立‘现代化联盟’，利用美国的技术实力、打破该国一直以来对俄转让高技术的限制，与巴西、印度、中国、韩国、新加坡等若干国家结成技术伙伴或联盟关系。”[②] 现代化的资金和技术主要有赖于西方发达国家，加强与西方发达国家的经济贸易往来是俄罗斯新外交的重点。

俄罗斯首先重视发展与欧盟国家，特别是法德等国家的关系。俄罗斯一直视欧盟为最主要的伙伴，双方的年贸易额超过 2000 亿欧元，建立俄罗斯与欧盟的现代化伙伴关系，是俄欧关系未来发展的重心。俄罗斯经济发展部制定了同欧盟进行合作的“现代化伙伴”计划，欧盟向俄方提出了 10 条合作原则，包括法律的至上地位、建立多元化有竞争力的经济、巩固科研领域合作、提高直接投资、

---

① Послание Президента Федеральному Собранию，http：//www.kremlin.ru/news/9637.

② http：//www.runewsweek.ru/country/34184.

市场一体化、俄罗斯加入全球贸易体系、促进人员间联系等。这些原则基本被俄罗斯接受。在2010年6月举行的第25届俄罗斯—欧盟峰会上，双方领导人围绕俄罗斯现代化进程、俄罗斯加入世贸组织以及互免签证等问题进行了磋商。欧盟领导人也称俄为“战略伙伴”，认为双边关系无须“重启”而应“快进”。在6月1日发表的第25次俄罗斯—欧盟峰会联合声明中，双方宣布启动现代化伙伴关系倡议，俄欧将致力于“增加双边贸易和投资、促进世界经济自由化和增强竞争力”，在“平衡的民主和法制基础上共同寻找应对现今挑战的方法”。声明责成相关部门着手制订工作计划，将在各层次对话基础上对现代化伙伴关系倡议的实施进行定期监督并交换意见。目前俄罗斯与欧盟有关缔结合作与伙伴关系基础文件草案所进行的对话已取得实质性进展。2010年12月，欧盟与俄罗斯正式签署了支持俄加入世贸组织的协议。

2010年11月，北约成员国领导人在里斯本召开峰会，批准了北约战略新概念，明确表示，北约希望与俄建立“真正的战略伙伴关系”。11月20日，俄总统梅德韦杰夫参加了此次北约峰会，这也是2008年俄格冲突后，北约和俄罗斯领导人的首次会晤，北约愿与俄讨论欧洲共同反导计划，双方将恢复此前在战区反导系统方面的合作，同时研究在领土反导系统方面合作的可能性。除反导系统外，俄罗斯还同意扩大与北约在阿富汗问题上的合作，包括拓展北约经俄罗斯境内的运输通道，加强培训阿富汗禁毒人员等。尽管俄罗斯与欧盟和北约的关系还存在许多问题，但对话与合作、相互照顾对方的利益将是主要趋势。

俄罗斯同样把发展与美国的经济关系提到了重要地位。在俄美以往的交往中，主要集中在政治与安全领域，两国的经贸关系很弱，自1991年苏联解体以来，俄罗斯共引入2658亿美元外资，而美国仅占其中的3%，2009年俄美贸易额只有160亿美元。奥巴马上任为俄罗斯提供了改善与西方国家关系的契机。奥巴马改变了布什的“单边主义”政策，强调国际协调与多边合作的重要性，他明确表示：“美国在21世纪面临的主要问题和威胁无法通过一个国家单独解决，甚至无法通过与传统盟友的合作得到解决，而是必须通过与大多数国家和国际组织的合作来解决。”在这一背景下，陷入僵局的俄美关系在奥巴马上任后实现了“重启”。2010年4月俄美两国元首签署了《削减和限制进攻性战略武器条约》，在年底得到了两国议会的批准。

在2010年6月22—25日对美国进行访问时，梅德韦杰夫与奥巴马谈的主要话题是经济。梅德韦杰夫首先参观了加州的硅谷，会见了数个硅谷公司的代表，表达了俄罗斯与美国公司加强经济合作的强烈愿望。思科公司总裁向梅德韦杰夫承诺，将在未来10年投资10亿美元推动俄罗斯发展创意科技产业。俄美领导人达成协议，俄方同意对美国重新开放禽肉市场；美国则支持俄罗斯在2010年秋天以前解决加入世界贸易组织的技术性问题。奥巴马对俄罗斯决定购买50架波音—737客机表示高兴，这项价值40亿美元的订单将为美国创造4.4万个就业机会。值得注意的是，奥巴马和梅德韦杰夫已经是第七次见面，两人会谈长达数小时，两国元首中午竟然到华盛顿附近弗吉尼亚州阿灵顿县的一家快餐厅吃汉堡，共享一份薯条，像亲密的老朋友一样无拘无束。美国总统奥巴马则高调宣称支持俄罗斯加入世贸组织。同年10月，俄美双方确认两国已结束俄罗斯加入世贸组织谈判。美国科学家和商人对参与斯科尔科沃项目也表现出了积极性，10月，梅德韦杰夫在莫斯科亲自驾车带加州州长施瓦辛格及其随行企业家参观斯科尔科沃。俄罗斯的天然气管网和石油管道被列入为保障美国安全需要保护的全球设施。俄美关系有了很大改善，在民主人权等价值观方面双方不再争斗，梅德韦杰夫极力向西方表明，俄罗斯在价值观上与西方国家没有实质区别。

一向对西方强硬的普京总理，对西方的态度也开始发生了变化，他不再颂扬斯大林的强国思想，承认斯大林“极权主义政权”的残酷无情，真诚地对卡廷事件的遇难者进行悼念，甚至以单膝跪地的方式整理为这些遇难者所献花圈的挽联，表示希望与欧洲和美国达成贸易和贷款的协议。

加强独联体地区的一体化建设，是俄现代化外交的重要内容。梅德韦杰夫强调，“在与西方国家积极展开合作的同时，我们也要深化与欧亚经济共同体、集体安全条约组织和独联体国家的合作。他们是我们最亲密的战略合作伙伴。我们同他们在经济体现代化、保障区域安全和建立更加公平的世界秩序方面有着共同的使命。我们也应该发展与上海合作组织和金砖四国的全球合作伙伴关系”。①

2009年11月27日，俄罗斯、白俄罗斯、哈萨克斯坦三国元首签署了《关税同盟海关法典》，这标志着“俄白哈关税同盟”正式成立。2010年7月1日，俄罗斯和哈萨克斯坦关税同盟海关法条约正式生效，根据这一条约，从2010年7月1日至2011年7月1日，俄哈两国之间的通关货物将不再办理海关手续；从

① Дмитрий Медведев, Россия, вперёд! http://kremlin.ru/news/5413.

2011 年 7 月 1 日起，俄哈将建立统一经济空间，完全取消双方边境的海关检查站。7 月 6 日，俄白哈三国总统达成协议，俄白哈三国关税同盟海关法正式生效。这也意味着俄白哈三国关税同盟正式建立，这是三国实现经济一体化的重要一步。俄罗斯希望以俄白哈三国关税同盟为契机，进一步促进独联体地区的经济一体化，2011 年 10 月普京专门发表文章强调："建设海关同盟与统一经济空间为将来创建欧亚同盟奠定基础，与此同时，逐步扩大关税同盟和统一经济空间的成员国。我们并不会就此停止，而会给自己提出更加雄心勃勃的任务：达到下一阶段更高的一体化水平——迈向欧亚同盟。"①

俄罗斯同样重视亚洲，"双头鹰"外交变得名副其实。普京认为："下一个世纪——对亚太地区而言，这是充满新机遇的时代；对于俄罗斯而言，它面前呈现出了新东方前景，我们将毫无条件地发展和积极参与把这一地区变为我们的共同家园的进程。"② 俄罗斯著名东方学家奥弗钦尼科夫认为，"俄罗斯远东地区要摆脱停滞局面、实现经济发展，中国的劳动力资源是必需的。我们要抓住邻国经济飞速发展的契机，使西伯利亚这节车厢挂到正在提速的中国列车上。对我们而言，这的确是件好事"。"双头鹰图案出现在俄罗斯国徽上并非偶然，我们应当将目光同时瞄准东西方。目前，中国是世界上发展最为迅速的国家，它迟早会成为超级大国。我们应当理智一些，利用中国迅速发展的契机，为俄罗斯谋利，同时不能失去我们在中国所拥有的巨大道德威信"。③

梅德韦杰夫强调俄罗斯要搭上亚洲这辆飞速发展的经济快车，借助中国加快西伯利亚和远东地区的开发。2010 年中俄贸易总额为 554.5 亿美元，已接近国际金融危机前水平（2008 年为 568.3 亿美元），较 2009 年增长 43.1%。俄罗斯是第一个实现人民币直接挂牌交易的境外国家。2010 年 9 月梅德韦杰夫对华进行了国事访问，中俄发表了深化战略协作伙伴关系的联合声明，再次表示在涉及国家主权、统一和领土完整等两国核心利益问题上相互支持。中俄能源合作进展顺利，中俄原油管道工程于 2010 年 9 月 27 日竣工，两国元首共同出席了竣工仪式。2011 年 10 月普京与温家宝总理签署《中华人民共和国政府和俄罗斯联邦政

---

① （俄罗斯）《消息报》2011 年 10 月 4 日。

② 《普京文集：文章和讲话选集》，第 200 页。

③ www.rg.ru/2006/08/04/expert.html.

府关于经济现代化领域合作备忘录》，中俄两国各具优势，俄罗斯在原子能、航天和航空领域领先，而中国在高速铁路、造船、电力设备生产和新能源等方面远远超过俄罗斯。

俄罗斯也加强了与其他亚洲国家的关系。俄印关系十分密切，2010 年 3 月普京访印期间，双方签署了有关加强防务、核能和技术合作的一系列协议，其中包括俄向印出售“戈尔什科夫海军上将”号航母和 29 架用于该航母的米格－29K 战斗机的协议，这两笔交易价值近 40 亿美元。加上核能合作协议，两国签署的协议总值约 70 亿美元，俄罗斯将帮助印度建造 12 座核电厂并扩建在建的利用俄罗斯核技术的电厂。2010 年 10 月，双方还举行了代号为“因陀罗 2010”的俄印联合反恐演习。

俄日双方虽然在北方四岛问题上分歧很大，俄罗斯表现了强硬的立场，但也表示希望加强与日本的经济合作，将同日方在南千岛群岛联合实施一些经济项目。俄罗斯还加强了朝韩双方的合作，计划修建通过朝鲜向韩国供应天然气的管道。2010 年 11 月梅德韦杰夫访问韩国时，俄韩签署了现代化合作备忘录。

俄罗斯现代化新外交面临的挑战

在国际金融危机的影响下，美国与欧洲大国经济实力明显下降，在解决伊拉克、阿富汗、伊朗和中东、北非等问题上需要争取俄罗斯支持，共同打击基地组织和其他恐怖威胁，因此，俄罗斯提出的建立现代化联盟的倡议得到了西方强国的响应，双方的关系有了明显的改善。但是，俄罗斯所期望的通过改善与西方强国的关系，吸引西方的资金和先进技术，缩小同西方发达国家的差距并实现跨越式发展，能否真正实现，还有待观察。俄罗斯与西方强国间的结构性矛盾仍然存在，双方在北约东扩、在欧洲部署反导系统、俄罗斯的未来发展前景等问题上仍存在很大分歧，特别是普京即将于 2012 年重返克里姆林宫，西方对俄罗斯的戒心不会消失，俄罗斯的现代化外交面临许多挑战。

第一，俄美两国在根本战略目标上仍存在分歧。美国没有也不可能放弃领导世界的战略目标，其超级大国的地位在相当长时期内也不会改变；俄罗斯外交虽然变得温和与灵活了，但其大国战略也未改变。俄美之间的分歧仍然存在，在出访美国前一周，梅德韦杰夫在接受美《华尔街日报》专访时表示，马纳斯空军基地“不应该永远存在”，北大西洋公约组织在阿富汗的行动结束后，美国应该停止使用这一基地。奥巴马也承认美俄两国在诸如格鲁吉亚等问题上仍存分歧。2010年12月底，俄罗斯法院第二次判决前首富霍多尔科夫斯基有罪后，美国国务卿希拉里·克林顿立即指责俄罗斯用政治干预法律，滥用司法。德国外长也批评“俄罗斯现代化倒退”。

第二，俄罗斯同北约关系并未发生实质性改变，彼此依旧相互防范。2010年年底，北约继续制定东扩战略，乌克兰和格鲁吉亚仍是北约东扩的目标。北约在里斯本峰会上刚刚签署战略新概念文件，并表示同俄罗斯建立“真正的战略伙伴关系”，“维基解密”网站就爆料出北约秘密制定的防范俄罗斯入侵波罗的海沿岸国家的防卫计划。在反导问题上，俄罗斯同北约至今仍未达成一致。对于俄罗斯提出的缔结欧洲安全条约的建议，北约不予理睬，仍坚持在建立欧洲安全体制方面把俄罗斯排除在外。俄欧关系并不令俄罗斯满意，俄欧谈判多年的关于俄罗斯公民赴欧盟免签证问题，至今仍未解决。只要阻碍人员和商业往来的障碍继续存在，欧盟与俄罗斯就不可能建立真正的伙伴关系。

第三，西方强国也未放弃与俄罗斯在独联体内的争夺。对于俄罗斯加强独联体经济一体化的措施，特别是建立俄白哈三国关税同盟，普京欲把这一同盟扩大，西方担心“苏联”复活。对于俄罗斯把独联体视为自己特殊利益地区的行为，美国也坚决反对。

第四，俄日在北方四岛上的争端，妨碍了俄罗斯获取日本的技术和资金，俄日间的贸易规模与两国的实力不相称。在北方四岛问题上，俄日双方的态度都很强硬，没有多少缓和的余地，这个问题短期内很难解决。

第五，俄罗斯国内局势的发展也影响其现代化外交的实现。在现代化的方法和步骤上，梅德韦杰夫与普京有明显的区别。如普京对国内体制外反对派的态度强硬，而梅德韦杰夫则要缓和得多，认为他们只要不破坏国家的法律就有权存在；普京对国有企业持支持的态度，梅德韦杰夫则对此有许多批评，重新启动了私有化计划。梅德韦杰夫自己也不讳言这种差别，他在2011年5月18日举行的大型记者招待会上谈到这个问题时说：“我所说的我与普京总理在战略上的观点相近或一致，是指我们有相同的教育背景、相近的价值观，我们都希望国家发展，人民幸福。但这不是说我们的策略立场完全一致。我认为，这很好，因为真理总是在问题、立场的碰撞甚至冲突中产生的，这是进步的保证。比如在现代化问题上，普京总理认为，现代化应是平静的、渐进的。而我认为，我们有机会有实力快速实现现代化，只要不损害已取得的成绩。”[①] 2012 年“梅普组合”变身为“普梅组合”后，虽然俄罗斯的内外政策不会有根本性的变化，但方式方法上也会有所改变，俄罗斯与西方的关系能否保持现在这样的势头，值得关注。

① Пресс—конференция Президента России，http：//www. kremlin. ru/news/11259.

62. 为什么俄罗斯的能源战略和能源外交备受关注？

左凤荣

第二次世界大战后，石油就成为最受欢迎和不可或缺的能源。在20世纪70年代发生石油危机后，苏联就成为世界石油市场的重要玩家，80年代中期以后，随着国际市场油价走低，苏联的能源工业遭受了很大打击，苏联解体后，这一进程延续下来了。1999年以后，随着国际市场油价走高，俄罗斯的能源工业也得到了恢复和发展，成为国民经济的重要支柱，俄罗斯的油气产量逐年提高，俄罗斯在国际能源市场的地位与作用日益突出。

俄罗斯在世界能源市场占有重要地位

世界石油生产的中心长期在中东，欧佩克国家成为世界主要的石油生产国，世界石油市场被欧美国家和欧佩克国家所控制。但是，随着俄罗斯石油生产的恢复、里海地区和西非地区石油的开采，世界石油市场的格局逐步多元化，形成了美国、欧佩克、俄罗斯、里海、北非几方争雄的局面。在石油消费方面，美国仍然是最大的消费国；日本和欧盟的石油消费的对外依存度越来越高；中国和印度经济的不断发展，对石油的需求也逐步攀升，亚太地区成为新的能源需求增长中心。

俄罗斯是大国中唯一不需要进口能源并拥有丰富能源的大国，“俄罗斯的天然气、石油、煤和铀分别占世界储量的1/3、1/10、1/5和14%”。[①] 国际社会的估计高于俄罗斯自己的估计，一般认为俄罗斯的石油和天然气储量分别占世界总储量的13%和35%。石油和天然气的开采和出口对俄经济发展起着举足轻重的作用。

石油是不可再生和不可替代的资源，1999年以来，特别是2003年以来，全球石油价格大幅度上涨，突显了俄罗斯作为能源产地的作用，俄罗斯对国际能源市场的影响增强。1973年和1979年两次石油危机时，由于能源供应紧张，石油价格分别上涨3倍和11倍。1980年以后石油价格大幅下降，1990年海湾战争结束后石油价格降至相当低的水平，1998年年底每桶原油价格跌至10美元的低点。此后，亚洲金融危机和欧佩克严格控制产量导致石油价格明显回升，低油价时期宣告结束。这为俄罗斯经济的恢复和俄罗斯在世界能源市场上发挥重要作用提供了良好的客观条件。在世界能源市场上，许多国家严重依赖俄罗斯的能源，其具体情况可见下表：

世界各国对俄罗斯的石油依赖情况[②]

国家	从俄罗斯进口石油情况（万吨）	占该国需求比重%	占该国进口比重%
俄罗斯石油的附庸国			
拉脱维亚	186.6	100.0	100.0
立陶宛	866.1	100.0	100.0
斯洛伐克	555.1	98.8	99.2
波兰	1718.1	98.3	99.4
乌克兰	1909.1	90.6	100
匈牙利	527.3	79.7	100
芬兰	769.2	69.9	70.4
捷克	445.2	67.7	69.4
哈萨克斯坦	315.3	53.3	100

① 《2020年前俄罗斯能源战略》，转引自《俄罗斯经济发展规划文件汇编》，世界知识出版社2005年版，第200页。

② 转引自：www.ng.ru/economics/2005－12－16。

续表

国家	从俄罗斯进口石油情况（万吨）	占该国需求比重%	占该国进口比重%
对俄罗斯依赖程度高的国家			
保加利亚	241.1	46.1	46.2
克罗地亚	211.6	43.8	54.3
瑞典	180.9	40	40
罗马尼亚	399.7	29.8	62.8
对俄罗斯依赖程度中等的国家			
德国	2639.5	24.2	24.8
奥地利	214.9	24.1	29.3
意大利	2090.7	23.5	24.9
荷兰	1086.4	21.5	22.4
瑞典	403.0	19.5	19.5
以色列	166.7	17.4	17.4
塞尔维亚和黑山	42.3	16.1	22.6
土耳其	362.7	13.6	15.1
摩洛哥	83.8	13.2	13.2
希腊	138.7	7	7
法国	553.1	6.4	6.5
对俄罗斯石油依赖程度低的国家			
西班牙	314.5	5.5	5.5
英国	333	4.3	23.8
埃及	106.4	3.9	20.4
中国	736.5	3.2	10.6
葡萄牙	38	3	3
比利时	75.1	2.1	2.1
韩国	151.5	1.4	1.4
美国	788.6	1	1.5
挪威	11.3	0.8	2.9
日本	144.2	0.7	0.7
印度	13.5	0.1	0.2

从上表中可以看出，原苏联地区各国、中东欧国家和西欧国家基本上都严重依赖俄罗斯的石油，特别是与俄罗斯矛盾重重的波罗的海国家、乌克兰、波兰等都严重依赖俄罗斯的石油，因此，它们与俄罗斯的关系常常受到这一因素的影响。美国、英国这些西方国家对俄罗斯的能源依赖程度低，在对俄罗斯政策方面较少受到能源因素的影响。中国、印度这些新兴的能源需求大国是俄罗斯需要开发的新市场。

与石油相比，俄罗斯在天然气市场上占有更大的优势，俄罗斯工业和能源部提供的资料，俄罗斯在世界天然气储量中占 34%，居世界第一，按现在的开采水平，俄罗斯天然气可以开采 81 年。根据美国人提供的资料，俄罗斯的天然气占世界储量的 27%—30%。根据 BP 提供的资料，天然气储量占世界前五位的国家是：俄罗斯的天然气储量有 47 万亿立方米，占世界储量的 26.7%，伊朗 26.69 万亿立方米，占世界储量的 15.2%，卡塔尔 25.77 万亿立方米，占世界的 14.7%，沙特阿拉伯储量有 6.68 万亿立方米，占 3.8%，阿联酋的天然气储量有 6.06 万亿立方米，占世界的 3.4%。俄罗斯远远排在其他国家前面。[①]

世界各国对俄罗斯天然气的需求情况[②]

国家	从俄罗斯进口的数量（亿立方米）	占其国内消费的比重%	占其进口的比重%
俄罗斯天然气的附庸国			
摩尔多瓦	27	24.5	100.0
塞尔维亚和黑山	23	100.0	100.0
爱沙尼亚	9	100.0	100.0
保加利亚	31	99.6	100.0
芬兰	43	99.2	100.0
拉脱维亚	15	93.8	93.8
立陶宛	29	93.2	93.5
希腊	22	90.0	80.0

① СимоновК. В. Энергетическая сверхдержава М. 2006. С. 18，20—21.

② 转引自：www. ng. ru/economics/2005—12—16。

续表

国家	从俄罗斯进口的数量（亿立方米）	占其国内消费的比重%	占其进口的比重%
斯洛伐克	58	85.6	78.5
捷克	68	76.5	69.4
匈牙利	93	71.5	84.9
土耳其	145	65.3	65.3
奥地利	60	63.5	76.9
白俄罗斯	102	55.3	51.5
对俄罗斯天然气高度依赖的国家			
乌克兰	343	48.5	58.4
波兰	63	47.6	69.2
德国	373	43.4	40.6
法国	133	29.8	29.8
意大利	216	29.5	35.2
对俄罗斯天然气依赖程度中等的国家			
罗马尼亚	41	21.8	69.5
瑞典	3	10.0	10.3

从上表中可以看出，有20个国家对俄罗斯天然气的依赖程度超过其国内消费比重的1/5，这里不仅有前苏联的加盟共和国，也有德国、法国、意大利等欧洲国家，随着欧洲各国对清洁能源需求的增加，俄罗斯的天然气生产国的地位会更加重要。与石油相比，天然气是更有前途的清洁能源，更重要的是其定价机制并未形成，俄罗斯在尚未成熟的国际天然气市场上拥有更多的发言权和决定权，它不仅能够影响世界天然气市场的行情，还可以通过扩大天然气出口，深入到输配气网络之中，从而影响天然气进口国的电力生产、天然气加工等领域。

正是因为俄罗斯在石油、天然气方面占有举足轻重的地位，在振兴俄罗斯的过程中，俄罗斯领导人也特别注意打能源这张牌。

以能源为手段增强国际地位

苏联解体后，俄罗斯的实力下降，它的国际地位也在下降，其保持大国地位的主要武器有两个，一个是丰富的能源，另一个是先进的核武器。随着国际市场油价的上涨，普京总统越发重视能源作为政治武器的作用，把它当成影响国际政治的主要手段。俄罗斯外交部新闻司司长卡梅宁指出："能源因素在国际事务中的重要性大大提高了。问题甚至并不在于俄罗斯石油和天然气的稳定供应是整个地区，首先是全欧洲保持经济稳定发展的重要因素。在世界上其他许多能源产地的军事政治形势处于不稳定状态的情况下，俄罗斯这个最大和可靠的能源供应者的作用将会越来越大。这里涉及的实际上是全球经济稳定问题。我们充分认识到自己在这方面的责任。"①

俄罗斯政府于2003年制订了《2020年前俄罗斯能源战略》，规定俄罗斯对外能源政策的总体目标是：保障国家能源安全，加强俄罗斯国家的对外经济和地缘政治地位；加强俄罗斯公司在国际能源市场上的地位；通过对外政策手段支持国家平等参与国际能源合作。俄罗斯的"一项具有战略意义的任务是，加强俄罗斯在世界能源市场和邻国天然气市场的地位。这样做的目的是，在未来20年内最大限度地实现国内能源动力综合体出口的潜力，既为保障国家经济安全做出贡献，又使俄罗斯最终成为欧洲和国际社会稳定和可靠的合作伙伴。在2020年前一个新出现的因素是，俄罗斯将会作为强大的能源供应国参与保障国际能源安全"。② 在筹备2006年G8峰会期间，俄罗斯利用担任主办国的机会，凭借俄罗斯在能源市场上的影响，在峰会上阐述了俄罗斯的"能源安全"概念，主张以供需国之间的长期合同来保障能源供需稳定。

俄罗斯最有前途的能源是天然气，俄罗斯已探明的储量供应时间为90年，按预测储量则为100年，而且随着环境保护的加强，未来对天然气的需求会大幅度地增加。此外，煤炭、电力也是俄罗斯的主要出口能源产品，在核能方面，俄罗斯拥有雄厚的技术和工业基础、大量的铀矿产地和核燃料库存量，俄罗斯在国

---

① Международная жизнь. №12. 2006. C. 6.

② 《2020年前俄罗斯能源战略》，转引自《俄罗斯经济发展规划文件汇编》，第228页。

际核能市场上占有重要地位，在与伊朗、中国、印度等国的核合作方面，俄罗斯取得了重要进展。

随着作为清洁能源的天然气在经济和日常生活中的地位与作用日益重要，作为世界第一大天然气出口国，俄罗斯有意打造“天然气欧佩克”。2002 年 2 月，普京总统建议仿效欧佩克这个石油输出国组织，成立欧亚天然气生产国联盟。这个组织应该涵盖欧亚地区，俄罗斯、土库曼斯坦、乌兹别克斯坦和哈萨克斯坦应该成为这个联盟的骨干。[①] 这些国家统一向欧洲出口天然气，可以得到更优惠的价格，协调开采量，保证市场的长期稳定。根据普京的建议，这样的组织可以通过中亚国家和俄罗斯在天然气领域签署协议和声明来体现，在 2002 年俄罗斯、土库曼斯坦、乌兹别克斯坦和哈萨克斯坦声明在天然气生产和运输领域实行统一的政策，普京指出：“这些协定不具有国际强制性质，但它是重要的一步，不能不成为世界能源圈里的一个标志。”[②] 普京注意加强了与非欧佩克能源生产国的联系。支持建立上海合作组织能源俱乐部，俄罗斯、哈萨克斯坦、乌兹别克斯坦和伊朗是石油和天然气储量丰富的国家，出口的石油和天然气在国际市场上具有举足轻重的作用；而上海合作组织中的中国、印度是油气需求大国。2006 年 6 月 15 日在上海合作组织峰会期间，普京与伊朗总统艾哈迈德·内贾德在上海会晤，后者宣布：如果在确定天然气价格和重要的天然气运输线方面，伊朗和俄罗斯加强合作会更有成效。西方担心形成俄伊天然气卡特尔，对自己不利。普京要建立天然气欧佩克的意图值得注意。

麦克·科拉尔在《石油和血：美国日益增长的石油依赖的危险与后果》一书中说：世界进入了“新时代，能源代替核武器成为为建立超级大国而竞争的重要手段”。[③] 尽管科拉尔的比喻有些过头，但能源在国际政治中的重要性确实在日益提高，俄罗斯作为能源大国的国际影响在增强。俄罗斯不断利用能源手段对世界施加影响，俄乌天然气之争、俄罗斯与白俄罗斯石油价格之争都是重要表现，在 2008 年俄格战争中，欧洲没有与美国步调一致，很大程度上也是因为对俄能源的依赖，俄罗斯 67% 的天然气都是出口到欧洲的。普京打造能源帝国，以能

① Известия. 28 февраля 2002.

② Морозов С. С. Дипломатия В. В. ПутинаСПБ. 2004. С. 216.

③ Андрей Терехов，Энергетический удар НАТО，Независимая газета，30 ноября 2006.

源影响国际政治，但是，金融危机的发生使俄罗斯能源地位有所下降。

2008年发生的金融危机，对俄罗斯经济是个沉重打击，尽管俄罗斯石油的出口量并未减少，收入却大大减少了，如：2009年1月到6月，俄石油出口与2008年同期相比增加了0.2%，几乎达到1.23亿吨，可出口原油的价值却缩减了51.6%。在经济不景气的情况下，欧洲国家减少了对俄的能源需求。为了应对新的挑战，2009年8月27日俄罗斯联邦政府讨论通过，11月13日正式批准了《2030年前能源战略》，提出俄能源战略的主要目标将从常规的石油、天然气、煤炭等转向非常规的核能、太阳能和风能等。

追求自身利益最大化的能源外交

俄罗斯能源外交可分为国际、地区和双边几个层次。在国际层次上，俄罗斯致力于在全球范围内参与国际能源合作，作为重要的能源出口国和“八国集团”成员，俄罗斯在全球拥有能源利益，因此，俄罗斯积极参与国际能源政策的制订与协调。在地区和双边方面，俄罗斯积极发挥能源大国的影响作用，在此，俄罗斯与能源生产国、消费国和过境国都有重大的利益关系，这里涉及原苏联空间内各国间的复杂关系和俄罗斯的独特作用，涉及里海地区、中亚、中东、东欧、西欧、波罗的海、亚太地区等等，俄罗斯政府的总体规划是立足于能源出口的多元化，具体而言是稳定西欧和独联体传统市场，开拓东方新市场，突破北美市场，稳定能源价格，控制能源通道，全方位发挥俄罗斯的作用。

1. 俄罗斯与独联体国家的能源外交最为错综复杂

俄罗斯正在利用能源影响地缘，在实用主义、追求俄罗斯经济利益的基础上改变前苏联加盟共和国之间的政治经济关系，俄罗斯不再扮演廉价能源供应者的角色。一直以来，俄罗斯以优惠价格向前苏联国家供应廉价天然气，但2003年年底格鲁吉亚和2004年年底乌克兰发生权力更迭，此后它们均奉行倒向西方、对俄不友好的政策，加快了靠近北约的步伐。2005年12月初，乌克兰联合格鲁吉亚等国创立了“民主选择共同体”，俄方认为这是要给俄罗斯营造一个从波罗的海到黑海以及里海的包围圈。在这一背景下，俄罗斯借天然气供应问题向乌克兰发难。俄罗斯曾多次向乌克兰提出提高天然气价格的问题，但乌克兰置之不理，2006年1月1日俄罗斯切断对乌克兰的优惠天然气供应。

乌克兰之所以在天然气问题上表现十分强硬，主要是因为乌克兰把守着俄罗斯向欧洲出口天然气的咽喉要道，俄罗斯向欧洲出口的天然气80%都要过境乌克兰。乌克兰境内有5条天然气管道，其中3条是为德国供应天然气的。此举影响了对欧洲的天然气供应，捷克、斯洛文尼亚、奥地利、波兰、匈牙利、罗马尼亚和德国等13个国家感受到了输气管道中俄罗斯天然气的压力骤然降低。因此，欧盟关注俄乌天然气之争。西方国家在俄乌天然气争端中显然站在乌克兰一边，认为这是俄罗斯对乌克兰亲西方举动的惩罚，并把这看成是俄罗斯将能源变成武器的一次尝试，指责普京用能源手段对邻国施压，普京对此回应说："我们来直截了当和坦诚地谈问题，西方朋友支持乌克兰的'橙色'事件，那里发生的情况我们大家都看到了，有很多问题，如果你们想支持它的话，就该由你们来付钱，干吗由俄罗斯来埋单?""这些年来，俄罗斯每年给乌克兰经济的补贴有30亿—50亿美元，每年我们都提出应当向市场价格过渡。让我们来按统一的规矩办事。为什么德国消费者应当付250美元，而乌克兰消费者只支付50美元。如果你们愿意，就自己去送礼吧，从自己纳税人的口袋里掏钱。我们绝不反对，掏钱吧。"① 最终，乌克兰接受俄罗斯提出的价格，同意与俄罗斯组建一家合资公司共同经营天然气的输送管道。从2006年1月起，俄罗斯出口到乌克兰的天然气价格从每千立方米50美元上涨到95美元，俄天然气经乌克兰境内出口到欧盟国家的过境费由原来的每千立方米/百公里1.09美元提高至1.6美元。

俄乌天然气争端到2008年年底再起，俄方称乌克兰石油天然气公司2008年11月和12月拖欠俄方款项以及滞纳金合计超过20亿美元，其中17亿美元是天然气欠款，另外4.5亿美元为滞纳金。2009年1月1日，俄罗斯切断了对乌克兰的天然气供应，7日，又停止经乌向欧盟供应天然气。经过艰难的谈判，1月19日，俄天然气工业股份公司与乌克兰石油天然气公司在莫斯科签署了2009年至2019年天然气购销合同。俄方同意2009年对乌供气价格将在欧洲价格基础上给予20%的折扣，而乌方同意2009年俄过境乌对欧洲输气的费率维持2008年标准不变。此后，俄罗斯恢复了过境乌克兰对欧洲输送天然气。乌克兰对俄天然气需求量大，加之本国经济困难，对于天然气价格一直不满意。2010年4月俄乌两国总统达成协议，俄罗斯同意在原合同价格基础上降价约30%向乌克兰出售天

---

① ИТАР—ТАСС. 2006/06/03.

然气，而乌克兰同意把俄罗斯黑海舰队在乌境内驻扎的期限延长25年，并且在该期限届满后双方有权选择是否再延长5年。

但是，俄乌天然气争端并未结束。2010年12月以后，乌克兰总检察院不断向已卸任总理季莫申科发出问讯，2011年8月5日，基辅一家地区法院因季莫申科“干扰庭审”将其逮捕。季莫申科面临多项指控，其中最严重的一项就是2009年签署的“天然气协议”。乌检方指控其使乌进口俄天然气的价格高于许多欧洲国家，这份10年期协议让乌克兰蒙受约合4.4亿美元的巨大“经济损失”，而且季莫申科签署协议时未获得乌内阁的批准。乌方希望对俄乌天然气协议内容进行修改，以降低天然气价格。2011年8月11日，俄乌两国总统举行天然气问题谈判，无果而终。为了少受制于人，乌克兰总理提出用煤炭代替天然气，准备大幅削减对俄罗斯天然气的进口。

俄乌天然气争端的背后，有重要的政治原因，俄罗斯希望乌克兰加入俄白哈关税同盟，实现俄乌天然气公司合并，乌克兰则认为加入关税同盟与加入世贸组织矛盾，与俄公司合并则是出卖乌克兰的国家主权。乌方提议与关税同盟进行“3＋1”合作，两国能源公司的合作仅限于建立双方入股的合资企业。

从俄乌天然气争端中我们可以看到，能源的主动权掌握在生产国手中，乌克兰每年消耗天然气约800亿立方米，其中30％以上来自俄罗斯，2010年从俄进口了大约365亿立方米。俄罗斯的天然气在乌克兰经济中起着无法取代的作用，俄罗斯在这场争端中达到了自己的目的，摒弃了“天然气慈善”政策，增加了国家财政收入，也增加了在国际能源领域讨价还价的筹码。

俄罗斯有意垄断中亚内陆油气生产国的过境运输。2005年11月11日，俄罗斯天然气工业公司与哈油气公司所属的“中亚国际天然气公司”签署《2006—2010年哈境内天然气运输合同》，利用“中亚—中央”和“布哈拉—乌拉尔”管道运输俄罗斯和中亚的天然气，由哈俄天然气合营公司利用统一的出口通道执行共同的营销政策。2006年5月20日，俄罗斯与哈萨克斯坦达成哈天然气出口价格协议，普京同意俄收购哈天然气的价格从原来的哈俄边界交货价41—50美元/立方米，提高到138—140美元/立方米。2005年哈萨克斯坦生产140亿立方米天然气，其中80亿对俄出口。土库曼斯坦的天然气也主要通过俄罗斯的管道出口。

独联体国家分能源生产国、能源进口国以及能源过境国，俄罗斯对它们采取不同政策。对于能源生产国，比如哈萨克和土库曼，俄罗斯采取了是拉拢控制的手段。而对后两类国家，则是强权控制，一方面，取消以往的优惠，靠能源价格居高不下大获其利，另一方面，加快收购过境国家的管线基础设施，将运输通道掌握在自己手中。

由于地缘政治的优势和长期生活在一个国家形成的共同的利益和文化传统，俄罗斯在独联体范围内仍是起主导作用的国家。当然，俄罗斯在独联体的能源政策也面临着重要挑战，原因之一是这些国家都是独立的国家，并不愿受俄罗斯的完全控制，哈萨克斯坦尽管与俄罗斯关系很好，但其奉行的是全方位的外交政策，其能源战略是出口多元化，防止为俄罗斯一家所控制。美国、欧盟正在做哈萨克斯坦的工作，希望哈萨克斯坦为巴库—第比利斯—杰伊汉管道注油，同意修建通向欧洲的天然气管道，哈萨克有意修建一条跨里海的天然气管道，与巴库—第比利斯—埃鲁祖鲁姆天然气管道相通。哈萨克斯坦还表示要在 2015 年通过土耳其每年向欧洲提供 200 亿立方米的天然气。但由于里海五国至今没有解决划界问题，管道的修建受到限制。中国也是中亚地区的重要角色，俄罗斯卢克石油公司与中国竞争哈萨克斯坦的石油，俄阻挠中国公司收购哈萨克斯坦的石油公司和北布扎奇油田。对于中国与土库曼斯坦等国进行的天然气合作，影响了俄罗斯垄断中亚天然气的出口，俄罗斯方面也不满意。但是，俄罗斯也无法阻止中国与中亚国家能源贸易关系的发展。2010 年中哈原油管道实现输油 1008 万吨，双方正在为 2013 年实现年输油 2000 万吨开展相关设计和研究工作。2009 年年底连接中、乌兹别克、哈、土四国的中亚天然气管道项目建成并投入运营，到 2011 年 9 月，土库曼斯坦已累计向中国供气 140 多亿立方米。

2. 与欧盟在能源问题上的合作与冲突

欧盟是重要的能源需求地，欧盟 25 国只占世界煤炭储量的 7.3%，天然气储量的 2%，石油储量的 0.6%。一半以上能源需进口，其中石油需求的 73%和天然气需求的 44%需要进口，预计到 2030 年能源进口比重可能上升到 70%，其中石油达 92%，天然气达 81%。德国消费的天然气中 41%来自俄罗斯，新加入欧盟的 10 国对天然气的依赖几乎达到 100%。俄罗斯与英国的天然气合作也在迅速发展。2001 年向英国提供 5 亿立方米的天然气，到 2003 年提高到 20 亿立方米，2005 年已经超过了 40 亿立方米，2010 年可以提高到 130 亿立方米。[①] 大多数欧

① Международная жизнь. №12. 2005. С. 135.

盟国家都是俄罗斯能源的购买者，其中一些国家还向俄罗斯供应能源设备、输出资本，因此，俄罗斯与欧盟，特别是德国、法国、意大利、英国等开展多边与双边合作特别重要。俄罗斯国内的一些油气产地：北乌拉尔、亚马尔半岛、科米共和国等，主要是为欧洲市场生产的。从能源安全的角度看，欧洲并不想过度依赖俄罗斯，但北海的油田在枯竭，而对能源的需求却在增加，中东和俄罗斯仍将成为欧洲能源的供应商。

欧盟需要俄罗斯的能源，俄罗斯也需要欧盟这个大市场，需要欧盟的资金和技术来发展自己的能源产业。能源合作一直是俄欧合作的重要领域。但双方在能源问题上存在的矛盾与分歧也不是短期内所能解决的。首先，欧盟对俄罗斯国内低廉的能源价格不满，俄国内石油价格只相当于世界的1/3，天然气价格相当于向西欧出口价格的1/6，这使欧盟的企业在与俄罗斯企业的竞争中处于不平等状态，另外，这也制约了油田和天然气田的开发和管道建设资金的积累，欧盟一直要求俄罗斯提高能源价格；其次，欧盟实行能源市场自由化政策，而俄罗斯却由国家公司垄断，欧盟要求俄罗斯实行市场自由化政策，欧盟担心俄罗斯这一政策会影响产量增加，进而影响到对西欧天然气的供应。在2006年3月13—14日莫斯科八国能源部长会议上，欧盟和美国代表要求俄继续对石油领域实行私有化，允许西方石油公司在更开放的条件下参与俄石油开采和加工。欧盟不断敦促俄罗斯放弃对天然气行业的严格监管，取消天然气公司的垄断地位。俄罗斯政府面临国内外强大的政治和社会压力，金融危机发生后，俄罗斯重启私有化计划，或许有助于解决这一争端。

欧盟能源进口需求日益增长，对俄罗斯能源的依赖在欧洲内部引起了不安，一些人担心俄罗斯能否被视为一个稳定而可靠的能源伙伴。俄乌天然气之争和俄罗斯切断对乌克兰天然气供应的行动，影响到了对欧洲的能源供应，俄罗斯运往欧盟的天然气有90%过境乌克兰，而俄罗斯并没有通知欧洲消费国，让欧洲人意识到了俄罗斯能源的重要性。2007年元旦前后，俄罗斯与白俄罗斯在石油天然气方面再起争端，俄罗斯切断了通过“友谊”管道向波兰、德国等欧洲国家提供的石油。为了维护自己的利益，俄罗斯动辄以“断油”、“断气”对石油、天然气进口国进行威胁。这些外交手段虽然加强了俄罗斯实施能源外交的实力，但也加深了欧盟各能源进口国对俄罗斯的恐惧心理，使得欧盟对俄罗斯作为“能源安全保证人”的可靠性产生了怀疑。英法德意等欧盟主要成员国已开始重新修订能源政策，将进口渠道多元化和节能作为自己的主要目标。2006年春季欧盟首脑会议明确提出建立“欧洲能源政策”，欧盟委员会出台了《欧洲能源战略》绿皮书。欧盟调整能源战略的主要方向是：协调建设共同能源政策，统一内部能源大市场，加大能源基础设施投资，完善内部市场规则和竞争原则，争取2007年建成统一电力、天然气市场。欧盟对外积极开展能源外交，推动能源供应多元化。欧盟委员会于2007年1月10日提出新的能源政策，主要重点是致力于减少废气排放以及开源节流，摆脱对进口能源的依赖。按照欧盟委员会提议的新节能目标，到2020年欧盟煤、石油和天然气等一次性能源消耗量将减少20%。届时，欧盟能源总体消耗量将比目前减少13%，每年可节约1000亿欧元。

迄今为止，欧洲仍是俄石油天然气的主要市场，为了减少对第三国的依赖，1997—2001年12月俄建成了波罗的海输油管道，东起雅罗斯拉夫尔，西至芬兰湾港口普利莫尔斯克，把季曼－佩切尔斯基地区、西西伯利亚、乌拉尔和伏尔加河沿岸地区生产的石油运输到俄波罗的海港口城市普利莫尔斯克，全长2700公里。最初设计年输油能力为1200万吨，后来不断扩建，至2007年年输油能力已经达到7500万吨。俄罗斯于2009年6月开始二期工程，计划将俄罗斯向欧洲供油的“友谊”石油管道同俄波罗的海沿岸港口相连，全长约1300公里，二期工程的线路不经过白俄罗斯、乌克兰和波兰，从而将减少俄罗斯在能源输送上对这些国家的依赖。

2005年9月，俄罗斯与德国达成协议，修建北欧天然气管道，从俄罗斯的波罗的海到德国的格拉伊弗斯瓦里特地区，通过德国将天然气输往丹麦、荷兰、英国、法国等国，该线长1200公里，又称“北溪”线。俄罗斯天然气工业股份公司掌握这条天然气管道项目51%的资金，德国巴斯夫公司和EON公司分别拥有24.5%的资金。时任俄第一副总理的梅德韦杰夫说：“这个方案成为与欧洲天然气消费者合作的具有实质意义的新阶段。天然气管道第一次不通过其他国家的领土直接向西欧提供俄罗斯的天然气。对于俄罗斯而言这意味着能够改善自己在欧洲的经济和政治中地位。”① 2011年9月6日，俄罗斯总理普京在列宁格勒州维堡附近的“波尔托瓦亚”天然气压缩站，启动了俄罗斯“北溪”天然气管线。“北溪”线为并行的双线管道，第一条线2011年10月正式输气，年输送能力275

---

① Газпромэкспорт——итоги и планы，Международнаяжизнь. №12. 2005. С. 136.

亿立方米；2012 年第二条线输气后，总输气能力可达 550 亿立方米。将来这条管道还可以把支线修至加里宁格勒、芬兰、瑞典、英国。这条线加强了俄罗斯的地缘政治地位，使俄罗斯在处理与乌克兰、波兰等有反俄情绪的国家关系时处于有利地位。

为了摆脱对过境乌克兰出口天然气的依赖，俄天然气工业股份公司和意大利埃尼公司于 2007 年共同发起“南溪”输气管道项目，该管道从俄罗斯经黑海海底到保加利亚上岸，然后通过两条支线分别通达奥地利、意大利等国家。管道设计年输气能力为 300 亿至 630 亿立方米，2011 年 9 月 16 日，俄罗斯、意大利、法国和德国的四家能源公司签署了“南溪”天然气管道项目股东协议，该线计划于 2015 年年底前建成。

随着部分欧盟国家逐步放弃核电计划，欧洲对俄罗斯能源的依赖将是长期的。

3. 俄美在能源领域的争夺

俄罗斯与美国是能源供应国与能源消费国的两个典型，能源安全战略都是其国家战略的重要组成部分。但由于俄罗斯向美国供应能源数量不多，两国在能源领域的关系主要是竞争关系，突出表现在美国想打破俄罗斯对独联体的能源垄断、加大对中亚和里海地区的渗透上。

“9·11”事件后，由于中东局势不稳，美国急于得到中东以外的石油来源，从能源安全利益考虑，开始重视俄罗斯，俄美一度表示要加强能源合作，能源合作也成了俄美关系的缓冲器，每次两国元首会晤，能源都是一个必谈的话题，但两国的能源合作说得多，做得少。

俄美在能源方面的争夺与斗争集中在里海地区。里海含油气盆地被认为是“第二个中东”。据美国能源部估计，里海石油地质储量约 2000 亿桶，占世界总储量的 18%。里海地区共有 5 个国家：俄罗斯、阿塞拜疆、伊朗、土库曼斯坦、哈萨克斯坦，这几个国家都是油气资源大国，在世界能源市场上发挥重要作用。美国的一些战略家早就声称，一旦占据里海油田，既可以挤压俄罗斯的战略空间，又能左右阿富汗及整个西亚地区的局势，还能增强美国在 21 世纪的能源安全。俄罗斯力争维护自己的里海油气过境国的传统地位，美国的目的是打破俄罗斯的垄断。美国倡导修建杰伊汉（巴库—第比利斯—杰伊汉）管道，从阿塞拜疆的巴库出发，途经格鲁吉亚连接到土耳其位于地中海的港口杰伊汉，再从那里用船把石油运至美国或欧洲，每天运输100万桶，年运输量5000万吨，这是第一条绕过俄罗斯对外输送里海能源的管道，在克林顿任总统时开始规划，俄罗斯曾坚决反对。2005年5月25日举行了正式开通仪式，2006年7月13日正式交付使用，总投资达到39亿美元。这条线路的开通，加强了美国在该地区的存在，扩大了其影响，也帮助了西方盟国土耳其和倒向西方的前苏联共和国——阿塞拜疆和格鲁吉亚。该管道对俄罗斯的田吉兹—新罗西斯克管线和巴库存至新罗西斯克的石油管道将造成负面影响，改变了里海石油以前都是通过俄罗斯的黑海港口转运的状况。这条管道实际上是政治线，被西方国家看成是避免伊朗和俄罗斯插手，又能开发里海石油的途径。杰伊汉管道还可能将哈萨克斯坦的一部分石油运往西方，以削弱俄罗斯对哈萨克斯坦石油出口的控制。杰伊汉管道还阻止了里海石油通过伊朗进入波斯湾市场。美国的目标是要求俄罗斯提高对国际市场的石油和天然气供应量，保证供应能源的稳定性；二是促使俄罗斯向美国公司开放油气领域。

4. 加强与新兴国家的能源合作，开拓新市场

俄罗斯能源战略规定："中国、韩国、日本和印度是俄罗斯在亚太和南亚地区主要经济合作伙伴，这些国家也是俄罗斯天然气、石油、电力、核技术和循环使用的核燃料的充满潜力的销售市场。亚太地区的国家在俄石油出口所占的份额将从现在的3%增加到2020年的30%，天然气份额则会增加到15%。"① 2000年以来，俄罗斯以能源为手段，拓展亚太外交，在中国、印度、日本三个石油进口大国间周旋，中俄能源合作，特别是中俄输油管道的建设一波三折，表明俄罗斯自恃在能源中占有优势地位，努力获取自身利益的最大化。

为了开拓新的能源市场，向远东和亚太地区出口石油和天然气，俄罗斯从2006年开始加快修建新的通道——远东石油管道。该石油管道年出口能力为每年8000万吨，西起伊尔库茨克州泰舍特市，经阿穆尔州的斯科沃罗季诺，到达滨海边疆区太平洋沿岸佩列沃兹纳亚湾，全长4188公里，建设费用115亿美元。一期工程已于2010年9月建成，年输油能力为3000万吨，其中2000万吨通过中国支线供应中国市场，另1000万吨运至远东港口投向亚太市场。在对亚太国家供应石油天然气方面，无论从价格还是选择消费国方面，俄罗斯都掌握着主动

① 《2020年前俄罗斯能源战略》，转引自《俄罗斯经济发展规划文件汇编》，第239页。

权，完全奉行国家利益第一的政策，考虑的只是俄罗斯的经济利益和国家安全。

印度和日本也是亚洲的两个能源进口大户，俄罗斯为印度石油公司进军俄罗斯提供了一定的方便，印度石油天然气公司的投资在“萨哈林—1”项目中占20%，2006年10月第一船石油已经运到了印度。印度希望修建一条从俄罗斯经中国领土到印度的输油管线，中印专家对此进行了讨论，但俄罗斯方面并不积极，俄罗斯专家斯捷罗夫认为：“对莫斯科来说，走海路出口石油更可取，因为在必要的情况下可以把石油转运到任何一个港口，而这对出口商是有利的。铺设输油管，而且是线路长而复杂的输油管，显然是技术上复杂和需要投入巨额资金的事情。”① 俄罗斯希望远东的输油管道既能向中国，也能向日本、朝鲜、韩国、美国供应石油。从未来的发展看，俄罗斯要增加石油和天然气的出口，主要对象是需求日益增长的发展中国家，首先是中国、日本、印度这些亚洲近邻国家。

总之，能源在俄罗斯外交中的地位与作用日益重要，俄罗斯把能源作为一种重要的外交手段在向世界显示俄罗斯的大国地位与作用。俄罗斯的能源外交对俄罗斯与近邻的独联体国家、欧盟和中国、印度、日本之间的关系都有很大影响，从俄罗斯的能源外交行为来看，各国都不能过分依赖俄罗斯的能源。

① Сергей Куликов，Нефтяной поток через Шамбалу，Независимая газета. 7 декабря 2006.

63. 俄罗斯是怎样实施海洋战略的？

左凤荣　张新宇

俄国是一个有海洋传统的大国，自彼得时代起，他们遵循的是“没有一支强大的海军，就没有强大的俄罗斯”的原则。俄国不断向海洋强国发展，苏联的海军力量和海洋产业（如远洋渔业、远洋运输、海洋科学考察和船舶制造工业等）都很发达，是一个世界海洋强国。苏联解体后，俄罗斯的海洋战略有所收敛，从普京执政时期开始，随着俄罗斯实力增强，其海洋大国的雄心再次被激发。2008年下半年金融危机给俄罗斯经济带来了严重影响，但俄罗斯要当海洋大国的雄心并未收敛。

确保海洋大国地位，不断拓展海洋利益

俄罗斯既是世界最大的陆地国家，也是世界海疆线居于前四位的国家。俄罗斯与12个海相邻：北临北冰洋的巴伦支海、白海、喀拉海、拉普捷夫海、东西伯利亚海和楚科奇海，东濒太平洋的白令海、鄂霍次克海和日本海，西连大西洋的波罗的海、黑海和亚速海，海疆线长约3.8万公里。苏联时代就把国家的海上威力看作一个体系，认为海上威力与海洋是一个不可分割的整体，它的各个组成部分，例如海军、运输舰队、捕鱼船队、科学考察船队等之间具有非常密切的联系。[①] 苏联解体后，俄罗斯实力下降，海军和海洋产业都受到了很大影响。俄海

① （苏联）谢·格·戈尔什科夫著，济司二部译：《国家的海上威力》，三联书店1977年版，第10页。

军力量不仅大幅收缩、战略指导思想再次转为“近海防御战略”，俄罗斯海上强国的威望备受损害，海军在保卫俄罗斯国家海上利益的能力也大大下降。从普京执政开始，俄罗斯重新朝着海洋大国的目标前进，2001 年 7 月普京签署的《2020 年前俄罗斯联邦海洋学说》明确指出：“无论从空间和地理特点来看，还是从在国际和地区中的地位和作用来看，俄罗斯始终是世界海洋强国。”俄罗斯联邦海洋学说的目标在于实现和保护俄罗斯的海洋利益，巩固俄罗斯在海洋大国中的地位。“俄罗斯海洋国家利益包括俄罗斯内海，领海及其领空，海底和海底资源的不可动摇的主权。”① 这一学说的通过标志着俄罗斯开始朝海洋大国的目标迈进，梅德韦杰夫提出的现代化战略其中一个重要内容也是加强俄罗斯海洋大国的地位。

第一，俄罗斯海洋战略目标远大。俄罗斯所确定的海洋利益涉及的范围广、领域多。俄罗斯已经改变了只重近海防御的状况，开始把目光投放得更远，既涉及俄罗斯直接相邻的海洋，包括北极、太平洋、里海、黑海等，也包括俄罗斯远离的大西洋、地中海、印度洋、南极等地区，实际上已涵盖整个世界。俄罗斯关注的领域不仅限于领土和安全，更包括海洋资源的开发与运用。开发和合理使用世界海洋的自然资源，为国家的社会经济发展服务，成为俄罗斯海洋战略的重要内容。俄罗斯重视海洋，认为随着世界人口过剩和能源、资源、生态、粮食、淡水等危机的不断加剧，大陆资源将会逐渐枯竭，海洋蕴藏着巨大的能源、原料和食品资源，将是世界大国未来争夺的一个主战场。为此，俄罗斯专门制定了《世界海洋和南北极的矿物资源》分纲要，明确宣布：大陆架的矿产资源是俄罗斯国家财产的重要组成部分。俄罗斯对海洋大陆架矿产资源分布的地理构造和合理性进行了海上地理研究、勘探和开发，以达到增加国家矿物能源潜力和确定首批具有战略意义矿产开发前景地区的目的，目前该领域一个最迫切的问题是俄罗斯联邦海上边界划界、确定海底及大陆架边界。

俄罗斯重视远洋航运和渔业发展。2007 年 6 月 20 日俄罗斯总统普京签署了组建新型的俄罗斯国有航运公司的命令，计划将现有的两家公司俄罗斯现代商船公司和新罗西斯克航运公司合并，组建大型的俄罗斯国有航运公司，争取尽快打

① http：//www. scrf. gov. ru/documents/34. html.

入世界油轮运输前五强的行列。[①] 2008 年完成俄罗斯海运业两大航运公司资产重组，现代商船队集团公司代表国家控股新罗西斯克航运公司，从而将俄罗斯航运两大公司打造成为世界海运业油轮船队前五位的超大型航运公司。滨海边疆区更新了捕鱼船队，俄罗斯连续 8 年举行国际渔民大会，2010 年 9 月 7 日至 9 日在符拉迪沃斯托克举行的世界渔民大会的主题是“俄罗斯渔业——走向经济领导和创新”。

第二，北极地区在俄罗斯海洋战略中占有特别重要的地位。俄罗斯重视北极，主要原因有三：一是这一地区资源丰富，仅北极地区工业用天然气储备的勘测数字显示，其数量达全俄罗斯此类天然气储备总量的 80%。北极地区还集中了全俄大陆架碳氢化合物的 90%，其中 70%在巴伦支海和红海地区的大陆架上。[②] 北极地区的产值占俄罗斯国民收入的 11%和俄罗斯整个出口的 20%，在北极地区有占世界 25%的碳氢化合物。[③] 俄罗斯要把北极变成其重要资源的战略基地。二是随着气候变暖，北极的航运价值日益增强。有科学报告指出，到 2040 年北极一大部分冰层将消失，这不仅有利于资源开发，更有利于航行。沿北冰洋海岸延伸的北方海路可以使欧洲到远东的距离缩短 40%，使俄罗斯北部地区（季马诺—伯朝拉地区）的原油通过波罗的海石油管道系统销往欧洲的运输成本减少 40%。三是北极大陆的最后归属尚未划定，俄罗斯欲根据国际海洋法公约关于大陆架自然延伸和专属经济区的规定，得到更多的利益。《2020 年前俄罗斯联邦海洋学说》规定，俄罗斯在北极海域面临的国家长期任务是：以发展经济为目标，首先注重解决社会问题和捍卫俄罗斯在北极地区的利益。俄罗斯北极海洋区域方向上的海洋政策，是由保障俄罗斯舰队自由出入大西洋的重要性、俄专属经济区和大陆架的资源、北方舰队在国防领域里的重要作用，以及北方海上通道对俄联邦稳定发展的重要性所决定的。该方向上国家海洋政策的基础是，为俄罗斯船队在巴伦支海、白海和北极其他海洋、北方海上航线及大西洋北部的活动创造条件。以经济发展为目标研究和开发北极，保障俄罗斯联邦在北极区域方向上

---

① Сергей Белов，“Новошип”причалил к“Совкомфлоту”，http：//www.rg.ru/printable/2007/06/21/novoship.html.

② Козьменко С. Ковалев С.“морская политика Росии в Арктике и система национальной безопасности”，морской сборник，No.8 Август 2009. С.57—63.

③ Арктика — территория диалога，http：//actualcomment.ru/theme/1499/.

的主权和根据国际法应享有的权利。在与北极邻近国家划分北冰洋的海洋空间和海底时，维护俄罗斯联邦的利益。

在北冰洋沿岸各国中，俄罗斯的北极战略最激进，也最强硬。2008 年 9 月 18 日俄罗斯总统梅德韦杰夫批准了《2020 年前及更远的未来俄罗斯在北极地区的国家政策原则》，明确提出将“北极地区作为保障国家社会经济发展的战略资源基地”。为了实施这一战略俄制定了三步走的计划：2008 年至 2010 年通过地质和地理手段确定俄罗斯在北极的疆界；2011 年至 2015 年设法让国际社会承认该疆域；在 2016 年至 2020 年把北极变成俄罗斯的“自然资源战略基地”。俄罗斯还于 2007 年率先把自己的国旗插到北冰洋底。俄罗斯认为“罗蒙诺索夫海岭和门捷列夫海岭（位于北冰洋海底中部）是俄罗斯大陆架的延续”，要求得到国际社会的承认，如果这一主张得到承认，俄罗斯则可从北极地区分割 120 万平方公里的区域。俄罗斯积极进取的北极战略，引发了北极地区新一轮国际政治博弈和军备竞赛，针对俄罗斯要组建北极部队的举动，加拿大、美国等西方国家纷纷加强了在北极地区的军事存在，美国、加拿大、挪威和丹麦等国家也对北极大陆架提出了主权要求。

第三，东方在俄罗斯海洋战略中的地位日益重要。俄罗斯在与日本进行的北方四岛争夺中态度强硬，2010 年 11 月，梅德韦杰夫来到国后岛，这是俄罗斯国家元首首次登上这一岛屿。2011 年 5 月 15 日，伊万诺夫副总理等 5 位俄罗斯政府高官访问国后和择捉两岛，反映出俄罗斯在领土问题上寸步不让的姿态。俄罗斯今后要加强这一地区的经济建设和军力部署。2011 年 5 月 11 日，俄罗斯武装力量总参谋长马卡罗夫就驻扎于国后岛和择捉岛的第 18 机关枪炮兵师的整编计划发表讲话，称将于今后 4 年至 5 年内着手更新武器装备，包括部署“堡垒”岸基导弹系统等。俄罗斯实际上是借北方四岛问题，实现其加强在太平洋地区军事存在的目的，以期在未来东北亚战略格局中占据有利地位。

第四，俄罗斯也没忘遥远的南极大陆。俄罗斯政府在 2010 年 10 月 21 日举行的会议上批准了《2020 年前和更长期的俄罗斯联邦在南极活动的发展战略》①，俄罗斯的南极战略目标是保障俄罗斯根据相关国际协定和国家内外政策需要在南极的利益，“保持南极大陆作为和平、稳定和合作的地区，预防可能出现国际紧

---

① http：//www. rg. ru/2011/03/31/antarktika－site－dok. html.

张局势和全球性的环境气候威胁”。“巩固俄罗斯利用这个南部海洋的水下生物资源的经济潜力，以及对南极的矿物和碳氢化合物及其他自然资源进行综合研究，提高俄罗斯联邦的国际威信，以促进俄罗斯联邦在南极所进行的政治、社会、科学和保护自然环境的措施的实施”。“为实现俄罗斯的南极战略需要解决多方面的任务，保持和促进南极相关协议体制的发展，进行综合科学研究，对南极在全球气候变化中的地位与作用进行研究，在对保障捕鱼业经济效应进行研究的基础上对水下生物资源进行评估，对南极大陆及其海域的矿物和碳氢化合物的资源进行科学的地质数学研究，保障俄罗斯联邦包括全球通航卫星系统在内的宇宙活动，保护南极环境，对俄罗斯在这一地区的科考设施进行现代化和改造”。南极事业发展战略已被列入俄联邦基本预算项目，开发海洋生物资源被列为俄南极科考的优先方向。

俄罗斯分三个阶段实施其南极战略：第一阶段从 2010 年至 2014 年，任务是巩固俄罗斯在南极取得的地位，发展重点是开发新型越冬设备和建设“进步”南极科考站的冰雪起降跑道，完成第三届极地国际会议框架下开始的工作；第二阶段从 2014 年至 2020 年，第二阶段重点为更新改造南极科考必备的研究、通信和运输等技术条件，实现南极科考技术现代化；对南极研究较少的太平洋扇形地带进行各部门综合研究，维护俄罗斯在南极国际科研以及世界科学中的领先地位，增强国家的威望；第三阶段从 2020 年至 2030 年，任务是巩固俄罗斯在南极科考领域中的世界领先地位。从中可以看到，俄罗斯特别重视在南极的科考工作，目前在南极有 5 个永久性的科考站和 5 个季节性的科考站。

加强海军力量建设，保障俄罗斯海洋战略的实施

俄罗斯是个海洋大国，也是面临海洋争端最多的国家，涉及里海、亚速海、黑海、巴伦支海、白令海和鄂霍次克海的法律地位等一系列复杂的国际法问题有待解决，存在北极划界问题、黑海克里米亚半岛问题、俄日北方四岛问题，在波罗的海和里海等地区，还牵扯到俄罗斯与北约的战略利益争夺。为了维护海洋大国的地位，确保本国的国家利益，俄罗斯特别重视加强海军的建设。2009 年 5 月 12 日，俄罗斯总统梅德韦杰夫正式批准了《2020 年前俄罗斯联邦国家安全战略》，明确指出：“在中东、白令海、北极、里海和中亚的能源争夺将成为国际政

治斗争的焦点。在争夺资源的条件下，不排除动用军事力量解决出现的问题，从而有可能打破俄罗斯边境及其盟国边境的军事力量平衡。因此，俄罗斯要随时做好由能源战争引发的核战争的准备。”[①] 2010 年 2 月 5 日，梅德韦杰夫批准了《俄罗斯联邦军事学说》，向俄军提出的基本任务有："保卫俄罗斯联邦主权、领土完整和不受侵犯"；"与海盗行为做斗争，保障航运安全；保障俄罗斯联邦在世界大洋经济活动的安全"。[②]

俄罗斯向来重视海军在保障国家海洋战略实施中的地位，把海军作为实现和保卫俄罗斯联邦在世界海洋中国家利益的重要手段。发展海军也是俄保持其世界海洋强国地位的需要，也是其海洋强国地位的标志。

苏联解体，俄罗斯疆土的缩小使俄海军失去了统一性和完整性。爱沙尼亚、拉脱维亚、立陶宛三国独立，虽然没有提出瓜分波罗的海舰队的要求，但原来配置有序的基地和港口被这三个国家拦腰截断，原属波罗的海舰队的 10 个主要基地减少了 6 个，俄罗斯只好将该舰队重新安置在加里宁格勒州。黑海舰队被乌克兰分走一部分，且黑海北岸的基地和港口归属了乌克兰。阿塞拜疆、土库曼斯坦、哈萨克斯坦分得了里海舰队的部分舰艇，剩余的部分舰艇只能组成一个战斗舰队编队，该舰队司令部也由巴库迁入阿斯特拉罕重建。只有北方舰队和太平洋舰队被俄全部继承下来，但也存在严重缩水现象。在很长一段时间里印度洋和地中海已经没有了俄罗斯海军的身影，北方舰队收缩到挪威海和巴伦支海，波罗的海舰队收缩到波罗的海，甚至是芬兰湾，太平洋主力舰队收缩在日本海和鄂霍次克海。俄罗斯海军已经成为了只能在封闭式海区执行单纯防御性任务的舰队。到普京执政之初，俄罗斯海军舰艇总数减少了 37.5%，从 428 艘减至 273 艘；用于执行战斗勤务的舰艇数量减少了 87%，从 210 艘减至 28 艘。[③] 俄罗斯海军从世界海洋的各重要战略区域退出，地中海、印度洋等分舰队被撤销，几乎完全停止了远洋活动。

根据 2010 年 12 月 31 日通过的新的国家武器纲要，俄罗斯军队将在至 2020

---

① Стратегия национальной безопасности Российской Федерации до 2020 года，http：//www.scrf.gov.ru/documents/99.html.

② Военная доктрина，Российской Федерации，http：//news.kremlin.ru/ref_notes/461.

③ （俄罗斯）伊・马・卡皮塔涅茨著，岳书璠等译：《"冷战"和未来战争中的世界海洋争夺战》，东方出版社 2004 年版，第 517 页。

年前的10年时间里得到国家20万亿卢布（约合6944亿美元）的拨款用于采购武器装备。到2020年，现代化装备将占俄军装备的70%。[①] 目前，俄给予海军的拨款不少于国家预算给国防部拨款总额的20%。

近几年，俄罗斯海军已经有了很大改观，俄罗斯加强了在世界海洋的存在。2008年12月10日俄罗斯海军总司令助理、海军新闻处处长伊戈尔·德加洛上校向俄新社记者表示，“俄罗斯海军总司令部计划今后将维持海军力量在世界大洋重要水域的必要存在”。[②] 2010年3月30日，北方舰队旗舰“彼得大帝”号战舰从北摩尔斯克出发，目的是访问俄海军在地中海的唯一支撑点：叙利亚的塔尔图斯港。4月9日，黑海舰队旗舰“莫斯科”号导弹巡洋舰离开母港塞瓦斯托波尔，穿越红海访问了阿曼的马斯喀特市，并进入印度洋与印度海军进行了联合演习。俄太平洋舰队的旗舰“瓦良格”号导弹巡洋舰，5月21日离开海参崴对美国的加利福尼亚州进行了为期六天的访问。俄罗斯海军又频繁出现在世界各大洋。

俄海军已经开始调整海军部署，建立起欧亚两头并重的海军战略格局。随着世界经济中心由大西洋向亚太地区的转移，世界军事实力的中心也在向亚太地区转移，亚太地区成了未来军事政治矛盾的一个关键环节。2010年7月2日，俄罗斯总统梅德韦杰夫在哈巴罗夫斯克召开的远东社会经济发展会议上强调：“必须加强俄罗斯在亚太地区的作用。”[③] 2010年6月29日—7月8日，俄罗斯在远东举行“东方—2010”战略演习，参加者包括驻扎在西伯利亚军区和远东军区的所有陆军常备部队、空军远程航空兵和前线航空兵部队以及海军的三大主力舰队。“瓦良格”号导弹巡洋舰、“彼得大帝”号重型核动力导弹巡洋舰以及“莫斯科”号导弹巡洋舰均驶入日本海进行演练。在海军陆战队的配合下，三大战舰不仅进行了水雷战攻防演练、反潜作战等常规训练，而且还进行了包括火炮发射、强行登陆在内的实战性演练。这是俄军在远东地区进行的历史上最大规模的军事演习，也是俄海军近20年来最大规模的一次海上练兵，显然是在传达一个信息：

---

① 2011年3月18日梅德韦杰夫在国防部扩大会议上的讲话，http://www.kremlin.ru/news/10677。

② 《俄海军将维持在世界大洋重要水域的存在》，俄新网RUSNEWS.CN莫斯科2008年12月10日电。

③ http://www.kremlin.ru/transcripts/8234.

俄罗斯在东亚的地位不容忽视。7月4日，梅德韦杰夫在“彼得大帝”号重型核动力导弹巡洋舰上会见了参演的国防部、总参谋部和舰队的将领，并对演习给予了高度评价。梅德韦杰夫对将领们说：“我们正在研究亚太地区的问题，演习有助于提高亚太地区保障和平的水平，几天前我参加了讨论与亚太国家合作的会议。现在对我们而言这是一个紧迫的事情。这里是一个发展迅猛的地区。既然我们在这里工作，我们希望保证我国在亚太地区的安全。这一地区的安全威胁虽然没有其他地区那么多，但也存在，对这些威胁我们很清楚，这次演习有助于我们提高解决这一地区安全问题的能力。”①

对俄罗斯有利的是其加强海军的行为不再受到西方国家的阻挠和戒备，2011年5月26日，法国总统萨科齐和俄罗斯总统梅德韦杰夫在多维尔宣布，两国已就法国向俄罗斯出售四艘“西北风”级两栖攻击舰一事达成“最终协议”。这笔交易不仅打破了俄罗斯未向西方购买过武器的传统，也说明俄罗斯与西方国家的关系发生了实质性的变化，说明西方已不把俄罗斯视为威胁，在建设俄欧共同安全和繁荣的空间方面迈出了重要一步。

注意通过国际合作和对话解决问题

俄罗斯是五大常任理事国之一，为了给国内的现代化创造和平的环境，俄罗斯在加强海军实力的同时，也特别注意通过法律和对话的手段解决问题。在与海洋相关的法律文件中，俄罗斯强调要尊重1982年生效的《联合国国际海洋法公约》以及苏联参加的相关国际协定，强调通过和平手段解决争端。随着梅德韦杰夫缓和外交的展开和现代化战略的出台，俄罗斯开始收敛锋芒，强调了对话与合作，突出表现在以下几方面。

第一，与挪威和平解决了长达40年的领海争端。俄罗斯与挪威在巴伦支海上有争议的海域面积约为17.5万平方公里，为解决争端，挪威和苏联1970年开始谈判，俄罗斯最初的立场是，按1926年对北极领土边线的规定以“扇形原则”分割这部分海域，而挪威希望按中心线进行分割。2010年4月26日梅德韦杰夫总统对挪威进行为期2天的国事访问，主要讨论两国能源合作和领海划分等问

① http://www.kremlin.ru/news/8268.

题。俄罗斯同意将巴伦支海和北冰洋有潜在丰富油气资源的15.5万到17.5万平方公里争议海域分成大致相等的两部分，西侧归挪威，东侧属俄罗斯。经过40年的谈判，挪威与俄罗斯终于达成协议。俄罗斯的立场变化出乎许多挪威人意料，俄挪两国达成的巴伦支海划界协议基本满足挪方提出的条件，而俄方在此问题上有所让步。俄挪达成巴伦支海划界协议表明俄已启动与西方新的对话，俄愿消除双方间的紧张因素。2010年9月15日，俄罗斯与挪威两国外长签署了解决两国巴伦支海和北冰洋划界问题的协议，俄罗斯总统梅德韦杰夫和挪威首相斯托尔滕贝格在摩尔曼斯克会谈结束后共同出席了条约签字仪式。俄罗斯国家杜马于2011年3月25日批准了俄与挪威关于巴伦支海和北冰洋水域划分的条约。

俄罗斯能与挪威达成协议，离不开梅德韦杰夫努力寻求与国际社会合作的新理念，挪威首相斯托尔滕贝格深有感触地说："我个人特别想对梅德韦杰夫总统说声谢谢，感谢您对今天能够签署这个协议所做的大量工作。确实，能够让政治家们在此签署这个协议十分重要，正如您所说的，我们为此已经工作了40年。"[①] 许多俄罗斯人认为政府做了让步，吃亏了，在国家杜马的表决中，反对派投票反对批准条约，认为该条约让俄罗斯损失了8万平方公里的水域，这片水域生物资源和石油储量丰富。梅德韦杰夫把签署这个明确划分边界的协定看成是俄挪两国关系向前发展的重要一步，他希望这个协议能够加强两国在能源领域的合作潜力，在渔业加工和其他领域加强协作。[②] 这是一个双赢的结果，两国可以共同开发大陆架的矿产资源。

第二，与乌克兰等原苏联地区国家协商解决争端。2010年4月21日俄罗斯与乌克兰签署俄黑海舰队在2017年后继续驻扎克里米亚半岛的协议，协议规定将黑海舰队驻扎在克里米亚半岛的期限延长25年，并且期满后如双方无异议，俄罗斯有权进一步要求延期5年。俄罗斯黑海舰队在2042年前可以安心驻扎在塞瓦斯托波尔了。

苏联解体后，波罗的海三国与俄罗斯的关系不睦，波罗的海三国加入北约更是火上浇油，使俄罗斯的西部安全状况急剧恶化，因此，《2020年前俄罗斯联邦

---

① Совместная пресс — конференция по итогам российско — норвежских переговоров, http://www.kremlin.ru/transcripts/8924.

② 同上。

海洋学说》指出，要“为同波罗的海地区国家开展稳定的经济合作，合理地共享海洋自然资源创造条件，制订海洋活动各个领域的全面信任措施”，保证俄罗斯联邦加里宁格勒州的经济和军事安全。俄罗斯正在努力改善与波罗的海三国的关系。

第三，强调北极的非军事化和通过对话解决北极的问题。受技术水平的限制，俄罗斯没有能力挖掘北极地区的大部分财富，俄罗斯有关键的资金和保障这一地区运输所需的船队，此外，俄罗斯还掌握有多条分支的油气管道系统，这同样可以加以利用。挪威人，则有非常优秀的大陆架钻探技术，他们已经在北冰洋恶劣的气候条件下测试过这些技术。俄罗斯强硬的北极战略引起了这一地区局势的紧张和竞争的加剧，对俄罗斯并没有好处。2010 年 4 月在梅德韦杰夫的努力下，俄罗斯与挪威达成协议，成为俄罗斯北极政策的转折点。正如俄罗斯学者所说：“莫斯科和奥斯陆达成协议的意义显而易见。从发展双边关系的角度看该协议无疑很重要，但是这个协议还改变了北极争夺战的整体方向。这种变化的实质是，有北冰洋出海口的国家开始以完全合法的理由扩大自己的地盘，彼此就海域分割达成协议，限制其他所有国家进入北极。如果这种趋势发展下去，北冰洋最终可能成为极地五国的‘内海’，只有北冰洋附近的国家才能开发那里的资源。”①

俄罗斯明显加强了通过外交途径解决北极争端的活动，反对北约和极地外国家参与北极事务。2010 年 9 月 16 日，俄罗斯外长拉夫罗夫在与加拿大外长会晤时强调，北约没有必要介入北极地区，“俄罗斯没看到北约介入北极有任何益处”。北极国家可以在北极理事会和北极五国的框架内讨论所存在的和可能出现的问题，“解决这些问题应该以联合国海洋法及其机制为基础，尊重所有北极国家的利益”。国家之间的问题也完全可以通过双边协商来解决，像俄罗斯与挪威那样。“俄罗斯和加拿大作为拥有北冰洋四分之三的海岸线的国家承担着保护自己边界以及航线安全的责任。我们将把这一责任转为实际的行动，以确保这一地区的实际安全。”② “在我看来，北极完全可以没有北约，因为这是我们共同的资源，严格说来，跟军事任务没有关系。我们完全可以在经济调节手段、我们签署

---

① Наталья Серова, Россия одержала первую победу в битве за Арктику, http: //www. utro. ru/articles/2010/04/29/891304. shtml.

② http: //www. mid. ru/brp _ 4. nsf/0/D462E9D584217712C32577A00048062B.

的国际协定的帮助下行事。”①

2010 年 9 月 23—23 日，俄罗斯地理学会组织的“北极—对话之地”国际会议在俄罗斯首都莫斯科举行。有来自 15 个国家的 287 名代表，其中 58 名代表来自冰岛、加拿大、芬兰、挪威、美国、瑞典和丹麦这几个北极周边国家的参加了会议。该会议是俄罗斯首个有关北极问题学术研讨和专家评估的国际平台，这次对话的主要议题是北极地区的气候变化问题与人类活动后果，以及与自然资源和该地区稳定发展前景有关的问题。俄罗斯总理普京在会上做了主题演讲，他强调，俄罗斯的立场是所有问题都坐在谈判桌后面解决。“现在所有北极国家的主要任务是广泛推行合理利用资源的、科学的、突破性的技术，能够与大自然和谐相处”。② 俄罗斯明确声明，反对北极军事化，不会组建北极部队。③

总之，俄罗斯的海洋战略目标是雄伟的，不仅限于国家的近海、邻海，也远及世界各大海洋。加强军事力量建设，加强与相关国家的协商与合作，都是俄罗斯维护其海洋大国地位的重要手段。随着国力的增强，俄罗斯必将在海洋方面投入更大的力量，其海洋战略的发展变化值得关注。

---

① Совместная пресс — конференция по итогам российско — норвежских переговоров, http：//www.kremlin.ru/transcripts/8924.

② http：//premier.gov.ru/events/news/12304/.

③ 外交官：俄罗斯不打算在北极进行军事部署，俄新网 RUSNEWS.CN 莫斯科 2010 年 9 月 20 日电；俄国防部：俄罗斯反对北极军事化，俄新网 RUSNEWS.CN 莫斯科 2011 年 2 月 8 日电。

64. 俄罗斯为什么特别重视对独联体国家的外交？

丁晓星

2011 年是苏联解体、独联体成立 20 周年。苏联解体不仅意味着全球“两极”格局的终结和“冷战”的结束，而且从根本上改变了欧亚大陆的地缘政治格局，俄罗斯和独联体国家的关系出现了自 17 世纪以来的最重大调整，由过去的“兄弟关系”变成全新的“国与国”关系。

20 年来，俄罗斯对独联体国家的外交政策随着国际形势和俄罗斯自身定位的变化也在不断调整之中。苏联解体之初，俄罗斯对独联体国家采取“甩包袱”的政策，将它们视为自身前进道路上的“负担”，想摆脱其拖累，尽快融入西方。但是，俄罗斯“融入西方”的外交努力失败。普京执政后，俄罗斯提出强国战略，随之调整了对独联体的政策。近年来，独联体成为俄罗斯外交的“优先方向”，在俄罗斯各种对外政策指导性文件中，始终强调独联体是外交的“重中之重”，是俄罗斯大国崛起的战略依托。俄罗斯不断加强独联体外交，加强集体安全条约组织的建设，推动建立集体安全条约组织统一防空体系，成立该组织的快速反应部队；加快欧亚经济共同体一体化步伐，与白俄罗斯、哈萨克斯坦启动关税同盟，高调推动建立欧亚经济同盟；借全球经济危机加大对各国援助，加快独联体自由贸易区的建设步伐。随着俄罗斯国力的恢复，俄罗斯愈发重视对独联体外交，将独联体地区视为大国崛起的战略依托，不断加大对独联体的外交力度。但是，独联体国家对俄罗斯心态错综复杂，它们与俄罗斯曾经共同生活，在经济、文化、宗教等方面有着“千丝万缕”的联系，希望得到俄罗斯在各方面的帮助；同时，独联体国家均为新独立国家的小国，有明显的“主权综合征”，担心被庞大的俄罗斯再次吞并，纷纷搞大国平衡外交，有些国家甚至彻底倒向西方，与俄罗斯关系错综复杂。

独联体对俄罗斯具有战略意义

独联体地区是俄罗斯的周边地区，这里集中了俄罗斯重要的经济、军事和安全利益。近年来，在俄罗斯推出的各种外交构想文件中，独联体都是“外交政策的首要目标”，独联体对俄罗斯战略意义重大。

第一，独联体国家的形势及其与俄罗斯关系决定俄罗斯能否有稳定的周边环境。苏联解体后，俄罗斯地缘战略空间发生了翻天覆地的变化，战略空间不仅极大地缩小，而且出现了许多新独立的邻国。在 13 个陆地邻国中，有 8 个原苏联国家，5 个独联体国家。独联体国家与俄罗斯关系的好坏、它们本身局势的稳定与否都直接决定着俄周边安全环境。苏联解体后，俄罗斯与波罗的海三国关系长期冷淡，时常因历史问题、俄罗斯族人问题龃龉不断。2002 年波罗的海三国加入北约后，北约直抵俄边界。俄罗斯北高加索地区与南高加索形势密切相关。南高加索地区战略地位重要，但国家关系复杂，亚美尼亚与阿塞拜疆处于敌对状态，民族矛盾突出，纳卡冲突久拖不决，格鲁吉亚与俄罗斯还因为阿布哈兹和南奥塞梯问题大打出手。在格鲁吉亚境内的潘基西峡谷有大量的车臣移民，俄罗斯多次指责格鲁吉亚纵容包庇车臣分裂分子。中亚地区对俄罗斯意义重大，是俄罗斯与阿富汗、巴基斯坦等动荡地区的“缓冲区”。俄罗斯面临的毒品威胁严重，境内的大多数毒品均是从阿富汗通过中亚地区运到俄罗斯。如果独联体国家局势出现动荡，由于地理、语言等因素，大批难民将首先涌入俄罗斯，将给其带来大量社会问题。

第二，独联体地区是俄罗斯大国崛起的战略依托。2000 年以来，俄罗斯国力恢复，在国际舞台上追求大国地位。任何世界性的大国，必须拥有一定的地缘战略空间，而独联体是俄罗斯传统的势力范围，独联体各国与俄罗斯在经济、历史、文化等方面都有着密切的联系。独联体自然而然地成为俄罗斯大国崛起的战略依托。俄罗斯力图在独联体建立以俄罗斯为主导的政治、经济联合体，以此强化俄罗斯的大国地位，从而成为未来多极世界中的一极。一些独联体国家战略地位重要，它们在未来的地缘政治选择将决定俄罗斯能否重新崛起为世界强国。从目前俄罗斯的经济与军事实力以及发展前景看，俄罗斯密切同为斯拉夫民族的乌克兰、白俄罗斯之间的关系具有至关重要的意义，如果能恢复或是建立以斯拉夫民族为核心、以独联体其他国家为周边的“俄罗斯地缘政治圈”，俄罗斯仍有希望成为全球性大国。而如果失去独联体，俄罗斯在世界舞台上的分量将进一步下降。

第三，独联体国家是俄罗斯重振经济的重要依托。独联体国家与俄罗斯有着传统的经济联系，是俄罗斯重要的经贸合作伙伴，重要的产品销售市场和原料来源地。俄罗斯在全球其他市场并无竞争优势的工业产品和高科技产品在独联体仍有优势，该地区是俄罗斯重要的产品出口市场。在 2007 年《俄罗斯外交政策概览》中指出：“后苏联空间是俄罗斯产品的巨大市场，特别是高附加值产品，如 2005 年在俄罗斯出口结构中，机械产品仅占 5%，而在对独联体国家的出口中占到 21%”[①]。此外，里海油气资源丰富，获取里海能源、巩固俄罗斯在独联体地区能源格局中的主导地位对俄罗斯意义重大。长期以来，俄罗斯以低价购买中亚天然气，然后销往欧洲，不仅获取巨额利润，还强化了欧洲对俄罗斯的能源依赖。

第四，保障俄罗斯族人利益，维护俄罗斯民族尊严。苏联解体后，原居住在苏联各加盟共和国的俄罗斯族人突然变成了住在国外的少数民族。虽然在 20 世纪 90 年代，大批俄族人离开原住地，返回俄罗斯，但目前在原苏联各加盟共和国中仍有 1700 万俄罗斯族人。俄罗斯与独联体国家关系好坏与否决定着这些国家俄族人的境遇，在波罗的海三国，当地的主体民族把对苏联侵占波罗的海国家的怨恨转移到俄族人身上，对他们采取歧视性政策，不赋予俄族人国籍，严重损害了俄族人的利益。在独联体国家虽然情况要比波罗的海国家好一些，但俄族人在语言、文化、宗教、社会保障等方面也有被歧视、排挤的情况。中亚各国独立以后，实行民族主义政策，大量裁减政府部门中的俄族人，任用本民族的干部，大批俄族人由于受到排斥和当地经济发展落后，而离开所在国家，前往俄罗斯和欧美国家。到 1999 年，有超过 200 万俄族人离开了哈萨克斯坦，在哈萨克斯坦

---

① Обзор внешней политики Российской Федерации, http://www.mid.ru/ns — osndoc.nsf/0e9272befa34209743256c630042d1aa/d925d1dd235d3ec7c32573060039aea4 OpenDocument.

政府部门中，哈族人的比例超过80％。[①] 因此，保证实现在周边国家俄罗斯侨民合法权益是俄独联体外交的重要任务，也是影响俄罗斯和一些独联体国家关系发展的重要问题。

俄罗斯对独联体政策的演变

苏联解体以来，俄罗斯对独联体的政策大体上可分为叶利钦时代和普京时代两大阶段。叶利钦时代俄罗斯面临的主要任务是稳定国内的政治、经济形势，外交上处于“大收缩”时期，对独联体的战略意义认识不足，同时也无暇顾及独联体国家，无力遏制独联体内的“离心化”倾向。1995年后，面对北约东扩所带来的严重地缘政治压力，俄罗斯被迫加快对外政策的调整步伐。1995年9月，几乎在北约通过《关于北约扩大问题的研究报告》的同时，俄罗斯出台了《俄罗斯对独联体国家战略方针》，在该文件中强调与独联体国家关系在俄外交政策中居优先地位，俄对独联体政策的主要目的是建立一个能在国际社会中占有相应位置的政治、经济一体的国家联盟，以巩固俄在后苏联空间建立的国家间政治经济关系新体系中的领导地位[②]。俄罗斯出台《对独联体国家战略方针》后，历次俄罗斯总统国情咨文中均把独联体外交作为优先方向，并采取措施，改善同独联体国家的关系。但由于俄罗斯国力大幅下滑，国内政局动荡，还爆发了车臣战争，面临分离主义、恐怖主义威胁严重。俄罗斯在独联体提出的战略目标与其实际能力存在巨大差距，独联体内的一体化进程进展缓慢，合作效率低下，内部还出现分化。

2000年普京当选俄罗斯总统，他对内加强中央权力，稳定政局，铲除车臣恐怖分子，巩固国家领土完整，加快经济恢复；对外推行务实外交，提升俄罗斯大国地位。特别是在普京的第二任期，俄罗斯外交政策发生重大调整，外交独立、自主性上升，强调“单极世界的神话已经破灭，世界大多数国家已认同国际

① 顾志红：《普京安邦之道——俄罗斯近邻外交》，中国社会科学出版社2006年版，第57页。

② Стратегическийкурс России с государствами СНГ，Российская газета. 23 сентября 1995.

格局多极化的现实，已经到了必须建立新的全球安全架构的时候了”。[①] 俄罗斯的目标是成为多极化架构中“单独的一极”，由此，独联体对俄罗斯的战略意义就骤然提升。

从2003年年底开始，格鲁吉亚、乌克兰、吉尔吉斯斯坦等国均发生了“颜色革命”，一批亲西方政治家上台执政，他们奉行“一边倒”的亲西方外交政策，独联体出现分裂，离心倾向日益明显，严重冲击俄罗斯对独联体政策，俄罗斯不得不做出调整，对独联体国家区别对待，对那些反俄情绪严重的国家提高能源供应价格，从经济上施加压力，同时坚决反对他们加入北约。对与俄关系较好的国家，能源供应价格较低，加大拉拢力度。

2008年5月，梅德韦杰夫担任俄罗斯总统，提名普京出任政府总理，俄罗斯政坛构建“梅普组合”，实现了政权的平稳过渡，确保俄罗斯政局保持稳定和俄罗斯复兴战略的延续。外交上继续实行普京的强国战略，高度重视独联体外交。2008年7月，梅德韦杰夫批准《俄罗斯联邦外交政策构想》，强调“俄联邦外交政策的优先方向是发展与独联体国家双边与多边合作，俄罗斯在平等、互利、彼此尊重和相互考虑对方立场的基础上与各成员国建立友好关系”。[②] 2008年8月，俄罗斯与格鲁吉亚爆发了震惊世界的“五天战争”，俄罗斯击退了格鲁吉亚对南奥塞梯的进攻，随后宣布承认南奥塞梯和阿布哈兹独立，迫使格鲁吉亚退出独联体。9月初，梅德韦杰夫发布俄罗斯外交政策的五项原则，强调独联体是俄罗斯的“特殊利益区”[③]，其他国家必须尊重俄罗斯在这一地区的利益。2009年美国、欧盟遭受金融危机的巨大冲击，奥巴马总统上台后，放弃之前的“单边主义”政策，与俄罗斯“重启”关系，与俄在独联体的地缘政治争夺力度下降。欧盟陷入债务危机，忙于自身事务，其推出的“东部伙伴关系”计划，本想以此拉拢独联体国家，但实施效果不佳。在此背景下，俄罗斯加大整合独联体

---

① Обзор внешней политики Российской Федерации，http：//www. mid. ru/ns — osndoc. nsf/0e9272befa34209743256c630042d1aa/d925d1dd235d3ec7c32573060039aea4 OpenDocument.

② Концепциявнешней политики Российской федерации，http：//www. mid. ru/ns — osndoc. nsf/0e9272befa34209743256c630042d1aa/d48737161a0bc944c32574870048d8f7 OpenDocument.

③ http：//www. rian. ru/politics/20080831/150827264. html.

力度，2010 年 2 月，乌克兰举行总统大选，亲西方的尤先科在第一轮即被淘汰，亲俄的亚努科维奇获胜，在此次选举中，与 2005 年“橙色革命”不同，西方的介入程度明显下降。俄抓住西方无暇顾及独联体的有利时机，恢复在该地区的影响。俄罗斯与乌克兰的关系明显改善。2010 年 4 月，俄乌签署《哈尔科夫协议》，俄罗斯向乌克兰以优惠价格供应天然气，乌克兰允许黑海舰队在乌驻扎期限延长至 2042 年。俄罗斯驻亚美尼亚、吉尔吉斯斯坦、塔吉克斯坦的军事基地都延长至本世纪中叶。2011 年年初，俄罗斯、白俄罗斯、哈萨克斯坦三国关税同盟正式启动，三国取消内部海关边界，实行统一的对外关税，俄还极力劝说乌克兰加入关税同盟。2011 年 10 月 3 日，普京专门撰写文章，高调推出“欧亚经济同盟”，要在未来全力推动独联体地区的一体化进程。

俄罗斯整合独联体的主要手段

鉴于独联体对俄罗斯的重要性，多年来，俄罗斯利用政治、经济、外交、能源、文化等多重手段巩固在独联体的影响。

2007 年 10 月通过的《独联体未来发展构想》指出：“经济合作是独联体的优先方向，成员国之间充实的贸易经济合作是独联体稳步发展的坚实基础。独联体内的经济联系应建立在市场原则、相互尊重和互利的基础上。”[①] 俄罗斯高度重视独联体框架内的经济合作，努力推动独联体的经济一体化进程，发展与各国的经济、贸易、投资合作。但综观独联体国家经济合作的发展历程，其总体脉络仍未能摆脱由苏联一个经济共同体的各个部分到十多个独立的社会一经济体的“裂变”过程，十多年来“独”的趋势明显大于“联”，经济合作名多实少，一体化进程艰难。各国经济发展水平差距越来越大，各国都将对外经济合作的重点转向区域外国家，因此独联体成员国之间的经贸联系在不断弱化，这也是独联体未能成为有效一体化组织的重要原因之一。俄罗斯不得不与独联体内的个别国家发展更紧密的一体化合作，将经济一体化的重点转向欧亚经济共同体和关税同盟建设。

目前，独联体国家的经济合作水平较低，但各国毕竟曾是一个经济体的不同

---

① Концепция дальнейшего развития Содружества Независимых Государств, http://www.cis.minsk.by/webnpa/text.aspx RN=N90700503#kocep.

部分，相互间有过密切的经济联系，一些经济领域的合作至今仍对各国经济发展发挥着重要作用。独联体地区面积占全球的16.4%，人口2.8亿，占全球总人口的4.4%，市场潜力大。该地区资源丰富，石油储量占全球的20%，天然气储量占到40%，煤炭储量和森林资源占全球25%，独联体成员国经济发展和地区经济合作有巨大潜力。为扭转独联体各成员国经济联系松散、一体化进展缓慢的状况，2008年11月14日，独联体成员国总理峰会通过《2020年独联体经济发展战略》，提出了独联体今后十年经济合作的目标，明确了加强经济一体化的途径与手段，并确定了各成员国优先合作的领域。该战略的目的在于“推动独联体内的经济合作，保障成员国的经济安全和持续发展，提高其人民生活水平，提高独联体地区在全球经济体系中的地位”。为此，独联体面临的主要任务是“利用有利的自然、地理、运输、经济潜力服务各国经济；提高各国的经济竞争力；优化出口结构，扩大高科技和高附加值产品的出口”。优先的合作方向是“根据世贸组织的规则，形成独联体自由贸易区；创造建立统一经济空间的条件；形成一些产品的共同市场，特别是农产品；加大交通合作，形成国际运输走廊；加强能源合作，提高能源使用效率；发展创新经济，促进科技创新”。文件还指出，2020年独联体经济发展战略分为三个落实阶段，第一阶段是2009—2011年，第二阶段是2012—2015年，第三阶段是2016—2020年。第一阶段建立独联体自由贸易区，推动商品、服务、劳动力和资本的流动，促进各国经济发展；第二阶段的重点是发展独联体国家的创新经济，并在创新经济领域开展合作，形成独联体科技发展空间，提高各国的经济竞争力；第三阶段形成地区高科技产品市场，各国发展可再生资源和高科技产业，使独联体的一些科技产品在国际市场居领先地位。《战略》提出，独联体国家通过互利合作，争取到2020年使各成员国的GDP总额增加2.4—2.7倍，独联体在全球GDP总量中的比重增加4.5—5个百分点，独联体国家相互间的贸易额扩大3倍，劳动生产率提高3倍，单位能源消耗降低70%。《2020年独联体经济发展战略》是为推动独联体内经济合作出台的重要文件，但文件出台不久后，独联体国家就遭受全球金融危机的冲击。2009年，独联体国家GDP平均下降5.4%，成员国之间的贸易额也大幅下降，势必给该战略的落实带来一些消极影响，《2020年独联体经济发展战略》能否顺利落实，能否切实推动独联体的经济一体化，仍存较大疑问。

2007年10月，俄罗斯、白俄罗斯、哈萨克斯坦三国正式提出2010年建立关税同盟的目标。2009年11月底三国领导人宣布关税同盟于2010年元旦正式启动，三国实行统一的关税；2010年7月三国将通过关税同盟的海关法，形成统一海关区，俄罗斯与白俄罗斯之间取消海关，一年后俄罗斯与哈萨克斯坦之间取消海关。关税同盟设有常设的超主权国家机构——“关税同盟委员会”，负责协调各国立场。三国还计划到2012年建立统一经济空间，达到劳动力、商品、资本的自由流动。其他欧亚经济共同体成员在条件成熟后，也可加入。吉尔吉斯斯坦总统巴基耶夫已表示，吉将谋求加入该组织。塔吉克斯坦也成为该组织观察员国。俄罗斯总统梅德韦杰夫称“别洛韦日协议”瓦解苏联，而“关税同盟协议则朝完全不同的方向努力”。[①] 白俄罗斯总统卢卡申科认为关税同盟有“重要的地缘政治意义”。[②]

俄罗斯、哈萨克斯坦、白俄罗斯三国是独联体的经济大国，人口1.7亿。俄罗斯与哈萨克斯坦石油开采量、出口量居独联体前两位，三国小麦出口占全球17%。经济危机推动三国加快一体化步伐，对三国均会带来好处。俄罗斯媒体称，关税同盟会为俄带来4000亿美元的经济效益，白哈也能得到160亿美元的收益。哈总统纳扎尔巴耶夫称，关税同盟到2015年可拉动三国GDP增长15%以上。[③] 但事实上，俄罗斯、白俄罗斯、哈萨克斯坦对关税同盟都各有“算盘”，利益并不尽相同。俄罗斯想借关税同盟推动独联体一体化。近年来，俄罗斯在独联体影响不断下降，提出许多一体化方案均无成效，不能发挥“黏合剂”作用。20世纪90年代，俄罗斯提出的关税联盟已经消失；2003年提出建立俄罗斯、乌克兰、白俄罗斯、哈萨克斯坦四国统一经济空间，也因乌克兰拒绝加入而“无果而终”；俄白联盟经过10年发展，也停滞不前。在此背景下，俄罗斯力推关税同盟，试图给独联体一体化进程注入新的活力。白俄罗斯希望顺利进入俄罗斯市场。俄罗斯是白农产品、工业产品的重要市场，但俄罗斯时常设置障碍，阻挠白产品在俄销售。白俄罗斯希望加入关税同盟后，其产品可以顺利进入俄市场。哈萨克斯坦喜忧参半。纳扎尔巴耶夫一直是欧亚一体化的推动者，力图以此提高哈

---

① Таможенный союз России, Беларуси и Казахстана создан, http://www.potrebitel.net/main/news/29911/.

② 同上。

③ Россия, Беларусь и Казахстан заключили новый союз, http://kp.ru/daily/24402/577988/.

萨克斯坦的国际地位。同时，哈萨克斯坦也希望通过关税同盟使其成为欧亚大陆的“桥梁”。但由于俄罗斯、白俄罗斯工业相对发达，哈萨克斯坦企业家担心关税同盟会冲击本国工业，强化哈萨克斯坦原材料出口国地位。

俄罗斯能源资源丰富，油气产业成为拉动俄罗斯经济恢复的“火车头”。从2000年起，得益于国际油价高位运行，俄罗斯经济增长势头强劲，年均GDP增长7%左右，2008年俄罗斯GDP总额达1.41万亿美元，人均GDP过万美元。油气资源对于俄罗斯，不仅是经济增长的助推器，同时也是俄罗斯维护本国利益、追求大国地位的重要“外交工具”，是俄罗斯巩固在地区及全球地缘政治影响的重要“武器”。在俄罗斯对独联体政策中，能源政策占有重要地位。根据与俄罗斯能源关系的不同，独联体国家可分为两类。一类国家是哈萨克斯坦、土库曼斯坦、乌兹别克斯坦、阿塞拜疆，这些国家能源储量也很丰富，近年来油气产量不断扩大，其地缘战略意义迅速上升，外部势力对其重视程度增加，纷纷介入其油气领域。对这一类国家，俄罗斯的政策是加强对油气田和管道的控制，避免修建绕开俄罗斯的能源管道，努力维护俄罗斯在这些国家能源领域的优势地位。另一类国家是乌克兰、白俄罗斯、摩尔多瓦、亚美尼亚等依赖俄罗斯能源供应的国家，对此类国家，俄罗斯利用“提价、停气、断气”等手段，打击反俄情绪强烈的国家，同时对其他国家起到震慑作用。俄罗斯还收购这些国家的油气运输企业，控制其能源产业，以掌握它们的经济命脉。

苏联解体后，俄罗斯一直以远远低于对欧洲的价格向独联体国家供应能源，事实上是一些独联体国家经济上的“输血者”，使乌克兰、白俄罗斯等企业在能源消耗大、劳动生产率不高的情况下得以生存。2004年年底，乌克兰发生“橙色革命”后，俄罗斯开始调整独联体政策，俄罗斯外长拉夫罗夫指出，俄罗斯需要“以市场经济原则”构建与独联体国家的关系。从2006年开始，俄罗斯开始逐步取消对独联体国家的能源优惠，大幅度提高能源供应价格，力图以此影响独联体国家对俄罗斯的政策。到2006年年底，俄罗斯与乌克兰、白俄罗斯、摩尔多瓦都达成协议，俄罗斯对它们将逐步提高天然气供应价，到2011年价格完成按照对欧洲的供应价执行。但在实施过程中，俄罗斯采取了“区别对待”政策，把独联体国家分类，对与俄关系较好的国家，俄罗斯在市场机制下尽量提供优惠。如对战略盟友白俄罗斯、亚美尼亚提价幅度相对不大，特别是2006年俄罗斯考虑到白俄罗斯举行总统选举，为支持卢卡申科，俄罗斯仍以47美元的低价向白俄罗斯供气，2009 年的价格是 150 美元，是独联体国家最低价。2008 年对亚美尼亚供气价为 120 美元，2009 年为 165 美元。而对与俄罗斯关系不好，“去俄”倾向明显的国家，俄罗斯则大幅度提高天然气价。2006 年，俄罗斯提高对乌克兰的天然气价格，将天然气价格定为 160 美元，乌克兰拒不接受后，俄罗斯涨到 230 美元，引发俄乌天然气危机。由于乌克兰的大部分天然气都需要从俄罗斯进口，因此尤先科上台后，俄罗斯始终将天然气作为打击亲西方的尤先科政权的“有力武器”，始终保持对乌克兰的压力。2009 年，俄罗斯与乌克兰再次爆发天然气危机，俄罗斯对乌克兰“断气”长达十多天，影响到欧洲多个国家的天然气供应。随后，俄罗斯迫使乌克兰接受按月结算天然气款项的协议，2009 年在乌克兰经济困难之时，每月初俄罗斯就拿出天然气问题“说事”。乌克兰“橙色革命”以来，俄罗斯对乌天然气供应价格由 2005 年的 50 美元上涨到 2009 年的 190 美元，乌克兰经济也因此蒙受巨额损失。2010 年年初，在乌克兰总统选举中，尤先科在第一轮投票中就被淘汰，亲俄的亚努科维奇当选乌克兰总统。虽然导致尤先科下台的原因有很多，但俄罗斯的“能源大棒”是打击尤先科政权、影响乌克兰对俄罗斯政策的重要手段。亚努科维奇上台后，俄罗斯对乌克兰的能源政策进行“一百八十度转弯”，2010 年 4 月俄乌达成协议，俄罗斯在 10 年内以优惠价格向乌克兰提供天然气，乌克兰则同意将俄罗斯黑海舰队驻扎期限延长至 2042 年。

俄罗斯为应对来自北约的军事威胁，在加强本国核威慑和常规武装力量建设的同时，推动独联体内的军事合作。2002 年 5 月，在独联体集体安全条约签署十周年之际，由俄罗斯牵头，集体安全条约 6 个成员国（俄罗斯、白俄罗斯、哈萨克斯坦、亚美尼亚、吉尔吉斯斯坦和塔吉克斯坦）在莫斯科召开理事会，通过决议将“独联体集体安全条约”提升为“独联体集体安全条约组织”。2003 年 4 月，独联体集体安全条约组织首脑会议在塔吉克斯坦首都杜尚别举行。与会各国一致决定成立集体安全条约组织联合司令部和快速反应部队，以应对在中亚增长的安全威胁。联合司令部于 2004 年开始运作。2006 年 8 月，乌兹别克斯坦恢复集体安全条约组织成员国地位。

集体安全条约组织成立以来，俄罗斯努力加强该组织内的军事合作，将发展集体安全条约组织作为推动独联体内军事合作、加强集体防御、应对北约东扩的重要手段。目前，集体安全条约组织每年都举行大规模军事演习，提高各国军队作战能力，应对各种安全威胁。2009 年 2 月，在集体安全条约组织莫斯科峰会上，决定成立该组织快速反应部队。该部队的主要任务是：抵御军事侵略，打击国际恐怖主义、极端主义势力、有组织的跨国犯罪和贩毒活动，应对自然灾害和其他各种灾难造成的紧急状态等。2010 年 6 月，吉尔吉斯斯坦南部奥什地区发生了大规模的种族冲突，吉当局已无力维护本国的安全与稳定，总统奥通巴耶娃请求集体安全条约组织介入，俄罗斯出于各方面的考虑，最终没有贸然让该组织介入。但在随后召开的集体安全条约组织峰会上，在俄罗斯的提议下，集体安全条约组织对组织章程进行了多达 20 处以上的修改，主要目的是增强应对突发事件的能力，共同维护地区安全。

多年来，俄坚持不懈地推动建立独联体统一防空体系，共同保障领空安全；1993—2004 年，俄罗斯一直在帮助塔吉克斯坦驻守塔吉克斯坦－阿富汗边界，打击毒品走私；帮助独联体国家培训军官，并以优惠价格向独联体国家出售武器。目前，俄罗斯在独联体多个国家驻有军事基地，对维护独联体地区的安全稳定、巩固俄罗斯传统影响发挥了重要作用，但也有一些国家在军事基地问题上与俄罗斯产生矛盾冲突。

俄罗斯独联体政策的发展前景

俄罗斯独联体外交中的许多制约因素影响了俄罗斯对独联体政策的实施效果，西方等外部势力纷纷进入独联体地区进一步削弱了俄罗斯在独联体的地位。俄罗斯加强独联体一体化的政策一直受到美国和欧盟的极大牵制。美国自认为是“冷战”的胜利者，苏联的解体使美国全球最主要的战略对手消失。美国为巩固“全球霸主”地位，其全球战略的目标是保持美国对其他国家或国家集团的优势地位。“防止欧亚大陆重新出现一个可以挑战美国领袖地位的国家或国家集团。”[①] 苏联解体后，俄罗斯的综合国力虽被大大削弱，但美国仍视俄罗斯为潜在对手，因此美国对独联体政策的核心是“遏制俄罗斯”，分化原苏联国家，并将部分国家拉入美国的盟友体系，旨在阻挠独联体地区的经济和政治军事一体化

---

① （美国）布热津斯基著，中国国际问题研究所译：《大棋局》，上海人民出版社 1998 年版，第 260 页。

进程，防止大多数国家被俄罗斯控制。具体做法是：支持独联体国家的独立与主权，推动独联体地区地缘政治多元化趋势，吸收部分独联体国家加入北约。欧盟对俄罗斯的不信任感根深蒂固，在吸收中东欧国家加入后，独联体欧洲部分的国家—乌克兰、白俄罗斯、摩尔多瓦成为欧盟的“近邻”，一些独联体国家将加入欧盟定为外交战略目标，与欧盟经济合作规模不断扩大。2003 年欧盟出台“睦邻政策”，深化与独联体国家的合作。2007 年 6 月，欧盟出台《中亚新战略》，高度重视对中亚外交。2009 年年初，欧盟又推出“东部伙伴关系”计划，加强与乌克兰、白俄罗斯、摩尔多瓦和外高加索三国在各领域的合作。

美国和欧盟对独联体地区的渗透，极大地影响了俄罗斯推动独联体一体化的成效，分化了独联体。一些独联体国家将“加盟入约”定为国家战略目标，力图摆脱俄罗斯的控制和影响。俄罗斯加大了与美国和欧盟在独联体的地缘政治争夺力度，帮助独联体国家抵御“颜色革命”，并坚决反对北约吸收独联体国家加入，甚至不惜使用武力捍卫俄罗斯在独联体的“利益底线”。针对欧盟的“东部伙伴关系”计划，俄罗斯切实加强独联体内的经济一体化，让独联体国家意识到俄罗斯在其经济发展、能源供应方面的重要性。

俄罗斯在独联体地区仍具有其他国家不可比拟的传统优势：对独联体国家来讲，俄罗斯仍是其加工、制造、原料、农产品的重要出口市场；俄罗斯有几百万来自独联体国家的移民，他们在俄罗斯打工谋生，每年寄回的外汇是其家人在国内的主要生活来源。俄罗斯的武装力量和其主导的集体安全条约组织仍是维护独联体地区安全与稳定的重要保障；俄罗斯与独联体国家的人文联系密切，大多数国家仍处于俄罗斯的信息空间内，俄罗斯的媒体对独联体民众的影响显而易见。

未来俄罗斯与独联体国家关系的发展变化将取决于俄罗斯自身的发展和与西方在本地区的地缘政治博弈，首要因素是俄罗斯自身的发展前景。俄罗斯对独联体政策的关键在于俄罗斯能否建立对各成员有“有吸引力”的发展模式，能否在独联体地区形成以“俄罗斯为核心的”政治、经济一体化组织，俄罗斯“现代化”战略能否顺利实施决定着俄罗斯未来在国际舞台上的地位，也决定着俄罗斯与独联体国家的前景。从目前看，俄罗斯在发展道路上仍面临许多难题，有众多不确定因素，长期形成的依赖能源、原料出口的发展模式根深蒂固，彻底改变并非一朝一夕之事。国际油价一旦上涨，俄罗斯就可能失去改革的动力，延续目前的发展模式。

65. 俄格冲突是怎么回事?

左凤荣

2008年8月8日，格鲁吉亚政府军炮击南奥塞梯首府茨欣瓦利并发动地面进攻，俄罗斯出兵，与格政府军交火，后派军队进驻南奥塞梯，进而宣布承认阿布哈兹及南奥塞梯独立，格鲁吉亚宣布与俄罗斯断交。俄格冲突有很复杂的历史与现实原因，既可以说是苏联解体的继续，也可以说是俄美博弈的后果。

格鲁吉亚挑起战争，俄军介入

南奥塞梯是格鲁吉亚一个自治共和国，与俄罗斯接壤。格鲁吉亚的民族问题实际上是苏联解体遗留的问题，是苏联解体进程的继续。历史上，1921年俄罗斯征服了格鲁吉亚，消灭了格鲁吉亚的独立，对此，格鲁吉亚人一直耿耿于怀，从1989年开始，格鲁吉亚一直扮演民族独立急先锋的角色，也表现出不理智的一面，极端民族主义情绪发展。1989年，当时的格鲁吉亚领导人加姆萨胡尔季阿提出并企图在1992年实现“格鲁吉亚只属于格鲁吉亚人”的口号，取消了格鲁吉亚境内的自治体，并派遣格军进入南奥塞梯和阿布哈兹等地区。感受到不公平的阿布哈兹1989年就要求独立，1990年8月也通过了国家主权的宣言，南奥塞梯1990年宣布独立。这些地区的独立并没有得到国际社会的承认，但它们也不服从格鲁吉亚的领导，一直同格中央政府处于对抗状态，武装冲突造成了大量难民。1992年，南奥塞梯与格鲁吉亚之间发生了武装冲突，俄罗斯、格鲁吉亚、南奥塞梯和北奥塞梯四方达成协议：共同组建维和部队来保证这个地区的和平与安全。1994年5月14日签署了在阿布哈兹《关于停火和部队隔离的莫斯科协定》。1992 年在南奥塞梯，1994 年在阿布哈兹等地区先后建立了俄罗斯担任主角的维和部队，得到了联合国与欧安组织的支持。

2004 年 5 月格军进入格鲁吉亚—南奥塞梯冲突区域，同年 8 月茨欣瓦利市遭到了火炮袭击，格方采取措施，试图占领茨欣瓦利。在俄罗斯的积极斡旋下，格鲁吉亚和南奥塞梯于 2004 年 11 月签署了分阶段实现双方关系正常化的文件。在 2005 年 2 月萨卡什维利单方面摒弃了这些协议，2006 年，格鲁吉亚军队进入了上科多里地区（阿布哈兹地区）。2006 年 10 月 13 日联合国安理会通过 1716 号决议，重申“所有会员国致力于维护格鲁吉亚在国际公认边界内的主权、独立和领土完整，并支持联合国和秘书长之友小组作出的一切努力，它们之所以作出努力，是因为它们决心只采用和平方式，在安全理事会决议框架内，推动格鲁吉亚—阿布哈兹冲突的解决”。“敦促格鲁吉亚方面确保科多里河谷上游的局势符合《莫斯科协定》的规定，并确保那里不存在未经这项协定授权的部队”。但是，格鲁吉亚方面急于压服阿布哈兹和南奥塞梯，从 2008 年春天起大有用武力解决问题的架式。2008 年 7 月 3 日深夜，格鲁吉亚军队使用迫击炮、火箭筒和轻武器向南奥塞梯茨欣瓦利市平民区射击，造成 2 人死亡、至少 10 人受伤。俄罗斯随即在纽约提交了联合国安理会决议草案，在维也纳提出了联合国安理会常任理事会的解决方案，建议要求尽快签订在格鲁吉亚—阿布哈兹以及格鲁吉亚—奥塞梯冲突中禁止武力的文件。阿布哈兹和南奥塞梯的领导人同意签署这样的文件，但格鲁吉亚不同意。2008 年 7 月 14 日，俄罗斯外交部发表关于格鲁吉亚—阿布哈兹以及格鲁吉亚—奥塞梯冲突地区紧张局势加剧的声明，“我们认为，当前国际社会应该集中力量抑制侵略行径，因为这种侵略行径可能会将阿布哈兹和南奥塞梯的形势推向一个灾难性的局面”。[1] 但国际社会并未采取行动。

2008 年 8 月 8 日，格鲁吉亚事先未通知维和部队的其他有关方面，便突然向南奥塞梯发动军事进攻，试图用武力收复此地。“历史上，奥运会期间任何军事行动都要停止，8 月 8 日在奥运会开幕这一天，格鲁吉亚军队却向南奥塞梯发动了背信弃义的进攻。俄罗斯军队增援维和部队前的 14 个小时之内，炮火彻底毁灭了该共和国首府茨欣瓦利市和 10 个奥塞梯村庄，约两千人丧生，其中包括俄罗斯公民，有三万七千多人成为难民。在格军进攻的头几个小时内，按照国际授

① www.russia.org.cn/chn/SID=106&ID=1426.

权、由格鲁吉亚领导人批准的在本地区执行维和任务的俄罗斯维和人员中，有12人被杀害、70人受伤。”[1] 格鲁吉亚的军事进攻，显然违背了国际维和准则。俄罗斯迅速做出了反应，俄军迅速出兵格鲁吉亚，与格鲁吉亚进行了“五天战争”。

迅速出动的俄军并未把自己的作战地点限制在南奥塞梯，而是从多个方向向格鲁吉亚领土进军。8日上午俄军开始行动，到10日开辟格鲁吉亚东西两翼战线，再到11日完成对格鲁吉亚的切割，俄前锋部队推进到了离格首都第比利斯只有1个小时车程之处。格军望风而逃，根本不是俄罗斯军队的对手。

俄格冲突发生后，美国谴责俄罗斯出兵，美国总统布什8月11日发表措辞强硬的声明：“俄罗斯侵略一个主权邻国，威胁民选的民主政府。这种行径不能为21世纪所接受，应该立即接受和平协议，作为解决冲突的第一步。”俄罗斯总理普京则反唇相讥：“格鲁吉亚明明是侵略者，怎么在美国眼里反倒成了受害者了，并且帮助格鲁吉亚把军队从伊拉克运回第比利斯？没错，萨达姆因为摧毁什叶派村庄是应该被绞死，可格鲁吉亚领导人一次就推平10座村庄，拿坦克压死老人和孩子，把平民百姓锁在房子里活活烧死，这些领导人难道就应该受美国保护吗?”

欧洲国家切身感觉到了战争的危害，积极进行调停，力图尽快平息战事。欧盟轮值主席法国总统萨科齐参加完在北京的奥运会开幕式，8月12日直接飞到莫斯科，此时，梅德韦杰夫已经下令停火。萨科齐与俄罗斯总统梅德韦杰夫达成了六点原则：不寻求使用武力；完全停止一切军事行动；允许自由通行进行人道主义援助；格鲁吉亚武装力量返回其常驻部署地点；俄罗斯武装力量退回到开始军事行动前的边界线，在建立国际机制前，俄罗斯维和力量可采取安全补充措施；国际社会开始讨论南奥塞梯和阿布哈兹未来地位和保障其持久安全的方法。俄法总统还商定了2项补充措施：在欧盟对格鲁吉亚不向阿布哈兹动用武力作出担保后，俄罗斯在7天内撤出波季至塞纳基的5个观察哨所的军队；在欧盟在南奥塞梯和阿布哈兹部署200名以上观察员后，俄罗斯将完全撤走南奥塞梯和阿布哈兹附近的军队。此后，萨科齐又飞赴格鲁吉亚。这表明欧洲不愿看到美俄之间发生直接冲撞。法国、德国、意大利，它们不愿意和俄罗斯造成关系紧张，尤其

---

① 2008年8月28日俄罗斯驻华大使拉佐夫的讲话。

是法国。俄罗斯是一个军事大国，一旦发生武装冲突，首先受到损害的是欧洲。另外，欧洲的能源供应尤其是天然气供应40%依赖俄罗斯，一旦俄欧之间关系断裂将严重影响欧洲的经济发展。

8月12日，俄罗斯总统梅德韦杰夫下令停止军事行动。俄格战争宣布结束。根据俄国防部的统计资料，在此次南奥塞梯冲突中，俄军有18人死亡，128人受伤，14人失踪，损失飞机4架，包括3架苏—25和1架图—22R侦察机。据俄外交部统计，南奥塞梯冲突造成约1600名居民死亡，3万多人逃离家园。格鲁吉亚损失严重，进攻南奥塞梯的12500余格军大部被歼灭，此外，俄军还在进攻和轰炸格军军事目标中打死打伤不少格军。格军的伤亡应在10000人以上。格军的装甲部队和军港及工事被摧毁，损失坦克和军车数100辆，导弹艇两艘，枪支3万余支，战备物资全被俄军运回。格军直接经济损失接近20亿美元。

8月13日，格鲁吉亚政府表示接受俄罗斯的6点建议，但萨卡什维利当天在格议会大厦前举行的群众集会上说，格鲁吉亚已作出一系列重要决定，其中包括退出独联体、宣布南奥塞梯和阿布哈兹为被占领土，并且正式向国际法院提出起诉俄罗斯。俄格战争结束了，但双方的较量并未结束。

俄格冲突的背后是俄美冲突

2003年萨卡什维利上台后，奉行亲美反俄的政策，想依靠美国的帮助收复阿布哈兹和南奥塞梯。美国则想以格鲁吉亚为基地，控制北高加索，同时向独联体进一步渗透，挤压俄罗斯的战略空间。俄罗斯对此早有不满。在2008年4月布拉勒斯特尔北约峰会上，美国提议把独联体国家中的格鲁吉亚和乌克兰纳入北约成员行动计划，但遭到了欧洲各国的反对，没有成功。2008年7月，美国国务卿赖斯在八国峰会结束后访问了格鲁吉亚，在第比利斯宣布：争取在2008年12月把格鲁吉亚和乌克兰纳入北约成员行动计划。此后，格鲁吉亚和美国进行了一场长达一个多月的联合军事演习，在军事演习结束后没几天，也就是8月8号，格鲁吉亚就发动了针对南奥塞梯的军事行动。萨卡什维利错误估计形势，以为有美国人的支持，俄罗斯不会出兵，他没有料到俄罗斯迅速出兵了，而美国人对他的支持并不包括军事手段。

美国对俄罗斯在格鲁吉亚冲突中的行为进行了激烈的批评，号召欧美联合抵制俄罗斯，并宣布搁置与俄罗斯达成民用核合作的协议，向格鲁吉亚提供10亿美元的援助。但是，俄罗斯态度强硬，声明不怕与西方开始新的冷战。8月28日普京在接受美国CNN记者采访时说："美国政府不止是未能阻止格鲁吉亚领导人的犯罪行径；实际上他们一直在向格鲁吉亚队提供装备和训练。我们有充分的理由认为，在冲突区域有美国公民存在。如果真是这样，如果这一点得到确认，这非常糟糕、非常危险，这是一种错误的政策。真是这样的话，就肯定掺杂有美国国内政治方面的因素。如果我的推测得到证实，就有理由怀疑美国有部分人蓄意制造了这次冲突，目的是为了让形势恶化，使某位总统候选人从中获益。"

俄格冲突损害了俄美关系，使俄美关系再次陷入低谷。格鲁吉亚与美国在2009年1月签署的战略伙伴宪章规定，两国将扩大在国防和安全、经济、能源、民主改革、外交与文化领域的伙伴关系与合作。但是，美国也不会为了格鲁吉亚而与俄罗斯开战，只能加大对格鲁吉亚的援助。萨卡什维利不慎重的行动，使他彻底失去了阿布哈兹和南奥塞梯。

俄格冲突由格方挑起，俄罗斯成功地运用了萨卡什维利的错误，尽管许多国家对俄罗斯怀有戒心，但也不得不承认错在格方。2008年12月欧盟出资成立俄格军事冲突国际独立调查组，由瑞士外交官海迪·塔利亚维尼领导。2009年9月30日，该调查组发表调查报告称，格鲁吉亚对南奥塞梯地区使用武力，并对驻扎在那里的俄罗斯维和部队发动袭击，这些行为均违反了国际法。此外，格鲁吉亚发动袭击前，俄罗斯方面并没有发动进攻，格方声称其发动袭击前南奥塞梯地区已经集结了大量俄罗斯武装力量的说法没有事实根据。该报告的结论是2008年8月的俄格军事冲突是由格鲁吉亚方面引起的，格鲁吉亚向南奥塞梯首府茨欣瓦利发动军事打击违反了国际法。报告同时指出，格鲁吉亚挑起战争是在长期俄格对立的背景下发生的，俄罗斯在战争后期也存在使用武力过当的问题。

俄罗斯以有节制的军事行动表明自己遵守和捍卫国际法准则。2008年9月5日，梅德韦杰夫在集体安全条约组织莫斯科峰会结束后于克里姆林宫举行的记者招待会上说："首先，表现要得体，遵守国际法准则，遵守已达成的那些协定，其中包括维和协定。"他强调："如果有谁想背道而驰，他就应遭到严厉的反对。这大概是根据高加索危机结果所必须作的最根本的一个结论。"梅德韦杰夫警告说："不允许任何人杀害群众及有国际授权的维和人员而不受到惩罚。这会造成非常严重的后果。"他说，另一个结论是，"冲突过后，我们大家都应认真思考，为了防止未来发生冲突，我们必须进一步采取哪些机制。”俄总统认为，这些机制可以根据集体安全条约来制定。他说：“因此，必须协调外交政策，加强军事合作。”①

俄罗斯成为俄格冲突的赢家，它成功地把科索沃模式移至南高加索，宣布承认阿布哈兹和南奥塞梯独立，通过与这两个地区签署双边关系的形式在那里常驻军队和利用当地民意实现自己的意图，无论这两个地区的前途如何，它们脱离格鲁吉亚是毫无疑问的。2008 年 2 月，科索沃在美国的首先承认和支持下宣布独立，这是西方有意反塞尔维亚的一个举措，尽管塞尔维亚坚决反对，但是顶不住西方的压力，当西方在科索沃用外力来解决一个主权国家的内部问题时，他们也强调所谓国际准则，那就是所谓的“人权和民族自决”原则，而俄罗斯也是有意效仿西方解决科索沃问题的办法来解决南奥塞梯的问题。显然从现在国际关系准则，从《维斯特伐利亚条约》规定的主权和领土完整来看，俄罗斯的行动有悖于这一准则，问题在于目前世界上还是强权政治，有人在俄罗斯之前制造了一个科索沃模式，而俄罗斯只是用科索沃模式的方式来解决南奥塞梯与阿布哈兹，也就是想以其人之道还治其人之身的方式来实现自己的目标。这是俄罗斯对西方承认科索沃独立、美国在东欧部署反导系统、加强对独联体渗透的反击，俄罗斯与美国的矛盾与冲突公开化了。

俄罗斯承认这两个地区的独立也意在阻止格鲁吉亚加入北约，也就是说，现在这两个地区独立了，俄罗斯承认了，对格鲁吉亚来说就面临这样的选择：要么就是放弃这两个地区加入北约，如果不放弃这两个地区就不可能加入北约，所以这是俄罗斯给格鲁吉亚加入北约行动出的一个难题。

俄格冲突是苏联解体以来俄罗斯参与的第一场战争，表明俄罗斯要做一个世界性大国，这种雄心源于俄罗斯实力的增强。2000 年以来，俄罗斯经济迅速发展，2006 年俄罗斯经济总量超过了苏联解体前的水平，考虑到俄罗斯现在的经济结构比苏联时期合理和国家财力增强，其实际经济水平应该超过了苏联时期，综合国力已经居世界第三位。2007 年俄罗斯 GDP 同比增长率高达 8.1%，达到 32.99 万亿卢布，约合 1.35 万亿美元，人均 GDP 接近 9500 美元。苏联时期长期进口粮食，从 2002 年开始，俄罗斯恢复了十月革命前粮食出口的传统，2006—

① http://www.kremlin.ru/transcripts/1309.

2007 农业年度，俄罗斯的粮食出口量为 1300 万吨。[①] 俄罗斯不仅提前偿还了外债，还成为仅次于中国和日本居世界第三位的外汇储备大国，至 2007 年年底，外汇储备已达到 4763.91 亿美元。按经济总量排名，2007 年俄罗斯在世界上排到了第七位。但是，美国等西方国家并没有客观估计俄罗斯的实力，仍不准备与俄罗斯建立平等的关系，对俄罗斯实行的是防范加遏制的战略。俄罗斯意识到，争取自己的大国地位只能依靠自己的力量，格鲁吉亚事件表明俄罗斯要做一个独立行事的大国。在格鲁吉亚事件发生后，梅德韦杰夫明确表示俄罗斯反对单极世界，要坚决捍卫自身的利益。

格鲁吉亚事件加强了俄罗斯在外高加索的地位，大国在外高加索和独联体的争夺会进一步加剧。近年来，面对格鲁吉亚举国上下要求加入北约，俄罗斯没有多少施加影响的手段，萨卡什维利对南奥塞梯的军事行动正好为俄罗斯出兵提供了借口，俄罗斯后发制人的行动达到了自己的目的：造成格鲁吉亚的领土争端，使格无法加入北约，如果格执意加入北约，它就要放弃这两个地区。俄罗斯对邻国的强硬行动，对乌克兰、阿塞拜疆、摩尔多瓦这些亲西方的独联体国家也是一个警告，有助于遏制美国在独联体影响的扩大。但是，美欧并不会罢休，美国军舰驶入黑海与俄罗斯对峙，美欧与俄罗斯在这一地区的争夺还将继续，直接影响这一地区的发展。

南奥塞梯和阿布哈兹脱离格鲁吉亚成定局

南奥塞梯和阿布哈兹长期不满格鲁吉亚当局的极端民族主义，为谋求本民族的独立和发展做着种种努力，时刻受到格鲁吉亚的军事威胁。俄格冲突为它们彻底走上独立之路创造了条件。2008 年 8 月 26 日梅德韦杰夫宣布承认南奥塞梯和阿布哈兹独立。他在电视讲话中说：“格鲁吉亚领导人违反联合国宪章，违背自己在国际协议中所承担的责任，丧心病狂地发动了军事冲突，使平民变成了冲突的牺牲品。阿布哈兹也曾面临这样的命运。显然，第比利斯曾希望打一场闪电战，然后把国际社会置于既成事实面前。为了达到自己的目的，它选择了最没有人道的手段——以种族灭绝的代价实现南奥塞梯的合并。”“南奥塞梯和阿布哈兹

---

① 俄罗斯农业部网站 2007 年 6 月 19 日。

人民不止一次地在全民公决中支持自己的共和国独立。我们认为，在茨欣瓦利事件发生后，他们有权自己决定自己的命运。”“考虑到奥塞梯和阿布哈兹人民自由表达的意愿，遵照联合国宪章条款、1970年关于国家间友好关系的国际法原则宣言、欧安会议于1975年签署的赫尔辛基最后文件以及其他基础性国际文件——我签署了有关俄罗斯联邦承认南奥塞梯和阿布哈兹独立的命令。”[①] 俄罗斯举国上下一致支持这一决定。8月31日，梅德韦杰夫再次强调，俄罗斯通过承认南奥塞梯和阿布哈兹的决定不可更改，“从法律角度而言，新国家已经出现了，获得承认的进程也许会持续相当长的一段时间，但我们的立场不会改变。”俄罗斯与阿布哈兹和南奥塞梯之间的协议开始拟订，协议“将规定俄罗斯提供援助的所有义务，涵盖经济、社会、人道主义、军事领域”。梅德韦杰夫强调：“这将是正常的、真正的关系，同盟的关系。”[②]

阿布哈兹面积约8400平方公里，人口约20万；南奥塞梯面积3900平方公里，人口19万。这两个地区的独立使格鲁吉亚领土损失了17%以上（格鲁吉亚面积69700平方公里，人口440.13万人）。南奥塞梯和阿布哈兹的独立与发展有赖于俄罗斯的支持，两国独立后，俄罗斯在政治、经济、军事上给予它们以大力支持。2010年7月12日俄罗斯总统梅德韦杰夫在外交使节工作会议上宣布，俄将增加对独联体和欧亚经济共同体的财政援助。吉尔吉斯斯坦将再获得1000万美元资助，阿布哈兹也将在一年内获得7亿卢布（约合2267.7万美元）贷款。2011年2月25日，俄地区发展部部长维克托·巴萨尔金透露，俄罗斯2011年将拨款68亿卢布实施南奥塞梯发展投资计划。包括今年的拨款资金，俄罗斯自2008年起已拨出300多亿卢布用于重建和发展该国。

2011年10月6日，俄罗斯总统梅德韦杰夫签署两项联邦法令，批准了俄罗斯在阿布哈兹及南奥塞梯境内建立联合军事基地的协议。协议特别确立了这两个军事基地在保护俄罗斯、阿布哈兹、南奥塞梯“主权及安全”方面的工作程序，还确定了俄罗斯飞机、地面交通工具的过境程序以及提供医疗、交通、教育、消费贸易等服务的程序。俄官方称，协议将有助于巩固俄罗斯长期的军事存在，加强地区安全。在与阿布哈兹总统亚历山大·安克瓦布会见时，梅德韦杰夫重申将

---

① http://www.kremlin.ru/news/1223.

② http://www.kremlin.ru/news/1276.

继续给予其“全面的支持”。阿布哈兹共和国总统与俄罗斯总统梅德韦杰夫会晤后表示：“阿布哈兹将俄罗斯视为自己的战略伙伴，阿布哈兹今后将继续加强与俄罗斯的战略伙伴关系。”①

总之，格鲁吉亚内部的矛盾冲突有很深的历史背景，这一冲突为大国介入提供了条件，俄格冲突的背后实质上是俄美冲突。格鲁吉亚作为一个小国，与强邻俄罗斯长期不睦，欲借助美国来抗衡俄罗斯，事实证明是行不通的。

① 俄新网 2011—10—06。

66. 俄罗斯为什么把欧盟当成重要的战略协作伙伴？

左凤荣

欧洲在俄国的历史进程中占有重要地位，尽管俄罗斯的地理位置横跨欧亚大陆，但从文化传统上看，俄罗斯是欧洲国家，从彼得大帝以欧洲为目标进行改革开始，欧洲便被作为俄国发展的楷模，俄国在陷入发展困境时，往往求助于欧洲。俄国历史上围绕着与欧洲的相互依存性、俄罗斯的民族特性、俄罗斯发展道路的选择等问题，在 19 世纪出现过斯拉夫派与西方派的严重争论，数百年来，欧洲因素始终是俄罗斯对外政策的主要和决定性方面。

俄罗斯重视欧洲在维护世界和平与稳定、促进俄罗斯经济发展方面所起的重要作用，奉行与欧盟加强协作的政策。1994 年 6 月 24 日双方签署《建立伙伴关系与合作协定》，1997 年 12 月生效。此后，俄欧合作关系发展较为迅速，1999 年 6 月欧盟又制定了《欧盟与俄罗斯关系共同战略》，确定了欧盟对俄罗斯基本战略构想。与之相对应，1999 年 10 月俄罗斯发表了《俄罗斯联邦与欧盟关系中期发展战略（2000—2010）》。这说明双方都把对方作为最主要的对外关系对象。双方都强调加强经济合作，推动统一经济空间的建设以及在安全和共同打击跨国犯罪、能源、环境保护等领域开展合作。但俄欧的侧重点有所不同，俄罗斯强调保持独立大国地位和独立性，与欧盟的合作要以加强俄罗斯在独联体的地位和影响，推进独联体的联合为前提；欧盟则更为关注俄罗斯政治民主、市场经济的发展和社会的稳定。双方间存在不少矛盾与纠纷，1999 年 11 月，在土耳其举行的欧洲安全与合作组织首脑会议上，因俄罗斯与欧盟在车臣问题上发生激烈交锋，俄罗斯总统叶利钦中途退席。普京执政以来，俄欧关系同样存在矛盾与分歧，双方在人权、反恐、能源政策等问题上时常发生纠纷，但是，与欧洲建立紧密的政治经济关系，是俄罗斯的重要战略目标。欧盟是俄罗斯最大的贸易伙伴，俄罗斯对欧盟的出口占整个出口总量的40%，从欧盟进口占进口总量的30%，与欧洲国家的关系是俄罗斯外交政策的传统优先方向。普京强调："我们最主要的伙伴是欧盟。我们与欧盟之间的持续对话为双方发展互利经济关系以及扩大科技、人文和其他领域的交流创造了良好的条件。一系列统一空间构想的实施是整个欧洲发展的一个重要组成部分。"[①] 俄罗斯对欧战略的总目标是参与欧洲的经济一体化进程，形成俄欧经济关系的新模式，同时努力在欧洲建立统一的安全空间。

俄罗斯与欧盟是战略协作伙伴

2000年6月3日俄罗斯总统普京签署《俄罗斯与欧盟关系中期发展战略（2000—2010年）》，该文件确定了未来10年俄罗斯联邦与欧盟发展相互关系的目标及其实施手段，与欧盟建立战略协作伙伴关系和发展各个领域的合作是俄罗斯对外战略的重要方面，加强能源方面的合作也是欧俄关系的重要内容，文件指出："本战略的基本目标是保障俄罗斯联邦的国家利益，通过建立可靠的全欧集体安全体系，提高俄罗斯在欧洲和世界上的作用和威望，吸收欧盟的经济潜力和管理经验，推动发展俄罗斯联邦基于公平竞争原则的社会取向市场经济，以及进一步建设民主法制国家。""在欧盟成员国公司的参与下，实施大型投资项目，开发有前途的石油天然气产地，建立能源输送机构，这些将为发展全欧经济和能源一体化进程做出实质性贡献。在这方面，提高俄罗斯联邦和欧盟的能源效率，将会视为根据京都和布宜诺斯艾利斯国际会议决议减轻人类活动对自然环境造成的负担和减少温室气体排放的最重要手段。争取形成共同的长期能源政策，以建立统一的欧洲及未来欧亚能源空间。"[②] 2001年9月25日普京在联邦德国国会演讲时说："欧洲如果能够把自己的条件和俄罗斯的条件——人的、领土的和自然的资源条件结合起来，和俄罗斯的经济、文化和国防潜力结合起来，那么，欧洲就

---

① 2006年5月10日普京总统发表的国情咨文。

② （俄罗斯）伊·伊万诺夫著，陈凤翔等译：《俄罗斯新外交：对外政策十年》，当代世界出版社2002年版，第194页、199—200页。

将能坚定而长久地巩固自己作为世界政治真正独立的中心的声誉。”[①]

担任总统后，普京首先对欧洲国家进行了一系列访问，以修补因科索沃战争和车臣问题受损的俄欧关系。在4月访问英国期间，普京与布莱尔首相就两国关系、俄罗斯经济、车臣局势及两国在打击毒品走私犯罪方面加强合作等问题交换了看法。普京呼吁英国企业家到俄罗斯投资，并明确表示要采取措施改善投资环境，保护西方投资者的经济利益。通过此次访问，普京与布莱尔决定建立俄英两国领导人年度会晤机制和筹建两国经济热线。普京访英促进了俄英关系的发展。到2002年底，俄英贸易额达到50亿美元，比上一年增长14.6%，英国对俄投资占俄罗斯外国投资的第三位，仅次于德国和塞浦路斯，达到51亿美元，其中直接投资22亿美元。[②] 6月普京又接连访问了意大利、西班牙和德国。在这些访问中，普京奉行“经济务实”的对外政策，经济合作问题摆在首位，取得了丰硕的成果，意大利许诺向俄提供15亿美元的援助，各国都表示要加强与俄罗斯这个潜力巨大的国家的经贸往来。在访问德国期间，普京与施罗德就双边“战略伙伴关系”以及有关国际安全问题举行了会谈，俄罗斯希望通过访德扩大俄德两国的经济合作，使德国增加在俄投资。德方对此也表现出了积极的态度，德国企业界准备在俄投资17亿美元，德国政府也表示提供10亿美元的出口信贷。在美国建立国家导弹防御系统的问题上，俄德双方的立场接近，均持反对态度。普京总统还代表俄罗斯向德国归还了部分二战“艺术战利品”，推动了俄德关系的发展。2000年10月普京访问了法国，修复了俄法关系，并举行了俄罗斯同欧盟首脑的会晤，欧盟表示将在经济领域进一步加强同俄罗斯的合作，继续向俄提供技术援助，促进对俄投资，并帮助俄尽快加入世界贸易组织。

“9·11”事件发生后，俄欧以安全合作和反对恐怖主义为共同的利益契合点，关系得到进一步改善。俄罗斯希望采取有效措施启动俄欧经济一体化进程，将俄罗斯经济融入到欧洲经济体系，营造“统一的经济空间”，通过经济上的合作与相互依存推动俄欧在政治安全领域内互信关系的建立，从而使建立真正的俄欧战略伙伴关系成为可能。在2002年5月召开的俄罗斯—欧盟峰会上，双方签署了关于俄欧关系、加强双方政治和能源对话、维护欧洲安全及调解地区冲突等

---

① 《普京文集：文章和讲话选集》，中国社会科学出版社2002年版，第422页。

② Морозов С. С. Дипломатия В. В. Путина. СПБ . 2004. С. 66—67.

问题的五项联合声明，欧盟宣布承认俄罗斯的市场经济地位。2002 年 6 月 27 日，普京参加八国集团首脑会议，赢得了 2006 年八国首脑会议的主办权，美国推动西方七国向俄罗斯提供 200 亿美元用于帮助俄罗斯销毁核武器。俄罗斯在西方的形象也得到了改善，西方对俄罗斯在诸如车臣、人权、新闻自由等问题上的批评减少，对俄罗斯打击恐怖主义的理解有所增加。

2003 年 5 月 31 日，普京与参加圣彼得堡建市 300 周年庆典的欧盟首脑在圣彼得堡举行会晤，在签署的《联合声明》中双方表示，将加强在政治、安全、反恐、经济等领域的合作，努力解决欧盟扩大后可能对双边关系发展带来的新问题。为了提高双边合作的有效性，决定把现有的双边合作委员会改组为俄罗斯与欧盟“常设伙伴关系委员会”。《联合声明》强调，欧盟的扩大要求对俄欧双边合作的形式等方面做出一些调整，双方将加强在防止大规模杀伤性武器及运载工具和相关技术的扩散方面的合作，将在国际反恐和安全领域进行密切合作，完善双边反恐磋商机制。这次首脑峰会批准建立俄欧四个统一空间“路线图”计划，使俄罗斯与欧盟的对话与合作进入了一个新阶段。

俄罗斯担心欧盟东扩对俄罗斯的利益、对俄罗斯与入盟国家的关系、对俄罗斯与欧盟关系造成不利的影响。2004 年 4 月，在莫斯科举行的俄罗斯政府与欧盟委员会的会议上具体讨论了在建立未来统一空间方面的一般原则和形式，决定在欧盟东扩的情况下，尽快商定合作的具体内容和形式。经过紧张的谈判，4 月 27 日在卢森堡通过了关于欧盟扩大和俄罗斯—欧盟关系的联合声明，确定了调解俄罗斯所关心问题的解决机制与方法，签署了关于巩固俄罗斯与 10 个新成员的伙伴和合作关系的协定备忘录，问题涉及加里宁格勒的过境运输、欧盟少数民族，包括生活在拉脱维亚和立陶宛的俄罗斯族的权益。2004 年 5 月 1 日欧盟东扩，有 10 个国家，2007 年 1 月 1 日保加利亚和罗马尼亚加入欧盟。几个世纪以来，中东欧地区一直作为缓冲地带被周边的列强分割、裹胁和控制，现在这些国家终于可以按照自己的意愿选择发展方向，参与欧洲一体化进程，成为欧盟的组成部分。欧盟的东扩不仅对这些中东欧国家历史发展进程影响至深，同样，由于地理和历史的原因，欧盟东扩也深刻地影响了俄罗斯同欧盟之间的关系，俄罗斯同欧盟的 5 个成员国拥有共同边界，共同边界的长度达 2200 公里，而爱沙尼亚和拉脱维亚两国还有大量的俄罗斯族居民。除斯洛文尼亚、马耳他和塞浦路斯外，其他九国都是原苏联国家或前华约集团成员，受历史上恩恩怨怨的影响，这些国家多对俄罗斯怀有较强的疑惧心理。这些国家加入欧盟意味着俄罗斯永远失去了对它们控制和影响的可能，这需要俄罗斯的对外战略，特别是对欧盟关系进行调整。一个正在整合的巨人和一个在衰落后力图崛起的巨人直面相对，地理上的毗邻甚至领土交错使得俄罗斯同欧盟的关系发生了质的变革，双方都需要对双边关系进行重新定位。

欧盟东扩，使欧洲的实力和独立性增强，欧盟 27 国的总面积达 400 多万平方公里，人口 4.8 亿，经济总量与美国相当。欧盟东扩对俄罗斯产生了很大影响，正如俄罗斯副外长弗拉基米尔·奇诺夫所说："对俄罗斯而言，欧盟东扩的后果是重要和多重的，比北约东扩的后果更严重，因为我们不仅是伙伴，在许多经济和商业领域中我们还不可避免地成为竞争对手。因此，我们理智应对，我们将努力捍卫自己的利益、保护自己的优势，目的是使欧盟在执行自己的规则时，在与俄罗斯的关系中不带歧视性，不使俄罗斯脱离欧洲一体化进程，我们将尽一切可能，打开俄罗斯通向欧洲统一大市场的通道。"① 梅德韦杰夫则认为，"欧洲一体化是一条很好的道路。欧洲国家也包括乌克兰和俄罗斯。俄罗斯与欧盟的贸易额达到了 2500 亿美元，欧盟是我们很重要的贸易伙伴。"② 欧盟在俄罗斯对外战略中的地位仅次于独联体，欧盟是俄罗斯最大的贸易伙伴，俄与欧盟的贸易额占俄外贸总额的一半以上。俄罗斯外资 50%以上、外贸顺差 70%来自欧盟国家。"在对外经济关系体系中，与主要贸易伙伴欧盟的合作将具有优先的意义，这种合作可使俄罗斯在 2004 年与扩大后的欧盟之间的贸易额超过俄罗斯外贸总额的 50%以上。欧盟东扩后，其新吸收的成员将实行欧盟统一的关税税率以及其他统一的调节国家经济和对外经济活动的规则。"③ 与欧盟继续发展经贸关系是俄罗斯的重要方针。欧盟东扩的确为改善和发展欧俄关系提供了难得的历史机遇，不仅会大大拓展双方战略伙伴关系的领域和范围，密切欧俄关系，而且有可能根本改变欧俄关系的性质。

俄罗斯希望建立包括俄罗斯在内的大欧洲，认为"建立大欧洲——统一和繁

---

① Чижов В. А. Россия—ЕС. Стратегия партнерства , Международная жизнь. №9 2004. С. 25—26.

② 2011 年 5 月 8 日梅德韦杰夫答记者问。

③ 《俄罗斯联邦社会经济发展中期纲要（2003—2005）》，《俄罗斯经济发展规划文件汇编》，世界知识出版社 2005 年版，第 45 页。

荣的欧洲，是我们与欧盟战略协作的主要内容，大欧洲是建立在共同价值观的基础上的，能够集体捍卫其价值观，共同应对对开放的民主社会的新挑战”①。2006年10月20日普京在芬兰拉赫蒂欧盟与俄罗斯非正式会晤后在回答媒体提问时说：“无疑俄罗斯与欧盟在能源领域是天然的伙伴，我们的相互关系巩固了欧洲大陆的能源安全，在此为其他领域的进一步合作创造了良好的前提条件。”②“近期开始新的文件的起草工作，到明年年底前完成伙伴与合作条约，考虑到我们关系的发展水平与前景，我建议把这个新的协定称作战略伙伴关系条约。当然，其内容应该通过谈判确定。”③ 俄罗斯支持欧盟的统一与强大，支持欧盟在国际社会发挥更大的作用。“俄罗斯把欧盟与美国、中国和其他一些强国一道被看成是俄罗斯在世界舞台上并列的战略伙伴，是国际政治的独立成分。这符合俄罗斯世界多元化政策的利益，符合欧洲大陆和全球的安全与稳定的利益。”④ 在反对单边主义和霸权主义，建立国际新秩序方面，俄罗斯与欧盟有共同语言。

2005年以来欧俄关系发生了实质性的变化，随着俄罗斯经济实力的增强，俄罗斯从一个欧盟的贫穷的、提不出建议的外交对象变成了欧盟的平等伙伴。2005年5月，俄罗斯和欧盟领导人在莫斯科签署了关于建立四个统一空间“路线图”的一揽子文件，计划建立统一经济空间，统一自由、安全和司法空间（又称内部安全空间），统一外部安全空间，统一科教文化空间（又称人文空间）。这一文件的签署有利于化解俄罗斯被欧洲一体化边缘化的担忧，促进了俄欧平等伙伴关系的发展。2006年元旦俄罗斯与乌克兰发生的天然气争端对欧洲产生了影响，使欧盟国家意识到，俄罗斯丰富的能源和巨大的市场潜力对欧洲国家也是至关重要的，短期内欧盟难以摆脱对俄罗斯能源的依赖，在反恐、防扩散等领域也需要俄罗斯的合作。俄罗斯开始越来越多地影响俄欧关系朝着有利于自己的方向发展。

2008年发生的金融危机和2009年俄罗斯启动现代化计划，极大地推动了俄

---

① Чижов В. А. Россия—ЕС. Стратегия партнерства, Международная жизнь. №9. 2004. С. 33.

② president. kremlin. ru/appears/2006/10/20/1224 _ type63377type63380 _ 112784. shtml.

③ president. kremlin. ru/appears/2006/10/20/1224 _ type63377type63380 _ 112784. shtml.

④ Чижов В. А. Россия—ЕС. Стратегия партнерства, Международная жизнь. №9. 2004. С. 34.

欧关系的发展。2010年俄外交部专门制定了《在系统基础上有效利用外交因素推动俄联邦长期发展的计划》，明确要与主要欧洲伙伴乃至欧盟建立“现代化联盟”。俄罗斯经济发展部制定了同欧盟进行合作的“现代化伙伴”计划，欧盟向俄方提出了10条合作原则，包括法治的最高地位、建立多元化有竞争力的经济、巩固科研领域合作、提高直接投资、市场一体化、俄罗斯加入全球贸易体系、促进人员间联系等。这些原则基本被俄接受。2010年6月1日，第25次俄罗斯—欧盟峰会发表联合声明，宣布启动现代化伙伴关系倡议，俄欧将致力于“增加双边贸易和投资、促进世界经济自由化和增强竞争力”，在“平衡的民主和法制基础上共同寻找应对现今挑战的方法”。声明责成相关部门着手制订工作计划，将在各层次对话基础上对现代化伙伴关系倡议的实施进行定期监督并交换意见。建立俄罗斯与欧盟的现代化伙伴关系，将是俄欧关系未来发展的重心。

构建“俄法德三国轴心”，发挥大国作用

在世界历史上，欧洲曾长期处于世界中心，影响着世界历史的发展进程。在冷战时期，欧洲处于美苏对抗的前沿，为了对抗苏联，欧洲加强了联合，走上了一体化的发展道路。冷战结束后，长期处于与欧洲分离状态的俄罗斯竭力想成为欧洲大家庭平等的成员，但美国因素仍在欧洲发挥着重要作用，俄罗斯欧洲研究所所长卡拉加诺夫认为“欧洲人和美国人不希望我们在政治市场上占主导地位，这是另外一回事。正因为这样，地缘政治游戏持续不断。利用新欧洲反对老欧洲的情况是存在的。欧洲已经成长起来，并开始进行竞争。美国的政治精英也从无条件支持欧洲一体化转为限制这种一体化。美国人现在要削弱欧洲一体化进程，特别是在军事政治领域。美国人不希望欧洲成为世界级玩家”①。俄罗斯努力利用欧美矛盾和欧洲对俄罗斯的能源需求，积极介入欧洲事务。在欧洲一体化的进程中，德国和法国这两个大国起着关键作用，俄罗斯的战略是努力发展与这两个国家的关系，形成三国轴心，积极参与和影响欧洲的发展进程。普京担任总统以来，俄罗斯与德法两国在许多问题上进行了有效的合作：反对美国退出反导条约、反对美国对伊拉克动武、主张和平解决伊朗核问题等。

---

① Независимая газета. 27. июня. 2006.

俄罗斯与德国有很深的渊源，俄国历史上很有作为、当了34年沙皇的叶卡捷琳娜二世就是一个德国人，许多俄罗斯君主曾把普鲁士皇帝当成自己效仿的榜样。在苏东剧变之际，戈尔巴乔夫没有阻挠德国统一，为俄德关系的发展打下了良好的基础。苏联解体后，俄德关系一直比较密切，在欧洲国家中，德国一直是与俄国联系最密切的国家。德国是俄罗斯最大的贸易伙伴，俄罗斯则是德国的主要能源供应国，德国是对俄投资最多的国家。俄罗斯把德国作为与欧洲实现经济一体化的重要因素，从1998年起，俄德两国间建立了政府间定期磋商机制，两国领导人每年都要举行定期会晤，普京与德国总理施罗德、梅德韦杰夫和德国总理默克尔都建立了良好的私人关系，俄德两国关系也取得了前所未有的进展，两国在政治、经济、文化等方面的交流与合作发展迅速。

俄法关系发展也较为顺利。2000年10月普京访问法国之后，因北约轰炸南联盟和法国指责俄罗斯打击车臣非法武装的行动而冻结的俄法关系开始“解冻”。2001年7月1—3日，法国总统希拉克访问俄罗斯，希拉克表示，俄法对解决重要的政治问题有一致的看法，两国紧密的伙伴关系存在于政治和经济领域。普京和希拉克两位总统的长远目标是建设统一的、包括俄罗斯在内的欧洲。普京和希拉克会谈的重要内容就是协调两国在反导和国际安全问题上的立场。俄法双方都对美国计划部署国家导弹防御系统和准备在反导问题上采取单方面行动表示反对，法国支持在北约与俄罗斯之间建立伙伴关系。双方发表的《联合声明》认为，保持国际全面战略平衡极为重要，国际社会必须为防止太空军备竞赛作出努力，双方均对可能出现新的军备竞赛表示担忧。这说明“法国与俄罗斯把在冷战后复杂条件下保证战略平衡看成是重要任务；对于俄罗斯而言在法国总统访问俄罗斯前就已经提出的一项任务已经实现了：支持普京总统提出的为了回应美国威胁建立国家导弹防御系统”①。法国在重要的反导问题上支持了俄罗斯的立场。俄罗斯加强同法国的关系与俄积极发展同欧盟关系的总体外交战略是一致的，加强同欧盟等欧洲政治经济组织的关系是俄欧洲外交的一个重要的优先方面。俄将法国视为其“特殊”伙伴，普京希望法国能够促进俄欧关系的发展，并促进有俄参与的欧洲统一经济空间的建立。

---

① Ксения Фокина, Ширак и Путин подружились против Буша, www.ng.ru/world/2001—07—03/1_shirak.html.

2003年在反对美国对伊动武的问题上，俄罗斯与法、德立场一致，结成了反战同盟。2005年以来，欧美关系虽然走出了伊拉克战争的困境，改善的势头在发展，但双方在国际秩序观、安全观、人权理念等方面不尽相同，分歧和矛盾难以完全消除，相比之下，德法与俄罗斯有更多相近或一致之处，都主张建立多极世界，反对单边主义。欧洲、俄罗斯与美国不同，这里生活着大量穆斯林，在中东、伊朗、反恐等问题上，法德与俄罗斯立场相近。它们反对美国迷信用暴力手段解决问题，主张通过经济、谈判等手段，消除产生恐怖主义的根源。

能源安全日益成为影响国际形势和国际关系格局的重要因素。能源问题在俄罗斯与欧盟的关系中起着重要作用，在俄罗斯与德法的关系中，特别是与德国的关系中占据重要地位。德国作为欧洲经济的发动机，对能源的需求更强烈，目前德国30%的天然气和45%的石油从俄罗斯进口，到2010年，这一数字将相应地变成40%和50%。[①] 为了避免能源供应受其他国家的影响，德国加强了与俄罗斯间排除第三方干扰的能源合作。2005年4月在普京访问德国并参加汉诺威工业博览会期间，俄德能源合作取得突破性进展。2005年9月8日，在普京和施罗德的斡旋下，欧洲最大的电力公司德国EON公司和世界最大的化工企业德国的巴斯夫公司与俄罗斯天然气公司共同投资40亿美元，决定修建长达1200公里的、绕过波罗的海国家的北欧天然气输气管道，这条线路将增强俄罗斯的地缘政治地位。在保证对德国能源供应的同时，俄罗斯天然气工业股份公司通过与EON公司的合作，获得了打入欧洲市场的权利。“从北欧天然气管道供输气开始，WINGAS（俄罗斯天然气公司与英国的Wintershall合资成立）将在25年内每年得到90亿立方米的俄罗斯天然气供应给德国和其他西欧国家的自己的客户，总计达2000亿立方米。”[②]

2006年1月，普京与德国新任总理默克尔举行了首次会晤，表达了保持处理双边关系政策连续性的愿望。2006年4月26—27日，德国新任总理默克尔访问俄罗斯，两国首脑在俄罗斯西伯利亚的托木斯克举行会晤。在此期间，俄德两国共签署8个大型投资项目合作协议，内容涉及能源、交通、通信、航空和航天等领域，俄罗斯天然气工业股份公司与德国巴斯夫公司签署的南俄罗斯气田开发

---

① Газпромэкспорт——итоги и планы，Международнаяжизнь. №12. 2005. С. 136.

② Газпромэкспорт——итоги и планы，Международнаяжизнь . №12. 2005. С. 136.

合作协议尤其引人注目，巴斯夫公司将拥有南俄罗斯气田不超过35%的股份。这是俄罗斯首次向外国合作伙伴开放本国气田，该合作项目是俄欧公司间合作的典范。俄方保证保障德国等欧洲国家的能源供应，相关能源领域的合作将达到新的战略水平。默克尔表示，德国今后仍将优先从俄罗斯进口能源，德国愿意扩大与俄在能源领域的合作。

2006年7月19日，德国EON能源公司和俄罗斯天然气工业公司就股份置换达成一致。根据协议，德国EON公司获得西伯利亚Juschno－Russkoje天然气田25%＋1股的股份。该气田有7亿—10亿立方米天然气储量，是俄罗斯最好的天然气田之一。作为交换，俄罗斯天然气工业公司获得EON匈牙利Foeldgaz Storage公司和Foeldgaz贸易公司各50%－1股的股份以及EON匈牙利电力和天然气供应公司25%＋1股的股份。同时，两家公司还就在欧洲合作建设电厂达成协议。俄罗斯天然气工业股份公司发言人说，双方也可以在德国共建电厂。通过这次股权交换，俄罗斯天然气工业股份公司可以更便捷地接触和融入西欧的最终用户。俄罗斯天然气工业股份公司一直致力于将公司从纯粹的能源生产改造成全球能源经营公司，该公司资本金达2440亿美元，是世界第三大公司。[①] 俄罗斯通过与德国的能源合作，成功打入了欧洲能源零售市场，德国也从与俄罗斯的合作中获得了能源安全，俄欧在能源方面的互利合作，作为一种榜样有利于俄罗斯与其他欧盟国家的能源合作。

2006年9月23日在法国贡比涅举行的普京、默克尔和希拉克峰会上，重点讨论欧盟与俄罗斯关系以及中东局势、伊朗核问题、能源安全等议题，希拉克在会后举行的新闻发布会上明确指出，此次会晤传递的主要信息是欧盟愿意发展和加强与俄罗斯的关系。普京说，三方首脑会晤这一机制应该成为推动俄欧战略伙伴关系发展的“可靠”机制。默克尔则表示，三国首脑会晤从1998年开始以来已经形成“非常良好的传统”，这有利于稳固和深化俄罗斯与欧盟的关系。[②] 普京允诺把位于巴伦支海的施托克曼天然气田的天然气资源卖给欧洲，而不是像原来计划的那样卖给美国的公司。该气田是世界上迄今已探明储量最大的天然气田

---

① www.china5e.com/news/zonghe/200607//200607190130.html。

② 《法德俄三方首脑会晤，欧盟愿意发展与俄罗斯关系》，www.p5w.net/news/gjcj/200609/t537312.htm.

之一，可以满足德国50—70年的天然气需求。俄罗斯希望德国在2007年担任欧盟理事会轮值主席期间朝建立欧洲—俄罗斯自由贸易区和加深能源伙伴关系方向迈出一大步，进而以俄罗斯和德国的合作推动俄罗斯与欧洲的一体化建设。尽管默克尔是“大西洋主义”者，但出于现实利益的考虑，默克尔保持了稳定的对俄政策，同俄罗斯发展关系不仅对德国外交具有重要意义，而且对德国经济发展也是不可或缺的。

2007年5月萨科齐担任总统后，曾多次批评俄人权记录，指责俄利用石油和天然气威胁欧洲邻国，没有承担起大国“责任”，俄法关系变冷。2007年10月萨科齐对俄进行了“修补关系”的访问，俄法关系在务实的基础上迅速发展。2008年下半年法国担任欧盟轮值主席国，积极推动建立欧盟与俄罗斯之间的“战略伙伴关系”。2010年3月，梅德韦杰夫访问法国，决定购买法国的“西北风”级战舰，突显了俄法间的战略互信。2010年7月15日，梅德韦杰夫与默克尔在叶卡捷琳堡举行了会谈，梅德韦杰夫邀请德国公司参与俄罗斯企业（包括以前的战略企业）的现代化改造。2010年10月18—19日，法德俄三国领导人在法国城市多维尔举行会晤，三国领导人就俄罗斯同欧盟及北约的关系、欧洲安全建设、全球经济治理及中东和平进程、伊朗核问题等共同关心的问题交换了意见，法德表示支持欧盟和北约发展同俄罗斯的伙伴关系。2011年5月26—27日在法国多维尔举行的“八国集团”峰会期间，梅德韦杰夫与萨科齐、默克尔举行了会晤，6月，俄法正式签署了俄购买法国两艘“西北风”级战舰的合同。

随着俄罗斯与欧盟国家经济联系日益紧密，俄法德三国的战略协作会加强，从而推动俄罗斯与欧盟关系的发展。

影响俄欧关系发展的因素

在世界经济一体化日益发展的今天，俄欧关系会日益紧密地向前发展。正如英国前驻俄大使莱恩所言：“我们反对遏制或孤立俄罗斯的想法。无论对西方而言，还是对俄罗斯来说，这种立场都是个大错误。我们需要新的协作形式。商业领域的协作、人际交流和信息交流是十分重要的。极端立场很可能会扼杀健康的思维和建设性的见解。”[①] 但是，俄欧关系并不会一帆风顺，其中存在着许多值得注意的矛盾与分歧。

首先，俄欧的战略目标不同。欧盟要圆大欧洲之梦，要主导欧洲事务，并认为俄罗斯有帝国扩张传统，因而对俄罗斯怀有戒心，还在借助美国的力量抗衡俄罗斯。俄罗斯则要圆强国之梦，力求成为世界强国，欲参与主导欧洲事务。在事关欧洲地区安全的问题上，欧盟仍然主要依赖美国起主导作用的北约，俄罗斯则主张发挥欧安组织的作用。在对“能源安全”的理解上，俄欧的立场也不同，欧盟要求俄罗斯作为能源供应大国，应该负责任地使用自己的权力，在能源供应、制定价格方面应该遵守协约，不能随意改动；欧盟对俄罗斯加强与亚太国家的能源合作也表示不安，担心因此影响俄罗斯对欧盟的能源供应。俄罗斯则希望欧盟保证对俄罗斯能源的长期需求，对俄罗斯开放终端市场。

其次，俄欧在争夺势力范围上时有碰撞。欧盟要把中东欧国家纳入西方体系，并力图侵入独联体地区，这就必然挤压俄罗斯的战略空间。俄罗斯则希望尽可能多地保留自己在上述地区的利益和影响，尤其反对北约东扩。俄军制定新的军事学说，提出“外部威胁论”，明确把北约列为潜在敌人。随着欧盟的扩大，《申根协定》的有关规定将扩展到即将入盟的中东欧国家，这将使俄欧双方的合作变得更加复杂，俄罗斯担心《申根协定》变成分隔欧洲的“柏林墙”，希望俄欧能够分阶段实现双方互免签证制度。俄罗斯希望与欧盟实现互免签证，但没有得到欧盟的回应。2010 年 11 月出访德国前，普京在《南德意志报》发表文章，倡议俄罗斯与欧盟建立自由贸易区，提及对双方实现护照免签制度的期望，“就俄罗斯和欧盟而言，最大阻碍就是现有护照约束。依我方之见，引入免签制度不应是俄罗斯与欧盟一体化进程的终点，而是一个开端”。

随着欧盟东扩，乌克兰、白俄罗斯、摩尔多瓦以及高加索地区代替中东欧成为俄欧之间新的“中间地带”。与历史上俄罗斯势力范围内的中东欧国家不同，这些国家都是前苏联的加盟共和国，而且大部分国家仍是独联体的成员。这些国家大多要以中东欧国家为榜样，希望能早日加入欧盟或北约，参与欧洲一体化进程，只有白俄罗斯与俄罗斯关系较近，但双方又因能源问题起争端。如果不能将这一地区有效地引入俄欧合作的框架内，就很有可能在这里形成欧洲新的分界

① Независимая газета . 7 июля 2006.

线。因此如何处理同这些新的“中间地带”的关系，成为俄罗斯与欧盟关系的一个新的重要内容。欧盟要求俄罗斯允许其邻国自主决定自己的未来，把俄罗斯影响白俄罗斯、乌克兰、摩尔多瓦、格鲁吉亚政策的行为说成是新帝国行为，俄罗斯则强调要维护自己的利益，这一争执自然会损害俄罗斯与欧盟之间的关系。

再次，欧盟内部对待俄罗斯态度不一致，影响俄欧关系的发展。在对待俄罗斯的态度上，欧盟成员国的目标并不一致，新老欧洲有分歧，正如德国政治家拉尔所说：“如果说欧盟的老成员国，比如德国，对包括在经济上接近俄罗斯感兴趣，那么‘新欧洲’在美国的支持下推动欧盟对俄罗斯奉行遏制政策。”[①] 老欧洲是俄罗斯的贸易伙伴，双方有很大的共同利益，政治分歧不明显。欧盟新成员或者是苏联的前加盟共和国，或者是原苏联的势力范围，历史上与俄有许多积怨，这些国家有较强的反俄情绪，俄罗斯对这些国家采取的一些诸如提高能源价格等制裁措施加重了这种情绪。东欧国家加入欧盟，也把其长期积累的反俄情绪带到了欧盟，影响着俄罗斯与欧盟的关系。

俄罗斯与欧盟虽在 2005 年 5 月签署了建立经济、安全、司法和文化四个统一空间的“路线图”协议，但双方合作的实际进展并不大。2005 年 8 月，波兰与俄罗斯之间突起风波，双方公民和外交人员在对方国家多次被殴打，导致两国居民敌对情绪高涨，影响双方关系，进而影响到俄欧关系。2006 年 11 月 13 日波兰在欧盟外长会议上否决了欧盟启动与俄罗斯签署新的合作伙伴关系协定谈判的动议。波兰表示，除非俄解除对波兰肉类等食品的进口禁令，否则波兰将不会支持欧盟与俄罗斯的谈判。2009 年以来俄波关系有了很大改善，普京和梅德韦杰夫先后访问了波兰，2010 年俄方公布了卡廷事件的档案，俄罗斯对待历史问题的新态度受到了波方的欢迎。

最后，俄欧在价值观念上也存在差异。俄罗斯一再强调自身属于欧洲文明，欧盟却始终把俄罗斯视为异类。俄罗斯所建立的依赖总统的自上而下行政权力体系、对新闻自由进行限制、加强对能源产业的控制等政策，受到欧盟的批评。欧洲民众对俄罗斯的认可程度不高，从舆论调查结果看，2005 年年初的调查显示，老欧洲对俄罗斯的好感也下降，意大利对俄罗斯有好感的人从 38%下降到 22%，英国则从 38%下降到 27%。波兰对俄罗斯没有好感的人为 56%，而法国的这一

---

① Коммерсант . 24 мая 2006.

比例从57%上升到62%。[①] 据《金融时报》委托哈里斯在西欧五个大国进行的民意调查显示，欧洲居民大部分对普京表示不信任，认为戈尔巴乔夫是比普京更好的领导人。参加调查的五国为英国、法国、德国、意大利和西班牙。在调查者问到苏联或俄罗斯20年来最好的领导人是谁时，59%的参与调查者支持戈尔巴乔夫，普京的支持率仅为12%，还有4%支持叶利钦。44%的参与调查者不确定普京是否是个值得信任的领导人，坚定的支持者仅占20%。同时调查还显示，63%的受调查者认为欧洲在能源上特别是天然气供应上过度依赖俄罗斯，对与俄罗斯能源安全方面的关系表示担忧。尽管如此，仍有超过半数的人认为俄罗斯是伙伴而非威胁，美国反而以30%的支持率被认为是世界稳定的最大威胁。[②] 这反映了欧洲人与俄罗斯人的观念差异。

俄罗斯和欧盟国家都希望有稳定的周边关系，尽管俄罗斯与欧盟之间也存在着矛盾与分歧，但是，欧俄地缘接近，在多边主义等问题上战略共识和借重大于分歧。能源日益成为欧俄关系中的关键因素，在相当长时期内欧盟难以改变对俄罗斯能源的依赖与需求，在反恐、反扩散等其他领域欧盟同样需要俄罗斯的合作。俄罗斯也把欧洲看成是其提升国际地位、实现复兴战略的重要合作伙伴。欧俄双方将以稳定、务实合作为基础，以能源合作为重点，继续发展各方面的关系，以实现欧洲的稳定与发展。

---

① Коммерсант. 24 мая 2006.

② 中新网2006年7月18日电。

67. 俄罗斯与北约的关系是如何发展变化的?

左凤荣

在苏东剧变之际，西方曾明确承诺北约不会东扩，但是，西方没有信守承诺。从 1993 年北约提出东扩计划以来，俄罗斯与北约在此问题上的争吵就一直未中断，这一问题严重影响俄罗斯与西方国家的关系。北约东扩、保持强大的军事力量，不仅使俄罗斯面临着巨大的潜在威胁，还使大西洋联盟逐步变成了一个囊括整个欧洲、涉及各个领域的组织，俄罗斯被排除在外，自然影响其政治地位。俄罗斯一直反对北约东扩，把北约扩大视为是俄罗斯安全环境面临的最大挑战。但是，俄罗斯根本无法阻挡北约东扩之势，不得不加强了与北约的对话，试图缓和双方的关系，化解北约东扩带来的不利影响。

俄罗斯与北约：从“和平伙伴关系”到“20 国机制”

华约解散和苏联解体后，北约失去了原有的对手。俄罗斯继承了苏联的一切国际权利和义务，1992 年 2 月，北约秘书长韦尔纳同俄罗斯总统叶利钦会晤后表示：北约同俄罗斯互为对手和敌人的时代已经过去，现在到了伙伴和合作的新时期。

1994 年 1 月，在布鲁塞尔北约首脑会议上正式提出北约东扩，目的是填补苏联解体后的东欧“安全真空”，建立以北约为核心的未来安全新机制，会议一致通过了同中欧、东欧国家和俄罗斯建立“和平伙伴关系”的方案。这是北约盟国与东欧及中亚国家之间一种松散的对话与合作关系，俄罗斯要求在计划中拥有“特殊地位”，遭到拒绝。经过多次磋商，1995 年 5 月 31 日，俄罗斯正式加入

“和平伙伴关系计划”，签署了俄罗斯和北约的《双边军事合作计划》，但俄方始终强调反对北约东扩的立场没有改变。

1997 年 5 月 27 日，俄罗斯与北约签署《俄罗斯联邦与北大西洋公约组织相互关系、合作和安全基本文件》，建立了北约—俄罗斯常设联合理事会，目的是为北约与俄罗斯双方提供一个就欧洲政治与安全问题进行磋商的机制。双方的关系比“和平伙伴”进一步，俄罗斯仅在某些安全领域的问题上拥有参议权，而没有决定权，实际上只是个磋商的论坛。这让俄罗斯人心存芥蒂，他们抱怨北约没有把自己当成平等相待的“伙伴”。1997 年 7 月 8 日，北约马德里首脑会议正式决定，接纳波兰、匈牙利和捷克三国加入北约。1999 年 3 月 12 日，上述三国正式成为北约新成员，完成了北约在冷战结束后的第一次扩大，从而使北约的成员国增至 19 个。3 月 24 日，北约不顾俄罗斯的强烈反对，对南联盟实施大规模空中打击，俄方宣布暂时中断同北约的一切关系。

2000 年 2 月北约秘书长罗伯逊访问莫斯科，在他的努力下，俄罗斯与北约联系恢复，2000 年 3 月 15 日，北约—俄罗斯常设联合理事会举行大使级会议，俄罗斯与北约的关系开始恢复正常。2000 年 5 月 24 日俄外长伊万诺夫重新参加了北约—俄罗斯常设理事会会议，西方认为这是俄与北约已恢复正常关系的重要标志。在 2001 年 7 月 18 日举行的记者招待会上，普京提出建立欧洲统一的安全防御空间，可能有各种方案：“最简单的是解散北约。但目前这个问题绝对提不到日程上来。第二个方案便是俄罗斯加入北约，我并不是说我们希望这样，而只是从理论上加以分析。这也可以建立统一的安全和防御空间。第三个方案则是组建一个新机构，俄罗斯也成为其中一员。”[①] 2001 年 10 月初，普京对记者表示，俄罗斯希望北约发生转变，成为一个“更具政治化”的组织。如果北约发生这样的变化，俄罗斯将重新审视它对北约东扩所持的立场。普京强调指出，如果俄罗斯也被包括在这种政治化进程之内，那么俄罗斯将“自然而然地改变对北约扩大的立场”，普京政府表达了与北约共同商讨要求建立更亲密的关系，共同打击国际恐怖主义的意愿。2001 年 12 月 7 日，北约—俄罗斯常设联合理事会举行了外长会议，会议声明指出，北约和俄罗斯决定建立一个新的合作机制，内容包括磋商、合作、共同决策以及协调行动和联合行动。声明还表示，北约与俄罗斯已经

① 《普京文集：文章和讲话选集》，中国社会科学出版社 2002 年版，第 383 页。

加强了在反恐怖斗争中和在其他领域内的合作。

2002年5月14日在雷克雅未克北约与俄罗斯外长会议上决定成立“北约—俄罗斯理事会”，2002年5月28日在意大利罗马举行的俄罗斯与北约成员国国家元首和政府首脑会议上，北约19个成员国和俄罗斯签署了《罗马宣言》，成立北约—俄罗斯理事会，这标志着两个冷战时期的敌人之间建立起新型的安全合作关系。普京把之称为俄罗斯与北约关系史上“崭新的一页”，“今天签署的关于建立俄罗斯—北约委员会的文件是双方合作达到崭新的更高水平的体现。多变的世界局势使我们意识到生命攸关的安全利益的相互依赖性。靠单干是不可能保障这些利益的。形成我们各国的合力能够也应该成为建立21世纪新安全结构的决定性因素之一”。[①] 以前是北约作为一个整体与俄罗斯对话，只是向俄罗斯通报北约的合作；现在各国则按字母顺序排序，所有20个理事国可以自由地表明自己的立场。20国机制的建立，结束了“后苏联时期”，双方的合作领域从原来的维和、军事演习等扩大到建立磋商机制、打击恐怖、防止核扩散、军备控制、危机处理、海上救护、国际维和等多个领域的“功能性问题”。俄罗斯能够加入20国机制，提高了同北约国家的磋商地位，对北约的新成员国也会产生影响。同时，俄罗斯很明显也做了让步，在20国机制里，各国一起来商讨一些问题，但是其中有一个很实质性的问题——俄罗斯没有否决权。其他19个北约成员国如果认为某一个议题对它自己本国的安全造成损害的话，可以不同意俄罗斯参加。比如，涉及北约东扩这种内部事务，俄罗斯就没有发言权了。应该说，这是俄罗斯在力所能及的情况下取得的外交成果，“20国机制”比“19+1机制”对俄更有利。新理事会至少每月举行一次大使级会谈，每月至少召开两次筹备会议；俄罗斯官员迁至北约总部办公，这使俄与西方国家接触、交流更加频繁。俄罗斯试图利用新机制，促使北约向政治性组织转变，扩大俄罗斯在欧洲的影响，提高自己在欧洲的地位与作用。

尽管俄罗斯与北约的关系发生了一些变化，但俄罗斯方面仍然认为北约扩大是错误的，普京在2002年5月30日接受中国《人民日报》记者采访时说：“北约机械地扩充并不会使自身和那些想加入它的国家更安全。北约的扩充从一开始就不是由某些客观需要所决定的……靠加入北约这个由有限成员国组成的军事联

① 《普京文集：文章和讲话选集》，第647页。

盟是不可能回击21世纪文明人类将面临的新的挑战和威胁的，2001年9月11日事件鲜明地证明了这一点。我坚信，北约的扩充也不可能成为巩固欧洲安全与稳定的基础。”① 国家杜马国防委员会副主席阿列克谢·阿尔巴托夫指出：俄罗斯与北约关系中有两个尖锐问题：首先是北约东扩，而且首次把版图扩大到前苏联境内，俄罗斯和北约有了共同的边界；另一个重大的问题是，直到前不久，俄罗斯同北约的合作就其规模、水平和重要性而言，处于零位。“如果北约国家真的希望同俄罗斯建立伙伴关系，那么首先它起码应当提出让波罗的海国家加入欧洲常规武装力量条约的问题。现在，这一地区尚没有任何限制。从理论上说，北约可以在不违反任何条约的情况下在那里部署大量的兵力。这未必会发生，但是可能性是存在的。军人始终会对可能发生的事采取相应的措施。”俄罗斯对北约的不信任感还相当大，俄罗斯也不赞成北约东扩，反北约情绪虽然被压制了，但它依然存在。“最近几年，他们总是自行其是，对我们只是拍拍肩膀表示友好。”② 面对北约东扩，俄地缘政治学家伊瓦绍夫认为，北约对俄罗斯“存在长期威胁、中期威胁和短期威胁……西方的‘价值观’在我国推行，而我们自己的历史、文化传统正在衰落。这才是关键所在。”北约借国际反对恐怖主义的幌子，“正在准备一场大战。最近他们又有了创新。他们正在孤立一些大国及地区，这已是计划中的第一任务。新做法还是军事行动。此外还加强了和平时期的破坏行动，迫使对手解除武装。”③ 他指出，“在当今世界，北约是个不合时宜的组织。北约人士称这个军事联盟为防御性联盟，这是谎言。1949年的华盛顿条约宣布，欧洲和大西洋是这个联盟的责任区。但北约新的战略构想把包括俄罗斯在内的全世界都变成了责任区。应当明白，北约不是打击恐怖活动和贩毒活动的机构。目前北约是夺取世界上的关键性地区、战略交通线和全球资源的武力手段。……欧洲希望独立于美国，但美国严格控制着北约。俄罗斯与北约的合作实际上根本不存在，只有一个单方面让步的过程。北约不断扩大，并出现在石油和天然气的产地，而俄罗斯只是一味地让步。北约与俄罗斯貌似合作和削弱莫斯科的地位恰恰符合美

---

① 《普京文集：文章和讲话选集》，第667页。

② Алексей Арбатов，Мы не готовы друг другу доверять，Независимаягазета．18 ноября 2002.

③ Ивашов Леонид，ГригорьевичНАТО готовится к большой и серьезной войне，Yтро. 18 мая2004.

国人控制欧洲的意图。”①

2002 年 11 月 22 日，在捷克首都布拉格举行的首脑会议上，北约决定邀请爱沙尼亚、拉脱维亚、立陶宛、斯洛伐克、斯洛文尼亚、罗马尼亚和保加利亚加入北约。2004 年 11 月，这 7 个国家正式成为北约成员，包括前苏联的加盟共和国——波罗的海三国，其成员增至 26 个，除接纳新成员外，北约还与 27 个国家建立了所谓伙伴关系。俄罗斯反对北约东扩，俄外长拉夫罗夫强调：“经验表明，狭隘的结盟方式已经不能解决现有的问题，如果我们观察一下围绕欧洲常规武装力量条约的局势，不得不承认，正在进行针对俄罗斯的结盟。当建立在华约和北约对抗时期现实基础上的条约还在继续发挥潜在作用的时候，很难对局势做出相反的评价。华约早就没有了，其很多成员已经加入了北约，欧洲常规力量条约的成员承认这个事实，并于 1999 年签署了修改协议，但北约国家努力阻挠其生效。这种与欧洲大西洋地区所有国家安全利益背道而驰的现象不能持续很久。我们的安全，我们和北约国家一起试图在俄罗斯和北约间创造的新的信任气氛受到了损害。”② 叶夫根尼·布任斯基中将认为：“冷战结束后欧洲的安全结构发生了很大变化，北约接纳新成员（斯洛文尼亚、拉脱维亚、立陶宛、爱沙尼亚），前华约成员（斯洛伐克、保加利亚、罗马尼亚）也加入其中，破坏了欧洲常规力量条约的基本原则。在常规力量方面差不多所有的集团和地区平衡都发生了不利于俄罗斯的改变。在近期内欧洲常规力量条约将不会生效。如果局势不好转，那么其参加者将寻找新的保障自己和集体安全的途径。”③

2008 年 4 月，在布拉勒斯特尔召开的北约峰会上，美国提议将独联体国家当中的格鲁吉亚和乌克兰纳入北约成员行动计划，遭到欧洲各国的反对，没有成功，但是 2008 年 7 月，美国国务卿赖斯在八国峰会结束后访问了格鲁吉亚，她在第比利斯宣布：争取在 2008 年 12 月把格鲁吉亚和乌克兰纳入北约成员行动计划。美国要尽量扩大北约，进一步挤压俄罗斯的战略空间，成为俄罗斯与北约矛

---

① Ивашов Леонид，ГригорьевичНАТО готовится к большой и серьезной войне，Утро. 18 мая，2004г.

② Лавров С. В. Россия и США：между прошлым и будущим，25 сентября 2006 года，www. mid. ru/brp _ 4. nsf/sps/ACB3FD1C5ED62B37C32571F500306650.

③ Генерал－лейтенант Евгений Бужинский Большая противоракетная игра，www. izvestia. ru/armia2/article3097571.

盾的一个重要焦点，尽管目前乌克兰和格鲁吉亚无法加入北约，但美国拉拢他们，打压俄罗斯的战略不会改变，俄罗斯与北约在北约东扩问题上的矛盾不会消除。

2008 年 8 月格鲁吉亚与俄罗斯发生军事冲突，北约冻结了与俄罗斯方面大使级以上的接触，包括常设的北约—俄罗斯理事会。美俄关系重启后，2009 年 3 月，北约成员国外长会议决定，恢复与俄罗斯正式接触。2009 年 4 月 29 日，中断了 8 个月的北约—俄罗斯理事会大使级会议举行，标志着格俄战争后北约与俄罗斯正式恢复政治对话。2010 年，北约在里斯本峰会上主动邀请俄罗斯加入建立欧洲反导系统。与此同时，随着波兰国内政局的变化，以波兰为代表的中东欧国家与俄关系也得到较大改善。此外，俄近来对改善与西方关系亦有较强意愿，提出了“现代化伙伴关系”等主张，在伊朗核问题上加大配合欧美力度，这些均为北约重新评估与俄罗斯关系提供了有利条件。

谁来主导欧洲的安全

在重构冷战后欧洲安全的问题上，俄罗斯主张发挥欧安组织在维持欧洲—大西洋地区和平方面的作用。但令俄罗斯人失望的是，柏林墙虽然倒塌了，但俄罗斯与欧洲之间那道无形的墙并没有拆除，欧洲—大西洋地区国家仍坚持以北约作为维护欧洲安全的框架，北约不停地东扩、东扩、再东扩，欧洲安全问题笼罩上越来越浓厚的阴霾。

在维护欧洲安全，应对新的威胁和挑战，特别是在反对国际恐怖主义、有组织犯罪、走私毒品和大规模杀伤性武器的扩散方面，俄罗斯主张发挥欧洲安全与合作组织的作用，普京指出：“欧洲安全与合作组织及其成员的独特地理构成、各国之间协作的经验、安全与合作问题方面已经在运作的机制应该成为新欧洲安全结构的关键因素之一。遗憾的是，近些年来，这个组织的潜力并没有得到充分的利用。必须恢复欧洲安全与合作组织平等对话民主论坛和就维持欧洲—大西洋地区和平问题通过决议的职能。”[①] 俄外长伊万诺夫也强调：“俄罗斯外交政策欧洲方向的主要目标是建立全欧安全与合作的稳定的民主体系。俄罗斯希望欧洲安

① 《普京文集：文章和讲话选集》，第 662—663 页。

全与合作组织能够在各方面进一步发挥自己的作用，俄罗斯也将为此而努力。”“建立统一的、非歧视性的和无所不包的欧洲安全体系，这一方针是俄罗斯欧洲政策的主要方面。”[①] 但是，美国和欧洲国家却仍坚持以北约为维护安全的框架，继续扩大把俄罗斯排除在外的北约。

俄罗斯为建立消除冷战分界线的新的欧洲安全框架做了很大努力，2008 年 6 月 5 日，梅德韦杰夫总统在访问德国时倡议签署《欧洲安全条约》，在军事政治安全领域建立欧洲—大西洋地区统一的、不可分割的空间，以摆脱冷战的遗产。此后，受自身经济深陷国际金融危机旋涡的影响，俄罗斯更加迫切地需要在欧洲安全问题上得到保障，又在多个场合呼吁启动制定《欧洲安全条约》的进程。虽然这一倡议得到一些欧洲国家的赞成，但始终没有相应的机构着手开展这一工作，俄罗斯只好开始独自拟定欧洲安全条约。2009 年 11 月 29 日，梅德韦杰夫总统把俄罗斯方面起草的《欧洲安全条约》草案分发给欧洲—大西洋地区国家的领导人和这一地区的国际组织——北约、欧盟、集体安全条约组织、独联体、欧安组织的负责人，期待有关各方对其进行补充完善。该条约草案强调缔约方开展合作的准则基础是不可分割的、平等的安全，任何缔约方不得采取严重触及其他缔约方安全的行动和措施，也不可在其领土上准备或实施针对其他缔约方的武装进攻。在 12 月 1 日和 2 日召开的欧安组织外长会议期间，与会各方就俄罗斯的草案进行了讨论，认为这一草案对加强欧洲安全对话“非常有用”。参加欧安组织外长会议的法国外长库什内也表示，俄罗斯提出的《欧洲安全条约》草案具有积极的一面，应当认真考虑。这一态度反映出，欧盟多数国家看到，把日益强大的俄罗斯推到对立面会损害自身的利益，因而主张改善和发展与俄罗斯的关系。2010 年 2 月 22 日，美国国务卿希拉里在华盛顿举行的北约战略构想研讨会上表示，美国不支持俄罗斯方面提出的新欧洲安全条约草案，认为欧洲安全问题应在现有机制中加以讨论。也就是说，欧洲的安全还是由北约来主导。

俄罗斯希望北约就其未来的发展方向作出更清楚的说明，希望北约能变成面向 21 世纪的、愿与其他方面，包括俄罗斯和独联体集体安全条约组织开展平等合作的现代化安全保障组织。尽管俄罗斯提出的《欧洲安全条约》草案赢得了欧

---

① （俄罗斯）伊·伊万诺夫著，陈凤翔等译：《俄罗斯新外交：对外政策十年》，第 157、82 页。

洲主要国家的积极回应，同时该草案也不排除美国在欧洲安全问题上的作用，但是，要想凭借一纸条约就将北约与俄罗斯之间的矛盾与对抗消解于无形，恐怕也是不可能的。俄罗斯提出的《欧洲安全条约》草案，并未被北约国家接受，很难成为保障未来欧洲安全的法律基石。俄罗斯与北约在欧洲安全方面的争端还将长期存在，冷战的分界线还难以消除。

俄罗斯与北约的矛盾与分歧难以消除

在无法阻止北约东扩的背景下，俄罗斯把工作重点放在改善与北约的关系上，以利于提升俄罗斯在国际舞台上的地位和作用，赢得西方国家对俄的经济援助，帮助俄罗斯早日实现现代化。俄罗斯与北约虽然改善了关系，但双方仍有不可调和的利益冲突。

一是关于北约东扩的问题。在这个问题上，双方存在较大的认知差距，俄罗斯认为自己在独联体地区有特殊利益，西方对之则不愿承认，在俄边境附近部署战略性军事设施，影响俄国家安全。美国及其盟国一面申明北约对于接纳新成员继续持“开放政策”。目前俄罗斯更关心的是近邻乌克兰和格鲁吉亚加入北约的问题，这是俄罗斯不能允许的。乌克兰国内各派经过斗争，暂时把加入北约的问题搁置起来了，将来有可能要经过全民公决来决定，通过的可能性不大。格鲁吉亚则加紧了活动，2006 年 9 月北约宣布与格鲁吉亚“加紧对话”，格鲁吉亚总统萨卡什维利 9 月 22 日在联合国大会上公开指责俄罗斯在格恢复领土完整的努力中起着破坏性作用，要求俄立即从阿布哈兹和南奥塞梯撤军。随之，格鲁吉亚采取了进一步对俄不友好的举动，以从事间谍活动为名逮捕了 4 名俄罗斯军官，使俄格矛盾激化，俄罗斯从 10 月 2 日起对格鲁吉亚进行全面制裁，断绝了与格鲁吉亚的一切往来。北约和欧盟国家指责俄罗斯对格鲁吉亚施加压力的做法，要求俄罗斯解除对格的制裁。

俄罗斯方面表示：“我们尊重各国选择自己外交战略和伙伴的主权。但是，许多新的安全威胁需要合作的新体系，而不是扩大冷战时期建立的军事政治同盟。军事政治同盟的任何扩大都会带来安全领域的变化。接纳俄罗斯的近邻严重触及我们的政治、军事和经济利益，对‘问题’地区脆弱局势产生了不利影响。”俄罗斯方面强调，在 9 月份格鲁吉亚领导人从纽约回来不久，北约和格鲁吉亚开始“加紧对话”。格鲁吉亚奉行的反俄政策，很难说与此无关。俄罗斯还对北约成员国拒绝批准修正后的《欧洲常规武装力量条约》[①]不满，俄罗斯批评加入北约的前苏联共和国爱沙尼亚、拉脱维亚和立陶宛迟迟没有批准该协定。[②]俄罗斯对涉及自己利益的问题不会让步，不会轻易让格鲁吉亚加入北约，使美国和北约势力毫无阻碍地扩大到外高加索。俄罗斯在这方面可以利用的是南奥塞梯、阿布哈兹与格鲁吉亚的领土争端，格鲁吉亚要求用其他国家的军队代替俄罗斯的军队在这一地区执行维和任务，俄罗斯坚决反对，而有领土争端的国家是不能成为北约成员国的。在2008年俄格战争后，格鲁吉亚面临着重要选择，加入北约，则必须放弃对南奥塞梯和阿布哈兹的要求，这是其难以接受的，俄罗斯已经明确承认了这两个地区的独立，而且还在不断加强与这两个地区的政治经济军事关系，要解决这一问题，暂时也是不可能的。格鲁吉亚达到加入北约的要求还有很长时间，但美国仍会不懈支持其加入北约。

二是建立欧洲导弹防御系统问题。美国要将反导系统部署在东欧国家，宣称这些反导装置不是针对俄罗斯的，而是为了截击伊朗或朝鲜有可能发动的导弹袭击，但俄罗斯并不相信，坚决反对美国在东欧部署反导系统。北约东扩之后，俄罗斯的战略空间已经到了退无可退的地步。从反导技术层面上来讲，要截击对手的导弹，最好的时机应该是导弹发射升空后的初始飞行阶段，越往后就越难判断导弹的各种飞行参数。截击导弹的阵地，最好是位于敌方导弹发射阵地300—500公里处。因此，如果美国在自己家门口建立起导弹防御系统，俄罗斯要加强自己导弹的威慑力，只能依靠加大自己境内导弹阵地的战略纵深来实现——将导弹发射阵地撤至乌拉尔以东地区。俄罗斯要求与北约共同组建一支防空及反导防御机动部队，从而做到你中有我，我中有你，加大防范战争发生的保障系数。

2009年美国总统奥巴马上台后，积极推进与俄罗斯关系的“重启”，双方于2010年4月签署了新的削减战略核武器的条约，美国调整了欧洲反导系统计划，将反导系统纳入到北约框架下。俄与北约的关系有了很大改善，在2010年11月

---

① 《欧洲常规武装力量条约》1992年11月9日生效，对欧洲的军队、飞机、坦克和其他非核重型武器做出了限制。为适应局势的变化，又在1999年签署了《欧洲常规武装力量条约修改协定》。

② Александр Грушко, В отношениях России с НАТО остаются проблемные вопросы; www. interfax. ru/r/B/exclusive/22. htmlid _ issue=11610586.

北约里斯本峰会上，俄罗斯被称为“最大的伙伴”，北约把促进与俄罗斯等非北约成员国的信赖与合作作为实现协调安保的主要任务。在组建欧洲导弹防御系统问题上，北约也向俄罗斯发出邀请，提议共同建立欧洲导弹防御系统。但是，双方的互信问题难以解决，建立共同反导系统的可能性不大。

2011 年 7 月 4 日，俄罗斯—北约理事会大使级会议在俄罗斯黑海海滨城市索契举行，会议未能就欧洲反导系统问题达成协议。俄罗斯要求：制定反导系统互不针对的法律保证；制定客观评估标准，以证明反导系统确实用于应对欧洲、大西洋地区以外的潜在威胁；必须保障俄罗斯在未来反导系统建设中的平等参与。对此，北约秘书长拉斯穆森回应说，北约认为没有必要与俄签署反导系统互不针对的法律保证。此外，必须建设北约和俄罗斯两个独立的反导系统，而不是俄罗斯所提议的联合分区反导系统。实际上北约对俄罗斯还是缺乏诚意。

2011 年 10 月，美国与西班牙达成协议，在西班牙境内部署四艘装有 SM—3 反弹道导弹和导弹武器控制系统的宙斯盾驱逐舰。俄罗斯外交部发表评论说：“我们认为，美国在欧洲反导装备问题上‘既成事实’的做法令人无法接受，没有集体讨论，不考虑相关各国的意见就作出决定，这些决定能影响欧洲大西洋安全和稳定状况。如果事态继续以这种方式发展下去的话，那么俄罗斯—北约理事会里斯本峰会营造的让导弹防御系统变成从对抗到合作项目的机会将落空。”①

三是关于北约的转型问题。冷战结束后，北约不仅在欧洲大陆继续扩张，而且还远远超出了自己的责任区，除了在阿富汗的行动外，北约还为伊拉克培训了军官，为当地的安全部队运送军事装备。为了进一步加强对北约行动的战略指导，北约首脑会议于 2006 年 11 月 28—29 日在拉脱维亚首都里加举行，会议通过了《里加首脑会议声明》和《全面政治指导》等文件，在北约扩大问题上，美国力拉日本等入伙的“全球伙伴关系”计划被搁浅，但声明指出向日本等国开放适用“和平伙伴关系国”的部分合作内容，从而为这些国家参加北约军演、联合培训等提供了可能性，也为北约最终走向全球作了铺垫，会议期间和文件本身向外界传达的信号表明北约要向全球化政治军事组织迈进。如果这一趋势发展下去，联合国的权威自然会受影响，对此，法德等欧盟国家反对，俄罗斯也不赞同。在这次会议上，北约还把能源安全作为会议的重要议题，波兰等国家想通过

---

① 俄新网 2011 年 10 月 6 日。

北约以武力施压的方式解决能源问题，其矛头自然是针对俄罗斯的。北约是一个军事政治组织，它介入到与俄罗斯的能源关系中，反映出美欧对自身能源安全越来越深的担忧，也反映出美欧与俄罗斯在能源问题上越来越深的矛盾。俄罗斯外交部长拉夫罗夫回应说："如果没有俄罗斯的参与，任何有关能源安全问题的讨论都不会有结果，也无法促进能源安全"，"能源安全问题事关所有国家，相关讨论必须尊重各重要国家的利益"[①]。

俄罗斯希望北约向政治组织转型，但北约坚持其军事性质。2009 年 4 月北约领导人责成秘书长拉斯穆森组成专家小组起草北约新战略构想，专家小组在组长马德琳·奥尔布赖特（美国）和副组长范德伟（荷兰）领导下于 9 月投入工作，2010 年 5 月 17 日向北约秘书长拉斯穆森提交最终建议报告：《北约 2020：确保安全，积极接触》。新战略构想称新安全挑战使传统的"领土防御"概念发生变化，"领土防御"必须超越边界，应对遥远地区可能出现的危险。这样的新战略构想实际上表达了美国的意志，试图把北约从一种防御联盟变成力量投放工具，为美国的全球政策提供保障。届时北约将可采用更巧妙的办法，绕开联合国安理会发动战争。新战略构想也提出加强与俄罗斯的合作，但是这一构想还是让俄罗斯感到不安，因其表明北约将成为面向全球的进攻性组织。2010 年 11 月 19 日，北约峰会在葡萄牙首都里斯本召开，会议邀请一直被北约视为威胁的俄罗斯总统梅德韦杰夫出席，通过了今后 10 年行动指针的"战略新概念"。战略新概念将"遏制与防卫"作为首要任务，强调只要有核武器存在，北约组织就会一直保持"核同盟"状态。这表明北约从冷战时代的"美欧军事同盟"，向与他国合作肩负维持国际秩序重任的"世界警察"方向转变。

冷战结束后，美国以冷战的胜利者自居，北约不仅没有解散，其地位与作用却在增强，美国要把北约变成在全世界传播民主价值观、承担世界责任的全球性组织的意图明显，俄罗斯不得不审时度势，努力维护国家安全利益。在 2010 年公布的俄罗斯联邦军事学说中，俄清楚地表明了美国和北约是俄安全的重要威胁。北约虽然改善了与俄罗斯的关系，要与俄建立真正的战略伙伴关系，但这只是表面的宣传，实质上北约仍将俄视为对手和潜在威胁，特别是随着普京重返克里姆林宫，俄罗斯要走向强国的步伐会加快，北约更要对之加强

---

① Андрей Терехов，Энергетический удар НАТО，Независимаягазета 30 ноября 2006.

防范。因此，俄罗斯与北约的关系要想获得真正的重大突破还需时日。当然，俄罗斯与北约在防止大规模杀伤性武器扩散、打击恐怖主义和极端主义、能源安全、伊朗核问题和阿富汗等问题上都有共同利益，北约需要俄罗斯的合作与支持，双方的关系也不会回到冷战时期的对抗状态。双方斗争不断、错综复杂的关系还会持续下去。

68. 俄美关系是如何发展变化的?

左凤荣

俄美关系一直是人们关注的焦点。俄美两国领导人从 2006 年开始了口水战，美国指责俄罗斯搞能源讹诈，俄罗斯指责美国搞单边主义、霸权主义，恶化了冷战后的国际环境。与此同时，两国的对抗行动也有增无减，美国和西方不顾俄罗斯的反对，承认科索沃独立，俄罗斯则出兵格鲁吉亚保护南奥塞梯和阿布哈兹两个自治共和国，并宣布承认它们是独立国家。美国坚持北约东扩，并欲把乌克兰和格鲁吉亚这两个原苏联加盟共和国纳入北约，并以反恐为名在东欧部署导弹防御系统，遭到俄罗斯的坚决抵制，俄罗斯宣布要在加里宁格勒部署导弹防御系统。2009 年 1 月奥巴马上任后，俄美关系开始出现一些新变化。

俄罗斯反击，俄美对抗加剧

冷战结束以后，俄罗斯一直希望与美国建立平等的伙伴关系，与美国一道共享冷战结束的成果，共建新的世界秩序，而且俄罗斯也主动向美国示好，“9·11”事件后主动配合美国的反恐行动，默许美国在中亚建立军事基地，但是，俄罗斯的热情并没有得到相应的回报。美国政府以冷战的胜利者自居，奉行单边主义政策，根本不把俄罗斯放在眼里。2000 年以来，俄罗斯经济实现了快速发展，其经济军事实力在增强，俄罗斯开始反击，俄美关系中紧张与对抗的成分日益增强。

美国执意坚持北约东扩和在东欧部署新的导弹防御系统，在独联体地区策动“颜色革命”，扶植亲西远俄的政权，修建绕过俄罗斯的石油和天然气管道，把中亚和里海地区的油气送至欧洲。美国的这些政策明显带有挤压俄罗斯的战略空间、遏制俄罗斯东山再起的意图，俄罗斯2008年进行了有力反击。2008年2月，在科索沃独立的问题上，俄罗斯持坚决反对的态度，而且警告西方，如果承认科索沃独立将带来严重后果；8月8日俄罗斯出兵保卫南奥塞梯和阿布哈兹两地区的人民免遭格鲁吉亚当局的迫害，26日俄罗斯总统宣布承认南奥塞梯与阿布哈兹的独立，把科索沃模式引至独联体，让美国和西方尝到了自制的苦果。俄罗斯出兵格鲁吉亚意在向西方表明其维护本国利益的决心，警告西方不能允许格鲁吉亚和乌克兰加入北约，俄罗斯通过能源等手段打压乌克兰亲美的尤先科政权。

美国也不甘示弱，2008年8月20日，美国国务卿赖斯与波兰外长拉多斯瓦夫—西科尔斯基在华沙正式签署官方协议：美国计划2011年至2013年前在波兰部署10个导弹拦截装置，在捷克部署一个雷达预警基地，组建东欧导弹防御系统。2008年11月梅德韦杰夫在国情咨文中宣布："如果有必要，为了消除反导系统的影响，在加里宁格勒州将部署'伊斯坎德尔'导弹系统。当然，我们还研究为此目的而使用俄罗斯海军资源的问题。在这个西部地区（指加里宁格勒州）还将针对美国部署的反导新部件开展无线电电子压制。"[①] 2008年12月乌克兰外长奥格雷兹科和美国国务卿赖斯签署的两国战略伙伴关系宪章，宪章规定无条件承认乌克兰主权，推动乌加入北约进程，扩大美国在克里米亚的存在以及其他合作形式。2009年1月9日，美国和格鲁吉亚在华盛顿签署《战略伙伴关系宪章》，这无疑是做给俄罗斯看的。俄美的对抗使许多人担心出现"新冷战"。

在美国进行政权交接之际，俄罗斯采取了许多进攻性行动向美国新政府施压。2008年11月24—28日，俄罗斯总统梅德韦杰夫访问秘鲁、巴西、委内瑞拉和古巴，在访问期间，俄罗斯与上述国家签署了一系列能源、军事技术、航空、贸易等方面的合作协议。与此同时，俄罗斯"恰巴年科海军上将"号大型反潜舰等4艘军舰组成的俄罗斯北方舰队舰艇编队驶入委内瑞拉北部港口拉瓜伊拉，委内瑞拉和俄罗斯海军在加勒比海域进行了为期两天的海上联合军事演习。12月19日，参与俄委军事演习的俄罗斯北方舰队3艘军舰抵达古巴哈瓦那湾，这是俄罗斯海军"冷战"以来首次访问古巴。俄罗斯在拉美的外交活动力度加大是对

---

① Послание Федеральному，Собранию Российской Федерации. www. kremlin. ru/appears/2008/11/05.

美国执意在东欧部署导弹防御系统以及向格鲁吉亚提供军事援助的一种回应。2009年1月28日，古巴领导人劳尔·卡斯特罗抵达莫斯科，这是冷战结束以来古巴领导人首次访俄，委内瑞拉总统查韦斯已是克里姆林宫的常客和重要伙伴，阿根廷总统克里斯蒂娜和尼加拉瓜总统奥尔特加也先后访问俄罗斯。俄罗斯加强与拉美地区反美国家合作的一个重要意图是对美国在独联体政策的反击。

不仅如此，俄罗斯在削弱美国在独联体地区影响方面，还取得了一项重要成果：美国被驱逐出在中亚的最后一块军事基地——吉尔吉斯斯坦的马纳斯空军基地。奥巴马政府正准备从伊拉克脱身，把精力主要放在阿富汗，计划今后两年向阿富汗增兵3万人，马纳斯基地是美向阿输送军事物资和人员的重要基地，从马纳斯基地起飞的运输机在2个小时内可抵达阿富汗，每月可为美军周转1500人和500吨军用物资。吉尔吉斯斯坦总统巴基耶夫2009年2月3日明确表示，吉政府不会延长美军驻扎期限，将于近期关闭马纳斯美国空军基地，吉政府选在这一时机宣布关闭基地，对美国新政府来说无疑是重要打击。尽管巴基耶夫公开表示，驻军费用的增加和美军制造的杀伤事件是决定关闭基地的原因，事实上谁也不怀疑这是俄罗斯作用的结果。2月3日，巴基耶夫访问莫斯科，并参加独联体集体安全条约组织和欧亚经济共同体首脑特别峰会，俄宣布提供1.5亿美元无偿援助和20亿美元贷款，并承诺帮助吉尔吉斯建一个水电站①，这无疑是一份厚礼，吉尔吉斯希望通过加强与俄的合作，克服经济危机和保障社会稳定。

2009年2月4日独联体集体安全条约组织特别峰会一致同意组建快速反应部队，以应对外部军事侵略。这支快速反应部队的骨干是俄罗斯第98图拉近卫空降师和驻扎在乌里扬诺夫斯克的第31近卫空降突击旅，这两支部队约有1万人，其他成员国各出一个营，总人数约为1.5万。这支部队将驻扎在俄罗斯，但也不排除使用美国人将撤离的马纳斯空军基地的可能性。俄罗斯总统梅德韦杰夫表示：集体安全条约组织在维护成员国安全、反对侵略及其他威胁方面，将是卓有成效的，其军事力量是“以最现代化的军事技术武装的、有战斗力的，总体上，其潜力不比北约部队差”。② 欧亚经济共同体做出了两项重要决定：一是建立总额为100亿美元的克服危机的基金和建立国际高科技中心。这些措施无疑增强了

① www. kremlin. ru/appears/2009/02/03/212443. shtml.

② www. kremlin. ru/text/appears/2009/02/212492. shtml.

俄罗斯为与北约抗衡的能力，并将进一步扩大俄罗斯在独联体地区的影响力。

在俄罗斯咄咄逼人的反击面前，美国只能退守，2月19日吉议会几乎全票通过废除美国在吉空军基地的协议，要求美国在180天内撤离，美国只好表示不会不惜任何代价谋求保留这个基地，会研究其他可行的方案。俄罗斯也不想把与美国的关系搞得太僵，表示允许美国利用俄罗斯领土向在阿的反恐战争运送物资。

从俄美对抗的症结看，俄罗斯对美国的不满主要集中在两个方面：一是地缘政治的争夺，俄对美国不断挤压俄罗斯的战略空间，向独联体地区渗透十分反感，在借机反击；二是对北约东扩和美国执意在东欧部署导弹防御系统表示强烈反对，并开始从言辞转向具体行动。

俄美关系出现新变化

俄罗斯并不想与世界唯一的超级大国美国进行对抗，因为这将促使俄罗斯不得不把重整军备放在重要地位，与美国关系的紧张，也影响着俄罗斯与欧洲国家、周边国家的关系，这必然牵制俄罗斯的发展。受金融危机困扰的美国新政府无疑要把主要精力放在解决内部问题上，在解决大规模杀伤性武器扩散、反核扩散、反恐等问题上，美国也需要俄罗斯的合作，俄美双方不断释放善意，让人们觉得俄美两国关系在回暖，其发展的主调有可能从对抗走向合作。

2009年1月26日奥巴马和梅德韦杰夫通电话，表示扭转美俄关系的“恶化势头”，同意在克服金融危机、防止核扩散和反恐等方面加强合作。1月28日俄军参谋部官员说：“美国不会加速推进在欧洲的反导计划”，俄罗斯将中止在加里宁格勒部署导弹的计划。俄国人批评小布什所奉行的单边主义，希望奥巴马政府能够改变政策。俄罗斯外交部长拉夫罗夫呼吁美国“走出冷战的桎梏”，扩大军事同盟是老的做法，应该改变，俄美应减少对抗，通过对话解决问题。[①] 2月7日拉夫罗夫在接受俄罗斯电视台采访时称：“在过去两年半的时间里，我们始终在推动制定新条约以取代《削减战略核武器条约》，并希望美方对此作出更明确反应。《削减战略核武器条约》将于今年12月到期，我们做好了进一步削减和限

① Сергей Лавров，Стряхнуть путы Холодной войны，www. ng. ru/world/2009－01－30/100 _ lavrov. html.

制核武器的准备，当然，前提是一切都符合俄罗斯国家利益。我们做好了就此问题进行谈判的准备，并很高兴看到美国新政府将此问题视为优先事务。”①

2月7日，美国副总统拜登在慕尼黑安全会议上说：“过去几年里，俄罗斯与我们联盟成员国的关系发生了危险的变化。现在是调整这种关系的时候了，也是重新审视我们能够并且应该合作的许多领域的时候。”感谢俄罗斯对美国打击塔利班和阿富汗军事行动给予的情报支持，并希望与俄在保障核武器和核材料、削减两国的武器库方面加强合作，认为“美国和俄罗斯肩负着领导国际上努力减少核武器数量的特殊责任”。对于俄罗斯坚决反对的在欧洲部署反导系统的问题，拜登表示美国要继续在欧洲部署反导系统，以回应伊朗可能的进攻，但“我们这样做的时候会与北约盟国和俄罗斯磋商”。在伊拉克战争和金融危机的双重打击下，奥巴马政府正在改变布什的单边主义，奥巴马强调：“过去7年以来，整个国家一直处于战争状态”，“美国外交迎来了新时代，我们正在用语言和行动向世界表明，接触的新时代已经开始”②。

在双方的努力下，俄美关系出现好转。2009年3月6日，俄罗斯外长拉夫罗夫与美国国务卿希拉里在日内瓦会谈时已经达成共识：双方在重启俄美关系，并将加强在军控、防止核扩散、阿富汗、伊朗和朝鲜等一系列重要问题上的合作。2010年12月5日削减战略武器条约将到期，双方计划在年底前就新条约达成共识。俄外长拉夫罗夫在与希拉里会晤后对媒体表示：“国务卿女士的优先议题跟我的基本一致”，两国之间可以商谈所有问题，“我们将像伙伴那样真诚和坦率地工作”，“我们都明白双边关系出现了不能错过的发展机遇。”③ 2009年4月初俄美两位年轻的总统在伦敦20国峰会上首次会面，这两位有着许多共同点的大国领袖建立起了良好的个人关系，找到了更多的共同语言，决定扩大两国间的合作，共同应对经济危机和非传统安全的威胁。

在俄美关系中，美国始终处于主导地位，从实力上看，俄罗斯尚无法与美国抗衡。梅德韦杰夫表示：“我们同美国人民没有问题，我们没有生来的反美主义。我们希望，我们的合作伙伴，美利坚合众国的新一届政府能够做出有利于俄美关

---

① 《俄外长拉夫罗夫称俄已做好削减核武器数量准备》，www.china.com.cn/international/txt/2009-02/08。

② 2009年2月24日奥巴马在国会的演讲。

③ www.mid.ru/brp_4.nsf/0/BD2B49A0CD416091C32575720035A417.

系全面发展的选择。”[1] 实际上俄美关系能否缓和，主要取决于美国新政府能否推行务实主义政策，能否把自认为已经强大的俄罗斯当成平等的伙伴，能否承认独联体是俄罗斯“特殊利益地区”。对于重启现代化计划的俄罗斯而言，处理好与美国这个头号强国的关系，争取美国对其现代化计划的支持，是十分重要的。

俄美关系前景：竞争仍将是主调

俄美关系错综复杂，双方的公开争端是北约东扩和反导问题，暗中的较量的是在独联体地区，特别是对中亚的能源争夺，最根本的分歧是建立一个多极的世界秩序还是美国领导的单极世界。从俄美关系的发展前景看，可以做出以下判断：

第一，在公开争端的问题上，俄美分歧会缩小，剑拔弩张的局面会得到缓解，两国关系有好转。布什政府 2001 年单方面退出与苏联签署的《反弹道导弹条约》，并致力于在波兰和捷克部署反导系统以来，该问题一直是俄美分歧的焦点。尽管美国一再重申在东欧部署反导系统和北约东扩不针对俄罗斯，是反恐的需要，但俄罗斯官方一直把北约东扩和美国在东欧部署反导系统看成是针对俄罗斯的，对美方举动多次抗议，并于 2007 年宣布暂停执行《欧洲常规武装力量条约》，开始升级一系列战略武器装备。针对美国部署导弹防御系统的借口，俄主张集体应对可能对欧洲构成的导弹威胁，“关于建立新的全球安全体制的问题已经明显成熟。对于我们来说，尤为重要的是，一定要在包括俄罗斯、欧洲、美国在内的欧洲大西洋空间内取得成果。我支持制定相应的条约——有关制定欧洲安全条约的倡议”。[2] 俄方强调建立欧洲集体安全与合作系统，通过确保俄罗斯、欧盟和美国平等协作的途径来实现欧洲没有分界线的真正统一。俄方认为美国拉格鲁吉亚和乌克兰加入北约，在东欧部署导弹防御系统，破坏了平等安全的原则，导致欧洲出现新的分界线。美国新政府有意通过和平手段解决伊朗的核问题，如果俄罗斯在这方面能够与美国配合，说服伊朗放弃发展核武器，美国延缓在东欧部署导弹防御系统，或者一定程度上请俄罗斯参与都是可能的。至于乌克

---

① Послание Федеральному Собранию Российской Федерации. www. kremlin. ru/appears/2008/11/05.

② 同上。

兰和格鲁吉亚加入北约的问题，由于两国各自国内的原因，暂时还不会提上日程，俄美在这个问题上对抗势头会得到缓和。

第二，俄美在地缘上的争夺不会止步，俄美关系的好坏一定程度上取决于对独联体地区问题的处理，两国在独联体范围内的争夺不会停止。从目前的态势看，美国将会处于弱势，俄罗斯将维持强势。格鲁吉亚现状一时难以改变，乌克兰两种势力的争斗也一时难分高下，俄美争夺的主要地区在中亚。中亚位于欧亚大陆腹地，是连接亚、欧两洲的陆上走廊，古代“丝绸之路”就横穿这里，正在建设中的新丝绸之路——亚欧大陆桥也将横贯其间，其地缘战略地位十分显要。中亚一直被西方地缘政治学家看成是欧亚大陆的“心脏”，是大国争夺的战略要地。这里油气资源十分丰富，据美国能源部估计，里海地区石油储量多达2500亿—2700亿桶，天然气储量约为16万亿立方米，目前探明石油储量为175亿—340亿桶，探明天然气储量为6.9万亿立方米，[①] 被认为是“21世纪的能源基地”。中亚的哈萨克斯坦、土库曼斯坦、乌兹别克斯坦是重要的油气生产和储量大国，因此，中亚自然成为大国争夺欧亚大陆政治、军事和经济地缘战略主导权的角力场。俄美双方都力图控制这一地区的油气生产和出口通道。苏联解体之初，美国占先，美欧不顾俄罗斯的激烈反对，不计成本地修建了巴库—第比利斯—杰伊汉输油管道。2003年以后，俄罗斯开始反击，俄与乌兹别克斯坦签署了扩大天然气供给的战略伙伴协议，控制了乌大部分油气出口，与中亚最大的天然气生产国土库曼斯坦签署了为期25年的天然气长期合作协议，买断了未来25年土天然气出口的全部现实和潜在增长的份额。在2006年土库曼总统尼亚佐夫去世后，美欧对新总统别尔德穆罕默多夫进行游说，劝说土同意修建跨里海、经阿塞拜疆、格鲁吉亚、土耳其最后到欧洲的“跨里海天然气管线”。2007年5月，普京突访中亚，说服哈萨克斯坦、土库曼斯坦与俄签署了“沿里海天然气管线”协议。在2009年1月俄罗斯与乌克兰的天然气争端中，欧洲强烈感觉应该摆脱对俄的天然气依赖，1月27日达成修建纳布科天然气管道项目，目的是将里海地区的天然气经土耳其、保加利亚、罗马尼亚和匈牙利输送至奥地利，然后再输往欧盟其他国家，该项目预计年输气能力为310亿立方米。但是，天然气来源问

---

① 郑羽主编：《中俄美在中亚：合作与竞争（1991—2007）》，社会科学文献出版社2007年版，第291页。

题成了难以解决的问题。俄罗斯则积极推动南流天然气管道项目，该项目的陆地部分应沿俄罗斯境内（直至黑海岸边）和欧洲南部及中部国家即保加利亚、希腊、塞尔维亚、匈牙利、斯洛文尼亚和奥地利铺设，每年的总输送能力可达到310亿立方米，该项目有稳定的气源，进展也较快。在俄美能源与地缘的争夺中，俄罗斯暂时占据了优势。

目前处于内外交困之下的美国在与俄罗斯争夺独联体各国方面，有些鞭长莫及和力不从心，但这只是暂时的，正如俄罗斯学者所说：俄美“在前苏联地区的冲突不可避免。受大国野心、经济和地缘政治意图驱使的美国不会放弃向格鲁吉亚、乌克兰和其他前苏联国家的反俄精英示好。俄罗斯永远不会容忍美国紧紧抓住对自己极为重要的空间。这种竞争首先会使俄美关系蒙上阴影”①。

第三，俄美的根本分歧难以消除，仍将是影响俄美关系的重要因素。俄美的根本分歧在于建立一个什么样的世界秩序和由谁来主导建立这样的秩序。俄罗斯积极反对美国的单边主义，竭力推动由联合国主导建立一个多极化的世界，俄罗斯谋求世界强国的地位，要领导和参与世界新秩序的构建。有人寄希望于受金融危机打击的俄罗斯会减弱谋求强国地位的势头，这是不现实的：一方面，近年来俄罗斯国内民族主义情绪高涨，追求强国地位已经成了俄罗斯人的共识，执政者不会放弃这个旗帜；另一方面，俄罗斯虽然也遭受了世界金融危机的打击，但由于其经济与世界市场并未完全接轨，其受冲击的主要是因为石油价格下跌，从长远看，能源仍是短缺资源，俄罗斯已经取得的世界地位不会受到动摇，不仅如此，俄罗斯还计划利用美国陷入危机之机，扩大俄罗斯的影响。梅德韦杰夫在国情咨文中强调：“2008年的错误和危机向所有负责任的国家证明，是到了该采取行动的时候了，需要彻底地对政治体系和经济体系进行改革。俄罗斯在任何情况下都会坚持这一点。我们将同美国、欧盟、金砖四国，以及所有有关方面朝这个方向努力。”②

奥巴马政府为了应对目前的危机，强调要与其他国家合作，但是，美国称霸世界的目标并未改变，它仍要做世界的领导者，还要维护美国的“领导”地位和

---

① Евгений Бажанов, Изменится ли внешняя политика Вашингтона при Обаме www. ng. ru/politics/2009－02－17/3 _ kartblansh. html.

② Послание Федеральному Собранию Российской Федерации. www. kremlin. ru/appears/2008/11/05.

主导权，“在人类历史上，从未有过最发达、最强大、最富有的国家自愿约束自己发挥领袖作用的强烈愿望。美国现在的上层人物仍有这种愿望。奥巴马本人也有这种激情。因此不难得出如下结论：美国今后仍会与包括俄罗斯在内的其他大国发生冲突，因为这些大国不仅不会同意扮演华盛顿小伙伴的角色，自己也有谋求主导地位的意向。”① 虽然金融危机打击了美国，伊拉克战争削弱了美国的实力，但是，美国还是世界上唯一的超级大国，俄罗斯无法与之抗衡。因此，俄美的根本分歧仍将长期存在。此外，俄美两国在价值观上和发展模式上的冲突也会时有显现，美国国务院2009年2月25日发表的《2008年国别人权报告》，用长达70页的篇幅对俄的人权状况进行指责，就是明证。

总之，俄美两国的关系是世界霸主与一个正在崛起的大国之间的关系，虽然在金融危机和各种非传统安全威胁面前，两国的共同利益增多，俄美两国激烈对抗的势头会有所减弱，但是，由于两国存在根本利益的分歧，双方的竞争与争斗仍将是俄美关系的主调。

① Евгений Бажанов, Изменится ли внешняя политика Вашингтона при Обаме. www. ng. ru/politics/2009－02－17/3 _ kartblansh. html.

69. 中俄战略协作伙伴关系是怎样建立和发展起来的?

左凤荣

苏联解体后，中苏关系顺利过渡到中俄关系，两国关系发展顺利，不断跃上新台阶，特别是 2001 年 7 月《中俄睦邻友好合作条约》的签署，确立了“世代友好，永不为敌”的双边关系，两国向世人宣布要做好邻居、好朋友、好伙伴。中俄这两大邻国的关系不断跃上新台阶，两国互利合作和战略协作的关系不断发展，成为冷战后大国关系的典范。

中俄关系的发展历程

在叶利钦任总统期间，中俄关系上了三个台阶：1992 年 12 月两国宣布互视对方为友好国家；1994 年 9 月两国间建立了建设性伙伴关系；1996 年 4 月两国间建立了“面向 21 世纪的战略协作伙伴关系”。这一时期中俄关系开始了平稳发展的新时期，中俄关系的发展模式是在吸取此前 42 年两国关系正反两方面经验的基础上建立起来的，因而是最符合两国利益和需要的，也是最具生命力的。此后两国关系顺利发展的实践也证明了这种建立在和平共处五项原则基础上的，不结盟、不对抗、不针对第三国，既进行战略协作，也进行友好竞争的新关系，符合两国的根本利益。

苏联解体后，新俄罗斯奉行了亲西方的外交政策，但没有忽视与中国这个邻居的关系。1992 年 12 月，叶利钦总统访华，中俄两国领导人签署了《关于中俄相互关系基础的联合声明》，强调：“中华人民共和国和俄罗斯联邦相互视为友好国家。它们将按照联合国宪章，本着互相尊重主权和领土完整、互不侵犯、互不干涉内政、平等互利、和平共处等原则及其他公认的国际法准则，发展睦邻友好和互利合作关系。双方强调，各国人民自由选择其国内发展道路的权利应得到尊重，社会制度和意识形态的差异不应妨碍国家关系的工常发展。”表明两国关系完全超越了意识形态，尊重彼此的选择，同时，声明还强调：“双方不参加任何针对对方的军事政治同盟；不同第三国缔结任何损害另一方国家主权和安全利益的条约或协定；任何一方均不得允许第三国利用其领土损害另一方国家主权和安全利益。”表明了两国关系的非同盟性。这一声明奠定了中俄关系发展的基础，确定了发展两国关系的方针，中俄关系顺利完成了从中苏关系向中俄关系的转变，揭开了两国关系史上新的一页。

1994 年，在江泽民访俄期间，中俄关系的定位上升到面向 21 世纪的建设性伙伴关系。1996 年 4 月，叶利钦总统再次访华，中俄两国领导人发表《中俄联合声明》，同时还签署了十几项合作文件。声明强调中俄将“决心发展平等信任的、面向 21 世纪的战略协作伙伴关系”。认为“签署在边境地区加强军事领域信任的协定具有重大意义，决心采取切实有效的措施落实该协定，把两国边界建设成为一条睦邻友好、和平安宁的边界。双方表示，将继续努力尽快制定在边境地区相互裁减军事力量的协定。裁减后保留的部队将只具有防御性质”。1997 年 4 月江泽民访俄期间，中俄领导人发表了《关于世界多极化和建立国际新秩序的联合声明》，中俄战略协作与互信关系得到迅速发展。

2000 年普京总统上任后，基本上继承了叶利钦时代的对华政策，双方的战略协作关系发展顺利，2000 年 7 月普京成功地对中国进行了访问。为了进一步促进两国关系的发展，2001 年 7 月俄中签署睦邻友好条约，规定了俄中在 21 世纪战略协作的方向，但中俄关系并没有像条约规定的那样顺利发展，正如俄罗斯科学院远东所副所长米赫耶夫所说：“和过去一样，莫斯科仍旧把中国看作是重要，但是距莫斯科遥远的邻居，这种失误从叶利钦时代就已开始，到普京时代仍在延续。在反导条约问题上，俄罗斯将中国牵扯进了与美国的矛盾当中，但却没有及时地向中国通报自己立场先行软化的信息。中国公司应邀参加斯拉夫石油公司的拍卖招标，但最后被排挤出局。还有安加尔斯克—大庆石油管道路线问题：中国原打算把从俄罗斯进口石油作为自己石油安全保障的重要一环。中国人认为，普京曾向胡锦涛做出过向中国修建管道的承诺。但现在俄罗斯的立场却偏向了日本。所有这一切显示，普京的政策没有顾及中国在世界上全新的地位。中国是东亚经济的主要龙头之一，是世界经济中的主要组成部分。普京和俄罗斯外交界都忽略了这一点，这已经给我们带来不良影响。我们更多关注的是中国的人口扩张威胁。实际上，从战略层面讲，并不存在这样的威胁。真正的威胁在于，我们将错失良机，我们身边将迅速崛起一个新兴的全球经济大国与政治大国，而我们却仍在按老一套与它打交道，还天真地认为一切都好。”①

2004 年以来，中国在俄罗斯外交战略中的地位上升，两国能源合作遭遇挫折的消极后果被成功化解，中俄关系步入了快速发展的轨道。2005 年 7 月，中俄两国元首签署了关于 21 世纪国际秩序的联合声明，反映出两国对当代国际秩序的基本问题持相同的立场，都主张尊重国际法的权威性，提高联合国在国际政治中的作用。2006 年 3 月，普京对中国进行了成功访问，双方在各个领域，特别是能源领域的合作方面取得了实质性的进展，中俄联合公报声明：“中俄在能源领域的合作是两国战略协作伙伴关系的重要组成部分，正在向高水平发展，对进一步深化双边经济合作具有重要意义。”② 两国的睦邻关系进一步向深度和广度发展，标志着在发展俄中伙伴关系方面又迈出了重要的一步。俄罗斯学者认为：“在北京达成的能源合作协议是俄中经贸合作取得质的进展的重要内容之一，引起了世界的关注。双方商定继续积极推动从俄罗斯向中国输送原油和天然气的管道项目，主张两国公司投资开发石油和天然气资源并发展俄罗斯与中国的燃料动力潜力，赞成采取互利合作的其他方式，其中包括发展电力工业、石油和天然气加工业、石油和天然气化学工业、机械制造业。显而易见，落实这些大型的长期项目不仅有助于两国经济的增长，而且会成为全球能源安全体系的重要组成部分。”③ 因此，2006 年 6 月 27 日在驻外使节会议上，普京指出：“俄罗斯与中华人民共和国的友好关系是全方位的。与此同时，我们认为主要的任务是，不能满足于已经取得的成果，要采取各种新的措施来扩大俄中伙伴关系的领域。十分重要的是，我们双方的伙伴关系在速度上和内容上都要考虑到俄罗斯和中国快速发展的情况，考虑到我们两国在本地区和世界上地位的变化。我们今后仍将在双边

---

① Времяновостей. 10 марта 2004.

② 《人民日报》2006 年 3 月 22 日。

③ КостантинВ. В. Москва—Пекин. Новые горизонты сотрудничества，Международная жизнь №4 2006. С. 7.

战略协作方面向前发展，在国际舞台上协调我们的行动。”[①]

2008年5月梅德韦杰夫就任总统后，于23—24日访问了中国。在与胡锦涛的会谈中，两国元首高度评价中俄战略协作伙伴关系的建立和发展，一致同意继续推动中俄战略协作伙伴关系更好地向前发展。会谈后，两国元首签署了《中华人民共和国和俄罗斯联邦关于重大国际问题的联合声明》，并出席了一系列合作文件的签字仪式，涉及能源、航空、林业、旅游等多个领域的双边合作。在汶川地震发生后，俄罗斯迅速向中国提供了援助，梅德韦杰夫还邀请中国地震灾区一些中小学生到俄罗斯疗养。2010年9月27—28日，梅德韦杰夫再次率团访问中国，并参观了世博会。在《中俄关于全面深化战略协作伙伴关系的联合声明》中，强调增进中俄战略互信，强调在涉及国家主权、统一和领土完整等两国核心利益问题上相互支持是中俄战略协作的重要内容。双方还签署了《中俄两国元首关于第二次世界大战结束65周年联合声明》，强调“中俄坚决谴责篡改二战历史、美化纳粹和军国主义分子及其帮凶、抹黑解放者的图谋”，给了俄罗斯以很大支持。

梅德韦杰夫在推动中俄能源合作和地区合作方面做了许多工作。2009年9月23日中俄两国已正式批准了《中华人民共和国东北地区与俄罗斯远东及东西伯利亚地区合作规划纲要（2009—2018年）》，该《规划纲要》的内容包括中俄口岸及边境基础设施的建设与改造，中俄在运输、劳务、旅游、人文、环保等领域的合作，还包括建立合作园区等。这一《规划纲要》还具体确定了《中华人民共和国东北地区与俄罗斯远东及东西伯利亚地区合作重点项目目录》，共列有205个重要合作项目。如果这一规划能够落到实处，必将促进两国相邻地区的发展，使这一地区的人民得到实惠。梅德韦杰夫总统重视远东的开发与中俄的地区合作，2010年5月他在哈巴罗夫斯克会议上提出了使俄罗斯东部地区与亚太地区真正一体化的任务，称中国是俄“最重要和最有经济合作前途的伙伴”。

中俄关系进入两国关系史上最好的发展时期

中俄解决了两国之间多年悬而未决的问题；中俄之间政治、经济、文化等方

---

① www.kremlin.ru/appears/2006/06/30/.

面的交流都很活跃，在一些利益不重合的问题上，两国能够互相理解、互相尊重，共同推动两国友好合作关系的发展，使中俄关系进入了历史上最好的发展时期。现在，俄中之间不存在根本利益的分歧，在许多重大的国际和地区问题上，两国立场相同或相近。

一、边界问题彻底解决，政治互信增强

俄中结束了延续长达 40 多年的边界谈判，彻底解决了边界争端。俄中现有 4374 公里的漫长边界线（苏联时期两国的共同边界有 7000 多公里），300 多年来，边界纠纷一直是影响两国关系正常化的主要难题。众所周知，俄中边界问题是俄国侵略中国造成的，俄国（也包括苏联，特别是在斯大林时期）不仅侵占了根据不平等条约从中国掠走的土地，还超出条约之外占据了中国的领土，共 35000 平方公里。从 1964 年开始，中苏就边界问题进行了长期谈判，由于苏联方面不承认边界上存在有争议地区，双方的谈判无果而终。1986 年 7 月 28 日戈尔巴乔夫在海参崴发表讲话，明确表示中苏东段边界可以按河流主航道中心线的原则进行划界，从此，中苏边界谈判才取得了一定进展，两国于 1991 年 5 月签署了《中国和苏联关于国界东段的协定》。1992 年 2 月中俄两国先后批准该协定，1992 年 3 月 16 日，协定正式生效。1992 年 6 月成立俄中国界东段联合勘界委员会。从 1992—1999 年，历时 7 年，完成了勘界。此间俄国国内新闻媒体不断炒作，认为俄罗斯在划界中吃了亏，但两国排除干扰，顺利完成勘界。双方这次勘界总长度为 4195.44 公里，其中陆地边界 578.18 公里，河界 3547.23 公里，兴凯湖上的边界线 70.03 公里。立了 1183 棵界桩。划分了界河中岛屿的归属：总数 2444 个，属中方 1281 个，属俄方 1163 个。双方有争议的问题主要集中在以下几段：(1) 以孟克西洲渚为代表的额尔古纳河上的 18 个洲渚，本在俄的控制下，有 15 个给了中国，两个平分，一个给俄，约 200 多平方公里。(2) 以波波夫、叶夫拉西哈两大岛组为代表的黑龙江、乌苏里江岛屿归属，约 50 平方公里，中方得 30 平方公里，俄国得不到 20 平方公里。(3) “帕”字牌地区立错的界碑被纠正，中方收回 10 平方公里。(4) 在 416—419 界标地区（哈桑地区），超出旧界约，划给中方 2.85 平方公里（实际划 1.61 平方公里）。1999 年 12 月 9 日叶利钦访华，双方正式签署《中华人民共和国政府和俄罗斯联邦政府关于中俄国界东段的叙述议定书》，把勘界成果用法律形式固定下来了。

1994 年俄中又签署了《中俄关于中俄国界西段的协定》，划定了两国西段边界 54 公里的边界线走向。

此后，俄中之间的边界争端主要集中在额尔古纳河上游阿巴该图洲与黑龙江中游黑瞎子岛的归属上，其只占中俄两国边界的 2%，但解决难度大。阿巴该图洲渚的争议主要是河流不断改道造成的；黑瞎子岛的争议则是由条约文本和附图不一致造成的，1860 年《中俄北京条约》规定以黑龙江、乌苏里江为界，按国际法应以主航道划界，黑瞎子岛自然在中国一侧，但条约附图却把边界线画在了黑瞎子岛南侧的抚远水道上，黑瞎子岛离俄罗斯的哈巴罗夫斯克很近，1929 年在中东路事件期间，斯大林派兵占领了该岛，此后，该岛一直在苏联的控制之下。在谈判中，双方本着“公平合理、互谅互让、相互妥协”和“均衡、灵活的”原则，经过 3 年多的谈判就这两个有争议地区的边界走向达成最后协议，终于解决了这个问题，两国大体平分了这两个有争议的地区。2004 年 10 月普京总统访华，中俄两国元首签署了《中华人民共和国和俄罗斯联邦关于中俄国界东段边界的补充协定》，2005 年 5 月俄议会我国人大批准了这一协定，6 月 2 日两国外长互换了批准书，标志着中俄边界线走向全部确定。

对于中俄两国边界问题的解决，在两国民间都有一些不同声音，2004 年 11 月 11—12 日哈巴罗夫斯克一些居民围攻了中国签证处，一些俄罗斯学者也反对，怕引起连锁反应；中国也有人认为，中俄边界协定的达成使中国失去的大片土地被固定化了。这些都是不理智的表现，中俄通过平等协商解决边界问题有重大意义。

首先，中俄两国边界问题的彻底解决消除了两国关系发展中的一大障碍，真正结束了过去，有利于两国战略协作、互信互利关系的发展。其次，边界问题的彻底解决维护了中国的主权和领土完整，保障了中国北方边界的稳定和安全，有利于中华民族的复兴和祖国统一大业的实现。第三，有利于俄中双方进一步加强经济与区域合作，共同利用资源。“两国国界协定及其他与边界有关的协定对双方在边境地区环境保护、合理利用自然资源、航运、经济合作、保障边境地区安全与稳定等具体领域采取共同行动创造了新的条件，这将丰富中俄战略协作伙伴关系的内容。”① 中俄两国的政治互信增强，往来频繁，中俄定期高层会晤及其他各层级交流磋商机制规格之高、组织结构之健全、涉及领域之广泛在中国对外

① 《人民日报》2004 年 10 月 15 日。

关系中是独一无二的，在大国关系中也是十分罕见的。中俄还成功互办了“国家年”和“语言年”，各领域、各层次人文交流不断向纵深发展。

二、经贸关系步入快车道，俄中战略协作伙伴关系的基础更加充实

“政治热、经济冷”这一现象长期被用于描绘中俄关系，但从2003年起，中俄经贸关系发展逐渐度过“磨合期”，步入了“快车道”。中俄双边贸易额目前虽然远不如中美、中日、中欧甚至中韩之间的贸易额，但应当看到，它发展平稳、增长迅速。2003年中俄贸易额已达157亿美元，同比增长32.1%；2004年双边贸易额突破200亿美元，达到212.3亿美元，同比增长34.7%。2004年9月温家宝总理访问俄罗斯时提出，到2010年双边贸易额争取达到600亿至800亿美元。中方宣布在2020年前向俄罗斯累计投资120亿美元，用于基础设施建设，油气开发和双边高科技合作。2004年，中俄就俄罗斯入世达成协议，相互承认是市场经济国家，这有利于双方关系的进一步发展。在2005年6月9日在俄罗斯圣彼得堡召开的中俄第二届投资促进会期间，中俄双方签署了7个投资协议，总金额达到15亿美元，表明中俄间的投资已经取得了突破性进展。到2006年3月，中国在俄罗斯共有557个投资项目，投资总额达20亿美元，俄罗斯对华投资也升至5亿美元。2010年，中俄两国贸易额接近559亿美元，恢复到2008年金融危机前水平，是2000年的6倍多。2011年达到797.5亿美元，同比增长43.8%，中国已成为俄最大的贸易伙伴。

俄中双方经济合作的空间和潜力是非常大的，这些年也逐渐形成了一套完整成熟的合作机制，摸索出了一些行之有效的合作领域，加上领导人的高度重视和推动，相信两国贸易合作今后会越来越密切，对两国政治关系的促进作用也会越来越明显。

三、能源合作峰回路转，显现良好发展势头

中俄能源合作，特别是在修建中俄石油管道问题上曾一波三折，但俄罗斯并不愿放弃中国这个大市场。随着国民经济持续快速发展，中国的能源需求迅速增长，石油对外依存度[①]提高，2005年中国石油净进口1.36亿吨，占石油全部消费量的42.9%。2006年上半年，中国的原油产量达9166万吨，同比增长2.1%。而石油净进口8236万吨，同比增长21.3%，其中原油净进口7033万吨，同比增

① 石油对外依存度，是指一国石油净进口占该国原油产量与石油净进口之和的比例。

长 17.6%，成品油净进口 1203 万吨，同比增长 48.3%。中国石油对外依存度达到了 47.3%。安大线虽然流产了，但俄罗斯通过铁路增加了对中国的石油出口，2005 年向中国出口石油 800 万吨，2006 年达 1500 万吨。

2008 年 5 月，梅德韦杰夫把中国作为其担任总统后出访的第一个独联体之外的国家，在访华期间，梅德韦杰夫表示积极推动俄中能源对话。2009 年 2 月 17 日，中俄签署了中方向俄方提供 250 亿美元贷款、20 年内俄罗斯向中国供应 3 亿吨石油等一系列协议，4 月 21 日中俄两国政府间关于石油领域合作的协议正式签署，使企业间关于管道建设、原油贸易、贷款等一揽子协议立即生效，这标志着两国能源合作实现重大突破。2011 年元旦，中俄输油管线正式运营。中俄“贷款换石油”协议中的另一个重要项目是俄罗斯石油公司与中石油成立合资公司——中俄东方石化（天津）有限公司。2009 年 10 月普京访华期间，中俄能源投资股份有限公司宣布成立并出资收购俄罗斯松塔儿石油天然气公司 51%的股权，从而取得俄罗斯东西伯利亚地区两块储量达 600 亿立方米天然气田的勘探开采权。两国还签署了关于天然气领域合作的框架协议，确认将铺设两条对华供气管道，并在双方确定天然气供应价格后于 2014—2015 年开始实现对华天然气供应。双方还加强了在电力、核能等领域的合作。2011 年 10 月普京访华，进一步加深了双方在能源领域的合作，双方就管道原油贸易价格问题达成了一致。此外，中俄双方还日益加强在电力、核能等方面的合作。

四、俄中积极合作，推动上海合作组织的发展

上海合作组织成立于 2001 年 6 月，其成员国总面积 3000 多万平方公里，约占欧亚大陆五分之三；人口 14.81 亿，约占世界人口四分之一。上海合作组织经历了一个机制不断完善的过程。2004 年 1 月 15 日上海合作组织秘书处在北京举行成立仪式；6 月 17 日，设在乌兹别克斯坦首都的上海合作组织地区反恐机构正式启动，标志着上海合作组织机制化建设基本完成。为了推进上海合作组织各成员国的经贸合作，筹建了上海合作组织实业家委员会、上海合作组织发展基金和上海合作组织论坛，实业家委员会和银行间联合体活动步入务实阶段。上海合作组织的国际威望在上升，国际交往在扩大。印度、伊朗、蒙古国、巴基斯坦成为观察员国，白俄罗斯和斯里兰卡成了上合组织的对话伙伴。上合组织同联合国、独联体、集体安全条约组织、欧亚经济共同体、东盟、联合国亚太经社委员会和经济合作组织建立了伙伴关系。成立 10 年来，上合组织已成为公认的具有重要影响的多边组织，对于促进本地区和平与发展，有效应对当代各种威胁与挑战起了很大作用。

五、俄中军事合作发展顺利

俄罗斯是中国获得现代化武器和军事技术的唯一来源地，中俄军事技术合作在中俄关系中占有重要地位，是两国战略协作伙伴关系的重要组成部分，符合两国的根本利益，也有利于世界和地区的和平与稳定。在很长一段时间里，中国是俄罗斯的第一大武器购买国，仅 2004 年中国从俄罗斯购买的武器总额就高达 20 亿美元。根据俄方提供的材料，从 2001 年至 2008 年，俄中军贸总额累计达 160 亿美元。从 2007 年开始，随着中国不再成套进口俄制装备，而是改以采购发动机等零配件为主，双边军贸额急速下滑，两国军技合作关系将翻开新的一页，从以军品贸易为主转向以“联合研制、联合生产”为主。

中俄军队联合进行反恐演习，反映两军合作水平不断提高。2003 年 8 月，中俄两国在上海合作组织框架内与哈萨克斯坦、吉尔吉斯斯坦和塔吉克斯坦共同举行了联合反恐军事演习。中俄两军举行了名为“和平使命—2005”的联合军事演习，双方参演兵力近万人，其中中方参演兵力 7000 余人。演习覆盖了所有的军兵种，动用了最强的兵力和最现代化的武器装备，体现了在信息化条件下的作战特点和现代条件下的作战样式和作战方法。这是两国关系史上进行的第一次联合军事演习，体现了两个国家战略利益的认同，反映了两国的军事合作提升到了一个新的层次。此后，中俄两军还举行了“和平使命—2009”联合军事演习。随着两国关系的发展，为了共同维护地区和平，两国军事关系还会进一步发展。

中俄关系中存在的矛盾与问题

中俄两国同是正在崛起的大国，都有各自不同的国家利益，双方关系中也存在一些矛盾和问题，随着俄罗斯实力的增强和对华借重的降低，双方的矛盾和摩擦可能还会增多。尽管这些问题的存在有一定的客观必然性，但为了中俄关系的长远发展，也需要重视和解决。

1. 正视领土与移民问题

中俄两国的人口数量差距过大，即使中国没有扩张的念头，俄罗斯也不放心，仍然有人把中国看成是俄罗斯的新威胁。俄罗斯面临严峻的人口危机，1990

年年初俄罗斯有 1.487 亿人，至 2002 年 7 月 1 日，全国人口数量为 1.435 亿，2010 年 10 月人口普查得到的结果为 1.429 亿人。经过俄罗斯政府的努力，现在俄人口基本实现了稳定，但其人口老龄化、劳力不足的问题仍十分突出，因此，俄罗斯要发展离不开外来移民。俄罗斯更愿意接受原苏联地区的移民，对中国等亚洲国家的移民持防范态度，而且俄罗斯的民族主义情绪在发展，极端排外事件增多，自然不利于人员的交流与往来。在俄罗斯民间“中国移民威胁论”很有市场。

尽管边界问题已经解决了，但俄罗斯人仍然担心中国强大后会算历史账，对中国的崛起有防范心理，在对华合作中，特别是军事合作中有一定的保留。对此，中国只能以大国胸怀、实际行动消除俄罗斯人的疑虑。

2. 妥善处理中俄间的贸易摩擦，促进两国经济关系健康发展

在俄罗斯对华贸易中，能源、原料所占比重在上升，这种趋势短期内很难改变。俄罗斯希望把机器设备推向中国市场，特别是俄方具有竞争优势的产品，包括核能设备、常用动力设备及矿山机械设备等，但从实际情况看，效果并不明显。这种情况使许多俄罗斯人担心成为中国的原料供给者，成为中国的原料附庸。随着中国在中亚影响的扩大和与中亚国家能源合作的加强，俄罗斯担心中国挤占俄罗斯在中亚的政治经济空间，如何消除俄罗斯的疑虑也是我们不能不考虑的问题。

中俄在军技合作领域也面临新问题，经过这些年的发展，中国已经不需要再从俄罗斯进口大量军工制成品，希望共同研发和许可生产。俄罗斯则担心中国“剽窃”其技术，在国际武器市场上与之竞争。

正在快速发展的中俄两国，在国际社会的竞争也会增多。两国关系中存在问题是正常现象，需要加强理解和沟通，着眼于长远，争取互利共赢的结果。

中国和俄罗斯作为两个新兴大国，会对世界产生越来越大的影响。金融危机发生后，中俄都主张对现有经济秩序进行变革，提升金砖国家在世界银行和国际货币基金组织中的作用。在许多重大国际问题上，中俄两国有共同的战略利益需求，中俄关系更加成熟和务实。中俄战略协作伙伴关系是新型的国家关系，这种不结盟、不对抗、不针对第三国的关系，保障了两国既有各自的行动自由，又能在共同关心的问题上进行协调，两国间存在的一些问题也会在发展中得到解决，中俄战略协作伙伴关系还会稳定健康地向前发展。

70. 中俄为何能够顺利解决边界问题?

马蔚云

中国和俄罗斯拥有共同边界 4300 多公里，分为东、西两段。其中东段 4200 余公里，与俄罗斯的远东及东西伯利亚的外贝加尔相连，西段 54 公里与西西伯利亚相接。两国东段水域边界线 3600 余公里，以额尔古纳河（俄罗斯地图为阿尔贡河）、黑龙江（俄罗斯地图为阿穆尔河）、乌苏里江（俄罗斯地图为乌苏里河）、松阿察河（俄罗斯地图为松察河）、兴凯湖（俄罗斯地图为汉卡湖）为界，途经中国的内蒙古自治区、黑龙江省和吉林省，俄罗斯的外贝加尔边疆区、阿穆尔州、犹太自治州、哈巴罗夫斯克边疆区和滨海边疆区；陆地边界约 600 公里，途经中国的内蒙古自治区、黑龙江省和吉林省，俄罗斯的外贝加尔边疆区和滨海边疆区。两国西段边界全部为陆地边界，途经中国的新疆和俄罗斯的阿尔泰共和国。

边界问题涉及国家的主权和领土完整，涉及国家的根本利益。目前的中俄边界是两国在 300 多年的交往过程中逐渐形成的。历史证明，边界纠纷只是国家关系恶化的结果，国家关系一旦好转，边界纠纷通常不会成为障碍，比较容易得到解决。中俄双方正是在国家关系出现好转的背景下，以有关两国边界的条约为基础，根据公认的国际法准则，本着平等协商、互谅互让的精神，经过长达 40 多年 4 次艰苦谈判，分别于 1991 年 5 月 16 日、1994 年 9 月 3 日和 2004 年 10 月 14 日签署了《中苏国界东段协定》、《中俄国界西段协定》和《中俄国界东段补充协定》，公正合理地解决了历史遗留下来的边界问题并明确和确定了两国间的边界线走向。2008 年 10 月 14 日，中俄双方在黑瞎子岛举行中俄国界东段界桩揭幕仪式，同日，中俄两国外交部换文确认《中俄关于中俄国界东段补充叙述议定书》

及其附件正式生效。两国边防部队开始按双方勘定的国界线履行防务。至此，中俄边界问题得以彻底解决。

中苏关系改善为边界问题的解决创造了条件

1949年10月中华人民共和国成立后中苏建交至1991年年底苏联解体的41年间，中苏关系经历了十分复杂和曲折的过程。中苏两国外交的演变过程以苏联为主体考察，大致可分为4个阶段，即全面友好合作的斯大林时期、从内部分歧到公开分裂的赫鲁晓夫时期、全面对抗的勃列日涅夫时期和从相对缓和逐步走向正常化的戈尔巴乔夫时期。在第一个阶段，中苏两国结为同盟，边界成为两国睦邻友好的纽带，中国自然没有立即提出处理边界的问题。在第二个阶段，随着两党在意识形态领域的分歧加深和两国关系的恶化，历史遗留的领土问题随之凸显，第一次中苏边界谈判（1964年2—8月）未能取得成功。在第三个阶段，中苏两国在边境地区发生军事冲突的背景下开始第二次边界谈判（1969年10月—1978年6月），无果而终。在第四个阶段，中苏两国在经历了长期的对立和非正常状态之后，终于迎来两国关系的缓和。中苏第三次边界谈判（1987年2月—1991年5月）正是在这种气氛下开始的，边界问题随着两国关系的正常化得以基本解决。

一、邓小平“和平与发展”国际战略对中苏关系产生深远影响

20世纪70年代中后期，中国结束了“文化大革命”，1978年12月召开了中共十一届三中全会，确定了将工作重心转移到经济建设，并实行改革开放政策。为适应这种变化，我国大幅度调整外交政策，邓小平作出了和平与发展是当今世界两大问题的著名论断，强调灵活地处理国与国之间的关系。中国国家战略的重大调整，对中国的对苏政策和中苏关系产生了深远影响。

在80年代初至90年代初，中国对苏政策的重大调整主要表现为四个方面：一是中国基本停止了同苏联进行意识形态争论。二是中国主张以和平共处五项原则发展同苏联的关系。三是中国单方面裁减在中苏边境的驻军。四是中国加强了同苏联方面的交往。中国为改善同苏联的关系，作出了自己的努力和贡献，从而为中苏边界问题的解决奠定了坚实的基础。

二、戈尔巴乔夫对外政策“新思维”推动了中苏关系的改善

戈尔巴乔夫对外政策的调整始于 1986 年 3 月召开的苏共二十七大，1987 年 11 月戈尔巴乔夫在《改革与新思维》一书中进一步阐述了这一“新思维”。

戈尔巴乔夫提出对外政策“新思维”的根本原因是来自苏联国内社会经济发展缓慢的压力，迫切需要通过改革来加速经济发展，必须使对外政策服从于国内战略的需要。戈尔巴乔夫外交“新思维”还与国际背景有密切的关系。20 世纪 60 年代的中苏分裂和 70 年代的中美和解，打破了全球的力量平衡，使之发生了不利于苏联的变化。尤其是，苏联出兵阿富汗和支持越南入侵柬埔寨，使其在国际上陷入孤立地位。为了扭转这种局面，苏联开始调整对外政策，而缓和对华关系是其中的一个重大步骤。

戈尔巴乔夫“新思维”理论的核心是“全人类的利益高于一切”，存在许多似是而非的东西。然而，从“新思维”所倡导的反对军备竞赛、不同社会制度国家和平共处，尤其是国际关系非意识形态化来看，“新思维”的积极作用不可否认。在“新思维”指引下的苏联对华外交取得了重大突破。

1986 年 7 月 28 日，戈尔巴乔夫在符拉迪沃斯托克（中国地图为海参崴）就亚洲太平洋形势和苏联的亚太政策发表了重要讲话。戈尔巴乔夫宣布：苏联和中华人民共和国声明不首先使用核武器。他表示准备在任何级别上同中华人民共和国代表会晤。他指出：“比如说，我们不希望阿穆尔河被视作水上屏障，让这条大河的流域成为联合中国和苏联人民在共同利用现有丰富资源方面和在水利建设方面而作出努力的地区。双方正在拟定这方面的国家间协定。正式边界可以通过主航道。”[①] 此外，戈尔巴乔夫还宣布，苏联将从蒙古和阿富汗撤出部分军队。而这些正是以前的苏联领导人所拒绝的。戈尔巴乔夫的讲话表明，苏联方面在解决“三大障碍”问题上出现了松动的迹象。这为中苏关系的正常化带来了转机。

苏联同意按照中国一贯主张的以航道中心线划界的立场，为边界争端的最终解决铺平了道路。此后不久，中方表示同意恢复边界问题谈判。在 1986 年 10 月中苏两国政府特使第九轮磋商中，中苏商定于 1987 年 2 月在莫斯科恢复举行中苏副外长级的边界谈判。1987 年 2 月，以外交部副部长钱其琛为团长的中国代

---

① Галенович Ю. М. Россия и Китай в XX веке：граница. М.：Изограф，2001. С. 44—45.

表团飞抵莫斯科，同苏联外交部副部长罗高寿为团长的代表团开始了中断 9 年之久的中苏边界谈判。

1989 年 5 月 15—18 日，应杨尚昆主席邀请，苏联最高苏维埃主席团主席、苏共中央总书记戈尔巴乔夫飞抵北京，开始对我国的正式访问。这是自 1959 年 10 月赫鲁晓夫访问北京近 30 年之后，中苏两国举行的第一次最高级别会晤。

5 月 18 日，双方在北京公开发表了《中苏联合公报》。联合公报共 18 条，概括了中苏此次高级会晤所达成的一致，涉及双方对国际形势的看法、两国关系的未来、中苏边界问题等内容。其中第七条特别强调指出："双方主张以有关目前中苏边界的条约为基础，根据公认的国际法准则，本着平等协商、互谅互让的精神，公正合理地解决历史遗留下来的中苏边界问题。根据上述原则，中苏两国的领导人商定加紧讨论尚未协商一致的中苏边界地段，以制定相互都能接受的同时解决东西两段边界问题的办法。他们委托两国外长在必要时专门讨论边界问题。"[①] 之后，两国在政治、经济、贸易、科技、文化和教育等领域的关系很快得到全面的恢复和发展，同时也加快解决边界问题的步伐。

1991 年 5 月中旬，应苏联总统、苏共中央总书记戈尔巴乔夫的邀请，中共中央总书记、国家军委主席江泽民对苏联进行了正式访问。这既是江泽民对戈尔巴乔夫访华的回访，也是自 1957 年以来中国最高层领导人对苏联的首次访问。5 月 16 日，在江泽民主席访问苏联期间，中华人民共和国外交部长钱其琛和苏维埃社会主义共和国联盟外交部长别斯梅尔特内赫分别代表本国政府在克里姆林宫签署了《中华人民共和国和苏维埃社会主义共和国联盟关于中苏国界东段的协定》（以下简称《中苏国界东段协定》）。《中苏国界东段协定》规定，国界勘分以通航河流主航道中心线、非通航河流水面中心线为依据；两国就国界东段从第一至第三十三界点边界线达成一致；中方船只可经黑瞎子岛外侧黑龙江、乌苏里江两江水域航行和经图们江口出海。协定的订立，确定了中苏两国东段边界 98％的走向，为合理解决历史遗留问题奠定了法律基础。协定的签署，标志着中苏两国政府进行的历时 27 年之久的三次多轮边界谈判到此画上圆满的句号，为双方关系的进一步正常化扫清了障碍。协定的缔结，是中苏两国政府和领导人经过长期努力而取得的重大成果，极大地推动了两国关系的健康发展。

---

① 《人民日报》1989 年 5 月 19 日。

中俄关系稳定发展是边界问题解决的坚实基础

从1991年12月27日中俄签署《会谈纪要》起至2008年10月14日两国在黑瞎子岛举行界碑揭幕仪式，中俄关系经历了4个阶段，即1992年至1993年的“互为友好国家”时期、1994年至1995年的“建设性伙伴关系”时期、1996年至2000年的“战略协作伙伴关系”时期和2001年至2008年的“睦邻友好合作”时期。正是在中俄双边关系持续发展的背景下，中俄完成了中俄东段边界的勘界、解决了中俄西段边界问题、举行了第四次边界谈判、签订了《中俄国界东段补充协定》并结束了勘界。

一、中俄关系连上三个台阶与中俄边界问题的基本解决

就在《中苏国界东段协定》签订后不久，苏联解体了。所幸的是，中俄两国都表示愿意继承中苏边界谈判已达成的成果。1991年12月27日，即苏联解体后的第二天，中俄两国在莫斯科签署《会谈纪要》，解决了两国关系的继承问题。不久，两国最高立法机关批准了《中苏国界东段协定》。

12月17日至19日，俄罗斯总统叶利钦访问中国，这是中俄两国最高领导人的第一次会晤。叶利钦访华期间，两国签署了《关于中华人民共和国和俄罗斯联邦相互关系基础的联合声明》。《联合声明》第一次明确提出中俄“相互视为友好国家”，对中俄关系的发展是一个巨大的推动。叶利钦此时访华，无疑对两国业已开始的边界勘界工作起到了积极的推动作用。

1991年5月中苏签订东段边界协定的时候，两国没能就西段边界达成最后协议。1991年底苏联解体后，原中苏西部边界分别成为中国与俄罗斯、哈萨克斯坦、吉尔吉斯斯坦以及塔吉克斯坦四国的边界。在中俄东段边界问题取得进展的同时，中国与四国的边界问题也不断得到解决。苏联解体后，中国与四国组成的联合代表团以五国两方的新模式，继续进行边界谈判。1992年9月8日，四国代表在白俄罗斯首都明斯克签署了一项关于联合组团与中国继续进行边界谈判的协议。10月起，中国同上述四国就西部边界问题进行谈判。原中苏谈判中争议较大的地区（如帕米尔地区）成了中国同哈、吉、塔三国的问题，因此，中俄西部边界问题并不复杂，解决起来也比较快。

1994年9月2日至6日，中华人民共和国主席江泽民对俄罗斯进行正式访

问。访问期间，两国发表了《中俄联合声明》，标志着中俄面向21世纪“建设性伙伴关系”的形成，为两国关系的长期和稳定发展奠定了基础。双方还签署了《中俄国界西段协定》，规定了两国的国界西段从第一界点至第二界点约55公里边界线的走向。该协定不久即得到两国立法机关的批准。

1996年4月24日至26日，叶利钦总统再次访问中国，把中俄关系又推向一个新的水平。中俄两国领导人在会谈后发表了《中俄联合声明》，宣告中俄“战略协作伙伴关系”正式建立。根据新的战略协作伙伴关系，中俄双方将就战略稳定问题积极对话，以具体的行动促进包括边界勘界进程在内的全方位的合作。

1999年12月，中俄双方在北京签订《中华人民共和国政府和俄罗斯联邦政府关于中俄国界线东段的叙述议定书》和《中华人民共和国政府和俄罗斯联邦政府关于中俄国界线西段的叙述议定书》、《中华人民共和国政府和俄罗斯联邦政府关于对界河中个别地段及其附近水域进行共同经济利用的协定》，标志着中俄两国东西两段边界的实际勘界工作顺利完成。

中俄边界勘界结果显示，双方勘定的东段国界线总长度为4195.44公里（不包括阿巴该图洲渚和黑瞎子岛，俄方统计为4195.22公里），占东段边界的98%。其中，陆地边界578.18公里，河域边界3547.23公里（俄方统计为3547.1公里），湖域边界70.03公里；西段国界线总长度为54.47公里，全部为陆地边界。

至此，除阿巴该图洲渚、黑瞎子岛和银龙岛之外的98%的中俄东段边界得以确认；西段边界全部勘分完毕。

二、《中俄睦邻友好合作条约》的签订与中俄边界问题的彻底解决

在绝大部分边界划定后，中俄两国集中精力解决遗留问题，即位于额尔古纳河的阿巴该图洲渚（俄罗斯地图为博利绍伊岛，意为“大岛”）、位于黑龙江和乌苏里江交汇处的黑瞎子岛（俄罗斯地图为大乌苏里斯克岛）及银龙岛（俄罗斯地图为塔拉巴罗夫岛）两个地段三个岛屿。阿巴该图洲渚争议的产生主要与自然环境改变和河流改道有关，比较而言，解决起来麻烦不是太大。黑瞎子岛则不同，因其具有重要的战略价值，双方都不肯轻易让步，故而成为谈判的一大难点。

普京总统上任后，中俄战略协作伙伴关系发展顺利，加快了两国解决遗留边界问题的步伐。

2001年7月16日，中俄在莫斯科签署《中俄睦邻友好合作条约》，这是两国关系史上的一个战略性举措。该条约总结了过去，梳理了两国关系已取得的成

果；展望了未来，为两国关系的长远发展奠定牢固的基础。其中第六条谈到：“缔约双方满意地指出，相互没有领土要求，决心并积极致力于将两国边界建设成为永久和平、世代友好的边界。缔约双方遵循领土和国界不可侵犯的国际法原则，严格遵守两国间的国界。缔约双方根据一九九一年五月十六日《中华人民共和国和苏维埃社会主义共和国联盟关于中苏国界东段的协定》继续就解决中俄尚未协商一致地段的边界线走向问题进行谈判。在这些问题解决之前，双方在两国边界尚未协商一致的地段维持现状。”①

当年9月，中俄两国外长就解决剩余边界问题的指导原则达成一致。2003年2月，两国外长签署备忘录，就最后两块地段边界线走向达成了原则协议。

2004年10月14日，俄罗斯总统普京访华期间，中俄双方在多年谈判基础上签订了《中华人民共和国和俄罗斯联邦关于中俄国界东段的补充协定》（以下简称《中俄国界东段补充协定》），就阿巴该图洲渚和黑瞎子岛的归属问题达成协议。2005年4月和5月，两国最高立法机关分别批准了该协定。

《中俄国界东段补充协定》的签订，是两国经过40多年谈判，双方最终都做出让步后取得的外交成果，标志着两国彻底解决了所有历史遗留的边界问题。中俄长达4300多公里的共同边界从此有望成为两国人民和平、友好、合作与发展的纽带。中俄边界问题的和平解决，对两国睦邻友好、开展战略合作、维护地区和世界的和平与稳定，都具有重要意义；对边境地区社会经济发展具有重要意义；为其他国家在互利互惠基础上解决领土争端树立了光辉的典范。

此后不久，中俄双方组建联合勘界组。此时两国已有了丰富的勘界经验，所以由专家们按照以前勘界程序执行，实地勘界工作于2006年夏正式启动。根据中俄联合测图工作组达成的协议，中俄双方2006年6月12日对阿巴该图洲渚进行第一次实地联合勘界，2007年底完成。黑瞎子岛地区的勘界工作由中俄双方分工进行。中方负责抚远水道以南地区，俄方负责黑瞎子岛和黑龙江江岸以北地区，各自负责任务完成之后，双方互相到对方的区域复检。经过近三年的共同努力，2008年年底两国完成了阿巴该图洲渚和黑瞎子岛的全部勘界、立桩工作。勘界后，阿巴该图洲渚总面积为57.56平方公里，划归中方34.55平方公里，划

① 《中华人民共和国和俄罗斯联邦睦邻友好条约》，《中华人民共和国国务院公报》2001年第25期，第38页。

归俄方23.01平方公里。黑瞎子岛地区总面积335平方公里，划归中方174平方公里，划归俄方161平方公里。

2008年7月21日，中俄两国外长在北京共同签署两国政府关于中俄国界线东段的补充议定书及其附图。10月14日，中俄双方在黑瞎子岛举行了界碑揭幕仪式。同日，双方外交部换文确认了《中俄关于国界线东段补充叙述议定书》及其附件正式生效，两国边防部队开始按双方勘定的国界线履行防务。至此，这一历史悬案终于有了一个结局，以法律的形式固定下来。

正确处理历史与现实的关系是解决边界问题的关键因素

中俄是两个最大的邻国，历史的发展证明，两国和则两利，斗则两伤。本着互谅互让的精神解决长期遗留的边界问题，有利于两国关系的稳定和发展，符合两国的现实和长远利益。中俄边界问题是历史遗留下来的，中俄能解决这个难题，一个重要原因是正确处理了历史与现实的关系。

一、确定以有关中苏边界条约作为解决边界问题的原则

苏联（俄罗斯）著名中国问题专家米亚斯尼科夫院士认为《中苏国界东段协定》违反国际法，“从边界的法律基础的角度来看，我们两国间过去和现在都不存在领土或边界纠纷的理由”。[①]

凡是有一点国际法常识的人都知道，边界（或国界）和边境是两个不同的法律术语。边界是划分国家领土范围的界线，是指分界的“线”，也是国家行使领土主权的界限。边境的含义是指，紧接边界线两边的一定的区域，即一定范围的“区域”。早在20世纪60年代中苏边界谈判时，苏方就坚持认为中苏两国不存在边界问题，而只有边境问题。[②]

迄今为止，关于中俄之间不存在边界问题的观点，在俄罗斯相当普遍。从1991年《中苏国界东段协定》的中俄文本来看，分歧依旧。该协定第一条中文本称：缔约双方同意，以有关目前中苏边界的条约为基础，根据公认的国际法准

---

① Мясников В. С. Договорными статьями утвердили. М.：РИО Мосполитграфиздата，1996. С. 286—287.

② “边界问题”的俄文是 вопрос о границе；“边境问题”的俄文是 пограничный вопрос。

则，本着平等协商、互谅互让的精神，并根据中苏边界谈判过程中达成的协议，公正合理地解决历史遗留下来的中苏边界问题并明确和确定两国间的边界线走向。其中关键性的短语是打加重线的部分，即“中苏边界问题”一语。中俄文文本的文义存在原则性的差别，“中苏边界问题”在俄文本中被表述为“пограничные вопросы между СССР и КНР”，即“苏中边境问题”。

体现一国对外政策的外交语言，是捍卫一国利益的工具，所以它具有鲜明的立场、准确性和分寸感。但是在实际外交实践中又常会出现含糊或不确定的词句。《中苏国界东段协定》第一条在表述中苏双方对边界的立场时使用的就是非常含糊的词句。中国认为过去的条约是不平等条约，苏联则认为是平等的。中国认为两国存在边界问题，俄罗斯则认为是边境问题。中国把依《中苏国界东段协定》的规定对边界进行的实地勘测称为勘界，俄罗斯则认为是重新勘界（редемаркация）。这种含糊的措辞表述了在当时的条件下双方有可能接受和采取的立场，是双方经过深思熟虑以后有意识地写成的。中俄两国使用这种含糊的外交语言，旨在解决存在多年的边界纠纷，这是可以理解的。

二、根据公认的国际法准则划分边界

除特殊历史条件或另有条约规定外，在国际实践中通常采取下列惯例性原则划界：以河流为界时，通航河流以主航道中心线为界，不通航河流以河道中心线为界；以湖泊或内海为界时，除另有规定外，一般以湖泊或内海的中间线为界。如果互为邻国的双方或多方未作专门规定，则无论河岸外形或者水位如何变化，也无论河床向何方偏移，河界或湖界均不得随之变动。只有毗邻国家签订新的协议，边界方可变动。

《中苏国界东段协定》第五条规定，通航河流按主航道中心线划界，非通航河流按河流中心线或主流中心线划界。

关于上述国际间边界习惯法规则，俄罗斯国内存在不同的看法。以河界为例，他们认为，除了以主航道中心线为界外，有的国家的边界从两国岸边算起，有的以一国岸边为界，有的以深泓线，即以河水最深处为界，瑞士、伊朗、伊拉克等国就不是以主航道中心线划界。俄罗斯出版的《国际法》教科书就持这样的观点。[①]

① Каламкарян Р. А.，Мигачев Ю. И. Международное право：Учебник. 2－е изд.，переpб. и доп. М.：Изд－во Эксмо，2006. С. 521.

中俄历史条约对此只有笼统的说明，这也是两国边界纠纷的原因之一。因此，“考虑到国际实践和俄国在界河上划界的经验，双方于1964年及以后的谈判中一致认为，在通航的阿穆尔河与乌苏里江上应以主航道中心线划界为最合理”。① 作为中俄界湖的兴凯湖是根据双方协议划定，中方并未提出按中间线划界的要求，实际上做出了重大让步。

三、互谅互让、平等协商解决边界问题

如前所述，阿巴该图洲渚的归属主要与河流改道有关。早在1991年《中苏国界东段协定》签订后不久，俄罗斯科学院远东分院历史、考古与民族学研究所学者特卡钦科就说，额尔古纳河上共有18个岛屿，其面积超过200平方公里，其中5个岛屿较大，对赤塔州有重要的经济意义。他认为，这18个“边界”岛屿原属俄罗斯，后来额尔古纳河河床向西偏移，出现了一条新的主要的支流，其走向靠近俄罗斯一侧。按1991年协定，根据通航河流按主航道中心线划界的原则归中国。特卡钦科认为，既然额尔古纳河是俄罗斯和中国的界河，根据当代国际法准则，如果界河河床走向发生变化，那么边界线仍然以原河床为界，而各方均有权采取措施使河流回到其旧河床。如果存在技术难度，那么变干的边界地段应按旧河床走向予以勘测。在这种情况下，边界线应该通过已成为额尔古纳河右支流的已变浅的旧河床。因此，在额尔古纳河旧河床与现在的额尔古纳河之间形成的18个岛屿理所当然应该归属俄罗斯。②

实事求是地讲，特卡钦科的观点不无道理。不过，额尔古纳河上18个岛屿划给中国也不违反国际法。这里涉及国际法上称之为“自然添附”的国家领土变更方式。所谓自然添附，是指一国领土通过自然作用而获得增加或扩大，主要有：涨滩，三角洲，废河床和新生岛屿。特卡钦科所讲的作为界河的阿尔贡河改道，使一沿岸国中国领土扩大，另一沿岸国俄罗斯领土减少，这种由于自然力的作用而使一国领土增加的情况，属于“自然添附”中的“废河床”。不过，考虑到现实情况，2008年年底勘界后，阿巴该图洲渚总面积为57.56平方公里，划归中方的只有34.55平方公里，比特卡钦科所说的少了许多。

---

① Киреев Г. В. 4200 километров границы с Китаем. Международная жизнь, 1999, №2. С. 12.

② Ткаченко Б. И. Россия — Китай: Восточная граница в документах и фактах. Владивосток: Изд—тво “Уссури”, 1999. С. 70—71.

黑瞎子岛问题的产生固然是俄罗斯侵吞中国领土的结果。不过，从中国方面来说，也不是没有失误。中俄《北京条约》清楚地标明了两国以黑龙江和乌苏里江为界，位于主航道中心线以南的黑瞎子岛当属中国领土。1860 年 10 月 15 日，双方谈判代表恭亲王和伊格纳齐耶夫在条约两份中文文本和两份俄文文本上签字盖章，并互换了文本。然而，恭亲王竟然忽视了条约附图的重要性。清朝代表拒绝在由俄方代表信手在百万分之一的地图上画了一道红线的地图上签字，“推说他不懂地图，而且该地图的画法与中国的有分歧。可是他给伊格纳齐耶夫的书面通知中说，地图将交给划界大员就地审查，并与俄国地图进行核对，然后由他们签字盖章”。[①] 1861 年 6 月 28 日，中俄兴凯湖会议期间签订了《关于交换乌苏里地区划界地图和记文的议定书》。清朝代表没有在地图上签字（1960 年），即不同意俄方将边界划在中国一侧。但是，清朝代表后来（1861 年）同俄国签署和交换了有关《北京条约》所编绘的边界地图和详细记文，事实上已经承认俄国代表将边界线画在中方一侧的地图，为日后双方争执埋下隐患。

从 1964 年中苏第一次边界谈判开始，中俄双方就开始谈黑瞎子岛，直到 2001 年 9 月两国就解决剩余边界问题的指导原则达成一致，才出现转机。2008 年勘界后，中方只收回黑瞎子岛的一半，在原来立场上后退了一大步。

中俄边界问题是历史遗留下来的，要解决它就必然要涉及两国对历史的认识。中方始终认为，历史上的大多数中俄边界条约都是不平等的，我们仍愿意将它们作为划界的依据。中俄双方能够解决边界问题，实际上得益于双方淡化历史，注重现实，着眼未来。淡化历史，不是不要历史，而是要反思过去。中国要从国土沦丧中汲取教训、不让悲剧重演，俄罗斯不再以强凌弱、不再做伤害中国人民感情之事。注重现实，是解决问题的前提，既以国际法原则与准则为依据，又充分考虑实际可能，互谅互让，求同存异。

经过几十年的努力，中俄边界问题终于解决了，这有利于两国关系今后的发展，是合作共赢的结果。

---

① （苏联）普罗霍罗夫著，北京印刷三厂工人理论组、近代史所《沙俄侵华史》编写组、黑龙江大学俄语系研究室译：《关于苏中边界问题》，商务印书馆 1977 年版，第 123 页。

71. 中俄缘何特别重视区域经济合作?

陆南泉

在世界经济全球化发展的同时，区域经济合作亦日益加强。长期以来，中俄之间的区域合作主要以边境贸易为主，但边境贸易有其局限性。因此，要提升合作水平，必须由边境贸易逐步扩大到区域之间经济、技术与贸易合作。正是由于这个原因，如何发展中俄区域合作，探索新的合作形式等问题越来越引起中俄两国的关注。

近几年来，特别是从2008年下半年发生世界金融危机以来，不论从国际大格局来看，还是从俄罗斯对华战略调整态势来看，都发生了变化，变化的总趋势对促进中俄区域经贸合作是有利的，为两国合作提供了新的战略机遇期，把握好与利用好这一机遇期十分重要。

中俄两国战略相互依托关系不断提升

总的来说，和平与发展仍是当今时代的主题，求和平、促发展、谋合作依然是国际形势的主流。综合地分析，当前与今后一个时期国际形势仍将继续保持稳定。但同时应看到，这几年来国际关系特别是大国关系发生了深刻而又复杂的变化。这突出表现在：

一是大国关系互动强化，合作与战略竞争同时发展。由于中国、俄罗斯、印度、巴西、南非与其他一些发展中国家经济快速发展，推动了国际关系和大国关系的调整。

二是美国与西方一些发达国家经济受金融危机的影响，出现了严重的经济衰退，特别是美国在国际关系中遇到了像伊拉克、阿富汗战争与反恐等困难，不得不调整对外关系，采取更加务实与克制的政策。

三是美国一再推行的单极化世界的构想实际上已破产。解决国际关系中的一些重大问题，离开中、俄、印、巴西、南非与其他一些发展中国家难以解决。

四是美国谋求世界霸权的全球战略并没有发生实质性的变化，调整的只是策略与手法。美国从自身安全利益考虑，它的政策重点是反恐与防核扩散。控制伊拉克与大中东地区，在原苏东地区搞“颜色革命”，对亚太地区的增加投入与扩大影响，对中俄等国加强防范和利用各种机会进行干扰。但美国推行上述扩张政策遇到各种阻力，因此它又不得不诉诸国际合作，不断改善自己的国际环境与形象。

五是经济全球化在曲折中不断发展，与此同时区域经济合作亦在加强。世界各国面临的全球性社会经济问题越来越多。

在大国关系发生重大变化过程中，中俄美三国关系的变化趋势是：从俄美关系看来，俄对美由战略妥协转向战略反制。叶利钦从 1999 年 3 月科索沃战争后，实行的是重点抵制美国单极霸权的政策。普京执政初期基本上延续上述政策，但“9·11”事件后，美为了反恐，保证自身的安全，因此对俄实行联合反恐的政策。此时，俄罗斯对美政策采取战略妥协，使俄美关系得到稳定发展。但当美认为在伊拉克、阿富汗的反恐取得进展后，很快就对俄罗斯实行了一系列战略挤压的政策，如北约东扩、准备在俄罗斯周边部署导弹防御系统，以“人权”、“民主”为由，对独联体国家搞“颜色革命”，等等。这些因素，使俄罗斯不得不对美放弃战略妥协而转向战略反制。2008 年 7 月 12 日梅德韦杰夫总统签署的《俄罗斯联邦外交政策概念》与 7 月 15 日他在使节会议上的讲话，都说明了俄对美政策的上述转变，强调了今后要对美国挤压俄罗斯的做法给予应有的回击。2008 年在南奥塞梯进行的战争就是一个例证。

从中美关系来看，总体上来说，保持了稳定发展的势头，但随着中国的迅速发展，国力的增强，国际地位的上升，美国通过各种方式力图牵制中国的发展。

从美对中俄的共同政策来看，由于中俄两国与美国战略利益的不同，因此在一些重大国际问题上矛盾与分歧难以消除，地缘战略的争夺、挤压与反挤压、遏止与反遏止等方面的斗争将会加剧和长期存在。中俄两国都是美国的遏制对象，这是中俄美三国关系的一个突出特点。

在上述国际格局的大背景下，俄罗斯高层与主要智库，对中俄业已建立的战略协作伙伴关系在俄总战略格局中的重要性，在认识上有了很大的提高，清楚地意识到美遏制俄的政策难以改变，两国仍将是主要战略对手，从而进一步认定，中俄在战略利益上较为接近，两国在重要国际问题有共识，如共同推动世界多极化，反对单边主义，建立公正的民主的国际新秩序，等等。这些因素，使俄更加认识到中俄之间存在着长期的共同的战略依托，在大国关系中中俄双方都把对方视为取得有利地位的主要对象。正是由于上述原因，在俄罗斯“中国威胁论”的噪声有所弱化，并出现了在批驳“中国威胁论”的同时，提出了“中国机遇论”。

中俄两国经济利益切合点不断增加

近几年来，俄罗斯对中国在其战略全局中重要性的认识，不只限于两国存在长期的战略依托这一层面，而且表现在积极与主动地谋求两国经贸合作，特别是区域领域的合作，以实现其东部地区的开发与开放战略。2009 年 5 月 21 日，在哈巴罗夫斯克举行的边境地区合作会议上俄罗斯总统梅德韦杰夫说：“中国永远是俄罗斯最有经济发展前景的伙伴之一。因此我们必须积极吸引中国在我国远东地区投资。远东和外贝加尔崛起必须与中国东北的发展计划协调一致。”他还指出，吸引中国的投资项目有：石油加工、石化、煤炭开采、远东港口货物转运、外贝加尔和远东地区发电站的建设，以及在纳霍德卡、符拉迪沃斯托克、乌斯里斯克和其他一些地方建设热电厂。他认为“远东地区经济复苏任务需要与中国振兴东北的计划相协调”。他还说：“中方合作伙伴已积极响应这一建议，我本人与中国国家主席胡锦涛讨论了这一问题，双方已起草了专门的合作规划草案，提出了专门建议，目前有关专家正在进行协商。”2009 年 9 月 23 日中俄两国已正式批准了《中华人民共和国东北地区与俄罗斯远东及东西伯利亚地区合作规划纲要（2009—2018 年）》（以下简称《规划纲要》）。该《规划纲要》包括 8 个部分：（1）中俄口岸及边境基础设施的建设与改造；（2）中俄地区运输合作；（3）发展中俄合作园区；（4）加强中俄劳务合作；（5）促进中俄旅游合作；（6）中俄地区合作重点项目；（7）中俄地区人文合作；（8）中俄地区环保合作。作为《规划纲要》文件的附件是：《中华人民共和国东北地区与俄罗斯远东及东西伯利亚地区合作重点项目目录》，共列有 205 项重要合作项目。普京总理 2009 年 10 月访华接受中国媒体采访时也特别强调，俄罗斯非常重视俄中两国间的地区合作，认为两国社会经济方面的合作主要是由地区合作来完成的。《规划纲要》为今后中俄区域经贸合作确定的框架具有指导性意义。

应该说，不论是梅德韦杰夫还是普京，如此积极地提出两国区域发展对接的主张，这是前所未有的。俄罗斯之所以主动地提出切实加快区域合作，主要的战略因素有：

第一，对从俄罗斯来讲，开发与开放东部地区是其重要经济社会发展战略。不论在苏联时期还是当代的俄罗斯，都高度重视东部地区的发展，这里集中了70%—80%的各种重要资源。苏联时期对这一地区经过数十年的开发建设，建成了全国的燃料动力工业基地、黑色和有色冶金工业基地、森林采伐、木材加工和纸浆造纸工业基地、化工和石油化工基地及机器制造基地。该地区经济结构的特点是：从产业结构总体来看，农、轻、重发展比例失调，从工业内部结构来看，采掘工业与加工工业比例失调；军工企业在机器制造业中占有很大比重，经济结构带有严重的军事化性质；基础设施发展滞后，第三产业不发达。目前，西伯利亚与远东地区的经济虽比叶利钦时期大有改善，但与欧洲部分相比仍要落后得多。由于投资不足，旧生产能力的改造和技术更新十分缓慢，导致生产企业固定资产严重老化；采掘工业地质勘探普查工作滞后，从而使新探明的矿产储量不能抵补开采量，导致俄罗斯油气产量增速下降；科技进步缓慢，技术、工艺落后，产品更新换代迟缓；人口大幅度下降，面临劳动力严重不足的困难；等等。

苏联解体后，俄罗斯在向市场经济转轨时期，资源的分配与生产的组织由集中的计划程序转向市场调节的程序。在这一过程中，中央与地方的关系发生了重大变化，经济上的分权强化，另外，全俄经济形势严重恶化，在此背景下，1996年制定了《俄罗斯联邦远东和外贝加尔1996—2005年及2010年前社会经济发展专项纲要》。它阐述了今后这一地区经济发展的总目标，即最大限度地减轻阻碍本地区适应新经济形势各种因素的影响；充分地利用现有的发展条件，从而为迅速摆脱危机和以后加速发展创造条件。1998年9月俄联邦政府完成了拟定“西伯利亚”联邦专项纲要草案的工作。纲要的战略意图是有效利用西伯利亚大区的自然、生产和智力潜力及地区参与全俄分工和国际分工的优势，以便最迅速地摆脱危机，稳定和振兴西伯利亚经济。

普京执政时期，对东部地区的发展更为重视与更有紧迫感。他在上台后不久的2000年7月21日，在远东和后贝加尔湖地区发展前景会议上做了题为《俄罗斯需要一个什么样的远东》的讲话，他说："如果近期我们不做出现实努力，那么，要不了几十年，甚至自古以来生活在这里的俄罗斯居民就将基本上说日语、汉语和朝鲜语了。""所以远东和后贝加尔湖地区发展的前景问题对国家来说是很尖锐的，我甚至想说是悲剧性的。从实质上看，这里说的是这个作为俄罗斯不可分割的一部分的地区能否存在的问题。我们没有丝毫权力丧失发展的速度，允许边疆区落后。"他接着说："对于远东来说，俄罗斯不是'内地'。俄罗斯就在这里，就在我们脚下。"他还强调指出："远东和后贝加尔湖地区占全国领土的40%，单是这个事实就说明了许多问题。所以我们必须根本改变我们在远东的政策。这不应该是俄罗斯联邦个别主体的政策，这应该是俄罗斯国家的政策。"2008年2月8日，普京在俄罗斯国务委员会扩大会议上作题为《关于俄罗斯到2020年的发展战略》重要讲话中提到，应把西伯利亚与远东建成俄罗斯新的社会经济发展中心。2009年年底，普京总理批准了俄联邦《2025年前远东和贝加尔地区经济社会发展战略》，该《战略》把与中国东北地区的合作视为首先方向之一。

第二，俄罗斯经济今后的发展，能否崛起，成为世界性的经济大国，到2020年能否成为世界五大经济体之一，在相当程度上取决于东部地区的发展。再说，如果东部地区长期落后，经济结构不能调整，正如普京说的，那么俄罗斯均衡的区域发展政策就不能实现，亦不能保证俄罗斯的和谐发展。在2009年5月的边境地区合作会议上，梅德韦杰夫总统在作总结时指出："尽管发生了全球性金融危机，但俄罗斯远东与西伯利亚的重大项目不应该因此停下来。"他说："俄罗斯政府正在对远东与西伯利亚发展战略进行研究，并且已在相关联邦计划框架下实施一系列项目，已通过了一些行动决策。"

第三，俄罗斯清楚地认识到，21世纪将是亚太世纪，世界经济与贸易重点已日趋转向亚太地区，俄罗斯必须做好准备，使其东部地区适应这一发展趋势。2007年9月7日，普京发表了题为《俄罗斯与亚太经济合作组织：走向亚太地区的持续稳定发展》的文章。文章说："亚太地区的迅速发展使人们把亚太地区经济合作组织称为世界上最有前景的经济联合体。现在世界国内总产量的57.5%、世界贸易总额的48%和40%以上的外国直接投资都已经落在了加入论坛的国家的头上。据专家估计，这些指标在近年内可能还会增长。"2007年全球经济增长的 40%来自亚洲。“目前在俄罗斯对外贸易中，亚太经济合作组织的比重已经增加到了 18.1%，其中俄罗斯的出口达到 16.6%。”而 2006 年俄罗斯东部地区对亚太地区的贸易占其贸易总额的 40%。普京在 2000 年 11 月 10 日谈到俄罗斯的亚太政策时就指出：“我们任何时候也没忘记，俄罗斯的大部分领土位于亚洲。的确，应该诚实地说，并不是所有时候都利用了这一优势。我认为，我们同亚太国家一起从言论转向行动去发展经济、政治和其他联系的时刻到了。在今天的俄罗斯，这种可能性已完全具备了。”“在很短的时间里，亚太地区各国，首先是日本、中国、东盟国家发生了巨大的变化。俄罗斯自然也不会置身于这里所发生的进程之外。”他还说：“三年之前俄罗斯成了亚太经合组织的成员国。这促进了我们的合作。”“我们准备同亚太地区的大国和小国合作，准备同经济发达国家和刚刚起步的国家合作。”应该看到，西伯利亚与远东和亚太地区国家在经济上的互补性强，合作潜力很大。俄罗斯要进入亚太地区，加强与这一地区国家的合作，就首先需要借助中国这一亚太地区的重要经济体。目前中国不仅是亚太地区的重要经济体，并且已成为推动世界经济的主要发动机。2009 年全球经济的增长率中的一半将是依赖于中国经济的发展。

第四，俄罗斯加速开发与开放东部地区，是推动这一地区今后发展重大的、必不可少的步骤。这一地区的发展需要吸引大量外资、劳动力与技术装备。俄罗斯国内与国际上一些有识之士早就提出，西伯利亚与远东参与紧密的国际合作是不可避免的。特别是要指出的是，在全球金融危机的严重冲击下，俄罗斯经济出现了严重的困难，俄罗斯更是把中国视为重要的经济合作伙伴，巨大的市场与投资的重要来源。

对中国来讲，重视亚太地区，加强对俄区域合作，除了为了实行全方位开放、深化国际经济合作这一总目标外，从开放格局调整角度来看，还考虑到以下战略因素。

第一，适应对外开放格局调整趋势的要求。过去较长一个时期以来，中国的对外开放，从地域来看，主要集中在沿海地区，所实行的地区倾斜政策是完全正确的，它取得了比较好的经济效益。今后中国仍将坚持扩大沿海地区的开放。随着中国实施西部大开发战略和振兴东北的战略，西部地区和东北地区的开放步伐需要加快。但与此同时，也应看到，在 20 世纪 90 年代，中国开放的北移趋势也已十分明显，越来越多的人提出，应该形成多层次、全方位、多边的开放格局。

从这几年的情况来看，中国沿边地区，特别是东北三省、新疆与内蒙古对外经济活动取得了很大发展。因此，在开放北移，实行沿海发展战略同时，辅之以沿边发展战略时，首先要考虑以上五个省区的开放。胡锦涛在中共十七大报告中指出，在拓展我国对外开放广度和深度、提高开放型经济水平时，要“深化沿海开放，加快内地开放，提高沿边开放，实行对内对外开放相互促进”。

第二，从沿边战略来看亚太地区的重要性。中国东北三省，在实行沿边发展战略，加速对外开放过程中，可以充分利用其自身的优势，积极地加强与亚太地区各国的合作。这样，既可加速东北三省经济的发展，又可对推动亚太地区的发展起重要作用。还应看到，加强与提高我国与俄罗斯西伯利亚和远东地区的经济合作，不断拓宽这一地区的合作领域，不仅对两国有关地区经济发展起了积极作用，对推动有关地区经济全球化进程也起了推动作用。

中国如何应对中俄区域合作的战略机遇期

前面我们从中俄两国战略依托与经济发展战略互动视角，简要地分析了对推动中俄区域合作的积极作用，并且可以认为，这些战略因素在今后一个时期将会进一步发挥有效的影响。在此背景下，中国东北地区要抓住这一机遇期，并采取一些具体政策措施，以适应与促进俄方对提升两国区域合作的主动性与认同性。应该说，中方已做了不少工作。在中俄区域合作方面起重要作用的牡丹江市提出，要全力打造沿边开放先导区，其目标定位是要在全国提升沿边开放的大局中成为先导与示范，在东北地区对外开放中走在前面，在黑龙江省经济发展中发挥重要作用。具有重要意义的是2009年4月21日，国务院批准设立绥芬河口岸中国第六个综合保税区。经过论证，最后国务院原则同意黑龙江省呈报的《关于黑瞎子岛保护与开放开发有关问题的请示》，“要求把黑瞎子岛建成为生态良好、稳定安全、开放繁荣的对俄合作示范区”。2008年5月梅德韦杰夫总统访华时，提出中俄联合开发黑瞎子岛的建议。吉林省对俄区域合作，主要是通过推动图们江区域的国际合作来实现。2009年11月，吉林省提出的《中国图们江区域合作开发规划纲要》——以长吉图为开发先导区的设想，已被批准。这是中国首次把开发边境地带列为国家开发项目，把图们江流域开发计划提升为国家战略。无疑，这对促进以图们江区域为核心的发展有重要意义。以上一些规划与设想，有利于中俄双方 2009 年 9 月批准的《规划纲要》所确定的区域合作项目的推动与落实。

中俄主要合作领域

通过双方努力，中俄区域经贸合作已取得了不少进展，突出表现在地方边境贸易得到了快速发展。以黑龙江省为例，2007 年它对俄贸易额为 107.2 亿美元，突破百亿美元大关，比上年增长 60.4％。对俄贸易占全省外贸总额的 62％，占全国对俄贸易总额的 22.3％。2008 年超过 160 亿美元。

从俄罗斯来看，2008 年远东联邦区的对地区的对外贸易伙伴中，中国一直居首位，但到 2007—2008 年，从贸易总额来看，中国已排在日本与韩国之后，居第三位。如 2008 年日本占远东地区外贸总额的 32.8％，韩国占 28％，中国占 23.1％。

2009 年与 2010 年受金融危机的影响贸易额下降，如 2010 年黑龙江省对俄贸易额为 74.7 亿美元。

总的来说，中俄区域经贸合作已有了一定的基础，但要使区域经贸合作有质的提高，或者说达到战略升级，必须拓宽合作领域。根据中国振兴东北战略与俄罗斯加速开发与开放东部地区的战略构想，笔者认为，今后的区域合作应朝着以下方面做出努力。

一是要把科技合作放在重要地位。东北三省调整与改造工业的一项共同任务是，加速发展装备制造业。为此，必须依赖先进的科技，靠领先的科技所形成的核心竞争力，来牵动工业企业在国内外市场竞争，实现可持续、跨越式的发展。与此同时也就达到用高新技术改造传统产业的目的。而上述目标的实现，单靠东北三省和国内自身的科技力量是不够的，需要加强对俄罗斯科技合作。

二是加强交通运输等基础设施领域的合作。在这方面东北地区与俄罗斯东部地区拓宽合作的可能性很大，如中俄合作建设黑龙江公路桥与铁路桥，此桥建成后，将对构筑新的中俄经贸大通道，发挥我国与东北地区经济合作区位优势有重要意义。又如中俄铁路部门正在讨论铺设东宁—乌苏里斯克铁路。这条铁路一旦修通，我国东北地区的物流可以直接通过这条铁路，从俄符拉迪沃斯托克（海参崴）、纳霍德卡港、东方港等向日本、韩国、北美等国和地区集散，这就拓宽了东北出海大通道。黑龙江同江中俄界江大桥已经开工，今后黑龙江省与俄罗斯之间准备建造几座跨越界江的大桥。这对推动中俄区域合作有重要意义。另外，通过与俄罗斯、朝鲜的合作共同开发图们江地区，这不仅使吉林省增加了一个对外开放的出海口，并对推动整个东北地区经济发展具有重要意义。据有关专家估计，如果图们江这个金三角建设进展顺利，开放加快，可以使东北地区经济发展速度加快10%。

这里特别要指出的是，俄罗斯东部地区基础设施特别是交通运输较为落后。《俄罗斯联邦远东和外贝加尔1996—2005年及2010年前社会经济发展专项纲要》指出："远东和外贝加尔占俄罗斯疆土的40%，交通运输网欠发达。这是制约其经济发展的重要原因之一。""与全国的平均数相比，按1万平方公里计算，该地区公共使用的铁路经营长度比全国少2/3，硬面公里比全国少4/5。"

2006年3月22日，普京在中俄经济论坛上谈到加强两国区域合作问题时指出："地区合作成功的一个重要条件就是发展地区的基础设施，包括建立边境贸易综合体、过境站和过桥通道。我们希望，无论是俄罗斯的还是中国的企业家应把现钱投出来建设基础设施。"①

在分析中俄交通运输基础设施领域合作问题时，特别要强调的是应加强边境口岸交通等基础设施建设。以黑龙江省来说，它地处东北亚区域中心，与俄罗斯远东与西伯利亚地区接壤，接壤的边境线长达3040公里，占中俄边境线总长度的74%，并拥有一类对外贸易口岸25个。黑龙江省不仅是中国对俄贸易的主要省区，并且提出将全省全力打造成东北亚经济贸易开发区。黑龙江省副省长程幼东于2009年6月14日在第二届东北亚区域合作发展国际论坛的主旨演讲中提出："今后将围绕建设中国面向东北亚区域合作的先导区、核心区的地位，以哈大齐工业走廊等经济板块为依托，以区域行政中心城市为支撑，以边境口岸为节点把黑龙江建成面向东北亚、辐射欧亚大陆，一流的经济贸易开发区。为实现上述目标，五年内黑龙江省将投资2000亿元进行公路、铁路等交通基础设施建设，实现公路等交通建设的跨越式发展。其中，前三年内投资公路建设1000亿元，投资铁路建设600亿元，哈齐、哈佳、哈牡城际高速铁路建成后火车运行速度将由100公里/小时提高至300公里/小时，省内以哈尔滨为中心的一小时经济圈将

① 《普京文集：文章和讲话选集》（2002—2008），中国社会科学出版社2008年版，第267页。

覆盖大部分地区。截至目前，同江和抚远之间、牡丹江通往丹东的部分铁路已经完工，同江中俄界江大桥已经开工，未来黑龙江省与俄罗斯之间还将建设几座跨越界江大桥，正在加紧建设抚远、伊春、大庆、加格达奇等若干机场，这将为黑龙江省发展贸易大通道、建设出口大基地和旅游开发区奠定坚实的基础。”

黑龙江省对俄罗斯口岸交通基础设施建设，它对推动中俄区域经贸合作其重要性日益明显，因随着两国贸易的发展，货运量与客运量在逐步增加，而目前的运输条件难以满足。

三是能源合作。东北三省从俄罗斯进口能源产品不多，这方面的合作项目尽管主要由政府和大公司参与，2008 年黑龙江省从俄罗斯进口原油仅为 149.48 万吨，成品油为 5 万吨。但与东北三省特别是黑龙江省有着密切的关系。能源领域的合作范围很广，不只是油气，还有电力、煤炭、核能等。油气开发项目，不仅在上游合作，还可在下游进行合作，俄方准备在中国一些地区开设加油站。另外，能源技术合作也是一个内容。再说，能源合作项目有大有小。所以，东北三省应该在这一领域做出努力。能源合作的主要方向是：首先，随着俄罗斯的东西伯利亚—太平洋石油管道的中国支线的修建，黑龙江省大庆应进一步发展石油加工工业，再加上本身是有丰富的能源资源，从而黑龙江省可建立起石油产业带。其次是积极参与西伯利亚与远东地区能源开发。近几年来，中俄双方都希望通过相互直接投资来扩大经贸合作。在开发能源项目，一般以参股即合资的方式进行；生产的产品既可供应中国，也可供应国际市场。第三，在油气加工技术方面，东北三省可以有针对性地引进俄罗斯的技术与设备。第四，除了在油气方面进行合作外，还应扩展其他能源产品，如电力、煤等。黑龙江省 2008 年已从俄罗斯进口煤 25047 吨（合 210.81 万美元）。总之，东北三省要根据自身的特点，开展对俄在能源领域的合作，从俄罗斯直接进口油气的数量不可能很多，中俄能源领域合作的大项目主要是由国家大公司来进行的。

四是林业合作。中俄林业领域的合作，涉及多方面的内容，如森林、采伐、木材贸易、木材加工、提供林业劳务与租赁或承包森林等。林业合作是中俄区域经贸合作中的一个十分重要的组成部分，它具有明显的比较优势，这突出表现在：第一，中国东北地区特别是黑龙江省，在对俄罗斯林业合作方面，所依托的毗邻远东地区的地缘优势十分明显，因俄罗斯森林资源主要集中在与黑龙江省接壤的西伯利亚和远东。这里有十分丰富的森林资源，从远东地区来说，它拥有 7

个森林经济区，它们是哈巴罗夫斯克边疆森林区、萨哈共和国森林经济区、萨哈林州森林经济区、堪察加州森林经济区与马加丹州森林经济区。远东地区出口的木材占俄罗斯木材出口总额的46%。第二，俄罗斯森林资源十分丰富，可供大量出口，亦是振兴经济的一个重要途径。林业已成为俄罗斯仅次于石油、天然气之后的第三大支柱产业。中国是少林国家，随着经济的发展，对木材需求量不断增加，特别在中国实行天然林保护工程后，木材的短缺问题更加严重，一般估计年木材缺口为4500万—5000万立方米，这就要求靠大量进口缓解木材供需矛盾。2007年中国从俄罗斯进口木材2540万立方米，这占俄罗斯对外出口木材总量的约50%。从黑龙江省来说，2007年与2008年，分别从俄罗斯进口原木1000万立方米和818万立方米。牡丹江与绥芬河利用其独特的地缘条件，已成为进口俄罗斯远东地区木材的一个十分重要的集散地。2001年国家批准绥芬河市为进口原木加工锯材指定口岸后，它承担的进口木材要占全国木材进口总量的1/3。2008年绥芬河市进口俄罗斯原木658.7万立方米（合94072.5万美元，占当年绥芬河市从俄罗斯进口总额的47.2%）。以上情况说明，不论从全国来讲还是从黑龙江省来讲，木材领域的合作有其重要的地位，有着很强的互补性，中国是俄罗斯稳定的木材市场。1999年中俄双方签署了合作开发俄罗斯过火林的协议，之后中俄两国政府先后签署了林业领域的其他合作协议．如2000年签署了《共同开发森林资源合作协定》以及后来签署的《加强林业领域合作备忘录》等文件，这有利于为两国林业合作奠定法律基础。第三，中国对俄罗斯在木材领域合作政策的变化有较强的适应能力。从中俄林业合作发展总的趋势看，俄罗斯政府今后将严格限制原木的出口，其主要办法是对未加工原木实行禁止性关税。俄罗斯一再强调在国内要大力发展木材加工工业。这意味着从俄罗斯进口原木的数量不仅难以增加，并且将日益呈下降的趋势。2008年不论从黑龙江省全省来看还是以绥芬河市来说，从俄罗斯进口的原木分别下降了17.83%与15.92%。但要看到，俄罗斯加快发展林业加工工业也将遇到困难，它缺乏资金、技术设备与劳动力。俄罗斯阿尔泰边疆区准备在最近几年投入50多亿卢布来发展该区的木材加工业，但需要从银行贷款，并将林地作为银行贷款的物资担保。该区局长克柳奇科表示："我们拥有可作为银行贷款抵押的森林资源。"在这种情况下，中国有实力的林业公司，可以考虑以某种形式提供资金进行合作发展木材加工工业。再从俄罗斯林业加工工业的技术设备来讲，大部分已陈旧老化，加工技术水平远远落后于世界先进水平。而作为林业大省的黑龙江省来说，不论是林业的加工能力、设备、技术都具有相当的优势，有可能与俄罗斯在这些领域进行合作。至于人力资源，远东地区一直有严重的人口流失问题，林业人员流失更为严重，从而出现了大量过火林得不到及时采伐，这不仅造成木材损失，还可能引发森林病虫害的蔓延。客观地讲，从中国引进劳动力是可取的。

由于存在上述种种问题，俄罗斯短期难以解决十分丰富的森林资源与落后的林业产业之间的矛盾，也难以形成较为完整的木材产业链条，木材加工工业的发展，同样也不可能很快取得重大进展，在相当一个时期内，木材加工的粗加工居多。因此，中国进口这些粗加工的木材后，可进行深加工、精加工，这既延长了木材产业链，亦可使木材大大增值。黑龙江省与绥芬河市，应该把这项工作做好，尽可能提高进口木材的附加值。

五是劳务合作。对外劳务合作是国际服务贸易自然人移动的重要组成部分。随着中国对外经贸合作的发展，对外劳务合作也有了很大的进展，对外劳务合作已广泛分布到160多个国家与地区。中俄之间的劳务合作，从20世纪80年代末就已开始，主要由黑龙江省向俄罗斯远东地区输出劳务。从客观条件来分析，中俄之间的劳务合作有其良好的基础，互为需要。俄罗斯虽然采取了各种措施，但人口每年减少70多万，特别在俄罗斯东部地区，不仅人口下降而且还存在大量外流问题，因此，西伯利亚与远东的发展，缺乏充足的劳动力是客观存在。俄罗斯东方学专家欧福钦在2006年8月召开的俄罗斯对话移民政策的专家会议指出："中国曾经是，今后也将是我们的邻国。我们面临的选择是：要么学聪明些，利用这一近邻关系为国家谋福祉；要么皱起眉头、鼓起腮帮，叫嚣中国是我们的主要威胁。但我在中国居住了11年，我很清楚，两极体制瓦解后，中俄两国互为战略后方。我们都希望形成多极化世界，两国的发展也是相互呼应的。我们的战略目标是开发远东，中国的战略目标是开发西部内陆地区。这些地区还不富裕，尚未摆脱贫困落后。在这方面，我们有共同的利益。

目前，中国是世界上发展最迅速的国家，它迟早会成为超级大国。我们应当理性一些，利用中国迅速发展的契机，为俄罗斯谋利，同时不能失去我们在中国所拥有的巨大道德威信。

我想重申的是，俄罗斯远东地区要摆脱停滞局面，实现经济发展，中国的劳动力资源是必需的。我们要抓住邻国经济飞速发展的契机，将西伯利亚这节车厢挂到正在提速的中国列车上。对我们而言，这的确是件好事。”①

不少俄罗斯学者和有识之士，都看到了中俄之间的劳务合作存在的必要性与可能性。但同时亦应看到，在俄罗斯至今还存在“中国移民威胁论”的种种宣传。这影响了劳务合作的正常发展。根据上述有关中俄劳务合作的情况，笔者提出以下看法：

第一，从中俄两国客观条件与发展经济需要来看，中俄劳务合作应该是有良好基础的；但从主观因素特别是非经济因素来看，这一领域的合作有其很大的局限性。

第二，中俄的劳务合作必须建立在可靠的法律基础上，中国必须根据有关协议派出劳务人员，这些人员必须严格遵守俄方的有关法律，而俄方必须保护中国在其境内的合法的劳务人员（包括人身安全与合法利益）。对于非法移民，中俄双方应共同采取措施进行打击。2001 年中俄签订了《中华人民共和国和俄罗斯联邦睦邻友好合作条约》，条约的第二十条规定：“缔约双方将合作打击非法移民，包括打击通过本国领土非法运送自然人的行为。”

第三，尽管俄罗斯地方精英与执政者已认识到，根据劳务合同引进中国劳务人员是正常的经贸合作关系的一部分，但不要指望俄罗斯执法部门特别是警察，在短期内对中国人敲诈勒索的行为会有很大改变，中国劳务人员应学会保护自己，中国政府与驻俄罗斯使馆及领事馆应在保护中国人合法利益方面做出更大努力。

第四，应该看到，中俄劳务合作将会继续发展。正如俄罗斯有些学者讲的，中国人来俄罗斯西伯利亚或远东，并不是因为中国人太多了，而是俄罗斯需要中国移民。现在俄罗斯西部地区没有人愿意来西伯利亚，因此，中国与中亚国家是现实的劳动力。有人还具体地指出，虽然俄罗斯还存在不少失业人员，但远东地区仍需大量中国劳务人员，如为了使滨海边疆区交通运输网所有主干线在最近几年投入使用，在现有基础上，至少需要再增加两倍的劳务人员。为筹备亚太经合组织峰会需要引进项目建设人员和服务人员 6 万—7 万名。在东方港建设物流运输中心，建设石油加工厂，扩建港口终端配套设施，将提供数千个就业岗位。考虑到远东地区正在进行的建设项目所产生的就业需求的规模和前景，与中国进行

① 《俄罗斯报》2006 年 8 月 4 日。

劳务交流合作具有迫切的现实意义。[①]

第五，由于受种种因素的制约，特别是目前还存在的“中国移民威胁论”的影响，以及考虑到俄罗斯民族的特征以及存在的文化心理障碍，不要指望中俄在劳务合作方面会有大的发展，更不可能在短期内出现急剧上升的态势。俄罗斯克服文化心理障碍，需要有个过程。

六是旅游业合作。当今，人们日益认识到，旅游在世界经济及社会政治生活中占重要的地位，旅游业对地区经济与世界经济的发展都做出了很大的贡献，它为世界提供了约 8%的就业率，超过 10%的 GDP 与 12%的出口额，在世界上 83%的国家中，旅游业被列在出口项目的第 5 位。

中俄两国在区域经贸合作领域，如果能充分有效地利用现有的与挖掘潜在的旅游资源，这不仅对两国经贸合作，经济发展起着积极推动作用，并且也十分有利于两国人民之间的相互了解，增进友谊，推动与促进两国战略协作伙伴关系的发展。

中俄两国在旅游合作领域也在不断发展。2008 年俄罗斯赴中国的游客为 316.7 万人次，而中国赴俄罗斯的游客为 81.5 万人次。中国已成为俄罗斯的第二大客源国，而俄罗斯是中国的第三大客源国。从地区来看，2008 年俄罗斯远东地区出境的游客为 200 多万人次，与 2007 年相比增加了 22.4%。同年，远东地区来中国的游客为 190 万人次，这占该地区去东北亚各国的俄罗斯游客总数的 96%，与 2007 年相比增加了 27%。这表明，远东地区的俄罗斯游客选择的主要国家是中国，特别是黑龙江省。远东地区的游客主要来自中国、日本与韩国。2008 年远东与外贝加尔地区的中国游客为 8.57 万人次，占俄罗斯东部地区外国游客总量的 64%，与 2007 年相比，游客数量增加了 4%。[②]

中俄两国的旅游业虽取得了一定的发展，但双方的旅游资源远未得到充分发挥，有待双方共同努力，共同规划。黑龙江省正在努力打造北国风光特色旅游开发区。该省副省长程幼东在第二届东北亚区域合作发展国际论坛的主旨演讲中

---

① 参见（俄罗斯）A. C. 瓦休克：《现阶段俄中劳务交流领域存在的问题》（为 2009 年 6 月 14—16 日召开的第二届东北亚区域合作发展国际论坛提供的论文）。

② 俄罗斯东部地区旅游业发展情况的有关资料，参见亚历山大·尼库林：《俄罗斯东部与中国旅游业发展的现状、问题和前景》（为 2009 年 6 月 14—16 日召开的第二届东北亚区域合作发展国际论坛提供的论文）。

说：计划在5年至10年内，黑龙江省将集中建设“哈尔滨冰城夏都旅游区”、“五大连池旅游度假区”、“神州北极旅游度假区”、“镜泊湖渤海国旅游集合区”、“扎龙自然保护区”等具有国际性、区域性和市场竞争力较强的龙头旅游景区，利用天然氧吧、冬季冰雪、神奇火山、夏日清凉等优势特色产品，为各国朋友提供物美价廉的服务。

切勿忽视货物贸易

在发展对俄区域合作过程中，在重视上述领域合作的同时，切勿忽视货物贸易，这是因为俄罗斯调整其经济结构有个过程。我们不妨看一下，2010年在对俄罗斯贸易中约占黑龙江省61%、占全国8%的牡丹江市的进出口商品品种结构。

牡丹江市2010年对俄出口主要品种

序号	商品名称	计量单位	数量		金额（万美元）		占出口总值比重%
			绝对值	同比%	绝对值	同比%	
1	鞋类商品				88996	58.30	22.1
2	服装				88923	57.80	22.1
3	箱包				31451	129.66	7.8
4	纺纱织物				17024	34.25	4.2
5	家具				9161	17.47	2.3
6	塑料制品	万吨	2.14	15.23	7713	39.61	1.9
7	蔬菜	万吨	18.3	0.45	7324	29.57	1.8
8	水果	万吨	12.7	－24.50	5712	－12.13	1.4
9	家用及装饰用木制品	万吨	5.97	115.34	4844	44.54	1.2
10	钢材	万吨	4.48	69.27	3989	88.51	0.5
合计					265137		65.3

资料来源：牡丹江市商务局。

从上表可以看到，牡丹江市向俄出口的商品主要是服装、鞋类等商品。2010

年牡丹江市从对俄进口的商品中，能源资源性产品比重进一步增大，占全市进口贸易的八成以上，原油、成品油进口557万吨，为30亿美元，增长了1倍多；原木413立方米，为5.5亿美元。

中俄区域合作领域中货物贸易领域十分广泛，在发展过程中有待我们不断地寻觅。为了在区域合作中继续发展对俄货物贸易，对中国来说，一是要提高商品质量，要创名牌；二是进一步规范化，非规范贸易已走到尽头；三是发展加工工业；四是根据发展对俄货物贸易的需要建立出口基地；五是与俄边境省区切勿盲目地建互贸区、开发区，更不要不切实际地急于创建自由贸易区。

在发展中俄区域合作过程中，不仅要抓住一些重点合作领域，并且还应努力探索与构建适合中俄两国相关地区经济特点的合作新形式。

积极应对存在的问题

这里要指出的是，尽管推进中俄区域合作的战略因素在提升，还制定了具体的合作纲要与项目，并且得到俄高层领导与精英层的认同，但并不意味着在今后的中俄区域合作过程会一帆风顺，矛盾与摩擦难以避免，我们应该有充分的思想准备。这是因为，不论从整个中俄关系来看，还是具体从区域经贸合作来分析，仍存在不少消极因素。笔者认为，最为突出的问题有：

第一，苏联解体以来独立执政的俄罗斯，由于失去昔日的大国、强国地位，一直存在心态失衡问题，对中国的崛起，在经济上超过俄罗斯，老大哥的地位丧失，感到难以适应。对俄成为西方发达国家的原料供应国尚能接受，而要成为中国的原料供应国就无法接受。种种不适应，实质上都是心态失衡的表现。

第二，对中国的崛起，在俄罗斯有相当一部分人存在种种疑虑：中国强大了，特别是经济有了大的发展后，会不会对俄通过“商业移民”搞人口扩张，会不会对远东地区重新提出“领土要求”，等等。

第三，在国际大格局，随着中国的迅速发展，实力增强，中美会不会共同主宰国际事务，削弱俄罗斯的国际地位与作用，使俄在大国关系中日益边缘化。尽管中国一再声明，反对G2的观点，但实际上，在俄对G2的疑虑是存在的。

第四，担心作为俄传统势力范围的中亚地区受到中国的排挤。2009年12月14日，中、哈、乌与土四国领导人，一起开动了“世纪管道”，这种正常的商业合作，有可能刺激俄罗斯。当然这种刺激可表现在两个方面：一是俄不怎么高兴；二是可能促使俄加速与中国的能源合作。但不论怎样，在俄看来，中亚是其势力范围。在一次国际会议上，一位俄学者谈到俄罗斯与中亚关系时，形象地说：中亚是俄罗斯的女人。这位学者紧挨着我坐，我就问他：如果中亚这个女人主动爱上中国男人，那中国男人该怎么办？他回答说：那只能做些如在节日给中亚女人送花或巧克力等事，做其他事是不允许的。虽然这是个幽默的对话，但确实反映了俄罗斯对中亚的一种具有代表性的心态。

第五，在中俄区域合作中，中方会受到俄投资环境差、俄方缺乏对合作双赢理念等因素的影响。

以上一些问题是客观存在的，只能在合作过程中通过增进相互了解、加强立法等途径逐步解决。

72. 中俄经贸关系取得了哪些新进展？

陆南泉

作为中苏两国关系重要内容的经贸关系，有顺利发展的时期，也曾出现过挫折。纵观 40 多年（1949—1991）中苏经贸合作的发展历史，两国经贸关系的一个重要特点是直接受制于两国政治关系。两国政府间的政治关系又受两党关系的影响，党的关系又受意识形态的影响，意识形态的分歧直接影响党的关系，党的关系又直接影响国家间的政治关系，政治关系又直接影响两国经贸关系。经贸关系最后成了中苏两党、两国政治斗争与意识形态争论的牺牲品，这不论对中国还是苏联都造成了巨大的经济损失。苏联解体后，中俄关系抛开了意识形态这个因素，主要从两国的国家利益出发，两国关系发展顺利，两国的经贸关系互补性强，也有了很大发展。

中俄经贸关系发展概况

作为苏联继承国的俄罗斯独立执政后，一方面面临着国内严重的经济困难，另一方面由于长期以来对外经贸关系主要限于经互会范围内进行。随着苏东国家先后剧变，经互会也随之解散，原来的经济分工与经贸合作关系也基本上不复存在，从而更增加了经济的困难。而在这个历史时期，从全球范围讲，世界经济一体化已是不可逆转的大趋势，在这一大趋势下，国与国之间的经济联系日益紧密，使得各国之间的经济利益不可分割，从而共同发展与繁荣成了世界关心和着力解决的世界性课题。中俄两国是大国，又是互为最大的邻国，它们之间的经贸关系有很大的潜力。因此，加强两国经贸合作，既有利于两国经济的发展，巩固与发展两国的政治关系，也有利于促进两国参与经济全球化的进程。在上述情况下，二十年来，中俄两国的经贸关系虽出现个一些曲折，但总的来说，发展较为顺利，保持了较快的增长速度。有关中俄两国经贸关系的发展概况见下表。

1992—2010 年中俄经贸情况 单位：亿美元

年份	进出口	出口	进口	与上年相比增减（%）			进出口差额
				进出口	出口	进口	
1992[①]	58.6	23.4	35.3	50	23	69	—11.9
1993	76.8	26.9	49.9	31	15	41	—23.0
1994	50.8	15.8	35.0	—34	—41	—30	—19.2
1995	54.6	16.6	38.0	7	5	9	—21.4
1996	68.4	16.9	51.5	25	2	36	—34.6
1997	61.1	20.3	40.8	—11	20	—21	—20.5
1998	54.8	18.4	36.4	—10	—9	—11	—18.0
1999	57.2	15.0	42.2	4	—19	16	—27.2
2000	80.0	22.3	57.7	40	49	37	—35.4
2001	106.7	27.1	79.6	33	21	38	—52.5
2002	119.3	35.2	84.1	11.8	29.9	5.6	—48.9
2003	157.6	60.3	97.3	32.1	71.4	15.7	—37.0
2004	212.3	91.0	121.3	34.7	51	24.7	—30.3
2005	291.0	132.0	159.0	37.1	45	31.1	—27.0
2006	333.9	158.3	175.6	14.7	20	10.4	—17.3
2007	482.0	321.0	161.0	44.3	102.8	8.3	160
2008	568.3	330.05	238.25	18.0	2.8	48.0	91.8
2009	387.9	175.1	212.8	31.7	—47.0	—10.7	—37.7
2010	554.49	296.13	258.36	43.05	69.12	21.4	37.77
2011	797.5	389.0	408.5	43.8	34.4	55.6	—19.5

注：①1992 年增速是根据 1991 年中国与苏联贸易额得出的。

资料来源：根据中国海关历年资料整理。

1992—2011 年，中俄贸易总额为 4573.19 亿美元，中国累计逆差 191.33 亿美元，占双方贸易总额的4.18%。

上表显示的中俄贸易发展进程是：从1992—2001年期间贸易额达到了100亿美元，而从2002—2004年贸易额翻番，超过了200亿美元，2008年中俄贸易额为568.3亿美元，同比增长18%，中国对俄贸易顺差为91.8亿美元。这是自20世纪90年代以来中国对俄贸易第二次出现顺差。第一次出现顺差是在2007年。

从中俄经贸关系发展的历程看，大体经历了三个阶段。[①]

一、1992—1993年的快速发展阶段

这两年，中俄两国经贸合作得到了快速发展。1992年贸易额达到58.6亿美元，比1991年中国与苏联贸易额增长50%。1993年贸易额进一步增长，达到了76.8亿美元，比上年增长31%。这是1999年之前即叶利钦执政时期的最高年份。这一时期不仅贸易额增长快，在其他领域的合作，如在工程承包、劳务合作、建立合营企业、来料加工、开办商店、租赁、军技、地方边境贸易等，都有进展。

在这一时期中俄经贸合作之所以能快速发展，是多种因素作用的结果。

第一，从当时经贸合作的两国政治关系环境来看，一个十分重要的原因是，苏联解体后不久，中俄双方经过谈判，达成了一系列协议，顺利实现了从中苏关系向中俄关系的过渡。在经贸关系方面，俄方表示承认与继承苏联时期同中国签署的各项经贸协议与合同，并表示在原有的基础上进一步扩大与中国的经贸关系。1991年12月27日，中国对外经济贸易部部长李岚清访问俄罗斯，就两国开展多渠道的经贸合作关系与俄罗斯对外经济联络部长彼得·阿文交换了意见，并就两国经贸协定条文原则达成了协议，建立中俄政府间经济、贸易和科技合作委员会。1992年1月31日，叶利钦总统与李鹏总理在纽约会晤后，要求俄罗斯对外经济部门立即投入实际工作，完成苏联时期与中国所签订的各项经贸协定，要求各企业积极参与同中国的经贸合作，在双方建立合资企业，在俄罗斯境内开辟

---

① 在我国学者以往的一些论著中，一般把中俄经贸关系的发展进程分为四个阶段，即（一）1992—1993年为快速发展阶段；（二）1994—1995年为大幅度滑坡阶段；（三）1997—1998年为持续下滑（或称为调整与提高）阶段；（四）2000年至今结束磨合期进入快速发展阶段。笔者在这里把（二）、（三）两个阶段作为一个阶段来分析，因为1994—1999年6年间，两国贸易总的来说，处于下降与徘徊不前的状态。这样，笔者把中俄经贸关系分为三个阶段。

经济特区，在投资与税收上给予优惠并积极开展地方边境贸易。1992 年 3 月 5 日—10 日，俄罗斯联邦对外经济联络部长彼得·阿文访问中国。其间，与李岚清部长就进一步发展两国经贸关系的有关问题交换意见并达成了广泛的一致。双方还签署了《中华人民共和国和俄罗斯联邦政府经济贸易关系协定》。协定规定，中俄两国相互提供最惠国待遇，提供免除关税和其他的课税条件。此外，还就双方的相互支付手段问题达成协议：俄方可采取非现金结算支付手段，中方可部分用外汇，部分用消费品支付。双方还一致同意，在中俄毗邻边境地区俄方境内建立合作开发区，努力发展边境贸易。阿文还同中国中央军委副主席刘华清讨论了军事技术合作问题，并签订了合同。1992 年 12 月叶利钦访华，在与杨尚昆签署的《关于中华人民共和国和俄罗斯联邦相互关系基础联合声明》中指出：

“双方愿在平等互利原则基础上保持和发展双边贸易领域中的合作。

双方应为国家间协定和议定书范围内的贸易联系，包括边境地区在内的地区间以及企业、组织及企业家之间直接联系基础上的贸易联系创造有利条件。

双方将促进彼此在经济和金融领域的合作，大力加强双方的经济关系，上述合作将包括下列对两国有重要意义的领域，即：农业；生物技术；能源；和平利用核能，包括核能安全；交通，基础设施；通讯；和平利用宇宙空间；军转民；零售贸易等。

双方将鼓励新的经济合作形式，尤其是在投资和兴办合资企业领域的合作，并为其创造良好条件。双方将促进各自经济组织的高效经营活动，并为此尽可能广泛地交流经济信息，使之向两国实业界人士和学者开放。

双方将加强科技领域的合作，包括基础和应用科研及其成果推广，扩大科技信息交流，增加双方优先发展领域的合作项目，促进实施有第三国参加的共同计划。双方应促进中国和俄罗斯组织、科研所、高等院校、科研生产联合和公司间建立直接的科技联系。

双方愿在环境保护领域加强合作，并在多边合作范围内加强协调一致的行动。”①

叶利钦访华期间，中俄双方签署了 24 个涉及经贸、科技、文化与军技领域的重要文件，主要有：(1)《中华人民共和国政府和俄罗斯联邦政府 1993 年经济

① 《人民日报》1992 年 12 月 19 日。

贸易合作议定书》。该文件规定，俄罗斯为中国的5个项目，即装机容量为60万千瓦的“苏州”火力发电站、100万千瓦的“伊敏”火力发电站和100万千瓦的“蓟县”火力发电站、佳木斯造纸厂的改造和上海干式熄焦装置提供成套设备。此外，俄方还承接中方航空技术设备的大修工作，并提供航空器材和零配件等。按照议定书的规定，中国方面向俄罗斯提供食品、消费品和机械设备等产品。(2)《中华人民共和国政府和俄罗斯联邦政府关于在中国兴建核电站合作及俄罗斯联邦向中国提供国家贷款的协定》。根据这一协定，俄罗斯向中国提供国家贷款，以支付俄方提供设备和材料、制定文件、完成勘测设计工作和承包工程的费用，其总额约25亿美元，其中10%是由中国以预付款方式按照设备的供应及劳务的提供情况支付的现金，其余90%为提供期限为15年、年利率为4%的贷款。中方以向俄罗斯提供商品和劳务偿还之。(3)《中华人民共和国政府和俄罗斯联邦政府关于中国向俄罗斯联邦提供商品和国家贷款的协定》。这笔贷款为1亿元人民币（约合2400万瑞士法郎），贷款期限为3年，年利率为4%。中方从1993年开始向俄罗斯提供玉米和花生米。从1994年开始，俄方向中国提供黑色金属轧材和经济用材。(4)《中华人民共和国政府和俄罗斯联邦政府关于中国向俄罗斯联邦提供商品的国家贷款的协定》，此项贷款为2亿元人民币（约合4800万瑞士法郎）。此外，还有关于汽车运输和宇航合作等文件。总之，叶利钦访华期间所签的协议涉及面很广，包含了中俄两国经济、贸易和科技合作的各个方面，如建设核电站、火电站和界河水电站，太空宇航，飞机制造，军转民，军事装备和武器贸易以及建立合资企业、劳务合作、资金合作和相互提供优惠的国家贷款，等等。协议还涉及文化、教育领域的交流与合作，边界及实业界的合作，特别是在西伯利亚与远东地区的合作等各个领域。应该指出：叶利钦总统访华期间还特别邀请中国参加西伯利亚和远东地区的资源开发。俄方还建议互相保护贸易伙伴和投资者利益，鼓励建立合资企业，特别是建立食品、服装、鞋和家用电器生产及建筑方面的合资企业。等等。[①] 这次访问所签署的文件为中俄两国经贸和科技领域的合作奠定了政治和法律基础。这对这一时期中俄经贸关系快速发展有着重

① 1992年12月叶利钦访华期间，所谈及的中俄经贸合作情况的有关材料，作者转引自薛君度、陆南泉主编的《中俄经贸关系》，中国社会科学出版社1999年版，第102—104页；《人民日报》1992年12月18、19、20日。

要意义。

第二，中俄经贸关系快速发展的另一个重要的直接原因是，当时俄罗斯出现了严重的经济转型危机，市场供应极度紧张，特别是与人民生活密切相关的食品、服装等消费品短缺情况尤为尖锐。1992、1993 年，俄罗斯 GDP 比上年分别下降 19%、12%，工业产值下降 18%、14%，农业产值下降 9%、4%，消费品产量下降 15%、11%，所有拨款来源的投资额下降 40%、12%，零售商品流转额下降 3.5%、1.9%，对居民的服务量下降 12%、30%，对外贸易额下降 23%、12%。在上述经济情况下，俄罗斯需要进口大量消费品，以缓解市场供应状况，稳定国内政局。1992—1993 年，俄罗斯全国约 50%的食品依赖进口，一些大城市 70%—80%的食品是进口的。食品进口占俄罗斯进口总额的 30%。由于农业衰退，俄罗斯不得不大量进口粮食，1992 年进口 2887 万吨，1993 年进口 1112 万吨。而在这一时期，中国经济快速发展，轻工产品与食品等可大量向俄罗斯出口。1992—1993 年，中国向俄罗斯出口的主要产品是粮食、食品、轻工产品、纺织品、日用消费品和家用电器等。大众民用消费品约占中国对俄罗斯出口总额的 45%，化工产品占 4%，矿物原料占 7%，机械设备约占 10%。俄罗斯在经济转轨初始阶段虽然出现了严重的危机，但其原材料产品仍有很大的出口潜力，而中国基建规模正在不断扩大，因此，中国从俄罗斯进口钢材、化肥、木材、电站设备、车辆机械设备和军工产品等占很大比重，约为 38%，生产用的原材料和半成品约占 40%。以上中俄进出口结构表明，其互补性十分明显。

第三，两国政府采取了一些特殊的优惠政策与开放政策，鼓励与支持地方边境贸易的发展，这对中俄贸易在 1992—1993 年得到快速发展有着重要作用。1993 年黑龙江省对俄贸易额达到 18.9 亿美元，约占全国对俄罗斯进出口总额的 1/4。

第四，实行易货贸易方式，在当时条件下对发展俄经贸关系仍有积极作用。在苏联时期，中苏双方考虑到易货贸易的局限性，曾决定从 1991 年起向现汇贸易方式转变。但在苏联解体后，由于经济困难，俄罗斯缺少外汇，中国也同样是外汇紧缺的国家，因此，1992—1993 年间，两国贸易仍以易货贸易为主，现汇贸易的数量很少。易货贸易是由企业签订易货合同，相互供货，进出口自主平衡。易货贸易方式一直延续到 1995 年。

这一时期中俄贸易关系有以下一些特点：一是两国贸易的快速发展并不是以

良好的经济为基础的，很大程度上是俄罗斯经济特殊困难所起的作用，加上其他国家尚未大规模进入俄罗斯市场。因此，这种快速发展并没有稳定的基础。二是对双边贸易调控不力，参与双边贸易的主体良莠不齐，使得不少假冒伪劣产品进入俄罗斯市场，破坏了中国商品与中国商人的形象，这给以后的中国商品进入俄罗斯造成了困难。三是贸易不规范，贸易秩序混乱。

二、1994—1999 年滑坡与徘徊不前阶段

这 6 年，中俄贸易虽然并不是逐年递减，有些年份比上年有一定增长，如 1996 年比 1995 年还增长 25%，1999 年比 1998 年增长 4%。但总的情况是，呈现滑坡与徘徊不前的状态。1994 年两国贸易额为 50.8 亿美元，这比 1993 年的 76.8 亿美元下降了 34%，1997 年与 1998 年分别比上年下降 11%与 10%，1999 年虽比上年有所增长，但贸易总额仅达到 57.2 亿美元，很明显，这个数字比 1993 年的 76.8 亿美元减少了 36%。

这个时期双边贸易额的下降并一直在 50 亿—60 亿美元之间徘徊，这并不是因两国政府和最高领导忽视经贸合作关系的重要性所致。实际上，中俄双方高层领导都十分重视经贸合作的发展，在这 6 年期间，两国领导人举行会晤时都把经贸合作作为讨论的一个重要问题。笔者认为，对这一期间两国领导人有关加强经贸合作的论述、看法与提出的对策建议进行回顾，这对总结两国经贸关系发展进程中的经验教训，正确认识与把握中俄经贸关系的发展趋势是十分重要的和有益的。鉴于上述考虑，有必要对这 6 年间中俄官方正式公布的有关材料加以整理，并摘录如下，以供我们思考。

1994 年 5 月 26—29 日，俄罗斯总理切尔诺梅尔金访华，访问期间发表了新闻公报。公报指出：进一步发展中俄经贸和科技合作是会谈的主要议题。双方对近年来两国在上述领域的互利合作取得的成果给予积极评价。双方认为，中俄经贸关系有着巨大的发展潜力，双方愿意充分利用两国作为邻国的地缘优势和经济的互补性，在平等互利的基础上大力发展和扩大这些领域中的合作，使之达到同中俄睦邻友好关系和两国经济潜力相适应的更高水平。为此，双方对发展合作的新领域、新形式的前景以及进一步提高合作效率，完善基础设施等问题进行了认真的探讨，达成了广泛共识。双方表示，愿意参加包括建设欧亚大陆桥在内的双边和多边的合作项目。双方重申，将在遵守两国国际义务的条件下继续加强两国军事技术合作关系。

双方认为，边境和地区间经济合作是中俄经贸关系的重要组成部分。双方表示，将进一步完善有关法律基础，促进边境和地区间的贸易往来，共同经营、投资合作和其他形式的联系。

1994 年 9 月 2—6 日，江泽民主席对俄罗斯进行正式访问，与叶利钦总统举行最高级别会晤，并签署了《中俄联合声明》，在声明中谈到经贸与科技合作问题时指出：

“——最大限度地利用地缘优势和经济的互补性的优势。坚持平等互利的原则，逐步实现向符合国际规范的经济关系形式的过渡，优先考虑发展法律、财政信贷、交通和信息方面的合作；

——积极探讨经贸合作有前景的新领域，制定并实施科技领域的长期合作规划；

——提高合作档次和质量，根据需要和可能，增加重大项目合作比重；

——完善对外经济立法，实现商业活动规范化；

——采取措施更积极地发展中俄两国地区之间的合作。”

1995 年 6 月 25—28 日，李鹏总理应邀对俄罗斯进行正式访问。期间与俄罗斯总理切尔诺梅尔金发表了《中俄联合公报》。双方还签署了《中华人民共和国和俄罗斯联邦引渡条约》、《中华人民共和国政府和俄罗斯联邦政府关于共同建设黑河一布拉格维申斯克黑龙江（阿穆尔河）界河大桥协定》、《中华人民共和国政府和俄罗斯联邦政府关于森林防火联防协定》、《中华人民共和国政府和俄罗斯联邦政府关于相互承认学历、学位证书的协定》、《中华人民共和国政府和俄罗斯联邦政府关于植物检疫保护协定》、《中华人民共和国政府和俄罗斯联邦政府关于在信息化领域合作的协定》、《中华人民共和国机械工业部和俄罗斯联邦机械工业委员会建立和发展合作关系协定》等 8 个重要文件。

在会谈时，切尔诺梅尔金总理高度评价了两国的经贸和其他领域的合作关系。他说，俄方同意加强两国的有信誉的大公司和大企业间的直接联系与合作，包括在建设辽宁核电站方面的合作。

李鹏总理指出，为了开创两国经贸关系的新局面，两国政府应支持和协助双方有实力的大公司和大企业之间建立稳固和直接的联系体制，减少中间环节，而且可采用现汇贸易方式，这对双方都是有益的。中方欢迎俄罗斯具有法人资格的大公司参与中国三峡工程的建设。两国总理还同意两国的公司就建设辽宁核电站进行直接的谈判。

两国总理还指出，中俄两国在石油、天然气、电力、军工等领域具有很好的合作前景，希望双方公司选择一些重大项目开展合作，进行实质性的谈判。两国总理还就中俄两国银行、保险机构和仲裁机构之间的合作交换了意见。

1996 年 4 月 24—26 日，俄罗斯总统叶利钦访华，中俄关系进入全面发展的新时期。《中俄联合声明》在谈及经贸关系时指出："双方对 1994 年出现的两国贸易额减少的情况得以克服并正在逐步增加表示满意，并将采取有力措施，利用两国地缘相近和经济互补的独特优势，进一步扩大和发展双边经贸合作。

随着两国经济体制和外贸体制改革的深入，双方将在平等互利、符合国际贸易惯例的基础上进一步发展以现汇贸易为主、多种形式并举的贸易和经济技术合作。两国政府将为经贸合作的主体，首先是信誉良好的经济实力强大的、中型企业和公司，开展相互合作创造有利的条件，提供必要的支持。

双方将注重生产和科技领域重大项目的合作，认为这是提高双边合作的水平和档次的重要途径之一。双方认为，能源、机器制造、航空、航天、农业、交通、高科技应成为重大项目合作的优先领域。双方将根据自己的潜力，在开发保障各个领域科技进步中有所突破的新技术方面相互协作，以利于两国人民并造福于国际社会。"

在叶利钦访华期间，中俄双方还表示要采取措施，要把中俄贸易额从 1995 年的 54.6 亿美元提高到 2000 年的 200 亿美元。

1996 年 12 月 26—28 日，李鹏总理访问俄罗斯。中俄"双方讨论了进一步加强经贸合作的措施，商定争取在 1997 年把两国贸易额提高到 100 亿美元，并认为经过共同努力，在本世纪末达到两国国家元首提出的 200 亿美元的目标是可能的"。访问期间发表了《中俄联合公报》。双方还签署了《建设连云港核电站框架合同原则协议》、《中国人民银行与俄罗斯联邦中央银行合作协议》。公报指出："两国政府首脑确认了不久前在北京举行的经贸和科技合作委员会会议达成的协议，商谈了两国军技交流问题，指出进一步加强两国在能源、机械制造业、航空和航天工业、运输业、农业和高科技等领域重大项目的合作具有重要意义，认为在双方的共同努力下，未来几年内将中俄贸易总额提高到 200 亿美元是适宜的。"

1997 年 4 月 22—26 日，江泽民主席对俄罗斯进行国事访问。在与叶利钦会谈时江泽民说："不久前，双方共同确定了本世纪使中俄贸易额达到 200 亿美元的目标。我相信，只要不断发挥两国合作的巨大潜力，这一目标是完全可以实现的。”“中俄两国完全有能力进行一些大、中型合作项目。我相信，在我们两国领导人的直接推动下，中俄经贸关系一定能同政治关系一样不断向前发展。”这次访问，中俄两国国家元首签署了《中俄关于世界多极化和建立国际新秩序的联合声明》。在联合声明中两国在国际经济关系中所持的基本政策，强调“要排除经济关系中的歧视性政策和做法，在平等互利基础上加强和扩大经贸、科技、人文的交流与合作，促进共同发展和繁荣”。

1997 年 6 月 26—28 日，俄罗斯总理切尔诺梅尔金对中国进行正式访问。李鹏总理与切尔诺梅尔金总理会谈时说：“进一步拓宽和深化经贸、科技等方面的合作，是建设和发展两国面向 21 世纪的战略协作伙伴关系的物质基础。为此，各个分委会需要继续作出不懈的努力，扎扎实实地、高效率地开展工作。”切尔诺梅尔金还指出：“两国经济互补性很强，发展经贸合作符合两国的利益和需要。要充分利用合作的有利条件，不断拓宽合作领域，取得实际成果。”在切尔诺梅尔金访华期间，两国总理签署了《中华人民共和国政府和俄罗斯联邦政府关于建立中俄总理定期会晤机制及其组织原则的协定》，两国有关部门签署了《中华人民共和国政府和俄罗斯联邦政府 1997—2000 年贸易协定》，《中华人民共和国政府和俄罗斯联邦政府 1997 年贸易议定书》，还签署了两国铁路合作、两国关于组织实施石油天然气领域合作项目的协议。李岚清副总理和涅姆佐夫第一副总理签署了关于中俄边境和地方合作协调委员会的谅解备忘录、关于在俄罗斯建立经济技术开发区问题的谅解备忘录、关于成立中俄机械制造企业工商联合会的合作协议等。

1997 年 11 月 9—11 日，叶利钦总统访华。江泽民主席与叶利钦总统会谈期间都十分强调要加强两国的经贸关系，江泽民说：“中俄经贸关系已经具备了良好基础。我们要下大力气充分发挥两国各自的巨大潜力和优势，开拓合作的新领域、新途径，特别是需要在大中型长期合作项目上取得突破。在石油、天然气、电力、航空航天、机械制造以及高技术等领域，我们完全有能力进行大规模的合作。中方将以积极的态度作出自己的努力。在合作过程中，两国总理定期会晤委员会可以对促进经贸等各领域的合作发挥很好的作用，两国企业界应在加强接触中找到自己的合作伙伴。叶利钦表示，俄中经济互补性强，两国在扩大经贸合作方面已经有许多很好的项目和建议，应加强合作，尽快落实。”“双方表示相信，经过两国不懈努力，到2000年将双边贸易额提高到200亿美元是完全可能的。”

在访问期间，两国国家之首签署了《中俄联合声明》，声明的第四部分用了很大的篇幅论述两国经贸关系，具体内容如下：

“两国领导人认为，经过共同努力，中俄经贸、投资、科技和人文各领域互利合作的条约法律基础和组织机构业已建立。有鉴于此，两国元首指示中俄各部委、企业和单位采取有效措施，以实际内容充实已达成的协议。

双方认为，在平等互利和谋求实现进出口平衡的基础上，根据两国目前的市场状况，加强下列各领域的双边合作具有巨大潜力：

1. 天然气、石油、核能、能源设备生产和更新换代领域的大型合作项目。民用航空、机械制造、和平利用宇宙空间、化学、冶金、森林工业、矿产资源开采及加工、轻纺、家电、电子、食品工业、生产技术和设备等领域的合作。

2. 银行、保险、仲裁领域的合作；提高相互提供商品的质量；有效保护知识产权和两国法人和自然人的其他合法权益；发展有关中俄两国市场多层次的、可靠的双边信息系统；采取步骤合理调整居民的劳务输出，建立其他为经贸领域服务的机制。

3. 促进将高新技术投入生产领域和基础研究领域的科技合作。

4. 在运输和通讯领域落实具有双边意义以及地区和全球意义的大型长期合作项目。

5. 鼓励相互投资，建立合资企业，根据各自国家有关法律和两国现行规章制度兴办经济技术开发区和边境互市贸易区，促进地区特别是边境地区之间在长期协调基础上发展经贸合作。

6. 发挥军技领域的关系是双边合作的一个重要组成部分。在这方面双方严格遵循联合国宪章和各自承担的国际义务，促进维护地区及全球安全与稳定。中俄军技合作不针对第三国。

7. 扩大文化、教育领域的人文交流与联系，这对加深中俄两国人民之间的友谊和相互了解具有重要意义。

8. 在保护和改善环境状况、共同防止跨界污染、合理和节约利用自然资源（包括跨界水资源）方面的合作。

9. 加强司法机关的合作，包括共同努力打击跨国犯罪。”

1998年2月17—19日，李鹏总理对俄罗斯进行正式访问。在访问期间发表的《中俄联合公报》中指出：

"中俄领导人强调，经贸合作的发展在中俄关系中占有至关重要的地位。双方满意地指出，最近一段时间在该领域取得了以下成果：

——1996年12月29日签署了关于在中国江苏省建设连云港核电站的总合同；

——1997年下半年，中国石油天然气总公司与俄有关油气企业积极开展合作，签署了若干个协议。

双方高度评价中俄总理定期会晤机制对推动两国关系发展的积极作用，决心认真落实在大中型长期项目上的合作，使双边经贸合作达到与两国经济潜力完全相符的新水平。

访问期间，双方签署了下列文件：

——中华人民共和国政府和俄罗斯联邦政府关于在高速船建造领域进行合作的协议；

——中华人民共和国政府和俄罗斯联邦政府关于解决政府贷款债务的协定；

——中华人民共和国政府和俄罗斯联邦政府1988年经贸合作议定书；

——中华人民共和国政府和俄罗斯联邦政府关于简化俄罗斯公民进入中俄边境互市贸易区中方一侧手续的换文；

——中华人民共和国政府和俄罗斯联邦政府关于开设中俄边界珲春（中国）—马哈林诺（俄罗斯）的国际铁路客货运输口岸的换文。"

在这次访问期间两国总理会谈时，李鹏在谈及中俄经贸这一重要问题时，更多地强调：应加强大中型长期项目的合作，除了核电与天然气外，还应加强科技合作。另外，还强调积极开展相互投资、合作生产、支持两国企业和地区直接开展合作与实现贸易平衡等问题。

1998年11月22—25日，江泽民主席访问俄罗斯，与叶利钦总统举行非正式会晤。访问期间，江泽民在会见俄罗斯总理普里马科夫时说："中俄两国扩大经贸合作的潜力是巨大的。重要的是，在两国都在向市场经济转变的新条件下，要遵循市场规律，政府要为两国企业加强合作创造良好的环境，鼓励双方省州间加强合作；中俄高新科技领域的合作也有较好前景。"普里马科夫说："俄方对发展两国经贸关系持十分积极的态度。俄愿为此采取具体措施，进一步促进两国在经贸、能源、航空、军事技术等领域的合作和双方的人员交流。他希望在明春朱镕基总理访俄期间两国能就此达成协议。”

1999 年 2 月 14—27 日，朱镕基总理访问俄罗斯，中俄双方签署了经贸、科技、能源与交通及 6 个地区间合作的 16 项协议。[①]

1999 年 12 月 9—10 日，叶利钦总统访华与江泽民主席举行正式会晤，在发表的联合新闻公报中指出：“双方商定将于 2000 年上半年在北京举行两国总理第五次定期会晤。两国总理谈判时将优先考虑加快油气等领域合作项目的工作，扩大两国在高新技术、运输、民用航空技术和通讯领域的相互协作，探讨具体措施推动双方在机械制造、电子、轻工、纺织、森林资源开发和利用、家用电器生产方面的合作。

双方满意地指出，中俄合作的最大项目江苏田湾核电站已于 1999 年 10 月顺利开工。

双方重申，中华人民共和国地方和俄罗斯联邦主体之间建立直接经济联系具有重要意义，有助于更充分地发挥两国经贸合作的潜力。双方将鼓励更多的地区参与两国地区间，包括边境地区间的合作。

双方认为，必须在环境保护和利用跨界水体、林地、太平洋北部水域和黑龙江流域渔业资源，以及在保护稀有植物和动物种群领域加强合作，制定具体的共同行动计划。

双方同意，对中俄之间跨界水体，包括流经第三国的水体水资源的利用应考虑水体流经国家的利益。”

从上述摘引的 6 年来两国领导人的讲话与官方文件来看，对发展双边经贸合作的基本观点可归结为：加速经贸发展，是巩固与发展两国关系的物质基础；要不断扩大合作领域；要上大项目；应重视区域间的合作，积极发展地方边境贸易；规范贸易秩序；等等。

这一期间两国经贸合作下滑与徘徊不前，并非是两国政府的主观因素所致，而是有其深刻的、复杂的客观原因。这可以从以下几个方面加以分析。

第一，在此期间，中俄双方都在向市场经济过渡，因此，经贸关系必须遵循市场经济的规律。随着两国经贸体制的改革，从事对外贸易活动的主体是企业与

---

① 中俄两国政府于 1997 年 11 月签署了《关于中俄地方政府间合作原则的协定》，即省州合作协议，根据该协议，中俄双方政府各自确定 10 个省州作为结对合作伙伴。

贸易公司，它们直接进入国际市场。在这样的条件下，政府调控虽可以起一定作用，但已绝不可能像在计划经济条件下进行直接的行政干预，甚至政府下达指令性的行政命令去强迫企业、部门等单位去从事外贸活动。这在中苏经贸活动中表现得很明显。再者，由于在 1992—1993 年中俄经贸关系发展过程中，由于经营不规范，不只是出现无序状态，而且使中俄双方的不少企业与贸易公司受骗，导致一些公司经营效益下降，甚至破产倒闭。在这种情况下，中国的不少国营专业外贸公司逐步退出了俄罗斯市场。另外，还应看到，这一时期，俄罗斯国内政局不稳定，经济尚未出现好转，这影响了俄罗斯执行经贸合作协议的能力，同时也势必影响中国大企业、大公司、大规模展开对俄罗斯贸易的积极性与信心。以上这些因素对两国经贸合作产生的消极影响是很大的。

第二，俄罗斯经济的阻碍作用。总的来说，1994—1999 年 6 年间，俄罗斯经济仍处于危机状态。一般说来，两国间的经贸与经济发展的关系，是相辅相成的相互制约关系。俄罗斯经济大幅度下滑，经济规模大大缩小，这制约了它的对外经贸能力。这一时期的 1997 年是俄罗斯外贸水平最高的一年，达到 1619 亿美元，这也只有 1991 年对外贸易总额的 69%。在俄罗斯对外贸易规模有限的情况下，对中国的贸易额不可能有大幅度的增长，也难以适应中国经济与外贸高速增长的要求。

第三，中国不能适时地跟上变化了的俄罗斯市场。俄罗斯在这一时期，实行了全方位的对外开放政策，对外经贸体制改革逐步深化，这使得其进口的渠道多元化，大批国家先后进入俄罗斯市场，使得俄罗斯国内消费市场的商品日益充裕，改变了消费品的进口过多依赖中国的局面。与此同时，中国向俄罗斯出口的传统商品，不论其结构与质量并没有及时地根据俄罗斯变化的市场及时地进行不断更新，再加上 1992—1993 年不少中国低质产品进入俄罗斯市场所造成的影响，这些都使得中国对俄罗斯出口受到制约。另外，俄罗斯外贸规模虽然大大萎缩，但在 1994—1999 年期间其对外贸易保持了较高的增长速度。这期间除了 1998—1999 年受金融危机的影响对外贸易下降外，其他各年都是增长的，1994—1997 年，分别比上年增长 13.6%、20.3%、10.8%和 2.9%。外贸的增长不仅对缓解俄罗斯国内经济起了重要作用，而且通过出口大量石油，石油产品、天然气、化肥、原木及锯材、纸浆等产品获得了大量现汇，并每年都是顺差。这样俄罗斯就可以在世界各地购买它所需要的产品，特别是消费品，这也就减少了从中国的进口。

第四，在这一时期，西方国家与俄罗斯的合作有了较大的发展，如通过提供贷款、大型项目的合作、对俄罗斯投资等途径，带动经贸关系的发展。而中国在这些方面尚未有大的动作。

第五，整顿贸易秩序在一定时期对两国经贸合作产生的不利影响。从1993年下半年开始，俄罗斯政府在对华贸易方面采取一些限制性措施，如限制易货贸易，减少易货贸易的许多税收优惠，对对华出口化肥和钢材等大宗商品实行专管与许可证管理。从1994年1月28日起，为了整顿边境秩序，改善出入境制度，中俄双方决定实行签证制度（持外交和公务护照者除外）。上述两项措施，都是针对当时两国经贸关系中出现的问题提出的，其出发点都是为了使双边贸易特别是地方边境贸易规范化与有序地进行。但在当时双方缺乏外汇与现代化通信手段的情况下，在客观上对发展经贸合作都会带来困难，而首先受影响的是地方边境贸易。1994年黑龙江省对俄罗斯贸易额骤减到8亿美元，比1993年下降了58%，1995年又下降为7亿美元。

第六，中国为了防止经济“过热”，开始调整经济政策，这使我国从俄罗斯进口的钢材、化肥、汽车与一些机械设备大幅度减少。

第七，还存在一些非经济因素的影响，这主要是在这一时期，俄罗斯媒体乃至某些官员宣扬“中国威胁论”、“商业移民”等较为盛行，这对中俄两国发展经贸关系不可能不产生消极影响。

在上述种种因素影响下，两国领导人从1996年开始不断地、反复强调要在2000年双边贸易额达到200亿美元目的难以实现，这也就不足为怪了。

三、2000年至今逐步结束磨合期进入快速发展阶段

从2000年起，中俄贸易不仅停止下降，并保持了快速增长态势。2000—2010年这11年期间，前9年分别比上年增长40%、33%、11.8%、32.1%、34.7%、37.1%、14.7%、44.3%和18%。2007年贸易额达到481.7亿美元，是1992年以来中俄贸易额最高的一年，如果把1992年根据1991年中国与苏联贸易额计算得出增长50%撇开不算，那么，也是中俄贸易增长幅度最大的一年。2008年受全球金融危机的影响，两国贸易额的增幅才降了下来。从这前9年的增速来看，除2002、2006与2008年三年没有达到30%外，其余6年均超过30%。2009年受金融危机的影响，两国贸易额比上年下降了31.7%，2010年出现回升，比上年增长 40.05%。2011 年 6 月 16 日，胡锦涛主席访俄时提出，通过中俄双方努力，争取在 2015 年前双方贸易额达到 1000 亿美元，2020 年之前达到 2000 亿美元。这反映了中俄双方都希望提高经贸合作水平。这个时期中俄经贸关系之所以得到了快速发展，是以下因素综合作用的结果。

第一，两国良好的政治关系进一步发展。俄罗斯总统叶利钦于 1999 年 12 月 31 日突然宣布辞职后，由普京继任总统。普京上任后不久就强调中俄关系的重要性，他说："中国确实是我们的战略伙伴。因此，我绝对相信，我们两国间的这种关系状况、这种关系质量在已经来临的世纪将会保持下去。"① 他还表示：俄罗斯与东方邻国的关系中"占首位的是中国"②。2000 年 7 月 17—19 日，普京任总统后第一次访问中国，访问期间签署的《中俄北京宣言》中一致表示："中国和俄罗斯签署和通过的所有政治文件是两国关系的良好发展的牢固基础。中国和俄罗斯恪守其各项原则和精神，决心不断努力，将两国关系提高到新水平。"③ 中国新一届国家主席胡锦涛上任后，于 2003 年 5 月末到 6 月上旬出访欧亚一些国家时，俄罗斯是其首访国家。他在 5 月 27 日莫斯科国际关系学院的讲演中论述了提升中俄关系的四项原则：相互支持和相互信任；合作与双赢；加强交往与友谊以及加强协作。在举行新闻发布会上，胡锦涛就如何保持中俄友好关系的连续性问题，强调指出以下因素的重要性：中俄发展战略协作伙伴关系符合两国根本利益，符合两国人民的共同意愿，符合时代发展潮流，这样的方针不会也不可能改变。中俄双方领导人还一再表示了承前启后，继往开来，开创两国睦邻友好互利合作新局面的愿望。双方都表示要履行好双方签署的各项协议，以保证两国关系的发展不受人事变动而变动。

中俄两国新领导上任后，都强调要继承与发展两国良好的国家关系。从 2000 年以来的中俄关系发展的实际情况看，可以说，两国在加强与发展中俄战略协作伙伴方面做了大量工作，采取了不少重大措施，应该说，对推动两国友好关系的发展起了重要的作用。据 2008 年 2 月俄罗斯舆论研究中心民意测验显示，俄罗斯人认为："中国是俄罗斯最伟大的朋友。"④ 这对发展两国经贸关系创造了

---

① 《普京文集：文章和讲话选集》，中国社会科学出版社 2002 年版，第 110 页。
② 同上，第 117 页。
③ 《人民日报》2000 年 7 月 19 日。
④ 参见《美国新闻与世界报道》2008 年 2 月 18 日。

良好的政治环境。

第二，两国政府与领导人继续重视与支持经贸关系的发展。普京上台后，在对华关系继续沿着叶利钦时期的战略协作伙伴关系方向平稳发展的同时，考虑到为了尽快摆脱经济危机和恢复俄罗斯的强国地位，因此，他的对华政策具有务实性和转向以经济利益为中心的特点。普京一再强调，俄罗斯对外政策要为国家经济利益服务。俄罗斯外交和国防政策委员会发表的题为《俄罗斯对外政策面临21世纪的挑战》的报告中更加明确指出：俄罗斯外交应当完全服从于解决复兴国家和经济、提高人民的福利这一主要任务。十分明显，叶利钦时期，中俄两国构建的战略协作伙伴关系，更多地体现在政治、军事和外交方面，经贸合作是个薄弱领域，而普京上台后，经贸合作将成为战略协作伙伴关系中的重要一环，是充实这一关系的重要因素。2000年7月11日俄罗斯公布的《俄罗斯外交政策构想》指出："俄罗斯与中国对国际政治的关键问题原则性态度是一致的，这是地区稳定和全球稳定在各方面的互利合作，主要任务仍是进行与政治水平相符合的大规模的经济合作。"俄罗斯学者也普遍认为："俄中不要过于渲染双方的政治和军事合作关系，现在应该努力提高双边的经济合作水平。"2000年7月13日俄罗斯《独立报》指出，普京亚洲之行面临三大任务：一是如何处理好与北京在反对NMD计划；二是朝鲜问题；第三个问题，可能不太引人注意，但可能是一个最为重要的问题，那就是中俄贸易。同年7月19日美国《纽约时报》发表评论说："在冷战后时代，对中俄关系来说，贸易往来比对话更重要。"普京在分析支撑中俄关系的主要因素时指出："政治交往、经贸合作和双方在国际事务中的相互配合是俄中战略协作伙伴关系的三大支持。"[①] 2005年8月，普京在接见新任命的俄罗斯驻中国大使谢尔盖·拉佐夫时，要求他推进俄中关系，他说：俄中经贸合作中"目前还有很多未加以利用的潜力。我指出的是能源产业，其中包括电力工业，含向第三国出口的原料供应，俄罗斯能源部门直接在中国开展工作。我认为，既要扩大俄罗斯加工工业对中国的出口和中国加工工业对俄罗斯的出口，也要增加能够成为两国经济关系发展的火车头的大型项目"[②]。在2008年2月14日，普京在其任内举行的最后一次大型记者招待会上还强调说：俄中两国关系要

---

① 《人民日报》2002年12月3日。

② 俄罗斯塔斯社2005年8月9日电。

谋求达到新的合作水平，这“首先是在经济领域”。

2007 年 3 月胡锦涛赴俄罗斯参加在莫斯科举办的“中国年”活动，在会见俄罗斯总理弗拉德科夫时强调指出：

“双方应充分发挥中俄总理定期会晤机制的作用，统筹合作布局，制定长远规划，监督落实双方达成的各项协议和共识，推动两国经贸合作取得更多成果；协调两国经济发展战略和地方发展战略，实现两国发展优势互补；支持双方企业建立更紧密的合作关系，发挥各自优势，共同开拓市场，推进经济技术合作项目，相互照顾对方关切，提高合作质量和水平。”他还指出：“中国政府引导中国企业向俄方感兴趣的基础设施建设、加工制造、高技术、木材深加工、能源资源开发等领域投资，也欢迎俄方扩大对华投资。建议双方制定投资合作的整体规划。”①

中俄两国领导人不仅在口头上支持扩大双边经贸合作，并且在实际活动中亦有充分的表现。例如，2004 年 9 月中俄总理第九次定期会晤期间，两国领导人提出到 2010 年，双边贸易要达到 600 亿—800 亿美元、2020 年实现中国对俄罗斯投资 120 亿美元的目标。2004 年 10 月两国元首会晤时，批准了上述目标。中俄总理定期会晤委员会委托经贸合作分委会研究实现上述目标的纲要。为此，中华人民共和国商务部和俄罗斯经济发展与贸易部共同成立联合课题组，研究中俄经贸发展规划（2006—2010 年）。制定规划主要目的是扩大中俄经贸合作规模，促进调整和优化两国的经济结构，以促进两国社会经济发展。规划论证实现两国领导人提出的目标的潜力与优势，可能性与困难，并提出政策建议与对策，以便实现双边经贸合作的可持续发展，造福两国人民。2005 年 6 月 30 日至 7 月 3 日胡锦涛主席访问俄罗斯时，普京总统主动提及两国总理提出的双边经贸合作中期纲要制定情况。胡锦涛主席表示，相信经过双方共同努力完全能够实现。又如，2006 年 3 月普京总统访华期间，两国签署了 29 个文件，其中绝大多数涉及两国经贸合作问题。俄罗斯媒体在评论普京这次访华时普遍认为，访华签署的许多文件都很务实，它不仅有利于加强政治关系，而且更具有经济意义。除了签署一系列能源合作文件外，双方还在金融、铁路运输领域签署了一些协议，这些协议对改善两国经济合作环境都有重要作用。

---

① 《人民日报》2007 年 3 月 28 日。

至于两国总理的定期会晤，更是以经贸合作为中心议题。

2001年9月7—12日朱镕基总理访问俄罗斯与俄罗斯总理卡西亚诺夫举行了第六次定期会晤，两国总理就加强经贸合作达成广泛的共识，并签署了7项经济协议，人们普遍认为，中俄经贸关系进入了一个新阶段。朱镕基在访问期间多次谈到，中俄两国的合作已度过了磨合期，开始驶入快车道。

2004年9月中俄总理举行第九次定期会晤发表的联合公报，很大篇幅是论述双边经贸合作问题的。

温家宝与弗拉德科夫会谈过程中，在谈到作为战略协作伙伴时指出，中俄应对双边合作作出长期规划。他为此提出了两国合作的六项任务："一是进一步改善贸易结构，规范贸易秩序。二是扩大相互投资，将基础设施建设、能源、资源开发、加工制造、高科技作为相互投资的重点领域，为此中方计划到2020年对俄投资120亿美元。三是推动能源合作。能源合作是中俄战略合作的重要内容，是两国经贸关系的重要支撑，争取早日签署政府间的能源合作长期协议。四是加强高科技合作，将核能、航天、生物工程、化学、新材料、信息等作为合作重点。五是促进边境和地方交往，鼓励两国已建立经贸结对和友好关系的省州和城市开展互利合作。六是重视人文合作，加强教育、文化、卫生、体育、旅游等方面的交流。"①

在谈到2000年以后中俄两国政府与领导积极支持经贸关系发展问题时，不能不提及2009年10月普京访华所具有的重要意义。这次两国总理第十四次会晤发表的联合公报中，其第三部分也是公报内容最多的部分，是论述两国经贸关系的，它不仅内容广泛，同时也为两国发展经贸关系的今后方向做了大体的规划，这对把握中俄经贸关系发展趋势十分重要。为此，将其有关内容摘录如下：

"双方将采取有力措施，深化经贸、科技等领域务实合作，携手应对国际金融危机，促进本国经济发展，实现共同繁荣。为实现这一目标，双方商定：

（一）研究和制定拉动贸易额增长的新举措，及早扭转贸易额下滑局面，反对各种形式的贸易保护主义，努力实现双方确定的到2010年的贸易额增长目标。进一步为双方商品进入对方市场创造长期稳定的条件，减少贸易和技术壁垒，促进改善贸易结构，大力推动机电和高技术产品贸易。

---

① 《人民日报》2004年9月25日。

中方启动设立促进中俄机电产品贸易专项资金。双方同意加强相关产业合作。

（二）双方积极评价两国投资合作取得的进展，表示将切实组织好两国元首批准的《中俄投资合作规划纲要》实施工作；进一步扶持正处于实施阶段的投资项目；加大力度鼓励中国企业向俄罗斯经济特区投资，以及俄罗斯企业向中国经济特区投资；加强中俄投资促进会议机制框架内的合作；在基础设施建设、加工制造、高技术、能源和资源开发等双方共同感兴趣的领域，进一步拓展新的投资合作项目与合作方式。

（三）规范双边贸易秩序，推动其健康持续发展。双方高度评价中俄海关合作分委会第一次会议取得的积极成果，认为积极开展规范通关秩序、提高海关监管效率、打击走私违法等方面的合作是中俄海关部门当前和今后的主要任务。双方商定，尽快启动中俄海关信息交换试点工作，开展中俄海关价格信息交换合作，加强中俄海关执法合作，加大中俄海关贸易统计合作力度，互相交换与办理海关通关手续有关的单证样本，充分发挥两国海关院校的作用，为企业提供海关通关和监管方面的政策宣讲、通关知识培训等服务，使其遵守外贸和海关法规，推动使用先进检查设备，共同研究‘经认证的报关企业’互认合作和向收货人签发进口货物‘报关单证明联’制度等，有效维护进出口企业合法权益，进一步促进中俄贸易发展。

（四）双方指出，中俄地区间合作取得新突破，对两国关系发展具有重要意义。双方将全力落实两国元首2009年9月23日批准的《中华人民共和国东北地区与俄罗斯联邦远东及东西伯利亚地区合作规划纲要（2009—2018）》，为此双方将确定协调落实纲要的办法。

（五）双方高度评价两国能源合作取得的重大突破。

双方认为，中俄原油管道开工建设标志着双方在石油领域进入长期战略合作的新阶段，并相信中俄两国企业将全面落实业已签署的一揽子协定。

双方指出，应积极推进天然气领域合作，将根据2009年6月签署的《关于天然气领域合作的谅解备忘录》，推进中国自俄罗斯进口天然气项目。

双方认为，修建电网、发电设施以及变电站将有助于加快落实由俄罗斯向中国输电的项目。

双方将根据《中俄关于煤炭领域合作的谅解备忘录》，支持双方企业在煤炭资源开发及加工转化、煤炭及煤机贸易与服务、煤炭设计等优先领域开展合作。

（六）双方认为核能领域合作是两国经济合作的优先方向之一。

双方责成授权单位加快商签关于共同建设田湾核电站二期工程的文件。

双方对铀浓缩工厂建设项目的高水平合作表示满意。

双方将继续在核电、军转民、核科技、核安全等领域开展合作。

（七）双方对两国在民用航空领域的合作表示满意，将进一步促进民用航空技术领域的互利合作，为该领域合作创造有利条件。

（八）双方高度评价航天领域合作取得的成果。将推动落实中俄2010—2012年航天合作大纲，推动落实基础航天研究（月球及深空探测）、卫星对地观测、基础元器件及材料、导航设备元器件等项目。

（九）双方对中俄科技领域合作表示满意，将深化中俄高技术和创新领域合作，实施具有投资和市场潜力的联合创新项目，共同开展技术研发和产业化，大力推进纳米技术合作，加强尖端科技领域其他重点项目合作，推进两国地区间科技合作。

（十）双方积极评价两国在通信和信息技术领域开展的合作。双方将在实施一系列共同项目上深化合作，包括在边境地区开展通信业务合作，改造并铺设新的通信线路，加强两国信息技术领域相互协作。双方将继续努力，争取在2010年底前完成“中俄两国频率清单”内列入的模拟电视和FM调频广播台站的频率指配协调工作。双方责成两国主管部门继续就协调卫星频率进行合作，包括联合测量信号。双方欢迎对在戈尔诺阿尔泰斯克－阿列套地区开设中俄边境光缆通道进行可行性研究和在两国边境地区建立新的邮政交换点。

（十一）双方对中俄林业合作进展表示满意，愿在落实和总结中俄林业一期规划基础上，确定后续规划编制等下一步工作方向，包括在建设俄境内林业交通基础设施、开办原木采伐和深加工企业等领域加强投资合作。

（十二）双方同意进一步推动交通运输及交通基础设施领域合作。

双方同意大力提高两国间铁路货运量，继续采取措施提高运输量。

双方对落实《中华人民共和国政府和俄罗斯联邦政府关于在黑龙江同江市（中华人民共和国）和犹太自治州下列宁斯阔耶（俄罗斯联邦）地区共同建设和运营跨黑龙江（阿穆尔河）界河铁路桥协定》的进展情况表示满意。

双方将采取切实措施，尽快落实中俄两国政府关于修建黑河－布拉格维申斯克公路大桥的协定，继续研究在洛古河—波克罗夫卡地区建设跨黑龙江（阿穆尔河）界河公路桥的可能性。

本着中俄战略协作伙伴关系精神和互利合作的原则，双方将努力解决扩大两国特定航空企业在两国间及第三国飞越权的问题。

（十三）双方认为，财政和金融合作是中俄经济合作的重要组成部分。双方将继续利用中俄财长对话机制，加强在宏观经济、财税与金融、重大国际经济问题上的政策沟通与协作，共同应对全球金融危机。

（十四）双方满意地指出，两国商业银行间合作及边贸本币结算业务稳步发展，贸易融资继续拓展，项目融资成果丰硕，银行卡领域的合作不断加强。

双方将深化金融、投资和保险合作，研究进一步拓展双边本币结算业务。

（十五）双方积极评价两国在知识产权保护领域的合作，将继续拓展和深化该领域有关合作。

（十六）双方将继续不断推进反垄断及竞争政策领域的双边活动，特别是在落实1996年4月25日签署的《中俄政府间反不正当竞争和反垄断领域交流合作协定》框架内，积极推动在广告竞争法律适用领域开展地方间合作。

（十七）双方将加强在标准、计量、认证、检验监管等方面的合作。双方认为有必要积极解决食品安全问题，并全面加强卫生检疫、动植物检验检疫和保护消费者权益方面的合作。

（十八）双方高度评价两国环保领域合作取得的成果，并指出，环保合作发展迅速，已成为中俄战略协作伙伴关系的重要组成部分。双方共同建立了环保合作机制，为解决该领域存在的问题奠定了基础。双方将加强环保分委会与中俄合理利用和保护跨界水联委会在相关事项上的协调。

双方将继续联合监测跨界水体水质，充分利用两国跨界突发环境事件通报和信息交换机制，加强在应对跨界突发环境事件方面的合作。

双方将进一步加强在跨界自然保护区和生物多样性保护方面的合作，加快黑龙江流域跨界自然保护区网络建设战略草案的制订工作。双方有关部门将尽快就《中俄候鸟和栖息地保护协定》草案及其附件进行磋商。”[①]

从以上两国领导人有关中俄经贸合作的讲话与双边签署的文件可以看到，

---

① 《人民日报》2009年10月15日。

2000 年以来，双方对加强与扩大经贸合作更加重视与更加务实。

第三，发展经贸关系的经济基础大大加强。总的来说，中俄两国保持了经济快速增长。这为两国在这一时期经贸关系快速发展提供了良好的基础性条件。2000 年，俄罗斯 GDP 增长 9％，这使两国贸易增长 40％。2004 年超过了两国元首提出的双边贸易突破 200 亿美元的目标，为 212.3 亿美元。2007 年俄罗斯经济增长率为 8.1％，中国为 11.5％。这一年两国贸易增长率超过 40％

第四，两国发展经贸关系的法律环境有改善。在这方面主要表现在：第一，两国积极努力解决经贸合作中出现的种种问题。例如，2001 年 9 月朱镕基总理访俄与卡西亚诺夫总理会晤，讨论的重点放在两国经贸关系中存在的问题及寻觅解决问题的方法与途径上。第二，双方对已建立的中俄规范贸易秩序磋商机制不断加以完善，使其积极发挥作用。第三，2006 年 11 月 15 日，弗拉德科夫总理签署了《俄罗斯联邦禁止外国人在售货摊位和市场从事零售工作政府令》。该政府令从 2007 年 4 月 1 日到 12 月 31 日执行，从而在俄罗斯全面禁止外国人从事零售贸易。采取这项措施的目的，一方面为了整顿国内市场秩序，另一方面也是为了迎接参加 WTO 检查作准备。这一措施，对解决包括在中俄之间存在“灰色清关”会起一定作用，有利于两国地方边境贸易的规范化。第四，两国加强了解决移民问题的力度。2007 年上半年杨洁篪外长访问俄罗斯期间，与俄罗斯外长拉夫罗夫就有关加强两国领事协调、打击非法移民等各项达成共识，一致强调要加强政府间移民问题工作小组的工作力度。这里要指出的是，上面提到的全面禁止外国人从事零售贸易的政府令与俄罗斯实施的新移民法是配套的措施。现在俄罗斯的外国务工人员为 1000 万至 1200 万，其中 700 万人没有办理合法登记，这些人中有 20％从事贸易活动。第五，2003 年 4 月 25 日俄罗斯国家杜马通过了《俄罗斯联邦海关法》这一新的法典。新法典不仅有利于俄罗斯加入 WTO，同时也有利于从事外经贸活动的单位和个人维护自己的利益。第六，2001 年中国加入 WTO，这样在对外经贸活动中更加规范化，而俄罗斯正积极争取加入 WTO，也在为对外经贸活动进一步规范化作出努力。这样做对两国改善经贸活动的法律环境是十分重要的。

2000 年以来，中俄经贸关系快速发展除了以上一些原因外，这一时期经贸合作领域拓宽和一些大项目开始启动等因素也有不小的作用，特别是两国能源合作的加强，在推动经贸合作中的作用十分明显。

在这一时期，中俄经贸合作虽有了很大发展，但与两国达到的政治关系水平还不相适应。2010 年两国贸易额为 554.49 亿美元，而中国与美国的贸易额为 3853.41 亿美元，中国与日本的贸易额为 2977.68 亿美元，中俄贸易额分别为中美、中日贸易额的 14.4％与 18.6％。另外，中俄贸易结构单一，相互间的投资更无法与美国和日本相比。这就要求我们认真与深入地研究，如何把中俄两国发展经贸关系的潜力充分发挥出来，使良好的政治关系推动经贸关系得到进一步的发展，使其符合两国政治关系的水平，使政治关系有坚实的经济基础，这是十分迫切的问题。我们应该清楚地认识到，从长远来看，要把业已建立起来的战略协作伙伴关系推进到新的高度，就要求两国进一步提高经贸合作的水平，并依此来不断提高两国之间经济利益的依存度。这些都说明积极与务实地发展两国经贸关系有着极其重要意义。

73. 中俄能源合作为什么会出现突破性进展?

陆南泉

从全球来看，所谓能源问题实质上主要是石油问题；对中国来说主要也是石油问题。随着中国工业化与城市化进程的加快，能源结构的不断优化，对石油消费进入快速增长期。而与此同时，石油产量的增速落后于消费增长速度。这样供需矛盾日益突出，即供需缺口越来越大。从现在到 2020 年这段期间，中国经济仍将保持较高的增长速度，特别是像交通运输与石化等高耗油工业的快速发展，城市人口的大幅度增加，农村用油的数量亦将快速增加，这些因素都将促使我国石油消费量快速增加。据分析，在全社会大力节油的前提下，以平均每年石油需求量大体增加 1000 万吨的规模估计，到 2020 年，我国石油需求仍将接近 5 亿吨，进口量 3.0 亿吨左右，对外依存度约 60%，超过国际上公认的 50%的石油安全警戒线（2011 年我国原油进口 27286 万吨，对外依存度约为 59.8%）。中国石油安全风险将进一步加大。在此背景下石油进口渠道多元化问题日益突出。更为重要的问题是，能否建立起稳定的石油供应体系与机制，在国际市场上寻求多元化的供应。我国石油主要进口源是中东，占中国进口石油总量的 50%左右，预计近中期从中东地区进口的石油将仍占进口总量的 50%左右，远期也将超过 45%的水平。另一个石油进口源是非洲地区，占中国进口石油总量的 30%左右。同年，从欧洲与原苏联地区进口石油 1744 万吨，占中国进口石油总量的 9.8%。中国进口的原油 4/5 是通过马六甲海峡运输的。因此，马六甲海峡对我国的能源安全的影响也同样是值得十分关注的问题。马六甲海峡既是重要的战略水道，也是很不安全的通道。在可预见的将来，中国从中东进口的原油仍将主要通过马六甲海峡通道运输。鉴于上述种种因素，加强与我国的最大邻国、能源大国俄罗斯的合作有其重要意义。

中俄能源合作的进程

中俄能源合作取得的进展情况可从下表中看到：

中俄石油贸易发展状况

年份	中国从俄罗斯进口的石油总量（万吨）	中国从俄罗斯进口的成品油总量（万吨）	中国进口石油总量（亿吨）	中国进口成品油总量（万吨）
1992	0.8	67.3	0.1136	768
1993	1.4	126.5	0.1567	1657
1994	5.7	122.4	0.1235	1289
1995	3.7	130.9	0.1709	1386
1996	31.9	123.5	0.2262	1583
1997	47.5	346.0	0.3547	2379
1998	14.5	90.5	0.2732	2174
1999	57.2	206.9	0.3661	2082
2000	147.7	251.1	0.7027	1805
2001	176.6	291.1	0.6026	2145
2002	303.0	401.7	0.6941	2034
2003	525.4	—	0.9102	2824
2004	1077.4	—	1.2272	3788
2005	1277.7	507.6	1.2682	3143
2006	1596.5	432.2	1.4518	3638
2007	1452.6	—	1.6317	—
2008	1163.8	—	1.7889	—
2009	1530.4	—	2.0379	—
2010	1524.5	—	2.3931	—
2011	1972.5	—	2.5377	—

资料来源：《中国统计年鉴》（2000—2006年）；《中国对外经济贸易年鉴》（1993—2003年）；《中国对外经济统计年鉴》（2004—2005年）；俄罗斯联邦统计局，http：//www.gks.ru；中华人民共和国商务部，http：//www.mofcom.gov.cn；《国际石油经济》，2009年第3期，2011年第3期与2012年第3期。

从上表可以看到，自1992年以来中俄石油贸易逐步得到发展。在叶利钦执政时期（1992—1999年），两国石油贸易的特点是：第一，石油贸易量水平很低，到1999年才达到57.2万吨；第二，中国从俄罗斯进口石油主要是成品油，1999年为206.9万吨，八年间年均进口量为151.8万吨，而同期原油年均进口量仅为20.3万吨；第三，两国石油贸易虽然水平很低，但是逐步呈增长的趋势（除1998年受亚洲金融危机影响比1997年下降外）。在普京任总统执政的第一任期，中俄石油贸易量虽比叶利钦时期有较大增长，2003年达到525.4万吨，但一直没有超过一千万吨。2004年3月普京竞选总统获胜，进入执政第二任期，这四年间，中俄石油贸易量才突破一千万吨，2004年为1077.4万吨，最高的2006年达到1596.5万吨，2007年为1452.6万吨，比上一年下降9.9%。2008年又降为1163.8万吨，比上年下降了19.9%。2008年中国石油进口总量为1.79亿吨。油进口的来源国排名前5位的依次是沙特、安哥拉、伊朗、阿曼与俄罗斯。从俄罗斯进口石油占中国进口石油总量的6.5%。而2006年占11%。从2009年5月开始，中国石油进口来源国的排名居第一位的沙特阿拉伯已让位于伊朗。6月伊朗对我进口石油单日平均供应73万桶，而沙特阿拉伯为68.3万桶。2011年从俄罗斯进口石油1972多万吨，占中国进口总量的8%。

长期以来，中俄石油贸易主要是现货贸易，即中国向俄罗斯购买开采好的石油，这是中俄双方通过签订长期供货合同实现的。

中国从俄罗斯进口石油主要运输方式是通过铁路。以2006年为例，通过铁路运输的石油为981.9万吨，占俄罗斯向中国出口石油总量的61.5%。而俄罗斯是通过海运向中国出口的石油为614.6万吨，这占其向中国出口石油总量的38.5%。中国进口俄罗斯石油海运渠道主要包括里海、波罗的海等港口，通过里海—地中海—直布罗陀海峡—苏伊士运河—好望角—俄罗斯远东地区，以及黑海—苏伊士运河—红海—俄罗斯远东地区两条通道进入中国。[①] 海运虽有成本低，方便与量大的优点，但存在严重的航线安全问题。2006年俄罗斯向中国通过铁路运输按每吨的运价为70美元，这比海运成本要高。俄罗斯铁路运输公司每年通过向中国运输石油获得的运费就达6亿多美元。[②] 但是，俄罗斯铁路运输能力

① 参见《俄罗斯中亚东欧市场》2008年第2期。

② 同上。

有限，如果石油贸易量不断增加，就可能成为制约中俄原油贸易增长的一个因素。

中俄在石油领域的合作，除了原油贸易形式外，在其他方面也取得了一定进展。2006年6月，中石化在乌德穆尔特石油公司98.86%的股份竞标中以35亿美元的高价中标，成了我国第一家进入俄罗斯境内开采领域的中国公司。中石化还参与了俄罗斯远东萨哈林油气开发项目的合作，承担了钻探工作。中俄双方不仅在上游合作，并且还正在就下游合作展开工作，天津炼油厂是目前规模最大的，到2020年炼油能力要达到5000万吨。黑龙江省黑河市与俄罗斯阿穆尔州签订了在阿穆尔州组建《俄罗斯阿穆尔州炼油厂》的合作协议，建设年加工500万吨原油的常压馏袋装置和成品油精炼装置各一套。俄罗斯方面还准备在中国一些地区开设加油站。

两国天然气领域的合作始于1999年，当年俄罗斯天然气工业股份有限公司（以下简称“俄气”）曾与中国石油天然气集体公司（以下简称“中石油”）达成一项意向性的天然气出口协议，之后由于种种原因一直未签署相关合同，但双方谈判一直断断续续地在进行。到2009年中俄创造了“贷款换石油”这种合作形式后，于2009年6月24日中俄两国政府草签了《关于天然气领域合作的谅解备忘录》，接着于10月13日王岐山与谢钦两位副总理分别代表两国政府签署了《对2009年6月24日签署的“关于天然气领域合作的谅解备忘录”的补充（路线图）》。这些文件是两国企业在天然气领域合作谈判的基本文件。之后，中俄双方企业又进行了多次谈判，并在2010年年底就西线项目供气的一些主要条件达成一致。在此基础上，原认为，2011年6月胡锦涛主席访俄时，两国就天然气合作签署相关协议的可能性很大，但谈判无果，再度陷入僵局。从直接的原因来看是双方的报价差别甚大。但如果深入分析，还有一些深层的因素。在俄罗斯看来，2011年3月日本大地震导致福岛第一核电站出现问题后，国际上其他一些国家开始相继宣布准备放弃核电，这样，势必会引起增加对天然气的需求，在考虑到中国对天然气的需求量逐年在增加，因此，在俄方看来，中俄天然气合作协议的签署越向后拖，对俄越有利。还有一个因素，俄方看到，目前中国自产与进口的天然气基本上能满足需求，因此，至少在2015年之前并不着急需要俄罗斯的天然气。所以，俄方认为，中方可以再观望一段时间。另外，俄罗斯天然气供气管网的唯一流向是欧洲，要向中国输气还要新建管道，这亦是俄方对中国天然气合作不急于下决心的因素之一。

尽管天然气合作出现了曲折，但从中俄两国这一领域合作的基础条件来看，也像石油合作一样，双方都需冷静与耐心，最终签署合作协议只是个时间问题。

中俄在电力方面也有很大的合作潜力。俄罗斯把向中国输出电力也视为能源合作的一个重要方向，并且早已着手可行性研究。2005 年 7 月，中国国家电网公司与俄罗斯统一电力股份有限公司签署了长期合作协议，并就输电方式、规模、定价原则、进度安排等一系列重要问题达成一致。后来普京访华，双方又签署了《中国国家电网公司与俄罗斯统一电网系统股份有限公司关于全面开展从俄罗斯向中国供电项目的可行性研究的协议》。今后在电力方面的合作，设想分三个阶段进行：第一阶段是扩大边境输电规模，到 2008 年由俄罗斯远东向中国黑龙江省输电，年输送 36 亿—43 亿千瓦时；第二阶段，到 2010 年向中国辽宁省电网输电，年供电量为 165 亿—180 亿千瓦时；第三阶段，到 2015 年由俄罗斯远东向中国东北、华北输电，年输电量为 300 亿千瓦时。电力方面的合作，也主要因价格等问题尚未取得大的进展。

中俄在核能合作方面亦有很大潜力。江苏田湾核电站第一工程为中俄今后在这一领域进一步开展合作创造了良好的基础。按中国发展核电站的计划，今后 15 年至少要修建 30 座核反应堆。俄罗斯准备积极参与。俄罗斯原子能建设出口公司、美国西屋公司和法国海法公司竞标中国四座核反应堆工程。应该说，俄罗斯核电技术在世界上属先进的，并且安全。田湾核电站虽然因部分质量问题使俄方配套生产设备供应速度推迟了些，但总的来说，还是顺利地完成了第一批核发电机组的建设。中方对俄方参与电站项目的投标一直持积极的态度。但应指出的是，与俄罗斯核电站合作方面，中国担心的是俄方不能按时交货。田湾核电站因为俄罗斯原子能建设出口公司不能按期提供设备而拖延两年完工，从而对中方造成很大损失，现中方要求索赔 2.6 亿美元。2009 年 10 月，普京总理访华时，专门就田湾核电站有关问题签署了谅解备忘录。

中国既是世界煤炭资源储量大国、生产大国，也是最大的消费国和出口大国。但这几年来，出现了煤炭出口减少进口增加的情况，其主要原因是电力不足造成的，即大量煤用于发电（每年 6 亿多吨）。煤炭储量居世界第一的俄罗斯，在此背景下，在今后一个时期，对向中国出口煤炭日益感兴趣。据俄罗斯能源部 2009 年 9 月向媒体透露的消息，中俄双方煤矿企业磋商，拟在西伯利亚与远东开发煤炭资源、建设基础设施。中方还希望参与开发库页岛尚未探明的资源。俄罗斯能源部煤炭部门主管说："双方有意保障长期对中国的煤炭供应。"尽管中俄双方对煤炭领域的合作都感兴趣，但在合作进程中可能会遇到一些障碍，最为重要的是交通运输问题。目前运费在能源供应的最终成本中已占30%—35%。另外，鉴于俄罗斯的铁路通运能力，无法保证货物按期到达。据有关材料估计，今后一个时期，俄罗斯向中国出口煤炭的潜力可达到3000万吨。除了向中国出口煤炭外，俄罗斯在参与中国境内煤田开发与发展煤炭化工业方面，都可能有所为。

输油管道项目谈判的曲折过程

这一直是国内外关注的问题。因为它不断出现变数。人们议论纷纷，引起不少猜疑。毫不夸大地说，它在一定程度上对中俄关系产生了不利影响。

一、铺设原油管道合作项目的背景与谈判进程

这个项目是由俄罗斯于1994年11月率先提出的，当时俄罗斯的出发点是：首先，在经济转型起始阶段，俄罗斯经济危机十分严重，为了缓解经济危机，一个重要途径是增加包括石油在内的能源产品出口，因此，需要寻找与扩大石油市场，而中国从1993年起已成为石油净进口国。其次，由于俄罗斯持续的经济危机，国内对石油的需要量大大减少，需要扩大出口。第三，当时，俄罗斯国内政局动荡，秩序混乱，投资环境恶化，国外愿意对俄罗斯石油工业进行投资的很少，这促使俄罗斯提出与中国共同开发石油项目。第四，为了促进中俄两国贸易的发展。1991年年底苏联解体后，中俄两国的经贸关系虽有不少发展，但总体水平不高，特别是经济合作更弱。因此，通过铺设原油管道这个大项目，可以推动两国经济的共同发展，提高两国间的经贸合作水平。

1994年俄罗斯提出这一合作项目时，确定中俄原油管道的走向是：自俄罗斯伊尔库茨克州安加尔斯克经中国满洲里入境，终点是中国大庆市（简称"安大线"）。当时双方签署了《中国石油天然气总公司与俄罗斯西伯利亚远东石油股份公司会谈备忘录》。之后，便开始了项目的前期工作。1996年4月，俄罗斯政府代表团访华期间，双方政府签署了《中华人民共和国政府和俄罗斯联邦政府关于共同开展能源领域合作的协议》，从而正式确认中俄铺设跨国原油管道项目。

此后在1997年开始的中俄总理定期会晤委员会和1999年开始的中俄能源合作分委会的历次会议纪要中，均对此项目予以确认。在1999年2月，中国石油天然气集团公司与俄罗斯尤克斯石油公司、俄罗斯管道运输公司签署了《关于开展中俄原油管道工程可行性研究工作的协议》，双方根据此协议于1999年2月完成了预可行性研究。2001年7月，两国政府签署了《中华人民共和国政府和俄罗斯联邦政府关于继续共同开展能源领域合作的协定》，有关中俄原油管道项目是该协定的主要内容之一。特别要指出的是，2001年7月17日，时任国家主席的江泽民访俄期间，中俄双方经过谈判就原油管道走向、向中国供油数量、原油购销承诺方式和原油价格等重要问题达成一致意见，并在江泽民主席与俄罗斯卡西亚诺夫总理会晤后，双方签署了《关于开展铺设俄罗斯至中国原油管道项目可行性研究主要原则协议》。协议再次明确该管道“安大线”的走向。并规定，自2005年开始，每年输油量为2000万吨，到2010年达到每年3000万吨，连续稳定供油25年，共供油7亿吨，价值1500亿美元。2001年9月8日，在中俄两国总理定期会晤时，双方签署了《中俄关于共同开展铺设中俄原油管道项目可行性研究的总协议》。双方计划2003年7月完成可行性研究和初步设计工作并开工建设，2005年建成投产。2002年12月初，在江泽民主席与来访的普京总统共同签署的联合声明中宣布：“考虑到能源合作对双方的重大意义，两国元首认为，保证已达成协议的中俄原油管道和天然气管道合作项目按期实施，并协调落实有前景的能源项目，对确保油气的长期稳定供应至关重要。”同时，时任总理的朱镕基会见普京时，宣布中国政府于2002年12月初已完成了中俄原油管道项目的可研报告批复工作。很清楚，这就是明确告诉俄方，有关原油管道合作项目，在中方已按协议完成了全部工作，万事俱备，只等俄罗斯政府审批。2003年5月26—28日，胡锦涛主席访俄为中俄关系开创了新局面，各个领域的合作都取得了进展。值得一提的是，5月28日中国石油天然气集团公司和俄罗斯尤科斯石油公司签署了《关于“中俄原油管道长期购销合同”基本原则和共识的总协议》。这样，谈了9年之久的项目，使很多人乐观地认为，中俄原油管道项目“大局已定”，等待着两国签订合同，正式敲定。但俄罗斯高层领导人在双方签署上述总协议后不久，在管道走向问题发生变卦。普京6月20日在克里姆林宫举行的记者招待会上说，建设这条管道有两个方案：安加尔斯克—中国的大庆；安加尔斯克—纳霍德卡（简称“安纳线”）。他认为，建设到纳霍德卡的管道“看起来更好些”，因为可以使俄罗斯石油进入更广阔的市场，向亚太地区所有国家出售石油，同时修一条到大庆的支线。很明显，俄罗斯改主意修“安纳线”，意图是把纳霍德卡作为向日本、韩国、朝鲜、中国台湾、东南亚及美国等国家和地区的出口基地，从而扩大战略影响力。接着，俄罗斯能源部长优素福致信中国国家发改委主任马凯，表示原定于8月27—29日召开的中俄政府间能源合作分委员会会议必须推迟，此次会议主要讨论中俄原油管道项目。推迟的理由是，“以便更详细地研究在会上讨论的问题”。这样，把共同铺设原油管道的项目实际上搁置了起来。2003年9月24—25日，俄罗斯总理卡西亚诺夫访华，举行两国总理第8次定期会晤。会谈时，俄罗斯总理对人们特别关心的原油管道口头表示：“俄罗斯政府将履行协议，信守承诺。”但并未签约，正式敲定。

卡西亚诺夫当时表示在原油管道问题上将履行协议，信守承诺，这应该理解为仍按一开始达成的协议走“安大线”。那么为什么在普京已决定放弃“安大线”之后做出这一表态？这是多种因素作用的结果。

首先，当时人们普遍认为，特别从中国方面来看，“安大线”比之“安纳线”有其明显的优越性、现实性和可靠性的特点。（1）“安大线”总长达2400公里，其中800公里在中国境内，根据俄方提出的预测，项目将耗资25亿美元（俄方投资约17亿美元，中方投资约8亿美元）。按协议，中俄双方各自负责本国境内的管道建设，筹资有保证。而“安纳线”总长4000多公里，耗资将达40多亿美元，耗资大。（2）“安大线”完全实现后，输油量每年为3000万吨，根据对东西伯利亚石油储备的预测，按这个输油量连续输油20年，其油源是有保证的。但按“安纳线”，每年输油5000万吨，如果再加上从“安纳线”在滕达地区（阿穆尔州）输油管建设一个向南的分叉通向大庆，其输油量为3000万吨，这样共计8000万吨，这在2020年前油源不能得到保证，所以，正如一些俄罗斯学者指出的，就目前的油源来看，修建“安纳线”实际上就否定了“安大线”。再说，“安纳线”要通过17个地震多发地带，地段长达1100公里，而且，有发生9级以上地震危险的地区就超过1000公里。中国不可能接受这样一个充满风险和前景不明的项目。（3）中俄双方确定原油价格公式是以世界主要油种的公开挂牌价为基础的，即与世界主要原油价格挂钩的，俄罗斯向中国出口的原油价格比向西欧出口的平均离岸价每桶多出0.5美元左右。这样，俄罗斯既可避免销售原油的风险，并可得到更多实惠。

其次，为了维护俄罗斯政府的信誉，不损害经过十多年的双方努力建立起来的战略协作伙伴关系，作出这个表态。当时俄方不少人士对原油管道走向反复无常和拖延时间提出批评，认为，放弃“安大线”将会产生极大的负面影响。如俄罗斯学者指出：原油管道项目，“它不能用油桶来衡量，不能用卢布来评价。我们把它叫做俄罗斯的商业信誉”。这涉及“是用管道铺设还是埋葬友谊”。2003年8月22日俄罗斯《独立报》的一篇文章坦率地说，俄罗斯如果放弃早先与中国达成的并已着手实施的协定，这会“使我们的政府有‘丢脸’之虞，因为早先的协定是当着俄罗斯总统的面签署的”。在时任俄罗斯总理卡西亚诺夫访前的9月19日《消息报》一篇文章指出，俄罗斯不应改变“安大线”方案，俄方已经违反了建设“安大线”输油管的期限。“如果俄罗斯改变主意不与中国合作，它失去的不仅是一个石油市场……就有可能使两国关系回到上个世纪90年代初的水平”。

再次，中国是个能源大市场，通过能源合作对推动两国经贸合作有重要意义。

以上一些因素，可能是决定了当时卡西亚诺夫既表示“履行协议，信守承诺”但又不签约的态度。

2003年之后，虽然输油管道走向发生了变化，但有关这一问题的讨论并未结束，中俄双方的会谈及两国领导人的会晤，都在继续探讨。

2004年9月温家宝总理访俄，举行两国总理第9次定期会晤。另外与俄方就汽油合作达成四项共识：首先，俄方将坚定不移地加强与中国在油气领域的合作；第二，俄方表示，将通过充分论证确定远东石油管道走向，不管采取何种规划方案，都将积极考虑将石油管道通往中国；第三，双方一致同意增加陆路石油贸易，使俄罗斯通过铁路向中国输出石油的总量在2005年达到1000万吨，并争取在2006年达到1500万吨；第四，双方决定尽快制定天然气合作开发计划。接着，2004年10月，普京访华，重申了9月中俄总理会晤时双方在油气合作领域达成的四项共识，并表示：俄罗斯将“坚定不移”地加强与中国在油气领域的合作，不管远东石油管道走向采取任何方案，都将积极考虑石油管道通往中国。在同年早些时候的5月30日，在普京主持召开的政府工作会议上，俄罗斯能源部长赫里斯坚科明确说：人们普遍关注的远东石油管道项目即泰纳线第一期工程（泰舍特—腾达—斯科沃罗季诺），将于2008年完工交付使用，预计一期管道项目年输送西西伯利亚与东西伯利亚各有关油田的3000万吨。这里讲的远东石油管道线一期工程其主干线都在俄罗斯境内，而到斯科沃罗季诺拐向中国方向，距中国边境仅为60公里。而从中俄边境到大庆的中国境内部分为875公里。赫里斯坚科还讲，于2005年4月26日，俄罗斯能源工业部已会同经济发展与贸易部、自然资源部共同签署了分阶段修建俄罗斯远东泰纳线石油管道的命令，并指示在这一地区拥有石油开采许可证的俄罗斯苏尔古特石油公司和尤科斯石油公司，共同参与修建和使用这一输油管道，以保证充分的原油资源用于这一管道的出口。2005年7月8日，普京在八国首脑峰会后宣布，俄罗斯将优先让中国成为远东石油管道的接受者。2006年3月1日，俄罗斯通过了对远东输油管道一期工程项目的国家生态鉴定。接着，于同年3月21日，中俄双方签署了《中国石油天然气集团公司和俄罗斯管道运输公司会谈纪要》。根据文件的要求，在俄罗斯政府正式批准远东输油管道一期工程后，中俄双方应启动输向中国原油管道支线和投资论证工作，以保证远东输油管道一期工程与到中国的支线，以及中国境内的原油管道同期完工。2006年3月21日普京访问中国，除了出席标志着中俄关系进入一个崭新阶段的“俄罗斯年”开幕式外，两国能源合作问题成为一项重要的内容。普京的这次访问，中俄双方就能源领域合作签署了22个文件，这些文件涉及石油管道、天然气管道、油气勘探与开发、油气加工及电力等方面的合作。还要求两国能源主管部门和公司积极推动从俄罗斯向中国出口石油、天然气的管道项目。两国要求有关公司开展工作，逐步落实双方能源合作项目，进而在长期和互利的基础上签署能源领域合作的政府间、部门间协议。两国对能源合作重要性的认识有所提高。在《中华人民共和国和俄罗斯联邦联合声明》中指出：“中俄在能源领域的合作是两国战略协作伙伴关系的重要组成部分，正在向高水平发展，对进一步深化双边经济合作具有重要意义。”

特别要指出的是，普京在这次访华期间，还在有关首先修建泰纳线中国支线问题签署了会谈纪要。

2007年，双方主管部门举办了中俄能源合作论坛，启动了《中俄能源合作长期规划》协商工作。中石油集团已与俄罗斯石油管道运输公司签署了谅解备忘录，两国专家就远东输油管道中国支线开发设计等问题共同进行研讨。7月10日，俄罗斯工业和能源部长赫里斯坚科宣称：东西伯利亚—太平洋石油管道中国支线将于2008年开始修建。

实际上，有关中俄输油管道不同级别的谈判是很多的，俄罗斯方面的许诺也不少，以上我们只是十分简要地作了介绍。但应该指出的是，中国支线前期研究工作已于2008年6月底结束，俄罗斯政府应于8月底完成审批，而后来在政府层面一直未签协议。

二、输油管道不断变故的原因

十多年来，两国政府和公司为原油管道项目做了大量工作，但长期以来未能最后敲定，不断出现反复，其原因是多方面的。

1. 国际因素

从俄罗斯外交政策角度来看，它一直把石油视为"能源外交"的资本。俄罗斯与欧盟国家能源合作在深化，欧盟国家对俄罗斯能源依赖程度很高。中东欧国家从俄罗斯进口的石油和天然气数量亦很大。原苏联地区是俄传统的能源利益地区，不论从政治还是经济上讲，俄罗斯都需要加强对这一地区的能源控制。"9·11"事件后，俄美能源合作日趋加强，美国扩大了对俄罗斯能源开发的投资，俄罗斯增加对美国的能源出口。2003年5月，普京与布什高峰会议签署《俄美能源对话声明》后，两国能源合作进一步深化，开始成为俄美政治关系升温的纽带，因为，随着美对俄罗斯能源需求的扩大，俄罗斯在美国能源安全战略中的地位亦随之上升。特别引起注意的是，俄罗斯对亚太地区的能源合作兴趣增加，除中国外，日本越来越受到重视。在上述"能源外交"政策支配下，俄罗斯充分利用石油资源为其谋求最大的政治与经济利益。正是在这种背景下，日本积极进行活动，劝说俄先铺设"安纳线"。时任首相的小泉在2003年上半年两次与普京会晤，专门讨论能源合作。2003年6月，日本分别派出前首相森喜郎和外相川口顺子访问远东，川口表示日本将提供75亿美元，协助俄罗斯开发东西伯利亚新油田。这笔资金，无须俄政府担保，"唯一条件是优先铺设'安纳线'"。后来，日本官方与商界加强活动的力度，并允诺提供135亿美元，其中，50亿美元用于铺设"安纳线"，75亿美元用于伊尔库茨克上乔纳油田的开发，另外10亿美元用于滨海地区社会福利项目。日本能源厅长官冈本严到2003年8月已5次访俄。日本迫不及待地让俄罗斯放弃"安大线"而采纳"安纳线"，其目的有四：一是拿下"安纳线"，可保障日本石油供应安全，使日本对中东石油的依赖程度从现在的88%降低到60%。二是削弱中国的能源安全。从而影响中国经济的稳定高速发展。人所共知，中俄"安大线"建成后，对满足我国不断增长的石油需要有重要意义，并有利于我实现石油进口多元化战略。三是影响中俄经贸合作关系的进一步发展，从而削弱中俄战略协作伙伴关系的巩固与发展。四是日本企图通过与俄在能源领域的合作，提高日本在远东地区的影响力。

这里还要指出的是，美国实际上也支持日本，反对“安大线”。其原因有：一是想更多地从俄罗斯远东获取能源；二是不愿看到中俄关系进一步发展；三是遏制中国经济的发展；四是怕中国减少从中东的石油进口。西方报刊评论说：“中国从中东，特别是从波斯湾沿岸国家大量进口石油，但海湾国家许多油田事实上被美国的石油公司控制。”因此，“美国担心中俄间建成石油管道后，中国从海湾进口石油会急剧减少。”

2. 国内因素

中俄输油管不断变故，尽管受到国际因素的影响，但起主要作用的还是国内因素。这表现在以下几个方面：一是总的来说，俄罗斯对中国经济的快速发展，综合国力的增强，有着复杂的心态，存在疑虑。俄罗斯不少人存在心态失衡，不能以一种健康的心理对待中国。据 2005 年 5 月的一份调查材料透露俄罗斯有近半数公民有排外情绪。这些，都影响着对中国的信任。从而使俄罗斯一些人为“安大线”担忧，甚至有人担心俄罗斯石油有被中国控制的可能。这也是俄罗斯政府在中俄原油管道项目上举棋不定的一个不可忽视的因素。二是俄罗斯各利益集团关系十分复杂，各有自己的利益。它们之间常常表现为从各自利益出发、多头决策、相互牵制的复杂局面，并在对华政策方面不断对政府施加影响，从而也牵制俄罗斯政府在对华能源合作方面的决策，使政府往往表现得犹豫不决，增加了变数。例如，俄罗斯各能源公司的内部权利斗争就十分尖锐，以俄罗斯天然气工业股份公司、俄罗斯石油公司、俄罗斯管道运输公司为代表的国有石油公司与以当时的尤克斯公司为代表的私有公司之间的斗争，对中俄原油管道走“安大线”还是“安纳线”不可避免地产生影响。2003 年 4 月，尤科斯公司成功地与西伯利亚石油公司合并，成为俄罗斯第一大、世界第四大私营石油公司，它是“安大线”项目的积极参与者、协调者与最大受益者。而前三家国有公司向尤科斯公司挑战，支持“安纳线”，多次向政府和普京本人施压，最主要的目的是为了争夺石油的控制权。这方面俄罗斯天然气工业股份公司尤为突出，它先在俄罗斯境内确立垄断地位，并且还想控制中亚的能源，准备与伊朗等一起建立天然气联盟。现在俄罗斯与国外重要的能源合作项目实际上通过它才能进行。三是西伯利亚与远东地区的地方政府，在石油问题上向俄罗斯联邦政府施压。如 2003 年 5 月 13 日俄罗斯总统驻远东全权代表普利科夫斯基召开联邦区州长联席会议，向普京上书“远东州长联名信”，对俄罗斯政府进一步施压，要求铺设“安纳线”。他在会见日本外相川口时还自豪地称自己是“日本院外集团成员”。西伯利亚与远东地方政府之所以竭力支持“安纳线”，除了政治因素外，还涉及非常实际的经济利益。因管道修往纳霍德卡，则会在俄罗斯东部的7个地区通过，它们分别是伊尔库茨州、赤塔州、阿穆尔州、犹太自治州、布里亚特共和国、滨海边疆区和哈巴夫斯克边疆区。这样，这些地区可获得财政收入、完善公共设施和增加就业。四是选举因素。在2003年普京决定放弃“安大线”时，正值当年12月杜马选举，2004年3月总统大选，普京面对各种政治势力，必须考虑采取有利于自己竞选的政策。正是这个因素，2003年7月21日，俄罗斯新闻媒体透露，中俄原油管道走向的最后敲定要等到2004年3月俄总统大选之后。五是从客观上讲，价格问题亦是一个重要因素，特别随着国际市场油气价格不断飙升，这一问题日益突出。俄罗斯一再要求提价，中方作出了不少让步，油气价格已高于俄罗斯向欧盟出口的水平。而俄方一再强调，必须遵循市场规律进行能源合作与交易，中方不能指望俄方在价格问题上给予特殊优惠。俄方另一个强调的因素是，它输向中国的油气的成本要比输向欧洲的高。因为：一是东西伯利亚油气的勘探开发成本很高；二是自东西伯利亚往中国输送油气需要新建基础设施，而输向欧洲的油气管道系统已较完善，并且基本上实现了成本折旧。应该说，这些说法也有其一定的道理。六是从俄罗斯来看，从能源合作来讲，中国有求于它，而它并不着急，并认为，越往后拖对它越有利。在这方面中国又没有能平衡与制约作用的其他重大项目。

以上简要的分析说明，中俄输油管风波四起，确实有其十分复杂的原因。

2009年中俄能源合作缘何获重大突破

从前面的分析来看，中俄能源合作进展并不顺利，输油管道到2008年年底一直还停留在书面或口头承诺这个层面上，并没有实际行动。但到了2009年年初出现了重大转机。

2009年2月17日，中国石油天然气集团公司、中国国家开发银行分别与俄罗斯石油公司、俄罗斯管道运输公司签署了石油贸易、管道修建等内容的多份商业协议。根据协议，国家开发银行将向俄罗斯石油公司与俄罗斯管道运输公司分别提供150亿美元和100亿美元的20年长期贷款。俄罗斯石油公司将在今后20

年里每年通过管道向中国输送1500万吨石油，俄罗斯管道公司将于2009年年底完成“太平洋管道”一期工程及自俄罗斯边境城市斯科沃罗季诺至中国边境67公里中国支线的修建。2009年4月13日，普京在俄罗斯召开的政府工作会议上批准了中俄在2月份签署的上述协议。据有关报道，普京在会上说：修建东西伯利亚—太平洋石油管道至中国支线的协议，将为东西伯利亚石油销往东方创造“稳定和可靠的市场”。接着，4月21日，中俄双方副总理在北京签署了《中俄石油领域合作政府间协议》，协议签署后，双方管道建设、原油贸易、贷款等一揽子合作协议随即生效，4月27日，俄罗斯的东西伯利亚—太平洋石油管道的中国支线在阿穆尔州的斯科沃罗季诺市郊区举行了管道建设开工仪式。应该说，这次石油领域合作协议签署并生效是中俄能源合作的重大突破。并对中俄能源领域全面、长期与稳定合作有很好的示范作用。有人把这项协议叫做“世纪合同”。

2009年6月17日俄罗斯最大的独立石油生产商卢克石油公司与中石化签署协议，将在2009年7月至2010年6月期间向中石化供应300万吨石油，中方公司将支付现金。

从2009年2月17日签协议到4月27日管道建设开工，短短的两个多月时间里，拖了十多年的输油管道问题解决了。西方在评论此事时说，中俄石油大单吸引世界眼球。应该说，250亿美元贷款换石油协议的签署，意味着中俄能源合作的一个重大突破（2010年11月1日中俄原油管道境外段开始供油，首批，25万吨原油于11月2日顺利抵达漠河首站，从2011年1月1日起，中俄双方将正式履行每年1500万吨原油进口协议，共持续20年）。这一突破性的进展缘何在2009年年初出现了呢？在笔者看来，主要是以下几个因素作用的结果。

第一，一个直接原因是，由于俄罗斯在这次全球金融危机影响下其经济出现了严重困难，特别其实体经济出现了明显的衰退。作为俄罗斯重要产业的能源部门，尤其是在国际市场上油气价格大幅度下跌影响下，使得油气公司资金极度紧张。2008年年底，俄罗斯天然气工业公司、卢克石油公司、俄罗斯石油公司与THP—BP石油公司联名致函普京，请求政府提供贷款，以按期偿还西方银行贷款。因一些石油公司目前处于严重负债状态。另外，由于油气公司资金紧张，不得不减少对石油工业的投资，并有可能导致能源部门减产。据俄罗斯国家统计局公布的数字，2009年7月份，其煤炭产量下降9.5%，天然气下降11.9%，只有石油产量增长1.1%。在上述情况下，俄罗斯石油公司必须寻觅新的融资渠道。中国提供250亿美元贷款，对俄罗斯石油公司与俄罗斯管道运输公司来说无疑是如释重负。

第二，在当今的国际经济形势下，对俄罗斯来讲，通过与中国签署贷款换石油的协议，可使俄罗斯在实现能源出口多元化战略方面迈出实质性的一步。金融危机后，由于国际经济形势的恶化，不仅油气价格大幅度下降，而且国际上对油气的需求量也在减少。这势必要求俄罗斯必须考虑扩大出口渠道。另外欧盟国家一直在探讨如何避免俄罗斯油气供应出现变数而寻觅新的油气源。2009 年 7 月 13 日，欧洲联盟四国与土耳其签署修建纳布科天然气输送管道协议，以加快这一管线建设，减少欧盟对俄罗斯天然气的依赖。根据设计，纳布科管线全长 3300 公里，建成后将里海沿岸天然气经由土耳其和上述四国输送到欧洲，从而避开俄罗斯。从中国来讲，应该说，近几年来我国在能源领域的国际合作，在进口多元化方面取得了很大进展。

以上这些因素，不得不使俄罗斯下决心使其能源出口更多地面向东方，加快与中国及亚洲其他国家合作的步伐。如果我们从更长远一点更深层次的视角来看，亚太地区在 21 世纪将成为世界经济的中心，俄罗斯吸收这一地区国家的资金来开发东部地区的能源资源，对其东部地区及全国经济的发展都有重要意义。应该说，俄罗斯对这一问题的认识越来越清楚。在金融危机发生后，2008 年 10 月 27 日中国总理温家宝访问俄罗斯，在谈到能源合作时，俄罗斯副总理谢钦就指出：“俄罗斯与中国正处于进行能源对话的极佳阶段。最近，两国与能源对话相关的公司及部委完成了卓有成效的工作，我们的合作更为优化。”

第三，从中国来讲，贷款换石油的协议，对于实现石油进口多元化战略，同样具有重要意义，它有利于中国获得较为稳定的石油供应。还应看到，如果顺利实现该项协议，对于扩大其他能源合作也可能起到推进作用。中俄能源领域合作的加强与扩大，对于巩固与发展两国战略协作伙伴关系亦是十分重要的。

总之，我认为，这次签署的贷款换石油的协议，对双方都是有利的，体现了共赢与互利的原则。中国期待以这次协议的契机，进一步推动与扩展两国之间的能源合作。对此，中国一直持积极的态度，因为这不论从哪个角度来讲，对双方都是有利的。对此，胡锦涛于 2009 年 9 月 23 日在纽约会见梅德韦杰夫时指出：“中俄双方签署天然气领域合作谅解备忘录，成为两国能源合作的又一重大突破。中方高度重视同俄方开展能源领域合作，希望双方共同努力，推动双方能源领域合作取得新成果。”梅德韦杰夫表示：“双方能源合作已经达到很高水平，俄方愿意继续同中方在电力、核能等领域发展相关合作。”

近几年来以上的变化，不得不使俄罗斯下决心使其能源出口要更多地面向东方，加快与中国及亚洲其他国家合作的步伐。如果我们从更长远一点更深层次的视角来看，亚太地区在21世纪将成为世界经济的中心，俄罗斯吸收这一地区国家的资金来开发东部地区的能源资源，对其东部地区及全国经济的发展都有重要意义。应该说，俄罗斯对这一问题的认识越来越清楚。

需要冷静思考的几个问题

一、要从多视角去对待中俄能源合作中出现的问题

俄方在输油管道合作项目方面出现的反复与整个中俄能源合作的曲折进程，不少问题值得我们冷静思考与正确对待。

第一，我们在分析影响中俄关系因素时应看到，战略协作伙伴关系只是在某些问题上达成谅解与共识的基础上发挥作用。因此，战略协作伙伴关系受国内外条件变化的影响很大。输油管道的变卦就充分说明这一点。实际上俄方的国家利益起决定性作用。俄罗斯决定搞“安大线”项目也是出于本国利益，决定不搞“安大线”也是为了本国利益。2009年俄罗斯与中国签署贷款换石油的协议同样出于本身利益的要求。这些都让人们看得清清楚楚。普京对此并不讳言，他说，油管走向首先要考虑西伯利亚与远东以及俄罗斯国内的利益。所以，口头上常讲，要从战略协作伙伴关系高度来对待两国关系中出现的问题，但实际上，往往是战略协作伙伴关系只有在符合本国利益时才能得以体现。

第二，俄罗斯强调对外政策必须服从于国家利益，国家利益高于一切。这也是世界各国在推行外交政策中都奉行的一般准则，无可非议。问题是，如果做过了头，只顾自身的利益，过分地采用实用主义，不惜丧失信誉，完全实行利己主义的政策，这就必然会对中俄关系的发展产生不良影响。俄罗斯学者也看到了这一点，指出，在能源合作方面，“中国已经有大量理由不再信任俄罗斯政府”。[①]

第三，2008年7月21日中俄两国外长签署了两国国界东段的补充叙述议定书，从而两国之间边界问题最终解决，这样，两国间不再存在悬而未决的问题。

---

① （俄罗斯）《独立报》2004年8月26日。

因此，从长远来看，充实与发展两国之间的战略协作伙伴关系，经济合作因素的作用日益增大，中俄经贸关系今后将会有大的发展，但随之而来的是两国在经贸领域的摩擦将增多。21 世纪的头 20 年，中国作为大国快速发展，国际经济摩擦由原来的隐性阶段进入了显性时期。中国对外贸易对外依存度日益提高这种情况下，中国在国际关系中的经济摩擦增多是十分自然的，与俄罗斯亦不例外。这要求我们，在思想上要做好准备。特别要考虑到，俄罗斯是个变数多的国家，出现问题，应冷静地、理智地和大度从容地去对待。在能源合作方面，一方面应积极努力，争取加强合作；另一方面，亦不能吊死在一棵树上。如与俄罗斯能源合作遭重大挫折，虽对中国能源安全会产生消极影响，但并不构成根本性的威胁，不用看得过重。中国离开俄罗斯石油过不下去的情况并不存在。

第四，对于俄罗斯这样一个处于转轨时期的并且有很多特殊情况的国家，研究其投资环境尤为重要。应该说，目前我们的研究，还远远没有达到可供国家对俄罗斯投资作出战略决策的水平。特别是有关俄罗斯出台的一些法律我们研究很不充分。在此有必要提及俄罗斯限制外资进入战略性产业有关问题。

2008 年 4 月 2 日，由俄罗斯议会杜马（议会下院）通过并由俄罗斯联邦委员会（议会上院）于 4 月 16 日批准，俄罗斯总统普京在结束总统任期前于 5 月 5 日签署了《俄罗斯联邦有关外资进入对保障俄罗斯国防和国家安全具有战略性意义的经营公司的程序法》（以下简称《外资进入程序法》）。该法于 5 月 7 日在《俄罗斯报》正式公布生效。同时普京还签署了与通过该法有关的另一项联邦法律，要求根据该法对《俄罗斯联邦地下资源法》、《俄罗斯联邦侦调法》、《俄罗斯联邦大陆架法》、《俄罗斯联邦股份公司法》、《俄罗斯联邦有限责任公司法》、《俄罗斯联邦外国投资法》、《俄罗斯联邦通讯法》、《俄罗斯联邦保护竞争法》等 8 个联邦法进行修改。

《外资进入程序法》的通过，这意味着俄罗斯从法律上正式确定统一的对外资进入其战略性产业的国家安全审查制度。全面了解此法，对于我们在与俄罗斯能源领域合作应注意哪些问题与可能出现哪些问题，都有重要意义。从该法的基本内容来看，其对俄罗斯能源合作有利方面是，由于俄罗斯有了一个统一的法律，有了较为明确的游戏规则，可避免或减少俄罗斯有关部门的暗箱操作，使外资进入俄罗斯的准入程序更加透明与公正，更具可操作性。但亦要看到，该法的通过，也表明俄罗斯今后对国内重要经济领域的控制，对外资的进入门槛进一步提高，对中国石油公司进入俄罗斯会起到限制作用。

第五，加快推进我国石油进口多元化战略（包括进口来源多元化、进口方式多元化、进口品种多元化与努力优化石油贸易结构）的同时，要加快实施“走出去”战略。从地区来讲，除了俄罗斯与中亚地区外，要进一步开拓中东与北非地区，以及南美地区。

二、中俄能源合作有良好的前景

客观地讲，中俄能源合作一直不顺利，合作环境复杂。自 1990 年以来，仅中石油先后派出 150 个代表团赴俄罗斯考察、洽谈合作项目，共耗费近 1400 万美元，但长期以来，输油管道、天然气合作未取得实质性进展。这样，曾使中国有些人对合作前景产生了一些疑虑，认为中俄能源合作进入了“困难期”。笔者认为，对中俄能源领域合作前景既不能盲目乐观，期望过高，但也不能悲观。如果从两国的长远战略利益与互利互惠的原则出发，从扩大两国经贸合作领域与提高质量客观要求加以分析，那么，今后中俄两国能源合作具有很大的潜力。它在双边经贸合作中的地位将日益提升。这是因为：

第一，俄罗斯油气资源丰富，是目前世界上第一大能源出口国，中国是世界上第二大石油消费国，也是世界上第二大石油进口国，石油需求旺盛。这是中俄双方能源合作的基础性条件。

第二，随着能源出口国都在积极实行多元化政策，使得能源产品的全球化趋势也得到发展。能源生产国在全球寻找销售市场，能源消费大国也在不断使石油进口多元化。中俄两国互为最大的邻国，政治上安全，加上中国能源市场大，因此也是最稳定的市场。俄罗斯失去中国这个能源的市场是不可思议的。

另外还应看到，俄罗斯能源出口战略东移对中俄能源有可能产生积极的影响。

前面我们已提到，长期以来俄罗斯能源出口的主要地区是欧洲，近几年来，俄罗斯日益认识到，能源出口的这种单一化对其是不利的。因此正在实施能源出口多元化战略。向东移，转向中国等亚洲国家是俄罗斯实现这一战略的主要内容。这可以提升俄罗斯能源出口的战略利益。俄罗斯学者评论说：如果俄罗斯“天然气工业公司对亚洲的出口量占到总出口量的 20%—30%，那么就可摆脱对单一进口商的依赖，在与欧洲新的天然气项目进行谈判时，立场可以更加强硬”[①]。日本报刊引用俄罗斯能源研究所负责人的话说：密切中俄能源关系也是对欧洲日益增强的反俄罗斯压力做出的回答。[②] 另外，应该看到，俄罗斯能源出口东移，面向中国等亚洲国家，对其加强与亚洲各国的经济合作具有重要意义。当今亚洲地区迎来了有史以来较为稳定的和平发展时期，已成为全球经济最具有活力的地区之一，对俄罗斯在区域合作方面形成平等、多元、开放、互利合作新局面必将起到推进作用。

从以上简单的分析可以看到：首先俄能源出口战略东移，并不是权宜之计，而是出于长远的战略利益考虑，俄需要密切与亚洲国家的经济关系，以便推动俄罗斯经济的发展；其次，俄罗斯能源出口战略东移，对推动中俄能源合作所产生积极影响已显露，能源合作的机遇在增加，合作潜力将进一步发掘，2009 年中俄签署的贷款换石油的协议，2009 年 10 月普京总理访华签署的一系列能源合作协议，都可说明这一点。

第三，前面已提到，中俄能源合作不只限于石油，还包括天然气、电力、煤与核能等。

2008 年 7 月 26 日，温家宝总理会见俄罗斯副总理谢钦时说，中俄能源合作谈判机制升级，升为副总理级，这“标志着两国能源合作进入新阶段”。他还“希望双方在石油贸易、油气管道建设、勘探开发、炼化等大项目方面取得更多进展，继续推进核能合作，共同致力于建立全面、长期稳定、互利共赢的能源合作关系”。上述举措表明，两国领导人还是在积极推动能源合作，使这一领域的合作有新的突破，从而来不断提升中俄战略协作伙伴关系的水平。

三、消除疑虑增强政治互信，对促进中俄能源合作具有重要意义

我们在分析影响中俄输油管道走向乃至整个能源合作时，首先指出，俄罗斯对中国迅速发展有着复杂的心态。这方面不只反映在输油管道走向问题上，另外像 2002 年俄罗斯国家杜马突然采取措施，为中国石油天然气集团公司参拍斯拉夫石油公司制造政治障碍，迫使中方公司退出竞拍。十分明显，这是俄罗斯对中国采取了歧视的做法。又如，2003 年年底到 2004 年年初，俄罗斯反垄断部门在

---

① （俄罗斯）《导报》2006 年 3 月 22 日。

② 参见（日本）《每日新闻》2006 年 3 月 25 日。

审批中石油收购“斯基姆尔公司”61.8%的股权过程中制造种种障碍。很多事实表明，长期以来在俄罗斯一直存在一种反对与中国进行能源合作的势力。出现这种情况，其深层的原因是，俄罗斯存在“中国威胁论”。应该说，近几年来，随着中俄相互了解的增多，相互信任度逐步提高，在俄罗斯“中国威胁论”的噪音不断下降，但还是不断地出现。2008年俄国防部出台了《俄联邦2030年前武装力量建设构想》文件。俄罗斯战略和技术研究中心资深专家巴拉巴诺夫在评论该文件时称中国是“潜在的头号对手”，“与北约和美国相比，中国有太多理由威胁俄罗斯领土”。2009年10月，普京访华与中国签署了一些有关双边能源合作的协议，这又引起了俄罗斯国内的种种议论，说什么俄罗斯将沦为中国的原料附庸，中国侵占俄罗斯远东地区，等等。这反映了至今在俄罗斯有些人心态失衡，神经过敏。产生这一种情况有其十分复杂的原因，在俄罗斯出现亦不是孤立的现象，是世界一些地区特别是西方国家“中国威胁论”反复宣扬与俄罗斯本国一些有关因素结合的结果。但一个共同的基本论点是中国日益强大会对其构成威胁。中国成为经济强国后，会对国际关系产生什么影响，会不会对别国特别包括俄罗斯在内的周边国家形成威胁，解决这种疑虑十分重要的是中俄双方采取积极措施，以增进两国人民之间的互相了解。

74. 中俄科技合作有何重要意义？

陆南泉

中俄科技合作有利于推进中俄经济转型

中国在经济改革的相当一个时期，并没有明确提出转变经济增长方式，到20世纪90年代初才提出这个问题，着手抓这个问题，并对世界各大国有关这一问题加以研究。应该说，到目前，中国经济的增长在相当程度上仍是粗放型的。拿能源消耗来讲，我国单位GDP能耗目前是世界平均水平的2.2倍、美国的4.3倍、德国和法国的7.7倍、日本的11.5倍。可见，在转变经济体制的同时必须抓经济增长方式的转变，这样才能提高经济素质，提高经济的竞争力，才能保证经济可持续发展。

中国越来越清楚地认识到，拉动经济增长不能片面地通过加速出口增长来实现，而必须走扩大内需为主的道路，这次金融危机使中国进一步认识到转变经济发展模式的迫切性，如果经济发展模式不能改变，要保证中国经济稳定与可持续发展是不可能的。中国已把改变发展模式作为“十二五”改革的主线。在中国扩大内需的潜力很大。中国居民消费率1952年为69％，1978年降为45％，2008年进一步降至35.3％。而2008年美国居民消费力为70.1％，印度为54.7％，目前世界上居民消费力大体平均在50％上下，只有中国低到35％的水平。

不论是改变经济增长方式，还是改变经济发展模式，都必须加快经济结构的调整。从目前中国来说，经济结构的调整涉及很多方面的内容，它包括产业结构、消费结构、区域结构、所有制结构以及企业规模结构等。

经济增长方式，发展模式与结构调整，都离不开深化改革，必须有体制机制性做保证。正如李克强在中国发展高层论坛2010年开幕式上的致辞中指出的："加快经济发展方式转变，调整经济结构，关键在理顺体制机制，难点是调整利益格局，解决办法从根本上要靠改革创新。"

2009年11月，俄罗斯总统梅德韦杰夫提出的国情咨文报告，正式提出将以实现现代化作为国家未来十年的任务与目标。他提出的现代化是"需要全方位的现代化"的概念。梅德韦杰夫说："我们将建立智慧型经济以替代原始的原料经济，这种经济将制造独一无二的知识、新的产品和技术，以及有用的人才。我们将创造一个有智慧的、自由的和负责的人们组成的社会，以取代领袖思考决定一切的宗法式社会。"但其中经济现代化是个极其重要的内容。

俄罗斯经济现代化的迫切性显得尤为突出。

俄罗斯经济现代化的迫切性突出表现在：它在转变经济体制的同时未能和转变经济增长方式、经济发展模式与调整经济结构结合起来。

长期以来，苏联经济质量与效率低以及高浪费问题得不到解决，是粗放型的经济方式，即靠大量投入劳动力、资金与耗费大量原材料来保证经济的增长。在20世纪70年代末，苏联每单位国民收入用钢量比美国多90%，耗电量多20%，耗石油量多100%，水泥用量多80%，投资多50%。1971年召开的苏共二十四大正式提出经济向集约化为主的发展道路发展，但一直到苏联1991年解体，其经济增长方式仍是粗放型的，形成这种情况的主要原因是经济体制改革没有发生根本性变革。应该说，落后的经济增长方式从一个重要的方面反映了苏联经济的脆弱性，亦是苏联与资本主义国家在竞争中被击败的一个重要因素。应该说，20年来俄罗斯粗放经济增长方式并未发生实质性变化。梅德韦杰夫总统在《前进，俄罗斯!》一文中指出："我们大部分企业的能源有效利用率和劳动生产率低得可耻。这还不是很糟糕。最糟糕的是，企业经理、工程师和官员们对这些问题漠不关心。""低效的经济，半苏联式的社会环境……所有这些对于像俄罗斯这样的国家来说，都是很大的问题。"2010年1月13日，俄罗斯联邦工商会会长叶夫根尼·普里马科夫在一次会上讲："俄罗斯每生产一吨钢，要比比利时、法国、意大利多消耗两倍的电力，每生产1吨化肥要比阿拉伯国家多耗费5倍的电力。"

至于经济发展模式，俄罗斯独立以来一直在努力从资源出口型向以高新技术、人力资本为基础的创新型经济发展模式转变，但并未取得多大进展，梅德韦杰夫总统在上面提到的那篇文章中指出："20 年激烈的改革也没有让我们的国家从熟悉的原料依赖中摆脱出来。""简单地依靠原料出口来换取成品的习惯导致了经济长期的落后。"他还提出了一个严肃的问题："我们应不应该把初级的原材料经济……带到我们的未来？"目前，俄罗斯能源等原材料出口占出口总额的 80% 左右，高科技产品出口不仅数量少，而且逐年下降。2004 年俄高新技术产品出口，占世界中的比重为 0.13%，这一比例比菲律宾少 67%，比泰国少 78%，比墨西哥少 90%，比马来西亚和中国少 92%，比韩国少 94%。俄罗斯要改变经济发展模式与经济结构，面临着一系列的制约因素，这将是长期的复杂的历史过程。

不论是普京还是梅德韦杰夫，都一再强调俄罗斯现代化是其社会经济发展的总目标。而实现这一目标，必须解决俄罗斯经济从当前的资源型向创新型转变。普京在其离任前的 2008 年 2 月 8 日提出的《关于俄罗斯到 2020 年的发展战略》明确指出：

1. 经济实行创新型发展。普京强调，这是俄罗斯"唯一的选择"，"创新发展的速度必须从根本上超过我们今天所有的速度"。[①]

2. 增加人力资本投入。普京讲："要过渡到创新发展道路上去，首先就要大规模地对人的资本进行投资。"[②]"俄罗斯的未来，我们的成就都取决于人的教育和身体素质，取决于人对自我完善的追求，取决于人发挥自己的素养和才能。""因此，发展国家教育体系就成了进行全球竞争的一个要素，也是最重要的生活价值之一。"[③] 为此，俄罗斯计划用于教育与医疗卫生的预算支出占 GDP 的比重分别由 2006 年的 4.6%、3%增加到 2020 年的 5.5%—6%、6.5%—7%。同时，普京强调科研的重要性，要为科研活动创造良好的环境。另外要着力解决住房问题，提高医疗卫生水平。

3. 积极发展高新技术，因为这是"知识经济"的领航员。普京认为，俄罗斯今后重点发展的高新技术主要是：航空航天领域，造船业和能源动力领域，还有发展信息、医疗和其他高新技术领域。

---

① 《普京文集：文章和讲话选集（2002—2008）》，中国社会科学出版社 2008 年版，第 677 页。

② 同上，第 677 页。

③ 同上，第 678 页。

4. 调整经济结构。普京说，尽管最近几年俄罗斯取得了一些成绩，但经济并未摆脱惯性地依赖于能源原料的发展版本。俄罗斯也只是局部地在抓住经济的现代化。这种状况将不可避免地导致俄罗斯不断依赖于商品和技术的进口，导致俄罗斯担当世界经济原料附庸国的角色，从而在将来使俄罗斯落后于世界主导经济体，把俄罗斯从世界领头人的行列中挤出去。

普京在 2009 年的政府工作报告中谈到，"后危机时代的经济发展应当首先与技术更新联系起来。因此，新阶段的税收改革将致力于支持创新"。梅德韦杰夫任总统后，更加强调俄罗斯经济由资源型向创新型转变的迫切性。他在《前进，俄罗斯！》一文中说："除了少数例外，我们的民族企业没有创新，不能为人们提供必需的物质产品和技术。他们进行买卖的，不是自己生产的，而是天然原料或者进口商品。俄罗斯生产的产品，目前大部分都属于竞争力非常低的产品。"俄罗斯"依靠石油天然气是不可能占据领先地位的"。"再经过数十年，俄罗斯应该成为一个富强的国家，她的富强靠的不是原料，而是智力资源，靠的是用独特的知识创造的'聪明的'经济，靠的是最新技术和创新产品的出口。"

5. 要为实现现代化调整外交政策。2010 年 7 月召开的俄驻外使节会议的主题是"保护国家利益与促进国家全面现代化"。强调俄外交要突出寻求能为俄罗斯提供相应技术发展和为国产高科技产品走向地区和国际市场做出更大贡献的国家。首先要与主要国际伙伴德法意等欧盟和美国建立专门的现代化同盟。

实现上述转变的必要性十分明显，但将是一个缓慢的过程。俄罗斯现代发展研究所所长伊戈尔·尤尔根斯指出，俄罗斯"现代化、摒弃原料经济向创新型经济发展的过程过于缓慢"。[①]

创新型经济发展缓慢，经济发展摆脱不了能源等原材料部门，这必然使俄罗斯经济难以在短期内实现现代化与保证稳定和可持续发展。

中俄科技合作的进展

不论是中国还是俄罗斯，要实现经济转型，都必须加速科技进步与提高企业生产技术的创新。要做到这一点，一方面要靠本国积极发展教育事业与增加对科

① 《俄罗斯报》2010 年 4 月 14 日。

技领域的投入；另一方面还需要加强国际合作，而中俄两国的科技合作有着很大的潜力。

作为中俄经贸关系一个重要内容的科技合作，在俄罗斯独立执政后，一直是两国重视的一个合作领域。1992年12月28日，中俄签署的第一个《关于中华人民共和国和俄罗斯联邦相互关系基础的联合声明》中就有以下的条款："双方将加强科技领域的合作，包括基础和应用科技及其成果推广，扩大科技信息交流，增加双方优先发展领域的合作项目，促进实施有第三国参加的共同计划。双方应促进中国和俄罗斯组织、科技所、高等院校、科研生产联合体和公司间建立直接的科技联系。"1994年9月3日发表的《中俄联合声明》中强调指出："积极探讨经贸合作有前景的新领域，制定并实施科技领域的长期合作规划。"1996年4月25日发表的《中俄联合声明》中谈到双边关系时指出："双方将注重生产科技领域重大项目的合作，认为这是提高双边合作的水平和档次的重要途径之一。双方认为，能源、机器制造、航空、航天、农业、交通、高科技应成为重大项目合作的优先领域。双方将根据自己的潜力，在开发保障各个领域科技进步中有所突破的新技术方面相互协作，以利于两国人民并造福于国际社会。"在以后的各个时期，两国政府与领导人发表的联合声明和会谈，在谈及巩固与发展战略伙伴关系时，往往都要强调发展与提升经贸关系的水平，而要做到这一点，双方又往往要强调科技合作的重要性，例如，2004年10月10日，在普京访华前夕接受媒体采访谈到中国准备向俄罗斯投资120亿美元问题时，他特别强调："将来俄中之间的经济联系将首先在高科技领域实现。"2005年6月21日，胡锦涛主席访俄前夕在接受俄罗斯媒体采访时也强调指出："要积极推动高科技领域的合作。加快高科技产业合作项目的实施，提高合作质量和水平。同时要积极推动科技人才交流，促进两国产业结构调整和科技进步。"2007年3月26—28日，胡锦涛访俄出席俄罗斯"中国年"活动，26日与普京会谈中，两国元首为中俄战略协作伙伴关系第二个10年定下的基调是："遵循《中俄睦邻友好合作条约》的原则和精神，做真诚互信的政治合作伙伴、互利共赢的经贸合作伙伴、共同创新的科技合作伙伴、和谐友好的人文合作伙伴、团结互助的安全合作伙伴，不断充实中俄战略协作伙伴关系的内涵，推动中俄战略协作伙伴关系继续健康稳定发展。"这表明，科技合作在巩固与发展中俄战略协作伙伴关系中起着重要的作用。同时也表明，科技合作在促进今后中俄经贸关系发展的作用日益提高。胡锦涛这次访俄还带去了“中国科技与创新”的主题展，以向俄罗斯表明，加强两国之间的科技合作，既有利于两国经济的发展，也有利于发展两国的战略协作伙伴关系。

近二十年来，通过中俄双方努力在科技领域合作取得了进展，合作内容十分广泛，合作形式日益多样化，合作层次也呈多元化。科技合作的进展主要表现在以下几个方面。

一、两国政府先后签订了科技合作协定与建立了一些推动科技合作的组织机构

苏联解体后，随着中俄两国关系正常化，于1992年12月16日签订了《中俄政府科技合作协定》。根据该协定中俄两国成立了部长级科技合作委员会。此后，中俄每年召开例会，并商签了大量政府间的合作项目。随后，于1995年两国各自建立了中俄科技和高科技中心协会。成立该协会的主要意图是，利用中高新技术开发区的优惠政策与发挥俄罗斯的科技优势并吸引国际资本来促进中俄两国各自的高新技术产业的发展。前面提到的，在1996年4月发表的《中俄联合声明》中，又特别强调加强两国科技合作的重要性。为进一步推动科技合作，1997年6月在中俄总理定期会晤委员会框架内设立科技合作分委员会。它的任务是从政府层面分析两国之间的科技合作状况、研究有关如何推动双边科技合作的方针政策，确定新的合作领域与有关机制，以统一协调与管理科技合作工作。中俄两国还在科技分委员会框架下成立了中俄重点科研院所合作工作小组，并采取措施支持两国间科研机构与企业在科技园区推广科技成果。1998年12月创立了烟台中俄高新技术产业化示范基地，其主要目的是使中俄科技合作重点转向高新技术，并使其产业化、商品化及进入国际领域。之后，在2001年创建了中俄科技合作基地浙江巨化中俄科技园与黑龙江中俄科技合作及产业化中心。2002年中俄双方达成协议，决定在莫斯科创建第一个中俄科技园，两国对建设科技园给予资金支持。在建立科技园促进科技成果产业化与商品化过程中，于1999年中俄双方还签署了《知识产权保护和权力分配议定书》，2001年11月，两国商定并签署了《中华人民共和国科技部与俄罗斯联邦科技部关于在创新领域合作的谅解备忘录》。

为了推动中俄科技合作，在中国一些省市还建立了对俄科技合作的专门机构和实施一些具体措施，如黑龙江省成立了对俄科技合作领导小组，山东省建立了与独联体国家科技合作指导委员会，无锡市成立了对俄工作小组，哈尔滨市成立了对俄罗斯及其他独联体国家科技合作协调领导小组及办公室，武汉市成立了中俄科教合作中心等。各地还陆续建立了各级对俄科技咨询服务机构，如中俄科技合作及产业化中心、中俄高新技术合作中心、中俄科技交流中心、俄罗斯技术转化中心等机构。哈尔滨市政府先后成立了中俄产业化中心、中俄农业技术合作中心、中俄工业技术合作中心，制定了《哈尔滨市对俄罗斯及其他独联体国家科技合作工作方案》、《哈尔滨市对俄罗斯及其他独联体国家科技合作产业化示范工程实施方案》。

为了使高新科技成果转化为商品，使其产业化，中俄需要建立一些支持实现上述目的的组织与机制。通过努力，已相继建立了“中俄空间天气联合研究中心”、“中俄智能信息处理联合实验室”、“中俄天体物理联合实验室”（北京）、“中俄合作研发中心”（镇江）、“中俄联合实验室”（巨化）、“中俄高科技联合实验室”（大连）、“中俄 SHS 技术联合研究中心”（武汉）等联合研究机构。沈阳工业学院与俄罗斯托木斯克理工大学将在西伯利亚托木斯克市建立联合科研中心。[①]

二、多层次、多领域与多方式的科技合作架构已形成

从科技合作层次来看，中俄两国已形成了政府间的合作，地区间的合作，双方企业间、科研院所与高校间以及行业协会间的合作。中俄之间除了官方机构之间科技合作外，还有较为灵活的民间合作，它对推动两国科技合作亦发挥了一定的作用。

从科技合作的领域来看，亦越来越广泛，涉及内容十分丰富，从政府间合作来看，科技分委会确定的优先合作研究领域有应用化学、生物技术、基因工程、新材料与机电等，中俄两国有关部门还在核能、航空、航天、电信、船舶、电力、环保、新工艺、生物制药、地质、农业、医学、食品工业、天文等领域进行合作。中俄在军技方面的合作，一方面中国继续向俄罗斯购买武器装备，另一方面中国希望逐步向中俄联合研制与共同开发新型武器的方向发展。这几年来，中国订单在俄罗斯武器出口中所占的比重下降，大体上有以下的原因：一是俄罗斯的一般武器在中国的需要程度大大下降，中国需要少量的高精尖的武器，并购买

---

① 中国一些省市建立的专门对俄罗斯合作机构的情况材料，转引自戚文海：《中俄科技合作战略与对策》，黑龙江大学出版社 2008 年版，第 5—7 页。

技术。二是俄罗斯向中国出口的某些军事装备在质量上不能令中方满意，并且不能按合同规定的时间供货。例如，中国在2005年9月向俄罗斯订购的34架伊尔—76运输机和4架伊尔—78空中加油机（价值15亿美元），就要延期几年交货。三是在俄方认为，一个重要的问题是在军事技术合作领域保护知识产权问题。这一问题，随着2008年召开的中俄政府间军事技术合作委员会会议上双方签署了有关这一领域的协议，两国的军事技术合作会有进一步的发展。

从科技合作的方式来看，也日益多元化。这几年来，除了通过技术贸易相互引进技术、购买技术设备与专利技术等传统的科技合作方式外，与中俄两国关系与经济技术发展水平相适应，其他一些合作方式也取得进展。这些方式有：

1. 两国建立联合科技中心，以使科技成果应用到生产部门，实现产业化。这类的中心已建立了不少。

2. 共同建立科技网站，以交流科技信息，相互介绍科技产品与有关资料。现已相继建立了《中俄科技经济合作网》、《中俄科技贸易网》与《哈尔滨国际科技合作网》，组织专业技术人员对项目信息、人才信息进行了收集、处理、评估、筛选并向企业推荐，提供服务。①

3. 建立科技园区。在国际上建立科技园区始于20世纪50年代初。在80年代末苏联不少高校已开始着手研究国外的科技园区。1990年苏联国家教委出台并实施《建立和发展科技园区纲要》。随后科技园区开始建立，到1993年已建立了43个，到90年代下半期起，在俄罗斯的100多家科技园区发生了沉淀与分化过程，到2000年年末，在俄罗斯能够正常运行的科技园区只剩下约60家，它分布在35个联邦主体，入驻这些科技园的高科技企业有1000多家。② 自中国实行改革开放政策以来，为了引进外资与国外先进技术，建立了不少高新技术开发区，目前国家级已有50多个。俄方对中方的高新技术开发区视为重要合作伙伴。俄罗斯科技园与中国高新技术开发区合作，有利于高新技术成果的应用与推广，这对俄罗斯来说尤为重要，因为它的科技成果应用率一直很低，因此，中俄双方在这一方面的合作，能起到科技成果转化即孵化的作用。江苏省常州高新技术开

① 参见戚文海：《中俄科技合作战略与对策》，黑龙江大学出版社2008年版，第7—8页。

② 参见《俄罗斯中亚东欧市场》2003年第8期。

发区与俄罗斯萨马拉州签订了合作共建常州中俄科技合作创业园协议书。哈尔滨国际科技城是中俄科技园的配套项目。2002年7月，在哈尔滨市召开的中俄总理定期会晤委员会科技合作分委会第六次例会上，中国科技部和俄罗斯工业科技部分别代表两国政府正式签署在莫斯科建设中俄科技园议定书。据此，哈尔滨工业大学八达集团公司和莫斯科动力学院科技园分别作为中俄两国的承建单位，负责实施中俄科技园的建设和运营。2003年10月，中俄科技园在莫斯科正式挂牌。随后，由哈尔滨工业大学八达集团公司建设并运营的哈尔滨国际科技城也成为黑龙江省推进对俄罗斯科技合作的重点工程。目前，哈尔滨国际科技城已经完成主体建设，可以满足引进、孵化、产业化的全程需要。另外，在莫斯科建立的中俄科技园的工作也取得了实质性进展。中国科学院沈阳分院和俄罗斯科学院西伯利亚分院伊尔库茨克科学中心就进一步开展科学合作已达成意向协议。该协议明确在中俄科技园框架内优先发展中俄科技创新合作，主要包括：研究各种用途的高新材料、药物制剂和食品添加剂；研发能源新工艺、节能技术；研制特纯石英材料、多晶硅材料和太阳能电池；开发信息与数学技术、生产过程自动化；发展生物技术；营造生态环境和区域景观生态等。中方同时表示希望参与伊尔库茨克国立技术大学正在筹建的中俄技术园的合作，合作领域主要为机械制造新技术、矿业和矿山机械、地质学和地质生态学及公路运输监测等。[①]

4. 双方通过互设研究基地方式进行合作。有人称为“双基地”合作。这一合作形式亦取得了一定进展。

根据中国科学院与俄罗斯科学院西伯利亚分院科学合作协定，中俄空间天气联合研究中心经过一年多的试运行，目前已进入实质性合作阶段。该中心根据研究工作和互访学者的需要，采用了“双基地”的形式，即在位于伊尔库茨克具有先进地面观测设备和很强研究能力的俄罗斯科学院西伯利亚分院日地物理研究所以及中国科学院空间中心分别建立研究基地。各自的研究基地包括专供对方来访研究人员使用的办公室和公寓式宿舍以及必要的日地物理观测仪器和设备。

“中俄两所大学，即沈阳工业学院和俄罗斯托木斯克理工大学将在西伯利亚托木斯克市建立联合科研中心。双方计划在高新技术开发和应用以及基础科学研究等领域开展合作。目前，双方已达成共识，并开始建设联合科研中心。为此，

---

① 参见《俄罗斯中亚东欧市场》2008年第5期。

中方将投资1000万元人民币，俄方则负责提供场地和部分设备。联合科研中心将根据中方需要，结合俄方的技术优势，开发新材料以及生物工程、电子等领域的新技术，并实现产业化。此外，沈阳工业学院派往俄罗斯的专家还将与俄方同事共同开展基础科学方面的科研工作。

“中国哈尔滨开发区与俄罗斯新西伯利亚科技园签订了互建中俄国际企业孵化器的协议。根据该协议，双方各自提供孵化场所和政策服务支持，即中方主要提供资金，俄方主要提供技术，分别在哈尔滨开发区和新西伯利亚科技园进行科技项目孵化，进而推动中俄高新技术的产业化进程。

“双方合作范围涉及电子、新材料、新工艺、生物制药、机械设备及其零部件等技术项目。为此，哈尔滨开发区将划出2000平方米的场地作为科技项目孵化基地，新西伯利亚科技园将提供一幢4000—5000平方米的楼房作为科技项目孵化场所。按照双方对等的原则，中俄将为国际企业孵化器制定企业注册、税收、金融、人员出入境、居住、货物进出口等方面的优惠政策，提供服务支持，吸引中俄两国科技人员和科技企业将其科研成果在国际企业孵化器中进行培育和技术开发，创立合作或合资科技型企业。”①

实际上，中俄两国科技合作的其他一些方式也在发展，如通过建立合资企业以采取合作生产方式，达到科技合作的目的；通过举办各种如学术会议交流科技信息。2006年中国“俄罗斯年”期间，双方共举办了21场科技活动，2007年的俄罗斯“中国年”期间，双方举办了29场科技活动；通过高层科技人员相互学习对方的科技成就；通过合办研究所共同研究新技术等，这些都是加强科技合作的有效途径。② 俄罗斯方面，特别感兴趣的是合作研制或联合生产出口到其他国家的科技产品。俄罗斯科学院西伯利亚分院对华合作问题全权代表A.Г.科尔菇巴耶夫说：“保证俄中在投资、技术及创新领域的有效的互利合作，组织俄中联合生产，特别是以出口到其他国家为目的联合生产，是我们两国经济技术发展的

---

① 《俄罗斯中亚东欧市场》2008年第5期。

② 有关中俄科技合作组织形式的发展情况，戚文海对此做了有益的探讨，并归纳有以下合作模式：示范工程牵动模式；项目合伙创新模式；研究公司创新模式；教育管理创新模式；委托—代理制合作创新模式；科技园区孵化模式；共建科技园孵化模式；共建风险投资公司模式；基地合作创新模式；“双基地”合作模式（详见《俄罗斯中亚东欧市场》2008年第5期）。

重要条件。”[①]

中俄科技合作不论从内容还是形式，都有了发展，但从总体来讲，只能说处于起步阶段。从国际范围来讲，目前两国的科技合作水平，与面临的经济全球化、经济技术一体化的机遇不相适应，也起不到共同应对这方面的挑战；从两国经贸合作关系来讲，科技合作远还起不到兴贸的作用，也远未成为发展经贸关系的突破口，更没有成为两国经贸关系稳定、持续发展的重要因素。俄罗斯前国家安全委员会秘书、外交部长伊·伊凡诺夫在为2008年10月上海召开的一次国际会议提供的论文中说：“现在，俄罗斯没有向中国出口高科技产品。”形成上述状况，是由多方面原因造成的。

针对目前中俄科技合作的情况，考虑到进一步发展这一领域合作的重要性，一些问题值得我们去深入研究。

总的来说，应抓住中俄向创新型经济转变的有利时机，在良好的国家关系条件下，积极推进科技合作，特别是高新技术领域的合作，以巩固与发展两国已建立起来的战略协作伙伴关系。

---

① 《西伯利亚研究》2008年第1期。

75. 俄日关系及北方四岛争端的现状与前景怎样?

盛世良

俄罗斯与日本互为重要邻国，俄罗斯远东地区与日本北海道相邻，发展俄日关系有很多优势，特别是有地缘上的便利条件。“出于长远考虑，俄罗斯的目标是要全面活跃同日本的关系，包括深化在国际舞台上的相互协作，扩大经贸合作和其他合作。”① 俄日经济互补性强，发展经济关系潜力大，但受制于政治关系，两国在人员、商品和资金的交流方面存在着诸多薄弱环节。在地区安全问题上，双方都希望发挥更大作用，把建设该地区的和平与稳定看成是两国的重要任务，日本高度赞赏俄罗斯在缓和朝鲜半岛局势方面发挥的积极作用，俄罗斯希望日本以独立的立场参与亚太地区安全事务。从俄罗斯方面看，日本是亚洲最大的经济体，俄罗斯要发展经济、融入世界、加强与亚太国家的关系，离不开与日本发展关系，俄罗斯把日本看成是振兴经济的重要合作伙伴。从日本方面看，俄日关系发展良好，有助于日本在实现政治大国的道路上得到俄方的帮助；鉴于俄罗斯作为安理会常任理事国的特殊地位和作用，日本要想成为安理会常任理事国，没有俄罗斯的支持是不可思议的；日本希望利用自己的经济和技术优势开展对俄合作，促使俄在领土问题上对日让步。

---

① （俄罗斯）伊·伊万诺夫著，陈凤翔等译：《俄罗斯新外交：对外政策十年》，当代世界出版社 2002 年版，第 110—111 页。

俄日关系的曲折发展

冷战结束后，大国关系重新调整，俄日两国抓住这一历史时机改善关系，逐步摆脱冷战阴影，从对立、对抗走向友好与合作。1993 年 10 月，俄罗斯总统叶利钦实现了冷战后首次访日，与细川首相发表了《东京宣言》和《经济宣言》，实现首脑定期互访，同时开始启动俄日和平条约工作小组谈判。1996 年 4 月桥本龙太郎应邀访问莫斯科，实现日本首相时隔 11 年后首次访俄。1998 年 11 月在日本首相小渊惠三访问俄罗斯期间，双方签署了《莫斯科宣言》，宣布建立“建设性伙伴关系”，双方就划定边界和北方四岛经济合作委员会达成共识。普京执政之初，很重视发展与日本的关系，日本新任首相森喜郎也希望与俄罗斯新领导人普京加强接触，加快解决日俄缔结和平条约和北方领土问题的步伐。2000 年 4 月 25 日联合国人权委员会表决有关车臣问题的议案时，日本没有支持美国等西方国家，而是对该议案投了弃权票，以示对俄友好。2000 年 4 月 28—30 日日本首相森喜郎访问俄罗斯，这是他出任日本首相后出访的第一个国家。29 日，普京总统和森喜郎首相在圣彼得堡举行了会谈，双方讨论的重点议题除 2000 年 7 月在日本冲绳举行八国集团首脑会议外，就是俄日缔结和平条约和发展双边关系问题。2000 年 9 月普京总统对日本进行了正式访问，与森喜郎首相会晤，就两国在国际事务中的合作及签署和平条约问题发表联合声明，并就两国经贸、科技、文化等领域的合作签署了 15 项文件，将俄日关系由双边合作向更深层次扩展。2001 年 6 月在两国首脑会晤中再次确认两国在广泛领域内加强合作的重要性，表示要加快缔结和平条约。俄日关系有了一些发展，但两国间也存在着难以解决的问题，发展并不顺利。由于俄日两国在缔结和平条约和“北方领土”问题是否挂钩的这一点上各持己见，使缔约问题并未取得实质性进展。俄日至今没有缔结和约，在北方四岛等问题上分歧严重，两国关系有实质性进展尚需时日。

2003 年 1 月 9—12 日，日本首相小泉纯一郎实现其上任以来的首次访俄，在 4 天的访问过程中，小泉首相与普京总统共同签署了“俄日行动计划”，发表了《俄日联合声明》。双方在联合声明中明确，将以积极态度推进北方领土问题的谈判，尽快缔结俄日和平条约，彻底解决冷战后遗留的问题等，这使尽早实现两国关系正常化成为可能。此外，双方还商定了推动两国关系正常化的措施，如加强军事、科技及文化等多层次、多领域的交流与合作，使两国领导人会晤“机制化”等。但是，俄日关系并未按“俄日行动计划”规划的蓝图发展，俄日间争端不断，两国经贸关系发展远远落后于俄韩经贸关系的发展。影响俄日关系发展的主要问题是两国对北方四岛的归属争端。

四岛归属之争的由来

2010年下半年以来，俄罗斯同日本围绕南千岛群岛（日本叫“北方领土”或“北方四岛”）的争斗，愈演愈烈。两国政要纷纷前往现场视察，宣示主权，两国激进分子互烧对方国旗，发泄怒气。俄罗斯军方甚至考虑要部署最先进的S—400防空导弹保护该地区[①]，日本则寻求美国庇护。俄日北方四岛争端已经持续一个半世纪，二战结束后趋于激烈。由于争端事关俄日两国主权和领土完整的核心利益，加上在日本掌权的是弱势内阁，缺乏决策和行动能力，在领土问题上不得不维持色厉内荏的“强硬”立场，因此，俄日领二争端在短期内难以解决。俄日北方四岛问题争端激烈，既是俄日关系的反映，同时，又深深影响着俄日关系的未来发展。

千岛群岛早先既不属于俄罗斯，也不属于日本。在俄罗斯人和日本人到来前，原住居民是爱伊奴人（曾译“虾夷人”）。

从16世纪60年代开始，俄国渔船频繁到访千岛群岛，俄国航海家和实业家绘制该群岛地图，建立过冬点和落脚处，吸引岛上的爱伊奴族居民学习俄罗斯文化，加入俄国国籍。

从18世纪开始，日本也积极开发千岛群岛。

1855年，俄日签署和亲通好条约，两国分界线穿过得抚岛和择捉岛之间，这就是说，“北方四岛”属于日本，由日本设置行政区，而萨哈林岛（库页岛，本属中国，日本叫桦太）归俄国和日本共同拥有。

1875年5月7日，俄日签署《圣彼得堡条约》（日本叫《樺太·千島交換条約》），日本同意把原先两国共有的萨哈林岛全归俄国，以换取千岛群岛所有18个岛屿全归日本。

---

① 《S—400将奋起保卫千岛群岛》，（俄罗斯）《报纸报》2011年2月5日报道。

1905 年 9 月 5 日，俄日在美国朴次茅斯签署和平条约。根据该条约第 9 条，俄国把萨哈林岛南半部割让给日本。①

1925 年 1 月 20 日，苏联和日本签署《北京条约》，建立外交关系，苏联被迫承认 1905 年俄日战争后形成的局面，但拒绝对沙俄政府签署的朴次茅斯条约承担政治责任。

1945 年 2 月 11 日在雅尔塔会议上，苏联、美国和英国达成口头协议，苏联应在战胜德国之后的三个月内加入对日战争，条件是战争结束后萨哈林岛南部和千岛群岛归还苏联。

1945 年 7 月 26 日发表的《波茨坦宣言》说，日本的主权将限于本州、北海道、九州和四国，以及盟国指定的几个小岛，这里并没有提到千岛群岛。而千岛群岛是否包括南千岛群岛，更是语焉不详。

1945 年 8 月至 9 月，苏军在 9 月 5 日结束的登陆战役中，占领千岛群岛和萨哈林岛全部。

1951 年 9 月 8 日，美英法同日本签订旧金山和约，约定“日本放弃对千岛群岛和库页岛（萨哈林岛）自 1905 年朴次茅斯和约后取得领土之所有权利与请求权”。条文中未约定千岛群岛范围，但签约时日本国会承认的放弃范围，包括国后和择捉。1956 年 2 月，日本国会取消放弃国后和择捉的决议。②

1956 年 6 月，日本正式要求归还“北方四岛”。同年 10 月 19 日，苏日复交《联合宣言》载明，苏联承诺在两国缔结和平条约后把色丹和齿舞移交日本。但双方无法对国后和择捉的归属取得共识，最后签约时未对领土争议作出约定。

当时日本倾向于接受归还两岛的方案，但美国为拉日抗苏，威胁日本说，如果放弃国后、择捉，日本今后对冲绳的主权就难以保证。日本屈从美国。

1960 年 1 月 19 日，日美缔结《共同合作和安全条约》。同年 1 月 27 日，苏联政府向日本政府发备忘录，以日美条约针对苏联和中国为由，拒绝 1956 年苏日《联合宣言》，不再承认对日领土争议。日本随后声明，色丹和齿舞为北海道之一部，国后和择捉为日本固有领土。

---

① 尤·克留奇科夫和 A. 索巴金：《现代国际政治：条约、照会与宣言》（第 1 集），莫斯科 1925 年版。

② http：//www. mofa. go. jp/region/europe/russia/territory/pamphlet _ r. pdf.

1990 年，苏联总统戈尔巴乔夫访日，承认并愿意讨论苏日领土争端。

苏联解体后，全面发展俄日关系的主要障碍依然是南千岛群岛的归属问题。叶利钦政府在领土问题上持强硬立场，强调俄罗斯对整个千岛群岛拥有主权。

1992 年年底，叶利钦发布总统令，把千岛群岛辟为经济特区。后因政局动荡，经济衰退，该经济特区胎死腹中。

1993 年 10 月，叶利钦访问日本时，重申俄罗斯准备遵循苏联 1956 年建议，把色丹岛和齿舞群岛转交日本，以换取签订和平条约。俄日发表《东京宣言》，主张解决四岛争端。

2001 年 3 月，普京总统同森喜郎首相会谈时表示，俄罗斯可在 1956 年《联合声明》的基础上重新与日本谈判。日本依然要求归还四岛。

2004 年 11 月 14 日，俄罗斯外交部长拉夫罗夫在普京访日前声明，俄罗斯愿意在 1956 年《联合宣言》基础上举行对日领土谈判。日本首相小泉纯一郎回应：仅交还两岛无法使日本满意，“如果不能确定所有四岛归属，不会签署和平条约”。

2006 年 8 月 16 日，俄国巡逻艇向接近争议地区的日本渔船鸣枪，打死一名日本渔民。这是 50 年来俄日领土争端的首名牺牲者。

2008 年，俄罗斯再次放风，四岛可给日本“一半”——色丹和齿舞。

2009 年 4 月，日本提议按面积大致对分（日本占 48%，俄罗斯占 52%）的方案，讨要国后、色丹、齿舞三岛，再加择捉岛的约四分之一。

2009 年 7 月 3 日，日本参议院一致通过《促进北方领土问题解决特别法》修正案，称“北方领土为我国固有领土”。这是日本首度通过立法将“北方领土”定为日本“固有领土”。

日本民主党执政后，在同中俄韩等所有邻国的领土争端中，立场全面趋于强硬，在南千岛群岛归属问题上同俄罗斯的矛盾激化。

2010 年 9 月 29 日，梅德韦杰夫总统说，打算访问南千岛群岛。日本外相前原诚司发表声明，说梅德韦杰夫如果登上“北方四岛”，将为双边关系设置“严重障碍”。

2010 年 11 月 1 日，梅德韦杰夫总统登上国后岛。日本首相菅直人表示“极度遗憾”。俄罗斯外长拉夫罗夫批评日本方面对俄罗斯总统视察本国岛屿的反应“不可接受”。

四岛有重大价值，双方都不会轻易放弃

千岛群岛在日本北海道以北、俄罗斯堪察加半岛以南，包括56个岛，据《俄罗斯百科辞典》说，总面积为1.56万平方公里；据俄罗斯科学院地理研究所资料，总面积为1.05万平方公里。南端为南千岛群岛，即择捉岛、国后岛、色丹岛和齿舞群岛，据《俄罗斯百科辞典》载，面积分别为6725、1495、260和102平方公里，共8582平方公里[①]；据俄罗斯科学院地理研究所资料，面积分别为3318.8、1495.24、264.13和95.88平方公里，共5194.05平方公里。[②]

择捉岛有港湾十余处，可泊大型舰船，居民近万，国后和色丹分别居住有6000人和2100人，齿舞岛仅驻俄国边防军人。

四岛有经济、交通、战略和政治意义。

首先是经济价值。四岛周围有专属俄罗斯的200海里渔业捕捞区，是世界三大渔业捕捞区之一，盛产海参、海蟹、海带、鱼类和贝类，年捕捞量100万吨，价值20亿美元。一旦强化开发，产值可增两三倍。

据专家估算，千岛群岛蕴藏金1867吨、银9284吨、钛3970万吨、铁2.73亿吨，油气资源储量3.64亿吨，碳氢燃料资源合16亿吨油气当量。择捉岛有世界唯一铼（稀土金属铼用于生产航空发动机叶片和陀螺仪、合成汽油催化剂）矿，储量达36吨。南千岛群岛和周围海域的资源价值，最低估价为500亿美元，最高估价达2.5万亿美元。

南千岛群岛有重要的通航意义，岛之间的叶卡捷琳娜海峡和弗里兹海峡是俄罗斯从日本海到太平洋仅有的两个不冻海峡。

这里的地缘战略意义重大。绵延1200公里的千岛群岛把160万平方公里的鄂霍次克海围成俄罗斯内海。南千岛群岛是俄罗斯东南海防前哨。南端的齿舞群岛紧挨日本的北海道，便于俄罗斯监视日本。

如果南千岛群岛“归还日本”，俄罗斯将面临灾难：渔业遭受重创，商船在

---

① 《俄罗斯百科辞典》，莫斯科俄罗斯大百科全书出版社2000年版，第603页。

② 俄罗斯科学院地理研究所、俄罗斯科学院远东分院太平洋地理研究所2009年版《千岛群岛地图》，第516页。

附近海域的通航严重受制；岛上俄国同胞要么流离失所，要么成为日本二等公民；美国军事基地将逼近俄罗斯国门，俄罗斯北方舰队和太平洋舰队将受制于敌；全国将爆发抗议浪潮，颠覆社会稳定，断送强国美梦，引发国家解体；俄罗斯领导人将被贴上卖国贼的标签，钉在本国历史的耻辱柱上。

最大的价值在于领土本身。对幅员 1708 万平方公里的俄罗斯来说，约一万平方公里的南千岛群岛不到领土的千分之一，对领土面积仅 37.78 万平方公里的日本而言，收回“北方四岛”可以令国土陡增四十分之一。

日本国会一直把“归还北方领土”看作“最低纲领”，“最高纲领”是“收回”整个千岛群岛和萨哈林岛南半部。获得四岛有助于日本洗刷二战失败耻辱，提振国威，为重新崛起添一块垫脚石。如果日本收回北方四岛，日本将得寸进尺，对俄罗斯和其他邻国提出更多领土要求。因此，俄罗斯不会轻易让步。在四岛争端中，俄国掌握主动权，日本则处于被动地位，左支右绌。

俄国对四岛争端的基本立场是：根据二战结果，南千岛群岛是俄罗斯领土不可分割的一部分。俄罗斯处理对日领土争端的基本态度为：主权属于俄罗斯，欢迎外国参与开发。俄罗斯牢牢控制争议领土，处境优越，应对自如。面对俄日四岛争端态势激化，俄罗斯采取了以下措施：

一是领导人高调宣示主权。2010 年 9 月底梅德韦杰夫总统结束访华回国时，想顺道考察南千岛群岛，后因天气不良而作罢。没想到日本当局竟然抗议俄罗斯“侵犯日本主权”，反倒坚定了梅德韦杰夫登岛的决心。2010 年 11 月 1 日，梅德韦杰夫作为本国有史以来首位视察南千岛群岛的国家元首，高调登上国后岛（1990 年，时任俄罗斯联邦最高苏维埃主席的叶利钦到过千岛群岛北部，但未到南千岛群岛）。日本首相菅直人的强硬言论“梅德韦杰夫总统视察北方领土是不可容忍的粗暴行径”，惹恼了俄罗斯。于是，第一副总理舒瓦洛夫、地区发展部长巴萨尔金、国防部长谢尔久科夫、副总理伊万诺夫和经济发展部长纳比乌林娜等政要相继登岛。俄罗斯外交部 2 月宣布，包括领导人在内的俄罗斯政要，今后还将继续登上南千岛群岛。登岛捍卫主权，显示俄罗斯中央政府对南千岛群岛经济发展的重视，有助于增强国民凝聚力，提升领导人政治声望。

二是外交和立法密切配合。2010 年俄罗斯与中国共同发表关于二战结束 65 周年的联合声明，重申不许修改二战结果的严正立场。日本外相前原 2011 年 2 月访问俄罗斯，坚称“北方四岛是日本固有领土”，俄罗斯负责国际事务的总统助理普里霍季科立即表态："俄罗斯对千岛群岛的主权今天和明天都不会有任何变化。"2月17日，俄罗斯外交部情报局长卢卡斯皮茨对媒体表示，今后不会再与日本政府就领土问题进行任何形式的交涉。3月2日，拉夫罗夫外长召见日本代办，抗议日本极端分子2月7日在"北方领土"日方侮辱俄罗斯国旗，把其中的头面人物宣布为"不受欢迎者"。

不仅如此，俄罗斯"反守为攻"。2011年2月16日，俄罗斯国家杜马代表梅津斯基说，占日本领土近四分之一的北海道，原住民同南千岛群岛的一样，是爱伊奴族。俄罗斯旅行者、商人和军舰曾经常造访北海道。北海道长期未被日本开发，直到1869年才在名义上成为日本行政单位"北海道殖民局"。俄罗斯如果强硬些，可以对北海道的归属提出质疑。

俄罗斯日本问题专家尤里·塔夫罗夫斯基出谋献策，建议议会通过立法，拒绝1956年苏日《联合宣言》，不再承认与日本有领土争议，让日本在"收回北方领土"问题上彻底死心。[①] 2011年7月，萨哈林州议会向俄罗斯国家杜马提交议案，考虑到俄罗斯某些课本和国际会议发表的俄罗斯地图上多次"漏掉"南千岛群岛，今后将对这种行为处以2000—20000卢布的罚款，以加强对公民的爱国主义教育。[②] 作为欧亚国家，俄罗斯越来越关注亚太，在南千岛群岛问题上的举措，是重视"亚太外交"的体现。

三是以经济开发巩固主权。对远东经济开发，俄罗斯曾犹豫不决。21世纪初的主流意识是，宁肯不开发，也胜过脱离俄罗斯、落入中国之手；在经济合作方面，认为日本的价值大于中国。近年来占上风的思路是，再不开发就有落入中国手中的危险；在远东开发方面，中国的作用比日本大。俄罗斯领导开始积极考虑远东社会经济发展，落实《2007—2015年千岛群岛社会经济发展纲要》。梅德韦杰夫2011年2月提出，要向南千岛群岛投资100亿美元。

为广招财源，牵制日本，俄罗斯宣布欢迎外国参与四岛开发。2011年2月，俄方公布了与中国企业合作开发南千岛群岛水产资源的计划。2011年7月，俄

---

① 尤里·塔夫罗夫斯基：《需要帮助日本人：岛屿问题妨碍东京发展对俄关系》，(俄罗斯)《独立报》2011年2月28日。

② (俄罗斯)《报纸报》2011年7月18日报道《不标千岛群岛伤感情》。

罗斯南千岛群岛当局允许当地农场雇用中国工人。[①] 这让日本进退两难：参与开发，等于承认俄罗斯对“北方领土”的管辖权，拒不参与，等于把远东利益拱手让给中韩等国，丧失在“北方领土”的经济存在。

四是以加强军事存在为后盾。二战结束以来，驻守千岛群岛的一直是第 18 机枪火炮师。这是俄罗斯陆军独一无二的建制，对固守小岛而言，擅长机动作战的摩步旅无用武之地。俄罗斯在南千岛群岛强化军事存在，2010 年夏在择捉岛周边海域举行了大型军事演习；2011 年年初出动图—95 战略轰炸机巡逻南千岛群岛上空，迫使日本战斗机频频升空监视。

梅德韦杰夫总统 2011 年 2 月要求以现代化武器加强对四岛的支持。要在国后岛和择捉岛设军营，建防空网，修飞机跑道，强化驻四岛陆军部队，增设短程及远程导弹防御系统，军方扬言可能部署先进的 S—400 防空导弹系统。

俄罗斯“北风之神”级战略核潜艇第一艘“尤里·多尔戈鲁基”号将于 2012 年首先配备太平洋舰队。从法国购买的四艘“西北风”级两栖攻击舰中，最先竣工的两艘将于 2013 年部署太平洋舰队，对南千岛群岛驻军提供有效支援。

相对于俄国而言，日本地位软弱，难以达到目的，日本最有力的武器是求助于历史。

有利于日本的条文主要有：

1. 根据 1855 年日俄和亲通好条约，日俄在千岛群岛上的边界应穿过得抚岛和择捉岛之间的海峡，这就是说，得抚岛以南的“北方四岛”被视为俄罗斯非法占领的日本领土。

2. 根据 1875 年库页岛和千岛群岛交换条约，千岛群岛指的是得抚岛以北的区域，“北方四岛”不列入千岛群岛。

3. 日苏中立条约应于 1946 年 4 月到期，这段时间日本并未对苏联发动攻击；是苏联单方面破坏约定，占领日本领土。日本于 1945 年 8 月 14 日宣布投降，但苏联仍然于 8 月 28 日至 9 月 5 日期间占领日本领土，为单方面侵略行为。

4. 日本虽然签署了旧金山和约，但条文中指的千岛群岛并不应包括南千岛群岛。且苏联并未签署这份和约，这说明两国之间并未就领土问题达成协议。

---

① （俄罗斯）《观点报》2011 年 7 月 4 日报道《国后岛的俄罗斯农场主雇用中国人令日本愤怒》。

有鉴于此，日本在南千岛群岛问题上，采取如下基本立场：

1. 北方领土是北俄罗斯非法占领的日本固有领土。

2. 为了解决领土问题，尽快缔结和平条约，日本在1956年日俄联合宣言、1993年东京宣言、2001年伊尔库茨克声明和2003年日俄行动计划等研究达成的协议的基础上，继续积极地同俄罗斯谈判。

3. 一旦确认北方领土属于日本，日本准备灵活处理归还的时间和程序，并尊重四岛上的俄罗斯现住民的权利、利益和愿望。

4. 日本政府呼吁日本居民在领土争端解决前在免签证程序之外不要访问北方领土。同样，日本不允许任何可能被视为服从俄罗斯“司法”的活动，包括第三方的经济活动。日本将采取相应措施预防这类活动。

但是，1945年以来的现实外交备案和国际法条款均不利于日本：

1. 1945年苏联反攻日本前，已向日本驻苏联大使表明终止苏日中立条约的态度。

2. 苏联占领千岛群岛是二战结果，日本无权改变。根据雅尔塔协定，美英同意将千岛群岛主权让与苏联，日本作为战败国，无法改变此一结果。

3. 从1945年日本投降到旧金山和约签订近十年期间，美英中等反法西斯盟国政府都未否认“北方四岛”划归苏联。

4. 根据旧金山和约，日本放弃千岛群岛，而在日本原先行政区划中，“千岛国”包括国后、择捉和色丹，且日本习惯上所谓的“千岛”也包括了国后岛。

日本在同邻国的领土争端中手中无牌，失道寡助，处境孤立。

对日本来说，最致命的是南千岛群岛和独岛分别在俄韩手里，唯一暂时控制的仅中国的钓鱼岛。因此，对俄罗斯政要登岛，日本当局的反应表面上高调，实质上虚弱。而且，日本跟俄罗斯争领土，选了最不利的时机。

1. 俄罗斯面临议会和总统大选，梅普组合急需向国民显示对外强硬形象，日本此时挑战其捍卫国家利益的能力，自讨没趣。

2. 俄罗斯民众曾幻想获得日本资金和技术援助，结果大失所望，早就满腹怨气。

3. 俄罗斯2009年刚拒绝日本为怀柔四岛居民而提供的微薄援助，要落实《2007—2015年千岛群岛社会经济发展纲要》，兑现梅德韦杰夫总统在国后岛对岛民的承诺。四岛从社会、经济和人文上将越来越远离日本，大势所趋，难以挽回。

4. 日本毫无反制力。俄日贸易额仅200多亿美元，日本不掌握俄罗斯必不可少的资源或交通线。相反，日本在联合国入常、朝鲜半岛无核化、东北亚安全、石油天然气供应等问题上，无不有求于俄罗斯。

5. 俄罗斯在领土争端上的得体应对，反衬出日本领导的软弱无能，会拉低本已风雨飘摇的菅直人内阁的支持率。

美国采取实用主义立场，在俄日领土争端上总体上偏袒日本。在冷战时期，美国支持日本立场；2001年“9·11”后，美国反恐需要俄罗斯支持，对俄日争端暂停发布任何声明。现在，美国既承认日本对“北方四岛”的主权，同时又不把四岛列入美日共同防御的范围，不愿跟俄罗斯硬碰硬，为日本火中取栗。最近，美国考虑到日本对其亚太战略的重要意义，应日本请求，于2011年2月中旬通过美国驻俄使馆，援引一份此前已有的美国国务院文件声明，美国支持日本方面的诉求，但同时又表示，希望双方通过对话解决争端。

美国认为，日本拥有对争议领土的主权，同时又指出，由于这些岛屿不处于日本管辖，美日安全条约第五条（对日本管辖领土的袭击被看作对双方的威胁）不涉及这些岛屿。2011年美国驻俄罗斯大使馆新闻处指出，美国的这一立场早已存在，个别政治家只不过是重申这一立场而已。2011年6月21日，美国国务院发言人称：“美国呼吁俄日继续就领土问题进行对话，但是，美国支持日本的立场。”①

领土问题不解决，俄日合作空间有限

从资源禀赋和地理位置看，俄罗斯和日本是天然的经济伙伴，互补性确实很强。日本是世界上位居第三的能源进口国，2008年能源自我保证率仅6.6%。②石油和天然气的对外依存度分别高达99.7%和96%。而世界最大能源出口国俄罗斯与日本仅相隔一条海峡。

---

① （俄罗斯）《观点报》2011年6月21日报道。

② 藤冈2009年7月21日在东京“现代能源问题”大会上的报告《世界和日本能源形势》。

俄日之间在能源领域也有一些合作项目，例如，日本三井公司和三菱公司与俄罗斯天然气工业公司和英荷壳牌石油公司共同参与“萨哈林—2”项目，开采鄂霍次克海油田。表面上，俄日能源合作的前景相当广阔：以“萨哈林—1”和“萨哈林—2”、东西伯利亚—太平洋油管为典型的能源勘探、开采、运输和加工合作；电力、可再生能源、非传统能源、高能技术合作；提供能效和发展节能技术；限制人类活动对全球气候变化的影响。实际上，由于双方缺乏信任，俄日在能源合作上“同床异梦”。俄方希望在企业之间开展商业合作，交易条件、参股比例、风险限度由企业之间个案解决。日本只愿意跟俄罗斯官方打交道，缔结政府间协定，由俄方提供保证。①

俄日之间早在 1998 年就建立了 21 世纪委员会，其目的是全面加强双边关系，达成俄罗斯和日本各组织和公民之间的相互了解，促进经济、科技和文化合作。

近两年来，俄罗斯为借助发达国家的资金、技术、人才和新思想，促成本国经济现代化，把西欧和美国列为外交的第一和第二优先，要跟欧盟建立“现代化联盟”，对日本和亚太地区越来越重视。②

日本“3·11”大地震发生后的第三天，俄罗斯能源部长就向日方传达好意，说在百日内可提供 400 万吨液化天然气。随后，普京总理宣布加快东西伯利亚到太平洋沿岸输油管道的建设。③ 2011 年 5 月，俄罗斯石油公司表示打算建立两个俄日合资企业，一个将在鄂霍次克海大陆架开采“马加丹—1、2、3”油田，另一个将在东西伯利亚从事地质勘探。④ 2011 年 6 月，俄罗斯提议日本共同开发千岛群岛地区的油气田。⑤ 俄罗斯希望通过对日能源合作，把本国能源政策目标同亚太国家提高能源供应和价格稳定性的愿望结合起来，实现双赢，进而求得亚太地区国家的经济利益平衡。⑥

---

① 伊琳娜·诺索娃：《俄日能源对话》，（俄）《世界经济和国际关系》2011 年第 4 期。

② 德·梅德韦杰夫：《前进，俄罗斯！》，（俄）《消息报》2009 年 9 月 11 日。

③ 《国际生态与安全》，2011 年第 6 期。

④ 俄塔社—塔斯社 2011 年 5 月 26 日报道《俄罗斯石油公司准备同日本公司建立合资企业》。

⑤ 俄塔社—塔斯社 2011 年 6 月 29 日报道《俄罗斯提议日本共同开发千岛群岛》。

⑥ 伊琳娜·诺索娃：《俄日能源对话》，（俄）《世界经济和国际关系》2011 年第 4 期。

但是，俄日经济关系的发展，特别是政治关系的发展，都纠结在领土问题上。日本外相前原诚司 2011 年 2 月 8 日说："俄日关系极其重要，有继续发展的基础。如果我们解决了领土问题，并在四岛归还日本之后缔结和平条约，那么，这将成为关系进一步发展的基石。"俄日四岛之争持续时间超过 150 年，同当今世界绝大多数国家间的领土争端一样，难以在短期内解决。但是，双方尽管立场对立、态度激进、措施强硬，却都没有互视为主要敌人，发生军事冲突的可能性不大，而是会交替采用斗争与妥协、对抗与合作两手。

76. 俄罗斯对朝鲜半岛核问题持什么政策与立场?

左凤荣

冷战时期朝鲜半岛是一个集中了多种矛盾的热点地区，是社会主义阵营和资本主义阵营对峙的前哨阵地。冷战结束后，朝鲜半岛的热点地位并没有根本改变，这里仍然是大国关注的地区，俄罗斯也不甘落后，积极对这一地区施加影响。

俄罗斯与朝鲜半岛关系的历史演变

随着俄罗斯帝国向东方扩张，俄罗斯关注朝鲜半岛。1895 年中日《马关条约》签订后，俄国伙同法国、德国干涉日本对中国东北的侵略，“三国干涉还辽”，迫使日本放弃了对辽东半岛的吞并。此后，俄国大力开发中国东北地区，修筑中东铁路，以中国东北为基地的俄国和以朝鲜为基地的日本在远东形成对峙。日俄争夺的结果是两个帝国主义国家最终走向了战争，1905 年日俄战争结束后，俄国退出了南满，对日本不再是威胁。

第二次世界大战胜利前夕，苏联在雅尔塔会议上取得了美国对其远东权益的承认，日本投降后，中国东北和朝鲜半岛北部实际上被苏联所控制。苏联在朝鲜北部扶持金日成，经过 1950—1953 年的朝鲜战争，冷战格局在亚洲固定下来。这一后果一直影响至今。1961 年 7 月 6 日，苏朝签订了《朝苏友好合作互助条约》，苏朝关系实际上是包括军事合作在内的“同盟关系”。

苏联一直支持朝鲜，不承认韩国，随着冷战体制的逐步消失，苏联从自身经济利益出发，改变了对朝鲜半岛的立场，开始承认韩国是一个主权国家。1990年6月戈尔巴乔夫与韩国总统卢泰愚在旧金山会晤，9月苏联与韩国建交。1990年12月卢泰愚访问了苏联，1991年4月19日戈尔巴乔夫在访问了日本之后访问了韩国。此后，苏联与韩国的关系快速发展起来，苏联震惊于韩国的经济奇迹，希望发展与韩国的关系，韩国希望在加入联合国的问题上得到苏联的支持，戈尔巴乔夫承诺在安理会上支持韩国加入联合国，承诺不会帮助朝鲜实施其核计划。戈尔巴乔夫开辟了俄罗斯与韩国发展关系的新路。

苏联解体和冷战结束后，俄罗斯一度自顾不暇，对朝鲜半岛的政策也完全倾向韩国一边。到1994年，俄韩双边贸易额为22亿美元，两国首脑先后6次见面，俄朝关系受到极大冲击，不仅中断了高层互访，两国的经贸关系也基本冻结，1995年两国废除了《友好合作互助条约》，俄朝关系处于冰点状态。俄朝关系冷冻的同时，俄罗斯在朝鲜半岛的作用和影响也随之消失。1997年12月，随着中、美、朝、韩代表组成的朝鲜半岛四方会谈在日内瓦正式启动，俄罗斯感受到了被冷落的滋味，于是决定修复与朝鲜的正常国家关系。2000年普京担任总统后，重又重视朝鲜，开始在朝鲜半岛搞平衡外交。2000年2月俄罗斯外长访问朝鲜，俄朝签署《睦邻友好合作条约》，7月19日普京访问了朝鲜，俄朝两国领导人就一系列重大问题达成共识，并签署了《朝俄共同宣言》。普京指出，美国借口朝鲜导弹威胁，主张建立东北亚战区导弹防御系统和国家导弹防御系统，这种说法是根本站不住脚的。俄认为，任何国家实施导弹计划都应恪守国际法准则。普京主张向朝鲜提供切实的安全保证，以便在朝鲜半岛上加强防止导弹技术扩散的体制。①

2001年7月26日—8月16日金正日率领的大型代表团，包括了朝鲜人民军总参谋长金永春，朝鲜人民武装力量部部长金一哲，前政务院总理延亨默等党政军高级干部和主管经济的政府要员150余人，访问俄罗斯，与俄罗斯方面就朝鲜半岛问题、朝美关系、朝日关系以及朝俄双边关系等举行一系列重要会谈。金正日和普京发表的《莫斯科宣言》指出，进一步发展俄朝传统的友好合作关系将对保障亚洲与世界的和平与安全做出重大贡献。两国领导人一致主张拓展俄朝在政治、经济、军事、科技和文化诸领域的合作。宣言还指出，1972年签署的反导

① 普京总统表示俄同朝韩保持均衡关系，《人民日报》2000年7月18日第6版。

条约是战略稳定的基石，是进一步缩减进攻性武器的基础。朝鲜发展导弹计划用于和平目的，不会对任何尊重朝鲜主权的国家构成威胁。俄朝一致主张维护1972年反导条约，在一定程度上加大了俄朝两国在国际舞台上的回旋余地。两国将在互利的基础上，为实现建立连接朝鲜半岛与西伯利亚铁路计划作出一切必要的努力，并宣布连接俄朝铁路的工程正式进入实施阶段。这是朝鲜最高领导人15年来第一次正式访问莫斯科。俄加强了在朝鲜半岛事务上的发言权，加大了与美国就维护全球战略稳定问题讨价还价的砝码；对朝鲜而言，恢复与俄罗斯的传统友谊，加强两国在交通、能源和军工诸领域的合作可以促进民族经济的增长，促进朝鲜综合国力的提高。两国加强友好合作，既是双方的战略需要，又是两国国情使然，对维护东北亚地区的和平与稳定具有积极而深远的影响。

“9·11”事件后，美国没有理会俄罗斯的善意，努力建立一个单极世界。美国改变了克林顿时期对朝鲜的缓和政策，朝鲜和俄罗斯都有进一步发展关系的需要。2002年8月20—24日，朝鲜最高领导人金正日再次访问了俄罗斯的远东地区，并于23日在符拉迪沃斯托克（海参崴）与俄罗斯总统普京举行了两人之间的第三次首脑会晤。双方主要讨论了两国经济合作问题，其中包括修建和连接朝鲜铁路和西伯利亚铁路的问题。普京还表示，俄罗斯关注朝鲜和韩国的相互关系，俄罗斯愿为朝鲜半岛局势正常化作出贡献。在一年之内金正日两度访俄，显示了俄朝日益密切的双边关系，也说明俄罗斯在朝鲜半岛问题上的战略影响力不断提升。密切同俄罗斯的关系，有利于朝鲜寻求摆脱美国和日本所施加的政治和安全压力，增加恢复朝美会谈的谈判筹码。从外交上来说，俄朝首脑会谈也是朝鲜领导人打击美国所谓“邪恶轴心说”的重要武器。俄罗斯希望通过加强与朝鲜的关系，扩大其国际影响力，有利于远东铁路桥早日建成。

2001年2月普京又访问了韩国。2002年7月，俄外长伊万诺夫先后访问韩、朝两国，充当“和平使者”，不仅得到南北恢复对话的承诺，而且还促成日朝外相两年来的首次会晤和美朝外长（相）的非正式会谈。2004年9月21日，韩国总统卢武铉出访俄罗斯，在莫斯科与普京总统举行会谈，双方发表的《共同宣言》将两国关系从“建设性互补伙伴关系”提升为“全面合作伙伴关系”，《共同宣言》强调朝鲜半岛无核化原则，承诺在六方会谈框架内加强合作。普京总统在会谈后也表示，俄主张继续朝核六方会谈进程。韩国也是一个资源贫乏的国家，每年也需要进口大量石油，能源合作也是俄韩合作的重要内容，卢武铉访俄期间，俄韩签署共同开发远东油田的谅解备忘录，决定共同开发库页岛油田。

2004年7月拉夫罗夫访问了汉城和平壤，意在加强俄与这两个国家的建设性伙伴关系，加深相互了解和提高双边及在国际事务中的协作水平。经贸合作问题也是俄外长东亚之行的主要议题之一。在汉城，拉夫罗夫重点与韩国领导人讨论了两国经贸关系的前景问题。2003年，俄韩两国的贸易额为40亿美元。随着俄罗斯投资环境的改善，韩国正在加大参与俄大型经济项目建设的力度。

2008年12月17日俄罗斯和韩国开始首次战略对话，参加者为俄罗斯第一副外长和韩国外交通商部副长官，准备巩固相互间信任，并将不仅在经济，而且还包括外交、政治、安全和国防领域合作提高到新水平。磋商结束后向记者表示，平壤目前仍不放弃核试验，俄罗斯支持联合国安理会继续对其进行制裁。博罗达夫金说："我们坚决执行联合国安理会第1784号决议，对朝鲜的制裁应得到落实。"① 2010年11月10日梅德韦杰夫访问了韩国，两国领导人对建交20年来两国关系的发展表示满意。

在俄韩关系迅速发展的同时，俄朝关系一度冷淡下来，俄罗斯对朝鲜不遵守诺言，不断制造核危机不满，支持联合国对朝鲜的制裁。天安号事件后，东北亚局势紧张，美日韩军事同盟加强，俄罗斯需要加强在朝鲜半岛的影响力，开始与朝鲜加强了联系。2011年8月20日，金正日乘专列抵达俄罗斯边境城市哈桑，开始对俄罗斯进行访问，8月24日，与俄总统德米特里·梅德韦杰夫举行会晤，这是2002年以来俄朝两国最高领导人的再次会晤，也是梅德韦杰夫担任总统以来两国领导人的首次会晤。俄朝领导人会谈的话题也是广泛的，涉及两国政治经济关系和东北亚的安全稳定问题。俄罗斯方面关心朝鲜欠俄110亿美元的债务重组问题，朝鲜重返六方会谈问题和向韩国出口天然气的管道铺设方案。会谈最重要的成果是俄朝就制定对韩输气管道铺设方案达成一致。2011年8月24日克里姆林宫发布消息，11月1—2日，韩国总统李明博将应俄罗斯总统之邀访问俄罗斯，两国总统将举行会谈，并参加在圣彼得堡举行的第二次俄韩对话会议。

从俄罗斯对朝鲜半岛关系发展来看，俄罗斯重视朝鲜半岛，努力平衡与两个朝鲜的关系，力图在朝鲜半岛发挥更大的作用，为俄罗斯的经济发展与国际环境的改善服务。

---

① 俄新网莫斯科2009年12月17日电。

俄罗斯对朝鲜半岛的基本政策

朝鲜半岛对俄罗斯很重要，认为朝鲜半岛与俄罗斯无关是错误的。俄罗斯关注朝鲜半岛两个国家之间的关系，更关注大国在朝鲜半岛的博弈。“东北亚对俄罗斯来说不仅从保障安全和领土完整的角度，而且从与远东邻居合作加快发展西伯利亚的角度看，都是具有战略重要性的地区。”① 俄罗斯积极推动朝鲜半岛无核化进程，努力与韩国和朝鲜发展政治经贸关系，可以提高莫斯科在国际上的影响力和朝鲜半岛事务上的发言权，同时也有利于俄国内，特别是俄远东地区经济的发展。

一是参与朝鲜核问题和朝鲜和平统一问题的解决，维护东北亚地区的稳定。

俄罗斯在东北亚有“两大任务”：“一是确保俄罗斯平等参与朝鲜半岛问题的解决，二是避免将俄罗斯挤出该地区安全体系的建立”。2000 年普京访朝的主要目的不仅要谋求俄罗斯参与建立朝鲜半岛和平机制的四方会谈，把四方会谈变成 4 加 2（包括日本）的六方会谈，也希望参与和朝鲜半岛问题谈判有关的所有会谈，以便提高俄罗斯的大国地位。同时，通过恢复对朝鲜的影响，增加俄罗斯在东北亚安全问题上的发言权，特别是在阻止美国部署国家导弹防御系统方面增加筹码。

俄罗斯一方面反对美国将朝列入“邪恶轴心”，劝美与朝对话；另一方面反复告诫朝鲜在发展导弹问题上要特别慎重；同时还撮合南北对话。2003 年 1 月朝鲜宣布“退出不扩散核武器条约”，普京当即对此表示“遗憾”和“不安”。俄罗斯积极谋求介入朝鲜核问题的解决。2003 年 4 月举行美朝中“三方会谈”后，朝鲜曾提出举行美中朝韩“四方会谈”方案，美国则提出再加上日本的“五方会谈”方案，这些方案都未把俄罗斯纳入多方会谈范围之内。由于俄罗斯曾强烈反对美国发动伊拉克战争，美国不愿让俄罗斯参与朝核问题的调停，一方面是故意贬低俄的国际地位，另一方面是防止俄再次作梗，对美国不利。俄罗斯展开了广泛的外交活动，分别同中美日朝韩等国多次进行接触和交涉，明确提出希望参加

---

① 季塔连科：《远东的地缘政治意义、俄罗斯、中国和其他亚洲国家》，莫斯科 2008 年，第 539 页。

朝核问题多方会谈的要求。2003 年 7 月底，“六方会谈”方案得到确认，由于中朝等国的支持，俄在最后关头终于取得了“六方会谈”的与会资格。在“六方会谈”中，俄罗斯具有自己的优势，首先，俄可以在解决朝鲜半岛能源危机方面发挥能源大国的作用；其次，俄罗斯方面与韩朝领导人拥有良好的私人关系和密切交往渠道。

二是加强与韩朝两国的经济合作。

俄罗斯与朝鲜半岛两个国家是近邻，俄罗斯世界经济和国际关系研究所国际安全中心冲突消除和调整部主任亚历山大·皮卡耶夫说：“鉴于朝鲜半岛的经济利益开展朝韩对话对俄罗斯最有利。”皮卡耶夫说，朝韩对话对“仔细研究韩国铁路通过朝鲜与西伯利亚大铁路相连接的三方项目”具有重要意义，“俄罗斯对同韩国的军事技术合作、向韩国市场出口军备及向充满潜力的朝鲜市场出口军备感兴趣。俄罗斯更对一个强大的统一的朝鲜半岛感兴趣。”俄罗斯科学院远东分院朝鲜中心主任亚历山大·热宾认为：“朝鲜半岛的和平从经济上而言对俄罗斯是有利的，并且也符合俄罗斯的经济利益。”①

远东地区是俄罗斯发展与朝鲜经贸合作最具潜力的地区，特别是能够参与、修复和启动纵贯朝鲜半岛的铁路，并使之同西伯利亚铁路连通，是近期发展俄朝经贸合作的重要工作。2006 年 10 月 17 日，俄罗斯与韩国在首尔签署了关于在天然气领域合作的政府间协议。这一文件为天然气工业公司与韩国天然气公司（Kogas）之间的商业谈判揭开了序幕。俄天然气工业股份公司总裁米勒指出，俄韩两国计划签署期限超过 30 年的天然气长期供应合同，这样俄罗斯出口韩国的天然气将会有所增加。从 2012 年至 2013 年起，俄罗斯可以每年向韩国出口大约 100 亿立方米的天然气。为了保障对韩的天然气供应，双方将对天然气管道的铺设路线进行研究。有两种方案，即铺设陆上或海底天然气管道，铺设陆上天然气管道的造价可能近 20 亿美元，铺设海底管道的造价更高。俄罗斯争取朝鲜能够同意铺设这条管线，这样既可以节省开支，也可以把俄韩朝三国的利益联系起来，用天然气管道连接冲突的朝韩双方，以使平壤把注意力从发展核武器转向寻求经济利益，放弃自己的核计划。2011 年 8 月 24 日，金正日与梅德韦杰夫达成天然气管道项目协议。2011 年 9 月 15 日，俄气公司总裁阿列克谢·米勒与朝鲜

① 俄新网莫斯科 2007 年 10 月 2 日电。

石油工业相金熙英在莫斯科举行工作会晤，双方讨论了有关铺设从俄罗斯通往朝鲜半岛的天然气管道的实际工作计划。“双方就组建联合工作组达成一致，旨在推进天然气管道建设项目的顺利实施，以及研究其他有前景的合作方向。”会晤结束后，俄朝双方签署了谅解备忘录。同时，俄天然气工业股份公司同韩国天然气公司（Kogas）签署了建设从符拉迪沃斯托克至韩国天然气管道项目的路线图，该管道总长1100公里，年运输能力约为100亿立方米，起点为符拉迪沃斯托克，终点至韩国境内，计划2017年建成通气。该管道俄罗斯境内部分，即萨哈林—哈巴罗夫斯克—符拉迪沃斯托克管道已经于9月初建成通气。

韩国是俄罗斯在亚洲继中国和日本之后的第三大贸易伙伴。2002年至2007年，俄韩双边贸易额几乎增加了6倍，从28亿美元增加到150亿美元。截至2008年4月份，韩国对俄罗斯的投资总额达到7.383亿美元。

三是努力落实共建新欧亚大陆桥的设想。

对于连通俄罗斯与朝鲜半岛的铁路，俄罗斯一直寄予厚望，也一直在积极推动。早在2000年年初，俄罗斯、朝鲜和韩国就提出要建设一条从朝鲜半岛，经俄罗斯远东和西伯利亚，直达欧洲的铁路大动脉，俄罗斯对此一直寄予厚望，也一直在积极推动。如果这条铁路通道建成，原来通过远洋需要一个多月到欧洲的货物，只需10多天便可到达，经济效益可观。西伯利亚铁路和朝鲜半岛铁路的连通将成为世界上最短的“亚洲—欧洲—亚洲”跨境运输通道，俄罗斯起着连接韩国和西欧的桥梁作用，货运方面甚至可以与苏伊士运河进行竞争。这条通道可以使俄罗斯西伯利亚大铁路的运输潜力得到发挥，改善俄罗斯的运输条件，带动日本、中国对俄罗斯投资，促进西伯利亚的开发。朝鲜可以从中收取运输费，加强与韩国和俄罗斯的交流；这条大铁路运行的快速集装箱列车，每年能够将20万个集装箱运抵西欧，韩国商人可以节省货物运输时间和成本。连通铁路对于发展三国政治、经济以及人员的交往也有着重大的意义，连通铁路将进一步加大俄罗斯在这一地区的影响力，利用铁路与朝鲜、韩国发展关系。

在2001年朝鲜领导人金正日访问俄罗斯的时候，俄罗斯总统普京曾和金正日达成协议。之后，双方一直就具体的合作细节进行谈判。俄罗斯铁路公司光在论证工作上就花费了约5亿卢布。2006年3月，俄罗斯、朝鲜、韩国的铁路负责人还在俄远东进行会晤，达成了原则上的协议。韩国和俄罗斯之间还签署了《俄韩铁路合作谅解备忘录》。

如果朝韩之间可以解除敌对状态，南北之间可以实现铁路运输的连贯，并与俄罗斯横跨西伯利亚的铁路大动脉对接，那么，韩国的工业产品就可以直接通过火车沿着这条贯通朝鲜半岛，再经过西伯利亚的铁路运抵欧洲。而现在，韩国的工业产品只能通过远洋运输送到欧洲，这使得韩国销往欧洲产品的运输成本提高了一倍。韩国有出色的工业制造能力，当然希望尽早𫶭通连接朝鲜半岛与欧洲的欧亚大陆桥。2002—2005 年期间，俄罗斯铁路公司投资 7.1 亿卢布（1 美元约合 27 卢布）对远东符拉迪沃斯托克站以及纳霍德卡站的铁路系统进行了升级换代，将运输能力从每年 1500 万吨提高到每年 2600 万吨。2006—2008 年，俄罗斯铁路公司计划再追加 3.3 亿卢布继续对远东地区的铁路进行现代化改造。但是，朝鲜半岛统一问题不解决，或者说朝鲜南北双方正常的关系建立不起来，俄罗斯的设想难以实现。

俄罗斯积极推动朝鲜半岛无核化和防止出现武装冲突

在推动朝鲜半岛无核化和防止出现武装冲突的问题上，俄罗斯与中国有共同利益，中俄两国在这一问题上进行了有效的合作，中俄战略协作伙伴关系在维护朝鲜半岛和东北亚和平与稳定方面发挥着重要作用。中俄两国都与朝鲜有共同边界和跨境民族，都不愿朝鲜半岛落入某个大国手中。“俄罗斯和中国把朝鲜既作为负担，也作为必须支持的客体而接受。保持朝鲜人民民主共和国和朝鲜半岛的现状对于维护自己在这一地区的战略利益有利。正因为这个原因莫斯科和北京认为最好不要关注朝鲜社会的政治和意识形态特点，认为保持这个国家的稳定是主要的优先方面。”① 对于中俄两国来说，其政策出发点都是保护两国在朝鲜的利益，保持对朝鲜半岛局势发展的影响。中俄是核国家，都不希望该地区再出现新的核国家，因为朝鲜有核有可能刺激韩国和日本拥核，同时也可能影响这一地区的生态安全。

俄罗斯支持半岛无核化，主张和平解决朝鲜核问题。为了解决朝鲜核问题，从 2003 年 8 月起在北京开始举行了有朝、韩、中、美、日、俄 6 个国家参加的

---

① 季塔连科：《远东的地缘政治意义、俄罗斯、中国和其他亚洲国家》，莫斯科 2008 年，第 561 页。

"六方会谈"。中俄在六方会谈的框架下进行了很好的合作。

中俄两国都反对朝鲜进行核试验和拥有核武器。2006 年 7 月 5 日，朝鲜在一天内连续发射了 7 枚导弹，使本已稍稍平静下来的朝鲜半岛形势又紧张起来。朝鲜发射的 7 枚导弹中，有短程导弹、中程导弹和远程导弹。2006 年 10 月 9 日，朝鲜又宣布成功进行了核试验。朝鲜进行第一次核试验之后，中国曾发表措辞强硬的声明，并且支持联合国对朝鲜实施制裁，还敦促朝鲜诚实执行。俄罗斯外交部因朝鲜进行核试验一事照会朝鲜驻俄罗斯大使朴义春，俄罗斯外交部表示，朝鲜的这一举动破坏了大规模杀伤性武器不扩散制度，并将导致地区核军备竞赛。俄罗斯谴责朝鲜进行核试验。俄罗斯总统弗拉基米尔·普京在同政府成员开会时表示，朝鲜进行核试验使大规模杀伤性武器不扩散制度遭受极大损害。俄罗斯外交部发言人米哈伊尔·卡梅宁在声明中说："我们要求朝鲜立即采取措施回到核不扩散条约规定的状态下，并恢复六方会谈"。[①] 2006 年 10 月 25 日普京在电视和广播直播节目中回答民众提问时表示，俄罗斯主张有关各方重返六方会谈，以缓解朝鲜核试验所引发的复杂局面。普京说，朝鲜已向国际社会发出信号，准备在其国家安全利益与和平利用核能权利得到保障的前提下重返六方会谈。他认为，恢复六方会谈的可能性依然存在，但需要有关方面的共同努力，尤其是需要某些参与方避免采取可能导致局势复杂化的行动。普京说，朝鲜进行核试验对俄朝两国关系造成了损害。他还说，目前俄方正在评估朝鲜核试验对俄相关地区生态环境造成的影响。

俄罗斯科学院通讯院士、俄罗斯科学院世界经济与国际关系研究所中国和日本研究中心主任瓦西里·米赫耶夫指出，平壤的行动"对俄罗斯、俄罗斯远东地区构成了直接威胁，莫斯科应该改变对朝鲜的政策"。他说，必须建立对朝制裁体系。他强调说，"如果朝鲜发现，所有国家的立场一致并准备采取实际行动，那么它就会改变自身政策"。[②]

2006 年 10 月 4 日联合国安理会通过制裁朝鲜的决议案规定，检查朝鲜的运输工具，它们可能载有大规模杀伤性武器或者这些武器的配件。

在国际社会的压力下，2007 年 2 月 13 日第五轮六方会谈第三阶段会议在北

---

① 俄新网莫斯科 2006 年 10 月 9 日电。

② 俄新网莫斯科 2006 年 10 月 11 日电。

京通过了共同文件："以最终废弃为目标，朝方关闭并封存宁边核设施，包括核处理设施。朝方邀请国际原子能机构（IAEA）人员重返朝鲜并进行 IAEA 和朝方同意的一切必要的监督和验证。"在朝鲜对其所有核计划进行申报并废除所有核设施后，朝鲜将得到相当于 100 万吨重油的经济、能源及人道主义援助。朝鲜将从美国"邪恶轴心国"清单中除名，并开始与美国和日本就关系正常化问题展开谈判。

但是，朝鲜并未放弃有核的目标，于 2009 年 4 月 5 日试射卫星，这一行为受到联合国安理会的谴责，4 月 13 日联合国安理会的声明认为朝鲜于 4 月 5 日进行的发射活动违背安理会 2006 年通过的第 1718 号决议，安理会对此表示"谴责"，并要求朝鲜不再进行进一步的发射活动。安理会支持并呼吁尽早恢复六方会谈，敦促六方努力全面执行 2005 年 9 月 19 日达成的共同声明及其后达成的共识文件，维护朝鲜半岛和东北亚地区的和平与稳定。朝鲜并不接受这一声明，并于 4 月 14 日宣布退出六方会谈。5 月，金正日又开始了核试验，让美国震惊、日韩愤怒、联合国谴责。5 月 25 日当天，俄罗斯外交部声明："此次核试验是加剧东北亚紧张局势，并威胁区域安保与稳定的行为。俄罗斯只能将其视为违反联合国安理会第 1718 号决议的行动。"俄罗斯总统梅德韦杰夫签署了关于俄罗斯开始实施联合国安理会制裁朝鲜决议的命令。梅德韦杰夫责成俄罗斯联邦司法管辖范围内的所有国家机关、企业、银行以及法人组织和自然人，从 2009 年 7 月 12 日起直到新的特别命令出台前，禁止在朝鲜购买任何武器以及相关物资。通过俄罗斯境内中转以及从俄境内向朝鲜运输的武器以及相关物资也被禁止。

朝鲜的行为加剧了东北亚的安全局势，也为俄罗斯加强在东北亚的军事力量提供了机会。2009 年 8 月 26 日，俄罗斯武装力量总参谋长尼古拉·马卡罗夫向记者表示，鉴于朝鲜核试验，俄罗斯为保障领土安全在远东地区部署了 S—400 地空防御系统。马卡罗夫说："我们已经在远东地区部署了 S—400 导弹系统。我们采取这些预防措施，目的是为保证安全，防止发射失败的朝鲜导弹和导弹碎片坠落到俄罗斯领土上。"[①] 2010 年 7 月 13 日俄罗斯空军总司令泽林宣布"计划向'东部'战役战略指挥部提供两套 S—400 防空导弹系统投入战斗执勤"。

2010 年 3 月 26 日，韩国一艘警戒军舰"天安"舰遭到袭击后沉没。"天安"

---

① 俄新网乌兰巴托 2009 年 8 月 26 日电。

舰事件导致了46名韩国海军官兵死亡，也引发了一系列的政治、经济、外交、军事后果。事件发生后，韩国组织了多方组成的调查小组对事件起因进行了调查，最后将肇事者锁定为朝鲜。5月20日，韩国宣布，根据联合调查小组（包括由美国、澳大利亚、英国、瑞典的专家组成的军民联合跨国调查小组）非常确凿的证据，将肇事者指向了朝鲜，认定是朝鲜用鱼雷击沉了“天安”号。6月4日韩国把调查结果提交给联合国安理会，要求安理会采取进一步的行动，阻止“朝鲜做出更多挑衅的行为”。7月9日安理会发表《主席声明》正式谴责“天安”舰炸沉事件，但没有指明肇事元凶，以求用折中方式来打破僵局。朝鲜外交部在对安理会《主席声明》表示支持的同时，宣布“愿通过平等的六方会谈渠道，为签署和平协定和实现无核化，继续做出努力”。

为向朝鲜表示抗议和警告，美韩于7月25日—28日在日本海海域和黄海海域进行了第一阶段军事演习。

俄罗斯积极介入“天安”号事件的解决。俄罗斯总统梅德韦杰夫在与韩国总统李明博通话期间呼吁，采取冷静态度，不要让朝鲜半岛紧张局势进一步升级。5月26日俄罗斯总统梅德韦杰夫决定派遣专家组前往韩国，详细了解“天安”号事件调查结果及相关物证。俄罗斯海军专家小组于5月31日抵达韩国，以便在现场详细了解“天安”号警戒舰沉没的调查结果。2010年6月2日，俄罗斯外交部长拉夫罗夫在同巴拉圭外长会谈结束后举行的联合新闻发布会上答记者问时说：“局势的确一触即发，现在必须尽一切可能在查明事实真相和‘天安’号事件调查具体问题结束的同时，考虑今后如何在六方会谈框架内行事，如何保证达到朝鲜半岛无核化目标。”7月7日俄罗斯和韩国边防人员在日本海举行联合战术演习，演练打击海盗、走私者和恐怖分子的联合行动。7月14日，拉夫罗夫在评论韩国“天安”号警戒舰被击沉事件调查情况时说：“我认为目前最重要的是息事宁人，避免引起恐慌和情绪爆发，为重启‘六方会谈’创造条件。”从中我们看到，俄罗斯不希望朝鲜半岛局势紧张，更不希望看到这里出现战争。

“天安”号事件加强了美国在亚洲的存在。2009年夏天日本民主党上台以后，采取了亲中的策略，民主党主席还带了600人组成的访问团到中国访问，其中包括大多数民主党议员。然后日本甚嚣尘上的一种舆论说，要让美国从冲绳撤军，或者减少其军事影响。在韩国，从金大中，卢武铉到李明博，尤其是前两位，直接就要求美国从韩国撤军。“天安”号事件一下子改变了这种思潮和实力对比。美国重整其在东北亚的联盟组织，重新获得了在其中的核心地位。美国还非常主动地在东盟，在越南参与了南海争端。这说明东北亚的地缘政治已经扩大了范围。

东北亚的安全取决于中国、美国、俄罗斯和日本这些大国的博弈，它们有许多共同的利益，都不希望朝鲜半岛再发生流血冲突，在危机面前都采取了克制的态度。根据 2007 年 2 月北京朝核问题六方会谈达成的协议，成立了由俄罗斯牵头的东北亚和平与安全机制工作组。俄罗斯在朝鲜半岛既独立发挥作用，也注意与中国进行协作，俄罗斯在解决朝鲜半岛核危机和东北亚安全机制建设方面的作用在日益加强。